Louis de Fontanes (1757-1821). Homme de lettres et administrateur

Publications Universitaires Européennes
Europäische Hochschulschriften
European University Studies

Série XIII
Langue et littérature françaises
Reihe XIII   Series XIII
Französische Sprache und Literatur
French Language and Literature

Vol./Bd. 192

PETER LANG
Frankfurt am Main · Berlin · Bern · New York · Paris · Wien

Norbert Alcer

Louis de Fontanes (1757-1821).
Homme de lettres et administrateur

PETER LANG
Europäischer Verlag der Wissenschaften

Die Deutsche Bibliothek - CIP-Einheitsaufnahme

Alcer, Norbert:
Louis de Fontanes : (1757 - 1821) ; homme de lettres et administrateur / Norbert Alcer. - Frankfurt am Main ; Berlin ; Bern ; New York ; Paris ; Wien : Lang, 1994
   (Publications universitaires européennes : Série 13, Französische Sprache und Literatur ; Bd. 192)
Zugl.: Paris, Univ., Diss., 1988
ISBN 3-631-47269-2

NE: Europäische Hochschulschriften / 13

ISSN 0721-3360
ISBN 3-631-47269-2
© Peter Lang GmbH
Europäischer Verlag der Wissenschaften
Frankfurt am Main 1994
Tous droits réservés.

L'ouvrage dans son intégralité est placé sous la protection de la loi sur les droits d'auteurs. Toute exploitation en dehors des étroites limites de la loi sur les droits d'auteurs, sans accord de la maison d'édition, n'est pas permise et se trouve passible de peines. Ceci vaut en particulier pour des reproductions, traductions, microfilms, l'enregistrement et le traitement dans des systèmes électroniques.

Imprimé en Allemagne 1 2 3 5 6 7

Table des Matières

Préface 3
Vorwort 5
Remerciements 7
Introduction 10
Chronologie biographique de Louis de Fontanes 15

Chapitre I 37
    Fontanes - Les origines 39

Chapitre II 49
    Les Fontanes à Niort 51

Chapitre III 55
    L'éducation 57

Chapitre IV 67
    Fontanes à Paris 69

Chapitre V 85
    L'Essai sur l'homme 87

Chapitre VI 101
    Le chemin de la recherche 103

Chapitre VII 125
    Le mariage de Fontanes 127

Chapitre VIII 139
    L'époque révolutionnaire 141

Chapitre IX 159
   La vie continue 161

Chapitre X 177
   Une voie se trace définitivement 179

Chapitre XI 213
   L'exil temporaire et le retour à Paris 215

Chapitre XII 233
   L'épisode du Corps législatif - Espoir et déclin 235

Chapitre XIII 261
   Fontanes et son Université 263

Chapitre XIV 297
   Vendange 299

Chapitre XV 305
   Le Grand-Maître de l'Université et son vrai visage 307

Les Annexes 319

   Références bibliographiques 388
   Bibliographie Fonds consultés 388
   Auteurs 425
   Articles 451
   Almanachs, Collectivités, Journaux, Recueils 453
   Additif aux Références bibliographiques et à la Bibliographie 490

Préface

Norbert Alcer, l'auteur de cette monographie sur le poète, l'écrivain et le premier 'Grand-Maître de l'Université Impériale' sous Napoléon Ier, Louis de Fontanes (1757-1821), est malheureusement mort par trop tôt en 1992 à Paris après une longue maladie. Son frère, le professeur Gerhard Alcer, et moi-même, un des ses maîtres à l'Université Libre de Berlin, nous sommes convaincus que cet ouvrage qui est le résultat de plusieurs années de recherches et qui a procuré à Norbert Alcer le doctorat d'Etat de l'Université Paris IV, devrait être accessible à un public intéressé. Il va sans dire que quelques corrections et compléments possibles ne pouvaient plus être réalisés vu la mort de l'auteur. L'abondance de la documentation que Norbert Alcer a trouvée dans de nombreuses archives, en particulier des lettres de Fontanes jusqu'à maintenant inconnues, nous a persuadés que cette monographie ne devrait pas rester inconnue. Quant aux documents et aux lettres rédigées par Fontanes, je n'ai pas pu vérifier les dérivations de l'orthographe; mais j'ai confiance en l'exactitude de Norbert Alcer.

Sa vie n'a pas été facile. Né en 1937 à Berlin-Köpenick, il a du subir les effets de la terrible guerre hitlérienne dans son enfance (congé de l'enseignement, évacuation des élèves habitant dans les grandes villes, maladies). Ainsi il n'a pu faire le baccalauréat qu'en 1958. Quant à ses études à l'Université Libre de Berlin, il s'est décidé en 1960 pour les disciplines de philologie romane et d'histoire. Lors de la construction du fameux mur qui déchirait Berlin depuis 1961, Norbert Alcer a préféré rester à l'Ouest pour pouvoir continuer ses études, bien que cette décision eût pour conséquence la séparation de sa famille. Pendant les années de ses études j'ai eu bientôt une sincère sympathie pour cet élève modeste, discret, très sensible et très doué. Dès le début il avait une inclination pour la France et la littérature française. Déjà en 1961 il eut l'occasion, dans le cadre d'un échange, d'enseigner comme assistant allemand dans un lycée de Nancy. Des bourses lui donnèrent l'occasion de passer deux mois à l'Université d'Urbino (Italie) et puis à la Sorbonne. Il a même eu le bonheur, encore dans le cadre d'un échange, de poursuivre ses études pendant l'année scolaire 1965/66 comme étudiant à l'Ecole Normale Spérieure. En 1966 il a passé l'examen d'Etat à Berlin, ce qui lui aurait ouvert la carrière de professeur dans un lycée allemand. Mais il a pris la décision de préparer une dissertation pour obtenir le doctorat. Il a poursuivi ses études pendant deux ans à Paris, a obtenu encore une bourse de la Fondation Gulbenkian pour étudier pendant deux mois à l'Université de Lisbonne, et a eu la possibilité d'approfondir en 1970 ses connaissances de la langue portugaise au Brésil.

Avec sa dissertation sur Joubert [*Studien zu Joseph Joubert*] il a obtenu en 1974 le titre allemand de 'docteur' [*Dr. phil.*] à l'Université Libre de Berlin avec la mention 'magna cum laude'. Cette dissertation avec plusieurs textes inédits de Joubert a pu être publiée en 1980 à Bonn (573 pages). Elle prouve non seulement le soin méticuleux de Norbert Alcer, mais encore sa patience et son talent de trouver dans les archives des documents inédits. Il a d'ailleurs eu la chance d'obtenir déjà avant la promotion le poste d'un lecteur à l'Université Paris Sorbonne IV (Nanterre). Il y est resté actif dans l'enseignement jusqu'à ce que la grave maladie l'en a empêché. Mais dans les années de son activité à l'université sa passion pour des recherches n'a pas diminué. Ainsi il a pu présenter à l'Université Paris Sorbonne IV cette riche monographie sur Louis de Fontanes, avec laquelle il a obtenu le 'Doctorat d'Etat' avec la mention 'très honorable'.

Je remercie cordialement les collègues français, en particulier Madame Simone Balayé, d'avoir aidé Norbert Alcer le long de la naissance de cet ouvrage qui n'enrichit pas seulement ce que nous savons de Louis de Fontanes, mais encore de l'histoire politique et sociale de l'époque de la Révolution et de l'Empire. Je remercie également le frère de l'auteur, Gerhard Alcer, d'avoir fait tout ce qui lui a été possible pour les préparatifs concernant la mise en presse de cet ouvrage si riche.

Erich Loos

La famille Alcer remercie Monsieur le professeur Erich Loos de sa précieuse contribution à la publication du présent ouvrage.

Vorwort

Norbert Alcer, der Verfasser dieser Monographie über den Dichter, den Schriftsteller und den ersten 'Gross-Meister der Kaiserlichen Universität' in Paris unter Napoleon I., Louis de Fontanes (1757-1821), ist leider 1992 nach langer schwerer Krankheit in Paris allzu früh gestorben. Sein Bruder, Prof. Gerhard Alcer, und ich als einer seiner Lehrer an der Freien Universität Berlin, waren der Auffassung, daß eine solche nach jahrelangen Bemühungen und mit hoher Ehrung durch die Pariser Universität gewürdigte Arbeit durch Publikation zugänglich gemacht werden sollte, auch wenn durch den Tod Norbert Alcers einige mögliche Korrekturen und Ergänzungen nicht mehr verwirklicht werden konnten. Allein die Fülle der Dokumentation, die der Verstorbene in zahlreichen Archiven aufgefunden hat, und die nun zum ersten Mal der Öffentlichkeit vorgelegt wird, spricht dafür, daß ein solches Vermächtnis nicht unbekannt und unbeachtet bleiben sollte. Bei den zahlreichen Dokumenten und Briefen in den Annexen konnten allerdings die zeitbedingten orthographischen Abweichungen nicht überprüft werden; aber das Vertrauen in Norbert Alcers Verläßlichkeit ist groß.

Sein Lebensweg war nicht leicht. In Berlin-Köpenick 1937 geboren, erfuhr er schon in der Schulzeit die bitteren Folgen des schrecklichen Krieges (Ausfall des Unterrichts, Kinder-Landverschickung) und konnte deshalb erst 1958 das Abitur ablegen. Sein Studium begann er an der Freien Universität Berlin und entschied sich 1960 für die Fächer Romanische Philologie und Geschichte. Beim Bau der inzwischen historisch gewordenen Mauer, die Berlin in zwei Städte zerriß, entschied er sich für den Westen und mußte damit die Trennung von seinen Familien-Angehörigen in Kauf nehmen. Während seines Studiums lernte ich ihn, den stillen, bescheidenen, überaus sensiblen und begabten Schüler auch persönlich schätzen. Schon bald wurde seine große Zuneigung zur französischen Literatur deutlich erkennbar. Bereits 1961 konnte er im Rahmen eines Austausch-Programms an einer höheren Schule in Nancy den Deutsch-Unterricht übernehmen, erhielt dann durch Stipendien die Möglichkeit, jeweils zwei Monate in Urbino und dann in Paris zu studieren, konnte sogar im Studienjahr 1965/66 Student an der Ecole Normale Supérieure in Paris werden. Er schloß sein Fachstudium 1966 mit dem Staatsexamen an der Freien Universität Berlin ab, das ihm die Laufbahn des Studienrates eröffnet hätte. Er entschied sich dann aber zum Vorbereiten einer Dissertation und arbeitete zwei Jahre in Paris, erhielt 1968 ein zweimonatiges Stipendium der Gulbenkian-Stiftung nach Lissabon und konnte 1970 seine portugiesischen Sprachkenntnisse in Brasilien vertiefen. Mit seiner Arbeit "Studien zu Joseph Joubert (1754-1824)" erhielt er 1974 den deutschen Doktorgrad mit dem Urteil 'magna cum laude'. Die umfangreiche Untersuchung mit mehreren bisher unveröffentlichten Schriften Jouberts konnte 1980 als Buch (573 Seiten) erscheinen. Sie beweist nicht nur die philologische Akribie von Norbert Alcer, sondern auch seine Geduld und Fähigkeit, unbekanntes Material in Archiven zu finden und einfühlsam zu deuten. Bereits vor der Promotion konnte er eine Stelle als Lektor an der Universität Sorbonne Paris IV übernehmen. Dort blieb er auch als Mitarbeiter in den folgenden Jahren, bis seine schwere Krankheit der Lehrtätigkeit ein Ende setzte und 1992 zum Tode führte. Doch seine Leidenschaft des Forschens blieb in den Jahren der Lehrtätigkeit in Paris ungebrochen. So konnte er der Universität Sorbonne Paris IV die so reiche Monographie über Louis de Fontanes vorlegen und erwarb damit im Juni 1988 das 'Doctorat d'Etat' mit dem Urteil 'très honorable'.

Den französischen Kollegen, insbesondere Madame Simone Balayé, bin ich dankbar für die Unterstützung beim Entstehen der so materialreichen Untersuchung, die auch aus politisch-historischer Sicht neue Blicke eröffnet. Der Dank gilt dann vor allem dem Bruder des Verstorbenen, Prof. Gerhard Alcer, für die große Hilfe beim Vorbereiten und zum Realisieren der Drucklegung des Manuskriptes.

Erich Loos

Die Familie Alcer dankt Herrn Prof. Dr. Erich Loos für seinen großen persönlichen Einsatz zur Drucklegung dieser Arbeit.

Remerciements

Aucune vie sans les autres; cette devise pourrait s'appliquer également à une thèse.

La petite cloche de l'horloge de la Sorbonne sonnait trois fois quand Monsieur le Professeur Jean Gaulmier me reçut dans son bureau, Escalier c, 2è étage à droite. Je lui parlai de mon projet et son encouragement fut immédiat et spontané. Depuis, chaque fois quand j'ai travaillé à la Réserve de la Bibliothèque de la Sorbonne, le son léger de la cloche m'a rappelé ce premier accueil.

La plus grande partie de ce travail, nous l'avons faite à la Bibliothèque Nationale, où nous avons toujours trouvé une aide précieuse pour nos recherches. Il en fut de même à la bibliothèque de l'Académie française où se trouvent les documents concernant la création de l'Institut et sa mise en marche. Nos questions ont toujours trouvé leur réponse et le lendemain le dossier était sur notre table. C'est ici que nous avons compris l'enthousiasme qui a suscité la création de l'Institut. A la bibliothèque de l'Institut, on parlait de Lucien Bonaparte qui ne fut jamais leur membre d'un ton très amical, presque personnel.

De multiples Archives départementales nous ont envoyé des photocopies concernant Fontanes avec une promptitude exemplaire. Ne citons que Mademoiselle Saint-Affrique de la Bibliothèque de La Rochelle qui m'a fait copier l'oeuvre de jeunesse des frères Fontanes.

Pierre Salies, de l'Archistra (Toulouse), a fait des recherches sur l'origine des familles Fontanes, de Fourqueraux et de Sède; un travail qui comportait des dizaines de pages serrées dactylographiées et que nous reproduisons à la fin de ce travail.

Le Preußischer Kulturbesitz à Berlin (Ouest) et le Zentrales Staatsarchiv Merseburg (R.D.A.) nous ont aidé pour savoir si Fontanes a passé quelque temps à Berlin après le 18 fructidor.

Le Record Home Office a essayé de trouver des documents concernant Fontanes.

Me Hérold et Monsieur Gérard Bruchet, à Courbevoie, nous ont montré le cadastre de cette commune au bord de la Seine où Fontanes posséda un château à partir de 1808-1809. Ils nous ont montré les grottes tout près et le lieu de cette résidence splendide. L'endroit est aujourd'hui occupé par quelques maisons et sur la descente vers la Seine se trouve une place remplie de bois de construction.

Me Hérold nous a initié également au Minutier des Notaires aux Archives Nationales, nous épargnant bien des recherches inutiles.

Quand nous ouvrîmes la porte de ce petit couvent qu'est la Bibliothèque de l'Institut à Chantilly, nous avons rencontré le regard vigilant de Monsieur Jacques Suffel; il nous interrogea et, finalement nous sortit le dossier Sainte-Beuve avec la promptitude de quelqu'un qui connaît parfaitement son domaine.

Monsieur Jean-Daniel Candaux, avec l'enthousiasme qui lui est propre, a fait de nombreuses recherches à la Bibliothèque publique et universitaire de Genève, il nous a envoyé des photocopies du fonds Fontanes et, surtout, il nous a bien voulu communiquer des lettres du fructidorisé à Petitot, sorties de ses propres archives. Sa générosité nous a beaucoup encouragé.

Mademoiselle Simone Balayé nous a assisté au long de ce travail. Son concours qui ne s'est jamais démenti, son attention et ses réflexions nous ont beaucoup aidé. Son incantation à l'écriture et son plaisir de la découverte nous resteront toujours présents.

Nous avons recontré dans la personne de Monsieur le Professeur Dr. Erich Loos, Berlin, notre premier maître. Ses connaissances dans trois langues romanes et son enseignement nous étaient d'un très grand enrichissement; c'était également sa persévérance qui nous a formé et servi comme exemple à suivre. Il attirait notre attention sur Joubert d'abord, sur Fontanes ensuite.

Monsieur Michel Roger, Directeur du Cabinet de Monsieur le Ministre de l'Education Nationale et Monsieur G. Demange, du Cabinet du Directeur, nous ont envoyé la reproduction photographique en couleur du Grand-Maître de l'Université impériale, en quelque sorte l'ancêtre de tous les ministres de l'Education Nationale et de leurs collaborateurs. Nous les en remercions vivement.

Monsieur Jean-Maurice Gautier, professeur émérite, a encouragé nos premiers pas à Paris et sa fidélité nous a été très précieuse.

Dès qu'il a su que nous travaillons sur un sujet qui lui tient à coeur: l'Université, son développement et sa ramification dans tant de domaines dans notre vie, Monsieur le Doyen, le Professeur Paul Gerbod nous a encouragé avec discrétion: qu'il trouve ici l'expression de notre entière reconnaissance.

Comment ne pas remercier ici Madame Arlette Michel, Professeur à l'Université Paris IV, qui, à un moment critique, a bien voulu nous soutenir avec beaucoup de tact.

Madame le Professeur Madeleine Ambrière nous a beaucoup aidé. C'était elle qui défendait nos projets avec une très grande efficacité et qui, par ce fait, nous encourageait à présenter ce travail. Nous tenons à remercier vivement cette spécialiste de la littérature du dix-neuvième siècle.

Le tout fut couronné par les rencontres avec Monsieur Jean Gaulmier qui, le premier d'ailleurs, dressait l'oreille quand il entendait parler de Fontanes et de son époque. Ses encouragements et ses lumières sur maints problèmes m'ont appris à voir une époque autrement que par des livres ou des archives. La transmission d'un savoir se fait très souvent mieux de vive voix que par l'écriture. C'est à lui que je veux rendre hommage, à l'empressement avec lequel il m'a guidé, à sa haute compétence et à son inlassable patience.

Nous remercions ici également tous ceux qui ont participé à nos efforts et qui n'ont pas pu être nommés.

Introduction

Il est assez surprenant qu'on ne possède pas d'étude récente sur Louis de Fontanes, écrivain, journaliste, président du Corps législatif et finalement Grand-Maître de l'Université impériale, pair de France. On connaît le portrait solennel de Fontanes au sommet de sa carrière universitaire, exécuté par Lefèvre: Le Grand-Maître de l'Université est représenté, à un jour de distribution de prix, en son grand costume d'apparat, brodé de soie, garni d'hermine, marquant déjà par l'extérieur que "point de culte, point de gouvernement"[1] à quel rang il a voulu élever l'Université dont il fut le maître visible. Dans une note, du 29 novembre 1809, Fontanes indique à l'Empereur quelle fut la place du recteur de l'Université de Paris dans les temps reculés: "L'autorité du Recteur de l'Université de Paris", dit-il, "était autrefois si considérable que tant en l'école, qu'en actes publics, de quelque faculté que ce soit, il précédait les évêques et cardinaux, fussent-ils Pairs de France, et ne souffrait onque le nonce du pape, ni ambassadeur de Prince du monde, eût cet avantage que le précéder. (...) Il entrait dans le cabinet du Roi, comme les princes du sang, et quand il paraissait à Versailles, on lui ouvrait les deux battants"[2].

Ce Fontanes, officiel, déjà presque chauve, mais dont les yeux ont gardé la douceur, combien contraste-t-il avec cet autre homme, jeune, qui, mécontent d'un argument littéraire, remonte, la nuit étant avancée, les quatre-vingt-quatre marches de l'immeuble pour contredire Chateaubriand, Joubert ou Mme de Beaumont[3]; ou à ce même et cependant différent personnage qui attendait en 1819, au soir, les invités pour une réception et voyait entrer "à la lueur des flambeaux déjà allumés pour la fête" son fils, mortellement blessé dans un duel. Le sourire de Saint-Marcellin, mourant, et dont le père gardait le souvenir, augmenta les chagrins de sa vieillesse jusqu'au 17 mars 1821, jour de sa propre mort[4].

Fontanes est en effet un personnage complexe et controversé qui a porté l'étiquette de grand panégyriste de deux régimes et qui louait les "rois" d'une manière telle que le *Dictionnaire des Girouettes* remarquait, non sans ironie, en 1815: "Tantôt il disait à l'empereur: Sire, l'Université (...) doit partager vivement la joie que le retour de V.M. fait naître dans tous les coeurs" (novembre 1809), et le 5 mai 1814, en s'adressant à Louis XVIII, de retour: "Sire, l'Université de

---

1 Pailhès, *Chateaubriand, sa femme*, p. 74.
2 A.N. AFIV 105O, dossier 7.
3 *M.O.T.*, II, 29.
4 Fontanes de Saint Marcellin, *Relation d'un voyage de Paris à Gand en 1815*, p. 12 (mot de Chateaubriand). Après deux jours d'agonie, Fontanes meurt à 7 heures du matin, le médecin légiste constate la mort à onze heures (Archives de la Seine).

France ne s'approche qu'avec la plus vive émotion du trône de votre Majesté", et Proisy d'Eppe se demandait publiquement et malignement: "lequel de ces deux chefs M. Fontanes voulait réellement le plus louer."[5]

Il est vrai que les discours de Fontanes ont trouvé des admirateurs, et en même temps des détracteurs, comme il est vrai que Fontanes - comme tant d'autres dont on ne parle guère - a traversé une époque où chaque décennie portait en soi des bouleversements qui affectaient presque chaque foyer familial. Des reproches, sa vie durant, il n'en manquait pas. Déjà le 27 floréal an XI, quand sa carrière comme homme politique n'était même pas prévisible, un obscur Le Clerc l'apostrophait ainsi dans un rapport secret: "Lié intimement avec Lucien Bonaparte, législateur, et membre de l'Institut, Fontanes est donc infiniment dangereux".[6] Même le mot de Napoléon: "Fontanes, non je me trompe, il est d'une autre bande d'imbéciles" n'était pas flatteur[7].

Il était évident que, Napoléon une première fois déchu, d'autres critiques dussent s'élever avec la même force contre Fontanes. Les pamphlets, insultants et méchants contre Le Grand-Maître, s'imprimaient vite. Dans la brochure *Le Grand-Maître Fontanes et son Université*, publiée en 1814, un père de famille reproche amèrement à "Monseigneur le comte de Fontanes" d'avoir trahi l'ancienne Université qui fournissait un enseignement gratuit, en instituant un régime éducatif où tout a dû être payé par des parents, tandis que les corps "des trente inspecteurs-généraux (...) voyageoient à grands frais dans les départements, se faisoient accorder un surcroît de traitement, des indemnités de routes (...) pour aller tourmenter, persécuter dans les villes (...) de malheureux maîtres de pension."[8]

Même Joubert lui-même, ami de jeunesse et de toujours, mais cette fois-ci révolté, reprend dès 1811 les arguments de ce père dans une lettre à Rendu contre Fontanes: "Eh quoi! lorsqu'un gras conseiller comme M. Noël et comme vous, ou un leste et pimpant inspecteur comme M. Gueneau et comme moi, partent en poste pour quelque expédition brillante, ils sont payés au poids de l'or, (...) et même leur épargne (...) grossit de tous leurs mouvements."[9]

L'image bien ambiguë de Fontanes ne change guère avec les années.

Une exception doit être faite: au lendemain de sa mort il y eut bien sûr des regrets; des voix s'élevaient pour retracer la vie et la carrière de celui qui n'avait fait du mal à personne. On se gardait d'ailleurs avec soin de faire allusion à ses multiples discours sous l'Empire, sauf à *l'Eloge funèbre de Washington*, prononcé en face du premier Consul dans le Temple de Mars et qui lui ouvrit toutes grandes les portes des Tuileries. Cinq mois à peine après sa mort paraît en juillet

---

5   *Op. cit.*, p. 185.
6   A.N., F7 6565.
7   Beugnot, *Mémoires*, Paris, Dentu, 1866, 2 vol.; ici II, 18-19.
8   *Op. cit.*, p. 11.
9   Tessonneau, Rémy, *Joseph Joubert, Educateur*, Paris, Plon, 1944, 321-322.

1821 un volumineux pamphlet contre lui qui indique ce qu'une certaine classe pensait de lui mieux que les articles bienveillants après sa mort[10].

On dirait que le sort avait voulu que l'homme qui louait tellement, restât pour beaucoup de ses contemporains bien bizarre, presque suspect, pour ne pas dire condamnable parce qu'il avait beaucoup parlé et parce qu'il avait fait de l'Université une institution très dure. La vérité sur ce personnage, nous voudrions le montrer, est fort différente.

Avant d'arriver au sommet de sa carrière, il a parcouru d'autres chemins. Né de parents errants dont le père professait la religion calviniste, Fontanes a connu le sort de millions d'individus: pauvre, orphelin, seul puisque toute sa famille était déjà éteinte quand il avait à peine dix-huit ans.

Par la force de son caractère, le jeune Louis s'acharne à surmonter les difficultés et la vie continua donc d'une autre façon. Après la mort de son père, on le trouve apprenti en tissu aux Andelys, en Normandie. Jeune écrivain, il va à Paris, envoie ses poèmes à Dorat et les publie dans *l'Almanach des Muses*. Le premier succès l'encourage à continuer dans la voie de la poésie. Il se fait des amitiés, rencontre Joubert, frappe aux portes de célébrités comme Laharpe, Bernardin de Saint-Pierre pour se frayer la route. Il travaille beaucoup pendant cette décennie qui voit la fin de l'Ancien Régime; il reçoit même un prix de l'Académie française, récompense d'un labeur obstiné. La Révolution va tout interrompre et Fontanes commence à s'engager dans la politique: il est du côté des conservateurs. La Terreur le marque fortement et il s'en souviendra jusqu'à la fin de sa vie. Le journalisme le tente et remplace pour un long moment la création poétique. Sa vie durant, il va d'ailleurs écrire, parler, formuler des idées de modération et d'ordre. L'organisation de l'Institut, dont il fut un membre et bien vite le porte-parole de la troisième classe, lui apporte un grand espoir, interrompu par le 18 fructidor, où, pour échapper à la déportation vers La Guayanne, il émigre vers l'Allemagne et l'Angleterre. De retour en France, il rencontre dans les jardins des Tuileries Elisa, la soeur de Napoléon, et par elle la famille Bonaparte qui l'aidera beaucoup. Fontanes est là où et quand il faut y être, et peu à peu, il gravit les marches du pouvoir. Etant l'ami intime de cette puissante famille, il continue son chemin et garde en même temps une certaine réserve vis-à-vis d'elle, mais pas toujours. Son travail à l'Université impériale est une étape dans sa vie, certes pas la moindre, mais peut-être pas la plus importante, si elle est la plus visible.

Nous tenterons de pénétrer dans le mystère de ce personnage pour mieux comprendre les mobiles de son activité, sans pour autant avoir réussi complètement. Déjà ses contemporains s'étonnaient de ses volte-faces spectaculaires, de son alignement parfois bizarre sur le pouvoir établi: fin saltimbanque, il tirait

---

10 Anonyme, *Discours prononcé dans l'autre monde pour la réception de Napoléon Bonaparte le 5 mai 1821 par Louis de Fontanes*. Le discours est parfois humoristique, mais très souvent perfide.

des relations humaines ce qu'il pouvait en tirer, grand orateur officiel, il se ménageait une certaine marge de liberté dans la mesure du possible. Naviguant à travers les régimes, il restait en quelque sorte en dehors de chacun d'eux, sauf quand il s'agissait de défendre l'ordre et dans ce cas les différents "Sires" lui étaient les bien-venus. Mais il aimait aussi admirer les rois dans leur splendeur, signe d'une majestueuse puissance apparente capable de frapper l'imagination des peuples.

Fontanes fut également un journaliste et un littérateur. Le nombre de ses articles de journaux, de ses articles de critique littéraire est impressionnant; nous devrons donc leur réserver une partie de ce travail. A travers ces écrits, on retrouve un homme qui est à la recherche du juste milieu. En politique, il faut faire ce qui est possible et surtout raisonnable, comme il faut en littérature prêcher le bon goût: telle était la devise de Fontanes et il essayait de s'y tenir. Ce bon goût, il le trouvait dans les auteurs du passé, en politique par exemple chez Montesquieu, en littérature chez l'auteur de *Télémaque*.

Nous n'avons pas pu citer ou interpréter tous les textes littéraires qu'il nous a laissés; le champ aurait été trop vaste; il en est de même avec ses discours officiels qui sont publiés dans les annales du Corps législatif ou partiellement dans le *Moniteur Universel*.

Quelques pièces de poésie de Fontanes âgé nous semblant plus accessible aujourd'hui que sa poésie de jeunesse, nous leur avons réservé la fin de notre étude parce qu'elles nous ont paru marquer un point important et touchant de ce que nous avons pu trouver chez quelqu'un qui fut aussi un homme très sensible et parfois renfermé: l'ami. D'autres ont montré ce qu'il a fait pour Chateaubriand.

Vouloir laisser de côté ses origines aurait été un défaut: il fallait donner une esquisse de sa généalogie pour montrer son difficile chemin dans la vie. Louis de Fontanes, ultime descendant d'une longue lignée, n'avait initialement rien pour parvenir jusqu'à nous, sauf deux atouts: son talent et sa persévérance. Les conséquences de la Révolution qu'il combattait tant dans ses écrits et dans sa pensée lui ont par contre ouvert un chemin dans la vie qu'il ne pouvait certes pas imaginer lorsque sa jeunesse semblait flotter à tout vent.

**Chronologie biographique
de Louis de Fontanes**

Chronologie biographique de Louis de Fontanes

1715, 9 décembre	Le grand-père de Louis de Fontanes, Jean Fontanes d'Alais en Languedoc, est reçu habitant de Genève bien qu'il se trouve à Turin pour des affaires professionnelles.
1716, 4 juillet	Jean Fontanes se trouve toujours à Turin où est passé son acte de mariage avec Madeleine Girard, également originaire d'Alais. Le mariage se fait par procuration devant le notaire genevois Marcel Fornet.
1718	Dans les premiers mois de l'année, naissance de Jean-Balthasar Fontanes à Turin. Il fait des études à Genève et se marie avec une Genevoise. Il est appelé à l'église de Hambourg et d'Altona. Il doit être de retour en 1759 puisqu'il est nommé ministre de la Bourse française à Genève. En 1762, il est reçu, parce que né en exil, dans la bourgeoisie genevoise et, en 1775, il est nommé professeur à Genève. Jean-Balthasar Fontanes prend sa retraite en 1784. Il meurt à Genève, le 31 octobre 1788 à l'âge de 70 ans et demi. Il laisse trois enfants: Jacques-Charles, Marguerite et Charles-Louis.
1719, 11 septembre	Naissance de Jean-Pierre-Marcellin Fontanes, futur père de Louis.
12 septembre	Il est baptisé à Genève.
1720, 12 octobre	Naissance de Jacques-Marcellin Fontanes qui, plus tard, sera négociant en livres. Il se marie en 1759, à Genève, avec Suzanne La Roche. Elle mourra le 26 février 1792.
1721, 4 novembre	Naissance de Charles-François Fontanes.
1753	Naissance de Dominique-Marcellin Fontanes qui ajoute à son nom "Desapènes", lieu de résidence de ses ancêtres. Il est le frère aîné de Louis.
1754	Le père de Louis de Fontanes se bat en duel avec son beau-frère, le tue et demande son changement pour le Poitou qu'il obtient. Il se fixe à Niort.
1757, 6 mars	Naissance de Jean-Pierre-Louis de Fontanes, baptisé le même jour par Brisser, vicaire de l'église de Saint-André, à Niort.

1759	Guillaume-Henri Ingoult (des Andelys) est chargé par Fontanes père de s'occuper de la garancière du Bas-Poitou. Après la mort de ce dernier, G.-H. Ingoult s'occupera de Louis de Fontanes.
1766	Louis de Fontanes est confié à l'abbé Bory, curé de la Foye-Monjault. Beaucoup de problèmes restent ouverts sur l'influence qu'a eue Bory sur le jeune Fontanes.
1768	Fontanes entre au collège des Oratoriens à Niort. Son frère Marcellin s'y trouve depuis 1760. On imprime à Paris un poème de Marcellin Fontanes: *Le triomphe de la beauté*.
11 octobre	Naissance de Geneviève-Marie-Faustine-Chantal, à Rillieux, près de Lyon, future femme de Louis de Fontanes.
1770, mai	Marcellin fait un voyage à Paris avec ses parents.
30 août	Louis de Fontanes reçoit un prix au collège de l'Oratoire.
5 décembre	Marcellin est associé à l'Académie de la Rochelle.
1770-71	Pendant cette année scolaire, Louis de Fontanes est porté très souvent absent des classes.
1771, 20 février	Marcellin lit des *Vers à Voltaire* à l'Académie et reçoit une lettre de Voltaire.
13 mai	Lecture de l'*Ode sur les arts* de Marcellin, en séance publique, à l'Académie de la Rochelle.
1772, 17 avril	Marcellin lit à l'Académie son *Epître d'un vieillard à un jeune homme* et, de son frère Louis, *Young à Lorenzo*.
17 novembre	Mort de Dominique-Marcellin Fontanes Desapènes. Il
18 novembre	est enterré au cimetière de Niort.
1774, 14 juillet	Nécrologie de Marcellin dans les *Affiches du Poitou*. L'influence de son frère a été réelle sur la carrière poétique de Louis de Fontanes.
septembre	Mort du père de Louis de Fontanes à Nantes. La mère de Louis se retire après la mort de son mari dans le couvent des Hospitaliers à Niort, laissant seuls Louis et ses deux demi-soeurs.
27 octobre	Les *Affiches du Poitou* lui consacrent un article.
15 décembre	M. "Vaudelade" est nommé inspecteur des manufactures, en remplacement du père de Fontanes; il choisit pour siège la ville de Poitiers.
24 décembre	Louis de Fontanes est nommé suppléant de M. Vaugelade à Niort.

1776, 3 février	Madame de Fontanes meurt à trois heures du relevé, 53 ans.
5 février	Elle est enterrée à Niort. Il semble que Louis n'ait pas assisté aux funérailles.
30 avril	Fontanes et ses soeurs utérines demandent devant J.-J. Daniel Guillemeau, notaire, la levée des scellés.
1er mai	Les scellés sont levés. Un peu plus tard, Ingoult, le collègue de son père, lui trouve une place de précepteur dans la famille de Flavigny aux Andelys. Cette famille a une manufacture qui'emploie mille ouvriers. Fontanes restera en contact avec les Flavigny.
1777	Fontanes vient à Paris.
Juin	Il s'adresse dans le *Journal des Dames* à Dorat et publie *Le cri de mon coeur*. Ce poëme le gênera plus tard.
1778, 1er janvier	Première annonce du "Fragment, D'un poëme sur la nature et sur l'homme".
Janvier-juin	La Harpe fait une critique de ce poëme dans le *Journal de politique et de littérature* et en donne un large extrait.
27 février	Réponse d'un anonyme (François de Neufchâteau) à la lettre de La Harpe dans l'*Abrégé du Journal de Paris*. Il défend Fontanes contre quelques critiques de La Harpe.
28 février	La Harpe répond à cette lettre et se défend.
9 juin	Mercier défend Fontanes dans l'*Abrégé du journal de Paris*.
1780	Publication de *La Forêt de Navarre* dans l'*Almanach des Muses*.
Avril	Garat lui consacre un article dans le *Mercure de France*. Le *Journal de littérature, des sciences et des arts* (t. I, 24-27) parle de ce poëme et dit que Fontanes travaille à la traduction de l'*Essai sur l'homme* de Pope.
17 novembre	La Société apollonienne se forme. Fontanes est membre de cette loge. En 1781, elle change de nom et devient "Musée de Paris". On s'y rencontre tous les jeudis pour la lecture de sujets littéraires. Fontanes figure également sur les tableaux de la Loge des Neuf Soeurs. Sous Napoléon, cette loge se reformera et le nom de Fontanes figurera sur le registre de 1806.
1781	*M. le chevalier de Parny* adresse un poème à *Monsieur de F.*, dans l'*Almanach des Muses*.
1782	Flins des Oliviers imprime une *Elégie à Monsieur de Fontanes* dans l'*Almanach des Muses*. L'auteur indique que Fontanes a fait un poème sur

	L'Astronomie et qu'il travaille à la nouvelle traduction en vers de l'*Essai sur l'homme* de Pope.
	Parny s'adresse *A Monsieur de Fontanes* dans l'*Almanach des Muses*.
	Fontanes fait une *Réponse à M. le chevalier de Parny*, également dans l'*Almanach des Muses*.
Automne	Il visite les Flavigny aux Andelys.
1783	Il envoie à Garnier des *Vers. Extraits d'une lettre écrite de la campagne*, publiés dans l'*Almanach des Muses*.
	Garnier répond à Fontanes, dans l'*Almanach*.
	La traduction de l'*Ode d'Horace, "sic te diva potens Cypri"*, de Fontanes, est insérée dans l'*Almanach des Muses*.
Février	Une critique se trouve dans le *Mercure de France* concernant cette ode.
	Fontanes compose le *Chant du Barde*, imité des poésies erses. Il écrit également un *Jugement sur Voltaire* qui sera publié plus tard.
	Publication du chef-d'oeuvre de la jeunesse de Fontanes, *Nouvelle traduction de l'Essai sur l'homme de Pope, en vers françois, précédée d'un discours et suivie des notes*. Quelques jours avant sa mort, Fontanes publiera une deuxième édition, qui est en fait une adaptation.
1783	En 1783 Fontanes se trouve à Paris dans une loge que présidait le "fameux Cagliostro". Cagliostro voulait révéler l'ancienne magie. Fontanes a un entretien avec lui et s'en moque (voir le journal *La Clef du cabinet des souverains*, du vendredi 7 avril 1797).
10 juillet	*Vers de M. le chevalier de Parny à Monsieur de Fontanes sur la traduction de l'Essai sur l'homme*, dans le *Journal de Paris*.
12 juillet	Les mêmes vers se trouvent également dans le *Mercure de France*.
15 août	Lettre de Monsieur de La Harpe au rédacteur du *Mercure* sur la traduction de l'*Essai sur l'homme*.
Août	Grimm parle dans sa *Correspondance littéraire* de la traduction de Fontanes.
1784	Compte rendu dans l'*Almanach des Muses* de la *Nouvelle traduction de l'Essai sur l'homme de Pope*.
14 avril	Le *Journal des savants* donne un article sur la *Nouvelle traduction*.
1785, octobre	Fontanes se trouve à Londres où il reste jusqu'en

1786, janvier	Avec Joseph Joubert, il veut créer une *Correspondance littéraire*. Il loge chez les filles du ministre Somerville et voit beaucoup le poète Mason.
1787	Voyage de Fontanes en Suisse, à Genève. Il se lie d'amitié avec Madame Dufrenoy, directrice du *Courrier lyrique et amusant, ou passe-temps des toilettes*. (Selon Wilson, il y aurait publié trois articles).
1788	Publication du poème *Verger*, refait plus tard, sous le titre: *Essai sur la maison rustique*. *Epître à Monsieur de Fontane* (sic!) *sur les inconvénients et les avantages de la poésie* par Castera, dans l'*Almanach des Muses*. Vers 1788, Joubert a rencontré le baron de Juis, parent de Mademoiselle Cathelin, à Villeneuve-le-Roy, et s'occupe de la marier avec Fontanes.
1789, 25 août	*Epître sur l'édit en faveur des non-Catholiques*, couronnée par l'Académie française. Fontanes publie des *Vers à Mademoiselle Desgarcins*, dans l'*Almanach des Muses*. Plus tard, le *Dictionnaire des girouettes* se moquera de ce poëme. Publication de l'*Essai sur l'astronomie* dans l'*Almanach des Muses*. Ce poëme sera réimprimé dans le *Mercure de France* en mars 1807 avec variantes et additions. Critique de l'*Edit en faveur des non-Catholiques* dans l'*Année littéraire*.
1790	Fontanes participe au *Modérateur*, selon Wilson, jusqu'au 15 avril de cette année; mais les articles ne sont pas signés. *Poëme séculaire, ou chant pour la Fédération du 14 juillet*, de Fontanes. *Vers à l'auteur des Voyages du jeune Anacharsis dans la Grèce*, de Fontanes, publiés dans l'*Almanach des Muses*. *L'aigle et le rossignol, fable*, publiée dans l'*Almanach des Muses*. Jacques Lablée nomme Fontanes, avec éloge, dans *Tableau de nos poètes vivants*.
Décembre	Fontanes fait partie de la *Société des amis de la constitution monarchique*, qui édite le *Journal de la Société*.
18 décembre	Le nom de Fontanes figure dans le prospectus de ce journal. Le directoire de cette société le charge de la rédaction. Selon Wilson, il y publie les *Réflexions préliminaires* et

	l'article *Quintus Capitolinus aux Romains*; extrait du 3è livre de Tite-Live, par Lally-Tolendal. (Wilson n'indique pas ses sources).
25 décembre	Au numéro Il du journal, on indique que Fontanes se décharge de la rédaction du journal. Il se propose par contre de continuer à envoyer des articles.
28 décembre	Fontanes prie la *Gazette Nationale ou le Moniteur Universel* d'indiquer qu'il ne participe plus au *Journal de la société des amis de la constitution monarchique*, ce qu'elle fait.
1791, 1er janvier	La municipalité interdit les réunions de la *Société des amis de la constitution monarchique*. Le directoire de la société fait un compte rendu des événements, signé par Fontanes, membre de ce directoire et publié dans le *Supplément du n° III* du journal.
8 janvier	Jusqu'à cette date, le nom de Fontanes se trouve dans le prospectus du journal.
13 mai	Naissance de Louis-Charles-Joseph de Saint-Marcellin. La mère de cet enfant chéri de Fontanes est Charlotte Rochelle dont parle Restif. Le parrain est Joseph Joubert qui se fait représenter par son frère Arnaud, puisqu'il est, cette année, juge de paix à Montignac, en Dordogne.
	Fontanes publie un *Fragment. D'un poëme sur les montagne, composé au pied des Alpes*, dans l'*Almanach des Muses*.
1792	Fontanes se trouve à nouveau aux Andelys, rue Saint-Jacques.
20 octobre	Le contrat de mariage avec Geneviève-Marie-Faustine-Chantal Cathelin est signé à Lyon.
	Fontanes adresse une *Epître en vers: Emploi du temps* à M. de Boisjolin, son futur collègue à l'Ecole Centrale.
1793	Au moment de la reddition de Lyon, Mme de Fontanes accouche dans une grange en dehors de la ville de leur fille Imberthe. La maison lyonnaise de Mme de Fontanes devient la proie des flammes et son mari perd une partie de ses papiers littéraires. Imberthe de Fontanes meurt l'année suivante, enlevée par la petite vérole.
Novembre	Fontanes peut revenir à Paris, grâce à un passeport de Maignot.
20 décembre	Les Lyonnais envoient une délégation à la Convention pour se plaindre de la Terreur après la reddition de leur ville. Fontanes compose leur réquisitoire et est dénoncé par Garat

21/23 décembre	au Comité de sûreté générale. Fontanes donnera lui-même des détails dans le *Mémorial* du 2 septembre 1797. Collot d'Herbois, délégué de la Convention à Lyon, arrive à Paris et se justifie à la Convention. La Convention décrète qu'on fasse le recensement, sous trois jours, de tous les Lyonnais réfugiés à Paris.
1794, 15 juin	Peu après 20 heures, les membres du comité de surveillance de la section des Tuileries se rendent au numéro 75, rue Honoré pour vérifier les papiers mis sous scellés de Fontanes détenu. Fontanes se retire chez Mme Dufrenoy à Servan, près de Livry. Elle a été, rappelons-le, la directrice du *Courrier lyrique*.
8 novembre	Dans une lettre à Joubert, il donne comme adresse à Paris "Rue de la Sourdière, n° 96". Fontanes recevait, grâce à Lakanal, président du Comité d'instruction publique à la Convention, un poste à Paris pour travailler "à la rédaction de livres élémentaires pour les nouvelles écoles". Il reçoit,
1795, 4 janvier	par décret de la Convention, 3000 livres.
Novembre	Formation de l'Institut national dont Fontanes fait partie. Il est membre de la classe de littérature et des beaux-arts, et secrétaire de l'Institut. Publication dans le *Magazin encyclopédique* du *Fragment du cinquième livre de Lucrèce, sur l'origine du monde et de la société*, de Fontanes. Dans le même journal, on publie (t. III, 548) le *Jour des morts*, sans autorisation de l'auteur, puisque deux ans plus tard Fontanes publie à nouveau son poëme dans le *Spectateur du Nord*, en indiquant que la première édition a été falsifiée.
1796, 3 avril	Fontanes annonce dans le journal *L'Historien* que la première séance de l'Institut aura lieu "le 16 de ce mois à 4 heures très précises". Selon *le Rédacteur*, cette première séance eut lieu au Louvre dans la salle des Antiques.
Septembre-Octobre	Pendant le premier trimestre des sessions de l'Institut, Fontanes fait plusieurs communications, • il fait part de ses recherches sur les anciens Gaulois. Signalons que Joubert, six ans auparavant, traitait le même sujet.

• Fontanes lit également un fragment sur le règne de Louis XI.
• Toujours à la troisième classe de l'Institut, Fontanes fait un rapport sur les manuscrits de Gresset.
Fontanes fait à l'Institut un commentaire sur quelques écrits de Voltaire en marge d'un exemplaire de Virgile. (Il s'agit ici très vraisemblablement du "P. Virgilii opera. Ludg. Bal Elzev., édité en 1636", livre qui figure dans le catalogue de vente de la bibliothèque de Fontanes en 1821. Que ces notes aient été écrites par Voltaire, en marge du livre, est contesté par Beuchot, dans une petite note, d'ailleurs extrêmement bienveillante pour Fontanes, dans la *Bibliographie de France*, Année 1822, 45). Le *Magazin encyclopédique* de 1796 publie ce discours. Fontanes fait imprimer ce discours à nouveau, mais avec variantes, au *Spectateur français au 19è siècle*, en 1809.
Fontanes est nommé professeur de belles-lettres à l'Ecole centrale des Quatre Nations.
Il prononce, au nom des professeurs, le discours inaugural des Ecoles centrales. Il fait également un autre discours officiel.
Le Magazin encyclopédique imprime *l'Epître au citoyen Boisjolin, sur l'emploi du temps*, de Fontanes.

1797	Les articles de journaux de Fontanes dans la *Clef du cabinet des souverains* et dans le *Mémorial*. Il signe la première fois par son nom patronymique, après avec l'initiale "F".
Samedi, 14 janvier	Article dans la *Clef* sur la *Czarine*.
Dimanche, 29 janvier	Article dans la *Clef* sur les *Mémoires de Gibbon*.
Vendredi, 10 mars	Fontanes donne un compte rendu sur les "*Pensées du cardinal de Retz*, dans la *Clef*.
Dimanche, 12 mars	Article sur la conjuration de Babeuf, dans la *Clef*.
Mardi, 23 mars	Suite de l'article *De la conjuration de Babeuf*, dans la *Clef*.
Dimanche, 2 avril	Article de Fontanes sur *Histoire ou anecdotes sur la révolution de la Russie*, de (Rhulières), dans la *Clef*: l'auteur fait des allusions à la Révolution française.
Vendredi, 7 avril	Fontanes parle de l'*Institut national*, dans la *Clef*.
Lundi, 17 avril	Fontanes donne un compte rendu des *Oeuvres de Duclos*, dans la *Clef*.
Samedi, 22 avril	L'*Histoire de l'Assemblée constituante* de Granié est présentée par Fontanes, dans la *Clef*.
Dimanche, 7 mai	Un abonné répond à l'article de Fontanes sur l'oeuvre de Granié.

Mardi, 9 mai	Fontanes répond à cette lettre de l'abonné.
Jeudi, 1er juin	Nouvelle réponse à l'article de Fontanes, dans la *Clef*, par un abonné.
Lundi, 11 juin	Fontanes donne un extrait des *Mémoires secrets* (...) de Gorani, dans le *Mémorial*.
Vendredi, 16 juin	Suite de cet extrait dans le *Mémorial*.
Mardi, 20 juin	*De quelques brochures nouvelles, et par occasion de l'esprit public*, article de Fontanes, dans le *Mémorial*.
Jeudi, 22 juin	Fontanes fait quelques réflexions *Sur un passage du discours de Gilbert-Desmolières, relatif à l'instruction public*, dans le *Mémorial*.
Lundi, 26 juin	Fontanes fait part de ses opinions sur le divorce, dans le *Mémorial*, sujet qui est largement discuté dans d'autres journaux de l'époque.
Mardi, 27 juin	Fontanes fait un compte rendu du livre de M. de Nivernois: *Mélanges de littérature en vers et en prose*, dans le *Mémorial*.
Vendredi, 30 juin	Fontanes parle dans le *Mémorial*. *Des franc-maçons* et leur influence sur la Révolution française.
Samedi, 1er juillet	Suite de l'article sur les *Franc-maçons*.
Mardi, 4 juillet	Fontanes parle *De la dernière révolution de Dannemarck* (...), dans le *Mémorial*.
Jeudi, 6 juillet	Article de Fontanes sur la *Variété des clubs*, dans le *Mémorial*.
Dimanche, 9 juillet	Le livre de Charles Montlinot: *Essai sur la Essai sur la transportation comme récompense, et la déportation comme peine*, est annoncé et traité par Fontanes, dans le *Mémorial*.
Jeudi, 13 juillet	Fontanes parle du Général La Fayette, dans le *Mémorial*.
Samedi, 15 juillet	Fontanes s'irrite contre *Quelques affiches séditieuses*, dans le *Mémorial*.
Dimanche, 16 juillet	Les *Lettres de Platon, traduites du grec* sont interprétées par Fontanes, dans le *Mémorial*.
Vendredi, 21 juillet	Comme d'autres journalistes de l'époque, Fontanes s'explique sur *De notre situation présente*, dans le *Mémorial*.
Samedi, 22 juillet	Fontanes parle *Des faux calculs des conspirateurs*, dans le *Mémorial*.
Dimanche, 23 juillet	Suite de cet article.
Lundi, 24 juillet	Fontanes fait *Un mot sur la proclamation de Bonaparte*, dans le *Mémorial*.

Le même jour	*Du décret qui ferme les clubs - soit-disant cercles constitutionnels*, par Fontanes, dans le *Mémorial*.
Lundi, 31 juillet	Fontanes traite sous la rubrique *Livres nouveaux Une journée à Paris* (sans indication de l'auteur).
Mardi, 1er août	*Voyage en Angleterre*, article de Fontanes, dans le *Mémorial*.
Mercredi, 2 août	Fontanes donne Quelques réflexions sur la conduite d'un régiment d'artillerie (...), dans le *Mémorial*.
Vendredi, 11 août	Compte rendu de Fontanes, dans le *Mémorial*, sur le livre *Esprit de Mirabeau, extrait de ses oeuvres* (...).
Samedi, 12 août	Suite de cet article.
Le même jour	Fontanes s'occupe, dans le *Mémorial Sur le dernier message du Directoire*.
Dimanche, 13 août	Suite de cet article.
Mardi, 15 août	Fontanes fait insérer, dans le *Mémorial*, sa fameuse lettre: *A Bonaparte: Brave Général*.
Samedi, 19 août	Egalement dans le *Mémorial*, un compte rendu de Fontanes du livre *Histoire de l'assassinat de Gustave III, roi de Suède*, d'un officier polonais.
Le même jour	Article de Fontanes, dans le *Mémorial*: *Quelques vérités au Directoire, à l'Empereur et aux Vénitiens*.
Lundi, 21 août	*L'adresse de l'admiration du département du Rhône au général Berthier* (...) est interprétée par Fontanes, dans le *Mémorial*.
Mardi, 22 août	Fontanes traite l'Exemple de Wasington (sic!) proposé aux chefs d'une autre république, dans le *Mémorial*.
Samedi, 26 août	Fontanes parle du *Résultat de la guerre actuelle*, dans le *Mémorial*.
Le même jour	Il donne une interprétation du livre de J.-J; Sue: *Essai sur la physiognomie des corps vivants* (...).
Lundi, 28 août	Fontanes entreprend une *Petite discussion avec le C. Merlin, ministre de la justice*, dans le *Mémorial*.
Samedi, 2 septembre	L'*Histoire du siège de Lyon* est abondamment traitée par Fontanes, dans le *Mémorial*.
Dimanche, 3 septembre	Suite de cet article.
18 fructidor	Fontanes est proscrit comme beaucoup d'autres journalistes. Il se réfugie en Allemagne puis en Angleterre. Son siège à l'Institut national est occupé par Cailhava d'Estandoux (qui mourra le 27 juin 1813). Cailhava et Fontanes se connaissaient de l'époque de la loge "Musée de Paris". Le *Mémorial* cesse de paraître. *Les Tablettes Historiques* (du 22 septembre au 6 novembre) et les *Tablettes républi-*

	caines (du 7 novembre au 18 décembre 1797) succèdent au "Mémorial", mais les articles ne sont plus signés.
Octobre-Décembre	*Le Spectateur du Nord* publie dans sa version authentique *Le jour des morts* de Fontanes.
	Buhan fait entrer Fontanes dans sa *Revue des auteurs vivans, grands et petits*.
1798, mi-janvier	Fontanes se trouve à Londres et cherche à rencontrer Peltier.
Avril	Toujours à Londres, il pense un moment s'installer à Berlin.
Juillet	Il se trouve à Hambourg.
1799	Le *Magazin encyclopédique* publie le *Fragment d'un poème inédit sur les fleurs*, de Fontanes.
Novembre	Peu avant le 18 brumaire, Fontanes se trouve à Paris. Il est renversé par un cheval dans la rue du Petit Carrousel et dénoncé à Fouché.
1800	Fontanes participe à la rédaction du *Mercure de France*.
	Fontanes est nommé réviseur extraordinaire de pièces de théâtre et de littérature, auprès de Lucien Bonaparte, ministre de l'Intérieur, avec un traitement mensuel de 1000 Francs. Selon les mémoires de Lucien Bonaparte, Chateaubriand avait un poste semblable; le comte Beugnot également.
8 février	Fontanes prononce l'*Eloge funèbre de Washington*, en présence du Premier Consul.
26 février	Fontanes aurait dû assister au bal donné par le ministre des relations extérieures, et réciter des vers de ses poèmes. Une grave maladie de sa femme l'en empêche.
10 avril	A l'occasion de l'intronisation de l'archevêque de Paris, à Notre-Dame, Lucien Bonaparte fait un discours que Fontanes refond complètement pour l'impression (Aulard, *Paris sous le Consulat*, II, 828, rapport de police).
22 avril	La *Gazette de France* publie un mémoire de J. de Salle (Sales), adressé à l'Institut sur la destitution des citoyens Barthélemy, Pastoret, Sicard et Fontanes (Aulard, *Paris sous (...)*, I, 284).
24 avril	Fontanes est invité à assister aux séances générales et particulières de l'Institut (Aulard, I, 291).
4 mai	Fontanes est réintégré à l'Institut.
14 juillet	Le *Chant national pour le 14 juillet* est exécuté dans le Temple de Mars; les paroles sont de Fontanes, la musique de Méhul.

1800	Publication de l'*Homme des champs*, dans le *Recueil des Poésies et de morceaux choisis*, par J. Delille.
Novembre	Fontanes écrit un article dans le *Mercure de France* sur l'ouvrage de Necker *Cours de morale religieuse*; cet article est réimprimé en 1808, dans le *Spectateur français au XIXè siècle*.
	Publication de la brochure *Parallèle entre César, Cromwell, Monk et Bonaparte*. Lucien Bonaparte, ministre de l'Intérieur, est nommé ambassadeur à Madrid.
1801, 22 mai	Fontanes signale qu'il n'écrit plus dans le *Mercure de France*.
9 août	Naissance de Christine de Fontanes.
	La comtesse Christine (chanoinesse d'un couvent en Bavière) mourra très pauvre, le 12 novembre 1873, à Genève. Grâce à Guizot, elle avait reçu quelque temps avant sa mort une pension.
23 septembre	Fontanes fait un article sur le livre de L.P. Ségur, *Politique de tous les cabinets de l'Europe, pendant les règnes de Louis XV et de Louis XVI*. L'article est (ré)imprimé en 1805, dans le *Spectateur français* (...).
1802, février	Fontanes entre au Corps législatif comme député du département des Deux-Sèvres.
Eté	Fontanes est chez Lucien Bonaparte, au Plessis, où l'on fait du théâtre.
Automne	Fontanes reste au Plessis pour travailler, tandis que les hôtes rentrent à Paris.
18 décembre	Fontanes est nommé par Bonaparte membre d'une commission pour rédiger le programme de latin et des belles-lettres pour les lycées. (Il a comme collègues Domayvon et Champagne).
1803, février	Réorganisation de l'Institut. Fontanes est membre de la classe de langue et de littérature française.
11 février	Mort de La Harpe.
14 février	Fontanes prononce l'éloge funèbre au nom de l'Institut. Chateaubriand décrit les funérailles.
Fin février	Fontanes est invité à s'occuper d'une édition des oeuvres de La Harpe (Aulard, III, 706).
17 avril	Note secrète sur Fontanes dans laquelle on le peint comme un agent des puissances étrangères.

Fin octobre	La liste des livres de classe est prête et porte comme imprimatur "à l'usage des lycées ou des écoles secondaires" (Aulard, IV, 401).
1804	Avant d'être nommé à la présidence du Corps législatif, Fontanes participe à la préparation de l'édition des oeuvres de Rollin, mais il abandonne finalement la tâche.
11 janvier	Sur proposition du Corps législatif du 10 janvier 1804, Bonaparte nomme Fontanes président de cette assemblée (les autres candidats étaient Duranteau, Latour-Maubourg et Toulongeon).
Février	Fiévée dit, dans sa correspondance avec Napoléon, l'opinion des cercles concernant la nomination de Fontanes. A partir de février, les discours de Fontanes sont toujours commentés par Peltier dans son journal l'*Ambigu*.
17 février	Fontanes ne veut pas laisser passer une loi présentée par les commissaires du gouvernement au Corps législatif, qui prévoit l'arrestation et la condamnation à mort de ceux qui ont ou qui auront des contacts avec Cadoudal et Pichegru.
21 mars	A 6 heures du matin, Bonaparte lui parle de l'arrestation du duc d'Enghien et de son exécution.
24 mars	Fontanes présente, au nom du Corps législatif, le Code civil et ordonne l'érection d'un buste de Bonaparte.
18 mai	Le Sénat décerne la dignité impériale au Premier Consul.
14 juin	Fontanes est nommé commandeur de la Légion d'honneur.
28 novembre	Fontanes remercie Chaudet pour l'envoi du buste de l'Empereur.
2 décembre	Sacre de Napoléon.
1804	En tant que président du Corps législatif, Fontanes s'adresse à Pie VII, lors de son passage à Paris pour le Sacre. Il prononce la fameuse phrase "sans religion point d'Etat". Un autre petit chef-d'oeuvre d'éloquence est le discours tenu par Gosselin, administrateur général de la Bibliothèque impériale, fait en présence de Pie VII. Fontanes entre cette année dans les manuels de classe et y restera pendant presque un demi siècle. Noël et Laplace publient les *Leçons de littérature et de morale* (...); on y trouve plusieurs morceaux de poésie et de prose de Fontanes. Ce manuel en deux volumes aura, jusqu'en 1862, vingt-neuf éditions; il sera également imprimé en Allemagne en 1833, en un volume (destiné pour des lycées en Rhénanie) et connaîtra jusqu'en 1846 trois éditions.

1805, 24 mars	Fontanes est nommé de nouveau président du Corps législatif. Il propose à l'Empereur l'introduction d'un mandat de cinq ans, se référant à l'usage dans le parlement anglais, ce que Napoléon refuse.
29 mai	Fontanes est à Alès.
22 août	Fontanes préside au Panthéon la distribution des prix du Lycée impérial. Prévost d'Iray ouvre la séance, Fontanes la clôt. Chacun fait un discours (Prévost d'Iray sera un des premiers défenseurs de Fontanes après la chute de Napoléon).
	Fontanes fait partie de la Société de vaccine, créée le 14 germinal an 12 par arrêté du ministre de l'Intérieur. Il tient plus tard que tous les écoliers soient vaccinés contre la petite vérole.
	Le Spectateur français au XIXè siècle publie de Fontanes trois articles:
	• *De la littérature considérée dans ses rapports avec les institutions sociales*, par Mme de Staël (réimpression de l'article paru en 1800 dans le *Mercure de France*).
	• *De quelques reproches faits à la langue française et à notre littérature, des nouveaux mots et des locutions révolutionnaire*.
	• *Sur Thomas*.
	Fontanes fait un voyage incognito à Niort.
1806, 3 février	Fontanes assiste à l'enterrement de Rétif de La Bretonne et tient "un des cordons du poêle". 1800 personnes sont présentes à l'office dans Notre-Dame.
5 mai	Les rapporteurs du gouvernement au Corps législatif demandent de nouveaux impôts. Dans son discours, Fontanes demande d'abord le bonheur du peuple.
10 mai	Napoléon forme, par décret, l'Université impériale. Son organisation doit être présentée, sous forme de loi, à la séance du Corps législatif en 1810.
11 mai	Le Corps législatif reçoit les drapeaux de Naples. Fontanes refuse d'insulter dans son discours la famille royale déchue.
Automne	Article de Fontanes sur *Sterne*, dans les *Quatre Saisons du Parnasse*.
2 octobre	M. Defontanes (sic!) obtient 88 voix sur 106 du collège électoral des Deux-Sèvres pour le Corps législatif.
Septembre	Voyage de Fontanes à Alès pour rechercher l'origine de sa famille.

	Fontanes écrit un article pour le *Spectateur français au XIXè siècle* sur les *Oeuvres de Duclos*.
1808, Hiver	Fontanes publie dans les *Quatre saisons du Parnasse*, un *Fragment d'un discours en vers*.
17 mars	Par décret, Fontanes est nommé Grand-Maître de l'Université impériale. Il prête serment le 28 octobre. Fontanes commence maintenant à organiser l'Université, cette "grande et belle machine" comme l'appelait Napoléon.
Lundi, 21 mars	Longue lettre de Napoléon au ministre de l'Intérieur sur l'organisation de l'Université impériale. Napoléon propose le palais du Corps législatif (actuel Palais-Royal) pour siège provisoire de l'Université.
23 mars	Fontanes propose des conseillers à vie de l'Université.
Dimanche, 26 mars	Les conseillers à vie se réunissent pour la première fois avec Fontanes et Fourcroy.
28 mars	Fontanes remercie Napoléon pour la dotation de terres en Westphalie qui lui apportent 10 000 francs par an.
Printemps	Fontanes publie un *Fragment d'un poëme sur la nature et sur l'homme:* "Homme quand de la mort les leçons t'environnent".
10 août	La dotation est signée.
28 août	Elle est contresignée par Daru à Berlin.
Eté	Fontanes publie dans *les Quatre saisons du Parnasse* un *Portrait de Richelieu*.
Automne	Dans le même journal, Fontanes publie son *Jugement sur Voltaire*.
31 décembre	Fontanes repousse dans la session de clôture du Corps législatif un bulletin impérial de Benavente, en Espagne.
1809	*Fragment du 5ème livre de Lucrèce sur l'origine du monde et de la société* de Fontanes, publié dans les *Quatre saisons du Parnasse.*
Janvier	*A l'auteur de l'article sur Beaumarchais*, article de Fontanes, dans les *Quatre saisons du Parnasse*.
16 août	Discours pour la distribution des prix dans la salle des séances publiques de l'Institut.
7 novembre	Discours de Fontanes à l'adresse de Napoléon.
23 novembre	Fontanes écrit à Napoléon pour lui expliquer que le Grand-Maître doit traiter directement avec l'Empereur sans passer par le ministre de l'Intérieur. Napoléon refuse.
6 décembre	Fontanes demande un traitement de 100 000 Francs par an.

7 décembre	Napoléon lui accorde cette somme, supérieure au traitement du directeur de la Banque de France.
8 décembre	Fontanes lit au comité général du Corps législatif l'adresse qu'il doit prononcer devant l'Empereur.
10 décembre	A 11 heures: La députation du Corps législatif se présente dans la salle du trône et Fontanes lit son adresse à Napoléon. Pour l'année 1809, les dépenses de l'instruction publique s'élèvent à 4 777 495 Francs et 96 centimes.
1810	*L'Almanach de l'Université impériale* est imprimé. Il comporte une *Note historique* très importante sur l'ancienne université de France. Cette "Note" n'est pas signée, mais tout porte à croire qu'elle est de Fontanes.
16 janvier	Il lit une lettre d'adieu au Corps législatif pour la succession de président.
17 janvier	Il reçoit chez lui, à dîner, Girardin, un des éventuels successeurs à la présidence du Corps législatif. Fontanes est d'ailleurs malade ce soir-là.
22 janvier	Séance du Corps législatif pour la réception de drapeaux. Fontanes fait un de ses derniers discours en tant que président du Corps législatif.
1er février	Lettre de Fontanes à Napoléon pour expliquer les prérogatives du Grand-Maître. Fontanes demande à nouveau de traiter directement avec l'empereur.
5 février	Fontanes est nommé sénateur.
7 février	Napoléon réfute à nouveau les arguments de Fontanes.
30 mars	Fontanes ordonne que, le premier jeudi du mois de juin, chaque professeur de rhétorique, dans tous les lycées de l'Empire, compose un discours en latin pour célébrer le mariage de Napoléon avec l'archiduchesse Marie-Louise.
Août	Discours de Fontanes pour la distribution des prix de l'année 1810.
3 novembre	Les facultés des lettres et des sciences de l'Académie de Paris entrent en activité.
Décembre	Coffin soumet son livre "L'université ancienne et nouvelle" à la censure; ce livre contient un éloge du Grand-Maître.
1811, 18 mai	Fontanes établit un "bureau central des instituteurs"; chaque personne voulant enseigner dans les écoles doit s'y inscrire. Aucun directeur ou maître d'école n'est autorisé à recevoir un candidat à l'enseignement sans autorisation préalable. Décret de Moscou.

1812	Fontanes fait un discours à l'occasion de la distribution annuelle des prix.
Décembre	Guizot est nommé professeur adjoint d'histoire à la Faculté des lettres de Paris. Fontanes lui conseille de mentionner, d'une manière favorable, la personne de l'Empereur, ce que Guizot refuse. Guizot dîne chez Fontanes et on parle des philologues grecs de l'Allemagne que Fontanes n'estime guère.
23 décembre	A midi: Réception des corps de l'Etat aux Tuileries. Fontanes présente son discours pour les fêtes de fin d'année. Pour l'année 1812 les dépenses générales de l'instruction publique s'élèvent à 5 500 578 Francs et 22 Centimes. Fontanes fait insérer dans le *Spectateur français au XIXè siècle* sa critique du livre de L.-P. Ségur, *Histoire des principaux événements du règne de F.-Guillaume II, roi de Prusse*.
1813, 10 août	Fontanes arrête le protocole des cérémonies pour la distribution des prix des lycées parisiens.
13 août	Il invite les membres du Sénat à assister à la cérémonie qui a lieu dans la salle des séances publiques de l'Institut.
16 août	A 12 heures: La séance solennelle est ouverte avec un discours du Grand-Maître. Le premier prix est remporté par Forget.
22 décembre	Napoléon nomme une commission du Sénat pour préparer les négociations de paix. Fontanes en fait partie.
27 décembre	Fontanes lit le rapport de cette commission. (En 1814, Ernst Moritz Arndt le critique amèrement.)
1814, 1er avril	Fontanes vote avec les autres la déchéance de Napoléon.
9 avril	Le gouvernement provisoire le reconduit dans ses fonctions de Grand-Maître.
10 avril	Fontanes change les noms des lycées parisiens: le Lycée impérial devient lycée Louis-le-Grand, le Lycée Napoléon Lycée Henri IV et le Lycée Bonaparte Lycée Bourbon.
5 mai	Discours de Fontanes au retour des Bourbons. Dans l'année paraissent les: *Réflexions sur le discours adressé à A.S.M. Monsieur, frère du roi, par M. de Fontanes, grand-maître de l'université de France*.
Mai	Louis XVIII nomme Fontanes membre de la commission pour préparer la Charte promulguée le 4 juin. Beugnot participe également aux discussions et en donne des détails en ce qui concerne l'intervention de Fontanes.

4 juin	Le Sénat conservateur devient la Chambre des pairs. Fontanes est nommé pair de France.
Août	Il prononce son fameux discours pour la distribution des prix de lycées ("Jeunes Français, vous revoyez ce qu'ont vu vos pères (...), la France a repris le cours naturel de ses destinées.").
	L'adresse de Fontanes à la famille des Bourbon fait monter la critique contre le Grand-Maître. Il y utilise presque les mêmes paroles comme à l'époque de Napoléon. Jusqu'au-delà de sa mort, les contemporains étaient irrités, indignés même. (Notons, pour être juste envers Fontanes, que les autres dignitaires de l'Empire s'empressèrent immédiatement de faire de même. Au retour de Napoléon, en 1815, les mêmes dignitaires saluèrent chaleureusement l'Empereur, il est de même au second retour de Louis XVIII. Fontanes par contre se tait.)
	Avec la chute de Napoléon, la critique contre l'Université impériale et contre le Grand-Maître commence. Il y a beaucoup de reproches à l'adresse de Fontanes, mais il y a un qui revient dans toutes les critiques: c'est le gonflement de l'appareil administratif aux dépens des pères des élèves. En effet, Napoléon introduisait l'éducation payante qui, sous l'Ancien Régime depuis 1713 était gratuite. Ce reproche aurait passé au second rang, si les inspecteurs généraux n'avaient pas développé un luxe, dans leurs déplacements en province, qui irritait fortement les critiques. Même Joubert, l'ami de toujours, reprochait ce fait au Grand-Maître pendant le régime de Napoléon.
	Fontanes habite rue de l'Université, hôtel Praslin n° 54.
1815, 15 février	Fontanes est nommé par le *Nain Jaune* "Grand Eteignoir".
17 février	Décret royal portant sur la réorganisation de l'Université. Fontanes, qui a 58 ans, est remplacé à la tête de l'Université.
30 mars	Napoléon annule le décret royal concernant l'instruction publique. Lacépède est nommé Grand-Maître de l'Université.
	Pendant les Cent-Jours, Fontanes vit retiré dans sa maison de Courbevoie.
22 août	Fontanes ouvre la session du collège électoral du département des Deux-Sèvres à Niort.
19 septembre	Fontanes est nommé membre du conseil privé du roi.

23 septembre	Les députations de treize départements, dont celui des Deux-Sèvres, avec Fontanes, sont reçues par le roi.
16 octobre	Fontanes fait partie du 6e bureau de la Chambre des Pairs. Il se trouve dans le *Dictionnaire des girouettes*, de Proisy d'Eppe. Fontanes habite rue du Mont-Blanc, n° 36.
1816, 24 avril	Fontanes est vice-président de l'Académie française et fait son discours d'installation.
21 juillet	Le roi nomme les membres d'une commission, dont Fontanes, pour préparer une loi ou une ordonnance concernant l'instruction publique. (Chateaubriand est également membre de cette commission.)
22 juillet	Fontanes est nommé chancelier de l'Académie française.
21 août	La distribution des prix de lycée a lieu normalement au Collège royal de Louis-le-Grand. Fontanes n'y participe plus.
24 août	Fontanes reçoit le comte de Sèze à l'Académie.
25 août	Il prononce un discours à l'Académie française pour la fête de Saint-Louis.
26 août	L'Académie se réunit en séance publique sous la présidence de Fontanes.
1817, 27 février	*Opinions de Fontanes sur le projet de loi relatif aux journaux*, Fontanes a prononcé ce discours dans la Chambre des Pairs.
5 mai	Lettre de Fontanes à Peltier, qui sera publiée en 1819 dans la *Bibliothèque historique*.
24 avril	Fontanes cite de mémoire, à l'Institut royal de France, son poème *Ode sur la violation des tombeaux de Saint-Denis*.
Août	Fontanes est nommé marquis. Du Bertrand publie: *Diogènes à Paris ou petites lettres parisiennes* et caractérise Fontanes, Pastoret et Volney comme "cette bande de prolétaires", une phrase qui a déjà été attribuée à Napoléon.
1818	Dans la hiérarchie des valeurs littéraires, Fontanes est classé par Le Brun-Tossa dans *Consciences littéraires d'à présent* de "zéro".
Fin décembre	Le bruit court à Paris que Fontanes sera nommé ministre de l'Instruction Publique.
1819, 13 février	Décès de Louis-Charles-Joseph de Saint-Marcellin, tué en duel comme son grand-père. Il est enterré dans le caveau familial au Père-Lachaise.

Mardi, 2 mars	Fontanes répond à la Chambre des Pairs aux propositions du marquis Barthélemy concernant des modifications de loi sur l'organisation des collèges électoraux. Fontanes habite rue de Bourbon n° 43.
1820, 28 juin	Fontanes est rapporteur à la Chambre des Pairs, de la Commission spéciale chargée de l'examen du projet de loi relatif aux élections. Fontanes habite rue du Faubourg Saint-Honoré, n° 57. (Ces continuels changements d'adresse sont bien curieux, mais l'*Almanach des adresses de Paris* l'indique.)
1821, Janvier	Fontanes est nommé président de la Société des bonnes-lettres. Il ne présidera jamais cette Société, fondée par Fonvielle.
13 mars	Le *Moniteur Universel* indique que M. de Fontanes est malade et que Talleyrand a une indisposition.
13-14 mars	Publication de la seconde édition de l'*Essai sur l'homme* de Fontanes.
14 mars	Dans la nuit, Fontanes a une attaque d'apoplexie.
17 mars	A 7 heures du matin: Décès de Fontanes dans son appartement parisien, rue du Faubourg Saint-Honoré, n° 57. (Selon le *Moniteur Universel*, Fontanes aurait demandé à Talleyrand de s'occuper de sa fille qui a à peine 20 ans.) A 11 heures: Le médecin légiste certifie le décès.
18 mars	A 10 heures: Première messe en l'église paroissiale de Saint-Louis (Chaussée d'Antin).
19 mars, lundi	Enterrement de Fontanes au Père-Lachaise. Les journaux et les revues littéraires retracent la vie du marquis de Fontanes.
20 mars	La Société des bonnes-lettres se réunit et le marquis d'Herbouville rend hommage à Fontanes.
21 mars	La duchesse de Duras écrit une lettre de condoléance au comte de La Barthe-Thermes, petit-neveu de Fontanes.
27 mars	Chateaubriand apprend la mort de Fontanes dans l'après-midi, en rentrant d'une promenade dans l'avenue des Tilleuls à la légation française à Berlin.
Mars	Dans le *Journal d'Augsbourg*: article de nécrologie sur Fontanes.
30 mars	La Chambre des Pairs se réunit à une heure. Pastoret rend hommage à Fontanes, après le discours on passe à l'ordre de jour, 1° du projet de loi tendant à modifier l'article 351 du Code d'instruction criminelle, 2°... etc.

31 mars	Selon le *Moniteur Universel*, Fontanes aurait laissé des "Mémoires"; cette affirmation est reprise par d'autres journaux. Dans l'*Annuaire nécrologique*, Mahul est même très ferme sur ce point. Visitant Niort en 1815, Fontanes indique lui-même qu'il a beaucoup écrit sur les événements du 18è siècle et sur le temps passé avec Napoléon. Ici s'impose une réflexion. Fontanes était hostile au discours continu. Sa poésie consiste très souvent en "Fragments", ses discours ou ses articles sont brefs, rarement dépassent-ils trente pages imprimées. J'imagine mal qu'on puisse trouver un manuscrit à la "Labouisse", à la "Beugnot", plutôt devrait-on s'attendre à des morceaux détachés.
6 avril	Services religieux dans l'Eglise de l'Ecole normale, célébré au nom du Conseil royal de l'Instruction.
10 avril	*Journal des Débats*.
11 avril	Lettre de Chateaubriand, écrite de Berlin et insérée dans le *Moniteur Universel*.
27 avril	L'Académie française élit Villemain à la place laissée vacante par Fontanes.
28 juin	A l'Académie française, Roger reçoit Villemain.
Lundi, 2 juillet	Le "*Moniteur Universel*" donne une première impression de cette séance.
Juillet	*Pamphlet contre Fontanes: Discours prononcé dans la réception de Napoléon Bonaparte le 5 mai 1821 par Louis de Fontanes*. Ce "discours" est à la fois humoristique et perfide.
16 septembre	Annonce de la mise en vente de la bibliothèque de Fontanes.
1829, 24 novembre	Mort de Mme de Fontanes, elle est enterrée aux côtés de son mari.
1831, 11 novembre	Christine de Fontanes mentionne dans une lettre à Mme Récamier la visite de Chateaubriand à Genève.
1835	On prépare l'édition des oeuvres de Fontanes. Elle est confiée à Chateaubriand, Roger, Villemain et Sainte-Beuve.

Chapitre I

Fontanes - Les origines

Le jeudi 3 janvier 1754, Pierre-Marcellin de Fontanes, père du futur Grand-Maître de l'Université impériale, surveille, comme il l'a fait tant de fois, le marché des ventes des étoffes à Saint-Gaudens. Ce matin hivernal, le marché commence tout juste à s'animer un peu quand un jeune homme vient vers l'inspecteur des manufactures. Les deux jeunes se connaissent; ils sont de la même famille. Messire Gaudens - Sabin-Pierre-Antoine de Sède, baron de Liéoux et seigneur, son beau-frère, se dresse devant Fontanes, l'injurie devant tout le monde et lui enjoint de sortir de la ville avec lui. Mais Fontanes, qui vaque à ses fonctions, refuse. Soudain, le sire de Sède tire son épée. Fontanes fait de même. La bataille entre le catholique et le calviniste commence. Fontanes essaie d'abord de désarmer son agresseur tombé, mais en vain; celui-ci se lève et fonce à nouveau. A ce moment, la bataille tourne au drame. Fontanes, trente-cinq ans et dont le passé est déjà rempli de bouleversements personnels, se défend. Le second coup est mortel pour de Sède, qui tombe de nouveau. Il reste sur la porte du parquet, la pointe de l'épée encore tournée vers le mari de sa soeur. Les spectateurs, et il n'en manque pas, reçoivent l'ordre de soigner le mourant. Pierre-Marcellin de Fontanes ne travaille plus ce jeudi 3 janvier, il part instantanément pour Toulouse et écrit une longue lettre à son supérieur[1].

Le sire de Sède, tout juste âgé de vingt-huit ans à ce moment, est enterré le même jour aux Dominicains à Saint-Gaudens[2]. Ainsi se terminent, momentanément, les relations entre Fontanes et la famille de sa femme qui lui reste, bien sûr, fidèle. Madame de Fontanes, au moment de son mariage avec Pierre-Marcellin, en 1750, est déjà veuve et mère de six enfants. Son sort est et sera

---

1   Pierre Salies, "Un duel à Saint-Gaudens en 1754", *Archistra*, N° 32, janvier 1978. Nous renouvelons ici notre reconnaissance à Salies qui a dépouillé les registres paroissiaux de Saint-Gaudens, de Liéoux et les registres de Jean Adema, notaire de Saint-Gaudens. Les détails sur les familles de Fontanes, Sède et Fourquevaux, pour cette époque, se fondent sur ses communications manuscrites. - La lettre de Fontanes date de la semaine qui suit le 3 janvier, Robert Molis, *Revue du Comminges*, 1974, 2è trim., 188, d'après Arch. dép. de l'Hérault, C 149. Fontanes demande une grâce: "sans laquelle je serays forcé d'augmenter le nombre de ces malheureux François qui trahissent leur patrie en portant chés l'étranger les connoissances de nos manufactures et de notre commerce, party que j'envisage avec autant d'horreur que ce qui vient de m'arriver et que je ne mettray en pratique qu'à la dernière extrémité. Je feray retirer à St. Gaudens la réponse que je vous supplie de me faire, Monseigneur, quoy que je me sois éloigné de cette ville."
2   Communications Salies, Registres paroissiaux de Saint-Gaudens, 4E 1865 1737-1758: "[Il est] enterré aux Dominicains presens à sa sepulture Henry Garsan et Michel Martin brassiers qui n'ont sceu signer requis en foy de ce."

toujours difficile. Ils ont un enfant de deux ans et demi, Dominique-Marcellin Fontanes, futur lauréat de l'académie de La Rochelle des années 70[3].

La famille des Fontanes, qui n'est pas si ancienne et si noble que celle des de Sède, erra, surtout après la révocation de l'Edit de Nantes, à travers l'Europe. On trouve en effet, cette famille, originaire du Languedoc, à Genève, refuge préféré des calvinistes, à Turin, mais aussi à Hambourg, où Louis de Fontanes trouvera un asile après le 18 fructidor.

Dominiquette-Jeanne-Baptiste-Raymonde de Sède s'était mariée une première fois en 1740 avec Bernard Ferrier[4], benjamin d'une famille de quatre garçons dont le grand-père, Guillaume Ferrier, était conseiller du roi. De ce mariage naquirent six enfants. Au moment de ce mariage, le 16 février 1740, Bernard Ferrier a vingt-six ans, sa femme, descendant du côté maternel des Beccarie de Pavie Fourquevaux, a tout juste dix-neuf ans. Le futur grand-maître et surtout sa fille Christine resteront en contact avec cette nombreuse famille des Fourquevaux. Dominiquette Ferrier met au monde entre ses dix-neuf et ses vingt-cinq ans chaque année un nouvel héritier; ils ne vont pas tous survivre[5].

Mais Bernard Ferrier meurt aux environs de 1748 et la veuve va se remarier avec Pierre-Marcellin de Fontanes - le père - qui est, comme la tradition familiale le veut, inspecteur des manufactures. Les circonstances du mariage nous sont jusqu'à présent très peu connues. La veuve a dû renoncer, au moment de son mariage, à tous ses titres de noblesse pour devenir simple dame de Fontanes[6]. Par contre, ni la famille de Sède, ni les Ferrier n'étaient dépourvus de biens, comme on peut le conclure du registre du notaire Adema de Saint-Gaudens.

Le 28 septembre 1745, Imberte Ferrier, grand-mère de Bernard Ferrier, fait son testament qui est ouvert le 6 avril 1751; elle lui lègue la somme de 900 livres et nomme Imberte Ferrier, "sa filleule et petite nièce", héritière universelle[7]. Cette Imberte Ferrier accompagnera son demi-frère Louis pendant une

---

3   Salies, *loc. cit.*: "Sieur Dominique Marcellin Fontanes fils de sieur Pierre Marcellin Fontanes inspecteur des manufactures et de dame Jeanne Baptiste Raymonde Dominiquette de Sède mariés est ne et baptise le vingt six août l'an que dessus parrain sans marraine Dominique Ane pauvre native de la parroisse et habitant de la ville de Valentine qui requis de signer a dit ne savoir en foy de ce."

4   Salies, *loc. cit.* Le mariage a eu lieu le 16 février. Bernard Ferrier est, comme son père, conseiller du roi et son lieutenant en la maitrise des eaux et forêts de Comminges; la jeune femme est fille de Clément Julien de Sède, seigneur et baron de Liéoux et de Marie Gabrielle de Beccarie de Pavie Fourquevaux.

5   Le 16 juin 1740 est né Jean-Marc-Antoine; le 4 juillet 1741, Gabriel-Edouard Ferrier est baptisé; le 28 août 1742, naquit Imberte Ferrier qui accompagnera plus tard les Fontanes dans les Deux-Sèvres; le 4 janvier 1744, on constate la naissance de Louise-Marie-Joseph; le 17 mars 1745, Anne est baptisée et le 22 août 1746 finalement, est née Marie-Jeanne, baptisée le jour suivant (selon Salies, *loc. cit.*).

6   Le Lt.-Colonel P. de Viguerie, château de Fourquevaux, à Montgiscard, possède l'acte d'abandon des droits de la veuve sur la seigneurie de Fourquevaux, mais il n'a pas voulu nous le communiquer.

7   Salies, Registre de Jean Adema, notaire de Saint-Gaudens, 3E 24943 1751-1752.

longue partie de sa vie[8].

Les trois familles, et nous y incluons les Fourquevaux, possédaient en outre des métairies dans la région de Liéoux et d'Auné dont la vente posa des difficultés entre héritiers. Le 13 mars 1751, Dominiquette de Sède, assistée par son mari Pierre-Marcellin Fontanes, conclut finalement un accord avec les différentes parties et elle prit sur la demande de ses beaux-frères, sieurs Edouard et Joseph Ferrier, la tutelle de ses enfants.[9]

L'affaire de l'héritage familial ne semble pas être terminée par ce compromis. Pierre-Marcellin de Fontanes n'est pour rien dans ces querelles de famille, il prête son concours pour régler à l'amiable les interminables conflits. Le 15 mars 1751, deux jours après le premier contrat, "Michel Anne Meunier se constitue débiteur en faveur de Dame Dominiquette de Sède... de 500 livres arrérages du prix de l'afferme du moulin d'Auné... depuis 1749"; le 19 mars de cette même année, "Dominiquette de Sède, épouse Fontanes" verse 600 livres du dû de 1 200 livres à Me Edouard Ferrier; celui-ci cède 600 livres aux demoiselles Imberte-Louise et Anne Ferrier" et ce par des raisons d'équité et de justice

---

L'ouverture du testament a été demandée par Marc-Antoine Ferrier, avocat en Parlement, en présence de Joseph Ferrier, son frère.

8   Le 30 avril 1776, Louis de Fontanes et ses soeurs utérines, dont Imberte, demandent devant Me Rouget des Mareilles, notaire à Niort, la levée des scellés sur les biens de sa mère morte dans un couvent. - A l'occasion du mariage de Louis de Fontanes en octobre 1792 avec Geneviève-Marie-Faustine-Chantal Cathelin, à Lyon, Imberte Ferrier, veuve du sieur Thomas Rouget de Lisle, domiciliée à Saint-Maixant, Deux-Sèvres, envoie une procuration à son demi-frère.

9   Salies, registre de Jean Adema, notaire de Saint-Gaudens, 3E 24943 1751-1752. L'acte notarial est assez important. Louis de Fontanes compte d'ailleurs plus tard, en octobre 1785, quand il se trouve momentanément à Londres, sur l'argent du Languedoc, voir Remy Tessonneau, *Correspondance de Fontanes et de Joubert*, Plon, 1943, p. 5, n° 4. - Sont présents à l'acte: Dominiquette de Sède, assistée par Pierre-Marcellin Fontanes, son mari; dame Marie de Pavie de Fourquevaux, veuve du sieur Clément-Julien de Sède; le sieur Gaudens-Savin de Sède; le sieur Joseph Ferrier; Marie-Joseph de Sède, épouse du sieur Joseph Ferrier. On conclut: "pour éviter un procès que le sieur Joseph Ferrier était sur le point d'intenter pour 6 950 livres échues à son lot de partage avec ses frères et dues par la succession dudit feu sieur de Sède audit feu Me Bernard Ferrier. En représentation de ces 6 950 livres ledit sieur Joseph Ferrier jouissait du revenu de la métairie d'Auné, qui appartient au sieur Gaudens de Sède comme héritier de sa grand-mère, dont il est actuel possesseur. Dorénavant, Joseph Ferrier jouira en titre de faculté de rachat, en représentation de la dite somme, des métairies appelées Saint Martin et Lespitau, à Saux et Liéoux dépendantes de la succession de Clement Julien de Sède. Et attendu que ladite dame Dominiquette de Sède de Fontanes est créancière du chef de sa grand-mère de la somme de 5 000 liv. sur le moulin d'Auné, et que la succession dudit Me Bernard Ferrier doit à Me Edouard Ferrier son beau frère la somme de 1200 livres ... et que ladite dame de Fontanes a payé au sieur de Montegut 773 livres 1 sol et qu'elle a payé à M. Gerard Receveur du Pays de Nebouzan 354 livres pour le 1/10è dudit moulin; qu'il est dû encore par la même succession à Dlle Imberte sa fille comme héritière de feue Dlle Imberte de Ferrier sa tante 3 363 livres, toutes lesdites sommes revenant à 12 490 livres 1 sol, il s'est trouvé que ladite dame Dominiquette de Fontanes demeure créancière sur la succession de son défunt mari pour la susdite somme de 12 490 livres 1 sol ... déclarant qu'elle ne prend la tutelle de ses enfants qu'à la prière desdits sieurs Edouard et Joseph Ferrier oncles desdits enfants...".

et surabondament par amitié". Le même mois de mars, un fils de Sède reçoit de sa mère 3 000 livres qu'il veut utiliser pour la poursuite d'un procès contre son oncle Fabien[10].

La vie dans cette nombreuse famille n'a dû être agréable pour personne; il semble qu'on peut constater ces différends surtout à partir du moment de l'héritage de Bernard Ferrier. Il est vraisemblable que l'animosité contre Fontanes s'accrût à cause de sa religion calviniste que sa famille avait embrassée au début du 17è siècle, tandis que les Fourquevaux et les Sède restaient de fervents catholiques. Quand on se rend compte que les adhérents de la "religion dite réformée" ne pouvaient être enterrés que la nuit - Pierre-Marcellin l'a été le 9 septembre 1774 à onze heures du soir, dans un enclos réservé aux protestants - , on comprend mieux l'aversion qui a dû les entourer pendant leur vie[11]. Et Pierre-Marcellin ne fut-il pas regardé comme un intrus dans cette famille de Sède? Il suffisait certainement de peu pour que le vase débordât[12]. Ce qui a dû le plus irriter son jeune et nouveau beau-frère était peut-être le fait que Fontanes était un homme respecté par les pouvoirs publics et qu'il était compétent dans les affaires. Dans la lettre demandant sa grâce, Fontanes explique à son supérieur le caractère violent de son beau-frère: "mon beau-frère pour reconnoitre des services signalés que je luy ay rendu (ce que ne pourra nier Madame sa mère) enrage de ce que j'ay contribué à l'empêcher de dissiper (comme il avait déjà fait son patrimoine) un bien que je lui avois procuré et cela en luy faisant prendre avec sa ditte mère des arrangements qu'il avoit d'abord fort gouté."[13].

Les origines des Fontanes remontent au 17è siècle. Laissons de côté les indications de Courcelles dans son *Dictionnaire universel de la noblesse de France*[14] qui font remonter les Fontanes "seigneurs d'Appenets", jusqu'en 1308, où un Bernard de Fontanes est capitoul de Toulouse. Il paraît plus sûr d'essayer de ne retracer l'histoire de cette famille qu'à partir du moment où des documents authentiques nous sont parvenus[15].

C'est surtout vers Genève et Turin qu'il faut se tourner. Le 9 décembre 1715, Jean Fontanes, d'Alais en Languedoc, fut reçu habitant de Genève, ville dans laquelle il s'"étoit réfugié au commencement du siècle"[16]. Le registre du

---

10 P. Salies, Registres de Jean Adema, notaire de Saint-Gaudens, 3E 24943 1751-1752.
11 Guy Pillard, "Notes sur la mort de Pierre-Marcellin Fontanes", *Bulletin de la Société historique et scientifique des Deux-Sèvres*, deuxième série, tome IX, N° 4, 4° trimestre 1976, 541. Nous allons revenir sur cette époque de la vie de Pierre-Marcellin Fontanes.
12 Il faut avouer que jusqu'à présent on connaît très peu de la vie de Fontanes entre 1750 et 1754.
13 Salies, *Archistra*, op. cit., 15-16.
14 Courcelles, *Dictionnaire universel de la noblesse de France*, t. III, 1821, 218.
15 Sur les Fontanes au début du 17è siècle dans la commune de La Mélouze et au hameau des Appents, voir Oberkampff de Dabrun, "La famille de Fontanes", *Bulletin de la Société de l'histoire du protestantisme français*, bulletin historique et littéraire, t. XLIV, Paris, 1895, 615f.
16 Eugène Ritter, "La famille Fontanes", *Bulletin de la Société de l'histoire du protestantisme français, op. cit.*, 554-559; on y trouve les détails et minutes de notaires que nous

Conseil de la ville indique qu' "on a octroyé l'habitation au dit Fontanes" qui se trouve d'ailleurs à Turin pour des affaires de son négoce. Ce Jean Fontanes est le grand-père de Louis de Fontanes. C'est à Turin que fut passé le 4 juillet 1716 par devant Marc Fornet, notaire à Genève, une procuration pour son mariage avec "demoiselle Madelaine Girard", dont les parents, eux aussi originaires d'Alais en Languedoc, se sont réfugiés à Genève. A Turin naquit encore Jean-Balthasar Fontanes qui sera plus tard - au milieu du siècle - pasteur de l'église française de Hambourg et d'Altona, et, de retour à Genève, pasteur et professeur[17]. Mais Jean Fontanes quitte Turin et retourne à Genève puisque Pierre-Marcellin Fontanes est né dans cette ville le 12 septembre 1719. La famille aura encore deux autres enfants, Jacques-Marcellin qui voit le jour le 12 octobre 1720 et Charles-François Fontanes, né le 4 novembre 1721.[18]

Jean Fontanes va de nouveau quitter Genève pour la France; sa femme y meurt le 12 avril 1764. Louis de Fontanes restera en contact avec Jean-Balthasar à qui il fait une visite en 1787[19]; son oncle meurt à Genève le 31 octobre 1788, âgé de soixante-dix ans et demi. Cet oncle, qui, dans les archives de l'Etat de Genève, est uniquement connu sous le nom de *Jean* Fontanes, a présenté le 7 novembre 1762 en son nom et en celui de son fils, Jacques-Charles, une requête pour être admis à la Bourgeoisie de la ville, ce qui lui est accordé le 20 novembre de cette année[20].

---

utilisons.
17 Ritter, *op. cit.*, 556: "Johannes Fontanes, Taurinensis", se trouve le 19 mai 1733 sur la liste des étudiants de Genève. Jean (Balthasar) Fontanes se marie vers 1749 avec Jeanne-Louise Dentant (p. 557). Il laissa ses trois enfants, selon l'acte notarial du 19 floréal an VII, comme héritiers: Jacques-Charles, Marguerite, épouse de Jacques-Louis Peschier et, Charles-Louis. Sur la carrière universitaire de Jean-Balthasar Fontanes, voir Charles Borgeaud, *Histoire de l'Université de Genève*, Genève, Georg voir Charles Borgeaud, *Histoire de l'Université de Genève*, Genève et cie, 1900, 602-603.
18 Dans la *Biographie universelle, ancienne et moderne*, Michaud, 1816, l'article "Fontanes", anonyme, mais inspiré par Louis de Fontanes, l'ancien grand-maître de l'Université impériale fait naître son père en 1721.
19 Lettre de Fontanes, 24 août 1787 de Vevey, adressée à Joubert, avec post-scriptum: "Réponse à Genève, chez M. de Fontanes, pasteur et professeur", *Correspondance de Fontanes et de Joubert, op. cit.*, 39-41.
20 Archives d'Etat, Genève, A.E.F., R.C., vol. 262, 1762: "Du 7è 9bre 1762. Vu la reqte de Spble Jean Fontanes, Ministre du St. Evangile, régent de la 1ère classe, à ce qu'il plaise au Conseil l'admettre Jacques-Charles Fontanes, son fils, à l'honneur de la Bourgeoisie. Arrêté que la dite reqte soit cimmuniquée au Sr. Procureur Général pour donner sur réelle ses conclusions." Et en marge du document: "Spble Jean Fontanes Repte pour la Bourgeoisie." Document du "20è 9br 1762", *loc. cit.*: "Vu les conclusions du Sr. Procureur Général sur la reqte de Spble Fontanes, tendant à obtenir pour lui et pour son fils, l'honneur de la Bourgeoisie; arrêté de déclarer le dit Spble Fontanes et son fils admissibles à l'honneur de la Bourgeoisie; laquelle admissibilité a été confirmée par le grabeau du dt. Spble Fontanes, fait à haute voix et à la balotte." En marge: "Spble Jean Fontanes déclaré admissible à l'honneur de la Bourgeoisie." Et finalement le "21 9bre 1762: Spble Jean Fontanes, mandé par le Procureur, étant entré, avec Jacques Charles Fontanes, son fils âgé de neuf ans, on a lu dans sa présence sa reqte, tendant à obtenir pour lui et pour son dt. fils l'honneur de la Bourgeoisie, et ayant donné libertés, Mr. le Procureur ayant invité le Conseil d'opiner sur la dite Bourgeoisie. L'avis a été de rece-

Jean-Balthasar et une partie de sa famille prennent donc le chemin du pastorat et du professorat, tandis que son frère Pierre-Marcellin suit la carrière de son père, Jean, et reste dans l'inspection des manufactures, une profession que Louis de Fontanes embrassera pour un petit moment entre 1774 et 1775, avant de partir pour Paris.

Il est toujours très difficile de juger quelle influence peut avoir une tradition familiale sur un jeune être, néanmoins pouvons-nous constater que déjà Jean Fontanes, que nous retrouvons en 1740, inspecteur à Saint-Pons, écrivait des mémoires, relatifs à son métier; son fils Pierre-Marcellin ne manquera pas de faire du même.

Ce Jean Fontanes n'était pas un inconnu en haut lieu. Il a fait fabriquer à cette époque à Alais, le berceau de sa famille, une pièce de bayette et envoya au ministre Orry un échantillon, accompagné d'un mémoire que celui-ci a fait examiner attentivement.

Dans une lettre du 20 janvier 1744, Orry conclut que les propositions de Jean Fontanes sont bien fondées et que leur réalisation serait très avantageuse pour la fabrication des tissus dans les Cévennes et le Languedoc[21].

---

voir le dit Spble Jean Fontanes et Jacques-Charles Fontanes Bourgeois pour le prix de quatre cens écus blancs, deux assortiments à l'Arsenal, et vingt écus blancs à la bibliothèque. Ce qui ayant été rapporté par Sgr. Trésorier Général au dt. Spble Fontanes; il l'a accepté avec respect et reconnaissance. Après quoi, étant rentré avec son fils, il a prêté le serment de Bourgeois et s'étant approché au devant de Mr. le Premier, il a [confirmé] le dit serment, en touchant des deux mains sur les Spbles [illisible] et en conséquence, il a été mandé aux Sgrs [illisible] de céans de lui expédier ses lettres de Bourgeois." Ce Jacques-Charles Fontanes trouve en 1808, où Louis de Fontanes est nommé grand-maître de l'Université impériale, l'occasion d'écrire à son oncle pour lui recommander son beau-frère Jacques-Louis Péschier, pasteur et professeur de Genève, voir *Correspondance de F. et de J., op. cit.*, 40-41, n° 2.

21 Lettre d'Orry, Archives de l'Hérault, C 2360: "A Marly, le 20 janvier 1744. Monsieur, Le sire Fontanes, inspecteur des manufactures à Saint Pons dans l'intention de faire connaître que l'on pourrait former l'établissement d'une fabrique de bayette dont il m'a envoyé un échantillon. Il observe que cette bayette est d'une qualité intermédiaire, que la chaîne est de 1800 fils, passée dans un rot de aunes moins un douze de large et du poids de 10 L poids de râble, que la trame est de l'aine des environs d'Alais et n'a été cardée qu'à la grosse carde; qu'il y est entré 30 livres de trame, et que suivant le compte de fabrique de cette pièce de bayettes qui revient en blanc à 70 L, 3s. Je pense qu'il y aurait 25 pour cent à gagner sur le prix que les bayettes se vendent à Cadix. Cet inspecteur ajoute que plusieurs inconvénients ont contribué à rendre cette bayette moins parfaite qu'elle pourrait l'être dans la suite. Ces inconvénients sont expliqués dans le mémoire qu'il m'a adressé et que je vous envoie. J'ai fait examiner par le sire Pradier, inspecteur des manufactures de Beauvais, qui a établi avec succès dans cette ville et dans la Picardie la fabrique des bayettes, l'échantillon de bayette et le mémoire d'observation du sire Fontanes. [...] A l'égard du mémoire, je trouve que les observations sont solides et qu'il est constant qu'aux prix rapportés des matières et de la main-d'oeuvre. On pourrait fabriquer en tout temps cette étoffe dans les Cévennes et mieux que ne font des Anglais. Vous connaissez l'importance qu'il y a de former des établissements utiles: celui dont il s'agit serait non seulement avantageux aux pays des Cévennes, mais encore à la province du Languedoc. Ainsi je vous prie d'examiner les moyens que l'on pourrait prendre pour y parvenir [...]. Je suis [...] Orry".

L'affaire ne reste pas en suspens; en 1744 même, Fontanes reçoit 1 728 L pour la construction d'une fabrique de bayette dans les Cévennes et, le 14 mars 1745, Orry écrit de nouveau à Fontanes, en lui demandant de surveiller de près ces installations, ce que Fontanes fait avec assiduité, en s'endettant même, puisqu'il écrit de Montpellier le 24 août 1747 à son supérieur pour lui rappeler ses services qui nécessitaient des déplacements mal rémunérés ou pas du tout[22].

Son fils Pierre-Marcellin l'aide et remplace le père quand celui-ci se trouve en inspection hors de Saint-Pons. Il est du reste déjà inspecteur, puisque dans une lettre de Versailles, datée du 28 juin 1748 et adressée à l'intendant Le Nain, Machault, qui est contrôleur général, nomme le "sire Fontanes fils, actuellement inspecteur en Provence" à la place devenue vacante à Saint-Gaudens[23]. Et Machault presse son représentant en Provence pour que Fontanes "se rende incessament" à son nouveau poste. C'est alors en été 1748 que nous pouvons fixer l'arrivée de Pierre-Marcellin au voisinage de Dominiquette, de Sède qui avait à sa charge les enfants de son premier mariage.

On ignore comment Pierre-Marcellin et Dominiquette se sont rencontrés. Le fait qu'elle ait renoncé à ses titres au moment du mariage montre que les relations familiales n'allaient pas au mieux dans la famille de Sède[24]. Toujours est-il que Pierre-Marcellin ne va pas rester longtemps à Saint-Gaudens. Nous avons encore de lui un court mémoire qu'il a adressé à son intendant et qui est daté du

---

22 Lettre de Jean Fontanes, Arch. de l'Hérault, C 2360:
"A Montpellier, le 24 août 1747
Monseigneur,
Par la copie de la lettre que M. le Controlleur Général a écrite à votre grandeur le 8 de ce mois que j'ai reçue dans celle dont vous m'avez honoré le 16 suivant, j'ai vu, Monseigneur, qu'on m'ordonne de rendre compte de 1.728 L qui me furent remis en 1744 pour l'établissement d'une fabrique de bayettes dans les Cévennes, qu'on me demande un état détaillé des dépenses que j'ai faites à ce sujet et un mémoire historique des raisons qui ont pu empêcher les suites de cet établissement. Je satisfais à cet ordre par le mémoire ci-joint, et je vous supplie très humblement, Monseigneur, en l'envoyant à M. le Controlleur Général d'avoir la charité de lui représenter que le séjour et les visites que j'ai faites dans les fabriques des Cévenues par les ordres que M. Orry m'en donna le 14 mars 1745 qui n'ont pas été révoqués, et les dépenses de mon fils à Saint-Pons en y exerçant mes fonctions, m'ont mis dans la facheuse nécessité d'avoir recours à mes amis pour subvenir à mes besoins. Si votre grandeur se rappelle ce qu'elle me fit l'honneur de me dire il y a un an au sujet de mes mémoires, j'ose me flatter qu'elle ne me trouvera pas indigne de la grâce que je lui demande. Je suis avec un très profond respect, Monseigneur [...] Fontanes."
23 Arch. de l'Hérault, C 2475: "A Versailles, le 28 juin 1748
Monsieur,
L'inspection des manufactures des draps du Dauphiné étant vacante par la mort du sire Boutillier, j'ai nommé pour remplir cette place le sire Joly, inspecteur à Saint Gaudens, qui sera remplacé par le sire Fontanes fils, actuellement inspecteur en Provence. Il doit se rendre incessamment à Saint Gaudens pour l'exercice de sa commission qui doit commencer le 1er du mois prochain. Je vous en préviens, en vous priant de vouloir bien lui procurer toutes les facilités dont il aura besoin pour bien remplir les fonctions de son emploi en ce qui concerne les villes et lieux de votre département.
Je suis, Monsieur, [...] Machault."
24 Pierre Salies essaie actuellement de relancer la recherche sur cette époque.

23 mars 1753, de Toulouse[25].

Dans cette lettre, Fontanes propose différents moyens pour dénaturer le sel qui, additionné d'un colorant noir non nocif, peut être utilisé pour le bétail et, par ce fait, être détaxé, puisqu'il n'est plus propre à la consommation humaine.

Vient ensuite la correspondance que les Fontanes ont menée après le "conflit d'honneur"[26]. Nous avons déjà cité la lettre que Pierre-Marcellin envoya immédiatement après le duel à son supérieur[27]. Madame Fontanes finalement écrit de Toulouse le 8 mai 1754 à l'intendant pour le remercier du versement des appointements de son mari qui semble en effet avoir été affecté par ce tragique accident[28].

Mais Pierre-Marcellin ne va plus rester longtemps à Toulouse. Une fois de plus, il lui faut plier bagage. Dès l'année suivante, il est nommé inspecteur "au Poitou et dans la généralité de La Rochelle"[29].

---

25 Arch. de l'Hérault, C 2544: "Toulouse, le 23 mars 1753
    Monseigneur,
    Dans le journal que j'ai eu l'honneur de vous adresser en dernier lieu, je mets entre les moyens de multiplier les laines dans ce royaume la conservation des moutons dans un état assez vigoureux par le moyen du sel; et je remarque à ce sujet que la crainte qu'on ne divertît à l'usage de l'homme le sel qu'on pourrait donner pour le bétail a sans doute empêché jusqu'ici d'en accorder aux particuliers à un prix relatif à l'objet; enfin je propose, pour assurer d'un côté la consommation du sel à l'ordinaire et procurer de plus le débit de celui nécessaire au bétail, de donner à ce dernier une couleur noire. C'est, Monseigneur, sur quoi roule l'opération dont j'ai l'honneur de vous faire part. Avec des ingrédients de très bas prix qu'on trouve dans presque tous les coins du royaume, qui n'ont rien de rebutant ni de malfaisant pour les bestiaux, je suis parvenu à donner dans peu d'heures au sel commun une couleur sinon noire au moins d'un brun assez nourri pour rebuter de s'en servir à notre usage; et à quelque salage que ce puisse être.
    Cette couleur est aussi suffisamment solide puisqu'il faut seulement pour l'altérer des raffinages qui font déchetter ce sel de plus de trois quarts. Ce qui le ferait revenir, joints aux frais de l'opération, plus cher que le sel ordinaire au prix actuel. Je crois donc, Monseigneur, mon secret suffisant pour empêcher les fraudes, surtout capable de les manifester assez pour intimider ceux qui seraient assez hardis pour s'y livrer. Si vous daignez faire examiner le petit échantillon de sel coloré que j'ai l'honneur de vous adresser ci-joint, j'espère que vous serez convaincu que je n'avance rien qui ne soit exactement vrai. J'ai l'honneur [...] Fontanes."
26 Louis de Fontanes utilise ce terme dans la *Biographie universelle, ancienne et moderne*, op. cit., art. Fontanes, Pierre-Marcellin.
27 Supra p. 1, n° 1.
28 Arch. de l'Hérault, C 2524: "Toulouse, le 8 mars 1754
    Monseigneur,
    J'ai l'honneur de vous remercier pour le sire Fontanes, mon mari, des ordres que vous avez bien voulu expédier pour le payement de ses appointements qui lui sont parvenus avec la lettre dont vous l'avez honoré.
    Permettez que je continue d'avoir l'honneur de vous demander votre protection pour le dit Fontanes et de l'espérer puisqu'il est malheureux."
29 Arch. de l'Hérault, C 2525: "Toulouse, le 27 avril 1755
    Monseigneur,
    J'ai l'honneur de vous informer que le controleur général vient de me choisir pour remplir la place d'inspecteur des manufactures en Poitou et dans la généralité de La Rochelle. Si cette [illisible] me prive du bonheur d'être dans votre département qu'elle ne m'ôte point votre bienveillance. Je vous supplie, Monseigneur, de m'en accorder la

Voilà donc que se termine une page dans la vie de Fontanes; un nouveau voyage commence, un nouvel horizon va maintenant s'ouvrir devant lui et sa femme. Eloignée de sa famille, Dominiquette de Sède, épouse Fontanes, doit affronter une vie nouvelle; Pierre-Marcellin, coupé de ses racines familiales, mais fidèle à sa conviction religieuse, doit, lui aussi, s'habituer à une région qu'il ne connaît point. Louis de Fontanes n'est pas encore né, mais la famille est déjà grande; trois enfants au moins partent avec eux pour le Poitou, Imberte Ferrier, une de ses soeurs et Dominique-Marcellin, septième enfant de Dominiquette, qui sera quelques années plus tard une source de joie pour son père et le modèle littéraire de son jeune frère Louis.

---

continuation, il n'est rien que je ne fasse pour la mériter, et c'est un des plus puissant motif d'émulation et le prix que j'ambitionne des services que je pourrai rendre. Pour fournir aux frais de mon voyage, M. Le controleur général me fait écrire par M. de Trudaine, que je puis m'adresser à vous, Monseigneur, pour le payement du semestre de janvier qui échouera dans deux mois à St.-Gaudens. J'espère que vous ne me refuserez pas les ordres nécessaires pour obtenir le payement de ce semestre; j'aurais l'honneur de vous représenter, Monseigneur, que votre ordonnance m'est d'autant plus nécessaire que M. l'intendant d'Atuets ne donne ces ordres que sur cette ordonnance, et qu'à l'égard de ce qui m'est compté sur le mandat de M. l'archevêque de Narbonne. Il me suffit pour en être payé des ordres compris dans votre ordonnance n'étant pas dans l'usage de faire présenter ceux à ce prélat au trésorier de l'état de Languedoc. J'ai l'honneur d'être [...] Fontanes."

Chapitre II

Les Fontanes à Niort

La ville de Niort, à cette époque, était bâtie "sur deux collines et dans le vallon qui sépare les deux collines" et possédait un château assez ancien qui servait de garnison. Aux bords des murs de la ville, le pittoresque ne manquait pas, là où la Sèvre se partageait en bras et formait plusieurs petites îles sur lesquelles se trouvaient des "moulins à blé, à chamois, et à étoffes". Niort possédait également une maison de retraite pour "pauvres honteux"[1], la Congrégation de la Miséricorde où Dominiquette de Fontanes passera ses derniers jours, bien malheureuse.

Fontanes le père se met au travail et décrit ce que Louis vivra. Dans un mémoire, Pierre-Marcellin traite du commerce de la ville qui n'était pas négligeable; ce commerce consistait en blé, en farine, en peaux et chamois et en étoffes, nommées pinchinat[2]. Ce "Mémoire sur l'établissement d'un commerce en gros dans la ville de Niort en Poitou"[3] montre, par l'analyse critique de la situation, que le père de Louis était un homme réaliste et qu'il savait comprendre rapidement la complexité des questions commerciales, sujet qui n'était pourtant pas de sa spécialité. Il remarque d'abord que tous les avantages naturels sont réunis pour que Niort puisse être une ville prospère: elle est située au bord d'un fleuve qui peut porter des bateaux de vingt tonneaux; la région fournit des eaux-de-vie, du vin, des bois de construction et, malgré tout cela, elle est restée presque fermée au commerce. Fontanes en trouve les raisons dans les taxes qui pèsent lourdement sur les marchandises restant plus que vingt-quatre heures en dépôt dans la ville et il propose un assouplissement des droits de passage et surtout l'établissement d'un commerce de gros qui ferait fructifier une ville que privilégie sa situation par rapport à la mer et dont les "négociants [sont] intelligents". Comme en Languedoc d'où il vient, Pierre-Marcellin Fontanes se fait vite estimer par ses supérieurs. Dans le résumé d'un autre de ses mémoires, on loue le succès de ses expériences en ce qui concerne les plantations de garance et on propose son avancement professionnel[4].

---

1 L. Favre, *Histoire de la ville de Niort*, Niort, 1880, 445.
2 Favre, *op. cit., loc. cit.*
3 Archives des Deux-Sèvres, C 7.
4 Archives de la Vienne, C 38. "Mémoire sur les avantages qu'il y aurait de former en France des plantations de garance et d'exploiter les plantes propres à faire de la soude qui croissent sur ces côtes, et moyen d'y parvenir." Nous ne citons ici que les passages relatifs à Fontanes: "Pour ne laisser aucun doute sur le succès qu'auraient des tentatives en ces genres, on rappellera ici que le sire Fontanes, inspecteur des manufactures du Poitou et de l'Aunis, a fait depuis peu dans la première de ces provinces avec le vrai kaly, dix mille livres de soude, dont M. Hellot a certifié la bonté, qui a paru telle dans l'inspection à MMs. les entrepreneurs de la manufacture des glaces de St.-Gobin; elle

Dans cette famille, on écrivait beaucoup; en effet, après la mort de Pierre-Marcellin, en septembre 1774, *les Affiches du Poitou* souligneront expressément que Fontanes était l'auteur de *plusieurs* mémoires, manuscrits ou imprimés[5]. Ses fils Dominique-Marcellin et Louis gran dissent donc dans un milieu où l'esprit se tourne surtout vers les réalisations pratiques. Les mémoires de Fontanes le père ne sont pas vraiment des livres, mais il y montre un esprit réaliste qui a eu certes une influence sur la formation première de ses deux enfants.

Sur le plan religieux, la famille a dû trouver un compromis, à savoir adopter la voie de la tolérance, cette tolérance que Louis de Fontanes louera en 1789 dans son *Poème sur l'édit en faveur des Non-Catholiques*[6]. Dominique-Marcellin et Louis sont élevés dans la religion catholique, comme leur mère, le père restant attaché à la foi de ses ancêtres. De plus, ils n'étaient point du tout riches, comme le prouve la fin plus que modeste de Madame de Fontanes et la vie errante de Louis après la mort de son père.

Pour mieux comprendre l'esprit qui a pu régner dans cette famille, il faut aussi se rappeler le passé troublé des Fontanes calvinistes, toujours menacés de trouver refuge "chez l'étranger"[7]: le grand-père, Jean, avait déjà dû émigrer pour vivre, sinon pour survivre. Fuyant la France à cause de ses convictions, transitant par Genève, continuant le voyage pour Turin, rebroussant chemin vers Genève, il était finalement retourné dans sa patrie, où il avait recommencé à zéro. Pierre-Marcellin eut un sort un peu moins difficile, mais peu enviable Né à Genève, accompagnant son père en France, il fut nommé inspecteur le 13 octobre 1747, en résidence à Aix, où il resta très peu de temps, puisque "à compter du 1er juillet 1748", il est à Saint-Gaudens[8]. De cette ville, les circonstances le conduisirent à Toulouse, où il ne resta pas longtemps non plus et, enfin, il pouvait se fixer définitivement en Poitou.

Il fallait de la force intérieure - et la mobilité d'esprit qui engendre cette force - pour surmonter tous ces obstacles et pour se frayer un chemin dans un

---

revenait cependant à la moitié et presque les deux tiers moins cher que celle d'Espagne." [...] "Tout ce qu'il demande pour y réussir est: 1° Un titre plus général que celui d'inspecteur particulier des manufactures, attendu, qu'il ne suffit pas pour lui donner le crédit et la considération nécessaire, surtout dans d'autres inspections que la sienne. 2° Six mille livres d'appointements annuels ou quatre mille livres et ceux dont il jouit dans l'inspection du Poitou, dont le dit Fontanes fera toujours son chef-lieu de résidence et, où par conséquence, il continuera de veiller les manufactures qui en dépendent, et d'autant mieux, que c'est par cette province, celle de Saintonge et autres, qui en sont voisines, qu'il commencera l'exécution de ce qu'il a l'honneur de proposer." Et fait intéressant sur la manière dont on trouvait l'argent à cette époque: "Les quatre mille livres d'augmentation nécessaire au sire Fontanes se trouveraient dans les bureaux de fabrique ou de contrôle dont la recette excède la dépense ou par d'autres moyens [...]."

5   *Annonces, affiches, nouvelles et avis divers de la province de Poitou*, n° 43, du jeudi, 27 octobre 1774, p. 184.
6   M. de Fontanes, *Poëme sur l'édit en faveur des Non-Catholiques*, pièce qui a remporté le prix au jugement de l'Académie françoise en 1789, Paris, Demonville, 1789.
7   Lettre de Fontanes, *supra*.
8   Pillard, *Bulletin de la société historique (...) des Deux-Sèvres, op. cit.*, 545.

monde, de toujours, complètement indifférent; cette même force, on la constatera plus tard chez Louis de Fontanes, fuyant Paris après le siège de Lyon, en fuite après le 18 fructidor, traversant toute l'Europe du Nord et poursuivi par des agents du Directoire, après qu'il eût déjà rendu de grands services à la République, comme professeur au Collège des Quatre Nations et membre fondateur de l'Institut. Chaque fois, soit libéré de la prison en 1793, soit rentré clandestinement en France à la fin du siècle, il lui faudra tout recommencer.

C'est le 6 mars 1757 qu'est né Jean-Pierre-Louis de Fontanes et non en 1759 comme il aimait le faire croire à ses contemporains, pour se rajeunir aux yeux de ses admirateurs et de ses détracteurs[9].

Cette vie, commencée dans un milieu très modeste, se terminera en 1821, dans un riche appartement parisien; il laissera une fortune qui frôla presque celle des princes d'Empire, avec château à Courbevoie et dépendances, mais qui a été gagnée par ses propres efforts, aidés par les circonstances. Louis est baptisé le même jour par le vicaire Brisset dans la paroisse Saint-André de Niort[10]. Quelques mois plus tard, les Fontanes changent de domicile à Niort, puisque le 15 juin, le père visite vers neuf heures du matin une maison sise dans la rue Saint-Nicolas, aujourd'hui la rue du Musée[11]; cette maison qui se trouvait dans la paroisse de Notre-Dame sera prise par Pierre-Marcellin à titre de sous-ferme[12].

---

9 *La Biographie moderne ou dictionnaire biographique de tous les hommes morts et vivans*, de Beauchamp, Leipzig, 1806, ne donne pas de date de naissance. *La Biographie universelle, ancienne et moderne*, 1816, *op. cit.*, oublie la date de naissance de l'ancien grand-maître de l'Université impériale. *La Biographie spéciale des paires et des députés du royaume*, session 1818-1819, fait naître F. en 1762. Après la mort de F., le *Moniteur universel*, daté du mardi 20 mars 1821, p. 373, ne parle pas de sa naissance. Le *Miroir*, n° 32, 24 mars 1821, p. 2 fait naître F. en 1759. Le très bon article de Mahul, *Annuaire nécrologique*, 1822, indique la date de 1761. - Roger, "Notice historique sur M. de Fontanes", *Oeuvres de M. de F., op. cit.*, p. XXXII parle de la mélancolie de vieillir et dit: "Il poussait cette faiblesse jusqu'au point de ne jamais dire son âge."

10 Archives des Deux-Sèvres: "Le 6 mars 1757 a été baptisé Jean-Pierre-Louis, né ce jour, fils légitime de Monsieur Pierre-Marcellin Fontanes, inspecteur des manufactures et de Delle Dominiquette-Jean-Baptiste-Raymonde de Sède. Le parrain a été Jean Boulanger et la marraine Louise Martin. En présence de Labat qui ont déclaré ne savoir signer à l'exception de Jean Labat qui a signé. Labat, Brisset, vicaire."

11 Archives des Deux-Sèvres, *Exposition Fontanes (1757-1821)*, organisée à l'occasion du bicentenaire de sa naissance, catalogue par A. Labat, Niort, 1957, p. 8. Pour les recherches dans les différentes Archives départementales, les indications précises de ce catalogue nous ont été d'une grande utilité.

12 Archives des Deux-Sèvres, minutes Brisset, 15 juin 1757. Le document, dix pages, écrit en tout petits caractères, est presque illisible.

Chapitre III

L'éducation

Jusqu'à la mort de Dominique-Marcellin, en 1772, la vie de Louis est liée à celle de son frère.
Dans l'introduction des *Oeuvres de M. de Fontanes*, Sainte-Beuve indique que Louis "sans doute à cause de la gêne domestique, fut confié d'abord à un simple curé de village, ancien oratorien, le Père Bory, par malheur outré janséniste"[1], et cela dans le village de la Foye-Mongeault, où Louis passa de ses neuf ans à ses treize ans. Ce prêtre eut, semble-t-il, une forte influence sur la première jeunesse de Louis; il l'envoyait, la nuit, à l'église, et pour cela, "il fallait traverser le cimetière". Fontanes était tellement affecté par ces pénitences nocturnes qu'il essaya, en vain, de se faire mousse à La Rochelle où on le rattrapa. Finalement vinrent des temps plus heureux chez les Oratoriens à Niort où son frère faisait déjà ses études.
La Congrégation des Oratoriens s'était établie à Niort en 1624, et le collège s'ouvrit entre 1717 et 1720[2].
Rappelons-nous ce que disait Joseph Joubert - élève lui-même, presque à la même époque que Fontanes, chez les Oratoriens à Toulouse -, dans une lettre au grand-maître de l'Université impériale, le 8 juin 1810 sur l'enseignement dispensé par ces pères : "Dans nos collèges, l'enfant était dressé à distinguer et à goûter tout ce qui doit charmer l'imagination et le coeur [...]. Regrettons nos anciens collèges et faisons-les revivre, s'il se peut! C'étaient véritablement de petites universités élémentaires. On y recevait sans le savoir une éducation complète. On en sortait capable de devenir, par ses *propres* efforts et par ses *seules* forces, tout ce que la nature voulait."[3]. Si le charme ne manquait pas chez les Oratoriens, il y avait aussi un plan d'études, et les écoliers travaillaient durement. Leurs maîtres s'étaient promis, selon le père Joseph de Paul - reçu à l'Oratoire d'Aix en 1694 -, de connaître tous les écoliers qui leur ont été confiés et de se comporter "à l'égard de chacun selon le besoin particulier qu'il en aura." Et il dit encore: "Je serais sérieux en classe [...]. Un ton froid et assuré tient quelque fois lieu de châtiment."[4]. De toute façon, il était interdit de blesser les

---

1   *Op. cit.*, p. XXXVIII f.
2   *Annonces, affiches (...) de Poitou, op. cit.*, n° 37, 15 septembre 1774, p. 159, c'est l'évêque de Poitiers, Mgr. Chasteigner-de-la-Rocheposay qui consentit le 24 avril 1624 à l'ouverture de l'établissement; Paul Lallemand, *Histoire de l'education dans l'ancien Oratoire*, Thorin, 1888, 105, Lallemand indique que: "Les classes s'ouvrirent le premier jour de carême 1717. La maison eut un plein succès. En 1721, une seconde chaire de philosophie, et en 1732, une classe de sixième [...]." Les *Annonces, loc. cit.*, parlent, pour l'ouverture du collège, de 1720.
3   *Correspondance de F. et de J., op. cit.*, 105 et 106.
4   Lallemand, *op. cit.*, 446.

élèves par des paroles injurieuses et même de les exclure de la classe[5]. A l'époque de Fontanes, l'enseignement dans leur établissement de Niort était gratuit[6]. On insistait beaucoup sur la connaissance des deux langues anciennes, surtout du Latin, mais uniquement à partir de la quatrième, où les élèves parlaient en latin; avant, ils étaient tenus d'apprendre à s'exprimer en bon français[7], et on faisait presque uniquement de la version. Dans un plan d'étude très détaillé, le père Joseph de Paul indique les bonnes traductions et les dictionnaires à utiliser. Au même moment, l'Université de Paris et les Jésuites regardaient le latin comme une langue vivante, tandis que les Oratoriens, s'adaptant aux temps modernes, le traitaient comme une langue morte. Le thème était plus ou moins absent; si on exigeait une compréhension approfondie du latin, c'était dans le but de savoir le rendre en français. Cette prédominance du français signifiait en effet une petite révolution dans l'enseignement. Louis de Fontanes se vouera à la traduction pendant un long moment de sa jeunesse littéraire et publiera en 1783 sa *Nouvelle traduction de l'essai sur l'homme de Pope*[8]; il s'agissait d'une traduction de l'anglais, mais le principe restait le même.

L'autre nouveauté chez les Oratoriens était l'étude de l'histoire et de la géographie. La connaissance des cartes géographiques de la fameuse famille Samson[9] était aussi souhaitée qu'une étude précise de l'histoire de l'antiquité. L'enseignement des sciences n'était nullement absent dans les collèges et la liste des Oratoriens qui furent eux-mêmes, dans leur temps, d'éminents scientifiques, est longue[10].

Chez eux, les élèves avaient le droit de manquer les cours deux fois de suite et, Louis de Fontanes en profitait, au moins pendant une année scolaire, assez souvent. Cela ne signifie pas que Louis ou son frère étaient des paresseux; tout au contraire, puisque Dominique-Marcellin meurt d'épuisement, à peine âgé de vingt ans, laissant une oeuvre de jeunesse respectable, de même que Louis à cette époque.

Les notes et classements scolaires sont d'abord ce qu'ils sont, mais ils ne sont pas à surestimer pour le développement ultérieur d'un élève. Pour l'année scolaire 1760-61, "Marcellinus Fontanes" est classé parmi les "Inter Dubios"; pour l'année 1761-62, il reste dans le même rang; en 1766, il est dans la classe de rhétorique élève "Insignis"; en logique de l'année 1766-67, on trouve dans le carnet de l'Oratoire inscrit: "Marcellinus Fontanes valedicit philosophia post Bachanalia". Louis de Fontanes se trouve en 1768-69 en seconde et est classé

---

5   *Op. cit.*, 226.
6   *Op. cit.*, 105.
7   *Op. cit.*, 229.
8   Fontanes, *Nouvelle traduction de l'essai sur l'homme, de Pope, en vers françois; précédée d'un discours, et suivie de notes*, Paris, 1783.
9   Nicolas (1600-1667) et Guillaume († 1703) Samson, son frère, professeurs de géographie de Louis XIII et Louis XIV.
10 Lallemand, *op. cit.*, 158 f.

"Inter Nonos"; le 30 août 1770, "Ludovicus Fontanes" remporte le palmarès de l'Oratoire, mais pour l'année qui suit, le père Frigard[11], professeur, note "Ludovicus Fontanes sapissima abfuit"[12]. Plus tard, quelques critiques reprocheront au grand-maître de l'Université impériale sa paresse, mais il nous semble que l'intérêt de Fontanes se tournait souvent vers d'autres choses que ses devoirs. Pour le moment, il compose. Son frère aîné ne l'a-t-il pas précédé dans la littérature, en écrivant une tragédie à douze ans?[13]. Et ils essaient, le contraire serait presque anormal, de trouver un écho dans le public. Les deux frères ont un aide précieux, leur père, qui sait engager par écrit le dialogue avec l'académie de La Rochelle. Pierre-Marcellin Fontanes, habile rédacteur de mémoires et de lettres, servait de modèle et, dans une certaine mesure, de "professeur" à ses enfants. Il était lui-même correspondant de la Société royale d'agriculture de La Rochelle[14] et il connaissait ainsi Pierre-Henri Seignette, secrétaire de l'académie pour des recherches d'histoire naturelle, avec lequel il échangeait des lettres[15]. Le rôle du père dans ce berceau familial n'est pas à négliger. De par sa profession, il s'intéresse concrètement aux sciences naturelles. Rappellons-nous son mémoire sur la dénaturation du sel; dans une lettre à Seignette, il parle des carrières de sa province sur lesquelles il a fait un autre travail[16]. Nous pouvons dire qu'on écrivait beaucoup chez les Fontanes. Et pour aider son fils aîné, il envoya en 1771 les premiers essais littéraires de celui-ci à l'académie qui nomma Dominique-Marcellin membre associé le 5 décembre de cette année.

C'est donc le 5 janvier 1771, que Pierre-Marcellin Fontanes s'adresse à Pierre-Henri Seignette pour remercier l'académie au nom de son fils aîné, malade, de l'avoir invité à présenter quelques ouvrages. Dominique-Marcellin travaille beaucoup pour se montrer digne des membres de l'académie, mais s'est trop fatigué et doit garder le lit. La lettre du père, en soi, est déjà un document, mais elle l'est aussi par son style: "souffrés Monsieur que je m'acquitte pour tous deux de ce devoir et permettés que nos voeux pour vous, pour M. de la Faille et M. Arcère satisfasse (sic!) autant qu'il est en nous, jusqu'à ce jour, à notre reconnoissance."[17]. Il demande ensuite quel ouvrage il convient de mettre dans la bibliothèque de l'académie et, il finit en ces termes: "J'espère que vous

---

11   Clouzot, "Les Fontanes à Niort", *op. cit.*, 242 indique que Frigard était "le futur président des *Amis de la Constitution*"; Fontanes sera, pour un moment, membre de cette société et écrira quelques articles dans le *Journal de la société des amis de la Constitution* (fin décembre 1790).
12   Archives des Deux-Sèvres, D.n.a. 686.
13   Bibliothèque de La Rochelle, Ms. 356, fol. 428, notice de Léopold Delayant, mot rapporté en novembre 1770: "C'est un sujet précoce chez qui la nature a tout fait (...), il a commencé à douze ans par une tragédie".
14   *Annonces, affiches (...) de Poitou, op. cit.*, n° 43, du jeudi 27 octobre 1774, 184.
15   Bibl. de La Rochelle, Ms. 356, fol. 428; Pierre-Henri Seignette (1735-1808) était également maire à La Rochelle.
16   Voir Annexe II, pièce 7, lettre de F. le père du 23 avril 1772.
17   Voir Annexe II, pièce 4, lettre de F. le père du 5 janvier 1771.

voudrez bien continuer d'honorer mon fils de votre bonté et me faire la grace de me croire avec respect votre très humble et très obéissant serviteur"[18].

Le 12 juin de cette année, Louis de Fontanes envoie un essai à l'académie, accompagné d'une lettre d'une franchise remarquable. Il indique d'abord que ses premiers essais reflétaient des "pensées d'un des plus grands poëtes de nos jours", tandis que ce travail-ci est tout à lui et, il ajoute: "quel motif de méfiance!"[19]. Dominique-Marcellin se remet de sa fatigue et continue maintenant, lui-même, la correspondance, puisque nous avons une lettre de lui à l'académie, datée du 18 juin 1771. Entre temps, celle-ci a honoré le travail de "Fontanes fils"[20] et Voltaire lui-même lui a décerné des éloges[21].

Dans cette lettre, Fontanes parle également de son frère cadet qui lui aussi travaille et veut obtenir des honneurs; enfin, les "chers confrères[22] sont priés d'agréer les sentiments d'assurance du père: toute la famille Fontanes est donc en rapport avec l'académie. Mais dans une autre lettre du 10 juillet 1771, "Fontanes Désapenes fils"[23] se plaint amèrement, de ce que les académiciens lui ont envoyé des conseils pour une de ses productions que le jeune homme n'apprécie guère. Il leur dit que dans la poésie "l'image doit passer avant tout"; il faut introduire dans la langue "des expressions hardies et energiques"; étant poète, il a le droit de voir ce que d'autres ne voient pas[24]. L'image "T'enfoncer en toimême" ne plaisait pas, Fontanes riposte: "Corneille a dit "descendre en soi-même" je demande laquelle de ses deux expressions est la plus ha-

---

18 Loc. cit.
19 Bibl. de La Rochelle, Ms. 784, fol. 135: "Monsieur, Si l'accueil que vous, et vos illustres confrères ont fait à mes premiers essais, n'a pas augmenté en moi le desir de mériter les suffrages de l'académie, il m'a imposé le devoir de m'en rendre digne: mais je ne le puis, que par ses conseils; permettés que je les lui demande pour l'ouvrage que j'ai l'honneur de lui "adresser": Dans les précédents j'étais soutenu par les pensées d'un des plus grands poëtes de nos jours. Celui-ci est tout de moi. Quel motif de méfiance! pour en excuser des défauts je n'allegenerai cependant pas mon age. Quand comme moi on consulte ses maîtres pour profiter de leurs avis, c'est leurs leçons, et non leur indulgence qu'on doit ambitionner. Je suis [...] à Niort le 12 juin 1771, Fontanes fils cadet. Mon cher pere et mon frere ont l'honneur de vous presenter leurs respects, a leur premier voyage a La Rochelle j'aurai celui de vous envoyer une nouvelle copie de mes premieres productions j'ai fait des changements."
20 Bibl. de La Rochelle, voir Annexe II, pièce 5.
21 Dominique-Marcellin veut que l'académie envoie ses deux épîtres à l'adresse de Voltaire, la lettre de Seignette à Voltaire et la réponse de celui-ci au *Journal encyclopédique* et au *Mercure*. - Lettre de Voltaire à Seignette, de mars/avril 1772, Theodore Besterman, *Correspondance de Voltaire*, t. XXXVIII, p. 316f. lettre D17667: "Monsieur, accablé de maladies, Et ayant presque entièrement perdu la vue, c'est une grande consolation pour moi, dans le triste état où je suis, de recevoir votre expose. Et les vers de m. Fontanez (sic!), mon confrère: mais c'est une nouvelle douleur pour moi de n'y pouvoir répondre comme je le voudrais. Daignez, messieurs, agréer tous deux mes remerciements. Les vers sont beaux Et pleins de ce feu qui annonce le génie [...]."
22 Bibl. de La Rochelle, Ms. 784, fol. 123.
23 Le fief d'*Apennès* dont les Fontanes sont originaires, *Oeuvres de F., op. cit.*, p. XXXVIII (notice de Sainte-Beuve).
24 Bibl. de La Rochelle, Ms. 784, fol. 137-138, voir Annexe II, pièce 6.

zardée?"²⁵. Malgré ce franc-parler, la correspondance avec l'académie n'est pas interrompue. Le 23 avril 1772, le père envoie un autre travail de son cadet, en disant qu'il serait heureux, si Dominique-Marcellin pouvait le lire dans une séance publique[26]. Mais l'académie refusa. Louis, à peine âgé de 14 ou 15 ans, voulait être, comme son frère, "de l'académie", mais les académiciens, gardant leur liberté de jugement, ne se laissaient pas trop influencer par ce désir enfantin, de réussir coûte que coûte.

Cette correspondance va brusquement se terminer avec la mort de Dominique-Marcellin en 1772. Le père tombe gravement malade en 1771, mais le docteur Guillemeau, son ami, le guérit. Dominique-Marcellin lui rend d'ailleurs un vibrant hommage[27]. Mais sa propre santé est aussi chancelante. Il travaille beaucoup, dix heures par jour, et non seulement pour l'académie; il apprend tout seul des langues orientales - c'est la mode -, les mathématiques[28] et, avec son frère, il aide aussi son père dans ses inspections[29]; peu importe donc si Louis est souvent absent de chez les Oratoriens, pour lui, la vie et la famille sont aussi une école. Mais au moment où l'espoir se concrétise, où Louis remporte ses premiers succès littéraires, modestes certes, le sort frappe impitoyablement. Dominique-Marcellin tombe le premier; deux ans plus tard, 1774, le tombeau se rouvre pour le père; à Louis et à ses demi-soeurs restent leur mère, qui se retire dans un couvent pour les pauvres et y meurt à son tour, deux ans plus tard.

Quelques années avant de mourir, Dominique-Marcellin a fait, en compagnie de son père et de sa mère, un voyage à Paris; le trajet, à cette époque, était long, puisque, entre Tours et Paris, il fallait quatre jours[30].

---

25 *Ibid.*
26 Ms. 784, fol. 115.
27 Pillard, *Notes sur la mort de P.-M. F., op. cit.*, 542: "(...) Tu tires du tombeau - mon père, mon ami, qui dès ma tendre aurore - m'aimait, qui me chérit, un père qui m'adore."
28 Ms. 356, fol. 428 (biographie Delayant).
29 Ms. 784, fol. 115, dans cette lettre du 23 avril 1772, F. prie l'académie de renvoyer leur assemblée publique de quelques jours, "sans cette faveur mon fils ne sauroit s'y trouver à cause de notre foire qui sera le 6 ou 10 du prochain."
30 Henri Clouzot, "Les Fontanes à Niort", *Revue illustrée des provinces de l'Ouest*, 1890. t. I, pp. 161-165 et 237-244. L'article de Clouzot est très intéressant, vu surtout la date de sa publication; malheureusement comporte-t-il des erreurs, et, toujours très désagréable, il n'indique presque pas de sources. La date du voyage est incertaine, *Affiches du Poitou, op. cit.*, n° 28, 14 juillet 1773, 123, parle de "2 ans avant de mourir", alors 1770, Clouzot, p. 240 "du mois de mai 1768"; toujours selon Clouzot, *loc. cit.*, D.-Marcellin aurait publié *Le triomphe de la beauté, cantate. Et Narcisse, petit poème qu'on pourroit mettre en chant*, Paris, Delalain, 1768 (B.N. Ye 9735), le livre est anonyme, le *Catalogue des livres nouveaux*, N° 29, l'indique, samedi le 16 juillet 1768, sans nom d'auteur. Vers de D.-M. F. concernant ce voyage, Clouzot, *op. cit.*, 240:
"Déjà de ma lente voiture
j'aperçois le superbe Tours:
sur mes doigts, je compte les jours,
et contre le ciel je murmure.
Je dis au temps: hate ton cours!

"Ou bien retranche de ma vie
ces moments perdus pour toujours!
Mais hélas! en vain je l'implore,
0 ciel! de quatre jours encore
je ne me verray dans Paris."

Dans la capitale, "il fut singulièrement accueilli, applaudi et encouragé par plusieurs hommes de lettres célèbres, auxquels il fut présenté"[31].

Et comment ne pas croire, que ses récits sur la capitale, une fois rentré à Niort, ont enflammé le coeur de Louis qui, quelques années plus tard, partira chercher la gloire à Paris? Mais sa fin approche. En janvier 1771, leur père écrivait à l'académie que son fils "garde le lit depuis environ dix jours" qu'il n'était même pas en état d'écrire[32]. Il meurt, après onze jours de souffrances et d'agonie, le mardi 17 novembre 1772, à quatre heures du matin[33]. Les *Affiches du Poitou* lui consacrent un long article, quelques mois plus tard[34]. Sur le moment, c'est le curé Bion[35] qui déplore la mort prématurée du jeune homme et lui compose une épitaphe[36]. L'académie de La Rochelle se joint, elle aussi, aux condoléances, puisque Pierre-Marcellin la remercie le 4 janvier 1773[37]. Dominique-Marcellin est enterré le jour suivant sa mort[38].

Mais la vie, pour les autres, continue. Louis, devenu l'aîné, espère toujours devenir membre associé de l'académie, mais il semble que ses espoirs ont été vains[39]. C'est d'ailleurs maintenant le moment où il faut penser non seulement

---

31 *Affiches du Poitou, op. cit.*, n° 28, 14 juillet 1773, 123-124 (article de nécrologie).
32 Bibl. de La Rochelle, Ms. 784, fol. 109.
33 Clouzot, *op. cit.*, 241.
34 *Affiches, op. cit., loc. cit.*
35 [Alfred Largeault], "Quelques inscriptions de l'église de Notre-Dame de Niort", *Mémoires de la Société de statistique, sciences, lettres et arts du département des Deux-Sèvres*, 3è série, 1885, t. II, 102, il mourut le 7 mai 1774 et fut enterré "derrière le maître-autel" de l'église.
36 Largeault, *op. cit.*, 101 f: "Son quatrième lustre n'était pas achevé que la mort dans sa fureur l'a moissonné; La poésie était ses seules amours, la piété ses seules délices, des muses, de la vertu il fut l'amant passionné, chaste dans ses amitiés, pur dans sa foi religieuse. La mort jalouse nous l'a enlevé, mais ses écrits nous le conservent vivant. Toi qui lis ces vers, répands sur celui qui n'est plus tes prières avec tes larmes!" (Traduction par l'auteur de l'article.)
37 Bibl. de La Rochelle, Ms. 784, fol. 177. Le père remercie d'abord Pierre-Henri Seignette des témoignages de sympathie qu'on lui avait envoyés. Il continue ensuite: "Je tourne mes yeux vers le seul objet de consolation que me reste, je veux dire le fils que le sort m'a laissé. Il est bien sensible aux éloges dont vous l'honnorez, il tâchera de s'en rendre digne en suivant les traces du frère et de l'ami qu'il a perdu, il croira cependant les mériter qu'autant qu'il verra se réunir en sa faveur les suffrages de l'académie et, c'était, en mourant, un des voeux de son [tendre?] frère."
38 Archives des Deux-Sèvres (registre de la paroisse Notre-Dame de Niort): "Le même jour le corps de messire Dominique Fontanes Desapenès, écuyer, associé à l'académie des belles-lettres de La Rochelle, décédé d'hier, de cette paroisse, âgé d'environ vingt ans, fils légitime de Pierre-Marcellin Fontanes Desapenès, écuyer et inspecteur des manufactures du Poitou et du pays d'Aunis et de dame Jeanne-Baptiste-Dominiquette-Raymonde de Sède et de Fourquevaux, a été inhumé dans le cimetière de cette église par moi, prêtre vicaire de S.-André, soussignés en présence de messires François-Nicolas Bridier et François-Pierre-Augustin-Bouhier, prêtres qui se sont avec nous soussignés. Bouhier [...], Bridier [...], Guitteau [...]."
39 Bibl. de La Rochelle, Ms. 356, fol. 430, note Delayant, Fontanes serait revenu à La Rochelle uniquement le 13 Xbre 1786, où il assista à une séance et y lit quelques pièces; le 15, Fontanes est nommé académicien titulaire, Boissy d'Anglais académicien associé; le 19 F. lit encore des morceaux de poésie. Fontanes lit également, certainement

aux honneurs, mais aussi à la vie matérielle et à l'apprentissage. Le père l'introduit dans son travail quotidien, comme son père à lui, Jean Fontanes, l'avait fait jadis. Louis l'accompagne dans ses tournées, il visite les différentes fabriques de tissus de la province et il fait des mémoires, bref, il étudie son métier de telle façon qu'il sera nommé, après le décés de son père, suppléant à Niort du nouveau titulaire, Vaugelade, qui choisira Poitiers comme lieu de résidence[40].

Dans cette famille, où l'entente de coeur et d'esprit entre les trois hommes a dû régner à un degré élevé - la mère est, sauf une remarque de la part de Louis, complètement absente dans les écrits des deux fils -, l'usure de la vie ronge les corps et, bientôt elle va demander une autre proie. Après avoir été soigné par le docteur Guillemeau, Pierre-Marcellin reprend son travail; cependant la mort l'attend, non pas à Niort dans sa famille, mais à Nantes, pendant une tournée d'inspection, le 8 septembre 1774. Il est enterré le lendemain, à onze heures du soir[41]. Le jeudi 27 octobre, les *Affiches du Poitou* rendent, par la main de Jouyneau-Desloges, leur Directeur[42], une fois de plus, un hommage exceptionnel à la famille de Fontanes[43].

Louis de Fontanes, le dernier survivant de cette branche qui porte ce nom, est âgé de 17 ans, mineur, et se trouve maintenant "sous l'autorité du sieur Jean-Jacques-Daniel Guillemeau"[44], l'ami de la famille[45].

La mort du père semble avoir amené la misère dans la famille. Madame de Fontanes est admise chez les dames hospitalières dans leur maison de la Miséricorde à Niort; on lui donne un logis dans une chambre basse avec vue sur la Cour[46]. Ce qu'elle possédait était de stricte nécessité, et encore. Ses biens se trouvaient, à sa mort, le 3 février 1776, dans une armoire, une caisse et, dispersés dans sa chambre: "[...] deux mauvais matelas, cinq draps de lit, onze serviettes, trois chemises, sept mouchoirs de poche, un mauvais casaquin, une mauvaise jupe [...]."[47] Madame de Fontanes est enterrée le 5 février[48]. Elle "a

---

début août 1786, à l'académie de Rouen, ses poèmes, l'*Astronomie*, le *Jour des Morts* et *Orphée*, voir P-L.-G. Gosseaume, *Précis analytique de l'académie royale des sciences (...) de Rouen*, 5 t.en 3 vol., Rouen, Periaux père, 1814-1821; t. V (1789 à 1793) p. 5.
40 *Affiches, op. cit.*, n° 51, 22 déc. 1774, 219.
41 Pillard "Notes sur la mort de P.-M. F.", *op. cit.*, 541.
42 Catalogue, *Exposition Fontanes, op. cit.*, 11, pièce 33.
43 *Affiches, op. cit.*, n° 43, 184.
44 Archives des Deux-Sèvres, V. S.R.N., liasse 40, demande de levée des sceaux sur les biens de madame de Fontanes, le 30 avril 1776.
45 Pillard, *op. cit.*, 546.
46 Léo Désaivre, "Les Fontanes à Niort", *Bulletin de la Société des statistiques, Sciences, lettres et arts du département des Deux-Sèvres*, t. VII, juillet-septembre 1890, 316. C'est ce qui ressort du compte rendu sur l'apposition des scellés sur ses biens, le 5 février 1776, 3 heures du relevée.
47 Désaivre, *op. cit.*, 315.
48 Alphonse Farault, l'*Intermédiaire des chercheurs et des curieux*, N° 1764, vol. XCV, 29 février 1932, 167, acte de sépulture: "Le cinq a été inhumé par moi, curé soussigné, le corps de dame [...] de Sède, âgée de 53 ans et quelques mois [...], veuve en secondes

laissé des enfants mineurs parmi lesquels il y en a d'absents"[49].

Maintenant la vie solitaire, sans famille, commence pour Louis de Fontanes. Au fond, elle a déjà commencé après le décès de son père. Pierre-Marcellin Fontanes, en tant que spécialiste des garancières, avait demandé, en 1759, deux ans après la naissance de Louis, à Guillaume-Henri Ingoult, des Andelys, d'organiser les garancières du Bas-Poitou. Après la mort du père, Ingoult a pu trouver pour Louis "une place rémunératrice de précepteur chez une riche famille des Andelys"[50], les Flavigny, avec lesquels Fontanes restera très longtemps en relations[51]. Les Flavigny étaient des manufacturiers et tout porte à croire que Fontanes continua avec eux à apprendre et son métier, et "par occasion" l'anglais[52]. Il reçut alors une pension de 800 francs grâce à Turgot, pension dont il jouit jusqu'en 1777, où Necker, nouveau directeur général des finances, la supprima avec bien d'autres, par mesure d'économie[53].

Les formalités administratives après le décès de sa mère allaient poser des problèmes. Le 3 février 1776, Louis a dixhuit ans et onze mois; il peut donc demander son émancipation partielle, pour faire lever les scellés sur les biens de sa mère et sur les biens mobiliers et immobiliers[54]. La signature du futur président du Corps législatif aura un certain poids juridique; mais maintenant, pour la première fois de sa vie, Fontanes doit passer un acte juridique et engager sa responsabilité. Il s'adresse d'abord à la Chancellerie du Palais à Paris pour obtenir le bénéfice d'âge, ce qu'il obtient[55]. Ensuite, le 5 mars 1776, veille de son dix-neuvième anniversaire, il va chez Maître Rouget des Mareilles, de Niort, en présence de son tuteur, le docteur Guillemeau et plusieurs autres personnes, pour enregistrer cet acte, disant qu'il s'est toujours bien comporté et qu'il est en mesure de régir ses biens[56].

Le 30 avril enfin, Louis et ses soeurs utérines, Louise-Imberte, nommée communément Berte, et Anne Ferrier demandent la levée des scellés, assistées

---

noces de messire Pierre-Marcellin Fontanes [...]." Paroisse de Saint-André de Niort.
49 Désaivre, *op. cit.*, 315. Les documents transcrits par D. proviennent des Archives des Deux-Sèvres, B. S.R.N. 40.
50 Marcel Baudouin, *Intermédiaire, op. cit.*, 30 mars 1932, 257. Baudouin utilisait, semble-t-il, des documents de famille, puisque Ingoult est son trisaïeul.
51 *Correspondance de Fontanes et de Joubert, op. cit.*, 45f., lettre de F. à J., d'(avril 1790); Fontanes accompagne Flavigny aux Andelys et écrit: "Mais je ne puis refuser cette marque d'attachement à une famille avec qui j'ai des liaisons de quinze ans." - Le 12 juillet 1795, F. écrit dans une autre lettre, *op. cit.*, 69, qu'il a "des intérêts communs" avec "le citoyen Flavigny". - En 1792, fuyant Paris, F. trouve refuge chez les Flavigny, dans la rue Saint-Jacques aux Andelys. (Voir Brossard de Ruville, *Histoire de la ville des Andelis et de ses dépendances*, Les Andelis, Delcroix, 1863-64, 2 vol.; vol. II, 393f.)
52 *Oeuvres de F., op. cit.*, p. XL, notice de Sainte-Beuve.
53 *Nouvelle biograph générale*, Paris, Firmin Didot, 1858, t. XVIII, 108f.
54 Archives des Deux-Sèvres, E. 646, voir Annexe II.
55 *Loc. cit.*, on y lit, entre autres; "où il a obtenu le douze [...] ses lettres de bénéfice d'âge".
56 *Loc. cit.*

par le docteur Guillemeau. Me Rouget des Mareilles ordonne alors son "transport à demain premier mai deux heures de relevée dans la maison des dames hospitalières"[57].

Pour jouir de tous ses biens, en liberté absolue, il doit néanmoins avoir atteint l'âge de vingt-cinq ans accomplis[58].

Avec le décès de ses parents, les relations entre Fontanes et Niort semblent s'arrêter. Il y reviendra en 1815, pair de France et ministre d'Etat, à l'occasion des élections, quand il aura déjà dépassé le sommet de sa carrière. Et dans le compte d'Empire surgit, après quarante ans, le souvenir de sa jeunesse passée à Niort.

---

57 Archives des Deux-Sèvres, B. S.R.N., liasse 40.
58 Archives des Deux-Sèvres, E. 646.

Chapitre IV

Fontanes à Paris

Voilà donc Fontanes à Paris; officiellement il essaie d'annuler la décision de Necker, mais au fond, il veut vivre dans la capitale.

Pour son oeuvre littéraire et sa future vie mondaine, les années entre 1777 et 1789 seront décisives. Ses yeux sont vifs[1]. Il s'agit d'abord d'établir les contacts nécessaires à la vie. Jusqu'en 1783, date de la publication de l'*Essai sur l'homme*, il jette des bases de son oeuvre, en publie une partie, noue des amitiés, fait des connaissances qu'il gardera bien audelà; et, il commence à se faire un nom. L'esprit aventureux qui s'était déjà manifesté en lui, quand il voulait s'engager comme mousse à La Rochelle, bouillonnait. Le Fontanes âgé se mettait vite en colère[2], le jeune certainement aussi.

On comprend mal aujourd'hui le fameux "plaisir de vivre" qu'évoquait plus tard Talleyrand, en parlant des années d'avant 89[3], Surtout quand on le confronte avec la petite phrase de Sébastien Mercier "le Parisien vit dans la crasse"[4]. Les rues au centre de la ville, et pas toutes, vers le Pont-Neuf, commençaient tout juste à être pavées. De nombreux ruisseaux, puants, coulaient au milieu des rues. Le parcours de Paris à l'intérieur des voitures publiques n'était nullement agréable[5]. L'illumination de ce vieux Paris laissait beaucoup à désirer. Quelques rues, et seulement les plus importantes, étaient illuminées entre octobre et mars par des réverbères à l'huile[6]. Encore, pendant la Révolution, une "obscurité soudaine" régnait majestueusement aux abords du Palais-Egalité[7].

Dans cette décennie qui précède la Révolution, c'est la vie dans la société et la vie littéraire, à laquelle Fontanes s'intéresse le plus. Des correspondants des

---

1   *Correspondance de F. et de J.*, *op. cit.*, lithographie, suivant p. 16.
2   Chateaubriand, François-René, *Mémoires d'outre-tombe*, édition du centenaire, Flammarion, 1949, 2 vol.; tom. I, 486: "Dans la conversation, il éclatait en colères littéraires risibles."; également, La *Minerve littéraire*, 1821, t. II, p. 518 et s. (article de nécrologie). A partir d'un certain moment, F. cherchait toujours de nouveau dans la littérature, "fut-ce un mauvais roman", mais qui "lui causait ensuite une humeur épouvantable contre l'auteur, contre le libraire" et contre la personne qui le lui avait procuré."
3   François-P.-G. Guizot, *Mémoires our servir à l'histoire de mon temps*, Paris, 1858-1867, 8 vol.; t. I, 6: "M. de Talleyrand me disait un jour: Qui n'a pas vécu dans les années voisines de 1789 ne sait pas ce que c'est que le plaisir de vivre."
4   Cité d'après Jules-Bertaut, *Les Parisiens sous la Révolution*, Paris, Amiot-Dumont, 1953, 24.
5   Ph. Rosen, *Ville de Paris, le vieux Paris, 2ème arrondissement*, Paris 1932, 14ff., description, comment il faut s'asseoir "dans les voitures, dites omnibus", pour être bien assis (sous la Restauration).
6   Rosen, *op. cit.*, 15f.
7   Bertaut, *op. cit.*, 23.

princes étrangers étaient sur place et envoyaient régulièrement leurs rapports littéraires aux mécènes. Le baron de Grimm, Meister, Laharpe guettaient les nouveautés littéraires et mondaines et parlerent de Fontanes plus d'une fois. L'*Année littéraire* de Fréron s'occupait de tout ce qui avait un certain intérêt dans la République des lettres. Le *Mercure de France*, auquel Laharpe était associé, publiqit régulièrement ses grandes critiques et, à peine arrivé à Paris, Fontanes y trouve sa place. Le *Journal de politique et de littérature* parle de Fontanes en 1778, comme le *Journal de Paris*. Chaque fois, quand Fontanes publiera un morceau important, pendant ces années, le *Journal des savans* lui consacrera une étude approfondie. Il y avait de nombreux almanachs, qui paraissaient une fois l'an, comme l'*Almanach des Muses*, ou par trimestre. L'*Almanach des Muses* était pour Fontanes, comme pour tant d'autres poètes, un moyen de se faire connaître. Ces almanachs publiaient la poésie, dite légère; les jeunes écrivains s'envoyaient des vers d'estime et ils étaient sûrs d'être lus, puisque les grands journaux rendaient compte de leurs essais littéraires et attiraient encore plus l'attention sur les jeunes talents. L'*Almanach des Muses* était, en effet, un lieu de rencontre pour cette jeunesse, née entre 1750 et 1760: elle y publiait, se cherchait un chemin et gardait, très souvent, le contact une vie durant. Un autre moyen de se connaître était les loges maçonniques. Fontanes est inscrit sur les tableaux de la Loge des neuf soeurs en 1779[8] avec Garnier, François de Neufchâteau, le chevalier de Parny, Carbon de Flins des Oliviers, Garat, Cailhava, qui seront dans les journaux des critiques ou des défenseurs de Fontanes, plus tard ses adversaires, comme Garat, ou ses collègues à l'Institut[9].

Fontanes fonde finalement avec l'abbé Rozier, en 1780, une société littéraire, qui portera d'abord le nom d'Apollonienne, ensuite celui de Musée, et qui sera honorée, le 6 mars 1783, par la présence de Franklin[10].

Mais voyons comment Fontanes prend contact avec Dorat, en vue de publier son poème *Le cri de mon coeur*, qui est précédé d'une lettre à Dorat et inséré

---

8   Louis Amiable, *Une loge maçonnique d'avant 1789, la R∴ L∴ les neuf soeurs*, Paris, Alcan, 1897, 297f.; Fontanes indique comme fonction: "Inspecteur du commerce de la province de Normandie".
9   Parny entrera à l'Académie en 1803; l'*Intermédiaire, op. cit.*, v. XV, 1O avril 1882, 218, Jean-François Cailhava de l'Estandoux (21 avril 1731 - 26 juin 1813) fut nommé par le gouvernement membre de l'Institut, pour remplacer Fontanes après le 18 fructidor.
10 Charles-J.-M. Lucas, *Résumé de l'histoire physique, civique et morale de Paris*, Paris, Janet, 1825, 353; la société fut dissoute en 1786. Laharpe, *Oeuvres* t. XII, *Correspondance littéraire*, Paris, Verdhière, 1820, p. 366, [1786]: "Ouverture du lycée s'est formé sur les débris du musée, élevé par Pilastre du Rosier et tombé avec lui." Laharpe y fait des conférences. - Fontanes voit aussi, au moins une fois, en 1783, Cagliostro, qui voulait relever l'ancienne magie, art. de Fontanes, "Institut National", *Clef du cabinet des souverains*, 7 avril 1797, 789: "Tout le monde écoutait dans le plus religieux silence. J'étais fort étourdi. Il me fut impossible de retenir un bruyant éclat de rire. A ce scandale épouvantable, un cri d'indignation s'élève, la loge se ferme, et la célébration des mystères est interrompue."

dans le *Journal des Dames*[11]. Le jeune Fontanes reprend un topos et dit qu'il veut vivre "au fond d'un désert" qui convient mieux à l'étude des lettres qu'une bruyante capitale. Seule la solitude peut le consoler du malheur; le vacarme de Paris n'est pas fait pour lui. Il ignore les intrigues auxquelles il faut se plier pour entrer dans la république des lettres. Il dit sa peur de la critique, cette critique qui n'hésite pas à attaquer, pour détruire, même le plus grand talent littéraire de son époque. Si utilisait les mêmes méthodes vis-à-vis de lui, il se créerait à côté de chagrins bien réels, d'autres, imaginaires, mais tout aussi douloureux. Tandis que c'est à la campagne où il pense donner libre cours à la tristesse, provoquée par le triple deuil qui l'a frappé en quelques années.

Malgré ces préliminaires, Fontanes avoue que la rencontre avec Dorat fut heureuse. Le vieux poète[12] réussit en effet à dissiper les craintes du jeune homme. Il lui conseille de laisser tomber ses scrupules et lui dit que, même dans la littérature, il y a différentes classes. Mais dans cette lettre du mois de juin 1777, il se trouve encore une remarque qu'il convient de souligner, parce qu'elle montre que déjà le jeune Fontanes appartient à ce genre de poètes qui ne sera jamais content de son oeuvre. Il dit expressément: "Je corrigerai avec la plus scrupuleuse attention, les défauts que m'indiquera le public"[13]. En effet, il travaillera sa vie durant sur ses créations littéraires, commencées dans sa toute première jeunesse, et spécialement à la *Grèce sauvée*[14].

Le cri de mon coeur est - dans sa première partie - l'évocation du trépas de son frère, suivi par celui de son père; Fontanes se voit maintenant seul au monde puisque la nature l'a "repoussé", "tel qu'un fils gémissant"[15]. Le désespoir traverse toute cette partie du poème. C'est son passé et son présent qu'il peint. Louis maudit son sort, accuse le ciel, rend Dieu presque responsable de sa misère. Ne dit-il pas: "Je me débats en vain sous le bras inflexible / De la nécessité"[16]. Le suicide s'offre presque comme le seul moyen pour échapper au

---

11   *J. d.D.*, devenu, *Mélanges littéraires ou Journal des Dames*, dédié à la reine, juin 1777, 56-66.
12   Nous laissons de côté la critique contre Dorat et son journal, Fontanes, *Oeuvres, op. cit.*, XL, Sainte-Beuve: "Dorat, singulier patron"; Laharpe, *Correspondance littéraire*, Paris, Migneret, An IX (1801), 2 vol.; vol II, 55: "Le *Journal des Dames* [...] passe entre les mains de M. Dorat, qui [...] veut avoir son journal en titre"; p. 62: "M. Dorat a publié un prospectus du nouveau *Journal des Dames*, qui n'a pas paru assez ridicule pour être amusant."
13   *Le cri (...), op. cit.*, 60.
14   Nous citons ici uniquement la *Forêt de Navarre*, qui verra plusieurs éditions et, l'*Essai sur l'homme*, *op. cit.*, que F. va publier en deuxième édition, complètement refait, en 1821.
15   *Le cri*, 62: "Je n'y vois qu'un désert. La Nature en colère. Semble m'abandonner dans une isle étrangère/ Où je me traîne sans support,/ Tel qu'un fils gémissant repoussé par sa mère."
16   *Le cri*, 63; on a voulu voir dans *Le cri de mon coeur*, Aileen Wilson, *Fontanes*, Paris, Boccard, 1928, 43: "Une sourde révolte contre l'idée essentiellement janséniste que la lutte contre la destinée est vaine", et par delà l'influence du père Bory. Certes, Fontanes a-t-il eu un moment de désespoir, mais il s'est vite remis de cet état pour travailler et,

sort que le ciel lui a réservé. Mais dans ce brouillard intérieur, la voix de son père se fait entendre. Elle lui rappelle le passé de ses ancêtres qui tous ont su dompter leur sort; le père aussi a dû résister aux difficultés de la vie, tandis que Louis, à peine entré dans la vie active, peut se dire: "Lâche! Tu fuis déjà sans avoir combattu!"[17]. Comment ne pas se souvenir ici de l'image de Saint-Pierre, fuyant Rome en toute détresse? Le père lui ordonne le courage, il lui reste une soeur, le souvenir d'un frère poète; au lieu d'éteindre "le flambeau" de son "génie"[18], il doit affronter la vie; et Fontanes promet de le faire.

L'activité littéraire de Fontanes à cette époque est intense. *Le cri de mon coeur* est réimprimé dans l'*Almanach des Muses*, en janvier 1778[19]. Nous y trouvons un autre poème de lui, le *Fragment d'un poème sur la nature et sur l'homme*[20], qui termine le second chant. Ce morceau parle de la nécessité pour l'homme d'accepter son sort; il ne faut pas reprocher à la nature d'être trompeuse, quand elle demande un jour à l'être humain de céder la place à un successeur. Vie et mort forment une telle unité, que vouloir les séparer serait pure folie:

"Ici pleure un vieillard qu'abandonne la vie;
là sourit un enfant qui folâtre au berceau;"

Et encore

"Lâche! accomplis la loi de la nécessité,
Meurs, et cède la place à la postérité." [21]

Ce "fragment" peut être regardé comme l'entrée de Fontanes sur la scène littéraire. Laharpe, dont Fontanes fera l'éloge funèbre, le 17 février 1803, en fait une critique élogieuse. Il n'est pas aussi satisfait du *Cri de mon coeur*, parce que "c'est beaucoup de faire à seize ans des vers passables pour cet âge; mais il est rare qu'ils le soient pour le public"[22], cependant avec sa nouvelle création, le jeune poète a réussi. Fontanes parle, dit Laharpe, avec des "images naturelles et gracieuses", il est un auteur "né pour écrire en vers" et, il a su éviter avec goût toute sorte de déclamations. Dans sa lettre, l'académicien indique également l'influence de Young et de Massillon qu'a subie Fontanes[23].

Cette remarque mécontenta fortement le jeune François de Neufchâteau. Il ne voit pas comment Fontanes aurait pu trouver dans les auteurs anglais

---

     plus tard, dans ses articles de journaux, de se révolter même.
17   *Journal des Dames, op. cit.*, 64.
18   *Op. cit.*, 65f.
19   *Almanach des Muses*, 1778, pp. 13-17.
20   *Almanach, op. cit.*, 249-252.
21   *Loc. cit.*
22   *Journal de politique et de littérature*, 25 février 1778, 265.
23   *Op. cit.*, 264.

l'inspiration de cette "belle Prosopopée" et, il fait à Laharpe un petit cours de littérature: "C'est dans le troisième livre de Lucrèce que Monsieur de Fontanes a pris l'idée de ce morceau, déjà embelli par Montaigne, dans le chapitre des *Essais*, qui a pour titre: que philosopher, c'est apprendre à mourir."[24]

Il était évident que Laharpe ne pouvait laisser planer aucun doute sur d'éventuelles lacunes dont François l'accusait. Sa réponse ne se fit pas attendre; il dut l'écrire presque sur-le-champ, puisqu'elle est insérée dans le *Journal de Paris* deux jours plus tard[25]. Le morceau est trop long, pour être cité dans son entier, mais avec quel sourire paternel et bienveillant, Laharpe répond-il au fougueux jeune homme. Il sait bien sûr que le même sujet a déjà été traité par Lucrèce; La Fontaine s'en inspirait également; néanmoins, remarque-t-il, les idées de Fontanes se rapprochent beaucoup plus des auteurs anglais que de celles du poète latin. Quand on parle de la mort, dit-il, "Young n'est pas loin; et Massillon a fait un très beau sermon sur la mort"[26]. La petite guerre en resta là. Pour Fontanes, la critique de Laharpe était une première et grande satisfaction. Grimm aussi annonce, en parlant de Fontanes, le "talent le plus distingué pour la poésie en général, et particulièrement pour le genre didactique et pour le genre descriptif."[27] Le ton est donné par le *Journal de Paris* du 1° janvier 1778: "M. de Fontanes", y lit-on, a "un talent décidé pour la haute poésie. Des idées tristes et fortes caractérisent son genre"[28], et Sébastien Mercier, lui, avoue qu'il aime beaucoup "les vers françois [...] quand ils sont de Voltaire ou de M. de Fontanes"[29].

Fontanes ne se repose pas sur sa première gloire. Son activité pendant cette décennie va en augmentant; à La Révolution, il aura atteint le sommet de sa carrière poétique; après, il ne fera, en grande partie, que retoucher ses créations antérieures. En 1778/79, il travaille à un poème sur la *Nature*[30], qu'il ne terminera pas[31], et il s'occupe de *La Forêt de Navarre*[32], qui est, comme l'indique

---

24 *Journal de Paris*, n° 57, jeudi 26 février 1778, 226.
25 *Journal de Paris*, n° 59, samedi 28 février 1778, 234.
26 *Op. cit., loc. cit.*
27 Grimm, Friedrich Melchior, baron de, Diderot, Meister, Raynal, *Correspondance littéraire, philosophique et critique*, Paris, Garnier, 1880, t. XII, janvier 1778, 46.
28 *Journal de Paris*, n° 1, p. 2.
29 *Journal de Paris*, n° 160, mardi 9 juin 1778, 639; Mercier se défend contre Laharpe qui l'accusait de haïr "cordialement" les vers français (*loc. cit.*).
30 Bricaire de La Dixmerie, *Mémoire pour la loge des neuf soeurs*, Paris, 1779, p. 8: "Un autre plus jeune encore (de Fontanes, dont on attend un poëme sur la nature) marche au même but par d'autres routes. C'est aussi la nature qu'il peint. La poésie descriptive supplée chez eux aux images rebattues de l'ancienne mythologie." La Dixmerie le compare à Roucher auteur des *Mois*; pour le rapprochement entre F. et Roucher, Edouard Guitton, *Jacques Delille (1738-1813) et le poème de la nature en France de 1750 à 1820*, Paris, 1974, 403.
31 Fontanes, *Oeuvres, op. cit.*, Sainte-Beuve, p. XLVI.
32 *Almanach des Muses*, 1780, 239-251; indication, p. 240, n° 1: "l'auteur a traduit en vers françois l'*Essai sur l'homme*, de Pope. Cet ouvrage paroîtra dans le cours de l'hiver." En fait, il sera publié en 1783.

l'édition de 1839, "la première pièce de poésie un peu considérable qui ait fait connaître le nom de Fontanes"[33]. En effet, ce poème va déclencher une correspondance imprimée adressée à l'auteur, qui ne manquera pas de rendre la politesse à ses admirateurs. Le *Journal de Paris* présente Fontanes et sa nouvelle oeuvre en termes flatteurs, c'est "un jeune homme qui donne depuis quelques années les plus grandes espérances et qui commence à les réaliser avec éclat"; l'auteur ajoute encore: "Ce Poëme de la Forêt est un ouvrage de plus de trois cents vers, et il est plein de morceaux qui décèlent un grand talent"[34].

La critique ne sera pas unanime. Garat et l'abbé Grosier seront même sévères. Mais le poème n'est pas exempt de beautés. On a l'impression que Fontanes ne suit aucun plan; ce sont plutôt des images intérieures et l'érudition de l'auteur qui surgissent spontanément, tels que des associations d'idées et de sensations apparemment discontinues. Tout est fluide, l'horizon de l'auteur ne semble pas connaître de limites.

Fontanes nous introduit dans le monde des feuillages épais et obscurs, souvent traversés par "un barbare chasseur"[35] qui cherche sa proie, tandis que lui-même, caché "sous [la] sombre épaisseur (p. 239) de la Forêt de Navarre, veut y trouver la solitude et le calme. Pour le poète, la forêt est le lieu privilégié où faire chanter sa "lyre champêtre"[36]. Fontanes se défend de vouloir imiter Pope[37], célébrant "les bois qui protègent Windsor"[38]; lui-il a un autre but, il cherche ce "calme universel"[39], pour laisser libre cours à ses idées; dans son imagination le passé rejoint le présent. L'idylle paysanne est mise en relief; les moissonneurs et les filles fatigués de leur travail, "s'endorment sur un lit de gerbes entassées"[40], tandis que l'auteur continue à marcher sous "l'ombre immense":

> "L'ombre de ces ormeaux, dont les bras étendus
> Se courbent sur ma tête en voûtes suspendues,
> S'entasse à chaque pas, s' élargit, se prolonge
> Croît toujours; et mon coeur dans l'extase se plonge". [41]

---

33 Fontanes, *Oeuvres*, t. I., p. 1, n° 1.
34 *Journal de Paris*, n° 1, samedi 1er janvier 1780, p. 1.
35 *La Forêt de Navarre*, *Almanach des Muses*, 1780, 239-252; dans la suite nous citons cette édition princeps, celle des *Oeuvres, op. cit.*, t. I, 1-14 a été retouchée par Fontanes.
36 *Op. cit.*, 239.
37 Notes de F., *Almanach, op. cit.*, 239: "Cette Forêt est la même que Voltaire a peinte dans le huitième chant de *La Henriade*"; et, p. 240: "Quoique ce Poëme soit du même genre que la Forêt de Windsor, on n'a rien imité du Poëte Anglois. La marche, les idées et les images sont absolument différentes."
38 *Op. cit.*, 240.
39 *Op. cit.*, 241.
40 *Op. cit.*, 240.
41 *Op. cit.*, 241.

Il écoute, regarde la nature et médite. Il lui vient à l'esprit le Sinaï et les prophètes hébreux, puis:

> "J'avance vers l'Indus ses bois aromatiques,
> Du paisible éléphant retraites domestiques
> Entendirent Bélus, Zoroastre et Brama,
> Les bois du Latium entendirent Numa." [42]

Fingal, le père d'Ossian et les bois d'Ecosse sont tirés de leur ombre lointaine, les Druides qui "dressoient leurs autels sous l'ombrage des chênes"[43] sont présents, comme "Tempé, séjour célèbre! ô magique vallon!"[44] et la mythologie grecque. Mais le vers "Muse, reviens chanter les forêts de la France"[45] montre que Fontanes retrouve l'histoire lointaine de la France, pour finalement constater: "Mais c'en est fait! Le chêne oublia ses oracles; / Les bois désenchantés ont perdu leurs miracles."[46] Fontanes finit avec l'évocation de Henri IV, ce "monarque populaire"[47] et de Gabrielle d'Estrées, et il se confie finalement à sa muse:

> "De ces belles forêts, je suis l'ombre amoureuse
> Pour un jeune Poëte, elle est trop dangereuse
> Je la fuis; c'en est fait! Muse, viens m'inspirer
> Un chant majestueux qui te puisse honorer." [48]

Le poème semble être un défilé de l'histoire cosmopolite intérieure, propre à l'auteur, et comme un reflet d'une vie de société, où la parole est prononcée dans le but d'évoquer des idées, des sentiments, que l'auteur relie, malgré les ramifications, à un ensemble, même disparate. Ce sont peut-être ces images dispersées, qu'on peut détacher du contexte, qui ont le plus enthousiasmé les admirateurs de Fontanes, tandis que la critique officielle restait réservée.

Garat, dont les relations avec Fontanes ne seront jamais heureuses[49], essaie dans le *Mercure de France*, du 1er avril 1780, d'encourager le jeune poète, mais il avoue qu'il ne peut pas être content de ce poème. Il prononce d'ailleurs ses observations avec beaucoup de tact. Ce poème, dit-il, "a été vivement critiqué par les gens du monde. On en a vu tous les défauts qui sont assez nombreux; on ne s'est pas autant soucié de remarquer les beautés, qui sont pourtant assez frappantes[50]. Néanmoins, dit-il, en s'excusant, "la composition générale" est "très-

---

42   *Op. cit.*, 242.
43   *Op. cit.*, 244.
44   *Op. cit.*, 243.
45   *Op. cit.*, 243.
46   *Op. cit.*, 244.
47   *Op. cit.*, 249.
48   *Op. cit.*, 251.
49   Fontanes, *Oeuvres, op. cit.*, p. XLV (Sainte-Beuve).
50   *Mercure*, p. 24-36; p. 24.

défectueuse"[51]. Le lecteur ne trouve nullement, s'étonne-t-il, un plan bien précis, "un défaut d'ordre et de liaison" règne "entre toutes les parties de l'ouvrage"[52]. Chateaubriand dira plus tard que l'article de Garat "pensa [...] arrêter" Fontanes "net au début de sa carrière poétique"[53]. Mais Garat prenait cette oeuvre de Fontanes très au sérieux et, sa critique ne nous semble pas "envieuse" comme Chateaubriand veut le faire croire. Certes, les propos du futur ministre de l'Intérieur sont parfois très durs. Sainte-Beuve trouvait d'ailleurs des mots bien équilibrés, en disant que cette critique était "très convenable"[54], évitant ainsi le rapprochement entre cette époque et le temps de la Convention où Garat dénoncera Fontanes après le siège de Lyon[55].

Dans sa critique, Garat constate d'abord que, dans un poème qui se veut une oeuvre philosophique, un ordre rigoureux est plutôt un défaut, puisque le talent poétique puise sa force créatrice dans l'imagination, reflet d'une donnée où tout est désordonné. "Les passions les plus terribles" sont voisines des "plus douces"[56]. Néanmoins, la nature connaît un certain ordre inné, propre à elle, et vouloir le bouleverser serait méconnaître cette interdépendance qui règne invisiblement entre notre imagination, notre esprit et le monde qui nous entoure, surtout quand il s'agit de la peindre. Suivent des remarques de détail sur la composition du poème. Avant même de peindre la beauté de la forêt, sous ses différents aspects, Fontanes avance bien vite, il s'assoit et s'écrie "que de tableaux divers"[57]. L'enthousiasme, ou mieux un désordre intérieur, fait ici irruption sans consulter la raison, ce que Garat lui reproche. Après avoir dit, que tout, dans les forêts, émeut un poète, Fontanes passe aux pontifes et aux rois qui apportèrent les lois "aux sauvages humains"[58] et Garat s'étonne de l'inconséquence du mouvement poétique, de rallier "des objets qui ont aussi peu de rapports ensemble"[59]. Les remarques vont jusqu'à démontrer un "mensonge"[60] à Fontanes, qui ne veut pas admettre que dans la Religion des Druides" il n'y avait ni Dryade, ni Sylvains[61]. Le reproche le plus humiliant est peut-être le conseil qu'il lui donne dans la suite de l'article:

"Il n'est pas difficile de deviner quelle est la source de ces contradictions et de ces liaisons disparates, dans l'Ouvrage de M. de Fontanes. Elles tiennent sûrement à sa manière de travailler, beaucoup plus qu'à la nature de son esprit."[62].

---

51 *Mercure*, p. 25.
52 *Mercure de France*, *op. cit.*, 24.
53 Chateaubriand, *Mémoires d'outre-tombe*, *op. cit.*, vol. I., 481.
54 Fontanes, *Oeuvres*, *op. cit.*, p. XLV.
55 *Op. cit.*, p. LXII.
56 *Mercure*, *op. cit.*, 24.
57 *Mercure*, 25.
58 *Mercure*, 27.
59 *Mercure*, 27.
60 *Mercure*, 28.
61 *Loc. cit.*
62 *Mercure*, 29.

Il serait mieux de faire d'abord un plan "en prose", avant de commencer à versifier[63].

Garat souligne que les beautés existent dans cette oeuvre, mais dispersées; on les retrouve comme des brides, semées par hasard ou comme le talent de l'auteur a su les insérer dans l'ensemble. Il conclut: "son style a dans l'expression le caractère d'un penseur; et il nous a semblé que dans son Ouvrage il y avoit très-peu d'idées et de sensations nouvelles"[64].

Selon Sainte-Beuve, Fontanes fut très affecté par l'article de Garat, à tel point que dans l'édition de ses Oeuvres, *La Forêt de Navarre* a été complètement retouchée par lui[65]. Ce n'est pas la critique de fond qui a dû l'irriter, mais de petites phrases désobligeantes[66], tout au long de cet article, qui d'ailleurs auraient blessé quiconque, bien que Garat prétende de ne pas vouloir le faire.

La critique de l'abbé Grosier est sarcastique[67]. Fontanes indique, dans une note, déjà citée, qu'il n'imite nullement Pope qui a chanté les bois de Windsor et, Grosier ajoute: "Je le crois aisément; car notre jeune poëte, emporté par son imagination, n'a point une marche régulière, et ne paroît tendre vers aucun but."[68] Avant de citer quelques beaux vers de ce poème, il conclut: "quoiqu'il répète souvent, *j'avance*, il n'arrive jamais."[69].

A la même époque, Fréron promettait à ses lecteurs un examen attentif du "célèbre Poëme de la Forêt de Navarre", sans toutefois le faire[70].

"Le lyrisme distingué de ce poème [...], de type nouveau, à la recherche d'émois indéfinis [...] avec la nature"[71] était peut-être l'élément le plus attirant de cette oeuvre et faisait entrer le nom de Fontanes dans la société littéraire; à

---

63 *Mercure*, 29.
64 *Mercure*, 35.
65 Fontanes, *Oeuvres, op. cit.*, vol. I, 1-14; et, *op. cit.*, p. XLIVf.
66 *Mercure*, 25: "nous ne voudrions pas courir le risque de le blesser, si nous n'avions pas l'espérance de lui être utile." Pour les propos démesurés p. 26: "[...] rien ne blesse plus vivement que cette fausse chaleur qui fait les déclamateurs en vers et en prose, en multipliant le nombre des inspirés qui prétend au génie"; p. 27: "Il est impossible de trahir son secret avec plus d'imprudence."; p. 29: "Le style de M. de Fontanes ne présente guère de défauts aussi choquans que sa composition: il en a cependant de considérables"; ou encore, p. 32: "il cherche des périodes qui seules peuvent rendre le style harmonieux, mais les diverses parties de ses phrases s'entrelacent souvent avec confusion, et le nombre destiné à flatter l'oreille, ne fait plus alors que jeter du trouble et de l'embarras dans l'esprit."
67 *Journal de littérature, des sciences et des arts*, 1780, t. I, 24-26.
68 *Op. cit.*, 25.
69 *Loc. cit.*
70 Fréron, *l'Année littéraire ou suite de lettres sur quelques écrits de ce temps*, 1754-1791 et, 1800-1801; 1780, vol. XXVII, t. I, 65: "Je vous parlerois bien d'une longue pièce de M. Fontanes, intitulée *La Forêt de Navarre*"; et, p. 285: "Le peu de place qui me reste, m'oblige de renvoyer à une autre occasion l'examen du célèbre Poëme de *la Forêt de Navarre* par M. de Fontanes." Nous n'avons pas pu trouver l'article, ni en 1780, ni en 1781; à notre connaissance Fréron parle de Fontanes à nouveau en 1782, t. I, 22, pour annoncer l'*Essai sur l'homme*.
71 Guitton, *Délille, op. cit.*, 402.

partir de là, il ne va plus quitter la république des lettres, et même quand il le fera, sous Napoléon, on le lui reprochera.

La Forêt de Navarre a valu à l'auteur des admirateurs. Le chevalier de Parny, Flins des Oliviers et Garnier écrivent des poèmes à l'adresse de Fontanes. L'élégie de Flins est peut-être le poème le plus chaleureux. Il rend d'abord hommage au talent du jeune poète dontles vers sont harmonieux et qui a su chanter avec grâce le destin de l'homme:

> "Ami, dont le conseil me guide et m'encourage,
> Poursuis la route illustre où la gloire t'engage". [72]

Flins annonce ensuite un autre poème de Fontanes, celui qui sera plus tard publié sous le titre de l'*Astronomie*[73]. Lui-même, par contre, prend le chemin inverse de Fontanes et fuit la capitale avec son fracas, pour trouver à la campagne le calme et ce monde idéal qu'il cherche, redoutant d'ailleurs en même temps l'arrivée d'un grand de ce monde, puisque "Il apporte le vice et la Cour avec lui."[74]. Flins invite Fontanes à le joindre, car il existe encore "de paisibles retraites / pour les tendres Amans, pour les tendres Poëtes"[75]. Là, au milieu des beautés de la nature, il aimerait avoir "la présence d'un ami": "Tu viendras, cher Fontanes, embellir mon asyle"[76]. Et Flins lui demande même d' "anoblir (son) humble renommée"[77], quand il ne sera plus.

Parny, dont Chateaubriand a fait un portrait amusant[78], s'adresse également à Fontanes, il est plus prudent dans ses éloges; il le met en garde: "Vous prenez un chemin pénible et dangereux. Je n'oserai m'engager dans cet étroit passage"[79], et il fait allusion au chemin de la gloire que son collègue est en train de s'ouvrir. Fontanes ne tarde pas à répondre aux inquiétudes de Parny: "Ma raison craint vos vers", commence-t-il, et il se défend de vouloir voler vers de "flatteuses chimères". Le contraire est plutôt vrai, puisqu'il se garde lui-même contre l'illusion de trop grandes espèrances[80].

Garnier n'est pas absent de cette correspondance. Fontanes lui écrit une lettre en forme de poème. Dans la triste saison de l'automne, aux Andelys, Fontanes

---

72   Flins des Oliviers, "Elégie à Monsieur de Fontanes", *Almanach des Muses*, 1782, 115-119; p. 115.
73   Publié en 1789, *Almanach des Muses*, 221-229, titre exact: *Essai sur (...)"*.
74   Flins, *Elégie, op. cit.*, 117.
75   Flins, *op. cit.*, 117.
76   Flins, *op. cit.*, 118.
77   Flins, *op. cit.*, 119.
78   Chateaubriand, *Mémoires, op. cit.*, vol. I, 180: "Je trouvai un homme assez jeune encore [avant 1789], de très bon ton, grand, maigre, le visage marqué de petite vérole [...]. Je n'ai point connu d'écrivain qui fût plus semblable à ses ouvrages,: poète et créole, il ne lui fallait que le ciel de l'Inde, une fontaine, un palmier et une femme."
79   Parny, "A.M. de Fontanes", *Almanach des Muses*, 1782, 237.
80   Fontanes, "Réponse à Monsieur le chevalier de Parny", *Almanach des Muses*, 1782, 238-239; p. 238.

se plaint, dans un chant mélodieux et mélancolique que "la nature s'efface / comme un tableau décoloré"[81], sa muse languit "sous un triste horizon [...] plus froid(s) encore que la saison"[82]. Garnier répond si vite à ce chant plaintif et console Fontanes. Certes, les Normands ne peuvent-ils chanter qu'au printemps, mais, même en automne, les sentiments survivent à la nature. Garnier essaie de ramener Fontanes à la réalité que celui-ci semble vouloir fuir:

> "Depuis quand, s' il vous plaît, l'image
> vaut-elle une réalité?
> Vous devenez, et c'est dommage,
> bien insensible et bien volage" [83].

Il lui propose même d'échanger leur domicile, mais il revient sur cette idée, valait mieux de rester à la campagne et de chanter, plutôt de peindre, comme Vernet, "le sinistre tableau / du Temps qui descend au tombeau"[84].

Citons encore pour cette année 1782 une note de Grimm qui annonce "une demi-douzaine de poèmes nouveaux" dont un de Fontanes sur la "Nature"[85], mais qui, finalement, ne sera pas publié.

Dans une lettre du 10 novembre 1785, Fontanes envoie à Joubert ses impressions sur les airs écossais que les filles d'un ministre écclésiastique lui chantaient à Londres et il s'enthousiasme pour les hymnes d'Ossian: "C'est un son lent et doux qui semble venir du rivage éloigné de la mer et se prolonger parmi les tombeaux"[86]. Des années auparavant, Fontanes publiait lui-même un *Chant du Barde*[87] qui eut dans la presse un écho mitigé, bien qu'il semble être le premier, selon Flins des Oliviers à avoir fait passer "dans notre langue des beautés étrangères des Poësies Erses"[88], et Van Tieghem peut constater que Fontanes a été "dans sa jeunesse, l'un des plus complètement pris d'Ossian"[89].

En effet, dans le *Chant du Barde*, Fontanes reprend un thème qu'il avait déjà évoqué dans la *Forêt de Navarre* avec quelques vers:

---

81 Fontanes, "Vers. Extrait d'une lettre écrite de la campagne, à M. Garnier", *Almanach des Muses*, 1783, 37-38; p. 37.
82 *Op. cit.*, 38.
83 Garnier, "Réponse", *Almanach*, 1783, 38-40; p. 39.
84 *Op. cit.*, 40.
85 Grimm, *Correspondance, op. cit.*, 1782, t. XIII, p. 191: "On nous annonce une demi-douzaine de poèmes nouveaux prêts à éclore; un de l'abbé Delille, sur les "Paysages"; [...] la "Nature" par M. de Fontanes; [...] nous en oublions peut-être autant que nous venons d'en citer."
86 *Correspondance de Fontanes et de Joubert, op. cit.*, 10.
87 *Almanach des Muses*, 1783, 227-230.
88 *Almanach des Muses*, 1784, 169, n° 1, la suite: "sans traduire aucun morceau d'Ossian, il a employé dans son *Chant du Barde* les images les plus familières à ce grand Poëte."; Flins publie lui-même, op. cit., un *Chant, d'une jeune fille d'Ecosse, traduit d'Ossian*.
89 Van Tieghem, *Ossian en France*, Paris, Rieder, 1917, 2 vol.; vol. I, 360.

> "Ossian, au milieu des forêts orageuses,
> Que l'Ecosse nourrit dans ses roches neigeuses,
> Le sublime Ossian, comme Homère inégal,
> Célébrant dans la nuit des exploits de Fingal,
> Offroit un chant de mort à son ombre chérie,
> Qui du haut d'un nuage écoutoit attendrie" [90],

et dans une note à la même page, Fontanes indique ses sources: Suard, l'abbé Arnaud et Thomas[91].

Dans le *Chant du Barde*, un barde évoque, assis "sous un vieux chêne"[92], pendant un temps d'orage, les esprits des héros gaéliques. Il entend la voix de Fingal, cette "ombre paternelle"[93], qui s'éloigne au moment où le chanteur veut retenir son écho. Cette voix mystérieuse s'élève vers les nuages et le barde éveille avec sa harpe Malvina, la "fille adorée"[94] la veuve d'Oscar, et il plaint le guerrier défunt, puisque dans la tradition écossaise, c'est au barde d'honorer la mémoire du vaillant trépassé. La bataille fait rage, Cathmor est abattu par Fingal; dans ses vieux jours, le barde se plaint de son sort et il aspire à rejoindre les autres bardes dans les nuages.

Fontanes connaissait la poésie gaélique par la traduction de Le Tourneur, qu'il indique lui-même[95].

---

90 *Almanach des Muses*, 1789, 242.
91 *Almanach, op. cit.*, 242, n° 1, la suite, qui "nous les ont fait connoître les premiers dans un Journal d'érudition et de goût"; il s'agit très vraisemblablement de Suard et de l'abbé Arnaud, *Variétés littéraires ou recueil de pièces tant originales que traduites, concernant la philosophie, la littérature et les arts*, Paris, Lacombe, 1768-1769, 4 vol.; le journal contient plusieurs articles concernant cette poésie, vol. I, 209-266: "Réflexions sur les poésies erses"; 227-304: "Nouvelles observations sur les poésies erses"; vol. II, 354-382: "Darthula, poëme traduit de la langue Erse" (traduction du poëme en prose); vol. III, 511-531: "Comola, poëme dramatique traduit de la langue erse", Antoine-Léonard Thomas, *Oeuvres complètes*, Paris, Desessart, an X (1802), 3 vol., vol III, 20ff. *Essai sur les éloges*, spécialement: "Des Eloges chez tous les premiers peuples"; un passage assez important sur la poésie erse et, pour Fontanes, p. 23: "On y trouve une imagination plus forte qu'étendue, peu d'art, peu de liaison, nulle idée générale, *nul de ces sentiments qui tiennent au progrès de l'esprit*. [Souligné par nous] et qui sont les résultats d'une ame exercée et d'une réflexion finie; mais il y règne d'autres beautés, le fanatisme de la valeur, une ame nourrie de toutes les grandes images de la nature, une espèce de grandeur sauvage, semblable à celle des forêts et de montagnes qu'habitoient ces peuples, et surtout une teinte de mélancolie, tour à tour profonde et douce, telle que devoient l'avoir des hommes qui menoient souvent une vie solitaire et errante." Rappelons que Fontanes travaillera plus tard sur Thomas.
92 *Almanach des Muses*, 1783, 227.
93 *Ibid.*
94 *Op. cit.*, 228.
95 *Op. cit.*, 227, n° 1, Le Tourneur, *Ossian, fils de Fingal, barde du troisième siècle, poésies galliques, traduites sur l'anglois de M. Macpherson*, Paris, Musieur, 1767, 2 vol.; dans les *Oeuvres, op. cit.*, II, 389-396, Fontanes refait ce chant et il ajoute des vers à Le Tourneur.

La critique restait divisée. Geoffroy, dans l'*Année litté-raire* est vite fatigué de la lecture[96], et il reproche surtout à Fontanes sa manière de traiter le sujet. Après chaque ligne, indique-t-il, Fontanes ajoute une explication, ce qui est énervant, et à travers le langage, utilisé par l'auteur, il ne sent pas "l'énergie d'un barde"[97]. Pour Laharpe, par contre le poème est réussi et Fontanes a su semer "par intervalles" les beautés "d'Oscian" (sic!)[98], et Baour-Lormian peut même constater que, parmi les imitateurs de la poésie erse, Fontanes est le meilleur[99].

Mais, dans l'*Almanach des Muses* de cette année 1783, il se trouve encore de Fontanes, la *Chartreuse de Paris*[100], que l'auteur remaniera complètement plus tard[101]. Retiré du bruit de la capitale, Fontanes "veut goûter la retraite"[102], ce désir qui guidait déjà ses premiers vers, et l'auteur fait allusion aux Andelys où il jettait les bases de son oeuvre première. En décrivant la vie dans ce monastère, on peut constater un certain stoïcisme, inhabituel chez un jeune garçon qui n'a pas trente ans. Ne dit-il pas pour les enfants de Bruno:

"Le bruit les environne, et leur âme est tranquille.
Hormis l'éternité tout est songe pour eux.
Et nous osons pourtant les juger malheureux!" [103].

Fontanes énumère les préjugés de son temps contre ces religieux qui, selon la société, ont presque commis un suicide. Il ne pense pas de même, lui qui, à partir de 1809, se retirera si souvent dans son château de Courbevoie, au bord de la Seine, pour contempler le passage des eaux et l'écoulement du temps. Nous trouvons déjà ici un premier jet de ce caractère contemplatif:

"Et bien! vous qui plaignez ces victimes crédules,
Pénétrez avec moi ces murs religieux.
N'y respirez-vous pas l'air paisible des cieux?" [104].

---

96 *Année littéraire*, 1783, lettre IV, 121-125.
97 *Année, op. cit.*, 124.
98 *Oeuvres* de Laharpe, vol. XII, *Correspondance littéraire, op. cit.*, 1783, lettre 179, 69.
99 Louis-François Baour-Lormian, *Les Trois Mots*, Paris, Dentu, an VIII, 24 (notes après *Mon Second Mot*: "Plusieurs écrivains se sont essayés dans le genre d'Ossian. [...] Plusieurs enfin se sont bornés à rimer péniblement la prose harmonieuse de Letourneur. Presque tous ont manqué leur but. [...] Fontanes est le seul qui se soit pénétré de son génie et qui en ait rendu les beautés. Tout le monde connaît le début mélancolique et musical de son chant du Barde."
100 *Almanach des Muses*, 1783, 179-183.
101 Dans ses *Oeuvres complètes*, Paris, Ladvocat, 1827, Vol. XIII, t. III, 104-110 (Génie du Christianisme), Chateaubriand insèrera cette nouvelle *Chartreuse de Paris*.
102 *Almanach, op. cit.*, 179.
103 *Ibid*.
104 *Almanach, op. cit.*, 180.

Il apprécie surtout, dans la suite, cette autre société, exempte des passions mondaines qui, dans cette ambiance, "se taisent"[105] L'esprit de l'éternité règne déjà de leur vivant chez les membres de la communauté:

> "Ici l'oeil s'accoutume à fixer le trépas:
> Son aspect attendrit et n'épouvante pas." [106].

Dans cette mélodie où temps et éternité se confondent, Fontanes cite des vers du livre de la Sagesse.

La réflexion sur le monde extérieur, par contre, n'est nullement absente dans la *Chartreuse de Paris*. Une vallée de deuil s'ouvre pour Fontanes, en regardant "l'inépuisable erreur qu'on appelle la vie"[107], et il ne demande qu'une chose, que personne ne vienne "troubler la paix de ce séjour!"[108]. Ici aussi, on trouve matière à comparaison avec le Fontanes de la maturité, qui ne veut pas qu'on le dérange dans sa retraite de Courbevoie, sauf quand il s'agit d'amis comme Joubert ou Chateaubriand[109]. Malgré quelques doutes au passage sur cette vie où sentiments et "vaines passions"[110] agitent l'homme, il peut s'écrier, quand, "fatigué du monde"[111], il veut trouver le repos intérieur:

> "Alors je reviendrai, Solitude tranquille,
> Oublier dans ton sein, les ennuis de la ville." [112].

La même année, dans l'*Almanach*, Fontanes publie également sa traduction d'Horace *Sic te, diva potens Cypri*[113] que Laharpe mentionne dans sa *Correspondance littéraire*[114]: il trouve que cette pièce est "la moins finie" des mor-

---

105 *Ibid.*
106 *Ibid.*
107 *Almanach, op. cit.*, 181.
108 *Ibid.*
109 Fontanes, *Oeuvres, op. cit.*, II, "Ode", 96-98 (écrite entre 1810 et 1812):
"Mais si Joubert, ami fidèle,
[...]
Vers mes champs accourt de Paris
Qu'on ouvre! J'aime sa présence."
Et sur Chateaubriand, dans la même "Ode", un passage qui n'est pas tellement connu:
"Et si, de ses courses lontaines
Chateaubriand vient sur ces bords
[...]   [qu']
Il prenne place en mes foyers
Et, loin des troubles politiques
Repose ceint de vos lauriers."
110 *Almanach, op. cit.*, 182.
111 *Ibid.*
112 *Op. cit.*, 183; Geoffroy, *Année littéraire*, 1783, t. XXX, lettre IV, 125, n'est pas content de la *Chartreuse*, elle "offre quelques traits de sentiment heureusement rendus; mais elle est souvent défigurée par la roideur et la sécheresse; défauts bien choquans".
113 *Almanach des Muses*, 1783, 63-64.
114 Laharpe, *Correspondance littéraire, op. cit.*, 68.

ceaux publiés cette année par Fontanes, "elle exigerait bien des corrections"[115]. En essayant de traduire cette ode, Fontanes s'est en effet lancé dans un travail que Bernard Jullien, commentant la traduction de l'ode par Daru, a caractérisé de la façon suivante: "Rien de plus difficile à traduire que ce poète"[116].

---

[115] *Ibid.*
[116] Bernard Jullien, *Histoire de la poésie française à l'époque impériale*, Paris, Paulin 1844, 2 vol., vol. I, 143: la suite: "la précision du style et surtout la variété des tons rendent presque impossible une lutte corps à corps."

Chapitre V

L'Essai sur l'homme

Le 14 juin 1783 le *Journal de la librairie* indique enfin la sortie de la *Nouvelle traduction de l'Essai sur l'homme*, de Pope; le volume coûte trois livres et paraît chez Jombert jeune, avec privilège du roi[1]. Depuis trois ans, l'annonce de cette publication a été longuement préparée, à tel point qu'on pourrait se demander, si le livre va vraiment sortir un jour, ou si Fontanes, selon son habitude, ne le retardera pas encore[2]. Le public l'attendait donc et déjà en 1782, l'*Année littéraire* conseillait à Fontanes d'éviter "l'obscurité et la sécheresse"[3].

Maintenant que le livre est là, il faut s'en occuper et la critique ne manquera pas de le faire. L'*Essai sur l'homme* se laisse d'ailleurs diviser en trois parties: un discours préliminaire de quarante-six pages, la traduction proprement dite et, après chacune des quatre épîtres, des notes. Au vu des annonces successives, Fontanes y travailla au moins pendant trois ans, sinon plus; et il en fit des lectures privées[4].

Le livre trouve donc un public tout préparé, mais prêt aussi à la critique, qui connaissait, de plus en plus, les qualités et les défauts de l'auteur par ses publications antérieures. La critique a été étonnée surtout par le "Discours préliminaire"; déjà à cette époque, Fontanes se fait la main comme prosateur-journaliste et comme professeur-interprète de littérature. Ce discours est un aperçu sur plusieurs systèmes philosophiques et sur ceux des auteurs français qui peuvent prétendre rivaliser avec Pope dans la recherche sur la question: qu'est ce que l'homme?

Fontanes explique d'abord que chez tous les peuples, civilisés ou barbares, deux "puissances ennemies"[5] se disputent la nature. Il indique que les erreurs humaines sont indépendantes des races ou des siècles; nées avec la Société, elles finiront avec elle. La philosophie juive a su donner une explication de cet état. En dehors de la religion juive, toutes les autres croyances sont soumises à "des Dieux rivaux" qui "protègent" l'homme et "le tourmentent" en même temps[6]. Au milieu de la superstition, Platon trouve pourtant des mots justes:

---

1 *Journal de la librairie, ou catalogue hebdomadaire, contenant par ordre alphabétique les livres (...)*, N° 24, samedi 14 juin 1783; le livre a été approuvé les 1er et 28 mai 1783, et enregistré le 30.
2 Le *Jour des morts dans une campagne*, par exemple, écrit à cette époque, ne sera publié qu'en 1795.
3 *Année littéraire*, 1782, t. I, 22.
4 Wilson, *Fontanes, op. cit.*, 63.
5 *Essai sur l'homme, op. cit.*, 1.
6 *Essai*, 2.

l'homme est un être qui doit se soumettre aux lois que le créateur a imposées au monde.

Fontanes n'entre pas dans les détails, il saute deux mille ans pour arriver au système philosophique proposé par Leibniz et, il constate que celui-ci n'a pas les mêmes fondements que celui de Pope. L'auteur anglais se réfère entièrement à Platon sans jamais avoir lu Leibniz. En effet, pour le philosophe de Leipzig, Dieu est un être absolument passif qui ne peut prendre en considération que le monde existant. Pope, par contre, voit Dieu comme libre, ayant créé l'univers pour l'homme. Les malheurs dans ce monde ne viennent pas de Dieu, mais de l'homme, qui, créé libre, peut faire le bien ou le mal. Fontanes soulève la question de l'optimisme, sans la traiter d'une manière exhaustive. Il penche plutôt vers le système de Pope, puisque sa conception "console l'Homme" et "honore la Providence"[7]. Après ces remarques préliminaires, Fontanes explique comment Pope peint l'homme dans ce système, et cela en quatre épîtres. Le créateur a fait l'homme et a donné des facultés à chacun selon ses besoins. L'univers n'est pas fait forcément uniquement pour l'homme, mais l'homme créé pour s'intégrer dans ce monde, indépendamment de sa propre existence.

Fontanes dégage dans la suite les points principaux des quatre épîtres de Pope. Le sens-animateur de l'homme est l'amour-propre qui engendre les passions[8], nécessaire à la survie et il constate que "l'orgueil et l'espérance nous suivent jusqu'à la mort"[9]; ce sont ces données innées d'où sort la force de l'homme. Le but primordial de l'homme est son bonheur[10]. Le génie de Pope rappelle à Fontanes des idées exprimées par Pascal, qui parle avec des paroles claires et simples. On peut imiter Bossuet, mais non Pascal. Pope reprend les idées de celui-ci, mais il s'éloigne bien de son modele et il semble que, pour Fontanes, Pope analyse l'homme "avec l'âme de Fénelon"[11]. Dans la troisième épître, l'homme est regardé sous l'aspect social; l'instinct lie l'homme à la nature, il se transmet aussi bien chez l'homme que chez l'animal, mais il est surtout très fort au début de la vie, ce que fait le charme de la société. Fontanes reprend ici une idée déjà exprimée par Joubert, en disant que les ouvrages des grands poètes "renferment" plus d'idées vraies et simples que ceux des grands philosophes"[12]. Fontanes explique cette idée: les philosophes sont obligés de repenser leur système qui, sous l'influence des découvertes et du progrès des sciences, change de siècle en siècle, tandis que le poète qui ne veut que peindre les sentiments, émeut par sa création "l'imagination et le coeur" de l'homme de toujours[13].

---

7   *Essai*, 6.
8   *Essai*, 9.
9   *Op. cit.*, 9.
10   *Ibid.*
11   *Op. cit.*, 12.
12   P. 13.
13   P. 14.

Fontanes continue de décrire le système gouvernemental selon Pope; différentes formes se sont succédées, mais il conclut que la base essentielle de chaque société devrait être "l'amour social" qui naît de "l'amour propre"[14]. Il revient finalement sur l'idée exprimée plus haut que Dieu est juste et qu'il a donné à tous les hommes un bonheur égal. Cette maxime de la bonté de Dieu et que le mal est en dehors de Dieu, né du méchant, se trouve déjà dans l'antiquité.

Après avoir examiné les idées de Pope et son système philosophique, Fontanes regarde de plus près comment l'auteur anglais a adapté son style à sa pensée, qui, en effet, connaît une certaine raideur, une sécheresse inhabituelle. Mais Fontanes ne lui en fait pas reproche. Pope a réussi à trouver une agréable union entre la philosophie et la poésie sans sacrifier "l'une à l'autre"[15]; au contraire, il a su réunir très souvent "des qualités" qui se repoussent[16], comme, par exemple, "la rapidité des mouvements poétiques à la marche exacte du raisonnement, et l'éclat du style à la simplicité de ces grandes vues, saisies par un esprit vaste qui sait généraliser"[17]. Fontanes voit aussi les inconvénients d'un tel travail, puisque Pope emploie trop souvent "l'effet des contrastes"; la répétition des mêmes mouvements est aussi trop courante. Dans son analyse, Fontanes ne se borne pas à regarder Pope seulement d'une manière immanente. Il prête autant d'attention à ses prédécesseurs et il cherche les origines de ce genre descriptif dans l'antiquité, chez Lucrèce. Celui-ci est, en effet, comparable à Pope, bien qu'il ait uniquement fait un traité sur la physique et sur la morale[18]; mais son style a quelque chose de "l'âpreté des sons étrusques"[19] et, le tout rappelle à Fontanes "une harmonie digne de Virgile"[20]. Pour Fontanes, Lucrèce est un de ces rares poètes qui réunit deux forces: la méditation et "cette inspiration qui s'éveille à la présence des grands objets"[21]; il décrit, comme Buffon, "dans la septième des époques de la Nature"[22] l'histoire du genre humain. Le but essentiel de Fontanes est de démontrer la parenté d'idées entre Lucrèce et Pope; pour lui, L'enthousiasme de Pope, sa profondeur et "l'enchaînement des idées"[23] sont les grands mérites de l'auteur anglais. Lucrèce, par contre, montre dans l'analyse des questions de morale "une âme plus forte"[24].

Fontanes hésitait jadis entre traduire Lucrèce ou Pope, et se décide finalement pour Pope[25], une raison de plus pour mettre en relief la profondeur des

---

14 *Ibid.*
15 *Essai*, 19.
16 *Ibid.*
17 *Ibid.*
18 *Essai*, 20.
19 *Essai*, 22.
20 *Ibid.*
21 *Essai*, 23.
22 *Ibid.*
23 *Essai*, 24.
24 *Ibid.*
25 *Ibid.*

idées de Lucrèce qui semble avoir été fait par la nature pour "chanter ses merveilles". Horace est incorporé dans ce système par Fontanes, comme celui qui a su réunir "la justesse et l'audace dans ses écrits"[26]. Dans ce tableau général, Fontanes constate finalement que, malgré l'animation de son passé spirituel, l'Italie de son époque n'a pas vu naître un philosophe digne de ce nom et le seul pays avec lequel Pope peut rivaliser, c'est la France de Despréaux et de Voltaire[27]. C'est surtout Despréaux que Fontanes estime, puisqu'il a pu, grâce à son style, joindre le beau au vrai[28], bien qu'on lui ait reproché très souvent un manque de sentiment dans son expression et même une certaine froideur[29]; mais combien de ses vers ne sont-ils pas devenus des proverbes!

Néanmoins dans la grande question qui tourmente les critiques, à savoir "qu'est-ce que l'homme", Despréaux n'est pas comparable à Pope. Un rival plus sérieux est Voltaire qui brillait dans tous les genres littéraires et qui voulait enlever aux Anglais la "supériorité dans la Poësie morale"[30]. Fontanes constate qu'à travers ces deux poètes, le tempérament des deux nations se reflète d'une manière éclatante. Le caractère pensif des Anglais est le fruit d'une longue et profonde méditation[31], tandis que du côté voltairien, on trouve une philosophie plus aimable et plus claire. Voltaire a l'élégance et la grâce du style, et l'on aime trouver chez lui quelques traits de la "mélancolie" qui fait le charme des poètes anglais[32]. Le but fondamental de Voltaire était de plaire aux gens du monde, sans trop les blesser par la rigueur de sa pensée. Son caractère d'ailleurs ne se prêtait pas à la solitude mélancolique; il est, selon Fontanes, plutôt un auteur né pour les grandes villes et dont les écrits s'adaptent bien au charme effervescent de la société mondaine[33]; Voltaire, dans sa marche intellectuelle, ne regarde jamais derrière lui, il désarme la critique d'un trait de plume. Dans sa recherche sur l'homme, Fontanes essaie de trouver un parallèle entre Voltaire et Rousseau; le dernier n'a-t-il pas exprimé les grandes questions qui tourmentent l'homme avec plus de profondeur et de sensibilité, en évitant un style qui ne fait que caresser l'oreille? "La conversation d'un homme simple, du Vicaire Savoïard, est plus poétique que les vers de Voltaire, écrivant à Frédéric[34]. Néanmoins l'admiration de Fontanes pour Voltaire est plus grande que ses sentiments vis-à-vis de Rousseau. Il a été donné à Voltaire la possibilité d'amener le lecteur à lui,

---

26 *Essai*, 25.
27 *Essai*, 27.
28 *Ibid*.
29 P. 28.
30 P. 29.
31 *Ibid*.
32 P. 30.
33 Matéra, *Correspondance secrète*, décembre 1782-juillet 1783, 223, Fontanes avait écrit à cette époque un *Jugement sur Voltaire*, "qui est (resté) dans le porte-feuille de l'auteur." Fontanes publie plus tard un article "Sur Voltaire", les *Quatre Saisons*, automne 1808, 99-107; 106: "Il aimoit l'éclat des cours, le bruit des théâtres, l'élégance des moeurs, tout ce qui décore enfin la société."
34 *Essai*, 31f.

ce que Fontanes admire; on "sent, vit et pense à la fois"[35] avec ce vieillard qui s'est "élevé au-dessus de tous les préjugés et de tous les besoins"[36]. Sa renommée s'est accrue avec l'âge, tandis que Pope est mort à "quarantetrois" ans[37]. Pour Fontanes, Pope est le créateur de l'essai sur l'homme, Voltaire "n'a fait tout au plus que l'égaler"[38].

Dans ce tableau, Fontanes jette finalement un coup d'oeil sur les autres oeuvres de Pope et il cite en premier lieu l'*Essai sur la critique*, comparable à l'*Art poétique* d'un Horace ou d'un Boileau. Il ne fait qu'effleurer les satires de Pope, qui lui aurait paru supérieur s'il avait "dédaigné la bassesse de ses ennemis"[39]. Fontanes reproche à Pope d'avoir publié sa satire sur *La Dunciade*[40], "un monument de haine et de mauvais goût"[41]. Dans la riposte, Fontanes voit un nouveau rapprochement avec Voltaire, mais il aurait préféré, pour Pope, ce trait de Fontenelle qui n'ouvrait même pas les brochures écrites contre lui. Voici un jugement très intéressant sur celui-ci:

"ce Fontenelle, qui mieux que toutes les définitions marque le point où se touchent et se séparent l'esprit et le génie, étoit né sans les deux mobiles qui produisent les grandes actions et les grandes fautes, je veux dire, l'imagination et la sensibilité" [42].

Dans ce "Discours préliminaire", Fontanes touche ensuite aux lettres de Pope et prouve qu'il a été un bon fils, un bon citoyen[43], sa vie privée étant conforme à son oeuvre qui, d'ailleurs, compte de nombreuses traductions d'auteurs de l'antiquité.

Fontanes remarque finalement que son but, en traduisant Pope, était la précision. Il a surtout voulu garder sa philosophie, ce qui nécessitait la clarté. Il est d'ailleurs étonné de trouver uniquement "une vingtaine de vers de plus" qu'à l'original[44]. La traduction de l'*Essai sur l'homme* de l'abbé de Resnel est égale-

---

35 P. 33.
36 *Ibid.*
37 Erreur légère, Pope vivait entre 1688 et 1744.
38 *Essai*, 33.
39 *Essai*, 35. - Pour les femmes, ayant fait partie de la vie intellectuelle de leur époque, Fontanes semble avoir été très misogyne; ici un premier exemple, *op. cit.*, 36, n° 12: Milady Montagüe avait écrit "une Satyre odieuse" contre Pope; "elle y perd tout le charme de son esprit, toutes les graces de son sexe, toute espèce de bienséance et de jugement; le plus vil Journaliste dans les feuilles les plus méprisées, n'a jamais vomi des injures plus atroces et plus dégoûtantes. Les Femmes, extrêmes en tout, ne mesurent point assez leur vengeance pour la faire pardonner."
40 Pope, *La Dunciade, ou l'Angleterre démasquée, où l'on trouve des Anecdotes curieuses sur l'histoire civile et littéraire de ce siècle*, La Haye, 1744; il y a, en effet, beaucoup d'allusions à la vie des princes, à la vie politique et aux écrivains.
41 *Essai*, 36.
42 *Essai*, 37.
43 Sous le Directoire, la question du "bon citoyen" sera traitée par Fontanes, "Petite discussion avec le C. Merlin, ministre de la Justice", *Mémorial*, N° 101, lundi 28 août 1797, 2-3; p. 3.
44 *Essai*, 43.

ment mentionnée; elle est plus exacte que celle de Silhouette, en prose, mais elle manque d'élégance. La traduction de l'abbé Delille, publiée seulement en 1821, lui est en partie déjà connue.

Ce long discours, dont nous ne donnons que les extraits les plus importants, et la traduction, furent accueillis par une critique abondante. Une fois de plus, Laharpe dans le *Mercure de France* est le plus aimable, tandis que Geoffroy, dans l'*Année littéraire*, déchire dans deux longs articles de principe et de fonds, l'oeuvre du jeune auteur.

La première critique se trouve dans la *Correspondance secrète* de Matéra, en date du 11 juin, presque le jour de la sortie du livre[45]. Elle est la plus spontanée et n'a pu être influencée par les articles qui vont paraître dans les mois à venir. Dans cette lettre, on voit que Fontanes a eu pour sa publication "toutes les difficultés d'usage et même contre usage, car on lui avoit d'abord refusé une permission tacite"[46], mais finalement le livre paraît avec le privilège du roi[47]. Le correspondant, enthousiasmé aussi bien du discours préliminaire que de la traduction, prévoit une carrière littéraire pour Fontanes, mais sa critique reste très superficielle. Matéra donne pour l'essentiel un résumé assez abrégé et cite de longs passages du discours. La lettre n'est pas une critique à proprement parler, mais plutôt une présentation d'ouvrage.

Grimm dans sa *Correspondance*, d'août 1783[48], est plus précis. Il loue, comme Laharpe le fera en septembre de cette même année, le discours préliminaire dans lequel il voit "d'excellentes critiques sur les poëmes didactiques les plus célèbres, tant anciens que modernes"[49], mais la traduction lui semble plus qu'insuffisante, parce que le style de Fontanes est "dépourvu de grâce, d'élégance et de facilité"[50]; pis encore, Grimm reproche à Fontanes de ne pas avoir compris "même le véritable sens" des expressions de Pope[51] et lui conseille d'attendre encore un peu avant d'entreprendre de tels travaux.

Laharpe envoie une lettre de la campagne, datée du 15 août au *Mercure de France*, qui paraît le 20 septembre[52]. Fontanes avait comparé Laharpe dans son *Discours* au "Quintilien François"[53] et il n'a pas épargné les éloges envers celui qui auparavant avait su détecter son talent. Laharpe accepte de bonne grâce ces louanges, en se défendant en même temps d'avoir été influencé par elles dans sa

---

45 *Correspondance, op. cit.*, t. XIV, 367-373.
46 *Correspondance secrète, op. cit.*, 367.
47 *Essai*, page de tête "Avec approbation et privilège du Roi".
48 *Op. cit.*, t. XIII, 352-353.
49 *Op. cit.*, 352.
50 *Ibid.*
51 *Ibid.*
52 *Mercure de France*, samedi 20 septembre 1783, "Lettre de M. de La Harpe au Rédacteur du *Mercure*, sur la traduction de l'*Essai sur l'Homme* par M; de Fontanes", 101-113.
53 *Essai*, 20.

critique. Le jugement de Laharpe est, une fois de plus, écrit dans un langage très fin.

Les vers de Fontanes "sont fermes et pleins"[54], le traducteur étant demeuré fidèle à l'original, c'est pourquoi on trouve "en quelques endroits (...) un peu de sécheresse et de contrainte"[55]. Laharpe ne craint pas de trouver quelques défauts dans l'ouvrage, mais il en apprécie surtout les beautés. La phrase suivante nous semble significative de la manière dont le critique entend son métier:

> "C'est à nos Législateurs en titre à dicter orgueilleusement au génie des leçons de l'ignorance, c'est aux Gens de Lettres qui aiment les Arts et la vérité à s'éclairer mutuellement, en se communiquant ce qui ne peut échapper au travail de composition" [56].

On n'aurait certes pas pu trouver de mots plus justes pour ces quelques remarques.

Laharpe s'arrête surtout sur les questions d'expression, sur les vers qui n'ont pas été rendus en français d'une manière heureuse; rarement blâme-t-il directement une faute de traduction; il propose d'ailleurs à Fontanes que de tels défauts se trouvaient également dans la première traduction des *Géorgiques* de l'abbé Delille, qui les a éliminés dans la suite. Le critique loue l'érudition du traducteur dans les notes qui accompagnent chaque épître et il ne peut être que content du discours préliminaire où il voit "partout cette mesure, [qui] est la marque de la véritable force et du véritable esprit"[57]. Dans ce livre, "le vrai littérateur" sait joindre son talent à la poésie, un talent si rare "de nos jours"[58].

Voilà peut-être pour la première fois dans la vie de Fontanes, qu'on lui attribue le qualificatif de *mesure* qu'il va garder jusqu'à la fin de sa vie et à laquelle il doit en partie sa brillante carrière. Le Fontanes à la parole vive et spontanée, nous l'avons vu, était tout autre.

Geoffroy, dans l'*Année littéraire*[59], voit le travail de Fontanes d'un autre oeil. Les remarques qui visent le problème philosophique chez Pope sont en effet prononcées sur un tout autre niveau que celles de Laharpe. Fontanes avait dit que l'*Essai* de Pope "est le plus beau Traité de morale qui existe encore"[60]. A travers ses propos, Geoffroy montre une ligne qui ne joint ni Laharpe, ni Pope, ni Fontanes. Déjà la remarque "le plus beau traité de morale" est en effet

---

54 *Mercure*, 103.
55 *Ibid*.
56 *Mercure, op. cit.*, 108; dans sa *Correspondance littéraire, op. cit.*, lettre 192, 136, La Harpe est plus nuancé: "L'ouvrage de M. de Fontanes, quoique très-supérieur à celui de l'abbé du Resnel, est versifié en général avec une précision assez élégante, n'en a pas moins un défaut grave qui la fera peut-être moins lire que celle de du Resnel. C'est une sécheresse de style causée par la prétention mal entendue de n'avoir pas plus de vers que le poëme anglais".
57 *Mercure*, 113.
58 *Ibid*.
59 *Année*, t. XXX, 1783, lettre VIII, 146-183 et lettre II, 28-62.
60 *Essai, op. cit.*, 20 et *Année, op. cit.*, 147.

pour Geoffroy une déclaration de guerre; vouloir présenter Pope "comme un Docteur irréfragable"[61] le révolte.

Il retrace l'histoire de la renommée de Pope en Angleterre où il fut attaqué bien qu'il ait eu dans Warburton un habile défenseur. Mieux encore, l'auteur trouve dans Johnson un argument propre à mettre Pope à sa véritable place[62], tandis que de l'autre côté de la Manche, on veut voir dans l'*Essai* un chef-d'oeuvre qui place Pope "sur le Thrône"[63]; il devient un oracle et "ses erreurs" sont dorénavant "métamorphosées en dogmes respectables"[64]. De plus, Geoffroy se heurte aux multiples renvois de Fontanes à d'autres auteurs, pour défendre Pope, comme par exemple Warburton, mais aussi Louis Racine qui, aux yeux du critique, a eu le grand mérite de constater que le système de Pope est celui du "Déïsme"[65], ce que Fontanes ne veut pas accepter. Geoffroy critique le relativisme de Fontanes et les rapports qu'il veut voir entre le monde et l'homme. Pour Fontanes tout est basé sur un "peut-être"[66] et la présentation de "l'échelle des êtres", empruntée à Platon[67], irrite fortement Geoffroy. Il ne voit que de l'incohérence dans la première épître et surtout dans l'explication que Fontanes en donne. Celui-ci comprenait bien les défauts du système de l'auteur anglais, mais par une raison inexplicable, il tourne ses difficultés, en remarquant que Pope n'a pas voulu "effaroucher" les lecteurs par des idées "trop précises"[68] et Geoffroy ajoute:

> "La recette est admirable: des raisons solides nous auroient rebutés, mais des idées romanesques, sans suite et sans liaison, de beaux vers vuides de choses, voilà le moyen infaillible de gagner les esprits" [69].

C'est par une telle argumentation que le journaliste réfute Pope et plus encore Fontanes.

Suivent des remarques sur les différentes traductions de l'*Essai* et Geoffroy rend au moins une fois justice à Fontanes, en constatant qu'il n'a dépassé le nombre des vers que de vingt-cinq par rapport à l'original, tandis que les autres

---

61 *Année, op. cit.*, 148.
62 Samual Johnson, *The lives of the most eminent english poets; with critical observations on their works*, London, 1781, 4 vol., vol. IV, 1-240 et *Année*, 150, Geoffroy cite Johnson: Il dit que "Pope s'étoit persuadé à lui-même de regarder son Essai sur l'homme comme un système de morale. [...] Comment parle-t-il [Johnson] si froidement de ce que nos Messieurs appellent un chef-d'oeuvre?" Le long travail de Johnson est ici réduit au minimum. Son style est, en effet, très sec, mais l'article n'est nullement hostile à Pope, au contraire.
63 *Année*, 152.
64 *Ibid.*
65 P. 154.
66 P. 156.
67 P. 157.
68 P. 158.
69 *Ibid.*

traducteurs se sont permis beaucoup de liberté[70] en augmentant indéfiniment le nombre des vers. Mais ce mérite est tout de suite mis en cause par Geoffroy, puisqu'il ajoute que Fontanes "supprime aussi bien des choses"[71].

La deuxième épître soulève le problème de l'homme vis-à-vis de lui-même. Fontanes avait fait remarquer dans son discours préliminaire que "cette Epître (est) la mieux approfondie"[72]; l'être humain cherche toujours le bonheur; que ce sont "deux forces" qui "agitent" l'homme "en sens contraire", à savoir "l'amour propre et la raison"[73]. Geoffroy rejette catégoriquement cette idée. Il qualifie de "beaux principes"[74] l'idée que les passions règnent sur un empire et qu'il serait inutile pour l'homme d'y résister[75]. Le système de Pope, en ce qui concerne les passions, est pour Geoffroy plutôt un chaos et ce chaos intellectuel est d'abord mal conçu.

Mais le commentateur va encore plus loin dans sa critique acerbe vis-à-vis de Pope et de Fontanes, en citant un passage de la *Somme théologique* du P. François Garasse dont l'extrait peut s'adapter aussi bien à Pope qu'à Fontanes, bien qu'il ne nomme ni l'un ni l'autre. Ce morceau dévoile le but de Geoffroy, à savoir dénigrer, même par des propos sans véritable pertinence, le travail d'un autre:

"Selon la justice tout travail honnête doit être récompensé de louange ou de satisfaction. Quand les bons esprits font un ouvrage excellent, ils sont justement récompensés par les suffrages du public. Quand un pauvre esprit travaille beaucoup, pour faire un mauvais Ouvrage, il n'est pas juste qu'il attende les louanges publiques, car elles ne lui sont pas dues" [76].

Geoffroy est aussi sévère dans le *Second Extrait* avec Fontanes[77]. D'abord il trouve complètement inutiles les "rapprochemens d'Auteurs"[78] que Fontanes fait dans son *Discours*, et parfois "puériles" ses "assertions hasardées"[79]. Comparer Pope avec Lucrèce et celui-ci avec Buffon, introduire Bacon et inviter Diderot à prendre la défense de Pope, nommer d'Alembert ou le chevalier Langeac[80] n'a, selon l'auteur, rien à faire avec l'*Essai sur l'homme*. Geoffroy ironise sur la prétendue modestie de Fontanes qui veut bien admettre que la traduction de l'abbé Delille, non encore publiée est supérieure à la sienne[81]. Il est par contre plus heureux quand Fontanes critique Pope. Sa pensée s'adapte mal à son style qui

---

70 *Année*, 161.
71 P. 162.
72 *Ibid.*
73 *Ibid.*
74 P. 163.
75 *Ibid.*
76 P. 165.
77 *Année littéraire*, 1783, Lettre II, 28-68.
78 *Op. cit.*, 32.
79 P. 34.
80 P. 35-37.
81 P. 37.

"n'est pas toujours facile et naturel"[82]. Geoffroy constate une fois de plus que vouloir juxtaposer l'un de l'autre, "Pope, Horace et Virgile, Racine et Boileau"[83], fait "les délices des lecteurs exercés"[84], puisqu'ils ne peuvent pas être d'accord, tandis que, pour les autres, qui n'ont pas autant l'habitude de penser cet exposé reste obscur. L'effort entrepris par Fontanes d'établir des parallèles entre Pope et Voltaire, Geoffroy ne le conteste pas, mais il en rejette le principe, sous le mauvais prétexte que "trop peu de personnes peuvent lire le poëte Anglois"[85]. Fontanes avait énuméré les principaux ouvrages de Pope, en dehors de l'*Essai*, "quoique inutiles pour sa traduction"[86], et Geoffroy nomme le jeune auteur ironiquement le "Législateur du goût"[87]; en définitive, pour Geoffroy, Fontanes s'est bien facilité la voie, en soulevant des questions sans chercher aucune explication et il l'invite à être "ce critique éclairé et impartial que l'on attend encore"[88]. Suivent des conseils pratiques concernant la traduction. Fontanes voulait être bref et exact, en rendant la philosophie de Pope. Geoffroy n'y voit pas d'inconvénients, mais il trouve que Fontanes promet beaucoup de choses sans pouvoir tenir ses promesses, qu'il prenne des libertés, ou qu'il traduise le texte anglais d'une manière tellement resserrée, qu'il défigure la pensée même de Pope[89].

On peut dire que Geoffroy prend le travail de Fontanes très au sérieux; son article, assez décousu, n'est pas malveillant, bien qu'il soit parfois un peu dur. Il trouve des mots ironiques, comme par exemple: "M. de Fontanes, avec sa prétendue précision"[90]; "de quel pays vient donc M. de Fontanes"[91]; "M. de Fontanes parle souvent d'éclat, de pureté, d'élégance dans le style. Il eût mieux fait de donner moins de préceptes, et de prêcher un peu plus d'exemple."[92]. Après toutes ces critiques, Geoffroy ne veut pas que Fontanes soit blessé, l'essentiel a été pour lui de le "ramener avec une espèce de rigueur à son original"[93].

Le *Journal de Paris*[94] est plus compréhensif vis-à-vis de Fontanes. Le journaliste connaît les difficultés qu'il faut vaincre quand on traduit un poème; selon lui, Fontanes n'a pas toujours réussi, mais le critique loue l'effort entrepris: "Cette nouvelle traduction" dit-il notamment, "doit donc, malgré ses défauts,

---

82 P. 38.
83 P. 39.
84 *Ibid.*
85 P. 40.
86 P. 41.
87 P. 42.
88 P. 43.
89 Année, *op. cit.*, 48.
90 *Op. cit.*, 52.
91 P. 53.
92 P. 56.
93 P. 62.
94 *Journal de Paris*, N° 233, 21 août 1783, 961-963.

faire un très grand honneur à M. de Fontanes"[95]. Il est également content du "Discours préliminaire".

Le *Journal encyclopédique*[96] se fait aussi un devoir de rendre compte de la traduction. Il trace d'abord un aperçu des critiques lancées contre Pope par ses contemporains qui défiguraient ses vers et l'accusaient d'avoir tous les défauts possibles dont l'homme ordinaire est en général dépourvu. Mais Pope se vengea "d'une manière plus noble qu'il ne l'avoit fait par la Dunciade"[97], en publiant son *Essai*. Le succès de cet ouvrage fut tel qu'il écrasait l'ignominie de ses adversaires. La tentative de Fontanes est jugée en général réussie, son "style [est] noble, facile, coulant [...] soit en vers, soit en prose"[98]. Si l'auteur du compte rendu est d'accord avec le poète Fontanes, il l'est par contre moins avec le philosophe. En ce qui concerne le poète, le *Journal* se demande même, si les dix premiers vers traduits par Fontanes "sont [...] de lui? Sont-ils de Pope même? Ils ne sont pas assurément d'un simple versificateur, mais d'un vrai poëte"[99]. Il cite dans la suite plusieurs vers; il fait des remarques infimes concernant quelques expressions et donne une comparaison avec la traduction de l'abbé du Resnel. Avec la doctrine de Pope qui "tend directement à la doctrine du destin"[100] et que Fontanes trouve "fort consolante"[101], l'auteur n'est pas d'accord.

L'idée de Pope, "qu'un meilleur état est impossible"[102], mène à un fatalisme que le *Journal* rejette. Si l'homme a le pouvoir de dérégler le monde en détachant "un anneau" et par conséquence, si ce même monde s'écroule, n'est-ce pas tout justement pour nous montrer "que rien absolument ne reste en notre pouvoir?"[103], se demande le journaliste. Conclure, par contre, que Pope était athée, serait faux, bien que "la fatalité de son système condui [se] à l'athéisme"[104]. Pope n'a pas vu les conséquences de sa pensée. L'auteur n'est pas non plus content des louanges que Fontanes décerne à certains auteurs vivants, tandis que le jugement qu'il porte sur les auteurs morts lui semble équitable.

Le *Journal des Sçavans*, d'avril 1784[105], consacre, lui aussi, sous la plume de Gaillard un article à l'oeuvre de Fontanes. Le critique est assez content du *Discours* dont il donne de larges extraits; mais vouloir rendre la précision de Pope en français, comme Fontanes essaie de le faire, "nuit à la clarté, première

---

95 *Journal*, 963.
96 *Journal encyclopédique*, août 1783, 60-76.
97 P. 61.
98 P. 62.
99 *Journal, op. cit.*, 64.
100 *Op. cit.*, 74.
101 *Ibid.*
102 *Ibid.*
103 P. 75.
104 *Ibid.*
105 *Le Journal des Scavans*, avril 1784, 223-228.

qualité de tout Discours et de tout Ecrit"[106]. Gaillard rejoint ici Geoffroy qui aurait préféré une extension des idées de Pope, nécessaire à la compréhension plutôt qu'un texte sec et court[107]. L'auteur se heurte également à quelques vers de Fontanes qui ne lui semble pas rendus d'une manière heureuse.

L'*Almanach littéraire*, lui aussi, s'occupe de Fontanes en 1784; l'article est très bienveillant, mais il n'a pas la profondeur des précédents. L'auteur se contente de résumer en grande partie le Discours, il cite quelques vers de Fontanes et de du Resnel et donne également un extrait de Silhouette comme il fait référence aux notes[108].

Parny se joint aux admirateurs, en publiant en juillet 1783, des vers à l'adresse de Fontanes dans le *Journal de Paris*[109], qui furent réinsérés une année plus tard dans l'*Almanach des Muses*[110]. Fontanes n'oublie pas les éloges de son ami et lui envoie aussi des vers de remerciments qui seront imprimés, à notre connaissance une seule fois, dans la *Correspondance littéraire* de Laharpe en 1820[111].

---

106 *Op. cit.*, 226.
107 *Année littéraire, op. cit.*, Lettre II, 43f.: "Mais à tout prendre, j'aime encore mieux l'Ecrivain qui étend les pensées de son original pour les éclaircir, qui est coulant et facile au risque de languir quelquefois, que celui qui, trop amoureux de la concicion, se fait un scrupule d'ajouter la moindre idée au risque plus grand encore de demeurer obscur, et de réunir à la fidélité la dureté et la sécheresse."
108 *Almanach littéraire*, 1784, 170-178.
109 N° 191, jeudi 10 juillet 1783, 793: "Vers de M. le Chevalier de P. à M. de Fontanes sur la traduction en vers françois de l'*Essai sur l'Homme*, de Pope".
110 *Almanach des Muses*, 1784, 136:
"Du Resnel, dans ses foibles rimes,   On Cherchoit l'ame et le génie;
Des Poëtes de la raison,   Le lecteur disoit: tout est mal.
A delayé les vers sublimes   Mais c'est Pope qui vous inspire,
Et la mâle précision.   Pope a frappé vos vers heureux,
Dans la froide et pâle copie,   Et la critique doit vous dire
Vainement de l'original,   Qu'à présent tout est pour le mieux."
111 Laharpe, *Oeuvres*, t. XII, *op. cit.*, 137:
"Voici la reponse de Fontanes, à Parny:
Malgré votre éloge indulgent,   Ce n'est point Pope assurément,
Prêts à s'armer de rigorisme,   Ni Platon, ni Pangloss lui-même,
Mes chers lecteurs, en me jugeant   Dont l'esprit créa ce système;
Ne croiront pas à l'optimisme.   Il fut le rêve d'un amant."
En 1784, Jean-Pierre Claris de Florian (6 mars 1755-13 septembre 1794) publiait son roman *Galatée*, une imitation de Cervantes, auteur d'ailleurs apprécié par Laharpe et Lacretelle. Fontanes lui adresse des vers, publiés uniquement par Laharpe, *Oeuvres*, t. XII, *Correspondance littéraire*, Lettre CCXIII, 245-247 [1784]. Florian y répond (*ibd.*). Fontanes compare Florian à Gessner, le loue, mais refuse de vivre dans une campagne lointaine; dans sa réponse, Florian se méfie des "discours enchanteurs/ De ces beaux galants de la ville./ Ce langage leur est facile,/ Dit-il [le curé]; gardez vous bien de tous ces séducteurs;/ Le doux parler, l'esprit, les manières gentilles/ Dieu leur a tout donné pour attraper les filles/ Notre curé dit vrai: vous me le prouvez bien./ Vos vers seront toujours gravés dans ma mémoire:/ Mais je ne croirai rien/ De ce qu'ils disent à ma gloire." Comme Garnier l'avait fait en 1783 (*Almanach des Muses*, 1783, *op. cit.*, 39), il l'invite à venir habiter la campagne, mais connaissant Fontanes, il dit: "La campagne pour vous ne serait que stérile." (*Op. cit.*, 247). Fontanes restera en

Avec la traduction de l'*Essai*, Fontanes a atteint le sommet de sa carrière littéraire, en tant que jeune homme; même l'*Edit en faveur des Non-Catholiques*, publié en 1789 et couronné par l'Académie française, n'aura pas le même succès que l'*Essai* et, à cette époque où l'esprit des masses bouillonne et trouvera un exutoire dans la Révolution, Fontanes s'engage peu à peu dans une carrière de journaliste.

---

contact avec Florian, d'ailleurs académicien depuis 1788 (*Corr. de F. et de J.* p. 44 et p. 143).

Chapitre VI

Le chemin de la recherche

Comparé à Chateaubriand, Fontanes n'était pas un très grand voyageur; il est allé en 1785-1786 à Londres, en 1786 à Saint-Julien, dans l'été 1787 à Genève, en 1792, pour son mariage, à Lyon; après le 18 fructidor, exilé, il va, par la force des choses, en Angleterre, Hambourg et Francfort. En 1805, il retourne dans le pays de ses ancêtres, à Alais[1], et en août 1815, il passe un moment à Niort, sa ville natale. Il fit aussi quelques séjours à Villeneuve chez les Joubert, ses amis; mais en général, Fontanes, casanier, reste à Paris ou dans ses environs, à St. Cloud ou au Plessis où il rencontre les Bonaparte.

Les déplacements ont eu sur lui une influence formatrice, surtout le premier voyage en Angleterre qui se situe entre octobre 1785 et janvier 1786.

Avec Joubert, il voulait créer une correspondance littéraire, projet qui ne se réalisa pas à cause du manque d'intérêt des Anglais. Joubert en fut un moment plus déçu que son ami qui savait regarder la réalité en face et en tirait rapidement les conséquences. Dans les lettres adressées à Joubert, nous découvrons un autre Fontanes, celui qui, ayant une formation française, se rend compte que les valeurs littéraires de l'un et de l'autre côté de la Manche sont bien différentes. Fontanes décrit et il compare.

---

1   Archives du Gard, nous remercions vivement Robert Debant, leur directeur, pour l'indication suivante: Fontanes traverse la ville le 29 mai 1805 (voir Marcel Bruyère, *Alès, capitale des Cévennes*, Nimes, 1948, 483; le chanoine n'indique pas ses sources); le 30 septembre 1808, la ville prie le Grand-Maître de veiller sur le collège (voir J.-M. de Marette, *Recherches historiques sur la ville d'Alais*, Alais, 1860, 395-397): "[...] Vos veilles contribueront beaucoup à donner de l'éclat à tous les établissements qui y sont destinés, et si vous daignez prendre quelque intérêt à celui d'Alais [qui] comme vous savez, renfermait jadis, dans ses bâtiments immenses et bien distribués, un collège, un séminaire et une école de marine royale [...] vous lui accorderez le diplome nécessaire à la dénomination sous laquelle il vous plaira de le conserver." Fontanes répond le 1er septembre 1809: "Je sais que cet établissement a longtemps joui d'une célébrité justement méritée, et je ne doute pas que MM. les inspecteurs généraux qui l'ont visité ne me proposent les moyens qu'ils croiront propres à lui rendre son ancien éclat."
Les indications de l'abbé de Montgaillard semblent être exagérées, *Histoire de France*, Paris, Moutardier, 1827, 9 vol., ici vol. VI, p. 90: "Fontanes voulait, à tout prix, être homme de qualité; il fit en 1807 un voyage à Alais dont sa famille est originaire, pour y chercher, disait-il, ses titres de noblesse; il n'y trouva que des parens en ligne directe et un cousin-germain paternel, appelés Fontagnes, travailleurs de terre [...]. [Il] répudiait la qualité d'homme de lettres pour se donner un nom dans le nobiliaire de France."
Par contre, Fontanes a visité au cours de ce voyage Colomiers-Laplasnes, près de Toulouse, où vivait Mme de Sède, *Correspondance de F. et de J., op. cit.*, p. 159: "Nous nous assîmes dans ce salon où vous aviez été reçu, nous vîmes les petites filles que vous aviez tant caressées et nous entendîmes des couplets que l'aînée avait changés en votre honneur." (La lettre date d'octobre-novembre 1810).

Arrivé à Londres, le 24 octobre, un lundi, à sept heures du soir, il parcourt la ville en trois jours "dans toute son étendue"[2]. Les bâtiments remarquables, écrit-il, il n'y en a pas tellement, Westminster est un "vieux temple, fameux de quelques souvenirs"[3], la cathédrale Saint-Paul vaut mieux aux yeux du jeune voyageur; les maisons sont en brique et non en pierre comme à Paris. Même le palais royal ne vaut pas grand'chose. Tout est, en plus, recouvert d'une épaisse couche noire, provenant de "l'éternelle fumée du charbon de terre"[4]. S'il y a beaucoup de places publiques à Londres, il ne faut pas oublier qu'elles "se ressemblent toutes"[5]. Par contre, les trois ponts de Londres "ont plus de majesté que notre Pont-Neuf et notre Pont-Royal"[6]. La Tamise également fait impression, mais le paysage anglais n'est nullement comparable à celui de la France. Il est vrai que la verdure n'y manque pas, que la terre se renouvelle plus facilement qu'en France, que les maisons et les jardins sont nettoyés et arrosés sans cesse; néanmoins rien ne vaut les vallées de la Loire ou les belles vues en Languedoc. Fontanes, connaissant bien son ami, attire l'attention de celui-ci sur les "barrières de fer"[7] qui entourent chaque chaumière, les bornes qui marquent la limite de chaque parcelle: Joubert, ennemi de la propriété, ne les aimerait pas.

En ce qui concerne le caractère casanier des Anglais, Fontanes dégage bien l'essentiel. Les grandes familles vivent à la campagne et ne rentrent à Londres que très tard dans l'année; l'accueil est poli mais froid; les laboureurs travaillent mieux qu'en France et ils essaient de tirer profit de tout, le peuple étant économe. Fontanes trouve les femmes "bien faites", mais il a rencontré aussi beaucoup de "visages odieux"; par contre, il remarque des "physionomies modestes et sensibles"[8], plus qu'on ne les voit à Paris. Les vieilles femmes, parfois, ont un aspect laid et hideux. Il est même repoussé par des "figures monstrueuses qui ont tous les signes du vice et de la bassesse"[9]; en plus, Londres, tout court, est une ville de voleurs, mais comme il ne possède "presque point d'argent", il n'a à perdre que "peu de chose"[10].

Pendant tout son séjour à Londres, le manque d'argent se fait cruel pour lui et il en avertit Joubert à plusieurs reprises. Il compte d'ailleurs sur une petite somme de "cent écus de Languedoc"[11] qui n'arrivera qu'au mois de janvier de l'année suivante[12]; les dépenses au contraire sont assez élevées, puisque l'auteur

---

2 *Correspondance, op. cit.*, p. 2.
3 *Corr., op. cit.*, 2.
4 P. 3.
5 *Ibid.*
6 *Ibid.*
7 *Ibid.*
8 P. 4.
9 *Ibid.*
10 P. 5.
11 P. 5, n° 4.
12 P. 36.

est obligé de vivre mondainement, s'il veut profiter au maximum de son séjour[13].

Son anglais s'améliore avec le temps[14]; au début, il ne parlait que par signes ou en latin[15]. Avec la prolongation de son séjour, Fontanes remarque "que le peuple anglais vaut moins de près que de loin"[16] et l'enthousiasme initial se transforme en déception pure et simple. Les hommes s'intéressent certes aux femmes, mais ils ne sont presque pas jaloux. Des Anglais sont difficilement à

---

13 Fontanes se plaint, mais il est bien installé, il vit "dans une des maisons les plus agréables de Londres" (p. 9f.); ayant des lettres du marquis de Bouillé, toutes les maisons lui sont ouvertes (p. 8f.): "L'ancien premier ministre, le comte Shelburne est venu me voir. La duchesse de Devonshire [...] m'a prié de venir chez elle. On doit me présenter à la duchesse de Rutland [...]. Si j'avais des habits j'aurais déjà vu le Roi et la Reine." La question pécuniaire de Fontanes est une des plus difficile à élucider et jusqu'à présent, nous n'y avons pas réussi. Avançons la chronologie: en 1786, il demande une pension du roi qui sera refusée, voir *Corr.*, *op. cit.*, 37 et Maurice Tourneux, "Un projet d'encouragement aux lettres et aux sciences sous Louis XVI", *Revue d'histoire littéraire de France*, 1901, t. VIII, 281-311, p. 284:

"M. de Fontanes. Il satisfait son goût pour la poésie. Rien	Auteur d'une traduction en vers de l'*Essai sur l'homme*, de Pope. Travaille à d'autres ouvrages, n'a d'autre ressource que les lettres et l'espoir des grâces du Roi."

L'article a été fait grâce à la série 0 (Maison du Roi) des Archives Nationales; le même sujet a déjà été traité par Charles Asselineau, "Etat des gens de lettres, demandant des pensions, vers 1786", *Bulletin du bibliophile*, 1861, pp. 532-543. D'autres, que Fontanes connaissait, recevaient des pensions, (Tourneux, *op. cit.*) p. 299: M. Cailhava "1000 livres et une lettre"; *ibid.*: M. de la Harpe "Augmentation de 1500 livres de pension"; p. 301, M. le Tourneur: "Gratification de 1000 livres avec lettre"; p. 310, M. de Chamfort: "reçoit 2000 livres de pension (promis par le ministre)." - Aux Arch. N., 0 269, p. 197 (volume que nous avons consulté) est mentionné un membre de la famille Chateaubriand: "Mr. de Chateaubriand 3.427 (livres) 10 C. Ordonnance 17 7bre 1786." La maison du roi a proposé 6.875 livres. - Le 18 septembre 1789, Fontanes écrit à M. Aubrespin, (Fichier Charavay, lettre F, p. 234, n° 43332): "Il lui demande de lui payer sa pension et s'excuse sur sa hâte. "L'embarras où se trouve presque tout le monde à Paris empêche de négliger les revenus les plus modiques. J'ai des rentes viagères sur le comte d'Artois et sur le roi qui sont mal payés." - En 1808, il se déclare à Napoléon honnête, mais pauvre, il a reçu dans l'année un don en Westphalie qui lui procure 10 000 francs annuellement (Arch. N., AF IV 301, dossier 2154; AF IV 331, dossier 2409). Dans sa lettre de remerciement (Arch. N. AF IV 1050, dossier 10, p. 43), datée du 28 mars 1808, il dit: "Je n'ai point d'argent, mais je n'ai point de dettes. Environné de parents honnêtes et pauvres que je soutiens, je me suis toujours confié sans aucune inquiétude à la bienveillance de Votre Majesté." Son traitement comme président du Conseil législatif lui procurait, par contre, 72 000 francs annuellement, somme presque égale au traitement du directeur de la Banque de France qui recevait 75 000 francs; étant Grand-Maître, il demande le 6 décembre (1809 à Napoléon un traitement de 100 000 francs (Arch. N., AF IV 422, planche 3150) et il les aura.
14 *Corr.*, *op. cit.*, 23.
15 P. 5.
16 P. 34.

gagner pour l'amitié, mais quant ils ont un ami, le sentiment pour lui est plus fort qu'en France.

Sur le plan littéraire, la grande masse est plutôt ignorante. Quand on voit un homme à Paris, note Fontanes, on se pose la question "est-il bien élevé?", tandis que à Londres, il faut s'attendre à ces paroles "cet homme est-il riche?"[17]. Les plus grands écrivains, leur vie durant, vivent dans le mépris et c'est longtemps après leur mort qu'on cède une place à leurs cendres dans Westminster[18]. Les artistes sont très souvent des étrangers, et ils sont là parce qu'ils gagnent de l'argent[19]. La littérature anglaise est plus goûtée en France qu'en Angleterre. Fontanes relit les traductions de Le Tourneur, mais celui-ci, non plus, ne trouve pas un écho favorable chez des Anglais avertis de leur littérature, puisqu'il "admire obstinément tout ce qui est même honni en Angleterre"[20]. Shakespeare sera bientôt oublié dans sa propre patrie. Voilà des vérités que Fontanes adresse à Joubert, admirateur de la littérature anglaise et surtout de Shakespeare[21].

La vie domestique de la société anglaise n'était pas non plus ce que Joubert aurait pu penser et son ami l'informe sur l'état réel des choses. L'argent corrompt même les ministres de la religion qui cherchent pour leurs filles "celui qui a le plus de guinées"[22]. De toutes jeunes filles de sept à onze ans "raccrochent publiquement"[23], les femmes anglaises n'ont aucune grâce dans leur comportement ni dans leur démarche, et Fontanes conseille à Joubert de regarder la France comme le pays où l'imagination est reine. De cette vérité, il n'y a qu'un petit pas à l'autre, à savoir, la fameuse Correspondance littéraire dont les deux amis rêvaient ne se fera jamais. Fontanes informait Joubert déjà le 29 novembre 1785 de l'échec de l'entreprise. Une correspondance ne s'établit qu'avec l'aveu de l'ambassadeur français, qui doit avoir la permission du ministre des Affaires étrangères[24]. Le nombre des souscripteurs avait été bien surestimé par les deux jeunes gens: au lieu des "cinq ou six cents"[25], ils auraient pu compter à la rigueur sur deux cents et cela aurait été un succès. Joubert lui-même juge le projet maintenant peu approprié aux moeurs anglaises[26], et Fontanes ne peut s'exprimer en écrivant: "Je ris du soir au matin des étranges illusions qui nous

---

17 P. 26.
18 *Ibid.*
19 P. 27.
20 P. 32.
21 P. 33.
22 P. 35.
23 *Ibid.*
24 *Corr.*, 13.
25 P. 18.
26 Cet avis est donné indirectement par la lettre de Fontanes à Joubert du 12 décembre 1785, *op. cit.*, 18: "Vous avez parfaitement jugé, de la distance où vous êtes, que les moeurs des Anglais n'étaient pas propres à notre projet. Je les vois plus que jamais. D'abord, je vous le répète, les arts d'agrément les occupent peu, quoi qu'on dise. Leur vie farouche et solitaire les rend incapables de goûter une feuille de ce genre."

bercent en France, quand nous parlons de nos voisins"[27]. Voilà un point final à une expérience échouée avant d'être montée, que Fontanes a eu l'intelligence de reconnaître telle à peine deux mois après son arrivée à Londres. Saisir vite une situation, voir ce qui est réalisable et ce qui ne l'est pas, a toujours été un trait du caractère de Fontanes.

Convaincu que sa mission est terminée, le manque d'argent aidant, Fontanes se retrouve sur le continent en 1786; il va d'abord, en cette année, à Saint-Julien et en août 1787 nous le retrouvons à Vevey et à Genève d'où il écrit une lettre à Joubert. C'est surtout le paysage qu'il chante. Les plus belles descriptions d'un Homère ou d'un Virgile ne valent pas la réalité et la beauté de ce pays. Une fois de plus, Fontanes ouvre les yeux; il ne voit pas seulement les montagnes qui l'effraient, les sîtes doux et agréables dans les vallées qui l'enchantent, mais il jette aussi ses regards sur les filles qui ont "des tailles élevées, un teint charmant, des gorges parfaites, le bras beau même parmi les cuisinières"[28], à tout cela s'ajoutent encore "la politesse et les moeurs"[29].

Pour Fontanes, homme de la ville, dans ces années, le souci majeur est de trouver une situation matérielle plus stable, et cela par l'adulation des gens en place. Cette bataille subtile durera jusqu'à sa nomination à la tête de l'Université impériale. Joubert a bien deviné ce besoin d'argent chez son ami et il lui prépare doucement un mariage avantageux[30]. Mais, pour le moment, Fontanes s'adresse toujours aux gens connus comme il l'avait fait dans le passé et comme il le fera dans l'avenir.

Il écrit à Bernardin de Saint-Pierre, célèbre. Ses deux lettres sont d'une importance capitale pour l'interprétation du caractère de Fontanes. Après l'Empire, on lui a reproché, plus d'une fois, sa docilité, ses flatteries à l'Empereur, puis à Louis XVIII. Ce caractère de flatteur nous est déjà révélé par ces deux lettres qu'il écrivait en 1788 et 1789; il s'y dessine une ligne assez claire, comment il essaie d'engager le dialogue avec une personne qu'il ne connaît pas encore et qui est bien placée pour lui être utile. Dans sa lettre du 3 mai 1788, il dit d'abord qu'il aime Bernardin de Saint-Pierre, comme il aime Fénelon et Jean-Jacques, et il continue: "J'ai parcouru les plus belles parties de la France et de la Suisse, vos *Etudes de la Nature* à la main"[31], et Fontanes se permet de joindre une "bagatelle"[32] à l'intention de Saint-Pierre. Mais la lettre révèle

---

27   P. 22.
28   P. 40.
29   *Ibid.*
30   *Corr. de F. et de J.*, *op. cit.*, pp. 43-44, première référence au mariage de Fontanes avec Mlle Cathelin, de Lyon, lettre datée du 6 oct. 1788.
31   Jacques-Henri-Bernardin de Saint-Pierre, *Oeuvres posthumes de*, Paris, Lefèvre, 1833, t. II, pp. 609-610; *Corr.*, *op. cit.*, 38, dans sa lettre à Joubert de 1786: "Avez-vous lu par hasard les *Etudes de la nature*, par M. de Saint-Pierre? C'est une tête bien faible. Mais il y a un tel charme dans son livre qu'il m'a consolé pendant trois jours. Lisez ce pauvre homme."
32   On ne sait pas de quelle "bagatelle" il s'agit.

encore autre chose. Fontanes, prenant comme prétexte les *Etudes*, rend hommage aux qualités de Saint-Pierre d'une manière presque démesurée: "Vous seul, monsieur, pouvez consoler la France de la perte du dernier de ses grands hommes[33]. La postérité [...] trouvera en vous des qualités qui lui ont manqué: la grâce et la sensibilité. Ces deux caractères [...] conviennent plus à la nature que la magnificence continue dont son historien l'a parée. [...]. Votre ame est mieux entrée [...] dans le secret de l'intelligence universelle qui se révèle surtout par les bienfaits."[34]. Sur *Paul et Virginie*, il n'hésite pas à lui écrire: "C'est ainsi que le grand peintre Homère composait ses tableaux[35], vous ouvrez une nouvelle carrière à la poésie. Il est impossible de décrire avec plus de richesse et de vérité."[36]. Fontanes, qui, plus tard, sous l'Empire, sera le grand-maître de l'éloquence flatteuse, élevant la parole à une magnificence telle que les mots même, par la force de l'éternelle répétition, de minuscules changements, se vident de sens, deviennent insignifiants, montre dans cette lettre les tares de son succès futur. Il continue: "Vous prouvez, par vos traductions de Virgile, que le génie seul peut imiter le génie; quand vous aurez fini votre *Arcadie*, nous aurons ce que de malheureuses tentatives avaient fait croire impossible: un second *Télémaque*."[37].

Parlant de sa propre traduction de l'*Essai* de Pope, il avance l'idée qu'il aurait pu faire mieux, s'il avait déjà connu Saint-Pierre à cette époque[38]. Etant lui-même de la Normandie comme l'auteur de *Paul et Virginie*, il parle, sans les citer, de leurs connaissances communes, qui lui ont donné "le vif désir" de lire les oeuvres de Saint-Pierre; et il finit: "Que ne puis-je espérer de me lier un jour avec vous, et d'être au rang de vos disciples! je serai du moins toujours au nombre de vos plus zélés admirateurs."[39].

La deuxième lettre est du 27 janvier 1789. Elle est écrite presque dans le même langage épistolaire qu'on pourrait appeler "fontanesque", à savoir, louer l'autre et se mettre lui-même en relief vis-à-vis de son lecteur. Saint-Pierre lui a envoyé son livre *Paul et Virginie* que Fontanes possédait déjà. Il a rangé le "sublime ouvrage entre le *Télémaque* et la *Mort d'Abel*"[40]. Fontanes se fait également un devoir de consoler son correspondant contre des attaques ou des

---

33 Certainement Rousseau.
34 Saint-Pierre, *op. cit.*, 609.
35 *Corr. de F.*, *op. cit.*, 43 (lettre du 6 oct. 1788 à J.): "Le roman de M. Bernardin est d'un grand et très grand poète [Paul et Virginie], qui a mieux connu l'antiquité que Rousseau. [...] l'auteur m'a invité, il y a plus de quatre mois, à le voir et que je ne l'ai pas encore fait."
36 Saint-Pierre, *op. cit.*, 609.
37 *Ibid.*
38 Rappelons-nous ce que Fontanes disait dans son *Discours préliminaire* de l'*Essai, op. cit.*, 46, à l'encontre de l'abbé Delille pour la traduction du même ouvrage, encore inconnue: "Si sa traduction paroît, j'en reconnoîtrai sans peine la supériorité. Je souhaite même pour la gloire de Pope, qu'il ait un interprete digne de lui."
39 Saint-Pierre, 609.
40 Saint-Pierre, *op. cit.*, 609.

omissions; il le protège en quelque sorte contre ses critiques. Citant l'exemple de Buffon que Saint-Pierre pensait "jugé moins sévèrement"[41] que lui-même, Fontanes met son correspondant sur le bon chemin, en lui indiquant que, ayant été dans les cercles dits philosophiques, il avait entendu les propos les plus déshonorants pour Buffon, qui, par contre, avait "une brillante fortune, des titres, une statue, les caresses des souverains, et une longue expérience de tous les moyens grands ou petits qui donnent la renommée"[42]. Néanmoins Buffon avait été traité "par quelques-uns de ses confrères"[43] avec un mépris presque total. Et Fontanes en tire la conséquence suivante: que les hommes qui "répandent des idées nouvelles"[44] ne sont jamais à l'abri des critiques jalouses. Il réconforte aussi Bernardin de Saint-Pierre dans sa situation intérieure: "Je suis plus étonné de ce qu'on vous accorde déjà, que de ce qu'on vous refuse"[45]. La gloire de Saint-Pierre "est pure et sans nuage"[46]. Fontanes lui parle enfin de l'espoir de trouver en Angleterre un public plus ouvert qu'en France, puisque de l'autre côté de la Manche, "chacun pense et juge tout seul", tandis que en France "tous jugent comme un seul"[47]; ses idées religieuses hâteront encore [son] succès en Angleterre[48]. La fin de la missive est une fois de plus significative: "Si je n'avais pas été à la campagne une partie de cette année, j'aurais pris la liberté de vous voir quelquefois. J'espère que vous me permettrez dorénavant de jouir de cet avantage. J'irai m'échauffer et m'éclairer près de vous. Personne ne vous portera jamais une admiration plus sincère, un attachement plus tendre et plus constant."[49].

Voilà comment Fontanes entre en contact avec les gens: prenant comme prétexte la parution d'un livre, voyant en Laharpe, en 1783, un "Quintilien François"[50], ménageant habilement Bonaparte qui ne le connaissait pas, dès 1797, en le comparant à Alexandre, il loue le vis-à-vis, l'admire, se met sous sa protection et, il se présente en même temps. Dans la première lettre à Bernardin de Saint-Pierre, il dit: "Il y a quelques années, j'ai traduit en vers français l'*Essai sur l'Homme de Pope*"[51] et, dans la deuxième: "J'ai assez vécu à Londres pour être assuré que (...)"[52]; il donne en même temps l'espoir à son interlocuteur que celui-ci sera compris un jour: "La postérité, peut-être, trouvera en vous des qua-

---

41 *Ibid.*
42 P. 610.
43 *Ibid.*
44 *Ibid.*
45 *Ibid.*
46 *Ibid.*
47 *Ibid.*
48 *Ibid.*
49 *Ibid.*
50 L'*Essai, op. cit.*, 20.
51 Saint-Pierre, *op. cit.*, 610.
52 *Ibid.*

lités qui lui ont manqué (...)"[53], ou encore: "Mais il se passera encore quelques années avant qu'on ose avouer que vous avez deviné (...)"[54].

Ce système, sa vie durant, sera toujours le même. S'occupant d'une personne, examinant son ouvrage ou son oeuvre, voire sa personnalité, Fontanes met des accents. En dehors de son ami intime, Joubert, à qui il avoue beaucoup de choses, et encore est-il très pudique, il ne s'ouvre pas aux gens à qui il s'adresse. Il a un but très précis, gravir les marches de la société à l'aide des gens en place, en se glissant dans leur conscience. Sa vie sentimentale sera complètement absente de sa correspondance, ainsi que sa vie familiale. Par contre, il parle de ses difficultés pécuniaires et quelquefois - dans l'âge plus avancé - de la faiblesse de ses yeux et de la méfiance qui lui inspire la médecine oculaire 'moderne'[55]. Le côté visible, ce seront les disputes d'idées, de protocole, de convenance, d'appréciation sur des lectures, des événements politiques ou littéraires. La littérature sera pour Fontanes un phénomène politico-social.

Le côté intime, par contre, il faut aller le chercher dans les conversations avec ses amies[56].

Dans ces années avant la Révolution, l'activité de Fontanes n'est qu'en partie connue. Selon Gosseaume, il fait des lectures en 1786 à l'Académie royale de

---

53   *Ibid.*
54   *Ibid.* - Un autre exemple est une lettre à Guinguené qui lui avait envoyé son *Histoire d'Italie*, Fichier Charavay, lettre F., p. 222, n° 80: "Les compatriotes du Tasse, de l'Arioste et de Pétrarque vous doivent une statue (...). Je suis bien sûr que votre juste enthousiasme pour les grands poëtes italiens ne vous empêche point de rester fidèle à l'école de Despréaux et de Racine (...). Je pense que toutes Les Muses, et les plus graves et les plus aimables vous auraient reçu, dans le bon temps, à l'Académie française (...). Si on m'en croit, on vous ouvrira les deux battants (...)." Ou à Rouget de Lisle qui lui a envoyé une idylle, Charavay, p. 222, n° 254, il ne "peindrait pas si bien que lui."
55   Charavay, p. 222, n° 89: "L.a.s; à sa soeur, 20 mai, 2 p. in-8°. Il l'engage à se bien garder de confier ses yeux à des charlatans. Ils augmentent quelquefois le mal au lieu de le diminuer. "Nos oculistes de Paris ne sont guère plus heureux et plus habiles. On a voulu souvent me les faire consulter, mais j'ai refusé leurs secours. J'aime mieux une vue très-affaiblie que des ténèbres complettes, et tels est encore le résultat de toutes ces opérations si prônées." Egalement la lettre du 20 janvier 1807, à Félix Bacciochi, Ministero dell'Interno, pubblicazioni degli Archivi di Stato, LII, Archivio di Stato di Lucca, regesto del carteggio privato dei principi: Elisa et Felice Baciocchi, p. 192, n° 200: "Monseigneur, J'ai été presque entièrement privé de la vue pendant plusieurs mois. En songeant toujours à Votre Altesse, je ne pouvais me rappeler moi-même à son souvenir, et je souffrais doublement. Mes yeux sont un peu meilleurs. [...]."
56   Collection Spoelberch de Lovenjoul, D 550, fol. 55, conversation de Sainte-Beuve le 13 septembre 1837 avec Mme Duvivier (Cahier vert): "L'homme naïf, candide, gauche dans la vie, d'une imagination vive. Mal marié, du moins selon ses goûts, et n'est pas maître chez lui: ses vers y sont peu appréciés, il n'est content que dehors, bien content et bien étonné quand il rencontre quelqu'un qui l'écoute, qui s'intéresse à lui, pour lui, pour ses vers; il en est, oui, tout étonné et reconnaissant." Fol 57: "Est obligé d'emprunter à son cocher. Emprunte maintes fois pour ses visiteurs mendians du matin à son maître d'hôtel [...] et Mme de Fontanes gronde. Ne savait pas le prix des choses, demande à Madame Duvivier au café, s'il est assez de donner 40 sous au garçon."

Rouen où il présente "les pièces intitulées l'*Astronomie*, le *Jour des Morts* [et] *Orphée*[57], dont le dernier seul n'a pas été publié plus tard.

Le 13 décembre 1786, Fontanes lisait quelques pièces à l'Académie de La Rochelle. Le 15, l'Académie se réunit à nouveau et Fontanes fut nommé "académicien titulaire"[58]. Les statuts de l'Académie de La Rochelle prévoyaient que l'interlocuteur devait vivre dans la ville, ce qui donne à penser que Fontanes eut au moins l'intention de s'installer pour quelque temps là où lui et son frère aîné avaient fait leurs débuts littéraires.

En 1786, s'ouvre le "Lycée"[59] dont Grimm rend compte dans la *Correspondance littéraire*[60] et dont La Harpe parle également dans la sienne[61].

Le "Lycée" s'était formé, comme le dit La Harpe "sur les débris du Musée, élevé par Pilâtre du Rozier et tombé avec lui"[62]. Rappelons que La Harpe participait lui-même au "Lycée" et que Fontanes était, dès 1781, membre du "Musée".

Dans ces années, Fontanes publie encore beaucoup. Au commencement de 1789, il avait rassemblé en deux volumes sa poésie, mais trop mécontent d'elle, il renonça finalement à la publication[63]. En 1789, il publie son poème l'*Essai*

---

57 P.-L-G. Gosseaume, *Précis analytique des travaux de l'Académie Royale, des sciences, belles-lettres et arts de Rouen, depuis sa fondation en 1744 jusqu'à l'époque de sa restauration, le 29 juin 1803*, Rouen Periaux Père, 1814-1821, 5 t. en 3 vol., t. V (1781 à 1793), la suite, p. 5: "mais aucune de ces pièces n'a été déposée au secrétariat auquel elles correspondent"; les séances publiques ont toujours eu lieu au mois d'août (voir p. 31 et suiv., nomenclature). L'*Orphée* ne figure pas dans les *Oeuvres* de Fontanes.
58 Bibl. de La Rochelle, Ms. 356, fol. 430: Boissy d'Anglas est nommé académicien associé. "Le 19 du même mois Mr. de Fontanes prend séance et lit de nouveaux morceaux de poésie". Au moment où Fontanes devient président du Conseil législatif, l'Académie se reconstitua sous le nom de lycée", et Fontanes fut inscrit sur les registres, mais "cette affilliation ne fut plus que nominale."
59 Voir les prospectus, *Lycée de Paris, Club littéraire qu'on va former dans les Bâtiments nouveaux du Palais Royal, sous la protection immédiate de S.A.S. Monseigneur le Duc de Chartres, et sous la direction de M. Bassi, Paris, 1784*, 15pp., et également *Musée de Monsieur et de Monseigneur Comte d'Artois*, Paris, 18 octobre 1785, 6pp. Le titre "Musée" ne doit pas tromper, après la port tragique de Pilâtre de Rozier, fondateur du Musée, le 15 juin 1785 (peu après 7 heures du matin dans son aérostat, près de la Tour de Croy), on essayait de sauvegarder l'institution: "Chaque cours durera au moins trois mois; on en publiera les programmes successivement, ainsi que les noms des professeurs." (p. 4)
60 *Corr., op. cit.*, t. XIV, 363f. L'ouverture se faisait au mois de janvier, les cours furent assurés, Grimm, *op. cit.*, 331: histoire: Marmontel, Garat; littérature = La Harpe; chimie: Fourcroy.
61 *Corr. litt.*, 366.
62 *Corr. litt.*, op. cit., 366.
63 En rendant compte de l'*Essai sur l'Astronomie*, le *Journal de Paris*, N° 1, jeudi 1er janvier 1789, p. 1, n° 1 écrit: "Cet Essai est tiré du Recueil en deux volumes, que M. de Fontanes doit publier incessamment."; la *Minerve littéraire*, t. II, 1821, 516-521 (article de nécrologie) donne également ce détail précieux: p. 519" [...] Au commencement de 1789, il avait rassemblé deux volumes de poésies; mais, en corrigeant les épreuves de la première feuille, il se fâcha contre lui-même, dit qu'il n'était qu'un *faquin*, comparé aux grands poètes, et il retira ses manuscrits de chez l'imprimeur." *Biographie universelle*, 1856, lettre F., p. 349, n° 2: En 1800, Fontanes avait rassemblé "lui-même ses di-

sur l'Astronomie, des *Vers à Mlle de Garcins* qui lui valent un commentaire de Proisy d'Eppe dans le *Dictionnaire des girouettes* en 1815, son *Poème en faveur des non-Catholiques* qui sera couronné par l'Académie française. En 1788, Castéra adresse à Fontanes des vers sur la Poésie. L'*Epître à M. de Fontane* [sic] *Sur les inconvénients et les avantages de la Poésie* paraît dans l'*Almanach des Muses*.[64] Dans cette adresse, Castéra retrace le passé littéraire de Fontanes qui, dans ses oeuvres de jeunesse, chantait Fingal, s'élançait "sur les traces de Pope"[65] et arrivait en tête des écrivains contemporains qui, de leur côté, cherchaient "à l'abattre"[66]. Castéra lui reconnaît la qualité de "sortir de la route commune"[67]; en contrepartie, ses adversaires ne lui présentent que "l'image de la haine et de l'adversité"[68]. Castéra constate "qu'un fils d'Apollon" ne peut pas être ralenti dans sa marche par des gens envieux[69]. Il est normal qu'il cherche des protecteurs, des amis ches les lecteurs, bien que ceux-ci ne viennent pas le chercher; la cour est même stérile et froide. Par contre, le rôle des critiques est d'être attentifs et de mettre en relief ce que d'autres oublient de faire.

Mais parmi les gens qui prétendent être de bons critiques, il y a aussi plusieurs niveaux. Certains n'interprètent pas ce qui a été fait, mais ils indiquent ce que cela aurait dû être. Surtout à Paris, à la cour, le dédain, l'ennui est tel que l'écrivain, le poète doit se battre contre la décadence dans laquelle on veut pousser les arts. Fontanes, par contre, se met par sa poésie au-dessus de la mêlée et la postérité parlera encore de lui.

Dans le même *Almanach des Muses*, année 1789, Fontanes publie des vers à Mlle de Garcins[70], dont Laharpe parlait déjà en 1787[71] et dont Proisy d'Eppe, nous l'avons dit, reparlera en 1815[72]. Fontanes est attiré par ce doux personnage

---

    verses poésies et les fit imprimer en trois volumes, in-12° [Cette édition fut retirée]. Nous croyons même qu'elle a été-détruite."
64 *Op. cit.*, 157-161.
65 P. 157.
66 *Ibid.*
67 *Ibid.*
68 *Ibid.*
69 *Ibid.*
70 *Op. cit.*, 87-88.
71 Laharpe, *Correspondance littéraire, op. cit.*, Lettre CCLIV, p. 431: "Excepté le début de mademoiselle Desgarcins, qui continue toujours avec un succès très-mérité, nos spectacles n'offrent rien d'intéressant."
72 Proisy d'Eppe, *Dictionnaire des Girouettes*, 1815, 157: "Il avait adressé des petits vers musqués à Mlle Desgarcins, comédienne du Théâtre Français"; dans la 1ère édition du *Dictionnaire*, Proisy cite ce poème dans son entier, dans la deuxième édition, également 1815, il indique uniquement son existence; fait intéressant, *op. cit.*, 158 (1ère édition): "Ces vers [...] avaient été reproduits en 1813 ou 1814 dans un recueil de poésie, M. de Fontanes obtint de la censure qu'on retranchât cette pièce du recueil." Par la force de l'alphabet, Fontanes est rangé dans le dictionnaire avant Fouché, les deux ont droit à douze symboles de girouette, le plus haut degré de distinction distribué par d'Eppe; l'article sur Fontanes comporte onze pages (2è édition), celui sur Fouché seize lignes.

et il veut attacher "quelques fleurs"[73] à sa couronne. Avec elle, dit-il, l'éclat du "Théâtre François"[74] va renaître; et Fontanes remarque que lui, il a déjà prédit les talents de Mlle de Garcins "qu'on ignoroit encore"[75]; il la met en garde contre les attaques qui peuvent venir du parterre[76]; lui, par contre, il l'aime et lui demande de garder à un seul amant sa tendresse:

> "Un seul Amant, du moins, inspire à ta jeunesse
> Ce que ta voix enchanteresse
> Fera sentir à tous les coeurs."[77].

La verve poétique de Fontanes est prolixe dans ces années et il publie en 1789 l'*Essai sur l'Astronomie*[78] que Flins connaissait déjà en 1781[79]. Selon son habitude, Fontanes a dû retoucher le poème à plusieurs reprises avant de le donner à la presse[80].

Comme dans la *Forêt de Navarre*, la main de Fontanes touche ici à la littérature, à la science, à la géographie, à l'univers céleste et, les références aux auteurs de l'antiquité ne manquent pas bien sûr. Dans la *Forêt*, Fontanes se retire dans la "sombre épaisseur" des feuillages[81], et il médite; ici, il s'élève sur la tour de l'Observatoire pour contempler le roulement des astres:

> "O nuit, que ton langage est sublime pour moi,
> Lorsque seul et pensif, aussi calme que toi,
> Contemplant les soleils dont ta robe est parée,
> J'erre, et médite en paix sous ton ombre sacrée!" [82]

---

73 *Almanach*, 87.
74 *Ibid.*
75 *Ibid.*
76 "De l'orageux parterre enchaine l'inconstance:
    Et si l'adroite envie, aux yeux toujours ouverts,
    Cherchoit à te punir d'un succès qui l'offense,
    Echappe à ses complots pervers." *Ibid.*
77 P. 88.
78 *Almanach des Muses*, 1789, 221-229.
79 Flins des Oliviers, *Elégie à Monsieur de Fontanes*, *Almanach des Muses*, 1782, 115-119, p. 115: "C'est à toi de chanter la céleste Uranie" et note: "M. de Fontanes a fait un Poëme sur l'*Astronomie*".
80 L'*Essai* fut réimprimé en mars 1807 dans le *Mercure de France*, mais avec corrections; dans les *Oeuvres*, I, 14-25, il y a également des changements.
81 *Almanach*, 1780, 239: "Forêt [...] cache-moi sous ta sombre épaisseur".
82 *Almanach*, 1789, 221; ici aussi nous avons matière de comparaison avec la *Forêt* en ce qui concerne l'encadrement du poème, *Almanach* 1780, 240: "A pas lents, je m'égare;/ Je m'assieds, viens, m'arrête, et reviens tour-à-tour".

Mais "le ciel se découvre"[83] et avec l'aide du télescope, inventé par Herschel[84], les contemporains voient ce qui était impossible à leurs aïeux. Néanmoins Fontanes sait que les gens de l'Euphrate ont déjà découverts:

"....................sous d'errantes chaumières,
Des astres de la nuit des phases régulières" [85]

et qu'ils ont gravé leurs découvertes sur la pierre. Alexandre qui connaissait les tables chaldéennes, Hypparque qui comptait deux mille étoiles, Ptolemée qui plaçait le monde au centre de l'univers figurent dans le poème. Fontanes fait dans la suite un reproche à cette

"Cité trop fameuse! O mensongère Athènes!
Assez nous ont séduit tes opinions vaines."[86],

et il remarque qu'un Thalès, qu'un Platon et d'autres sages "rougiroient des erreurs qu'enfantoient leurs écoles"[87]. Rome, au lieu d'éclairer les sièces, se servit des "erreurs de la Grèce", et Fontanes continue: "Quel système insensé nous a transmis Lucrèce"[88]. Néanmoins il ne condamne pas Lucrèce qu'il a même traduit, il constate plutôt:

"Mais comme à la grandeur la foiblesse est unie!
Quel contraste honteux! ce sublime génie
Veut que par des vapeurs le soleil soit formé,
Et s'exhale le soir, au matin rallumé." [89].

Dans ce poème, le soleil est enfin mis au centre du monde:

"Soleil! quelle est ta force? elle entraîne, elle guide
Les mondes l'un par l'autre attirés dans le vuide. [...]
Tu les gouvernes tous: qui peut te gouverner?" [90]

et l'évocation de cette force centrale de notre univers continue sur plusieurs vers; mais l'auteur évoque également les autres systèmes solaires. Peut-être

---

83   Almanach, 1789, 221.
84   Que la mémoire de Herschel reste vivante à cette époque, on le voit, *Journal de Paris*, N° 26, 26 janvier 1789, p. 121: "Astronomie: Depuis la Comète que M. Messier avait découverte le 26 Novembre dernier, Miss Caroline Herschel en a trouvé une autre le 21 Décembre [...]. C'est la seconde Comète que nous devons à la savante soeur de l'illustre M. Herschel." Messier est également cité par Fontanes, *op. cit.*, 222.
85   P. 222.
86   P. 223.
87   *Ibid.*
88   *Ibid.*
89   P. 224.
90   *Ibid.*

sont-ils habités, peut-être ont-ils un Voltaire ou un Buffon, peut-être même quelqu'un "se livre à des transports aussi doux que les miens"[91], et Fontanes se demande si les habitants de ces planètes éloignées ne sont pas plus heureux que nous; il se peut qu'ils aient "reçu des organes nouveaux, / et verroient en pitié nos orgueilleux travaux."[92]. Il leur demande de ne surtout pas imiter "les fréres malheureux"[93] sur terre, et d'être "plus sages, plus unis, plus heureux qu'ici bas"[94].

Finalement l'auteur se retourne vers des poètes français et vers ceux de l'antiquité qui, en décrivant l'univers, étaient des premiers sages et il termine son travail:

> "Puisse au moins, animé d'un sublime délire,
> Quelque chantre immortel dignement retracer
> Ce grand tableau des cieux que j'osai commencer."[95]

Ce poème où Pope est présent[96], où Cook tient sa boussole[97], où Copernic ouvre d'autres horizons[98], où Descartes et Newton se trouvent juxtaposés[99] est long pour ce qu'il contient. L'auteur erre en effet, comme il le dit, pour "chercher" dans "les ombres des forêts"[100] quelques éclaircissements sur la création des mondes, habités ou non; les auteurs de l'antiquité sont d'abord rejetés, pour être réhabilités à la fin du même poème. Fontanes présente un amalgame où auteurs philosophiques et hommes de science s'entassent sans distinction; il pose des questions auxquelles il ne répond pas, parce qu'il ne peut pas y répondre. Pourquoi donc les poser, puisque les questions de la science ne trouvent une réponse adéquate, même en 1789, que grâce aux savants et non à un poète aussi érudit qu'il prétend de l'être. L'abbé Grosier avait reproché à Fontanes, en 1780, à l'occasion de la publication de la *Forêt de Navarre*, que l'auteur "n'[ait] point une marche régulière, et ne paroî [sse] tendre vers aucun but."[101]. Ce même jugement peut être repris ici, sans grand changement, d'autant plus qu'un sujet scientifique, traité de manière dialectique par un poète, a rarement la chance d'être convaincant.

---

91 P. 227.
92 *Ibid.*
93 *Ibid.*
94 *Ibid.*
95 P. 229.
96 P. 226.
97 P. 228.
98 P. 224.
99 P. 223.
100 P. 229.
101 *Journal de littérature, des sciences et des arts*, 1780, I, 25.

La critique, une fois de plus, restait divisée et elle se faisait discrète[102]. On a l'impression qu'au début de cette année 1789, les yeux des journalistes sont déjà tournés vers l'actualité quotidienne. Par contre, l'activité poétique de Fontanes continue.

Le jeudi 24 juillet 1788, l'Académie française, en séance de délibération, décide qu'en l'honneur de la fête de Saint-Louis en 1789, on propose "pour matière du prix de poésie, l'Edit de Tolérance du mois de novembre 1787 en faveur des sujets du Roi non-catholiques"[103].

Un mois plus tard, lundi le 15 août, le Directeur, Gaillard, indique dans une séance publique ordinaire que le titre définitif du poème à présenter sera l'*Edit en faveur des non-Catholiques*[104].

Fontanes présente un texte, mais il garde l'anonymat. Il disait lui-même qu'il n'en souffla mot à personne avant le jugement du jury; La Harpe lui-même n'était pas au courant, mais, en examinant les textes présentés, il s'en douta et il envoya sa femme à Fontanes pour en savoir plus. Une fois nommée l'épigraphe pendant cette conservation[105], Fontanes avoue que l'*Edit* était de lui[106].

Le 25 août 1789 finalement, après que l'Académie ait assisté le matin à une messe solennelle dans la chapelle du Louvre, elle tient son assemblée publique dans l'après-midi. Après deux discours, Marmontel annonce "que M. de Fontanes avait remporté le prix de poésie"[107], qui est doté de cent pistoles[108].

---

102 *Année littéraire*, 1789, Lettre V, 130-142 (compte rendu de l'*Almanach des Muses*, 1789), p. 134 et s.: "Il y a de la pompe et de l'élévation dans l'*Essai sur l'Astronomie* de M. de Fontanes, souvent de la Poësie, mais souvent aussi de la prétention affectée à l' "os magna sonaturum" d'Horace, et une espèce d'ostentation dans l'annonce de ses Ouvrages." Dans le *Mercure de France*, janv.-juin 1789 que nous avons consulté, nous n'avons pas trouvé de critique concernant l'*Essai*. Le *Journal de Paris* N° 1, jeudi, 1er janvier 1789, p. 1pp. est plus explicite: "Mais le morceau qui, selon nous, sera le plus remarqué, tant par la grandeur du sujet que par l'élévation du ton que le Poëte y a pris, est un *Essai sur l'Astronomie*, par M. de Fontanes. Ce titre d'*Essai* est modeste: car cet ouvrage est un véritable Poëme. L'Auteur y expose les divers systèmes astronomiques anciens et modernes, jusqu'à celui qui est universellement reconnu par les Savans pour le seul véritable. Ensuite son imagination prend ainsi l'essor à l'aspect du spectacle immense qui la frappe"; suivent quelques vers, et l'auteur continue: "Il nous semble qu'il n'est guères possible de faire de plus beaux vers, d'avoir une manière plus large, et de mieux mêler d'heureux mouvemens aux plus sublimes images de la création."
103 Institut de France, *Les registres de l'Académie françoise* 1672-1793, t. III, 1751-1793, Paris, Firmin-Didot, 1895, 605 et suiv.
104 Institut, *op. cit.*, 607.
105 "Que chacun dans sa loi cherche en paix la lumière/ Mais la loi de l'Etat est toujours la première. Vol."
106 *Corr. de F. et de J.*, *op. cit.* 44 et s.; titre exact: *Poëme sur l'Edit en faveur des non-Catholiques, pièce qui a remporté le prix au jugement de l'Académie Françoise en 1789*, Paris, Demonville, 1789.
107 Grimm, *Corr.*, XV, 513; Institut, *op. cit.*, 621.
108 *Corr. de F.*, 45.

L'auteur lit lui-même son poème[109]. Ravi, il en fait part à Joubert, le charge d'aller porter la bonne nouvelle à leur ami commun, le chevalier de Langeac, en le priant de ne pas être choqué à cause du secret gardé qu'il fallait maintenir jusqu'à la dernière minute[110] et il demande à Joubert de lui envoyer "une paire de manchettes", n'ayant lui-même que "des chemises sans garnitures", parce qu'il doit aller "dîner en ville" le soir même, en compagnie de "vingt personnes"[111].

Le poème paraît chez Deonville, l'éditeur de l'Académie[112] et il sera réimprimé une année plus tard dans l'*Almanach littéraire, ou Etrennes d'Apollon*[113].

Dans ce poème, Fontanes s'occupe du passé des calvinistes français, persécutés à cause de leur conviction, et dont l'exode entraîna une chute de l'activité commerciale du pays en augmentant en même temps le commerce des autres nations puisque les réfugiés travaillaient assidûment. Fontanes ne prêche ni la revanche ni la haine, mais il dessine presque avec résignation cette injustice, soutenue par des prêtres qui encourageaient les meurtriers par leurs paroles et leur bénédiction.

Lui, né d'aïeux errants[114], il connaît le sort des coreligionnaires de son père, enterré d'ailleurs rappelons-le, la nuit dans un enclos réservé aux membres de l'église dite réformée. Fontanes parle dans ce poème des prisons, des échafauds, du prêtre qui soutenait encore le soldat sanguinaire[115] des "enfants [...] arrachés à leur mère"[116]. La Cour de Versailles se rendit bien compte, malheureusement trop tard, du méfait de cette décision contre laquelle "Vingt Nations"[117] s'indignèrent et qui en tirèrent profit pour leur propre commerce. Fontanes, par contre, n'accuse pas la religion catholique, il respecte "l'Autel, en détestant la rage / Du superstitieux qui l'invoque et l'outrage"[118].

Dans ce poème, Bossuet n'est pas exclu de ces gens qui ont applaudi "le zèle criminel"[119]:

---

109 Grimm, 513; *Journal de Paris*, n° 239, jeudi 27 août 1789, p. 1075: "M. de Fontanes a marqué le désir de le lire lui-même; ce qui lui a été accordé. Elle a eu un grand succès; on y a remarqué surtout les portraits de Bossuet et de Fénelon"; *Mercure de France*, samedi 5 sept. 1789, 18-19.
110 Le rôle que jouait le chevalier Lespinasse de Langeac, grand mécène, dans la jeunesse de Fontanes et de Joubert n'a jamais été élucidé jusqu'à présent, même pas par André Beaunier. Langeac sera plus tard directeur du secrétariat du Grand-Maître.
111 *Corr. de Fontanes*, 45.
112 *Edit, op. cit.*, page de tête.
113 *Op. cit.*, 69-74.
114 *Edit*, p. 3.
115 P. 4.
116 *Ibid*.
117 *Ibid*.
118 P. 5.
119 *Ibid*.

> "C'est lui qui, dans la Chaire, au nom de l'Eternel,
> Ouvre au persécuteur la demeure suprême,
> Et place au sein d'un Dieu l'ennemi de Dieu même!"[120]

La seule personne qui ait eu une attitude modératrice pendant ce siècle était, selon Fontanes:

> "..........................le sage Fénelon,
> Qui parut, en ces jours de scandale et de guerre,
> L'Ange consolateur descendu sur la Terre!"[121]

Mais avec les siècles, l'esprit change. C'est par degré que "le bonheur s'avance"[122]. Fontanes constate que l'influence des grands écrivains a amené une certaine tolérance et chassé l'ignorance. Ce sont eux qui, "en dépit de la haine"[123] ont régi l'opinion. Voltaire n'a pas travaillé inutilement, c'est lui qui a prêché la tolérance.

Fontanes invite ensuite les "disciples de Calvin"[124] à rentrer en France et à s'unir avec "nos fils"[125], parce que le temps et l'expérience de la vie guérissent lentement "des malheurs trop rapides"[126]. L'auteur ne condamne pas "ce grand Louis"[127], il veut qu'on l'honore parce que le siècle l'a trompé. C'est lui qui encourageait les arts et les muses, qui à leur tour ont couvert sa faiblesse de leur gloire. Il n'appartient donc pas à l'homme de condamner - trait significatif dans la pensée de Fontanes - ce grand monarque qui, s'il pouvait revenir sur terre, serait ébloui et partisan du siècle des Lumières. Fontanes croit à "l'auguste Liberté, si long-temps repoussée"[128] et il espère "qu'au lieu d'Edits sanglants" la raison d'Etat promulgue des "paisibles Ecrits, espoir du genre humain"[129]. Ce sont eux seuls qui permettent de gouverner sans glaive et sans désordre un Etat et les esprits qui forment cet Etat. Le ministre Necker est déjà un exemple de cet esprit éclairé, celui qui a dû s'exiler trois fois par les complots de la cour que Fontanes attaque particulièrement dans ce poème et que "le voeu public a trois fois rappelé"[130]. Issu de cette religion tant combattue, il a donné l'exemple, par ses services, d'une réconciliation toute proche et sans arrièrepensées. C'est ainsi

---

120 *Ibid.*
121 P. 6.
122 *Ibid.*
123 P. 7.
124 *Ibid.*
125 *Ibid.*
126 *Ibid.*
127 *Ibid.*
128 P. 8.
129 *Ibid.*
130 P. 9.

que le "nouveau Sully", le "nouvel Henri quatre"[131] a su joindre le passé au présent.

L'*Almanach littéraire, ou Etrennes d'Apollon*[132] se borne à signaler que l'auteur de ce poème est "très connu et très digne" de l'être. Le *Mercure de France* loue un "grand nombre de vers" très beaux et il félicite l'Académie d'avoir trouvé un lauréat digne d'elle[133].

L'*Année littéraire*[134] se livre à une critique exhaustive. Geoffroy, une fois de plus, est dur, impartial, mais il rend justice à Fontanes là où, par son caractère, il peut le faire. Malgré toutes les attaques contre Fontanes qui n'a pas, selon lui, bien compris la portée de la décision royale de novembre 1787, le critique reste, cette fois-ci, moins acerbe qu'en 1783. Certes, il y a des beautés dans le poème et Geoffroy se fait un devoir de les commenter avec abondance; il souligne le mérite de l'auteur "sorti de parens religionnaires qui ont été victimes de la révocation"[135], d'avoir su tracer "avec énergie" "les funestes effets de cette révocation impolitique"[136] qui, de plus, privait la France d'un essor capital. Cette décision funeste n'est pas attribuée à la religion, mais à la superstition"[137] enveloppés du "manteau de la vierge sacrée"[138]. Mais la pensée de Geoffroy est plus profonde, il est mieux instruit, et il met en relief les côtés pratiques de la révocation ce que Fontanes oubliait de faire. Après la révocation, il n'y eut plus, officiellement au moins, de protestants en France, tandis que les magistrats avaient à se battre tous les jours contre "tant de naissance" soi-disant "illégitimes"[139]. La question des successions se posait quotidiennement et il y a

---

131 *Ibid.*
132 *Op. cit.*, 69.
133 *Mercure de France*, samedi 5 sept. 1789, 19: "Ce Poëme a confirmé l'opinion avantageuse que le Public a depuis longtemps conçue des talens de l'élégant Traducteur de l'*Essai sur l'Homme*. On y remarque un grand nombre de beaux vers, et cette mesure qui, sans rendre la liberté de penser plus timide, l'empêche de dégénérer en licence. Il y a long-temps que l'Académie n'avoit couronné un Poëme de cette force."
134 *Op. cit.*, 1789, lettre XIII, 175-185.
135 P. 177.
136 *Ibid.*
137 P. 178.
138 *Ibid.*
139 P. 176; l'édit est tolérant dans son préambule, non dans les articles qui suivent, *Edit du Roi concernant ceux qui ne font pas profession de la Religion Catholique*, Donné à Versailles au mois de novembre 1787. Régistré en Parlement le 29 janvier 1788, in -4°, 7 pp.: "[...] à l'exemple de nos augustes Prédécesseurs, nous favoriserons toujours, de tout notre pouvoir, les moyens d'instruction et de persuasion qui tendront à lier tous nos sujets par la profession commune de l'ancienne foi de notre Royaume, et Nous proscrirons, avec la plus sévère attention, toutes ces voies de violence, qui sont aussi contraires aux principes de la raison et de l'humanité, qu'au véritable esprit du Christianisme. Mais en attendant [...] notre justice et l'intérêt de notre Royaume ne nous permettent pas d'exclure plus long-temps, des droits de l'état civil, ceux de nos Sujets ou des Etrangers domiciliés dans notre Empire, qui ne professent point la Religion Catholique. Une assez longue expérience a démontré que ces épreuves rigoureuses étoient insuffisantes pour les convertir: nous ne devons donc plus souffrir que nos Loix les punissent inutilement du malheur de leur naissance, en les privant les droits que la

eu surtout des gens couverts par la loi, qui prétendaient être des héritiers sans l'être légitimement. Aux yeux de Geoffroy, Fontanes n'a nullement saisi ce détail important et primordial du "célèbre édit"[140]. Fontanes n'a pas compris non plus le sens du nouvel édit, en ce qui concerne les mariages mixtes:

> "Sous la garde des lois et sous l'ombre des lys,
> Vos filles sans effroi s'uniront à nos fils"[141].

La "nouvelle loi"[142] ne prétendait nullement favoriser ces unions, abominables selon l'église catholique. Geoffroy trouve aussi l'occasion de donner une autre leçon à Fontanes; celui-ci voulait dans son poème qu'on ne blâmât pas Louis XIV à cause de l'édit. Geoffroy, mieux informé, montre que Louis le Grand n'avait jamais eu l'intention de faire persécuter "les calvinistes paisibles et non armés [...]. On avoit mal interprété ses ordres; on ne devoit poursuivre hostilement que les attroupements séditieux"[143]. En effet, Fontanes ne mentionne pas cet aspect de la chose. Geoffroy reste pessimiste sur les voeux que Fontanes formule, à savoir qu'une

> "Véritable liberté vienne promptement
> Réparer, s'il est possible, ces horribles excès."[144].

Mais l'attaque la plus dure a été le reproche d'avoir bien connu l'esprit de ses juges. Fontanes avait écrit à Joubert qu'il avait gardé le secret et qu'il n'avait parlé à personne de son travail. Geoffroy ne soulève pas la question de l'anonymat, il juge en définitive avec mépris les membres de l'Académie et Fontanes même. "Les juges du concours", dit-il expressément, "se regardent comme les états-généraux, les représentants exclusifs, et l'assemblée permanente de la raison humaine"[145]. Il n'est pas plus tendre quand il souligne

---

nature ne cesse de réclamer en leur faveur. [...] Des principes si contraires à la prospérité et à la tranquillité de notre Royaume [...] auroient excité des troubles continuels dans les familles, si nous n'avions pas profité provisoirement de la Jurisprudence de nos Tribunaux, pour écarter les collatéraux avides qui disputoient aux enfants l'héritage de leurs peres. "Les non-catholiques ne sont néanmoins pas des citoyens à part entière (p. 2, article premier): "Exceptons [...] desdites professions toutes les Charges de Judicature, ayant provision de Nous ou des Seigneurs, les Municipalités érigées en titre d'Office, et ayant fonctions de Judicature, et toutes les places qui donnent le droit d'enseignement public". Il leur est également interdit de former "une communauté ou une société particulière, ni qu'ils puissent, à ce titre, former en nom collectif aucune demande, donner aucune procuration, prendre aucune deliberation, faire aucune acquisition, ni aucun autre acte quelconque." Etc.

140 *Année*, p. 175.
141 P. 182.
142 P. 182.
143 P. 183.
144 P. 184.
145 P. 181.

quelques pages plus bas que le "plus grand talent [de Fontanes], dans ce petit ouvrage, c'est d'avoir parfaitement connu le sénat littéraire devant lequel il comparoissoit, et d'avoir, sinon directement plaidé sa cause, du moins flatté adroitement le tribunal que devoit la juger."[146]. L'*Année littéraire* ne pouvait pas être plus explicite dans ses intentions. D'un côté Geoffroy loue l'effort entrepris par Fontanes, de l'autre côté, gardant sa propre indépendance et sa liberté de jugement et précédant ainsi un esprit républicain qui se méfie de toute autorité établie, esprit que Fontanes n'aura jamais, il trouve l'occasion d'émettre des critiques qui parfois ne sont pas justifiées. Indiquer que "les juges du concours" "se regardent comme [...] les représentants exclusifs [...] de la raison humaine" ou comme des "états-généraux" de cette même raison[147] peut passer parce que le critique ne se laisse pas trompé dans son jugement par un appareil installé qui déploie toute sa pompe, grâce à son ancienneté et à sa renommée, mais vouloir dire par la même occasion que Fontanes avait manipulé - pour cent pistoles et le titre - les membres du jury est injuste, puisque Geoffroy n'apporte aucune preuve.

    La critique, soit contemporaine, soit posthume, n'a pas été très équitable vis-à-vis de Fontanes. Dans la *Biographie universelle, ancienne et moderne*[148], Roger tombe dans l'autre excès. Il lui consacre un long article[149], où il dit notamment à propos de cet *Edit* qu'il est "sorti du coeur de Louis XVI"[150]; Fontanes "y rend hommage à Louis XVI, sans cesser d'admirer Louis le Grand"[151]. Certes, Fontanes admira-t-il Louis XIV sa vie durant, mais il est exagéré de dire que l'édit sortait du coeur de Louis XVI que Fontanes n'avait même pas rencontré, à l'encontre par exemple de Chateaubriand qui lui fut présenté au moins une fois, en 1786. Roger qui se trouvera plus tard dans l'entourage de Fontanes confond ici réalité et louange apocryphe.

    Fontanes, le titre de l'Académie en poche, continue à travailler et à publier. En 1790 on trouve dans l'*Almanach* des vers à la gloire de l'abbé Barthélemy qui a publié en 1788 son *Voyage du jeune Anarcharsis en Grèce*[152]; le poème

---

146 P. 185.
147 P. 181.
148 *Bibliographie*, Paris, 1856, t. XIV.
149 PP. 341-350.
150 P. 342.
151 *Ibid*.
152 Abbé Jean-Jacques Barthélemy, *Voyage du jeune Anacharsis en Grèce, dans le milieu du quatrième siècle avant l'ère vulgaire*, Paris, de Buré, 1788, 4 vol. in-4°; Barthélemy (20 janvier 1720-30 avril 1795) est nommé en 1753 garde du Cabinet des médailles du roi; en 1755-1757, il fait un séjour à Rome et projette le livre qui ne paraît que trente ans plus tard. La première édition a été vendue en quelques jours. Louis Pichard remarque (*Dictionnaire des lettres françaises*, 18è s., p. 141) que l'influence de B. "apparaît dans l'*Allemagne* de Mme de Staël" et dans l'*Essai sur les Révolutions* de Chateaubriand, "lorsqu'il étudie certains faits de l'histoire grecque, [il] se réfère la plupart du temps à l'érudition de l'Anacharsis." Joubert, par contre, note le 25 février 1798, les *Carnets de J. Joubert*, Paris, Gallimard, 1955, 163: "L'abbé Barthélemi. A fait minauder son sujet. Son érudition est fausse et ment pour trop vouloir être

de Fontanes avait été déjà publié en partie par le *Journal de Paris* en janvier 1789[153]. Egalement en 1790, Fontanes insère dans l'*Almanach des Muses* l'*Aigle et le Rossignol*[154]. Il y a de lui pour la fête du 14 juillet 1790 un *Poëme séculaire*, tiré à part[155] et envoyé à l'Assemblée nationale. En 1791, dans l'*Almanach*, un *Fragment d'un poëme sur les montagnes, composé au pied des Alpes*[156], en 1793, un *Fragment d'un poëme sur les montagnes*[157]. A partir de ce moment les poèmes se font plus rares, ils sont pour longtemps remplacés par des articles et plus tard par des discours officiels. Mais il y a des rééditions. Néanmoins, l'activité poétique de Fontanes n'est que suspendue, puisque, une fois bien installé dans une fonction d'Etat, sa sécurité matérielle bien assurée, il va reprendre le chant des années de sa jeunesse, cette fois-ci, plus mûr. Dans ces années, à partir de 1812 quand il s'est familiarisé avec l'administration de l'Université, nouvellement créée, il va certes faire des retouches à ses poèmes d'antan, mais il va aussi en écrire d'autres, moins ambitieux, plus simples et surtout, comme jadis la *Chartreuse de Paris*, plus personnels. Le lecteur d'aujourd'hui est presque gêné par les poèmes didactiques, il sera par contre tout autre avec les petites stances, des odes, écrites pour la plus part à Courbevoie, poèmes plus stylisés, plus cordiaux, décrivant l'essentiel de ce que touchait Fontanes personnellement à un moment donné. Ce sont ces poèmes qui pourraient trouver un écho intérieur chez des gens d'aujourd'hui.

Le poème *Vers A l'auteur des voyages du jeune Anacharsis dans la Grèce* est un travail de circonstance. Le livre de l'abbé Barthélemy a été commenté dans la presse[158]. Ce poème figure dans l'*Almanach*[159]. Fontanes indique

---

agréable."
153 28 janvier, 127-128.
154 *Op. cit.*, 197-200.
155 *Poëme séculaire, ou chant pour la Fédération du 14 juillet*, s.d.; voir aussi Fichier Charavay (lettre F.), p. 128, n° 166: "Fontanes. L.A.S. Paris, 16 juillet 1790. Il lui envoie cent exemplaires d'un poème séculaire qui malheureusement n'est pas fait par Horace (...). Il le prie de les offrir à ceux des membres de l'assemblée nationale qui daignent jeter un coup d'oeil sur des vers au milieu de leurs graves occupations."; la même lettre est anoncée une deuxième fois, p. 224, n° 360: L.a.s. au président de l'Assemblée nationale. 16 juillet 1790, 1p. in-4°. Il offre à l'Assemblée nationale un bien faible hommage, c'est un poème séculaire qui malheureusement n'est pas fait par Horace. Quand le génie de la législation s'élève, celui des arts baisse de jour en jour. (...) Il lui pardonnera d'avoir tenté de célébrer le plus beau jour de la monarchie française."
156 *Op. cit.*, 121-122.
157 *Almanach*, 1793, 7-8.
158 Annonce du livre, *Journal de Paris*, 22 décembre 1788, n° 357, p. 1529; critique: 19 janvier 1789, n° 19, pp. 83-84 et 26 janvier 1789, n° 26, pp. 119-121.
159 *Op. cit.* 1790, 129-132. Il y a eu deux exemplaires du *Voyage* de l'abbé dans la bibliothèque de Fontanes, bibliothèque vendue à partir de "mardi 8 janvier 1822 et jours suivants, à six heures de relevée, rue des Bons-Enfants, n° 30, maison Silvestre, salle du premier", *Catalogue des livres provenant de la bibliothèque de feu M. le marquis de Fontanes*, Paris, Silvestre, 1821, p. 50, n° 776: *Voyage du jeune Anacharsis en Grèce*, par Barthélemy, Londres, 1796, 3 vol. gr. in-8° Pap. Vél. br. en cart. fig.; et n° 777 le même ouvrage publié, Paris, Didot jeune, An VII, 7 vol. gr. in-4°. Pap. Vél. et atlas in-fol. br. en cart.

d'abord que Barthélemy, formé par Paris et par Athènes, a su rajeunir pour les contemporains, l'esprit de l'Antiquité. Il aurait la première place "aux soupés d'Aspasie, au banquet des sept sages"[160]; le style de Barthélemy sait unir la sagesse de l'Antiquité à l'urbanité moderne, et Fontanes s'exclame: "Quels tableaux différens!"[161]. Fontanes chante ensuite cette Grèce immortelle que Barthélemy a su redécouvrir et rendre plus proche de son temps. Dans ce poème, la mythologie et la littérature grecque retrouvent leur place:

> "Jupiter m'apparaît; oui, du Maître des Dieux
> L'artiste a reproduit l'auguste caractère" [162]

Fontanes ne se contente pas d'une seule référence:

> "D'Aristide exilé je cherche les vestiges
> [...]
> De Socrate plus loin l'éloquent interprète,
> Xénophon, vient m'ouvrir sa modeste retraite:
> Ecrivain doux et pur, philosophe et soldat,
> Il semble à Fénelon réunir Catinat" [163].

Pythagore explique son système à Fontanes; Platon lui annonce un "Dieu suprême"[164]. Aristote se joint au tableau et invite Fontanes dans le jardin de l'Académie. En effet, Fontanes est ravi de cette mosaïque d'érudition, présentée par Barthélemy et il croit retrouver des Français dans les Athéniens. Comme si souvent chez Fontanes, les rapprochements avec les auteurs français comme Richelieu, Buffon ou Montesquieu ne manquent pas, même Hamilton est présent.

L'*Aigle et le Rossignol*[165] paru dans la même année, est une fable moralisante à la manière de La Fontaine. L'aigle, entouré de vautours, de faucons et de hiboux, s'ennuie dans sa cour des cieux et le roi des nuages fait la guerre en paroles à son entourage. Finalement, furieux de l'incapacité de ses ministres, il les fuit et rencontre le rossignol et son chant. Il le convainc de venir avec lui à sa cour où il le défend contre ses conseillers. Fontanes termine:

> "L'Aigle enfin, grâce à Philomèle,
> Toujours content de lui, ne s'ennuya jamais.
> Obtint une gloire immortelle,
> Et fut béni de ses sujets.

---

160 Almanach, *op. cit.*, 129.
161 *Almanach*, 1790, 129-132; p. 129. A titre de comparaison de style, *Almanach*, 1780, *op. cit.*, p. 240: (*Forêt de Navarre*) "Windsor pourrait-il donc s'égarer à Navarre?/ Que de tableaux divers...".
162 *Op. cit.*, 130.
163 *Ibid.*
164 *Ibid.*

> Rois, cherchez le talent qui fuit la tyrannie
> Dans le sein de l'obscurité." [166].

La même année, Fontanes publie son *Poëme séculaire, ou chant pour la Fédération du 14 juillet*[167], avec lequel l'auteur fait un premier pas pour être reconnu par les nouvelles autorités qui commencent à s'installer. La lettre au président de l'Assemblée nationale qui accompagnait l'envoi des cent exemplaires était significative pour l'esprit dans lequel ce poème fut composé. Fontanes se permet "de célébrer le plus beau jour de la monarchie française"[168], et le poème lui-même est écrit dans un enthousiasme modéré. Pour la France, c'est un nouveau siècle qui commence, la liberté, enfant âgé d'un an, grandit, elle pourchasse "les crimes des ministres"[169], et ce siècle élève sa voix pour chercher les ennemis qui conspirent encore contre la liberté acquise.

Fontanes demande aux Français de pardonner, de se souvenir des complots homicides[170] qui ont tant déchiré autrefois la France et les Français:

> "Français, oublions tous notre injure commune!
> Plus de cris insultants, plus d'aveugle fureur:
> Forts de notre union, faisons grace à l'erreur,
> Et n'outrageons pas l'infortune!"[171].

Néanmoins, dans cette première année après la convocation des Etats généraux

> "Le sombre Despotisme erre encore à Versailles"[172],

et tout doit être fait pourqu'il soit aboli; mais il tombera finalement, puisque ce même despotisme a perdu tout soutien aussi bien chez les nobles que chez les grands et ne rencontre qu'un "roi citoyen"[173].

Ce poème à figures allégoriques, exempt d'attaques personnelles, présenté comme un chant, conciliant pour les hommes politiques du passé récent, qui ne sont pas nommés, montre clairement la modération des propos de Fontanes.

---

165 *Almanach des Muses*, 1790, 197-200.
166 *Op. cit.*, 199.
167 6 pages, l'exemplaire de la B.N. ne porte ni date, ni lieu d'impression.
168 Voir *supra*.
169 P. 2.
170 P. 4.
171 *Ibid.*
172 P. 5.
173 *Ibid.*

Chapitre VII

Le mariage de Fontanes

"Lorsque M. de Fontanes", écrit la *Minerve littéraire*[1] avec beaucoup de distance vis-à-vis de Fontanes, "voulait se donner la peine de plaire, il était impossible qu'il n'y réussît pas"; quelques lignes plus haut, l'auteur de l'article remarque les contrastes dans ce caractère que Joubert décrivait au mois d'octobre 1788 dans une lettre au baron de Juis, parent de la future femme de Fontanes, comme "une certaine mobilité d'opinions, très agréable en lui et dont ses amis seraient bien fâchés de le voir corriger"[2]. La *Minerve* est peut-être encore plus explicite, en disant: "Le matin [...] il ne voyait, il ne désirait que le ciel; le soir, il se consacrait à la volupté, et la regardait comme l'unique source de tous les biens. Aimé par des femmes aimables, spirituelles et d'un rang distingué, il leur préféra souvent de simples et ignorantes grisettes: un joli minois l'attirait plus qu'une belle figure"[3]. Cette "mobilité", Restif de La Bretonne l'a remarquée aussi, mais à sa façon.

Longtemps avant de partir pour Londres, Fontanes était en relation avec Restif, Joubert aussi d'ailleurs. Or Restif se plaindra d'eux amèrement dans ses écrits, même jusqu'en 1802 lorsque Fontanes occupait des fonctions semi-officielles. Il est vrai que les deux amis cherchaient plutôt les amies de Restif que l'écrivain qui publiait tout de ce qui se passait dans son entourage, parfois tumultueux. Fontanes se renseigne à Londres sur le succès du *Paysan perverti*, mais le livre n'est presque pas connu et l'auteur non plus[4].

Au début, Fontanes et Joubert allèrent voir Restif par admiration pour son talent, prétend ce dernier[5], mais bien vite leurs relations changèrent. Dans *Mes inscriptions*[6], la *Femme infidèle*[7], *Monsieur Nicolas*, le *Drame de la vie*[8], les *Nuits de Paris*[9] et les *Posthumes*[10], Restif donne des détails accablants. Il a connu Fontanes dans sa jeunesse et dans un moment où celui-ci n'était rien et cherchait à satisfaire son ambition. Peu de temps après leur rencontre, le 9 août

---

1   *Op. cit.*, 1821, t. II, 518 (article de nécrologie).
2   *Corr., op. cit.*, 127.
3   *Minerve, op. cit.*, 517.
4   *Corr., op. cit.*, 20-21.
5   Restif de La Bretonne, Oeuvres Paris, Edition du Trianon, 1931, t. 8, *Monsieur Nicolas*, p. 269: "Mes deux bons amis Fontanes et Joubert, qui m'avaient tant recherché, par admiration de mon talent disaient-ils".
6   *Op. cit., Journal intime* (1780-1787), Paris, Plon, 1889.
7   *Oeuvres*, t. V.
8   *Op. cit.*, imprimé à Paris, à la maison, 1793, 5 vol.; avec frontispice: "Lecteur! Lisez le plus intéressant des ouvrages, sans craindre le scandale!"
9   *Op. cit. ou le spectateur nocturne*, Paris, 16 vol., 1794.
10   *Lettres du Tombeau ou les Posthumes*, imprimé à Paris, à la maison, 1802, 4 vol.

1784, dans le jardin de la rue d'Oursine que Madame Restif avait loué pour un repas, Fontanes voulant s'installer chez ces nouveaux amis moyennant douze cents livres, tient en face de l'écrivain réticent, des propos peu aimables. Le "29 Auguste 1784", des menaces de la police et de Fontanes lui ont été transmises[11]. Quelques pages plus loin, Restif s'explique plus clairement dans une lettre à Grimod de la Reynière: "Savez vous les menées de Fontanes pour se mettre en pension chés moi, me croyant riche, ét m'effrayer pour m'en faire déguerpir? [...] Fontanes fesait parler le lieutenant-de-police; il lui fesait dire (...) des choses horribles qu'on me repetait avec (...)"[12]. Restif était rempli de "fiel et de terreur"[13], mais il gardait son calme et il ne laissait pas voir sa peur aux deux "Scélerats"[14]. Les murs de l'Isle Saint-Louis où il habitait à ce moment, avant d'en être chassé par des gamins qui jetaient des pierres sur lui, étaient les seuls témoins de ses douleurs, puisqu'il inscrivit le mot *fugere* que Joubert venait effacer: "Je revois annuellement ces dates, si fort étudiées, souvent effacées par Joubert"[15]. Mais la blessure la plus profonde inscrite dans l'âme de Restif a été, certes, les récits mal intentionnés que Fontanes faisait à Joubert après que Restif lui avait fait des confidences. Celui-ci connaissait toutes les filles de Paris et, "à l'écouter, [elles] seraient les unes ses maîtresses et, les autres, ses filles"[16]. Restif raconte donc à Fontanes, après le dîner de la rue d'Oursine, qu'il avait joui, avant de la connaître, de sa première fille, Zaphire, "née de Nannette la moissonneuse"[17]. Restif avait trouvé cette "Enfant infortunée dans un mauvais lieu, âgée de 12 à 13 ans."[18] Il ajoute qu'un sentiment amical et protecteur s'ajoutait à cette liaison. Fontanes répand le bruit que Restir a joui abondamment de cette enfant: "[Il] courut dire à Joubert, avec des exclamations preparatoires, qui marquaient toute la noirceur d'une vilaine âme, [...] que j'avais joui de ma Fille aînée."[19] Il continue: "Scaturin est un misérable [...]. Il a sciémment, criminellement abusé d'une confidence que je lui ai faite." L'auteur du *Drame* écrit encore: "L'execrable Coquin n'ajouta rien; il lui laissa croire à l'inceste le plus criminel. (...) Périsse ce misérable calomniateur!"[20]. Les révélations de Restif ne s'arrêtent pas à ce point. Traversant les rues de Paris, les parcs même, il guette et il relate dans ses livres, parfois imprimés à la maison, des faits stupéfiants. Dans les *Posthumes*, publiés en 1802, quand Fontanes avait déjà une place officielle, Restif n'a pas oublié les anciens griefs. Il revient en arrière pour indiquer que le député des Deux-Sèvres au Conseil législatif

---

11 Restif, *Drame de la vie, op. cit.*, t. V, 1330.
12 *Op. cit.*, 1339.
13 *Loc. cit.*
14 Il s'agit de Joubert et de Fontanes, *loc. cit.*
15 *Loc. cit.*
16 Beaunier, *Joubert et la Révolution*, Paris, Perrin, 1918, 221.
17 *Drame de la vie, op. cit.*, 1338.
18 *Loc. cit.*
19 *Loc. cit.*
20 *Drame, op. cit.*, t. V, piéces justificatives, 1338.

avait, avant de se marier avec Chantal Cathelin en 1792, des liaisons au moins douteuses.

Pour connaître les secrets des gens, Restif prend, on le sait, des mesures peu orthodoxes. Il se promène, de préférence le soir ou la nuit, il reconnaît des gens et il les suit; il va carrément voir les parents des "filles infortunées" pour les éclairer sur l'identité de leur amant. Le 16 juillet 1791[21], par exemple, il se trouve au soir rue Mazarine. Il reconnaît Fontanes ayant à son bras une jeune fille. Il les suit et cette filature le conduit jusqu'au Champ-de-Mars. Là, Fontanes dit qu'il est contre l'Assemblée, contre la Révolution et contre la cour: "Cet Homme est mécontent de tout le monde! (pensai-je)."[22] Bien sûr, Fontanes se permettait des libertés que la fille n'appréciait guère. Il va informer les parents: "J'alai ensuite dans la rue Mazarine, et comme j'étais connu des Parens de la jeune Tiervau, je pris sur moi d'y entrer, comme pour m'informer de leur santé. [...] Scaturin [Fontanes] feignit de ne pas me reconnaître [...]. Après être resté près d'une heure (que je regrette beaucoup) attendant que Scaturin s'en allât, je fus obligé de partir le premier. La Mère m'ayant reconduit à la porte de la ruë, je lui dis: "Il me paraît Madame, que vous allez marier votre Fille [...]." "Il est vrai: c'est un Monsieur fort honnête, plein d'esprit: Il nous a demandé Julie [...]." "Je n'ai qu'un mot à vous dire [...]: Defiez-vous! (...) Cet Homme est bien rusé [...]. Je l'ai vu, il y a deux mois, à la promenade avec votre Fille, le soir, la veille du massacre au Champ-de-Mars." "Ce n'est pas elle: Son Père l'avait menée chés une Voisine, et il a été la reprendre." "On vous a trompé. Adieu. Je m'éloignai, parce que j'entrevis Scaturin qui venait écouter."[23] Un an plus tard, dans la nuit du 19 au 20 juin 1792, Restif va revoir les parents de Julie Tiervau. Toute la famille est en "alarmes" et en pleurs parce que Fontanes va à Lyon pour affaires. Restif, inquiet, se parle à lui-même: "Infortunée! tu as tout accordé; sans cela le Monstre ne partirait pas! (...) Tu as changé ton rôle de Maîtresse recherchée, en celui d'Amante faible et suppliante. [...] Le Scelerat est depuis longtemps endurci au crime."[24] Sur ces mots, Restif quitte les parents et la fille et, par le Pont-Neuf, se rend au jardin des Tuileries; il voit des gens en noir, il les suit: "A côté de la statue Arria-Poetus, deux Hommes jacassaient avec volubilité. Surpris de ce ton, dans un endroit pareil, à l'heure qu'il était (onze heures), je m'approchai par-derrière la statue. C'était Scaturin et Snifl, un allemand."[25] Fontanes explique son affaire à Lyon et qu'il ne peut prendre Julie comme femme. "J'en ai une autre en vue: La Mère consent que j'en fasse ma femme, pour 3 mois ... Nous divorçons ensuite! ... Et je partirai pour Lyon, où

---

21 *Drame, op. cit.*, 1394. En marge du texte: "Le malheur de la jeune Personne qu'il a séduite rue Mazarine est certain; elle crache le sang et périt en langueur."
22 *Les Nuits de Paris, ou le spectateur nocturne*, Paris, 1788-1794, 16 vol., ici t. XVI, 317.
23 *Les Nuits, op. cit.*, t. XVI, 332f.
24 *Op. cit.*, 338.
25 *Op. cit.*, 339.

l'on me fait esperer un Parti considerable, qui retablira mes affaires... Voilà dix ans que mon revenu est abandonné à mes Créanciers. [...] Je veux de la fortune."[26] Quelques mois plus tard, le 6 octobre 1792, Restif reçoit une lettre de Grimod de la Reynière qui lui annonce que Fontanes s'est finalement marié à Lyon. Il court rue Mazarine, entre chez les Tiervau et communique le contenu de la lettre à la mère. Celle-ci en avait reçu une autre, annonçant que Fontanes va revenir à Paris pour la Sainte-Catherine.[27] Restif lui propose de déclarer Fontanes comme mort ce que sauverait moralement la fille. Ajoutons que, dans *les Nuits*, Restif signale la naissance du fils naturel de Fontanes et de Mademoiselle Ellehcor [Rochelle], Saint-Marcellin, né le 13 mai 1791, à Paris[28] et que Fontanes regardera plus tard comme son enfant chéri bien qu'il le déclare publiquement comme son neveu[29]. L'histoire de Julie n'est nullement terminée et Restif y revient. Se promenant le 22 novembre 1792, dans l'île Saint-Louis, il entrevoit Fontanes à l'entrée de la rue des Deux-Ponts avec une jeune fille. Elle se trouve dans un fiacre, lui en train d'y monter. Restif, toujours curieux, s'approche du véhicule où ils conversent. Fontanes l'aperçoit, lui fait signe de monter également, mais celui-ci, indigné, s'écarte aussitôt: "Monstre! (m'écriai-je en fuyant), ne t'en avise pas!"[30] Restif rebrousse chemin et, réveillé par cette vision, va voir les parents rue Mazarine. Quelle ne fut pas sa stupéfaction: "J'arrive. Des cierges! Une bière recouverte d'un poêle blanc." Restif se renseigne et apprend par une autre fille de sa connaissance que Julie "est morte hier, subitement, après avoir lu une lettre de Fontanes, remise par un commissaire, à l'insu de sa Mère."[31] L'indignation de Restif est au comble et il s'écrit: "O le Monstre [...] il l'a tué! Le Scelerat! Veuille le Ciel le punir."[32] En effet, Fontanes avait écrit plusieurs lettres à Julie que la mère interceptait, mais, dans la dernière, échappée à sa vigilance, Fontanes disait qu'il s'était marié à Lyon. Il ajoute: "Je n'en suis que plus en état de vous aimer et de vous rendre heureuse [...]. Ma femme est fort laide, quoique jeune, et je ne l'aime pas!"[33] Dans le *Drame de la vie*, Restif revient en marge du texte encore une fois sur cette affaire et il imprime: "Le malheur de la jeune Personne qu'il a séduite rue Mazarine est certain; elle crache le sang et périt en langueur."[34] Restif est en principe bien informé, il exagère, mais il ne ment pas. Dans les *Posthumes*, il indique que Fontanes s'est marié à Lyon "avec une Fille riche, mais dont la source n'était pas absolument légale.[35] Cet ouvrage publié en 1802, quand

---

26   *Op. cit.*, 339f.
27   *Op. cit.*, 398.
28   *Op. cit.*, 398.
29   Beaunier, *Joubert et la Révolution, op. cit.*, 348, n° 20.
30   Restif, *Les Nuits, op. cit.*, t. XVI, 404.
31   *Op. cit.*, 405.
32   *Loc. cit.*
33   *Op. cit.*, 406.
34   *Drame, op. cit.*, 1394.
35   *Les Posthumes, op. cit.*, t. II, 41; Tessonneau, *Corr. op. cit.*, 43, n° 2: "Le baron de Juis

Fontanes a déjà un poste officiel, mentionne également la carrière de celui-ci: "Hé-bien, l'infâme Scaturin obtient des places: il l'emporte sur des gens de mérite; Il est vrai que c'est un intrigant."[36]

Les révélations de Restif ne s'arrêtent pas là. Nous avons déjà évoqué le problème de l'enfant naturel de Fontanes, Louis-Charles-Joseph Saint-Marcellin, né le 13 mai 1791 et baptisé deux jours plus tard, à une époque où Joubert s'occupait activement du mariage de Fontanes et où la future femme attendait à Lyon avec impatience la venue de l'homme qu'elle adorait et qui ne répondait même plus aux lettres. L'enfant porte comme premier prénom Louis, comme son père Louis de Fontanes, Charles parce que sa mère s'appelle Charlotte, Joseph parce que Joseph Joubert était le parrain; absent de Paris - il était alors juge de paix à Montignac - il se fit représenter par son frère cadet, Arnaud, homme de loi, le nom de famille, Saint-Marcellin, Fontanes l'empruntait à son frère, mort prématurément[37]. La mère de Saint-Marcellin venait de l'entourage de Restif. Madame Rochelle que Restif cite également dans *Monsieur Nicolas* sous le nom de Mme Ellehcor[38] "avait amené chez nous, à l'invitation d'Agnès Lebègue [alors épouse de Restif], qui avait fait sa connaissance à la fin de 1781, la petite Rosalie, sa fille âgée de dix à onze ans".[39] Restif ajoute que cette fille avait été "depuis stuprée par Senafont."[40] Senafont ou Senatnof (sic!) n'est personne d'autre que Fontanes, pseudonyme qu'il utilisait parfois pour ses écrits.[41].

Les rancunes de Restif contre Fontanes et Joubert sont si enracinées qu'il doit parler pour se libérer. Il est par contre étonnant que le délicieux Joubert, que l'énergique Fontanes aient pu blesser si profondément l'âme de Restif, lui également homme du monde et connaissant bien toutes les faiblesses des autres. Néanmoins il le dit. Dans *Monsieur Nicolas* par exemple, il renvoie le lecteur à la *Femme infidèle* "qui n'est autre chose qu'un *façon* par lettres contre Agnès Lebègue, Fontanes, Joubert [...]. Ai-je tort d'abhorer Fontanes?"[42] Dans la *Femme infidèle*, on trouve l'exclamation suivante: "O Scaturin! O Naireson! [Joubert] que de mal vous avez fait!"[43] Dans *Mes inscriptions*, Restif rouvre ses plaies, certes jamais cicatrisées. Sa femme est partie à la campagne: "Elle n'a pas payé le boucher, ni la boulangère [...] et cela, parce qu'elle a payé le jardin,

---

    est le parrain de Mlle Cathelin, qui est probablement sa fille naturelle."
36   *Posthumes, op. cit.*, 43.
37   Beaunier, *Joubert et la Révolution, op. cit.*, 222 et 348, n° 22, Archives de la Seine: "M. Saint-Marcellin, Louis, Charles, Joseph, fils de Louis Saint-Marcellin et de Charlotte Rochelle, né le 13 mai 1791, à Paris."
38   *Monsieur Nicolas*, Paris, J. Liseux, 1883, 14 vol. in-8°, ici t. 11, 51; Beaunier, *op. cit.*, 348, n° 19, Restif dénomme cette fille parfois Julie, parfois Rosalie.
39   *Nicolas, op. cit.*, t. XIII, 248.
40   *Op. cit.*, 250.
41   Fontanes, *Oeuvres, op. cit.*, p. CXVII (notice de Sainte-Beuve).
42   Restif, *Oeuvres*, t. VIII, 269.
43   *Oeuvres*, t. V, lettres CCVIe, 277, n° 3.

loué en 1784 et le loyer du petit troisième dans notre maison, pour Fontanes."[44] Il s'agit du jardin de la rue d'Oursine, là où Agnès Lebègue faisait l'agréable repas dont nous avons parlé plus haut. Dans *Monsieur Nicolas* encore, Restif raconte que Joubert passait toutes les après-dînées chez Agnès Lebègue: "On attendait le moment favorable de m'effrayer et me faire déserter la maison. Ma maladie suggéra un autre plan."[45] Dès que les deux amis apprirent cette maladie, ils en parlèrent aux voisins qui se moquèrent de Restif. Malgré toutes les invectives de celui-ci, Fontanes assista aux funérailles de Restif, mort le 3 février 1806. Deux jours plus tard, il y eut un service à Notre-Dame, l'Académie française se fit représenter officiellement à l'enterrement auquel assistèrent 1.800 personnes; Fontanes "tenait un des cordons du poële".[46]

Mais en 1791, Fontanes n'est pas encore marié. Joubert s'en occupe depuis 1788 et les choses traînent en longueur. Le début de cette entreprise hasardeuse de Joubert était très simple. Le moraliste se trouvant à Villeneuve-le-Roi rencontre dans un parc de la petite ville "deux dames de Lyon, Mme de C^{xxx} et sa fille, voyageant à petites journées avec le baron de J^{xx}, vieux parent qui les accompagnait à Paris"[47]. Joubert, dont l'abord est facile et le commerce agréable et qui s'est renseigné sur leur fortune, pense à son ami et entreprend des démarches difficiles en vue d'un mariage avantageux. On peut se demander pourquoi l'ami de toujours a pu vouloir marier un Fontanes plus débrouillard que lui. Néanmoins dans ses lettres aux proches de la future Madame de Fontanes, il ne ménage pas ses efforts et endure toutes les déceptions. Le baron de Juis, parrain de Chantal Cathelin, est plus que réticent devant cette union que Joubert propose pour son ami, d'abord ignorant de tout. Fontanes n'a rien à apporter dans le ménage, tandis que les Cathelin, sont relativement riches. Joubert, par contre, ayant pris une décision pour les autres, aussi faible qu'il paraît être pour lui-même, ne relâche jamais son attention. Dans ses démarches, il engage ses frères Elie, le médecin, et Arnaud, le juriste, à qui on donne dans la famille le nom de "notre petit juge". Elie, qui sera en 1804, médecin-chirurgien des armées du

---

44 *Mes inscriptions*, journal intime de (...) (1780-1787), Paris, Plon, 1889, 140. Il s'agit de l'année 1785. Egalement dans *Mes inscriptions*, 91: "28 aug. La plus cruelle de mes journées. A dîner, ma femme recommença de m'effrayer, et réussit: je crois que Fontanes tenait tout cela de La Harpe, qui me hait, et auquel son imagination, si pauvre d'ailleurs, fournissait des chimères, qu'il aurait voulu réaliser." P. 93: "Ma femme avait résolu de me faire quitter Paris, croyant mes affaires finies. [...] Elle avait pris des arrangemens avec Fontanes et Joubert, des deux confidens, qui dès lors me trahissaient, et me prêtaient des confidences que je ne leur avais pas faites."
45 Restif, *Oeuvres*, t. VIII, 268. Concernant Fontanes et Restif, Testud, Pierre, Rétif de La Bretonne et la création littéraire, Genève, Droz, 1977, 634.
46 Maurice Cornevin, "Un curieux habitant des abords de la Montagne Sainte-Geneviève au XVIIIè siècle: Rétif de La Bretonne", ds.: Bulletin de la Montagne Sainte-Geneviève et ses abords, 1935, t. VII, fasc. 3, 99-120, ici 115f. Restif mourut à soixante-et-onze ans.
47 Beaunier, *Joubert, op. cit.*, 177.

Nord[48], médecin personnel d'Elisa Bacciocchi, la soeur de Napoléon, à qui Fontanes devra beaucoup, est un réaliste qui ne mâche pas ses mots.

Le 26 août 1788, il écrit de Paris à son frère aîné à Villeneuve-le-Roi: "A la fin j'ai vu vos aimables chanteuses"[49]; il a également rendu visite au baron de Juis, personne capitale pour le succès de l'entreprise. Les dames Cathelin et leur entourage l'ont bien accueilli. Le baron fait même des compliments à Joubert, en ajoutant "que toute la politesse parisienne est passée à Villeneuve et qu'il en reste très peu à Paris"[50]. Mère et fille, constate Elie, se ressemblent et semblent être presque des soeurs. Joubert apprend de plus qu'il est aimé dans cette famille. Le 19 octobre 1788, Joubert s'adresse au baron et lui présente en détail Fontanes, son passé et son état actuel. Toute l'histoire de la famille des Fourquevaux revient sous sa plume[51]. Il ne cache nullement la modeste fortune de Fontanes, mais souligne son caractère droit et fort; "ses principes sont sains"[52], son génie littéraire, plus connu de lui, Joubert, que des littérateurs en place comme La Harpe ou Ducis, qui ne connaissent que ses publications; Fontanes fera "un jour le plus grand honneur à sa nation"[53]. En présentant Fontanes, Joubert loue en même temps Mademoiselle Chantal, qui sait chanter des ariettes à merveille, son ami par contre est fait pour des "sujets sublimes"[54]. Pour Mademoiselle Chantal, il faut, ajoute Joubert, un homme célèbre et parmi les personnes célèbres que Joubert connaît, Fontanes "est le plus digne d'elle"[55]. N'est-il pas déjà "aux portes de l'Académie"[56]. Ainsi, en lui faisant épouser sa filleule, le baron de Juis augmenterait la renommée des beaux-arts et la gloire de la patrie. Les parents lyonnais ne seraient pas séparés de leur fille. Fontanes séjournerait à Lyon et quelques petits voyages par an à Paris lui suffiraient. Quant à la différence, Joubert écrit simplement: "Quand on veut être heureux par la fortune en se mariant, il faut la donner ou la recevoir."[57]

Un beau jour, il lui fallut bien mettre Fontanes au courant de ses initiatives. Le 6 octobre 1788, celui-ci répond et c'est peut-être l'unique fois qu'il utilise l'expression suivante à l'adresse de Joubert: "Etes-vous fou? Comment, diable, voulez-vous qu'on me donne des filles de cent mille écus? Vous sentez, je crois, que, dans ma position, si un pareil mariage était possible, je ne ferais pas le cruel. D'ailleurs la demoiselle, que j'ai vu trois ou quatre fois, n'a rien qui me

---

48 *Corr. de F. et de J., op. cit.*, 123, n° 1. En 1802 il est médecin du Corps législatif dont Fontanes sera le président. Nous sommes convaincus que le rapprochement entre Fontanes et la famille Bonaparte se faisait non seulement par Lucien mais aussi par Elie; pour ce dernier par contre, nous n'avons pas de preuves écrites.
49 *Corr., op. cit.*, 123.
50 *Op. cit.*, 124.
51 *Op. cit.*, 126.
52 *Op. cit.*, 127.
53 *Op. cit.*, 127.
54 *Loc. cit.*
55 *Op. cit.*, 128.
56 *Loc. cit.*
57 *Op. cit.*, 129.

déplaise. Vous croyez tout possible et les projets les plus invraisemblables ne vous rebutent point. D'ailleurs quels sont vos moyens pour rëussir?"[58]. Fontanes a également vu le baron de Juis qui lui a fait bonne impression. Joubert a déjà gagné le premier pari; convaincre Fontanes qu'il connaît depuis dix ans[59], de se marier sérieusement. Maintenant il s'agit de faire de même avec le baron et surtout de manipuler Fontanes de façon qu'avec sa "mobilité dans les opinions" il ne se désintéresse pas de l'affaire. Pour le moment néanmoins c'est toujours la fortune qui fait obstacle. Le baron, malgré son amabilité refuse carrément de donner la main de Mademoiselle Cathelin à Fontanes qui, devenue amoureuse, connaît les moyens d'influencer le parrain[60]. Un autre membre de la famille est chargé d'apprendre le refus du baron à Joubert et, si possible, d'adoucir la déception: l'abbé de Vitry qui, à cette époque, est déjà âgé de soixante-dix ans[61]. L'ancien jésuite d'Avignon, membre de plusieurs sociétés savantes, comprend mieux, par son caractère, la situation des deux côtés[62].

Chantal Cathelin devient nerveuse, tant elle aime Fontanes, qui commence à s'abriter derrière un mur de silence. Une fois de plus, Joubert rentre en lice, bien qu'il semble un peu désarmé vis-à-vis des escapades de son ami. Madame Cathelin écrit à Elie puisque Joubert n'a pas répondu à la lettre de l'abbé. Elie communique la lettre de Mme Cathelin à son frère qui répond immédiatement à l'abbé. "Vous ne m'étiez point inconnu"[63], commence-t-il, en ajoutant que la famille Cathelin a parlé avantageusement de quelqu'un qui aime les arts comme Joubert et comme Fontanes. Joubert saisit l'occasion pour glisser à l'oreille de l'abbé comment son influence sur le baron serait nécessaire pour le bonheur de Fontanes et il demande de lui bien expliquer qu'on ne doit pas ménager un être comme Fontanes pour "quelques sacs de cent pistoles de plus ou de moins"[64].

De toute façon, Fontanes apporterait dans cette famille un nom distingué pour Chantal et pour les enfants futurs. Tandis que les amis travaillent pour lui, Fontanes se tait et s'occupe de mondainités. Mademoiselle Cathelin commence à s'inquiéter de ce silence bizarre. Dans une lettre à Joubert, datée de Lyon, 5 janvier 1789, elle se demande même, si Fontanes l'aime toujours. L'abbé remarque que Fontanes se croise un peu trop les bras, au lieu d'attaquer les obstacles qui se trouvent sur son chemin, il s'occupe de littérature. A la famille, il faut des cartouches pour leur artillerie contre les hésitations du baron; si Fontanes n'entreprend rien, eux non plus ne peuvent rien faire pour arranger les

---

58   *Corr. op. cit.*, 44, lettre du 6 octobre 1788.
59   La question quand les deux amis se sont connus a toujours posé des questions pour les "Joubertistes", mais Joubert lui-même donne clairement la date exacte, *Corr., op. cit.*, lettre du 19 octobre 1788 au baron de Juis, p. 129: "Il y a dix ans que M. de Fontanes est mon intime ami. Il m'a même une fois voulu faire son héritier."
60   *Corr., op. cit.*, 130, n° 2.
61   L'abbé mourra en 1812, v. Archives de la Seine.
62   *Corr., op. cit.*, 130, n° 2.
63   *Op. cit.*, 130.
64   *Op. cit.*, 132.

choses. Vouloir trouver, en ce qui concerne la fortune, une place près d'un prince, ne semble pas à l'abbé Vitry être couronné de succès; il vaut mieux s'en ouvrir à sa soeur, Madame Thomas Rouget de l'Isle pour qu'elle lui donne une assurance de fortune. La famille, à l'insu du baron, a déjà tout préparé; il y aura un salon à la disposition du jeune couple qui servira la nuit comme chambre, le jour comme cabinet de travail pour le poète. Fontanes louera en même temps pour lui un appartement à Paris "dans un des quartiers moins chers"[65] et qui, en cas de visite à Paris, sera occupé par le parrain, "ses gens et ses bêtes"[66]. Malgré tous ces préparatifs, le silence de Fontanes inquiète beaucoup la famille Cathelin, jusqu'au moment où Joubert leur apprend que le futur est tombé sur le bras et qu'il ne peut pas écrire pour le moment[67]. Chantal regrette d'avoir mis en doute les promesses de son amant; elle avait failli renvoyer les lettres et l'anneau et demander au parrain de lui trouver "un mari vieux, bête et bossu pour se punir, disait-elle, d'avoir aimé M. de Fontanes."[68] Puisque celui-ci désire toujours cette union, le baron prépare en cachette les choses, même s'il n'a pas répondu aux lettres de Joubert. Mais le malheureux n'arrive presque plus à écrire, ayant fait une chute pareille à celle de Fontanes et ne voulant pas suivre le traitement que ses amis lui ont conseillé. Au secrétaire, il n'a pas voulu dicter les réponses par crainte de devenir esclave de son propre serviteur. C'est Madame Cathelin qui écrit "sous sa dictée les lettres secrètes".[69] Néanmoins Mademoiselle Chantal n'est toujours pas rassurée. L'abbé de Vitry communique cette inquiétude à Joubert le 17 février 1789. Du matin au soir, le nom de "Fontanes" est prononcé dans la demeure lyonnaise. Le *Mercure* "est parcouru avec avidité"[70] et, si on ne trouve pas des vers de Fontanes, si on ne parle pas de lui, le journal est jeté. La conversation s'établit uniquement quand on parle de lui. L'année précédente, Fontanes avait publié l'*Essai sur l'astronomie*, dont faut-il en parler à la maison. Les vers à l'adresse de Mlle Desgarcins sont également un sujet de conversation[71]. De toute façon, Chantal veut son ami et à Lyon on est au courant des moeurs, du caractère, et de l'esprit de Fontanes. Que Joubert fasse quelque chose ou qu'il écrive si Fontanes est empêché à cause de sa chute; la jeune fille vit dans l'angoisse, le facteur est toujours attendu avec inquiétude et si rien n'arrive de Paris, elle pense même que l'ami est mort.

---

65 *Corr., op. cit.*, 135.
66 *Loc. cit.*
67 Fontanes va tomber une deuxième fois, cette fois-ci renversé par un cheval, voir Bourienne, *Mémoires de (...) sur Napoléon, le Directoire, le Consulat, l'Empire et la Restauration*, 10 vol., Paris, Ladvocat, 1829, ici t. II, 185, il tombe près du Carrousel, "et il se trouve, par cet accident, dénoncé à Fouché [...]. Dans tous les cas, comme ce fut huit ou dix jours après le 18 Brumaire le danger était moins grand." Selon Tulard, il s'agit des "Mémoires truqués et parfois même faux."
68 *Corr., op. cit.*, 136.
69 *Op. cit.*, 137.
70 *Op. cit.*, 138.
71 Ces vers ont paru dans le *Journal de Paris* le 15 juin 1788.

Bien sûr Joubert répond tout de suite et il loue une fois de plus le caractère de son ami. "Il a des torts", mais ce sont "des enfantillages", il a également des défauts, "mais ce sont des défauts aimables qu'on est bien aise d'avoir à pardonner et dont il serait facilement corrigé par une vie heureuse"[72]. Joubert ordinairement très prudent dans ses propos, loue son ami en disant que Fontanes est "destiné par la nature à être un ornement du monde et une source de félicité pour ceux qui seront sa famille."[73] Mais, en même temps, Joubert se fâche aussi un peu contre lui et écrit à l'abbé de Vitry: "Comment a-t-il la gaucherie d'exposer ces dames à douter de la vérité de ce sentiment qu'il m'a mille fois exprimé à moi-même?"[74] Quoiqu'il en soit, elles sont rassurées par un mot convaincant arrivé de Paris. Chantal est euphorique: "Oui, tout en vous est adorable!" écrit-elle. "J'étais éteinte, maussade, ennuyée et ennuyeuse."[75] Et elle continue: "Je ne veux que savoir écrire le nom de mon cher et bien-aimé Fontanes et lui répéter deux cents fois que je l'aime."[76] La jeune Chantal fait même une neuvaine à Sainte Jeanne Chantal pour qu'elle intervienne auprès des instances célestes. Il faut que le ciel hâte leur réunion. Cette lettre du 28 février 1789 contient une longue annexe dans laquelle la mère s'exprime également. Elle revient un peu sur le passé, ce silence destructeur pour le trio de Lyon, mais, avec réalisme, elle se tient plutôt au présent et au futur qu'aux lamentations inutiles. Pour la dot à apporter, on a lu comme signature sous un titre de la Caisse d'escompte "Ch. Fontanes". Madame Cathelin se renseigne sur ce parent du futur beau-fils, mais elle veut en connaître les détails. Est-ce un "collatéral opulent qui vous ait promis son héritage et donné sa parole de mourir bientôt?"[77] L'humour transparaît sous la plume de la mère, en ajoutant que sa fille voit dans le "Ch." simplement et déjà "Chantal Fontanes".[78] Il faut donc que Fontanes vienne vite les rejoindre pour les "dédommager des chagrins que vous nous avez donnés et du triste hiver que nous avons passé."[79] Joubert est salué cordialement: n'appartient-il pas déjà à la famille et quand on parle de Paris, son nom se glisse toujours dans la conversation.

Malgré tant de bonne volonté, les choses traînent, d'abord à cause de la Révolution qui met tout en désordre, mais aussi à cause du manque de fortune, sauf si Fontanes reçoit enfin une assurance précise de sa demi-soeur, Madame Rouget de Lisle, une promesse de ce "Ch. Fontanes" ayant été écartée[80].

Les lettres de Joubert sur ce sujet s'arrêtent là. Il a fait tout ce qu'il a pu. Certes, il était au courant de tout ce qui se passait dans l'entourage de Fontanes

---

72 *Op. cit.*, 140f.
73 *Op. cit.*, 140.
74 *Loc. cit.*
75 *Loc. cit.*
76 *Op. cit.*, 141.
77 *Op. cit.*, 142.
78 *Loc. cit.*
79 *Op. cit.*, 142.
80 *Op. cit.*, 146.

à Paris et dont Restif parle amplement[81]. Peut-être s'est-il aussi un peu lassé de ce caractère tourbillon et dont il a reçu lui-même une léçon qu'il n'a peut-être pas oubliée. Offrant en juillet 1790 un repas à ses amis, dont Fontanes, celui-ci troubla sérieusement l'atmosphère. Joubert qui voulait ce soir-là "élever un autel à la bonhomie"[82] fut pris de court. Il lui écrit; vous êtes "tomb(é) dans trois énormes excès: 1° en troublant la paix de la table; 2° en n'épargnant pas une femme, 3° en contristant vos hôtes avant le dessert."[83] La lettre ne se termine pas sur ce point. Joubert ne lui retire pas son amitié, il sera toujours son serviteur, "mais je ne vous ferai plus dîner qu'avec des déterminés. [...] Vous n'avez été hier ni excessivement honnête, ni excessivement prudent, ni excessivement modéré."[84]

Finalement le mariage se fait malgré tous les obstacles, plus tard que prévu. Fontanes n'allait-il pas écrire un beau jour à Joubert: "Je me mûris tard, mais je mûris pourtant."[85] Le contrat est signé à Lyon, le 2 octobre 1792[86]. Imberte Ferrier, veuve de Thomas Rouget de l'Isle "demeurante actuellement au dit Saint-Maixant" et, nous l'avons dit, demi-soeur de Fontanes, avait signé le 17 septembre 1792 une attestation, faisant Etienne de Vitry son procureur général et spécial en vue du mariage de son frère avec Chantal et fait donation pure et simple de ses biens, ayant valeur de dix-mille livres[87]. Du côté Cathelin, de la part de Claudine Tresca, mère de Madame Cathelin, le couple reçoit vingt mille livres. L'abbé de Vitry, lui aussi, fait don d'une somme de douze mille livres, payables après sa mort à Chantal. Le baron Jean-Marie Delafont de Juis a été le plus génereux en léguant deux cent mille livres au couple. Fontanes est obligé de fournir à sa femme "les habits de nopces, et les joyaux conformes, conformes à sa condition, dont il lui a fait dès-à-présent donation au cas de survie, lesquels, quoique dès-à-présent évalués à la somme de quatre mille livres."[88] Si Fontanes meurt le premier, Chantal aura une "pension annuelle et viagère de la somme de quinze cent livres."[89] si, par contre, Chantal meurt la

---

81 Un autre exemple tiré des *Posthumes, op. cit.*, t. II, 42f. En dehors de Julie, Fontanes aurait eu une autre fille, rue Jacques. Il est devenu désireux par la famille, il voulait l'épouser: "Sous l'engagement d'un divorce consenti dans trois mois. J'irai alors faire mon riche mariage, et j'assurerai *la pension promise*, au moyen de la dot de la laide Héritière."
82 *Corr., op. cit.*, 47.
83 *Corr., loc. cit.*
84 *Loc. cit.*
85 *Op. cit.*, 62, lettre datée du 26 novembre 1794.
86 Archives du Rhône, Inventaire des Notaires, 3 E 2494; Restif, *Drame*; *op. cit.*, t. V, pièces justificatives, p. 1325, La Reynière écrit de Béziers, le 28 septembre 1792, à Restif: "Cet estimable Ecrivain, fixé en ce moment à Lyon [...] est sur le point d'y faire un mariage très-avantageux, gémit de tout ce qui se passe, et tonne avec une éloquence entraînante contre les excès de ses anciens Confrères, plus coupables que d'autres, parce qu'ils étaient plus éclairés."
87 *Archives*, l'annexe du contrat.
88 *Archives*, voir, Annexe V.
89 *Archives*.

137

première, l'époux "jouira de la totalité de la fortune" pendant l'année qui suit le décès, ensuite, elle lui fait don "d'un capital de vingt mille livres [...] pour l'indemniser des frais de noces et autres."[90]

Il est intéressant de noter que le titre de noblesse des Fontanes, père et fils, d'abord écrit, a été par la suite rayé par les notaires, signe que le "de", en effet, n'était pas très authentique.

---

90 *Archives.*

Chapitre VIII

L'époque révolutionnaire

Le mariage n'arrête évidemment pas l'activité littéraire de Fontanes. Il compose toujours, mais le caractère de ses publications change. Les poèmes se font plus rares, il se tourne vers la politique et participe à la rédaction de certains journaux qui se créent, mais desquels il se retire assez vite.

La Révolution mûrit certaines gens; leur mentalité, leur façon de voir changent. Rien ne sera plus pour eux comme auparavant. Que n'avait-on pas attendu de la convocation des Etats-Généraux? L'espoir de voir surgir un autre régime était dans tous les coeurs. A l'étranger, on avait accueilli les idées révolutionnaires au moins leur début avec intérêt[1]. Renverser le trône n'était nullement le but, on s'attendait plutôt à une ouverture de cette société si fermée, on attaquait ses jugements hautains et arbitraires, on espérait une réelle participation des Etats au gouvernement. Un roi, certes, mais non des courtisans qui décident des nominations et des renvois des ministres sans s'occuper vraiment du sort du pays. Le choix du lieu, Versailles, avec le pompe stérile de la cour, ses fastes et ses fêtes est très mal vu dans cette fin de siècle. Paris bouillonnant est bien près. En montrant Versailles au Tiers Etat, on achève d'ouvrir les yeux à ses députés. Les débats leur font des conclusions inattendues, ils créent bientôt des clubs politiques à Paris où bouillonnent toute sorte d'idées. Fontanes se rendit vite compte du danger que représente une quelconque activité extrémiste de quelque côté qu'elle provienne. Sortant d'une famille très modeste, il devient conservateur et le restera tout au long de sa vie. Il ne veut pas contribuer à détruire un édifice sans savoir par quoi la remplacer. C'est une des raisons pour laquelle il pèse dans ses articles, même littéraires jusqu'au 18 fructidor, le pour et le contre des idées d'autrui. Il est vrai que chez lui aussi le ton dépasse le bon goût et il est parfois le premier à attaquer. Mais vivant des moments atroces, où il risquera sa vie, il n'oubliera jamais, presque instinctivement, que les intérêts de

---

1   Les deux Förster qui accompagnaient Cook pendant ses voyages adhérèrent aux principes de la Révolution, même pendant la Terreur. Goethe montre un enthousiasme plus modéré; Peter Eckermann, *Conversations de Goethe (1822-1832) recueillies par...*, traduites par Délerot, récédées d'une introduction par M. Sainte-Beuve, Paris, Charpentier, 1883, 2 vol., ici t. I, 89: "Dimanche, 4 janvier 1824. Oui, on a raison, je ne pouvais pas être un ami de la Révolution française, parce que j'étais trop touché de ses horreurs, qui, à chaque heure me révoltaient, tandis qu'on ne pouvait pas encore prévoir ses suites bienfaisantes. Je ne pouvais pas voir avec indifférence que l'on cherchât à reproduire artificiellement en Allemagne les scènes qui, en France, étaient amenées par une nécessité puissante. Mais j'étais aussi peu l'ami d'une souveraineté arbitraire." Dans *Hermann und Dorothea* (1797), 46è chant, Goethe décrit l'enthousiasme que l'arrivée des troupes françaises donnaient aux Rhénans. Tous les peuples tournaient leurs yeux vers Paris, capitale du monde et les Francs ne semblaient qu'apporter que de l'amitié.

l'Etat doivent se joindre aux intérêts de l'individu, que le désordre continue dans les mouvements humains, que les idées confuses et scabreuses enfantent automatiquement un déséquilibre qui nuit à la collectivité. Joubert n'écrira peut-être pas par hasard, plus tard, le 31 juillet 1797: "L'administrateur, l'homme d'Etat est un messager, un voiturier à qui le temps est remis en dépôt pour être rendu, tel qu'il est ou meilleur, au temps à venir."[2] On peut toujours se demander comment Joubert et Fontanes, plus tard Chateaubriand ont-ils pu s'entendre, avec des tempéraments diamétralement opposés; l'amitié simplement nourrie de tradition, de souvenirs, se viderait de sens. Joubert apparemment calme, mais au fond tourmenté, Fontanes explosif[3], Chateaubriand hésitant et violent s'entendent pourtant. A côté de l'amitié qui est toujours irrationnelle, un autre lien inébranlable les unira: la conviction de la nécessité d'un Etat fort, hiérarchisé et ordonné.

Fontanes donc, qui n'est plus un poète débutant, regarde les événements avec une attention continue et inquiète. Il participe dès le début de 1790 à la rédaction du *Journal de la Ville*, devenu le *Modérateur*[4] et du *Journal de la Société des amis de la Constitution monarchique*[5], mais sa collaboration reste éphémère. Pour le 14 juillet 1790, le poète se réveille en lui. Il envoie à l'Assemblée un *Poème séculaire, ou chant pour la Fédération du 14 juillet*[6]. Dix ans plus tard, après son *Eloge de Washington*, qui le fait chantre officiel de la République consulaire, il composera un autre *Chant du 14 juillet* qui sera mis en musique par Méhul. Le poème de 1790 est encore rempli d'un enthousiasme un peu naïf; Fontanes salue avec ferveur le début d'un nouveau siècle humain en France, qui chasse le despotisme de Versailles. "L'auguste liberté"[7] embrasse le peuple qui n'a plus à craindre le bras arbitraire si redouté des ministres à Ver-

---

2 *Les Carnets, op. cit.*, 151.
3 *Corr., op. cit.*, 153, lettre de Madame de Fontanes à Joubert (1794) à propos de leur fille Imberthe: "Elle est déjà aussi vive, aussi *colère* que lui."; Chateaubriand, *M.O.T.*, Edition du Centenaire, établie par Maurice Levaillant, 2 vol. (4tomes), Paris, Flammarion, 1964, ici t. I, 486: "Dans la conversation, il éclatait en colères littéraires risibles. En politique, il déraisonnait. Les crimes conventionnels lui avaient donné l'horreur de la liberté. Il détestait les journaux, la philosophaillerie, l'idéologie, et il communiqua cette haine à Bonaparte quand il s'approcha du *maître* de l'Europe."
4 *M.O.T.*, t. I, 235 et n° 13.
5 Pour sa participation à ce journal, d'abord, Augustin-Challamel, *Les Clubs contre-révolutionnaires*, Paris, Cerf, 1895, 162-165.
6 *Fichier Charavay, op. cit.*, 218, n° 166: "Fontanes. L.a.s., Paris, 16 juillet 1790. Il lui envoie [a son correspondant] cent exemplaires d'un poëme séculaire qui malheureusement n'est pas fait par Horace (...) Il le prie de les offrir à ceux des membres de l'Assemblée nationale qui daignent jeter un coup d'oeil sur des vers au milieu de leurs graves occupations." La même lettre est annoncée une deuxième fois, *op. cit.*, 224, n° 360: "L.a.s. au Président de l'Assemblée nationale [...] 1p. in-4°. Il offre à l'Assemblée nationale un bien faible hommage. C'est un poëme séculaire qui malheureusement n'est pas fait par Horace. Quand le génie de la législation s'élève, celui des arts baisse de jour en jour (...). Il lui pardonnera d'avoir tenté de célébrer le plus beau jour de la monarchie française."
7 *Poëme séculaire, op. cit.*, 2.

sailles[8]. Qu'ils regardent, les conspirateurs et les ennemis de la liberté, ce que la nation est en train de construire. Après avoir dit que "neuf siècles d'abus"[9] sont terminés, Fontanes se pose la question réthorique: "Qui peindra dignement ce spectacle si beau?"[10] Toute la patrie est réunie, des vieillards, des jeunes hommes, des enfants, même, pour défendre et, s'il le faut, mourir pour les lois. Des mères regardent avec orgueil leurs jeunes guerriers, l'univers seconde l'effort humain; pour Dieu même "la voix de l'homme libre est un hymne à sa gloire"[11]. Fontanes exhorte ses compatriotes à s'unir, à oublier les discordes et des insultes pour mieux chasser le despotisme qui erre encore à Versailles, mais ce but est déjà presque atteint puisque le monarque même est devenu roi-citoyen et "il court [maintenant] se cacher en frémissant de rage"[12]. L'ère nouvelle s'est finalement installée et porte à tous l'égalité et la liberté. Ce poème, banal, est lieu de circonstance. Fontanes aurait bien voulu attirer l'attention de l'Assemblée sur lui; on le voit aux cent exemplaires qu'il envoie aussitôt à l'Assemblée.

Dès le début de 1790, la collaboration de Fontanes au *Modérateur* est attestée par Hatin et par des sources contemporaines. Mais ses articles n'étant pas signés, il est bien difficile d'être très précis sur ce point. L'écho ne semble pas avoir été très favorable au poète converti en journaliste[13]. Il y a surtout une guerre de plume. De toute façon celui qui descend dans l'arène révolutionnaire n'a plus droit au pardon du côté opposé et le temps où Fontanes recevait des éloges de ses confrères de la république des lettres appartient pour longtemps au passé. Il va se heurter maintenant à une critique parfois farouche dont lui-même sera peut-être fier, mais qui l'a certes blessé[14]. Il faut ajouter que Fontanes n'a

---

8   *Loc. cit.* Au même moment, presque jour pour jour (12 juillet 1790), Restif a une autre impression sur la situation à Paris, *Les Nuits de Paris, op. cit.*, t. 15, 36: "J'alais au Palais d'Orléans. Des grouppes tumultueux s'y racontaient avec fureur, ce qui s'était passé dans la journée. Ils menaçaient! Ils mettaient à-prix des Têtes! (...) Moi, je frissonnais: Je voyais un nuage de maux se former sur cette Capitale infortunée, naguère la plûs voluptueuse des Villes de l'Univers, la plûs libre, la plûs agreable, par consequent la plûs heureuse (...) [...]. Pendant 25 ans, j'ai vécu dans Paris plûs libre que l'air! Deux moyens suffisaient à tous les Hommes, pour y être libres comme moi: Avoir de la probité; ne point faire de Brochures contre les Ministres. Tout le reste était permis."
9   *Poëme, op. cit.*, 3.
10 *Loc. cit.*
11 *Loc. cit.*
12 P. 5.
13 Eugène Hatin, *Bibliographie historique et critique de la presse périodique française*, Paris, Firmin-Didot, 1866, 155: "*Le Modérateur*. Ouvrage estimé pendant les quatre premier mois de son existence [fin 1789]; est tombé dans l'oubli lorsqu'un petit poète s'est mis à parler politique: oubliant que ses premiers pas dans cette carrière avaient été marqués par un chute honteuse [25 souscripteurs, voir infra], il a cru bonnement qu'on faisait un journal comme un madrigal, et est rentré dans la lice, je ne dirai pas pour flétrir ses lauriers, il n'en a jamais cueilli, mais pour donner une nouvelle preuve de l'impuissance d'un bel esprit littéraire. - Ce malheureux journaliste ou ce journaliste malheureux s'appelle Fontanes."
14 *Corr. op. cit.*, 62, lettre à Joubert, mais plus tard, le 26 novembre 1794: "Vous avez bien fait de vous retirer du monde visible. Il n'y a point de Gar[at] où vous êtes. Je n'ignore pas que ces espèces-là ont pris un travers sur moi. Mais, quand je réfléchis à ce

pas été non plus tendre avec ses adversaires. Fontanes revivra les attaques de Restif, avec des pamphlétaires sous le Consulat et après la chute de Napoléon. Les journalistes porteront leurs disputes sur le plan politique, sur la question fondamentale: est-ce que la France veut avoir une monarchie ou une république populaire? Camille Desmoulins, tombé sous Robespierre, est un des adversaires déclarés de Fontanes et du *Modérateur*. N'écrit-il pas dans le numéro 9 de ses *Révolutions de France et du Brabant*: "J'ai deux ennemis déclarés, Sanson et M. Fontanes, qui tous deux ont pris en égale aversion le procureur général de la lanterne. Le journaliste dans sa feuille dite le *Modérateur*, me menace de tout le poids de sa colère. Pour répondre, j'ai fait graver, à la tête de ce numéro, le portrait du modérateur, M. de (sic!) Fontanes. Je me flatte que tous ceux qui lisent sa feuille, le reconnoîtront trait pour trait et m'en feront compliment."[15] On trouve à la première page de ce journal un portrait de Janus dont une face ressemble assez à Fontanes[16], l'autre est une tête de diable, les dents sortant de la bouche, le front ridé, les cheveux hérissés; le nez courbé et les yeux remplis de haine; cette figure hideuse paraît attendre avec avidité la prochaine proie. Au bas de cette gravure on peut lire: "Portraits des Impartiaux, des Modérés, des Modérateurs, autrefois dits, les Aristocrates."[17] Le *Modérateur* avait imprimé le 20 janvier 1790 une lettre d'un vieillard[18] à la rédaction: "Messieurs, vous avez donné à votre journal le titre de Modérateur et tous les jours vous justifiez votre titre." Ce "lecteur" note que le journal qui plaisait d'abord à peu de personnes a maintenant un assez grand écho dans le public et il continue: "Pour faire voir combien l'esprit de parti égare, et comme le ridicule s'attache toujours aux idées fausses et exagérées, ne pourriez-vous pas rapprocher des citations tirées des ouvrages des aristocrates, des démagogues outrés. On vous saura plus de gré d'avoir toujours su tenir un juste milieu, lorsqu'on verra de plus près le délire des extrêmes."[19] La rédaction, Fontanes, à en croire Camille Desmoulins, ajoute à cette lettre qu'il va commencer par l'examen des *Révolutions de Paris et du Brabant* et des *Actes des Apôtres*. Quelques jours plus tard, le 25 janvier[20], on trouve une critique du journal de Desmoulins. Fontanes souligne dans cette

---

qui s'est passé et à ce qui se passera encore, ne dois-je pas me féliciter de leur haine?" Plus tard, déçu, il écrira (*op. cit.*, 77f, 22 juillet 1803) à Joubert à propos de sa participation au *Mercure*: "A notre âge il faut être prudent. Brûlez plutôt ma lettre. C'est pour n'avoir pas mis assez de circonspection dans les confidences de ce genre que ma jeunesse a été si tourmentée. La canaille littéraire est implacable et ses criailleries font très longtemps l'opinion de ceux qui s'appellent "bonne compagnie".

15 *Op. cit.*, 402.
16 *Corr., op. cit.*, hors texte après, p. 16.
17 *Révolutions, op. cit.*, 385, Pour Restif, Fontanes est également un aristocrate, *Drame de la vie, op.cit.*, t. V, 1337: "L'aristocratin Scaturin est un misérable."; également *loc. cit.*; "Il n'est que ses Pareils qui pussent être vraiment, ét foncièrement aristocrates!".
18 N° XX; ce vieillard qui signe parfois "des montagnes", "des colonies" pourrait être Fontanes, mais nous n'avons pas de preuves.
19 *Op. cit.*, 79.
20 N° XXV.

page, riche de citations, l'ironie et le sarcasme de Desmoulins vis-à-vis de l'aristocratie et de la noblesse de robe de l'Ancien Régime et s'exclame: "M. Desmoulins auroit-il voulu être gai? [...] Si M. Desmoulins a voulu parler sérieusement, il aura du mal à persuader [nos] meilleurs citoyens [...]. Si M. Desmoulins a voulu être plaisant, pourquoi ne fait-il pas rire?" et le journaliste termine ce paragraphe: "Ce qui doit consoler les amis de la cause populaire, c'est que leurs ennemis ne sont pas plus heureux en brochures."[21] Ces paroles ne sont certes pas faites pour plaire. Dans le numéro vingt-sept du *Modérateur*[22], le même vieillard remercie la rédaction pour son effort[23]. La polémique politique ne s'arrête pas là. Desmoulins répond au *Modérateur* et à Fontanes le 8 février 1790[24]. La gravure du numéro du 25 janvier de son journal a dû profondément blesser Fontanes: "M. l'Impartial qui m'a fait l'honneur de m'écrire tant d'injures avec impartialité, M. le Modérateur qui montre un courroux si immodéré, à propos d'une caricature qu'il avoit provoquée, vont encore me dire de gros mots [...]. Je vois bien que ces messieurs me regardent déjà comme un homme condamné par le Châtelet pour crime de lèze-majesté royale; mais comme mon jugement n'est pas encore prononcé [...] le colérique Modérateur trouvera bon que je ne descende pas dans l'arène avec lui." Finalement, Desmoulins reproche à Fontanes que lui et son journal se soient voués complètement à la cause royale. Tout le monde peut se prosterner "devant le roi, sa femme, ses frères, les tantes, les cousins", lui, par contre, ne reconnaît que "la majesté du peuple français."[25] Mais la guerre en paroles continue. La *Chro-*

---

21 *Op. cit.*, 99.
22 *Op. cit.*, 27. janvier 1790.
23 Le vieillard attaque dans ses remerciments surtout l'antiroyalisme de Desmoulins.
24 *Révolutions, op. cit.*, n° XI, 489.
25 L'article est écrit en forme de lettre; en note, p. 489f.: "Ce qui fâche M. Fontanes, ce n'est pas, comme vous le pensiez, mon cher Mercier, la longueur de ces oreilles que le graveur lui a faites; il se consoleroit de cette ressemblance avec le roi Midas, si comme lui ses mains convertissoient en or tout ce qu'il touche; mais le pauvre M. Fontanes n'a que vingt-cinq souscripteurs. *Ce soleil levant* n'a trouvé que vingt-cinq personnes qui voulussent s'abonner à sa douce lumière et à sa chaleur modérée. (Des calotins qui vouloient injurier la mémoire de Voltaire et calomnier son jugement, lui ont prêté, appelé M. de Fontanes *un soleil*.)." Toutes les allusions ne sont pas claires, par contre, l'éternel souci d'argent de Fontanes est attesté par lui-même, *Corr., op. cit.*, les lettres pendant son séjour à Londres et p. 69, n° 4 (note de R. Tessonneau, Fontanes n'arrivait pas à rembourser Joubert à temps pour les achats de vivres: effectués pour lui dans l'Yonne.) On trouve dans le *Fichier Charavay, op. cit.*, 234, n° 43332 une "L.a.s. à M. Aubrespin; Paris, 18 sept. 1789, 2 p. in-4°. Il lui demande de lui payer sa pension et s'excuse sur sa hâte. "L'embarras où se trouve presque tout le monde à Paris empêche de négliger les revenus les plus modiques. J'ai des rentes viagères sur le comte d'Artois et sur le roi qui sont mal payées." Restif cite Fontanes, *Nuits de Paris, op. cit.*, t. XVI, 340 (concernant son mariage): "Je partirai pour Lyon, où l'on me fait esperer un Parti considerable, qui retablira mes affaires... Voilà dix ans que mon revenu est abandonné à mes Créanciers: cela ne finit pas! Les nouveaux se font substituer aux Premiers. Cependant je ne brille pas; je n'ai jamais que cet habit couleur d'olive." - Que Fontanes se soit intéressé à Voltaire très tôt, Métra, *Correspondance littéraire secrète*, décembre 1782/juillet 1783, 223: il a fait "une pièce intitulée: *Jugement sur Voltaire*, qui est

145

nique de Paris du 1er février 1790[26] se défend contre un article de Fontanes et de Flins dans le *Modérateur* du 31 janvier[27]. On remarque bien vite que Mercier se sent également blessé par l'attitude de Fontanes: "Je ne répondrai point aux injures du *Modérateur* parce qu'elles ne sont pas modérées. [...] Si M. Fontanes et M. Flins sont de bons auteurs, eh bien! on le verra par la suite. Jusqu'à présent, je n'ai jamais dit sur Racine ce qu'on m'a fait dire. Pourquoi ne ferois-je pas de la politique, puisque M. Fontanes et M. Flins (ensemble ou séparément) en font aujourd'hui? Je n'ai jamais été méchant envers M. Fontanes et M. Flins; cependant ils se mettent deux contre un, comme on fait au collège. [...] Dans ces jours de régénération, tout auteur a pris sa *plume*, comme tout homme en état de porter des armes a pris son *fusil*. Pourquoi ne me serait-il pas permis de penser, en politique, tout différemment que les *deux associés*." Mercier pose ensuite la question: qui est vraiment un bon citoyen? Il désavoue Desmoulins qui attachait "de longues oreilles d'âne à la *double tête* du *Modérateur* et, en définitive il se demande s'il n'a pas été "plus honnête que le *Modérateur* [...][28] dont le ton, tranchons le mot, est lâche et grossier".[29] En effet, l'article de Fontanes et de Flins n'est ni flatteur ni aimable à l'égard de Mercier; il est même de mauvais goût, d'une ironie acide, déplacé, au point qu'on peut faire à Mercier un procès d'intention. Longtemps avant les attaques de Fontanes contre Madame de Staël, nous trouvons ici un exemple précis d'insultes gratuites qui ne servent à rien, sauf à envenimer une situation et changer un adversaire en ennemi déclaré. Ne lit-on pas: "M. Mercier a soutenu vingt ans que Racine étoit un mauvais poète. Ce sont ces écrivains qui jadis portoient dans la littérature et les sciences tout le délire des faux systèmes et du mauvais goût, qui aujourd'hui infectent la politique de leur mauvais sens. Quand M. Mercier n'étoit que ridicule, tout le monde l'aimoit, il faisait rire. Il devient méchant, ou du moins il autorise les méchans, tout le monde le fuira. Il avoit la réputation d'un mauvais auteur, mais d'un honnête homme. Il ne faut pas renoncer, quand on a cinquante ans, à ce dernier titre qui vaut mieux que tous les autres."[30] Desmoulins est également cité dans l'article et, à la fin, Fontanes se montre fier que tout le monde soit opposé au *Modérateur*. Il regarde ces attaques avec indifférence: "Il faut donc bien que nous ayons la vérité et la raison pour nous!"[31]

---

restée dans le porte-feuille de l'auteur." Fontanes reviendra sur Voltaire à l'époque de l'Institut.
26 N° 32, Mercier en est le directeur.
27 P. 122f. Oliviers des Flins est également au *Modérateur*.
28 Fontanes et Flins y sont une fois de plus expressément nommés.
29 *Chronique, op. cit.*, N° 32, 126.
30 *Modérateur, op. cit.*, N° 31, 31 janvier 1790, 122-123.
31 *Loc. cit.* - Il est toujours difficile de pénétrer entièrement dans le caractère de quelqu'un; néanmoins un certain esprit hautain, indifférent aux gens qui le molestaient semble avoir été naturel à Fontanes. Plus tard, à l'époque de l'Université, il écrit à Campenon qui voulait donner sa démission, *N.A.fr.* 1304, 63: "Je reçois vingt lettres anonymes par semaine, et je les jette au feu. Je conseille à Monsieur Campenon de les mépriser comme moi." (datée du 31 janvier, année inconnue.) - Vincent Campenon

Dans son numéro 33, du mardi 2 février 1790, le *Modérateur* revient comme dans le passé, sous la rubrique "*Variétés*", sur Mercier. L'article est acerbe, bien dans le style de l'époque, mais il montre aussi le caractère de Fontanes qui, quand il le voulait, savait décocher ses flèches. On se défend contre des accusations fortuites, par exemple d'avoir dit "qu'il *falloit jeter les femmes et les enfants par la fenêtre*"[32], ce que Fontanes nie. Suivent des justifications et des clarifications de la part du *Modérateur*. Mercier est peu "versé dans la connoissance de la langue françoise. Il se trompe, à chaque instant, dans le choix et l'acception des mots"[33]; en politique, il "déraisonne comme il l'a fait en littérature."[34] L'article souligne aussi une volte-face de Mercier qui avait ardemment défendu en 1789 le système féodal. Sous le masque de l'indulgence, Fontanes le blesse peut-être encore plus, en écrivant: "Personne n'exige que M. Mercier ait de la logique dans les idées, et du goût dans le style. On est fait à sa manière."[35] Par contre, Fontanes n'accepte ni la calomnie, ni les calomniateurs. Dans son numéro du 6 février, il rectifie un peu et dit que Mercier et Desmoulins sont de "grands écrivains et d'aussi bons patriotes que Fénelon, Servan et d'autres."[36] Néanmoins les attaques ne cessent pas. Le 20 février 1790, le *Modérateur* insère une lettre d'un "Abonné" qui parle d'un ouvrage intitulé *Notions claires sur les gouvernements*[37] dont Mercier fait le récit dans les *Annales littéraires et politique*[38]. L'abonné essaie de mettre le journaliste en contradiction avec lui-même et conclut: "Il me semble, Messieurs, que vous ne vous êtes pas servis de tous vos avantages contre lui. Ne vous souvenez-vous pas que M. Mercier a écrit dans le *Journal de Paris*, il y a à peu près dix ans: "je n'aime plus que les vers de Voltaire et ceux de M. de Fontanes."[39] Au lieu de garder le bon souvenir de cette réaction, certes spontanée, les rédacteurs trouvent nécessaire de se moquer grossièrement: "On connoissoit la lettre de M. Mercier écrite il y a dix au *Journal de Paris*, mais la ridicule exagération de cet éloge ne pouvait pas plus flatter M. de Fontanes qu'il n'a été offensé des injures littéraires de M. Mercier."[40] Peu

---

(* 29 mars 1772, à la Guadeloupe, † 24 novembre 1843, à Villeneuve-sur-Corbeil, près de Paris); il était poète, écrivait dans l'*Almanach des Muses*, ami de Bernardin de Saint-Pierre, membre de l'Institut en 1813, en remplaçant Delille; également chef-adjoint de la 1re division de l'Université et commissaire impérial près de l'Opéra-Comique. - Plus tard, Fontanes ridiculise les lettres anonymes, voir *Mémorial, op. cit.*, N° 105, 1er septembre 1797, p. 3: "Je ne sais pourquoi on se donne la peine de se cacher sous la voûte de l'anonyme, quand on peut outrager et calomnier les gens tout à son aise, dans beaucoup de feuilles qui ne demandent pas mieux."

32 P. 132.
33 *Loc. cit.*
34 *Loc. cit.*
35 *Loc. cit.*
36 N° 37, 147.
37 *Op. cit.*, 2 vol., Amsterdam, 1787, ouvrage de L.S. Mercier.
38 Titre exact selon le catalogue des Périodiques de la B.N., *Annales patriotiques et littéraires de la France*; nous n'avons pas pu trouver cette critique.
39 N° 51, 202-203.
40 P. 203; également *Journal de Paris*, N° 160, 9 juin 1778, 639: Je ne hais point cordia-

avant, le mercredi 3 février 1790, les *Annales patriotiques* avaient imprimé une glose contre le *Modérateur* et contre Fontanes qui ne manque pas de piquant. Deux bâtiments, "le Brigantin le Modérateur" et le "Navire les Annales Patriotiques", se rencontrent sur l'océan. Le deuxième bateau qui navigue paisiblement "vers le port de la Constitution" se laisse approcher par le Brigantin où, sur le pont, le capitaine Fontanes crie: "Brigands que vous êtes, vous osez penser qu'il y a eu une conspiration en juillet contre la Nation Françoise, contre ses Représentants, et contre la Capitale." Fontanes qualifie de ridicule le bruit que des troupes étrangères auraient menacé Paris d'une occupation et s'exclame: "Malheureux, si vous persistez dans ces Opinions démocratiques, vous serez pendus à la prochaine *contre-révolution*." Mercier revient sur le dessin dans les *Révolutions de France*: "Or écoutez, Signor de Fontanes [...], permettez-moi de rire des longues oreilles, et de la double face des soi-disant Modérateurs."[41] Les *Annales*, bien informées sur le petit nombre des souscripteurs, font un geste de magnanimité en invitant leurs propres lecteurs à sauver le *Modérateur* en souscrivant un abonnement[42]. Il est intéressant de noter (avec les mots *signor de*) jusqu'à quel point les contemporains de Fontanes, et cela très tôt, étaient informés de détails comme la prétendue ascendance noble et les soi-disant origines espagnoles du futur Grand-Maître[43].

L'amertume profonde de Mercier contre Fontanes ressort d'une autre lettre publiée dans la *Chronique de Paris* du même jour, le 3 février. Mercier revient en arrière et parle du temps où Fontanes avait fait ses premiers pas dans la poésie et obtenu des succès. Mercier vise surtout son ingratitude, en écrivant: "Il y a environ douze années qu'on a avancé à M. Fontanes une espèce de petite réputation littéraire; mais c'est bien le plus infidèle débiteur que l'on connaisse au Parnasse: voilà ce que c'est de gâter les jeunes gens." Fontanes est qualifié de

---

lement les Vers François; au contraire, je les aimes beaucoup, quand ils sont de Voltaire, ou de M. de Fontanes."

41 *Annales patriotiques, op. cit.* N° CXXIV, supplément p. 2.
42 On souscrivait: "Chez Maradan, libraire, hôtel Château-Vieux, rue Saint André-des-Arcs (sic!)."
43 Mercier dénomme Fontanes "Ecuyer" et il ajoute en note des vers suivants:
"Autrefois rimailleur, dont l'âpre et rude verve,
En dépit d'Appollon (sic!), rima malgré Minerve;
Et de son lourd marteau martelant le bon sens,
Faisoit de méchans vers pour assommer les gens."
Fontanes prétendait en effet que ses aïeux étaient des écuyers du roi. Sur ses origines, Arnault dit dans la *Biographie nouvelle des contemporains*, 1822, lettre F., 207: "Il se croyait d'origine espagnole, son nom rend la chose vraisemblable." Que Fontanes visite sous l'Empire le fief d'Alais est attesté, Abbé de Montgaillard, *Histoire de France*, Paris, Mougardier, 1827, 9 vol., ici t. 6, 901; Montgaillard indique l'année 1807. Fontanes traverse la ville plutôt le 29 mai 1805, Marcel Bruyère, *Alès, capitale des Cévennes*, Nîmes, 1948, 483. Des habitants d'Alais regardaient Fontanes comme un des leurs, voir J.-M. de Marette, *Recherches historiques sur la ville d'Alais*, 1860, 396 (lettre du 30 septembre 1808 au Grand-Maître, demandant sa bienveillance pour le collège de la ville).

"poëtiseur"; comme il le juge "incorrigible dans son ton", Mercier "l'abandonne à lui-même" et laisse à Desmoulins le plaisir de faire "sa toilette"[44]. Le 20 février la controverse entre les trois hommes est close dans les trois journaux[45]. Le *Modérateur* devient le 18 avril le *Spectateur National*, Fontanes et Flins se retirent de la rédaction, ils envoient également une lettre dans ce sens à la *Chronique de Paris* qui la publie[46].

Un peu plus tard, Fontanes s'occupe un moment d'un autre *Journal* celui *de la Société des amis de la Constitution monarchique*. Le journal du même nom avait été fondé le 17 novembre 1790[47]. Pendant la réunion de la société, une voix s'éleva pour proposer qu'on tienne des séances publiques, ce qu'on refusât, mais on décida de publier ce journal justement pour informer le grand public du bien-fondé de ses intentions[48]. Fontanes était membre de la rédaction, mais il se

---

44 *Chronique de Paris*, N° 34, mercredi 3 février 1790, 133 et s.
45 Il y a encore une attaque dans le *Modérateur*, numéro 104 du 14 avril, p. 415 contre les *Révolutions de Paris*, mais personne n'y répond.
46 Annonce dans le *Modérateur*, N° 107, samedi 17 avril 1790, 425, également dans la *Chronique*, N° 107, samedi 17 avril, 425 (numéros, dates et pages correspondent!): "Paris, ce 16 avril 1790. Messieurs, le Journal qui avoit pour titre le *Modérateur*, étant réuni à une autre Feuille périodique, nous cessons, dès ce moment, d'y avoir aucune espece de part, et nous vous prions d'insérer cet avis dans votre Journal. Fontanes, Flins."
47 La société comptait à peu près 300 membres, Stanislas de Clermont-Tonnerre, *Compte-rendu par (...), à ses concitoyens, de ce qui s'est passé de relatif à lui, à l'occasion du club des amis de la constitution monarchique, dont il est membre*, s. l., 1791. La société avait été fondée pour faire opposition au club des Jacobins, voir Eugène Hatin, *Histoire politique et littéraire de la presse en France*, Paris, Poulet-Malassis, 1860, 8 vol., ici t.6, 447-450. Son prospectus est d'ailleurs sans équivoque, Hatin, *op. cit.*, 449: "Aussi loin des préjugés de l'ancien régime que des passions des novateurs, la devise des membres est: Liberté et fidélité. Ils regardent comme la loi des Français la constitution, par laquelle il est établi que: le gouvernement français est monarchique; qu'il n'y a pas en France d'autorité supérieure à la loi [...]. L'Assemblée nationale a reconnu et déclaré comme points fondamentaux de la monarchie, que la personne du roi est inviolable et sacrée [...]. La Société voit avec une profonde indignation [...] les efforts que l'on fait depuis longtemps pour anéantir la monarchie. La Société s'attachera à combattre les écrivains incendiaires, et les hommes, plus coupables qu'eux, dont ils sont les instruments." Pour les difficultés de trouver un local et d'autres préoccupations à Paris ou en province, la question "du pain", voir Challamel, *Les clubs contre-révolutionnaires*, 178 et s.; concernant la personne de Clermont-Tonnerre, 204 et s. (*op. cit.*). - Ce journal n'est pas à confondre avec un autre, presque du même nom: *Journal des amis de la constitution*, voir *Chronique de Paris*. N° 358, 24 décembre 1790, p. 1431: "Ce journal patriotique a donné l'idée aux anti-patriotes de répandre leurs perfides principes sous un titre à-peu-près semblable, celui de journal des Amis de la constitution monarchique."
48 *Journal de la société des amis de la constitution monarchique*; le journal n'avait que 27 numéros, 18 décembre 1790 au 18 juin 1791. Dans son premier numéro, le journal publie l'arrêté de la société du 17 novembre 1790: "La société a arrêté que la première séance publique seroit encore différée, mais que pour faire connaître dès-à-présent son but et ses principes, et combattre d'une manière efficace les opinions dangereuses, il sera publié un Journal avoué par la Société et rédigé par M. de Fontanes, l'un de ses membres." - Fontanes semble collaborer activement au journal jusqu'au 8 janvier 1791, dernière date où son nom est mentionné dans le prospectus du journal.

149

retire encore plus vite que du *Modérateur*. Déjà dans le numéro deux, daté du 25 décembre 1790, on peut lire: "Avis: Plusieurs membres de la société se proposant de concourir au travail du journal, et M. de Fontanes ayant demandé de ne point être chargé de sa rédaction, en continuant toutefois de lui fournir des articles." De toute façon, la société avait eu une vie difficile, au point que la municipalité de Paris finit par interdire ses séances[49]. Plus tard Chateaubriand qui rend dans ses *Mémoires* toujours un vibrant hommage à Fontanes va écrire que son ami eut même beaucoup d'ennuis à cause de son appartenance momentanée à cette société[50].

Pendant tout ce temps jusqu'à l'ouverture de l'Institut dont Fontanes fut membre, il y a beaucoup de lacunes dans sa biographie. La vie n'était certes facile pour personne et Fontanes fut arrêté pour quelque temps, libéré et finit par se cacher dans les environs de Paris. Afin de trouver des gîtes pour lui et sa grande famille, ses anciennes connaissances féminines lui rendirent de grands services. Il profitait ainsi de ce double aspect de son caractère, rencontrant des gens, *donnant* et *profitant* d'eux au moment voulu - comme il le fera plus tard avec Elisa Bacciocchi.

Une fois marié, Fontanes ne put profiter que peu de temps de l'aisance que lui procurait la fortune de sa femme. On dirait presque que le sort a voulu que cet homme plutôt gaillard, instable dans ses goûts féminins, doit tout faire lui-même et ne pas compter sur un héritage ou une dot quelconque pour être heureux. Forcé par les circonstances, il arrive et mieux! Selon Beaunier qui ne donne pas de sources, il se trouve à Paris à nouveau depuis avril 1793[51]. Vu la situation catastrophique dans laquelle se trouvait Lyon à ce moment, sa femme lui demande dans plusieurs lettres d'y revenir. Il arrive en effet avant l'encerclement de la ville par les troupes républicaines. La ville est bombardée et des quartiers entiers deviennent la proie des flammes, notamment celui des rues Sainte-Hélène et d'Auvergne où habitaient la famille Cathelin et l'abbé de Vitry. Madame de Fontanes est enceinte, déjà au neuvième mois; Fontanes la met à l'abri, laissant derrière lui une maison dans laquelle une partie de ses propres papiers brûlent. Madame de Fontanes accouche dans une grange et on donne à l'enfant le prénom d'Imberthe, nom que portait la soeur de Fontanes,

---

49 *Journal de la Société (...), op. cit.*, samedi, 1er janvier 1791, supplément au N° III, 22.
50 *M.O.T., op. cit.*, t. I, 387; l'amitié de Fontanes pour Chateaubriand semble avoir été inébranlable, ici seulement (entre autres), t. I, 480: "M. de Fontanes a été, avec Chénier, le dernier écrivain de l'école classique de la branche aînée: sa prose et ses vers se ressemblent et ont un mérite de même nature."; p. 489: "Cette première affectueuse lettre [été 1798] du premier ami que j'aie compté dans ma vie et qui depuis la date de cette lettre a marché vingt-trois ans à mes côtés [...]." A l'occasion de la "défection" de Chateaubriand après l'assassinat du duc d'Enghien, *op. cit.*, II, 134: "M. de Fontanes qui agit ensuite avec una amitié intrépide, devint presque fou de peur [...] il me réputait fusillé avec toutes les personnes qui m'étaient attachées." Voir aussi la lettre adressée à la comtesse Christine de Fontanes, qui précède l'édition des oeuvres de Fontanes.
51 Beaunier, *Roman d'une amitié, op. cit.*, 34.

Imberthe Rouget de l'Isle[52]. Les détails de la fuite de Fontanes et de sa famille manquent de précision; il y en a même des récits rocambolesques[53].

Fontanes décrira quelques années plus tard, le massacre de la ville et le climat qui y régnait. Si Fontanes devient peu à peu dans ces années-là un conservateur presque à outrance, cela est dû à l'influence que les événements ont eue sur lui. Qu'il ait voulu montrer les origines de ces maux, à savoir l'instabilité humaine qui enfante des atrocités irréparables, est normal. Quant à sa propre expérience, il écrit: "Je me la rappellerai toute ma vie, cette nuit affreuse où tant de familles désolées restèrent sans asyle, où la mienne fut sur le point de périr, où ma femme, à son neuvième mois de grossesse, n'eut que le temps d'échapper aux flammes qui dévoroient sa maison [...]. La férocité stupide [des tyrans]

---

52 Chateaubriand, *M.O.T. op. cit.*, t. I, 479-480; l'auteur se trompe en écrivant que Madame de Fontanes accoucha "d'un fils".

53 Serieys, *Mémoires politiques et militaires pour servir à l'histoire secrète de la Révolution française*. Paris, Buisson, an VII, 2 vol., ici t. I, 238-244: "Comment Fontanes durant le siège de Lyon, parvint à sauver la vie de sa femme et la sienne."; le texte est trop long pour être cité dans son entier; en voici quelques extraits: Lezay-Marnésia offre à la famille une retraite dans un autre département, Fontanes se trouve à Paris. "A peine est-il arrivé, que la ville est cernée. Il eut, comme tant d'autres, à souffrir des maux inséparables d'un siège. Mais il eut encore le malheur d'y perdre la maison qu'il habitoit. Elle fut incendiée pendant la nuit; et [...] Fontanes arrache [son épouse] aux flammes et l'emporta nue dans ses bras." La mère ne peut pas nourrir l'enfant, son sein étant desséché; "ce premier devoir de la nature fut confié à une chèvre." Fontanes trouve finalement une aide très précieuse dans un général qui fit expédier un passeport pour toute cette famille. "Allez, dit-il à Fontanes, gardez-vous bien de me nommer." Fontanes perd "une somme assez considérable d'or, d'argent et d'assignats." Il fallait sauver "un calice aux armes du roi de Sardaigne, donné autrefois à la famille." Selon le récit, Fontanes se déguise en paysan pour sauver ce qui peut encore l'être, entre autres "son argenterie et le calice fatal". Il passe devant une guillotine et il doit chanter: "Ah! ça ira, les muscadins à la lanterne; et leur serrant la main, en signe de fraternité, et d'adieu, il les quitte, en chantant le *Chant du départ*, comblé d'applaudissmens et de *bravo*, mais souriant de dérober, par cette effronterie innocente, sa tête à l'échafaud, son argenterie, et sur-tout le calice, à ces hommes de proie et de sang." Le même texte se retrouve, un peu changé, dans *Paris pendant l'année 1799*, par Peltier, Deboffe, 28 février 1799, 31-32; dans le N° du 15 mars 1799, 149, Fontanes fait insérer un rectificatif à ce récit qui ressemble bien à celui des *Trois Mousquetaires*: "Il est vrai", dit-il, "qu'un incendie a détruit la maison qu'il habitait. Les dangers de sa femme se sauvant au milieu des flammes à son neuvième mois de grossesse, ceux qu'il a courus lui-même pendant et après le siège, la perte de sa fortune et de celle de sa famille, sont des faits très-réels; mais il n'y a pas la moindre vérité dans le déguisement qu'on lui prête, et dans les airs qu'on lui fait entonner devant la guillotine. [...] A cette époque, il rencontra et devina quelques hommes qui, toujours précédés de menaces effrayantes, osaient faire quelquefois le bien quand ils étaient sûrs d'un secret inviolable. Il les intéressa, et c'est à eux seuls qu'il dût son salut et sa vie." Pour la fuite de Fontanes de Lyon, Roger donne dans la *Biographie universelle ancienne et moderne*, t. XIV, Paris, 1856, 343 un récit encore plus singulier que Serieys: "Recueilli enfin chez un ami, il y reçoit un jour un billet portant ces mots écrits au crayon: "Allez trouver dans son camp le représentant du peuple Maignet; il vous donnera un sauf-conduit." Fontanes y va, Maignet "s'élance sur lui comme un tigre [...] et lui glisse furtivement un papier sous ses vêtements", à savoir le passeport. Fontanes et sa femme vont à Paris, se retirent à Servan, près de Livry, chez Madame Dufrénoy. L'abbé de Vitry les accompagnait, voir *infra*.

s'applaudissoit de la ruine de leur ville natale [...]. Mais ces horreurs ne sont rien encore. Les premiers destructeurs de Lyon étoient des hommes de paix, en comparaison de ceux qui les suivirent! [Couthon et Collot-d'Herbois]."[54] Se trouvant en octobre 1793 à Paris, emprisonné dès son arrivée et poursuivi par le "Comité de sûreté générale"[55], Fontanes se sentait presque heureux après ce qu'il a vécu dans Commune-Afranchie[56]. Cinq ans plus tard, et pourquoi pas toute une vie, le souvenir de ces journées de Lyon était si fort en lui, la scélératesse de quelques êtres qui tenaient le pouvoir si présente, qu'on sent, dans cet article, se tisser toute une philosophie étatique. D'abord, il s'agit uniquement de récits bien souvent dans l'énumération des détails décousus, mais vite on voit surgir en lui la révolte morale, comme du temps où il collaborait au *Modérateur*[57].

La haine de la "*horde des jacobins*"[58] s'abattait plus sur les départements que sur Paris. Dans la capitale, ses membres étaient encore influençables, en plus "les citoyens y étoient plus étrangers les uns aux autres"[59], des rancunes personnelles ne prenaient pas tellement naissance, l'attention des bourreaux était souvent détournée, également celle de ses habitants par "le goût des plaisir, l'influence des spectacles et de l'esprit de société"[60]. Plus heureux que les autres Français, les Parisiens ont pu se ménager quelques appuis secrets dans la Convention"[61] qui, parfois, à l'approche d'un danger, étaient fort utiles pour leur sauvegarde. Mais, dans le reste de la France, la situation se présentait tout autrement: "La tyrannie étoit par-tout, et les solitudes les plus profondes ne pouvoient vous y soustraire. Tous ses yeux vous atteignoient jusques dans le secret de vos familles."[62] Paris avait en plus, selon Fontanes, envoyé à Lyon presque sa populace pour mater les insurgés. Tout ce que la capitale tenait dans ses tavernes, ses maisons de jeu, de prostitution, de ses clubs de "cordeliers et de jacobins"[63], se jetait sur Lyon. Puisqu'on criait à la vengeance et puisqu'il fallait tuer, bientôt il manqua de haches pour tuer des innocents. C'est ainsi que

---

54 *Mémorial ou Recueil historique, politique et littéraire*, N° 106, samedi 2 septembre 1797, 3; Fontanes y donne un compte rendu du livre *Histoire du siège de Lyon ou, des événemens qui l'ont suivi, ainsi que de leurs causes secrètes, générales et particulières, accompagnée d'un plan*, 2 vol. in-8°, Paris, Leclerc, 1797, qu'on présentait déjà dans le *Mémorial* N° 102, mardi 29 août 1797, 3.
55 *Mémorial, op. cit.*, 2.
56 *Loc. cit.*
57 *Op. cit.*, N° XXV, 25 janvier 1790, 99, on rend compte avec indignation d'un article qui se trouve dans les *Actes des Apôtres*, t. I, 4-11, Chapitre vingt-troisième, *Club de la Révolution*. On avait invité Guillotin et Robespierre pour un bal, l'un se présenta "déguisé en enfant de choeur" (*Modérateur, loc. cit.*). L'article des *Actes* est rempli de persiflages, ce qui révolte particulièrement le *Modérateur*.
58 *Mémorial, op. cit.*, 2.
59 *Loc. cit.*
60 *Loc. cit.*
61 *Loc. cit.*
62 *Loc. cit.*
63 *Loc. cit.*

Collot-d'Herbois, que Fontanes ne nomme pas expressément, inventa "des supplices inconnus dans les annales de la tyrannie"[64]. Les massacres étaient selon Fontanes uniquement le reflet de la guerre intestine que le parti opposé, les Girondins, leur livrait dans toute la France, spécialement à Paris; ces derniers étaient, malgré tous leurs crimes, plus humains que les autres. Les Lyonnais se rangeaient du côté des Girondins puisqu'eux avaient compris "quoiqu'un peu tard, la nécessité de rétablir les principes de l'ordre social, après tant de destructions dont leur lâcheté s'étoit rendue complice."[65] Les habitants de Lyon, ville commerçante qui, par nature, a besoin de calme, ont accepté la Constitution de 1793, mais sa perte a été jurée par Paris, les deux factions s'égorgèrent mutuellement et une population innocente est victime d'elles. Fontanes constate que la perversité peut produire "le génie des guerres civiles". Des fuyards, de braves soldats de la ville qui se rendirent quand toute résistance devint inutile et qui échappèrent aux massacres de la soldatesque, furent encore persécutés par des paysans des environs qui devaient à Lyon toute leur fortune puisqu'on y consommait le travail de leurs mains. Pire encore, les soldats républicains qui encerclaient la ville, finalement vainqueurs, mais ayant eu pitié des victimes, leurs camarades par l'uniforme, furent accusés "de trahison par les *ja cobins* [...] et traités souvent de *contre-révolutionnaires* par ce ramas de brigands acharnés à la ruine de Lyon."[66].

Le deuxième commentaire sur l'*Histoire du siège de Lyon* est aussi significatif de l'attitude de Fontanes que le premier et nous sommes loin du Fontanes que dépeint Rétif à la même époque avec une exubérance scabreuse. Certes, le vin qui a mûri tard a bien mûri et peut-être lui fallait-il dans sa jeunesse une certaine liberté pour assumer avec plus de force ses responsabilités le moment venu. Dans cet article, Fontanes touche bien sûr le discours qu'il écrit au moment où des Lyonnais viennent le voir à Paris. Indépendamment de leur venue, il avait d'abord, après son retour, essayé, "au sein de la Convention"[67] d'influencer quelques-uns de ses membres pour améliorer le sort de la ville. Mais il fallait être attentif et "on sait qu'alors le mot de *clémence* prononcé imprudemment, étoit un arrêt de mort."[68] C'est un Gauthier, surnommé "Gauthier l'aveugle" qui organisa avec l'accord des Lyonnais opprimés une démarche auprès de la Convention. La députation se composait de lui, Saint-Rousset, Chaussat, Changeux et Prost. Gauthier et Prost vinrent chez Fontanes qui habitait au numéro 75, "rue Honnoré" (sic!)[69] et qui fit le discours, prononcé par

---

64 *Loc. cit.*
65 *Loc. cit.*
66 *Mémorial*, N° 197, dimanche, 3 septembre 1797, 2 (suite du premier article *citatus*).
67 *Op. cit.*, 2.
68 *Loc. cit.*
69 Arch. Nat. F7 4709, dossier Fontanes; la pose des scellés après son arrestation en 1793 indique cette adresse.

Changeux "d'une voie ferme et sonore"[70], dans la matinée même. Chaussat et Changeux furent arrêtés immédiatement, le dernier resta même "seize mois en prison."[71].

Dans ce discours, et Fontanes le dit clairement cinq ans plus tard, l'essentiel était de "ne point irriter ceux qu'on avoit besoin d'adoucir."[72], tactique qu'il va utiliser maintes fois sous Napoléon, mais apparemment sans succès. Ayant vécu les mêmes horreurs que les Lyonnais, et le souvenir de ces jours étant encore tout frais, le langage de Fontanes est un exemple d'une clarté absolue et on peut uniquement se poser la question, aujourd'hui, comment lui-même indique qu'il fallait être prudent et ne "point irriter" l'auditoire, maître de la vie et de la mort. "Aucune vérité n'étoit déguisée"[73], en effet, et dite plutôt crûment. Nous en citerons quelques extraits: "Les Lyonnais sont exposés, en masse, au feu du canon chargé à la mitraille. Ils tombent les uns sur les autres frappés par la foudre, et souvent, mutilés, ont le malheur de ne perdre à la première décharge que la moitié de leur vie. Les victimes qui respirent encore [...] sont achévées à coups de sabre et de mousquets. [...] Deux femmes ont été trainées au supplice pour avoir imploré la grâce de leurs pères [...]. La nature est forcée de contraindre ses plus justes et ses plus généreux mouvemens sous peine de mort. [...] Quatre mille têtes sont encore dévouées au même supplice." Fontanes montre en plus que les rois "ont adouci quelquefois les décrets de leur vengeance", pourquoi les temps de la liberté ne sont-ils pas plus généreux que le "despotisme" d'antan?[74] Mais en même temps, Fontanes flatte aussi les membres de la Convention et déjà ici, dans ce premier discours public imprimé[75] - et combien vont suivre - nous trouvons cette image chère à lui, le peuple romain, bien qu'il s'agit d'un langage commun à l'époque. La Convention avait ordonné qu'on érigeât une colonne avec l'inscription suivante: "Lyon n'est plus", décision "qui semble

---

70   F.Z. Collombet, *Notes critiques sur une édition des discours et poèmes de Fontanes*, publiée à Lyon, en 1837, Lyon, Rossary, 1837, 16. Ces détails sont de Prost même, datés du 11 août 1837 et insérés le 13 dans le *Courrier de Lyon*, mais repris dans les *Notes* (...).
71   *Mémorial, op. cit.*, 3.
72   *Mémorial, op. cit.*, 2.
73   *Loc. cit.*
74   *Loc. cit.*
75   Le sort des Discours de Fontanes est très difficile à élucider; l'édition de Sainte-Beuve, en ce qui les concerne, est incomplète. Les amis de Fontanes voulaient imprimer ses discours du Corps législatif, en 1810, mais "la police impériale s'y opposa formellement." (Roger dans la *Biographie Universelle, op. cit.*, 347; 1). Par exemple, la fin du discours, lu par Changeux, est seule imprimée, et selon Fontanes "assez littéralement" (*Mémorial, op. cit.*, 3 septembre 1797, 3 n° 1) dans la *Gazette Nationale* ou le *Moniteur Universel*, N° 92, dimanche 22 déc. 1793, 13-14, et dans le *Républicain Français*, N° CDXLI. - La meilleur façon de se faire une idée des discours de Fontanes, surtout de ceux prononcés sous le Consulat et l'Empire, est de les chercher dans les journaux ou dans les ouvrages traitant de l'époque (voir note 3).

avoir dicté le génie du sénat romain."[76] La députation se félicite de ce décret, se réjouit qu'un nouveau peuple se prépare à naître dans les murs de cette ville, que ses habitants vont être les "défenseurs de la patrie"[77]. Et dans un sens presque joubertien, Fontanes s'exclame: "Imitez la nature, ne détruisez point, mais recréez; changez les formes, mais conservez les élémens;"[78] Finalement, les orateurs demandent la grâce pour Commune-Affranchie.

L'écho dans le public est connu. On aurait dit que des paysans du Danube se présentaient devant le Sénat romain[79]. L'adresse, dit Fontanes, "produisit quelques impressions. Nous eûmes un moment d'espoir."[80] Le journal de Camille Desmoulins, le *Vieux-Cordelier*, prêchait "quelques maximes d'humanité"[81], mais Collot-d'Herbois, l'envoyé de la Convention, déjà connu pour ses atrocités à Nantes et à Toulon, réussit à tout détruire, surtout l'effet que le discours avait produit sur les membres de la Convention. Vite alerté, il arrive à Paris presque en même temps que les Lyonnais, il prend la parole le 21 décembre au soir, un jour après Changeux. Le discours de cet ancien auteur de théâtre est une longue justification de son attitude à Lyon, une apologie du crime politique, à savoir: mort à ceux qui ne portent pas l'idée révolutionnaire en eux, les Lyonnais étant presque tous corrompus et des contre-révolutionnaires. Le panorama que Collot-d'Herbois donne de Lyon se distingue par des soupapes sentimentales qui sont au moins étranges. *D'abord*, il fait l'historique de la situation: les femmes "entretinrent constamment à Lyon la contrerévolution"[82], essayèrent par tous les moyens de gagner les braves soldats républicains et surtout leurs chefs; leur attitude était même provocante; on donnait trop facilement des passeports; les envoyés de la Convention, qui prêchaient la patience,

---

76   Bouchez et Roux, Histoire parlementaire de la Révolution française ou journal des assemblées nationales depuis 1789 jusqu'en 1815, Paris, Paulin, 1837, t. 30, 381-382.
77   *Op. cit.*, 381.
78   Joubert, *Carnets, op. cit.*, I, 99: "Imitez le temps. Il détruit tout avec lenteur. Il mine, il use, il déracine, il détache et il n'arrache pas."
79   *Biographie Universelle, op. cit.*, 343.
80   *Mémorial, op. cit.*, 2.
81   *Loc. cit.* - *Le Vieux Cordelier*, N° 4, décadi 30 frimaire an II (20 déc. 1793, 53: "Les braves et les forts ont émigré. Ils ont péri à Lyon ou dans la Vendée"; p. 59: Ce qui est inexplicable, c'est que celui qui, dans une affiche, dit qu'à Lyon (dont la population est de 140 mille âmes) 1500 seulement ne sont pas complices de la rébellion, et ESPERE *qu'avant la fin de frimaire, tous les complices*, et partant 138 500 personnes *auront péri, et que le Rhône aura roulé leurs cadavres ensanglantés jusqu'à Toulon*, c'est que cet exterminateur soit un Darnaud en moustaches, qui faisoit des pièces sentimentales, et qui avoit pris Louis XII et même Lafayette pour son héros." C. Desmoulins cite, plus tard, dans le *Vieux Cordelier* Collot-d'Herbois à plusieurs reprises, pas ici. Collot-d'Herbois est l'auteur d'une pièce intitulée, *La journée de Louis XII*; jouée au Théâtre du Palais-Royal, cf. *Modérateur, op. cit.*, 15 janvier 1790, 59. L'article dans la *Biographie Universelle* sur Collot-d'Herbois est assez objectif.
82   *Révolutions de Paris*, dédiées à la nation, 1793, N° 222, "Extrait du rapport de Collot-d'Herbois à la Convention nationale, sur la situation de Commune-Affranchie, qui prouve la nécessité des mesures de rigueur prises par les représentants du peuple", 456.

"étoient dans le chaos et [...] leur bonne foi fut souvent trompée"[83]; dans toute la ville, on faisait des discours honteux sur la République; des ouvriers étaient journellement manipulés pour "faire en tumulte des réclamations illégales"[84]; l'arrivée des troupes républicaines augmenta la haine des Lyonnais et "fit rentrer dans les coeurs des rebelles [l']écume du crime"[85]; Lyon, une fois conquise, resta hautaine, et les premières têtes tombèrent inutilement: l'exemple du supplice ne servant à rien; des exécutions pourtant justifiées furent différées. *Puis* Collot-d'Herbois explique pourquoi on utilisa les canonades: justement "pour délivrer l'humanité du spectacle déplorable de tant d'exécutions successives"[86]; foudroyer deux cents personnes d'un seul coup est plus humain que de les exécuter par la guillotine l'un après l'autre, où le dernier souffre bien plus que le premier condamné[87]. Tout le discours de Collot-d'Herbois est prononcé pour convaincre les membres de l'Assemblée que la dureté de ses envoyés était nécessaire, était même le seul moyen de sauver la République, mais que les représentants du peuple étaient, eux aussi, des êtres humains sensibles. La Convention décrète finalement que tous les Lyonnais se trouvant à Paris seront recensés "sous trois jours".[88] Pour Fontanes, le signal d'alarme était donné.

L'interprétation par Fontanes des événements de Lyon et de la Terreur est importante sous un autre point de vue. Pour comprendre son affiliation presque inconditionnelle au systeme de Napoléon, homme pragmatique, se servant sans scrupules des talents des autres - Fontanes a dû le sentir -, il faut connaître son jugement sur le fanatisme sanglant d'éléments prétendant être révolutionnaires et qui, selon lui, ne cherchaient rien d'autre qu'à satisfaire cyniquement leur haine sans bornes. La France était arrivée à la fin de ce dix-huitième siècle au sommet "de tous les genres de perversité"[89]. "Les bourreaux de la Saint-Barthélemy"[90] eurent bientôt honte de leur attitude et horreur "du sang qu'ils avoient versé."[91] Charles IX mourut plein de remords. Rien de semblable dans la dernière décennie de ce siècle. Au contraire, tous les massacres furent "justifiés par des sophistes pires que les assassins même."[92] Pendant trois ans

---

83 *Op. cit.*, 455.
84 *Op. cit.*, 456.
85 *Loc. cit.*
86 *Op. cit.*, 457.
87 *Moniteur, op. cit.*, N° 94, mardi 24 déc. 1793 (4 nivôse), 25-27, rapport de la séance du 1er nivôse; paroles qui ne figurent pas dans les *Révolutions, op. cit.*, 26: "Qui sont ceux qui ont des larmes de reste pour pleurer sur les cadavres des ennemis de la liberté, alors que le coeur de la patrie est déchiré? [...] Nous en avons fait foudroyer deux cents d'un coup, et on nous en fait un crime. Ne sait-on pas que c'est encore une marque de sensibilité? Lorsque l'on guillotine vingt coupables, le dernier exécuté meurt vingt fois, tandis que ces deux cents conspirateurs périssent ensemble."
88 *Révolutions, op. cit.*, 457.
89 *Mémorial, op. cit.*, 3 sept. 1797, 3.
90 *Loc. cit.*
91 *Loc. cit.*
92 *Loc. cit.*

on prémédita le crime, on l'exécuta, et jamais on n'entendit une seule voix de remords. Mais pour Fontanes, le rôle de l'écrivain est justement de dénoncer le "triomphe du crime" et "quand les sicaires de la tyrannie entreront [chez lui], ils le trouveront occupé, jusqu'au dernier moment, à retracer les forfaits de ces hommes exécrables."[93]

Après le discours des députés de Lyon, Fontanes eut également des ennuis. Au sein de la Convention, on se demandait qui était l'auteur de cette harangue hors du commun et on convenait que les Lyonnais n'avaient certainement pas pu l'écrire euxmêmes. Garat, dont les relations avec Fontanes ne furent jamais très bonnes, eut l'idée bizarre de donner son nom au Comité de sûreté générale[94]. Quand Fontanes écrivit, le 3 septembre 1797, dans le *Mémorial*, qu'on pouvait avoir des contacts avec des membres de la Convention, qui signalaient parfois l'approche d'un danger, il avait certainement dû en avoir personnellement,

---

93 *Loc. cit.* - L'article de Fontanes incite encore à beaucoup d'autres remarques. 1° L'abbé de Lespinasse de Langeac, chevalier de Malte, mécène de Fontanes et de Joubert, plus tard son secrétaire personnel à l'Université, donne de larges extraits dans son *Journal de l'anarchie, de la terreur et du despotisme*, Paris, Delaunay, 1821, 3 parties en 3 vol.; ici vol. 3, 20 déc. 1793, 1350-1358, mais il ajoute qu'il "n'en reste que des fragmens" (p. 1351). Les vainqueurs ont d'abord été reçus par des Lyonnais avec soulagement après tant de souffrance. Finalement, tout s'est transformé en horreur. Après la lecture du discours, les députés furent émus, p. 1354: "leur pétition fut renvoyée, pour en faire un prompt rapport, aux Comités réunis de salut public et de sûreté générale, et Collot-d'Herbois fut rappelé: il était en route. L'activité de sa police lui avait fait connaître le départ des Lyonnais et l'avait informé que leur discours était l'ouvrage d'un écrivain déjà d'une grande célébrité quoique très-jeune, qui, témoin et victime des malheurs de Lyon [...] regardait cette ville comme sa patrie adoptive." A la tribune de la Convention (p. 1356), "il se fait précéder [...] par des affidés qui se présentent comme une autre députation de Commune-Afranchie. [...] Il fait ordonner que les trois pétitionnaires comparaissent, et, dès qu'ils sont amenés sous ses yeux, loin de répondre à leurs accusations, c'est lui qui les accuse et les interpelle." C'est par cette méthode qu'il arrive à retourner l'opinion de l'Assemblée et à lui faire approuver sa conduite. Fontanes est "signalé par un ami de sa jeunesse" (p. 1358) comme l'auteur probable du discours. C'était peut-être Garat. L'image "des paysans du Danube" qui se présentaient au Sénat romain, utilisée par Roger pour des Lyonnais, *Biographie Universelle, op. cit.*, 343, se trouve déjà chez Langeac, *op. cit.*, 1351.
2° Plus tard lors de sa querelle avec Madame de Staël, on a accusé Fontanes d'être assez misogyne; a priori, nous n'en sommes pas si sûr; que Madame de Staël lui ait inspiré à cause de ses idées politiques, presque de la haine, nous semble certain. Par contre, il défend énergiquement, (*Mémorial, op. cit.*, 3), la femme du ministre Roland qui n'est presque pas mentionnée dans *l'Histoire du siège de Lyon*: l'auteur "paroit injuste envers Madame Roland [...], cette femme, il faut en convenir, joignoit un esprit supérieur à toutes les grâces de son sexe. [...] On voyoit seulement qu'elle ne pardonnoit pas à la société la place inférieure qu'elle y avoit longtemps occupée."
3° Il se trouve à la B.N. un document, *Les députés du club national de Bordeaux à leurs frères et amis les Parisiens*, daté de Paris "ce 25 Ventôse 2e année républicaine" (p. 2), (Le 40 2571) signé de Lemoal, Fontanes, Reynaud, Cogoreux que la B.N. attribue à Louis de Fontanes. Mais il doit d'agir d'un homonyme, peut-être un représentant de Bordeaux, C.-Alex. Ysabeau, s'adresse aux députés de Bordeaux à Paris, dont Fontanes. La liste des députés à la Convention pour l'année 1792 et 1793 n'indique nullement "un Fontanes".

94 Fontanes, *Oeuvres, op. cit.*, (introduction de Sainte-Beuve), p. LXII, n° 1.

puisqu'il quitte Paris assez vite. Il ne fut pas arrêté pour longtemps, "du moins il ne le fut que durant trois fois vingt-quatre heures, et, par mégarde"[95], parce qu'il se trouvait dans la voiture du chevalier de Langeac[96]. Le reste de la Terreur, il le passa chez Mme Dufrénoy à Sevran, près de Livry, où il fut encore une fois dénoncé[97], et aux Andelys.

---

95   Sainte-Beuve, *loc. cit.*
96   Arch. Nat., F^7 4763, dossier 4. Langeac fut arrêté "comme suspect" et détenu au collège du Plessis. On l'accusait d'être noble, abbé, propriétaire d'une maison de jeu, ayant un frère émigré; les arguments sont réfutés par lui.
97   Sainte-Beuve, loc. cit. - La question de la détention de Fontanes ne nous semble pas nettement éclaircie. Le 18 octobre 1793, la Section de Brutus atteste sa bonne conduite et ne maintient aucune charge contre lui; en plus, Arch. Nat. F^7 4709: "Le 27me du 1er mois de l'an 2me de la République Françoise une et indivisible. [...] Le comité considérant que le citoyen Fontanes n'a jamais donné lieu à aucune suspicion contre lui, que pendant toute la révolution, il ne s'est montré dans cette section que comme un bon citoyen. Déclare que le Citoyen Fontane (sic!) ne doit pas le prendre sous une surveillance plus particulière que tous les autres citoyens." Dans le même dossier Fontanes, se trouve une autre feuille qui le dit détenu; sur l'ordre "du comité du salut public de la convention nationale en datte du 25 prairial (an II)" [13 juin 1794], signé Roberpierre, Barrère, Couthon, Carnot, Collot-d'Herbois et d'autres, le juge de paix de la Section des Tuileries doit se rendre au domicile de celui-ci, amener l'argent et les papiers scellés du détenu, ce qu'il fait le 27 prairial. La somme s'élevait en tout à "quatre vingt six mille cinq cent livres dont nous avons fait un paquet." *Mais* le procès-verbal du juge de paix est contre-signé par "une [dame] Fontanes, née Dierx." Or, Madame de Fontanes était née Cathelin et, dans toute sa famille, nous n'avons pas trouvé une branche Dierx. Plus tard, au moment de la création de l'Institut, on accordera à Fontanes un appartement d'office (voir *infra*); on fait mention des malheurs qu'il a subis à Lyon, pas de ceux de Paris: Fontanes ne parle pas d'une longue détention, ni Roger, son biographe quasi officiel. - Sur Adélaïde Dufrenoy, voir André Beaunier, *Figures d'autrefois*, Paris, Nouvelle Librairie Nationale, 1917, 101-132; du 1er janvier 1787 au 16 janvier 1789; elle est propriétaire du *Courrier lyrique et amusant ou Passe-Temps des toilettes*, avec approbation et privilège du Roi; Beaunier, *op. cit.*, 106: "Bientôt, elle donna quelques articles de M.F.: et c'est Fontanes." Dans la suite, Beaunier voit dans les vers de Mme Dufrénoy des allusions à Fontanes, dénommé "Elmandre". De telles affirmations de Beaunier sont toujours très intéressantes, mais il ne signale jamais ses sources. Le mari de Mme Dufrenoy était procureur au Châtelet. A Sevran, Fontanes est dénoncé par un certain Cordier qui adresse une lettre de Livry "au citoyen Dumontié, membre du comité révolutionnaire" (sic!); Beaunier, *op. cit.*, 110, le cite d'après les Arch. Nat. F^7 4686: "Liberté, égalité, fraternité, indivisible ou la mort, Citoyen, jay apris qu'il avait à Sevran, petite commune près de Livry, un refuge Lionnais, dont un ex-jésuite ché un nommé Dufrenois cy devant procureur qui, dit-on, mène la commune ainsy que sa femme qui influence beaucoup sur l'esprit de ses habitants, que la municipalité leur a récemment délivré des certificats. Ce Dufrenois passe pour être en pension ché sa femme, ce qui donne des soubsons aux Patriotes. [...] Nous désirerions bien que tu viennes faire un voyage à Livry, tu nous dirais la marche que nous devons tenir (...)." L'abbé de Vitry était en effet un ancien jésuite d'Avignon.

Chapitre IX

La vie continue

Après le 9 thermidor (27 juillet 1794), Fontanes peut penser à se réinstaller à Paris, la Terreur étant terminée; ce qu'il fait, puisque les premières lettres à Joubert indiquent comme adresse la "rue de la Sourdière, n° 96"[1], là où il habitait avant de se marier[2]. Fontanes est à Paris au plus tard le 27 septembre 1794 puisque le Comité de salut public, qui a banni par décret du 27 germinal an II (16 avril 1794) les anciens nobles de la capitale, arrête que Fontanes "est autorisé à rester à Paris pour s'y livrer aux travaux littéraires dont il est occupé."[3] En effet, il travaille avec Lakanal, son futur collègue à l'Institut, à des manuels de classe, occupation qu'il aura temporairement au ministère de l'Intérieur sous Lucien Bonaparte.[4]

Mais l'étape principale est maintenant l'Institut, créé le 22 août 1795 et où Fontanes est élu le 15 décembre 1795.[5]

---

1 *Corr. de F. et de J., op. cit.*, 57.
2 Beaunier, *Roman d'une amitié, op. cit.*, 45.
3 Beaunier, *Figures d'autrefois, op. cit.*, 315, N° 11.
4 *Corr., op. cit.*, 56: Fontanes invite Joubert, le 8 novembre 1794, à participer éventuellement à ses travaux: "Si, par hasard, le comité d'Instruction publique vous chargeait de quelque ouvrage élémentaire pour les écoles, le prendriez-vous? Quel serait votre choix dans ce genre et quelles conditions exigeriez-vous?" Joubert semble refuser net, *Corr., op. cit.*, 59 (lettre du 23 nov. 1794): "Je mêlerai volontiers mes pensées avec les vôtres lorsque nous pourrons converser. [...] J'aime le papier blanc plus que jamais et je ne veux plus me donner la peine d'exprimer avec soin que des choses dignes d'être écrites sur de la soie ou sur l'airain." - Sur la collaboration avec Lucien, voir *infra*.
5 Constitution de la République française, décrétée par la Convention nationale et acceptée par le peuple, l'an quatrième de la République, 1795, (e.v.); Constantinople, l'an IV de la République française, Titre X, Instruction publique, p. 45, paragr. 298: "Il y a, pour toute la République, un institut national chargé de recueillir les découvertes, et de perfectionner les arts et les sciences." Les détails, *Lois de la République française, An IVè de la République une et indivisible*, n° 203 (N° 1216). Loi sur l'organisation de l'instruction publique du 3 brumaire [25 oct. 1795], titre IV, pp. 6-9; l'Institut est divisé en trois sections ou classes, p. 7: I.e Sciences physiques et mathématiques. II.e Sciences morales et politiques. III.e Littérature et beaux arts."; p. 8, paragr. V: "Chaque classe de l'institut publiera tous les ans ses découvertes et ses travaux." Le Directoire nommait 48 membres, un tiers, qui élisait le deuxième tiers (les 9, 1O et 12 décembre), les deux tiers èlisaient le troisième (les 13, 14 et 15 décembre). Les membres dû prêter ce serment: "Nous jurons haine à la royauté.", formule, selon Beaunier (*Roman d'une amitié, op. cit.*, 320, n° 1), inventée par Marie-Joseph Chénier. Fontanes fut élu grâce à celui-ci, Fontanes, *Oeuvres, op. cit.* (introduction par Sainte-Beuve), p. LXIII, n° 1: "qui, dans un camp politique opposé, sut toujours être juste pour un écrivain qui honorait la même école littéraire." - A l'Institut, Fontanes retrouve d'ailleurs d'anciennes connaissances ou de futurs collaborateurs. Nous n'avons pas pu élargir nos recherches sur toutes les personnes qui entouraient Fontanes, mais nous sommes convaincus que cela devrait être fait; dans leurs papiers on devrait trouver des remarques sur lui. Ici quelques collègues uniquement, voir Cte de Franqueville, *Le premier siècle de l'Institut*

C'est maintenant, à près de trente-huit ans, que commence l'activité administrative de Fontanes que tant de gens sous Napoléon qualifierait de "paresseux"[6]. L'Institut où il restera avec une courte interruption toute sa vie, devient pour lui un moyen de se faire la main pour canaliser les idées littéraires des autres d'une façon telle qu'elles reçoivent un écho adéquat à leur importance. Sa présence aux séances de l'Institut est très régulière[7], il participe acti-

---

de France, Paris, Rothschild, 1895, 2 vol.; ici, vol. I pp. 78, Bernardin de Saint-Pierre (élu le 20 nov. 1795) que Fontanes aimait voir, déjà en 1790, à l'Académie (*Modérateur, op. cit.*, N° X, 10 janvier 1790, p. 38): "Nul homme aujourd'hui n'a plus droit à la considération publique que cet élève de Rousseau et de Fénelon, qui paroît animé plus d'une fois de leur âme et de leur génie dans ses études et dans son roman de Paul et de Virginie. On regrette qu'un aussi beau talent manque à l'académie françoise."; Mercier, avec qui il était en querelle au temps du *Modérateur* et qui va être son collègue au Conseil législatif (élu le 10 nov.); Méhul (élu à la même date que lui) avec qui Fontanes va collaborer pour des festivités pendant le Consulat, voir Antoine Vincent Arnault, *Nécrologie, Notice sur M. Méhul*, s. l., n. d., pp. 2: "Indépendamment de ses opéras, Méhul a mis en musique plusieurs poëmes composées, soit pour des solemnités républicaines, par Chénier; soit par M. Arnault, et par M. de Fontanes, pour des fêtes où présidait Napoléon." Garat, dont nous avons vu quelles ont été ses relations. Pierre Ginguené (élu le 10 déc.) que Fontanes connaît déjà depuis 1789, voir Beaunier, *Figures d'autrefois, op. cit.*, 110, Fontanes avait invité à un dîner Chateaubriand, Flins, Parny, Ginguené et Mme Dufrenoy: "Charmant dîner, grande chère, bon vin, pas trop poètes, cependant nous ne pûmes nous empêcher de l'être un peu." (Nous n'avons pas pu trouver cette référence dans les *M.O.T.*). Peut-être s'agit-il du dîner que Fontanes donnait après avoir reçu le prix de l'Académie et pour lequel il demandait à Joubert des manchettes, voir *Corr., op. cit.*, 45. L'abbé Raynal. Silvestre de Sacy qui préfacera plus tard une édition des oeuvres de Joubert (*Pensées de Joseph Joubert précédées de sa correspondance*, édition publiée par Louis de Raynal, Paris, Didier, 1864, 2 vol.). Delille (élu le 12 déc.), que Fontanes regardait comme une authorité, voir *Oeuvres, op. cit.*, p. CXIV (introduction par Sainte-Beuve). Delille ne siégeait pas à l'Institut "ne voulant pas rentrer de Suisse, lieu jugé plus sûr; c'est uniquement le 25 janvier 1799 que sa place fut déclarée vacante", voir Paul Mesnard, *Histoire de l'Académie française depuis sa fondation jusqu'en 1830*. Paris, Charpentier, 1857, 187 et s. Lakanal, presque le fondateur de l'Institut, voir *infra*. Napoléon Bonaparte sera élu le 26 déc. 1797 dans la Classe de physique et mathématique, moment où Fontanes se trouve déjà à l'étranger; sur l'activité de Bonaparte à l'Institut, voir Mesnard, *op. cit.*, 201-205. Egalement Talleyrand, voir Franqueville, *op. cit.*, 78 et s.

6 *Corr., op. cit.*, 74-75, lettre du 22 juillet 1803 à Joubert, l'époque où Fontanes travaillait "dans cette boutique du *Mercure*"; il est mécontent avec ses collaborateurs. "Ces messieurs n'ont pas peu contribué à répandre partout que j'étais fort paresseux et qu'il était impossible de compter sur un travail régulier de ma part. [...] C'est le plus absurde et le plus dangereux de tous les propos. Je sais qu'on l'a écrit et l'a fait dire par le préfet Réal à Bonaparte, avec l'intention formelle de refroidir son intérêt. [...] Vous voyez que les petites choses toujours répétées peuvent avoir de grandes conséquences."

7 Académie française, 1 D12, *Livre du droit de présence*, commencé le 1er thermidor an IV. "(A l'intérieur.) Le droit de présence est de 4320 L pour l'année, laquelle somme divisée par 89 séances donne pour chaque 485 L, 39^c, et divisée par 144 donne à chaque membre 3 L, 36^c, ainsi il sera attribué à chaque séance générale 485 L, 39^c. A la première classe pour chaque séance particulière ... 102. 16^c A la 2e pour id^e ... 121. 10. à la 3e pour 1d^e ... 162. 13." - Pour les trois classes la somme de 485. 39 L est accordée. - An IV - an V Fontanes assiste aux séances suivantes: pour le mois de thermidor = 24.43 L; fructidor, les 5, 8, 13 = 18.47 L; brumaire, les 23 et 28 = 12 L; frimaire, les 3, 5, 8, 13, 23, 28 = 39. 28 L; fructidor = 6.65 L; nivôse, les 3, 5, 8, 13, 15, 23 =

vement à l'élaboration de son réglement intérieur, il fait lui-même des communications, des compte-rendus; en même temps il est professeur à l'Ecole centrale des Quatre Nations et, comme journaliste, il publie régulièrement dans la *Clef* et dans le *Mémorial* de longues articles: il assume donc presque en même temps trois occupations, jusqu'au moment où il sera chassé du territoire français par le Directoire, ayant comme journaliste des idées non conformes à la ligne officielle, et démis de toute fonction officielle. Il parcourt l'Europe et trouve un gîte provisoire à Londres où il fréquentera Chateaubriand, Peltier et les cercles royalistes, avant de retourner définitivement en France et de s'atteler au char de la gloire qu'il ne quittera qu'en 1814, étant parvenu lui, comme homme de lettres et administrateur, au sommet de sa carrière.

Mais revenons à l'Institut. Déjà, le 24 décembre 1795, donc peu de temps après son élection, il est secrétaire de la troisième classe; il reprend son poste de secrétaire de la 3e classe de l'Institut de nouveau le 25 août 1796 et pour la session qui commence le 23 mars 1797[8].

L'idée de créer "un institut" est attribuée à Lakanal et à Daunou[9], mais rien

---

32.49 L; pluviôse, les 5, 8, 13, 18, 28 = 22.44 L; ventôse, les 8, 13, 18, 23 = 21.26 L; germinal, les 3, 5, 8, 13, 18, 19, 23, 28 = 40.58 L; floréal, les 3, 5, 8, 12, 23 = 31.47 L; prairial = O; messidor, les 18, 23 = 11.16 L. Pour quelques mois Fontanes a été presque "jetonier". Sur la valeur (rélative) des prix, voir François Simiand, *Recherches anciennes et nouvelles sur les prix, et le salaire, l'évolution sociale et la monnaie*, Paris, Félix Alcan, 1932, t. I, p. 429 et s. Simiand donne uniquement les indices pour l'époque révolutionnaire, consulaire et impériale. (B.N. 4° R. 3965 et 4° R. 3766, assez souvent en reliure) Touche l'indemnité uniquement celui qui est présent et, avant l'ouverture des séances, voir Académie française, Archives 2 B1, *Institut national des sciences et des arts. Registre des procès-verbaux et rapports de la classe de littérature et beaux arts, pour les ans 4. et 5. de la République française*, pp. 24, 13 floréal an IV: la classe change le réglement intérieur, "2e que les séances sont de deux heures de durée: 3e que le droit de présence sera limité à ceux des membres qui seront inscrits sur la feuille avant l'appel fait à l'ouverture de la séance." Et faits intéressants: "4" Les lectures seront faites dans l'ordre d'inscription sur la feuille de lecture. 5e Les mémoires sont lus deux fois; la 1ère lecture sera faite sans aucune interruption; à la seconde lecture on fera des observations dont le mémoire sera susceptible."

8 Beaunier, *Roman d'une amitié, op. cit.*, 321; égal. Académie française, Archives 2 B1, *Institut national des sciences et des arts (...), op. cit.*, p. 1:
Mongez et Fontanes sont d'abord élus, à la "1ère séance du 3 nivôse an 4 [24 déc. 1795] secrétaires provisoires."

9 Paul Mesnard, *Histoire de l'Académie, op. cit.*, 176; il existe une lettre de Fontanes à *un* Mesnard, voir Charavay, *Fichier, op. cit.*, 225, N° 83: "(Retirée) L.a.s. à M. Mesnard, 1817. 1 page in -80." Pour la création de l'Institut également, Jules Simon, *Une Académie sous le Directoire*, Paris, Lévy, 1885; Simon rend d'ailleurs un hommage touchant à Lakanal, ancien Doctrinnaire (1762-1845) qui se présente en 1838, après son retour d'Amérique où il avait émigré, dans le bureau de Mignet qui le connaît à peine, pour reprendre sa place dans l'Institut, vêtu de "son costume qui datait certes de 1801" (p. 263); il avait gardé une stature droite. On manque d'ailleurs d'une étude récente sur Lakanal. - Plus tard, quand Fontanes sera Grand-Maître, Lakanal lui adressera une lettre, pour nous éminemment triste; lui qui a tant fait pour l'éducation sous la Révolution demande en 1809 un petit poste de proviseur, voir Bibl. de la Sorbonne, Réserve, Ms. 1602, fol. N° 60, p. 35: "31 octobre 1809, Je viens de lire l'arrêté du ministre de l'intérieur qui nomme dans chaque établissement public, un administrateur comptable;

n'était possible sans l'appui des pouvoirs publics. Ils avaient déjà montré toute leur bonne volonté, en votant une somme de 300.000 Livres par une loi du 17 vendémiaire an III (9 octobre 1794) pour encourager des savants, des gens de lettres et des artistes[10]. C'est ainsi que d'anciens académiciens, comme La Harpe, Sedaine ou Barthélemy, recevaient des pensions. Par décret du 4 Septembre 1795, la Convention Nationale accordait à Fontanes une somme de 3.000 Livres[11]; on pensait également à lui, comme professeur à l'Ecole centrale des Quatre Nations pour un appartement d'office[12]. L'installation de l'Institut se

---

dans l'état annexé à cet arrêté on a oublié la bibliothèque de l'école centrale des jésuites: c'était autrefois la *Bibliothèque de la ville* [...]. Cette place mettroit à portée de moi les livres et m'assureroit le repos nécessaire pour continuer les travaux utiles dont je suis occupé. Je crois avoir d'ailleurs des titres à l'obtention de cette place. [...] J'ajouterai que je suis le créateur des écoles centrales et qu'il est naturel, peut-être, de m'accorder une retraite dans l'édifice que j'ai construit. Je suis (...) Lakanal de l'Institut Nat."

10 Mesnard, *op. cit.*, 175.
11 J.-S. Erché, *La France littéraire*, Hambourg, Hoffmann, 1797, t. II, 45. Egalement Danielle Gallet-Guerne, *Les sources de l'histoire littéraire aux Archives Nationales*, Paris, Imprimerie Nationale, 1961, p. 72 (A.N., C. 183; nous n'avons pas consulté ce document).
12 *Annales révolutionnaires*, 1923, T. XV, 331, lettre du ministre des finances, Rapel, aux régisseurs de l'Enregistrement et du Domaine national, 9 ventôse an V (27 févr. 1797): "Le citoyen Fontanes, nommé professeur aux écoles centrales du département de la Seine, aussi connu par les succès qu'il a obtenus dans la république des lettres qu'intéressant par les malheurs qu'il a éprouvés à Lyon par la perte de ses propriétés, ayant besoin d'un logement provisoire en attendant celui qui doit lui etre fourni au collège des Quatre-Nations, je me suis déterminé à le lui procurer dans la maison des ci-devant Capucines."; l'histoire du logement de Fontanes aux Capucines est plus compliquée, mais ne manque pas de piquant, surtout pour quelqu'un qui n'aimait pas la mesquinerie; (plus tard, Fontanes ne sauroit mêmeplus le prix des choses, voir Bibliothèque Spoëlberch de Lovenjoul, Fonds Sainte-Beuve, D 550, fol 57: "Est obligé d'emprunter à son cocher. Emprunte maintes fois pour ses visiteurs mendians du matin à son maître-d'hôtel [...] et Madame de Fontanes gronde. Ne savait pas le prix des choses, demande à Madame Duvivier au café, s'il est assez de donner 40 sous au garçon."). Pour le logement d'office, voir Archives de la Seine, D.Q.10 257, dossier 9502; il y a plusieurs lettres des régisseurs au citoyen Nectoux, directeur à Paris; voici quelques extraits; lettre du 1er ventôse an V: Aubert, architecte, fournissait déjà le 22 oct. 1796 un rapport sur le logement accordé à Fontanes, mais qui ne parvenait aux régisseurs que des mois plus tard: "Nous nous étonnons également que l'architecte Aubert n'ait point encore fourni l'état détaillé des lieux qu'il annonçait dans son rapport; il étoit d'autant plus instant à former que nous voyons par ce rapport et par le plan qui y est annexé que le local attribué au C.n Fontanes consiste en douze pièces, ce qui semble excéder debeaucoup le besoin d'un simple logement provisoire."; lettre du 27 ventôse an 5, à Nectoux, les agents de l'ancienne maison de fabrication des papiers monnoyer doivent quitter leur appartement le 12 floréal prochain (1er mai 1797): "Le C.n Fontanes [...] continuera de loger dans cette maison: Nous vous prions de prendre des renseignements sur les objets qui seront à louer et d'en provoquer la location dans la forme prescrite."; lettre du 25 prairial an 5 (13 juin 1797), le rapport sur l'état détaillé des lieux n'est toujours pas arrivé: "Vous voudriez bien nous marquer en même temps si le c. Fontanes continue à occuper ce logement qui ne lui avoit été accordé que momentanément et jusqu'à ce qu'il y en eut un de disponible au ci-devant Collège des Quatre Nations."; lettre du 9 messidor an 5 (le 27 juin 1797), toujours à Nectoux; il semble que Fontanes ait occupé les douze pièces dans leur ensemble, sans autorisation préalable: "Il n'est pas

fit le 15 frimaire an IV (6 déc. 1795) au Louvre; on lui accordait la salle de l'ancienne Académie des sciences, dite salle des Antiques[13]. Ginguené, directeur de l'Instruction publique, accompagnait le ministre de l'Intérieur. On présenta la loi du 3 brumaire (25 oct. 1795) et l'on nomma les premiers quarante-huit membres qui, eux dans les jours suivants eurent à élire leurs collègues. Le Directoire n'avait point fait entrer des anciens académiciens dans leur liste[14]; ce choix ne trouva d'ailleurs pas l'unanimité de la presse[15]. Pour la première séance publique[16], le 15 germinal an IV (4 avril 1796), le Directoire a voulu donner un éclat particulier: ses membres vinrent en grand costume, accompagnés de tous les ministres; les ambassadeurs des puissances étrangères étaient invités. La salle des Antiques était presque trop petite, puisque elle était remplie pour moitié par des personnages officiels; chacun des 144 membres des trois classes ayant eu droit à faire entrer, en plus, deux personnes de son choix. Le reste des places disponibles était pour le public. On avait fait placer à l'intérieur de la salle des statues en marbre, représentant de grands écrivains français comme Corneille, Racine, Molière et Montesquieu; les banquettes, les tables et les tapis ne manquaient pas. "Cet ensemble offre", écrivit quelques jours plus tard Ginguené, "un aspect très imposant, qui à la chûte du jour, lorsque les lampes et les nombreuses bougies ont été allumées, avait quelque chose de ma-

---

douteux que le cn. Fontanes ne doive payer la location des pièces qu'il paroit avoir réunies sans autorisation au local dont il avoit été mis en possession d'après les ordres du ministre. Vous voudrez bien charger l'architecte, d'en faire l'estimation que vous ferez approuver par le bureau du domaine national afin de charger le Receveur d'en faire acquitter le montant, depuis l'époque où il sera constaté que le cn. Fontanes en a la jouissance. Nous voyons au surplus avec étonnement que l'architecte n'ait pas fait l'état des lieux du logement qu'il a été autorisé à mettre à sa disposition, au moment même où cette mesure a eu lieu. Il est sensible que si le C^n Fontanes avait fait des changements, ou commis des dégradations, on n'auroit aucun moyen pour les constater et les pertes qui font résulter de semblables retards dans une infinité de circonstances semblaient devoir prévenir de nouvelles négligences." On demande finalement que l'état des lieux soit fait "avec la plus grande exactitude". Le 18 fructidor régla le problème, puisque Fontanes partait en toute hâte, reste à savoir où Madame de Fontanes se retirait pendant cette époque. Claude-Bernard Petitot (1772-1825) donna d'abord asile à Fontanes, voir, *Corr., op. cit.*, 74, n° 3.
13 Mesnard, *op. cit.*, 184.
14 Mesnard, *op. cit.*, 183 et 186: "Dans la classe de littérature, Ducis et Delille furent les seuls noms de l'Académie française que l'Institut adopta." Les autres comme Marmontel ou Gaillard étaient des membres non résidents à Paris, donc des associés.
15 Nous citons ici uniquement le *Tableau de Paris*, N° 38, lundi, 14 décembre 1795, p. 2: Républicains, qui vous traînez si vilainement sur les traces d'un tyran, ne craignez vous pas de ne recueillir comme lui que honte et qu'infamie? Vous avez beau ne pas admettre dans votre institut les Marmontel, les Laharpe, les Suard et les Morellet, vous ne pouvez rien contre leur gloire; ils ne seront pas moins les vrais patriciens de la république des lettres, les dépositaires de la gloire littéraire de la France." Les membres nommés par le Directoire "ne pouvoient apporter à la masse commune la moindre pacotille de gloire et de renommée."
16 Il y a eu quatre par an, toujours le 15 de chaque premier mois de saison.

gique."[17] Cette séance solennelle fut ouverte par le président du Directoire. Dans son discours - tout le monde étant debout -, il soulignait surtout le fervent désir du gouvernement d'encourager les arts et les sciences, mais aussi la ferme volonté de défendre la liberté contre l'anarchie "couverte du masque d'un patriotisme exagéré."[18] Les paroles de bienvenue furent prononcées par Dussaulx, président de l'Institut, suivi par Daunou qui était en quelque sorte l'orateur officiel de l'Institut et qui définit l'esprit du nouvel établissement. Finalement les secrétaires des trois classes, Lacépède, Le Breton et Fontanes, prirent la parole et donnèrent un compte rendu des travaux accomplis depuis l'ouverture. On remarqua surtout l'esprit d'analyse et de précision de leurs interventions[19]. Mais la séance qui avait commencé à quatre heures de l'aprèsmidi ne se termina pas si vite[20]. Les orateurs se succédèrent; après quatre heures, le public commença à se lasser un peu[21].

Les organisateurs eurent l'heureuse idée de prévoir à la fin de la séance une démonstration d'une découverte de Fourcroy dont il avait parlé au courant de la soirée; il s'agissait d'une détonation du muriate sur-oxygéné de potasse. L'expérience qui réussit parfaitement fut répétée une deuxième fois et souleva l'enthousiasme de la nombreuse assemblée. Dans celle-ci on ne trouvait

---

17 *Décade philosophique, littéraire et politique*, N° 72, 4ème année républicaine, 3e trimestre, 30 germinal (19 avril 1796 v.s.), 148-155 ("Séance publique de l'Institut National des sciences et arts, le 15 germinal de l'an 4."), ici p. 149.
18 Décade, *op. cit.*, 150, l'article est de Ginguené qui signe G...; pour les détails comment les différents corps ont été placés dans la salle, égal. *Décade, op. cit.*, 149.
19 *Op. cit.*, 150, Lacépède pour la classe des sciences physiques et mathématiques, Le Breton pour celle des sciences politiques et morales et Fontanes pour celle de la littérature et des beaux-arts.
20 *Journal des hommes libres de tous les pays ou Républicain*, N° 157, quintidi 15 germinal 4me année républicaine, p. 1: "Conseil des Cinq Cents. Séance du 14 germinal. Dussaulx, président de l'institut national des sciences et des arts, écrit au conseil que la première séance de l'institut aura lieu demain à 4 heures du soir." Dans ses numéros suivants, le *Journal* ne fait plus mention de la séance inaugurale.
21 La séance a dû se terminer aux environs de vingt heures, voir *Décade, op. cit., loc. cit.*, 155; après les trois secrétaires, d'autres membres parlaient, voir *Décade, op. cit., loc. cit.*: Collin d'Harleville récita la pièce de vers *La grande famille réunie* (Jean-François Collin d'Harleville, *Allégorie en vers sur l'établissement de l'Institut*, pièce de vers lues à l'Institut, Paris, Digeon, an VII, 21-29.); Fourcroy fit une conférence sur "les détonations du muriate sur-oxygéné de potasse, lorsqu'il éprouve ou une pression ou un choc."; Cabanis donna un "extrait d'un excellent discours sur les rapports de l'homme physique et de l'homme moral."; Lacépède lut "une notice sur la vie et les ouvrages de Vandermonde.", qui venait de mourir; Prony parla des problèmes du cadastre, Andrieux du *Procès du Sénat de Capoue* (la pièce est imprimée, *Décade, op. cit.*; N° 72, 30 germinal (19 avril 1796) 167-171, sous le titre "Anecdote tirée de l'histoire romaine, Tite-Live, Décade 3e-Liv. 23."); Andrieux ne pouvant terminer sa lecture, il demanda à Monvel de le faire; Le Breton rendit hommage à Guillaume-Thomas Raynal, mort peu après sa nomination dans la Classe des sciences morales et politiques "des suites d'un rhume négligé"; Grégoire parla du perfectionnement des sciences politiques; Cuvier présenta un mémoire sur les différentes espèces d'éléphants; Dussaulx lut une introduction sur son ouvrage concernant les Pyrénées; finalement Lebrun récita une ode sur l'enthousiasme.

d'ailleurs pas uniquement des gens honnêtes et Ginguené dont les rapports avec Fontanes semblent être continus[22] aurait pu ajouter dans son article que l'assistance fit disparaître de précieux objets comme des tapis et même des tables[23]. Que tout le monde n'ait pas été content de la création d' "un institut" tout court et qu'on ait vu en lui le bras des pouvoirs publics, n'est pas douteux[24].

Le travail des secrétaires consistait, entre autres, à faire le rapport des pièces lues aux séances ordinaires. Jusqu'au 15 germinal, beaucoup de travaux furent

---

22 Au moment où Fontanes est déjà à la tête de l'Université, il lui écrit, B.N., Mss., N.A.fr. 1304, p. 170: "28 avril 1808, Ginguené a l'honneur de présenter ses devoirs à Monsieur de Fontanes. Il ne veut pas partir pour la campagne sans lui avoir témoigné sa reconnaissance et demandé la continuation de ses bontés. Il prie Monsieur le grand-maître de vouloir bien lui faire savoir le moment où sa visite pourra ne lui être incommode. Il lui renouvelle l'assurance bien sincère de tous ses anciens et inaltérables sentiments." La lettre est enregistrée le 31 mars 1809. Egalement une lettre de Fontanes à G. (certainement 1811), Charavay, *Fichier, op. cit.*, p. 219, N° 478: "L. aut. sig. à Ginguené; 24 juillet, 1 p. ½ in-4°. Remercîments de l'envoi qu'il lui a fait de son Histoire d'Italie. - Les compatriotes du Tasse, de l'Arioste et de Pétrarque vous doivent une statue. Je suis bien sûr que votre juste enthousiasme pour les grands poëtes italiens ne vous empêche point de rester fidèle à l'Ecole de Despréaux et de Racine (...). Je pense que toutes les muses, les plus graves et les plus aimables, vous auraient reçu dans le bon temps à l'Académie française. Je sais peu ce qui s'y passe (...)." Dans le catalogue de vente, la lettre est reprise, p. 223, N° 80 avec une formule chère à Fontanes: "Si on m'en croit, on vous ouvrira les deux battants [des portes de l'Académie]."; reprise, certes de la même lettre, p. 226, N° 1125, datée cette fois-ci du 23 avril 1811.

23 *Bulletin politique de Paris et des départemens*, N° 21, mardi 12 avril 1796, Tridi 23 germinal an IV, p. 3: "Si l'on en croit quelques personnes dignes de foi, tous ceux qui ont assisté à l'institut national n'y sont pas venus puiser de la science ou de l'instruction; plus curieux de matériel que du spirituel, certains amateurs ont volé des tapis, des tables, des flambeaux, des bougies, des quinquets; un faiseur de calembourgs a dit à ce sujet, qu'à cette séance des savans, les voleurs avoient acquis des lumières." Le journal n'est pas content avec le choix des membres de l'Institut, il y a certes quelques talents à encourager, mais la plupart des membres nommés ou élus sont nuls; on fait la comparaison avec les habitudes de l'ancienne Académie qui n'aurait jamais nommé Crébillon fils, l'auteur du *Sopha*.

24 Il est très difficile d'avoir une vue précise et surtout large sur la presse concernant *toute* décision des pouvoirs en place. Pendant la Convention et le Directoire, la presse est libre (jusqu'au 18 fructidor); les journaux sont très nombreux et changent, en plus, souvent de nom. Le Hatin, le *Catalogue de l'histoire de France*, le *Catalogue de Martin et Walter* et le *Catalogue des périodiques* de la B.N. ne sont qu'une première aide, après le travail commence. Ici au moins un (seul) écho qui est diamétralement opposé à la création de l'Institut, à savoir contre toute intervention étatique dans les sciences et les arts, *Bulletin politique de Paris (...), op. cit.*, N° 16, jeudi 7 avril 1796, octidi 18 germinal an IV, p. 1: "La première séance publique de l'institut a fourni une nouvelle preuve que le talent est toujours l'esclave du pouvoir. La mémoire de Virgile, d'Horace et d'Ovide, auroit été ternie par les éloges qu'ils ont prodigués à l'oppresseur de leur patrie, si la postérité, trop indulgente, ne leur eût pardonné leur basse vénalité en faveur de leurs talens. M. Andrieux, connu par sa jolie comédie des Etourdis, vient, à l'exemple de ces grands hommes, de prodiguer l'encens de la flatterie au pouvoir heureux et triomphant." Il s'agit de, François Andrieux, *Les Etourdis, ou le Mort supposé*, comédie en 3 actes en vers, Paris, Comédie Italienne, 14 déc. 1787 et, imprimé, Paris, Bailly, 1788.

ainsi présentés[25]. Le style de Fontanes et de Mongez qui sera également élu secrétaire, est bienveillant comme il le faut quand il s'agit de faire un commentaire sur un travail d'un collègue, et précis. On remarque parfois une chaleur de langage dans les propos de Fontanes quand il apprécie hautement les idées de quelqu'un qui partage les mêmes opinions que lui. C'est ainsi que les note de Ginguené sur Malherbe trouvent un écho extrêmement favorable sous la plume de Fontanes parce que celui-ci n'aime guère "de nouveaux mots contraires aux analogies de la langue"[26]. Fontanes, conservateur en ce qui concerne la politique, l'est aussi pour la littérature.

Malgré les difficultés de la vie quotidienne, de la disette qui règne à cette époque à Paris[27], Fontanes arrive quand même à travailler beaucoup. Ayant

25 *Décade, op. cit.*, N° 73, 10 floréal, 29 avril 1796, pp. 201-206, et, selon l'auteur, *Catalogue des Imprimés de la B.N.*: Fontanes est le rapporteur. Communiquaient: Jean Dusaulx, *Des sensations et des sentimens qu'on éprouve sur les monts des Pyrénées*, il s'agit certainement d'un extrait de l'ouvrage, *Voyage à Barège et dans les Hautes-Pyrénées, fait en 1788 par (...)*, Paris, Didot, 1796, 2 tomes en 1 vol.; un mémoire d'Antoine Mongez, *De la réunion des littérateurs et des artistes dans l'Institut, et sur l'esprit qui doit les animer*; Paul-Jérémie Bitaubé, *De l'étude des Anciens*; Bitaubé est en quelque sorte un très ancien collègue de Fontanes, puisqu'il présentait l'*Eloge de Pierre Corneille, qui a concouru à l'Académie de Rouen en 1768*, Berlin, Decker, 1769; Fontanes participait momentanément aux travaux de cette académie; David Le Roy, *Le premier mémoire de ses nouvelle recherches sur les navires employés par les anciens, depuis l'origine des guerres puniques, jusqu'à la bataille d'Actium, et sur l'usage qu'on en pourrait faire dans notre marine*; Le Roy est spécialiste de l'histoire des anciens navires, voir: *Les navires des anciens, considérés par rapport à leurs voiles et à l'usage qu'on en pourroit faire dans notre marine, ouvrage servant de suite à celui qui a pour titre "La Marine des anciens peuples", par (...)*, Paris, Nyon aîné, 1783; Nicolas-Joseph Sélis, un commentaire sur la fable Philémon et Baucis par La Fontaine; Hubert-Pascal Ameilhon, *Sur l'industrie des anciens, leurs manufactures, et leurs professions mécanique comparées à celles des modernes*; la pièce de Collin d'Harleville, *Allégorie en vers (...), op.cit.*; Andrieux, *Le procès de Capoue*, op. cit.; Lebrun, *Ode sur l'enthousiasme*; Fontanes, *Fragment historique d'une vie de Louis XI, fesant partie d'un travail sur les principales époques de France*; Fontanes indique uniquement le titre de son propre travail et ne donne pas de commentaire; Monvel a lu plusieurs fables; Wailly, *Moyens de faciliter la prononciation de la langue française*; Urbain Domergue, *Sur la prononciation française déterminée par des signes invariables: ouvrage propre à corriger les prononciations vicieuses des départemens et de l'étranger*; et Ginguené.
26 *Décade, op. cit.*, 205-206, le morceau vaut la peine d'être cité dans son ensemble: "Le cit. Ginguené destiné plus particulièrement aux travaux de la seconde classe, est venu le premier donner à la troisième, un exemple de ces communications utiles et fraternelles sollicitées par le cit. Mongez. Il a lu des notes sur Malherbe, qui enrichit la langue poétique de tant de tours heureux, et qui selon le vers admirable de Boileau: "d'un mot mis en sa place enseigna le pouvoir." Le cit. Ginguené a fait sentir ce rare et singulier mérite qui n'a point disparu, devant les chefs-d'oeuvre accumulés depuis un siècle et demi. Il s'élève avec raison contre ceux qui croient suppléer à l'impuissance d'avoir de nouvelles idées en inventant de nouveaux mots contraires aux analogies de la langue. Il prouve, d'après les meilleurs modèles, que c'est dans une combinaison habile et neuve des mots qui existent déja, que se manifestent la véritable création et les prodiges du talent [...]."
27 Sur les demandes d'approvisionnement faites par Fontanes à Joubert qui se trouve à Villeneuve-sur-Yonne, voir Tessonneau, *Joubert, Educateur, op. cit.*, 74; et surtout Beaunier, *Roman d'une amitié, op. cit.*, 180 et s. qui traite le sujet avec humour; égal. la

perdu une partie de ses papiers au siège de Lyon, il faut les reconstituer, réécrire même, ce qu'il fait puisque dans la même année 1796, certes année d'espoir pour lui, il présente à l'Institut un mémoire sur les Gaulois[28]. Thomas qui occupera

---

Corr. de F. et de J., op. cit. Ici quelques détails tirés de la *Corr.*, p. 49, 2 oct. 1794, Fontanes met Joubert au courant des difficultés alimentaires à Paris: "Ceux qui n'ont pas des montagnes de papier ou de l'or en rouleaux n'y peuvent plus vivre."; p. 50, il pense "que tout est un peu moins cher à Villeneuve. En conséquence, j'attends de votre amitié et je vous supplie, au nom de ma femme, de vouloir bien m'acheter dans vos cantons quarante ou cinquante livres de beurre fondu, des oeufs en quantité raisonnable, quelques pots de raisiné pour l'hiver." Mais cela n'est pas tout; Fontanes veut des liqueurs, des petits pains. A la fin de la lettre, pour que Joubert n'oublie surtout pas les détails, il résume: "Je réunis les cinq articles ensemble: 1° quarante ou cinquante livres de beurre; 2° [etc.]." Joubert ne se laisse pas si facilement entraîner dans un tel commerce, mais il aide autant qu'il peut, voir, *op. cit.*, pp. 53-54 et pp. 57-58; mais à Fontanes, il faut toujours plus; même quand il parle dans ses lettres pendant cette époque d'autres choses, le souci majeur revient, voir *op. cit.*, 61-63, lettre du 26 novembre 1794: "Vos conseils sur le vin sont excellents. Faites que le citoyen Hyver [fournisseur de Joubert dans l'Yonne] m'en cède encore deux pièces [...]. Retenez vite et marquez-moi la qualité et les prix."; *op. cit.*, 65-67, lettres du 2 mars 1795 et du 29 avril 1795: "Vous voulez donc que je meure de soif, mon bon ami? Vous avez bien peu de soin de ma cave et de mon esprit. [...] Le vin de Paris, quoique détestable, est fort cher et, puisqu'il faut être ruinés, ruinons-nous pour du bon vin. [...] Vous êtes surpris de ce style. Mais, morbleu! savez-vous que j'achète la viande trois livres dix sols et qu'il n'y a plus moyen de vivre si l'on n'est représentant, marchand, ou voleur de grand chemin?"; "Mon cher ami, voici bien une autre affaire: je veux devenir marchand du vin et vous faire commissionnaire. [...] Ce digne Hyver peut nous aider dans notre petite spéculation. Je lui écris poliment sans lui dire pourtant que je veuille faire le même métier que lui"; lettre du 9 mai 1795, *op. cit.*, 67: "J'attends avec impatience votre réponse sur l'article du vin. Chaque heure de retard est ruineuse."; les lettres de Fontanes continuent dans ce style, Joubert fait ce qu'il peut, voir lettre du 23 novembre 1794, *op. cit.*, 57-58, mais il est bien irrité de cette idée "fontanesque" de se faire "marchand de vin".

28 *Décade, op. cit.*, N° 3, 30 vendémiaire an V, 21 octobre 1796: "Notices des mémoires présentés pendant le dernier trimestre, lues dans la séance publique du 15 vendémiaire", le rapport est de Mongez, p. 144: "Les habitants d'une vaste contrée qui n'avaient point des Rois, mais qui obéissaient à des chefs élus; qui n'étaient jugés que par une assemblée de leurs pairs, qui eurent des lois, une religion avec l'existence de Rome; qui s'emparèrent de tous les pays soumis aux Romains et de Rome elle-même, si l'on excepte l'étroite enceinte du premier capitole, les Gaulois, dis-je, ont été sous la plume du cit. *Fontanes* le sujet de recherches nombreuses et philosophiques. Il a prouvé évidemment que l'ignorance dans laquelle nous somme sur les principaux traits de l'histoire des Gaulois a la même cause que le silence profond des écrivains latins sur l'histoire des Carthaginois; je veux dire l'envie et la jalousie des Romains. Cependant on trouve dans les auteurs grecs et latins quelques traits épars, qui rassemblés avec soin et réunis avec goût ont fourni au cit. *Fontanes* son Essai sur les Gaulois." - Voir également Académie française, Archives 5 B1, "Extraits des mémoires lus à la 3e classe de l'Institut dans le 1er trimestre de ses séances. Le citoyen Fontanes avait commencé depuis plusieurs années une histoire de France sur un nouveau plan. Ce travail a été interrompu par la perte de ses manuscrits et de ses matériaux dans un incendie qu'il a éprouvé pendant le siège de Lyon. Il a recommencé cet ouvrage. Il en a déjà refait quelques parties. Il a lu un fragment du règne de Louis onze et des recherches sur les premiers siècles de notre histoire." - Au début de la Révolution, Joubert avait travaillé à une *Introduction à l'histoire impartiale de France* (Archives d'Arjuzon-Grouvel, liasse 45), dans laquelle il parle beaucoup des Gaulois; mais il n'y a presque pas de ressem-

Fontanes une large partie de sa vie est découvert et mis en valeur[29], bien sûr, Fontanes n'est pas le seul à s'intéresser à cet auteur. Le réglement intérieur des travaux présentés à l'Institut demande beaucoup d'attention et Fontanes apporte ses lumières sur des problèmes quotidiens[30]. Il faut parfois s'occuper des veuves, tombées dans la misère, parce que leurs maris, autrefois appréciés par la Société grâce à leurs travaux, ne sont plus là pour les secourir[31]. De plus,

---

blance, entre le texte de Fontanes et celui de Joubert.

29 *Décade, op. cit.*, N° 79, an IV, t. 1O, 10 messidor, 28 juin 1796, 24-26: "Lettre au Auteurs de la Décade, sur des vers inédits de Thomas"; Fontanes présente quelques vers de la sixième satyre de Juvénal (vers 60- vers +140) que Thomas a traduits et qui sont inédits; Fontanes attire également l'attention du public sur la traduction "du respectable "Dussaulx" du même auteur et il indique finalement "que Thomas a conservé toute la force de l'original, sans blesser aucune des bienséances qu'exige la langue française. Je le crois même supérieur, dans quelques endroits, à Juvénal." Plus tard, Fontanes a fait un très long article sur Thomas, voir *Spectateur français au XIXè siècle ou variétés morales, politiques et littéraires*, Paris, 1805, t. II, 657-680; Sainte-Beuve, *Oeuvres de Fontanes, op. cit.*, t. II, p. 254; reprend un article de Fontanes sur Thomas; pour l'interprétation voir *infra*; dans la bibliothèque de Fontanes, voir *Catalogue de livres, op. cit.* 43, N° 668, se trouvaient également les *Oeuvres de Thomas*, Paris, 1802, 7 vol. in-8°.

30 Académie française, Archives, 5 B2, "Rapport sur le mode à suivre lorsqu'un citoyen présentera ou enverra à la classe de littérature et beaux-arts de l'Institut National quelque ouvrage ou quelque découverte", 18 frimaire an V, le rapport, non paginé, est signé par Mongez, Fontanes, Le Blond et Ameilhon; nous donnons uniquement quelques extraits et résumons l'essentiel: les membres de la troisième classe sont toujours prêts à recevoir les découvertes des citoyens, "mais n'y auroit-il pas lieu de craindre de voir naître des abus de plus d'un genre, si d'après ces dispositions connues de la classe, chaque citoyen se croyait en droit de venir à son gré occuper ses séances et l'entretenir toutes les fois qu'il lui plairait, des diverses productions de son esprit ou de son imagination?"; la classe avait déjà acquis beaucoup d'expérience dans ce genre; les commissaires énumèrent les inconvénients qui peuvent se produire: les citoyens pourraient venir à des moments inopportuns et il en résulterait "des murmures toujours désagréables, quoiqu'injustes, de la part d'auteurs impatiens"; il se peut aussi qu'on présente des mémoires complètement étrangers aux travaux de la classe, ses membres seraient "condamnés à n'entendre que des futilités"; pire encore, des auteurs chagrins ne garderaient peut-être pas toujours la dignité, quelqu'un peut "verser parmi nous son fiel sur des hommes qu'il n'aimeroit pas et débiter des satyres dans un lieu dont les portes ne doivent être ouvertes qu'à la critique"; il est possible qu'un citoyen tienne des propos inciviques ou professe des idées proscrites "par la saine philosophie", les membres de la classe seraient alors obligés de l'interrompre ou de l'arrêter, le blesser en quelque sorte "dans son amour propre"; les commissaires tiennent, malgré toutes les réserves, à la liberté d'expression de chacun, néanmoins ils préfèrent proposer des barrières: en dehors des membres ou des associés de l'Institut peut lire uniquement celui son ouvrage s'il l'a déposé auparavant "entre les mains des citoyens composant le bureau", eux seuls jugent si la communication est digne d'intérêt; le président fixera le jour où l'auteur "pourroit y être entendu"; si la lecture nécessite plus que deux séances, une commission sera formée qui en fera un compte-rendu très détaillé.

31 Académie française, Archives, 5 B1 pp. 52-53, 13 fructidor an IV; ce rapport est fait comme le précédent, au Louvre, signataires: Jean-Baptiste Fauchard de Grand-Ménil (1737-1816), Jacques-Marie Boutet dit Monvel (1745-1812), acteur et auteur, nommé le 15 déc. 1795 membre de la Classe de littérature et Fontanes; on s'occupe du sort de "la citoyenne Gauthier, épouse de feu Drouin, artiste au théâtre français, et fille de Gauthier, musicien et compositeur"; on retrace d'abord la carrière de cette actrice et

l'Institut est devenu en quelque sorte un bureau de brevets pour découvertes et les inventeurs ont droit à une récompense de la nation[32]. Pendant cette année 1796, les deux Ecoles centrales de Paris (département de la Seine) ouvrent leurs portes et Fontanes se trouve nommé professeur au Collège des Quatre Nations; dans la même discipline, à savoir littérature, Sélis est son collègue à l'Ecole centrale du Panthéon[33]. Fontanes fait le discours d'ouverture[34].

---

qu'elle a dû, en 1780, se retirer de la scène, "après trente-huit ans de travaux"; ayant en août 1796 à peu près 80 ans et vivant dans "la plus cruelle indigence", les commissaires demandent au gouvernement "ami des arts et qui recherche avec un intérêt si respectable les artistes de tout genre que les chocs multipliés de la Révolution" ont jetés dans la misère à leur venir en aide. Les travaux de Fontanes, même co-auteur, devraient donner lieu à un article à part; nous donnons ici uniquement quelques extraits, voir Académie française, Archives, 5 B2: Fontanes fait le rapport de "La Reconnaissance, idylle", du cit. Mons, de Bordeaux, envoyé le 13 pluviôse an 5; il en rend compte, Archives, 2 B1, p. 151, dans la séance du 13 germinal an 5; *op. cit.*, 105, séance du 28 frimaire an 5, Fontanes fait un "compte verbal des origines gauloises du Cn. Latour d'Auvergne"; *op. cit.*, 150, 8 germinal an 5, Fontanes et Camus sont chargés de "faire un rapport sur le domicile des associés"; ce rapport est lu, p. 174, dans la séance du 18 floréal an 5; Fontanes fait un long rapport, le 28 brumaire an 5, pp. 98-99, "Sur le mode de rédaction des mémoires. La classe l'adopte." Ce travail nous semble être extrêmement intéressant sur la façon dont Fontanes s'oriente par rapport aux habitudes des anciennes "sociétés littéraires et savantes"; il y a deux sortes de mémoires présentés par les membres de l'Institut, ceux qui sont "imprimés dans toute leur étendue" et ceux dont on n'imprime qu'un extrait. Fontanes invite ses collègues à être précis: "Vos mémoires doivent contenir non seulement les écrits, mais encore *les pensées et les discussions* qui ont rempli vos séances" (souligné par nous); il est à la longue impossible aux secrétaires de "se charger seuls d'une rédaction aussi longue et aussi difficile." L'ancienne Académie choisissait son secrétaire "pour organe", il y consacrait tout son temps. "C'est ainsi que Fontenelle a jeté tant d'éclat sur celle des sciences." Mais on n'a pas voulu suivre cet exemple pour l'Institut. Fontanes propose donc qu'on distribue aux secrétaires des "extraits de tous les mémoires qu'on ne voudra publier que par fragmens, et la notice de tous les rapports remarquables faits à la classe sur les découvertes, les machines, les manuscrits précieux." Il faut également faire "un court article de nécrologie" sur chaque membre que l'Institut perdra. L'institut s'occupe aussi des funérailles de ses membres; la première branche de la Révolution avait tout balayé, même les derniers honneurs à rendre aux plus proches, on enterrait comme on voulait; l'Institut pensait à acheter un enclos au Père Lachaise pour ses membres, voir Jules Simon, *Une académie, op. cit.* 133.- Archives, *op. cit.*, 101-103, 18 frimaire an 5, Ameilhon fait un long rapport sur l'admission les lecteurs étrangers; Mongez, Le Blond, Ameilhon et Fontanes le signent.

32 *Décade, op. cit.*, N° 81, 30 messidor an IV (18 juillet 1796), p. 177: "Un bureau de consultation a été chargé, pendant tout le cours de la révolution, d'apprécier le mérite des inventions et découvertes et les droits de leurs auteurs aux récompenses nationales. Le Directoire considérant que ces fonctions font partie de celles qui sont attribuées par la constitution même à l'"Institut national des sciences et arts" a arrêté"; suivent des recommendations comment il faut encourager les inventeurs. Il serait faux de vouloir prétendre que Fontanes ait participé à tous les travaux de l'Institut, mais on peut supposer qu'il en fût au moins au courant.

33 Nicolas-Joseph Sélis, *Recueil des discours prononcés le 1er brumaire an VI, à l'ouverture de l'Ecole centrale de la rue Antoine, par les citoyens Joubert (...) Sélis, (...) Costaz, (...)*, Paris, Ballard, s.d. - Egal. *Décade, op. cit.*, N° 75, 10 prairial an IV (29 mai 1796), p. 425: "Ouverture des écoles centrales du département de la Seine", l'article est de Ginguené. Il y a eu des disciplines suivantes: dessin, histoire naturelle,

Si l'ouverture officielle de l'Institut dont les membres ne portaient pas encore le costume que les Académiciens portent aujourd'hui[35] était une fête, celle des deux écoles centrales à Paris à l'encontre des écoles dans les départements où les élus de la ville étaient réunis, se passa dans un cadre plus qu'austère. On avait tout juste envoyé quelques billets d'invitation; aucune publicité ne fut faite, les élus et les membres de la municipalité parisienne étaient absents, Fontanes prit place comme les autres dans une salle basse, sans ornement[36]. Un peu plus tard, le Lycée, devenu Lycée Républicain rouvre ses portes; cette institution, fondée par Pilâtre de Rozier et où, entre autres, La Harpe donna des cours[37], se trouvait rue de Valois; Fontanes, Andrieux et Boisjolin donnaient dans des séances extraordinaires "des lectures de divers morceaux de Littérature"[38]. Pendant ces années, l'Institut s'occupe aussi de l'embellissement du

---

langues anciennes, mathématiques, physique et chimie, grammaire générale, belles-lettres (Fontanes aux Quatre Nations, Sélis au Panthéon), histoire et législations. Les cours au Panthéon se faisaient, *Almanach national*, Paris, Testu, an V, p. 428: "dans la ci-devant Abbaye de Géneviève"; les Ecoles centrales ont été créées par la loi du trois brumaire an IV; il y a eu trois sections et les élèves ne pouvaient monter que par tranches d'âge; pour la première section (dessin, histoire naturelle, langues modernes et anciennes) 12 ans accomplis; pour la deuxième section (mathématique, physique, chimie) 13 ans; pour entrer dans la troisième classe (grammaire générale, belles-lettres, histoire, législation) au moins 16 ans. Les professeurs furent nommés, *loc. cit.*, "par un jury d'instruction"; une révocation devrait être autorisée par le Directoire. Le professeur recevait pour chaque élève 25 livres, il y a eu des aides pour les étudiants nécessiteux. Les cours avaient lieu, selon les professeurs, tous les jours pairs ou impairs.

34 *Magazin encyclopédique ou journal des sciences, des lettres et des arts*, rédigé par A.-L. Millin, 1796, 508-517: "Discours prononcé au nom des Professeurs des Ecoles centrales, par le citoyen Fontanes."
35 *Mesnard, op. cit.*, 202, n° 1: le costume date "de l'arrêté consulaire du 23 floréal an IX (12 mai 1801)."
36 *Décade, op. cit.*, N° 75, 10 prairial an IV (29 mai 1796), l'article est de Ginguené, p. 425: "Ouverture des écoles centrales du département de la Seine"; p. 425: "On est entré dans une petite salle basse, plafondée de solivaux, et soutenue par deux potences. Pas une tapisserie, pas un tableau [...] une simple estrade couverte d'un tapis." Quelques chaises et banquettes.
37 Remarque générale sur l'ancien Lycée, voir Rétif, *Les Nuits de Paris, op. cit.*, t. 13, p. 2998: "Le but de cet Etablissement est de seconder le désir de s'instruire, désir plus-général aujourd'hui qu'il ne le fut jamais parmi les Gens du Monde. Ceux qui ne connoissent pas le Lycée sauront combien les moyens d'instruction y sont variés, et assortis aux goûts de tout Age." Egalement, *La vie et les mémoires de Pilâtre de Rozier, (écrits par lui-même) et publiés par Tournon*, Paris, 1786, p. 16; après la mort accidentelle de Rozier, dans une machine volante sur la Manche, on essayait de maintenir le *Musée de Monsieur et de Monseigneur Comte d'Artois*, Paris, 1785 [18 octobre]; le prospectus est du marquis de Montesquiou; pour les professeurs: La Harpe, Fourcroy, déjà cités *supra*, Grimm, *Correspondance op. cit.*, t. XIV, février et mai 1786.
38 *Décade, op. cit.*, N° 21, 30 germinal an 5 (19 avril 1797), 175: Fourcroy et Sue donnent des cours d'anatomie et de physiologie; les inscriptions se font, p. 176: "rue de Valois, au coin de la rue Honoré près le Palais-Royal"; les prix pour sept mois: "60 livr. pour les hommes, 30 livr. pour les femmes." Mais le prix d'inscription varie beaucoup, à savoir qu'il augmente.

Louvre et Fontanes est au courant[39]. Le discours de Fontanes aux Quatre Nations prononcé "au nom des Professeurs des Ecoles centrales"[40] est important sur plus d'un point. Il montre son souci de faire sortir des anciennes idées, jugées commes saines[41] par ses collègues et par Millin, directeur du *Magazin* et professeur d'histoire à l'Ecole Centrale[42]. L'essentiel de ce discours est que Fontanes voit dans l'antiquité un idéal que la France républicaine doit adopter dans son enseignement. Il s'agit de former une nouvelle génération, mais dont la culture et la formation correspondent en fait à l'Ancien Régime et plus encore à l'antiquité. Ce discours est presque la base de toute la politique scolaire et universitaire de Fontanes sous l'Empire et nous ne sommes qu'en 1796; bien sûr va-t-il ajouter plus tard quelques autres détails. L'antiquité revient au premier plan, les us et coutumes des siècles passés, à l'exemple de ce qui s'est passé chez les Grecs et les Romains, sont présents; les arts qui forment les habitudes des peuples civilisés, se trouvent mentionnés et leur enseignement doit être adapté à l'époque contemporaine; le vainqueur de l'Italie entre déjà avec Fontanes aux *Ecoles Centrales*; il va ramener à Paris les chefs-d'oeuvre du monde pacifié comme les Romains, qui étaient éblouis devant les richesses des Grecs que leurs guerriers apportaient au Capitole. Les soldats français sont comparés aux anciens guerriers, ils "préparent déjà les pompes de la paix qui doit payer leur sang"[43], une idée chère à Fontanes et qui se retrouvera dans presque tous ses grands discours sous l'Empire. Les troupes de Napoléon vont sortir hors de France pour étouffer les crises; lui, il retourne à Paris comme le pacificateur. Il est vrai que Napoléon ne comprendra jamais ce langage de la même façon. Mais

---

39 Académie française, Archives, 5 B2, "Institut National des sciences et des arts. Classe de littérature. Extrait des registres de la classe. Séance du 13 germinal an V de la République. Rapport sur l'achèvement du Louvre." Le rapport imprimé est "certifié conforme à l'original" et signé par Fontanes et Mongez. - Nous ne savons pas si Fontanes s'est occupé de la bibliothèque de l'Institut, néanmoins y a-t-il eu des problèmes, voir *Décade, op. cit.*, N° 19, 10 germinal an V, (30 mars 1797), 45, Le Directoire "avait ôté à l'Institut national la bibliothèque de l'Arsenal appartenant autrefois au Comte d'Artois. Le Directoire, pour la remplacer, vient de mettre à la disposition de l'Institut celle dite de la Ville, située aux ci-devant jésuites de la rue St.-Antoine. - Fontanes s'occupe également "de la continuation de la Bibliothèque des historiens de France", les autres commissaires sont Camus, Dutheil et Ameilhon, voir Académie française, Archives 2 B1, *Institut National des sciences et des arts, Registre (...), op. cit.*, p. 11, 8 germinal an IV.
40 *Magazin encyclopédique ou journal des sciences, des lettres et des arts*, rédigé par A.-L. Millin, 1796, 508.
41 Reste à savoir quelle interprétation les auteurs donnaient au mot "sain". Plus tard, quand Fontanes fait des rapports sur l'état moral des lycéens, il parle très souvent de "sain", les lycéens n'étaient pas pour lui des révoltés, ils étaient studieux, bref, ils étaient dans l'ordre établi et cela par attachement profond pour la politique de l'Empereur.
42 *Almanach national* avec supplément, an VIII, 524; Millin fait des cours d'histoire à la Bibliothèque Nationale, où il est conservateur au Cabinet de Médailles, dans le cadre de l'Ecole centrale du faubourg Antoine.
43 *Magazin, op. cit.*, 516.

la nouvelle génération a surtout besoin d'un "gouvernement sage, éloigné de l'anarchie comme du despotisme"[44]. Rien ne lui est plus nuisible que le désordre et des idées confuses. N'a-t-elle pas la chance de vivre dans une ville comparable à Athènes et Rome, Paris, qui "sera toujours le centre de la politesse et des lumières de l'Europe"?[45].

A la même époque, Fontanes fait un rapport sur les activités de l'Institut.

Par la nature de ses recherches, la troisième classe de l'Institut tourne les yeux vers le passé où elle trouve "des modèles et des instructions"[46]. Les anciens et surtout le "peuple roi" savaient achever à peu de frais des ouvrages immortels[47], pourquoi ne pas faire la même chose dans les temps modernes, en utilisant leurs méthodes? Le citoyen Monge dont Fontanes rend compte va même plus loin: "Il a prouvé que ces vastes entreprises ne lui coûtaient pas la quatrième partie des sommes que nous serions forcés d'y employer. Nous épuisons nos finances pour commencer des ouvrages sans grandeur et sans solidité. Les anciens savaient achever à peu de frais des ouvrages immortels."[48]. En politique, Fontanes cite Aristote dont Camus s'est occupé. Aristote est, selon Fontanes, le premier qui "a fondé les bases d'un bon Gouvernement sur le principe de la propriété"[49], une question qui en effet était brûlante à l'époque. Il a également traité d'Aristophane pendant les séances de l'Institut. La comédie politique, créée par lui et qui disparaissait avec lui, pourrait peut-être être remise en valeur sur les scènes de la France républicaine, parce que ce genre "repoussait la forme du gouvernement monarchique"[50]. Mais le devoir primordial de l'Institut est de conserver la richesse du passé et d'arrêter leur destruction. C'est à la demande de l'Institut que le ministre de l'Intérieur a ordonné la conservation à Nîmes d'un monument antique qu'on voulait détruire. Fontanes élève l'Institut à la hauteur morale de la nation, les savants et les gens de lettres doivent se battre "contre l'ignorance et la mauvaise foi" des gens qui méconnaissent ses services[51]. Si l'Institut, et c'est ici l'essentiel des constatations de Fontanes, avait été fondé plus tôt, il aurait certes essayé d'arrêter "dans ces derniers temps, les ravages de la barbarie, et les Beaux-Arts ne gémiraient pas sur tant de ruines."[52]. Bonaparte, une fois de plus, ne manque pas dans ce rapport. Le corps entier des savants se joint aux "cris de la victoire" du jeune général, qui ramène du pays conquis tant d'objets d'art[53]: une idée que Fontanes va repousser plus tard. Dresser l'inventaire de ces richesses convient à la troisième classe de l'Institut

---

44 *Op. cit.*, 510.
45 P. 516.
46 *Décade, op.cit.*; N° 22, 10 floréal an 5 (29 avril 1797), 198.
47 *Loc. cit.*
48 *Loc. cit.*
49 *Op. cit.*, 199.
50 *Op. cit.*, 200.
51 *Op. cit.*, 201.
52 *Loc. cit.*
53 *Op. cit.*, 202.

dont Fontanes se fait le porte-parole. La fin de ce rapport est un hymne au gouvernement républicain et Beaunier n'avait peut-être pas si tort quand il disait que Fontanes était *bien* avec tous les régimes[54].

L'achèvement du Louvre "qui est toujours resté imparfait sous nos rois"[55] incombe également à l'Institut et pour Fontanes, la France, missionnaire et éducatrice, gagne des batailles sur le champ militaire, elle instruit des peuples vaincus qui voient en elle le modèle "de l'héroïsme du goût et du génie."[56]

---

54 Beaunier, *Roman d'une amitié, op. cit.*, 316, n° 11: à l'occasion de sa collaboration avec Lakanal, pour les livres de classe: "Cela prouve qu'il était en bons termes avec les comités de la Convention."
55 *Décade, op. cit.*, 202.
56 *Loc. cit.*; La création de l'Institut a dû soulever un grand enthousiasme. On en trouve trace dans la Bibliothèque de l'Académie française, mais aussi dans les journaux de l'époque; Entre 1795 et 1797 que nous mentionnons ici, on parle, entre autres, de la rénovation du Louvre, du Pont des Arts qui relie l'Académie au Louvre, de la construction d'un bâtiment qui relie les Tuileries au Louvre, projet jamais réalisé; on discute le fonctionnement de l'Ecole de Rome; la liberté qu'il faut laisser aux élèves, leur droit de voyager jusqu'à la Basilicata au lieu de les renfermer dans une maison où ils seront logés, nourris, blanchis et, surveillés par un directeur (voir *Décade*, les articles signés Pomerol).

Chapitre X

Une voie se trace définitivement

A côté de l'Institut, Fontanes s'occupe des journaux et ses articles dans la *Clef du Cabinet des souverains* et dans le *Mémorial* sont nombreux jusqu'au 18 fructidor. Selon l'annonce dans la *Clef* du 14 janvier 1797[1], il est critique littéraire, et uniquement, mais en fait, Fontanes sait élargir le sens de cette indication, et tout devient plus ou moins politique sous sa plume. Dans ses articles, le passé devient présent et son jugement reflète l'actualité. La polémique, une fois de plus, ne manque pas. On dirait que Fontanes ne peut pas vivre sans elle. Déjà au temps du *Modérateur*, il ne se distinguait pas par une grande clémence vis-à-vis de ses adversaires; cette fois-ci, il ne lance pas d'attaques trop personnelles, sauf contre une personne, Madame de Staël, qui, dans le camp opposé, sera regardée comme irresponsable et dont les idées politiques sont, suivant lui, dangereuses, puisque légères. Sa cible principale, ce sont des jacobins, dont Mme de Staël, selon Fontanes, fait partie. Sa méthode de travail est simple; il choisit d'abord les sujets qui lui conviennent, il résume, cite des passages et en tire des conclusions qui lui sont propres. Il n'y a presque aucun article où la Révolution française ne soit mentionnée. Il se regarde lui-même comme un républicain vigilant pour qui la monarchie avait également de bons côtés. Des mots comme monarchie, révolution, jacobins, républicains et royalistes sont des mots clef qui reviennent sans cesse dans ses articles.

Le compte rendu du livre de Pierre Granié, l'*Histoire de l'Assemblée constituante*[2], n'est pas le premier article de Fontanes à cette époque, mais il a été jugé suffisamment important pour qu'un "Abonné" ouvre une discussion publique avec l'auteur sur la question de la "langue française" qui, selon Fontanes, avait été trahie par la Révolution[3]. Le livre de Granié relate, en fait, l'histoire de la Révolution d'une façon assez détaillée. Comme tant d'autres, il reconnaît que la monarchie était usée, le roi impuissant, les ministres incapables de tenir en main l'appareil de l'Etat, trahis dans leur tâche par une aristocratie corrompue et intrigante. Necker, personage dominant, est traité avec dureté par Granié, ce qui révolte Fontanes qui avait toujours une grande estime pour lui, malgré quelques critiques. L'Ancien Régime fut détruit par tout le monde et même "par un banquier de Genève également étranger à nos moeurs, à nos coutumes et à nos lois, promulgateur infatigable de phrases laborieuses, remplies de l'orgueil domes-

---

1 N° 14, 101.
2 Granié, Pierre, *Histoire de l'Assemblée constituante de France, écrite par un citoyen des Etats-Unis de l'Amérique septentrionale*, Paris, Desenne, an V (1797).
3 *La Clef*, N° 93, 22 avril 1797, 908-910; N° 108, 1032-1033 et suite.

tique le plus dégoûtant"[4]. On pourrait citer d'autres exemples[5]. Le point capital qui a attiré l'attention de Fontanes est certes l'idée maîtresse qui guide le livre de Granié: l'objectivité dans la description des événements et surtout la mise à nu des passions et "la méchanceté des hommes"[6] qui ont apporté tellement de malheurs aux Français. Fontanes sera toujours horrifié par les passions non contrôlées parvenues au pouvoir. Les causes de la Révolution sont, selon Granié, et Fontanes épouse cette idée, au nombre de trois: les abus de l'Ancien Régime, le progrès des lumières et l'incapacité des ministres de Louis XVI. Rendant compte de ce livre, on dirait que Granié lui parle du coeur dans l'interprétation de ce qui s'est passé: "En effet, dans les premiers jours de ce grand événement, le peuple ne vit et ne dut voir, d'un côté, que le patriotisme, la raison et la justice; de l'autre, des préjugés funestes à son bonheur, et la prolongation des maux dont il gémissait."[7] Rien de plus naturel si ce même peuple s'adressait aux gens qui se disaient ses défenseurs. Il voyait dans ces hommes les représentants du "génie des siècles barbares"[8]. A cette première période de la Révolution, continue Fontanes, dans une phrase valable pour beaucoup d'autres circonstances, "les choses firent tout, et les hommes presque rien"[9]. De la première assemblée aurait dû sortir "une constitution sage", puisque parmi ses membres on ne comptait que des représentants vertueux et pleins de talents. Mais ce bonheur était trop grand et d'autres forces se mirent devant le char de la Révolution: "les ambitions et les vices"[10]; le despotisme révolutionnaire devint pire que tous les abus de la royauté, des hommes ambitieux, dont la corruption était de notoriété publique, prêchaient le patriotisme et "bien peu s'étaient donné la peine, avant ce temps, de nous le prouver par quelque vertu"[11]. Pis encore, ces prédicateurs de la liberté avaient besoin de "troubles et de sédition pour gouverner"[12]. Pour cela il fallait déchaîner la populace dont ils devinrent bientôt les

---

4   Granié, *op. cit.*, 4-5.
5   *Op. cit.*, p. ex., p. 64: "M. Necker dont les opinions flottoient au gré des événements"; p. 106: "Necker [...] proposa une banque nationale, et il prenoit pour base fondamentale de cette banque la caisse d'escompte tombée dans un discrédit absolu. Cette idée étoit absurde, et fut reçue avec tout le mépris qu'elle méritoit."; p. 169: "M. Necker écrivit à l'assemblée le 4 septembre [1790] qu'il alloit se retirer et vivre en simple particulier. Cette lettre ne fit aucune espèce de sensation, et l'assemblée passa froidement à l'ordre du jour." - Rappelons, par intérêt, p. 22, que le 17 juin 1789 "la chambre du tiers-état de France [...] prit le titre d'*Assemblée Nationale*."
6   *Loc. cit.*, 908.
7   *Loc. cit.*
8   *Op. cit.*, 909.
9   *La Clef*, N° 93: *Loc. cit.*, 909.
10 *Loc. cit.* Dans un autre article, Fontanes va même plus loin, il cite dans une conversation un "honnête député" avec lequel il s'entretient sur le club de Salm, *Mémorial, op. cit.*, N° 48 (juillet 1797), p. 3: "Souvenez-vous que la république, de l'aveu même de Robespierre, s'est glissée *incognito* à travers toutes les factions. La populace des jacobins, royaliste en 1790, a été toute surprise de se trouver républicaine en 1793. Cinq ou six hommes ont amené cette révolution."
11 *La Clef, op. cit.*, 909.
12 *Loc. cit.*

premières victimes. Fontanes reprend une de ses idées les plus chères: le monde ne peut pas être gouverné par des phrases, mais d'abord "par des lois justes et bienfaisantes"[13]. Granié se trouve donc dans la ligne de pensée de Fontanes. Il ne dissimule pas les reproches à faire à la monarchie; les "princes despotiques et les tribuns factieux"[14] sont traités avec la même sévérité. Fontanes cite le travail de Bréquigny *Sur la formation des communes vers le tems de Philippe-le-Bel*[15] qu'il recommande aux "docteurs politiques"[16] de son époque. Que le trône fût sur le point de tomber était déjà visible en 1791, quand la France voulait se donner le code constitutionnel; celui-ci "était trop républicain pour une monarchie, et trop monarchique pour une république"[17].

Fontanes vient finalement à la question de la langue française et à la "langue révolutionnaire, qui, de la tribune nationale, a passé dans les écrits de quelques hommes dignes d'estime. Mais il est tems que l'ordre et les lois renaissent dans la hiérarchie littéraire, comme dans celle de la politique"[18]. Cette question de la langue, ancienne et toujours moderne, a incité un "Abonné" à poser le problème d'une autre façon[19]. Est-ce qu'on a le droit d'introduire dans une langue des termes inconnus jusqu'à présent, parce que les circonstances, comme c'est le cas avec la Révolution, l'exigent? Ou fallait-il se contenter de conserver strictement la langue établie par des grammairiens des temps passés? Il est clair que l'abonné penche pour l'enrichissement d'une langue par des expressions prises sur le vif chez les orateurs ou dans le peuple. Vouloir tout ramener aux principes "des Racine, des Boileau, des Pascal, des Bossuet [ou] des Fénélon"[20], comme Fontanes le demande, serait presque néfaste. Il va plus loin en écrivant à l'adresse du "citoyen Fontanes": "Je pense que la révolution sera en définitif plus utile que nuisible à notre littérature qui [...] n'a été jusqu'ici qu'un beau domaine, bien cultivé, où la vue se promène avec charme, sans y rien trouver qui la blesse."[21] Fontanes ne pouvait pas laisser passer cette question qui lui tenait tellement à coeur. Deux jours plus tard, sa réponse était prête et imprimée[22].

Fontanes tient "aux vieux usages"[23] du langage et du style et il note que Mirabeau est le seul homme de la Révolution qui, à la fin de sa trop courte carrière, s'est débarassé lui-même d'un langage révolutionnaire qu'il avait utilisé aupara-

---

13 *Loc. cit.*
14 *Loc. cit.*
15 Bréquigny, L.- G.O.F. de, *Recherches sur les communes* (Préface du t. XI des Ordonnances des rois de France, publié par MM. de Vilevault et de Bréquigny), (S. 1., n.d.).
16 *La Clef*, 909.
17 *Op. cit.*, 910.
18 *La Clef, loc. cit.*
19 *La Clef*, n° 108, 7 mai 1797, 1032-1033: *Au rédacteur du journal de la Clef du Cabinet des Souverains*.
20 *Op. cit.*, 1032.
21 *Op. cit.*, 1033.
22 *La Clef*, N° 110, 9 mai 1797, 1048-1050. *Au rédacteur*.
23 *Op. cit.*, 1048.

vant dans ses ouvrages. Mais l'exemple le plus convaincant de la richesse et de la force du français reste Montesquieu:

> "Ouvrons ce livre de la grandeur et de la décadence des Romains, qui est peut-être son chef-d'oeuvre. On dirait que pour l'écrire il s'est assis au milieu du sénat Romain et des assemblées du peuple-roi. Ne semble-t-il pas que tout rempli des plus hautes pensées, il descend du capitole à l'instant même? Il veut les répandre, elles se précipitent en foule, et, revêtues d'expressions sublimes, se bravent dans l'esprit comme des tablaux. Eh bien! dans ce livre si court et si plein, où la pensée a tant de profondeur et de justesse, et l'expression tant d'éclat et de simplicité, Montesquieu a-t-il eu besoin de recourir à des termes étranges et nouveaux? On n'en trouve pas un seul qui ne soit dans Pascal et dans Bossuet, cependant ce n'est pas la même manière. Toutes trois sont assurément très-originales."[24]

En effet, vouloir inventer des termes nouveaux, uniquement parce qu'il y a des troubles dans la rue et parce que la conscience politique des hommes est en mutation semble aberrant à un Fontanes qui reste puriste et conservateur[25]. Bien sûr il existe des sciences et quand on "découvre une nouvelle loi dans la nature, il faut bien chercher un nouveau nom"[26]. Dans la pensée de Fontanes, il ne s'agit nullement de copier servilement les grands maîtres du passé pour écrire à l'époque présente, on les regarde comme des modèles. Que des révolutions, que des grands bouleversements religieux fassent fermenter l'esprit et l'imagination, nul n'en doute, mais le vrai génie sait penser, il trouve son style, et chacun est différent de l'autre: "Qui ressemble moins à Bossuet que Fénélon, à Racine que Corneille, à Boileau que Lafontaine, à Voltaire que Montesquieu, etc.? C'est dans ces grands hommes qu'il y a toujours variété dans les talens, quoiqu'il y ait toujours unité dans la doctrine"[27]. L'abonné répond à l'article de Fontanes, mais chacun reste sur ses positions[28]. Qu'il existe une interdépendance entre la poli-

---

24 P. 1049.
25 Fontanes donne un exemple, *loc. cit.*, il se trouvait dans une assemblée de métaphysiciens où l'orateur utilisait sans arrêt le mot de "motivité": "J'en demandai la signification. On me dit qu'il exprimait la faculté de vouloir. Je représentai un peu vivement que cette dernière expression trèsintelligible me paraissait bien valoir l'autre." On était fort irrité.
26 *Loc. cit.*
27 *Op. cit.*, 1050.
28 *La Clef*, N° 133, 1er juin 1797, 1231-1234. Nous résumons, p. 1232: "Ma devise est: Respect pour les anciens dogmes littéraires, mais liberté d'en imaginer de nouveaux. La devise du citoyen Fontanes est: "Soumission absolue aux anciens dogmes littéraires; anathème à qui aura la témérité de vouloir en créer d'autres." L'abonné ne nie pas la prédilection qu'on peut avoir pour des écrivains supérieurs du passé, néanmoins il ne veut pas qu'on rejette catégoriquement ceux de ses contemporains qui essaient d'ouvrir d'autres horizons langagiers, parce que les circonstances l'exigent. L'influence des événements politiques sur la langue est au fond partagée par les deux. L'abonné va plus loin: les crises politiques véhémentes enfantent une floraison des arts et des lettres, bien que "le progrès des arts [soit] subordonné à la perfection des institutions politiques" (p. 1233). Si Fontanes n'admet de nouvelles locutions que dans les sciences, l'abonné lui procure un autre exemple d'innovations qui montre sa foi et son enthousiasme pour le système républicain: "D'ailleurs la mobilité du système républicain ne produit-elle

tique, faite quand même par des hommes, et leur langage, Fontanes ne le nie nullement, uniquement essaie-t-il d'indiquer un juste milieu, en démasquant l'anomalie dont les orateurs à la tribune nationale ou des écrivains du jour ne se rendaient même pas compte. Dans un autre article, il examine - et il n'est pas le seul -, le mot "citoyen"[29]. La *Petite discussion avec le C. Merlin, ministre de la justice*[30] évoque la question, qui a droit au titre d'honneur que signifie pour Fontanes le mot "citoyen", comparé au mot banal "monsieur". D'Hôpital, Sully ou Catinat étaient en effet d'illustres "citoyens", mais tous les membres des clubs, des comités révolutionnaires ou des cercles constitutionnels ont-ils le droit de se faire appeler "citoyen"?; et le journaliste continue: "Est-on forcé de violer toutes les règles de la langue française pour être bon républicain?"[31]. Pendant toute cette période où Fontanes milite dans ses articles de journaux pour un vrai système républicain, guidé par les lois et non par l'arbitraire, il dénonce avec rigueur les jacobins et les cercles constitutionnels à qui il dénie tout droit de parler au nom de la république, parce que leurs membres ne sont rien d'autre que des conspirateurs qui cherchent le désordre à tout prix. Ils trament des complots, ont un double langage et cela en vue de renverser un système à peine établi et encore très précaire. Fontanes, formé comme Joubert par les Oratoriens, se référa toujours, dans ses principes au passé, sous l'Empire également, mais il n'est pas aveugle vis-à-vis des circonstances actuelles. Il essaie de marier le modèle du passé avec la réalité.

"Des milliers de brochures et de journaux pullulaient"[32], écrit Chateaubriand pour le début de la Révolution, et Fontanes dans le *Mémorial* du 20 juin 1797: "Il est impossible de rendre compte de toutes les brochures politiques que chaque jour voit éclore, et que le lendemain voit disparoître."[33]. Néanmoins, remarque-t-il, faut-il prendre en considération celles qui marquent "les progrès ou la décadence d'une opinion, le passage d'un principe à un autre, et toutes les révolutions de l'esprit public."[34] Cette fois-ci, Fontanes s'occupe de la brochure

---

pas une mobilité de circonstances qui, modifiant nos habitudes, modifie aussi la couleur des idées et des sentimens? Toutes ces variations doivent faire naître de nouvelles manières de s'exprimer. Et les bons écrivains, placés hors du tourbillon politique, les épurant au creuzet du goût et les adoptant au génie de l'idiôme, en augmenteront notre dictionnaire et notre syntaxe qui, quoi qu'en dise le citoyen Fontanes, ne me paraissent pas devoir se borner, tant que durera la langue, au catalogue de mots et de locutions dont se composent les ouvrages des écrivains qui ont précédé la révolution."

29 *La Clef*, N° 122, 21 mai 1797, 1144-1147: Dans une lettre adressée à La Harpe, Garat traite également l'origine et l'usage des mots "monsieur" et "citoyen". Pour Garat "monsieur" signifie "royaliste", "citoyen" veut dire républicain," (p. 1147).
30 *Mémorial*, N° 101, 28 août 1797, 2-3.
31 *Op. cit.*, 3.
32 Chateaubriand, *M.O.T., op. cit.*, (M. Maurice Levaillant), t. T, 235.
33 *Op. cit.*, N° 32, 2: "De quelques brochures nouvelles, et par occasion de l'esprit publique".
34 *Loc. cit.*

de Benjamin Constant *Des Effets de la Terreur*[35] et sur un plan plus vaste, par qui elle fut causée. Lezay avait soutenu la thèse que la Terreur avait "puissamment aidé la marche de la révolution"[36], idée que Fontanes regarde comme fondé", tandis que Constant "trouve cette assertion fausse et injurieuse."[37]. Le jugement de Constant sur la Terreur et la Révolution est, en effet, assez ambivalent. Il blanchit en fait le gouvernement de la Terreur, institution presque parallèle, sur laquelle le pouvoir n'avait aucune influence. Citons Constant: "Le gouvernement avoit le droit d'envoyer les citoyens repousser les ennemis [...], le gouvernement avoit encore le droit d'attacher la peine la plus sévère au refus de partir pour les frontières, à la désertation, à la fuite des soldats. Mais ce n'est pas là ce que fit la Terreur"[38]; ou: "Le gouvernement avoit le droit de scruter sévèrement la conduite de ses généraux, ou victorieux, ou vaincus, et de faire juger sans indulgence celui d'entr'eux qui méritoit ses soupçons [...], mais ce n'est pas là ce que fit la Terreur."[39] A travers tout ce livre ressort le même argument, que le gouvernement avait en effet tous les droits, mais que la Terreur, omniprésente, n'était nullement un bras expéditif du gouvernement, elle était indépendante et incontrôlable[40]. Le passage de Constant sur les événements de Lyon, vécus par Fontanes, a certes révolté le plus ce dernier: "La Terreur causa la révolte de Lyon, l'insurrection départementale, la guerre de la Vendée; et pour soumettre Lyon, pour dissiper la coalition des départements, pour étouffer la Vendée, il fallut la Terreur."[41] Lezay, par contre, indique clairement que ceux qui créaient la République créaient aussi, et bien vite, la Terreur et l'utilisaient pour venir à leurs propres fins: "Ceux qui fondèrent la République française ne savoient pas ce qu'ils fondoient. C'étoient, pour la plupart, des hommes perdus de crimes, qui avoient ouï dire que, dans les républiques, les plus factieux étoient le plus en crédit. En fondant la République, ils nécessi-

---

35 S. l., an V; il s'agit de la deuxième édition; une autre, voir: *Des réactions politiques*, par B.C., 2è édition, augmentée de l'*Examen des effets de la Terreur*, (s. l.), an V. L'ouvrage de Constant constitue une réponse au livre d'Adrien Lezay-Marnézia, d'ailleurs ami de Fontanes, *Des causes de la Révolution et de ses résultats*, Paris, Desenne, 1797; Marnézia (1770-1814) né à St. Julien où F. passait avant d'aller en Suisse; les deux hommes se connaissaient au plus tard en 1786, voir *Corr. de F. et de J.*, chap. I.
36 *Mémorial, op. cit.*, 2.
37 *Loc. cit.*
38 Cité d'après Constant, *Des réactions politiques (...) augmenté de l'Examen des effets de la Terreur, op. cit.*, p. XXII.
39 *Op. cit.*, XXIII.
40 Prenons d'autres exemples, *op. cit.*, XXV: "Le gouvernement avoit le droit d'appeler tous les citoyens à contribuer aux besoins de l'Etat, et la loi l'eût armé d'une sévérité inflexible pour les y forcer. Mais la Terreur livra la répartition et le produit des sacrifices particuliers à des agens arbitraires et rapaces. Elle n'obtint par le crime que ce que la loi auroit assuré à la justice [...] le seul effet de la Terreur fut de rendre les sacrifices plus désastreux aux individus, et moins utiles à la République." Constant est contre la Terreur, Fontanes aurait dû s'en rendre compte, mais ou il ne le voulait pas, ou il n'a pas lu dans leur entier les brochures de Constant.
41 *L'Examen, op. cit.*, XXVIII et ss.

tèrent la Terreur."[42] Fontanes soutiendra toujours cette même idée, dont l'importance était encore augmentée par le fait que, dès la première heure, des hordes de brigands envahissaient le pays pour tout piller. Le journaliste Desmoulins se vantait d'être le "procureur-général de la lanterne"[43]. Il avait une telle résonance populaire qu'on ne voyait dans son journal "qu'une innocente gaieté"[44]. Il avait beau prêcher la clémence - dix jours avant sa mort[45] - il ne subissait pas moins les conséquences de sa propre haine. C'était là la tactique des usurpateurs qui voulaient "régénérer les moeurs, en brisant ses fers"[46]. Et Fontanes continue: "Tous les chefs de parti dans cette révolution sont tombés dans la même erreur."[47] Marat, par exemple, "demandoit huit cent mille têtes en 1790, et, par un beau mouvement de sensibilité", se réduisit à deux cent mille. Ses voeux n'ont été que trop exaucés."[48] Tous ont tellement demandé la mort des autres qu'ils ne pouvaient pas échapper un jour eux-mêmes à la guillotine. Constant est donc pour Fontanes un ignorant ou qui feignait ignorer "ce que [savait] toute la France"[49]. Les maîtres momentanés de la Révolution étaient toujours prêts à excuser les pillages des châteaux; parlant un double langage, ils invoquaient à la fois "les loix protectrices des personnes et des propriétés"[50] et la justification des exécutions et des destructions. C'est ainsi qu'on semait la Terreur, d'ailleurs regardée comme nécessaire "pour renverser promptement les obstacles qui s'opposoient à la *régénération universelle*"[51]. Constant lui semble naïf, en répétant que la Terreur a été provoquée par des "royalistes". Fontanes, pragmatique et réaliste, préfère une vue claire sur les maux passés et présents aux sophismes de Constant. C'est ainsi qu'on les épargne au futur.

Il était évident que Fontanes aurait pu mentionner ici l'influence d'une autre personne sur Constant, Madame de Staël qui restera présente dans l'esprit de Fontanes jusqu'à la querelle du *Mercure*. La critique du journaliste et du futur ami de Lucien Bonaparte que Mme de Staël connaissait également, est parfois acide et mal placée. Fontanes, misogyne en ce qui concerne les femmes ayant trop d'ambitions politiques, ne pardonnera pas à Mme de Staël dans la suite, la légèreté de ses opinions politiques. Elle regardait la Révolution et la Terreur par le balcon. Il ne ménage pas ses mots à propos de son influence sur Constant: "On pourroit citer à chaque page le moment où cette inspiration a été la plus

---

42 Lezay, cité d'après Constant, l'*Examen, op. cit.*, IX.
43 *Mémorial*, N° 32, 20 juin 1797, 2.
44 Loc. cit.
45 *Oeuvres de Camille Desmoulins*, recueillies et publiées d'après les textes originaux augmentées de fragments inédits, de notes et d'un index et précédées d'une étude biographique et littéraire, par Jules Claretie, Paris, Charpentier, 1874, 2 vol. (B.N., 8° La 32 503 (1-2); voir la dernière lettre de Desmoulins à sa femme Lolotte, t. II, 377-382.
46 *Mémorial, loc. cit.*
47 *Mémorial, loc. cit.*
48 *Mémorial, loc. cit.*
49 *Mémorial, loc. cit.*
50 *Mémorial, loc. cit.*
51 *Mémorial, loc. cit.*

vive, et où par conséquent M. Constant a été le plus heureux."[52] Dans la société, continue Fontanes, "son esprit infatigable se prodigue sur tous les sujets"[53], son style est animé, elle parle avec éclat, mais on pourrait dire que le tout "fait mal aux yeux."[54]. En d'autres circonstances, Fontanes n'est pas plus tendre pour Mme de Staël. L'article *Des faux calculs des conspirateurs*[55] est une véritable invective contre celle qui dirige tous les mouvements de Constant. On avait dit, remarque Fontanes, que Benjamin Constant "est destiné à la place de secrétaire général du Directoire"[56], lui qui avait appelé "l'armée des terroristes au secours du gouvernement"[57]. Il fallait beaucoup pardonner à cet auteur suisse puisque il

---

52   *Op. cit.*, 3.
53   *Loc. cit.*
54   *Loc. cit.* - Nous signalons ici uniquement la critique que fait Fontanes dans le même article du livre de Jean-Jacques Leullette, *Des émigrés français ou réponse à M. de Lally-Tolendal*, Paris, Cercle Social, 1797. Il s'agit du livre, *Défense des émigrés français adressée au peuple français*, Paris, Cocheris, an V (1797), 2 vol. Fontanes loue surtout l'objectivité de l'auteur et l'absence de toute injure envers ses adversaires, fait rare dans cette décennie. Fontanes insiste sur ce que le législateur, en matière politique, doit décider "les nouvelles destinées de la république, et les lois éternelles de la justice et de l'humanité" (*Mémorial, op. cit.*, 3). Trophime-Gérard Lally-Tolendal évoque la question des émigrés qui ont fui la France sans porter les armes contre leur patrie. - Rappelons que pour toute cette période et jusqu'à l'assassinat du duc d'Enghien, Fontanes tiendra le même langage; ce n'est pas l'arbitraire qui doit régner, mais les lois.
55   *Mémorial, op. cit.*, N° 64, 22 juillet 1797, 2.
56   *Loc. cit.*
57   *Loc. cit.* - Nous n'avons pas pu trouver la référence. Fontanes ajoute: "il y a plus d'un an" (*loc. cit.*) que Constant appelait "l'armée (...)". Nous sommes en 1797; en 1796, Constant publie, *De la Force du Gouvernement actuel de la France et la nécessité de s'y rallier*, 1796. On pourrait peut-être trouver une allusion dans la phrase suivante, p. 34: "Mais si le gouvernement se croyait en danger, si une faction acharnée parvenait à forcer ses lignes, si, dans le poste périlleux qu'avec un courage, qu'il est bien insensé de méconnaître, il a osé prendre entre les partisans de la terreur et ceux de la royauté, il se voyait prêt à être immolé par ces derniers, il reculerait sans doute jusqu'après des autres. S'il se voyait repoussé dans ces tanières sanglantes, il en ressortirait, avec leurs féroces habitans, pour s'élancer sur les agresseurs coupables." - Constant explique l'équilibre que le gouvernement devait établir entre lui et les terroristes, *op. cit.*, 33: "Tant que le gouvernement sera tranquille, il pesera sur les terroristes; il sait que leur triomphe serait sa perte, il n'ignore pas que, même en s'emparant de leur système, il ne pourrait se maintenir. Ce système n'est pas destructif." - Les idées fondamentales de Constant et de Fontanes concordent et on peut se poser la question pourquoi Fontanes l'attaque tellement. Fontanes aurait pu écrire la même phrase que Constant, *op. cit.*, 28: "L'esprit de l'homme est versatile, il faut que les institutions soient stables. Il faut maintenir la majorité en la supposant invariable. Il faut lui rappeler ce qu'elle a voulu, lui apprendre ce qu'elle veut, en lui faisant trouver le bonheur et le repos sous les loix." Mais Constant est partisan des philosophes que Fontanes n'aimait pas parce qu'ils ont préparé la Révolution, voir, *Discours prononcé au cercle constitutionnel pour la plantation de l'arbre de la liberté*, le 30 fructidor an V, Paris, de Lemaire, s.d., 19 et ss.: "Oui, soldats intrépides, vous êtes les sauveurs de la liberté; mais des philosophes en furent les créateurs. Lorsque tout gémissoit sous l'oppression [...] quelques hommes de lettres isolés, menacés, persécutés sans cesse, se sont transmis d'âge en âge le flambeau sacré de la vérité. Douze siècles de superstition et de féodalité ont pesé sur la terre. [...] Et ne croyez-pas, Citoyens, que leur mission fut sans danger. Vous combattez en plein champs [...], vous donnez et recevez d'honnorables blessures, vous mourrez couverts de

était encore très jeune et ne connaissait pas "nos moeurs et notre langue"[58]. La jeunesse porte en elle un élan, Constant y ajoute "un style emphatique"[59]. Fontanes espère que, la pratique aidant Constant va laisser derrière lui ses défauts de jeunesse ou l'on "exagère" toujours et où l'on "confond" tout[60]. Mais il ne faut jamais oublier que derrière ce jeune homme se trouve une autre personne, au moins le "publie-t-on de tous côtés."[61].

Madame de Staël est pour Fontanes avide de renommée, elle se trouve à l'épicentre de toutes les intrigues qui ont changé les différents gouvernements et cela dès le début de la Révolution. La fille de Fontanes, la chanoinesse Christine, a beau écrire à Mme Récamier, plus tard, que son père n'avait jamais rencontré Mme de Staël et qu'elle regrettait beaucoup ce qui s'était passé à l'époque de la querelle du *Mercure*[62], son père, plein de verve, explose littéralement quand Mme de Staël veut monter au Capitole politique. Le passage de l'article est suffisamment important pour qu'on le cite dans son entier:

"On publie de tous côtés que la main qui dirige ce jeune homme dans ses actions et dans ses écrits, conduit une grande partie des mouvemens dont nous sommes étonnés.

On attribue enfin l'influence la plus marquée, à cette femme célèbre qui, ne trouvant point assez d'alimens pour son activité dans les intrigues ordinaires à son sexe, s'est jettée, dès l'origine, dans toutes celles qui ont changé notre gouvernement: on sait qu'elle court après tous les genres de renommée.

Elle nous apprend dans un de ses livres, qu'on les cite avec honneur dans le parlement d'Angleterre, ce qui prouve que les bons juges de notre langue et de l'esprit français ne sont plus qu'à Londres, et en même tems elle ne dédaigne point, à Paris, la direction du *Cercle constitutionnel*. Une monarchie étoit trop monotone pour la mobilité de cette imagination

---

lauriers; ils expiroient lentement dans les cachots ou sur des bûchers."
58   *Mémorial, loc. cit.*
59   *Loc. cit.*
60   *Loc. cit.*
61   *Loc. cit.*
62   Nous reviendrons plus tard sur l'article de Fontanes dans le *Mercure*, à propos *De la littérature (...).* - A l'occasion de la publication des oeuvres de son père, Christine écrit à Mme Récamier, (B.N., Mss. N.a. fr. 14102, pièce 37): "Je m'estime heureuse, Madame, de pouvoir enfin vous envoyer un exemplaire de ces oeuvres de mon père dont vous avez bien voulu vous occuper si souvent et qui doivent tout à votre gracieux intérêt. [...] Vous trouverez dans ce recueil, Madame, les articles de polémique contre Mme de Staël; toutes les personnes qui se sont occupées du détail de l'édition m'ont en quelque sorte forcée à les laisser à cause de leur mérite purement littéraire et de la célébrité même de cette malheureuse lettre. Tout ce que je puis ajouter, Madame, c'est que ces articles m'affligent plus que vous et à tel point que c'est la seule chose pour laquelle j'aie voulu sortir du silence qui convenait à mon obscurité en priant M. de St. (sic!) - Beuve, qui a compris et rempli également bien mon désir, de placer en bas des articles de mon père quelques lignes qui exprimassent à la fois et mon regret d'être obligée de les donner et la vive admiration que j'ai toujours professée pour les écrits et le caractère de Mme de Staël, admiration qui devient quelque chose de plus vif encore en songeant que Mme de Staël était votre amie.
Je ne puis mieux finir sur ce pénible sujet qu'en vous rappelant, Madame, la propre fin des articles de mon père où il regrette de n'avoir pas connu personnellement Mme de Staël, car je pense avec lui qu'alors il n'aurait pas fait les articles et qu'il aurait été plus

extraordinaire. Il lui faut des républiques toujours agitées, où elle puisse faire et défaire à son gré des constitutions."⁶³

La critique de Fontanes ne s'arrête pas à ce point, elle va plus loin, en persiflant l'impossibilité de Mme de Staël de se voir aimée. Dans une pièce espagnole, une femme conduit "vingt intrigues politiques", elle y réussit, le seul échec est le dernier épisode, une intrigue d'amour et, Fontanes cite l'auteur espagnol: "qu'une femme vient à bout de tout, hormis d'être aimée, quand la nature ne l'a pas voulu."⁶⁴ Puisque les amis de Mme de Staël se trouvent un peu partout en Europe, elle pourra bientôt, par ses relations avec le ministre des relations extérieures, changer les gouvernements du continent à sa façon.

D'autre part, Fontanes souligne bien le phénomène "de Staël", qu'il admire en quelque sorte: hier presque proscrite, n'osant pas se montrer à Paris, elle gouverne aujourd'hui un empire d'idées, elle a de l'influence et elle ramène "à son char de triomphe"⁶⁵ des gens remarquables de la première Assemblée constituante. Quelques jours plus tard, le 31 juillet 1797⁶⁶, se trouve dans le même journal une brève notice non signée concernant Mme de Staël que Fontanes a certainement lue sinon écrite. On se pose la question: qu'est-ce qu'elle, "fille d'étranger, femme d'étranger"⁶⁷ cherchait le 10 juillet "à cette fenêtre du Luxembourg, lorgnant, gesticulant, applaudissant seule et avec fureur l'air si nouveau, si agréable à la nation, la Marseillaise?"⁶⁸ Qu'une femme n'a pas forcément le droit de faire de la politique, à savoir de se mêler des affaires propres aux hommes, résulte d'un autre article de Fontanes. Il s'agit d'une réponse de sa part à une lettre anonyme qui lui reprochait d'être allé trop loin dans ses attaques contre Mme de Staël. Fontanes, qui aime la bataille de plume, s'indigne - comme il le faisait au temps du *Modérateur* - d'abord contre l'anonymat tout court où les colonnes sont ouvertes à tout le monde et où on discute à visage ouvert⁶⁹. Il est vrai qu'il a comparé "cette dame" à une héroïne de pièce espagnole, mais étant plus poli que les autres, il a ajouté en épigraphe "que ses amis peuploient l'Europe et l'Amérique. Que veut-on de mieux?"⁷⁰ Fontanes trouve un autre exemple qu'il n'a pas cité dans son premier article, mais qu'il donne maintenant, presque contre sa volonté: "Le lord Chesterfield, renommé pour sa politesse, disoit pourtant à une jeune dame qui étoit dans le même cas que celle

---

    heureux et moi aussi."
63 *Mémorial*, N° 64, 22 juillet 1797, 2.
64 *Mémorial, Loc. cit.*
65 *Loc. cit.*
66 *Mémorial*, N° 73, 2.
67 *Loc. cit.*, et: "J'ai désespéré de pouvoir lui dire poliment à quel point elle offense les décences que lui prescrivent son sexe [...]. Elle aspire à la gloire et se couvre de ridicules plus remarqués que de torts, et de torts si graves qu'ils dispensent de remarquer ces ridicules."
68 *Loc. cit.*
69 *Mémorial*, N° 105, 1er septembre 1797, 3.
70 *Loc. cit.*

dont j'ai parlé: Madame, il faut plus en croire vos oreilles que vos yeux. Ce propos est dur; et si je l'avois tenu, j'en serois fâché."[71] Dans la suite, Fontanes se justifie, en ajoutant: "Il faut savoir gré à un Français républicain de l'an 5, d'être encore plus poli que le lord Chesterfield, connu par ses grâces et son urbanité sous un gouvernement monarchique."[72] La méthode de Fontanes est intéressante et simple. Il attaque, mais prétend rendre hommage, il cite la même phrase qui n'est pas de lui une deuxième fois, ajoutant une autre citation encore plus acerbe. La réaction de la part de Mme de Staël à de tels procédés nous est inconnue. Tout au long de sa carrière comme journaliste, les relations entre Fontanes et Mme de Staël sont très ambigües. Il ne lui dénie nullement de l'intelligence, de la vivacité et de l'éclat dans la conversation; elle est capable de nouer en peu de temps des contacts heureux et elle est entourée de gens fort estimables et malgré tout cela, il la repousse. Il y a peut-être un rapprochement de caractère puisque Fontanes lui-même était assez vif. Mais elle est étrangère et elle n'a pas à se mêler de la politique française. Ecrire, peut-être, mais agir, Fontanes dit intriguer, en France et sur des hommes politiques français lui semble inconciliable avec son statut et, bien sûr, avec son sexe. Dans sa notice nécrologique, on dira dans la *Minerve littéraire* que beaucoup de femmes très estimables et de haut rang dans la société s'étaient présentées à Fontanes au long de sa vie. Elles ne trouvaient pas d'écho auprès du grand-maître de l'université, du sénateur ou du comte d'Empire. Il leur préférait "d'ignorantes grisettes"[73]. Mais les attaques les plus violentes sont dirigées contre les jacobins, les cercles constitutionnels et les clubs.

Dans l'article *De notre situation présente*[74], Fontanes s'occupe de la France de son temps et il la compare à la situation de 1789 et de 1792. A cette époque, le pouvoir législatif prenait le devant, "aujourd'hui, c'est le pouvoir exécutif qui donne le signe d'attaque"[75]. Fontanes voit renaître des ennemis de la république. "Une faction terrible et puissante"[76] a été détruite pour un moment, mais son esprit a pu survivre à la dissolution. Sa tactique et son habileté est toujours la même; ses membres travaillent dans l'ombre et à l'aide de la ruse"[77]. Ces nouveaux jacobins refusent d'être apostrophés comme tels parce qu'ils ne veulent pas montrer leur vrai but, à savoir s'attaquer au pouvoir. Hier divisés, ils le

---

71 *Mémorial, loc. cit.*
72 *Loc. cit.*
73 *Minerve littéraire*, 1821, t. II, 517 et ss., on continue: "Un joli minois l'attirait plus qu'une belle figure; l'élégance des manières lui imposait; il prisait peu l'éducation dans un sexe qu'il prétendait devoir être asservi." Le nécrologue fait un rapprochement au moins inattendu: "Ainsi que madame de Staël, M. de Fontanes rendait une sorte de culte aux noms historiques; il eût volontiers échangé les palmes du génie contre cet avantage du hasard." Rappelons que Fontanes ajoutait, très tôt, à son nom le titre de noblesse "de" auquel il n'avait pas droit. Il appartient à la noblesse de l'Empire.
74 *Mémorial*, N° 63, 21 juillet 1797, 2-3.
75 *Loc. cit.*
76 *Loc. cit.*
77 *Loc. cit.*

seront à nouveau demain après avoir atteint leur objectif; rusés, ils le sont parce qu'ils utilisent toutes les tactiques pour arriver à leur fin. Les députés de l'Assemblée, fiers d'un succès de la veille, ne se rendent pas au scrutin le lendemain et les nouveaux jacobins - par vote légal - démettent des ministres pour les remplacer par leurs adhérents. Déstabiliser le régime a été et sera leur devise. Dès qu'un club de ces nouveaux jacobins s'ouvre, "il gouverne despotiquement la majorité du *Directoire*"[78]; si les descendants de jacobins emportent la victoire, "la France est encore menacée de tous les malheurs"[79]. Fontanes craint la faiblesse "des gens honnêtes"[80] au pouvoir. Il convient que "la raison et la justice sont deux grandes puissances"[81], mais la tactique des nouveaux jacobins est justement de semer le désordre dans les esprits, puisqu'ils confondent exprès les mécontents qui existent toujours et les royalistes, leur cible principale. Sachant très bien qu'il n'y a presque plus de royalistes en France, ils gonflent leur nombre. Ils soutiennent le Cercle constitutionnel et ceux qui le refusent sont dénoncés comme des agents de l'extérieur. Derrière le Cercle constitutionnel se regroupe, selon Fontanes, le peuple jacobin[82], qui guette sa proie et qui sait se venger de chaque défaite; il s'infiltre même jusque dans l'armée de Bonaparte; il tient le même langage qu'en 1793: "Retrempons-nous dans le peuple"[83], une affiche collée sur tous "les coins des rues de Paris"[84]; ils se regardent comme l'ami du peuple, signe suspect; ce langage fut tenu par des Marat, des Camille Desmoulins et des Danton "de glorieuse mémoire"[85]. Fontanes compare le but du Cercle constitutionnel à celui des clubs jacobins au temps de Mirabeau, de Barnave et de Lameth[86] qui prétendait sauvegarder la constitution et qui, sous Robespierre et Danton, la détruisaient complètement "au milieu du sang et des ruines"[87]; ils se font précéder par d'autres qui, dans la suite, seront effacés parce que "la hache révolutionnaire" punira ceux qui refusent de se plaire comme eux dans "la fange et dans le sang[88]. Ces factions inquiètent Fontanes d'une façon telle qu'il peut écrire dans un autre article: "si les jacobins parviennent à soulever encore la multitude, c'est tout autre chose: et ceux qui gouvernent, ne doivent pas être plus rassurés que moi, car les jacobins en veulent bien moins aux citoyens obscurs, qu'aux dépositaires de la puis-

---

78   *Loc. cit.*
79   *Loc. cit.*
80   *Loc. cit.*
81   *Loc. cit.*
82   *Mémorial*, No. 65, 23 juillet 1797, 3: *Suite de l'article sur les calculs des conspirateurs.*
83   *Loc. cit.*
84   *Loc. cit.*
85   *Loc. cit.*
86   Antoine Barnave (1761-1793), brillant orateur de la Constituante. Auteur d'une *Introduction à la Révolution française*, publié en 1843. Guillotiné.
      Alexandre Lameth (1760-1829) jouait comme ses frères Zhéodore (1756-1854) et Malo François (1757-1832) un certain rôle pendant cette époque.
87   *Mémorial, Loc. cit.*
88   *Loc. cit.*

sance"[89]. Jusqu'au 18 fructidor, la crainte d'un renouveau jacobin revient sans cesse dans les articles de Fontanes. Quand le Cercle constitutionnel fut enfin fermé, Fontanes ne cacha pas sa joie. Le Corps législatif avait dans sa séance du 6 thermidor an V (24 juillet 1797) rendu ce décret, décision que Fontanes défend ardemment le 27 juillet dans le *Mémorial*[90]. Cette fois-ci, le pouvoir n'a pas hésité; il a frappé "au but véritable"[91], puisque dans cet antre qu'était le Cercle constitutionnel, résidaient des adeptes de l'anarchie. Fontanes rend un hommage éloquent aux membres du Conseil des 500 qui ont préparé cette décision, comme Siméon, Pastoret, Vaublanc; dans la séance, Henri Larivière[92] a prouvé que l'argument utilisé par les Jacobins de "prétendues conspirations de royalistes"[93] était dénué de tout sens et qu'ils se répétaient sans cesse pour cacher leurs complots. Fontanes, prolixe en paroles qui sa vie durant expriment la même chose, écrit: "Telle fut éternellement la marche des *jacobins*. Toutes les fois qu'ils enrôlent leurs légions, ils accusent les hommes paisibles de conspirer: toutes les fois qu'ils s'apprêtent à proscrire et à massacrer, ils publient qu'ils sont proscrits et massacrés eux-mêmes: leur politique, en un mot, est de toujours charger de leurs propres attentats les victimes qu'ils veulent frapper; d'après cette ruse constante, on peut croire qu'ils sont résolus a détruire la constitution de 1795, puisqu'ils se rassemblent pour la défendre, et qu'ils accusent de ce projet ceux qui en sont les seuls et vrais défenseurs; leur caractère connu et les événemens passés justifient trop cette crainte aux yeux des amis sincères de la liberté. Le génie des *jacobins* n'est-il pas celui de la destruction. [...] Ainsi donc les *cercles constitutionnels*, loin d'être les soutiens de la constitution actuelle, en auroient été tôt ou tard les destructeurs."[94] Mais Fontanes craint que les "partisans des cercles constitutionnels ou les *jacobins* pour mieux dire (car c'est bien la même chose)"[95] ne prennent leur revanche. Doués d'une ténacité peu coutumière, ils vont recommencer leur bataille aux prochaines élections du Corps législatif; c'est donc le devoir des honnêtes gens de répandre partout "l'histoire des crimes et des malheurs que les *clubs* ont versés sur la France"[96], puisque leur devise est la suivante: "Le feu est mon édifice, je l'éteindrai avec du sang"[97]. L'idée des jacobins, du désordre politique, de la déstabisation de l'Etat, de l'influence des "philosophes" qui remettent tout en cause, est ancrée en

---

89 *Mémorial*, N° 57, 15 juillet 1797, 3: *De quelques affiches séditieuses*.
90 *Mémorial*, N° 69, 2.
91 *Loc. cit.*
92 Joseph-Jérôme Siméon (30 septembre 1749 - 19 janvier 1842); député au Conseil des Cinq Cents.
93 *Loc. cit.*
94 *Mémorial*, N° 69, 2: *Du décret qui ferme les clubs soi-disant cercles constitutionnels*.
95 *Loc. cit.*
96 *Loc. cit.*
97 *Loc. cit.*

Fontanes et elle le restera jusqu'à la fin de sa vie[98]. Un autre terrain d'où naît l'esprit de la Révolution, ce sont les loges des franc-maçons[99]. Néanmoins est-il suffisamment lucide pour ne pas aller chercher l'origine des jacobins, comme le fait Cadet de Gassicourt[100] dans les loges et dans les cercles des initiés. Cadet prétend en effet que ces cercles étaient également coupables d'avoir enfanté "la secte infernale des jacobins"[101]. Fontanes était en contact avec des loges, il y entrait pour chercher des lumières, mais il n'est pas sorti "plus éclairé"[102]. Il y trouvait, par contre, des gens qui croyaient sincèrement aux secrets les plus extraordinaires; tel le comte de Milly[103], qui prétendait que l'âge moyen des hommes pourrait être de quatre ou cinq cents ans et qui mourait malgré un élixir dont il faisait cadeau à Fontanes à cinquante-trois ans dans son village de Chaillot. Fontanes ne faisait pas usage d'un médicament, "qui avoit de si belles propriétés"[104]. La foi de ces adeptes était si profonde qu'ils pensaient pouvoir se mettre en rapport avec des êtres extraterrestres, des puissances célestes, ils croyaient "aux apparitions", "aux évocations", ils pensaient être en rapport journalier avec une force divine. Ces gens savaient vaticiner, mais à quel prix. Cagliostro, un vrai oracle prédisait à l'un qu'il serait ministre, à l'autre qu'il serait "contrôleur-général des finances"[105]. Même des gens pleins d'esprit furent victimes de ces prophètes qui organisaient des "cérémonies puériles"[106] d'où ne sortait rien sauf des trompe-l'oeil. Fontanes voit dans l'ennui et la curiosité, "ces deux grandes maladies de l'esprit humain qui sont particulières à toutes les classes de la société"[107] le mobile de cette soif pseudo-intellectuel. Cadet de Gassicourt pense que les templiers du Moyen-Age étaient des prédécesseurs des francs-maçons et que ceux-ci veulent venger les victimes de "Philippe-le-Bel et Boniface VIII, leurs détracteurs"[108]. Pour Fontanes, par contre, toujours très affirmatif dans ses jugements, l'esprit qui a animé la formation des loges est à chercher au Moyen-Orient et en Egypte, puisque les grands maîtres en maçonnerie voient dans "ces mystérieuses pyramides chargées d'emblèmes et d'allégories"[109] l'origine de leur science, et le journaliste se pose la question

---

98 Au moment de l'élaboration de la Charte, en 1814, Fontanes déclare concernant la presse: "Si la presse est libre, je ne me sens pas libre", Beugnot, *Mémoires* (de), t. 2, 156.
99 *Mémorial*, N° 42, 30 juin 1797, 2-3: "*Des francs-maçons, des initiés et du rôle qu'ils ont joué dans la révolution française.*"
100 Cadet de Gassicourt, *Histoire des initiés anciens et modernes et Le tombeau de Jacques Molay*.
101 *Mémorial, op. cit.*, 2.
102 *Loc. cit.*
103 Milly nom inconnu dans les bibliographies.
104 *Mémorial, loc. cit.*
105 *Mémorial, loc. cit.*
106 *Mémorial, loc. cit.*
107 *Mémorial, loc. cit.*
108 *Mémorial, loc. cit.*
109 *Mémorial, loc. cit.*

pourquoi "ces superstitions qui ont [déjà] infecté l'univers"[110] renaissent-elles et se propagent-elles sur toute l'Europe et dont le centre semble être à Berlin. Fontanes retrace une deuxième fois[111], d'une façon assez rapide, le chemin de ces charlatans qui ont su pénétrer dans les allées même du trône, dans "le sanctuaire de la science"[112] et qui arrivaient à ensorceler des gens dignes de respect et d'admiration par leur esprit éclairé et distingué. Un de leurs motifs d'être initié était l'argent, comme c'est le cas de tous les imposteurs d'un tel genre. Le marquis de Vichy, M. d'Espresmenil[113] se réveillait uniquement quand il avait perdu tout son argent à un homme qui se faisait appeler "le grand cophte"[114] et dont les autres charlatans se moquaient. Fontanes voit également un côté superstitieux dans quelques philosophes du passé et du présent. "Le philosophe Condorcet"[115] n'est pas épargné de cette critique. Selon lui la vie d'un homme pourrait "s'étendre à une progression infinie" et cela par le développement de l'esprit humain[116]. On comprend mieux la critique furibonde contre *De la littérature (...)* et la "perfectibilité" qu'il va exprimer plus tard, quand on a lu ses articles contre les "initiés". Fontanes cherche les causes d'opinions aussi bizarres qui semblent se répandre dans toutes les couches de la société. A l'occasion de son voyage en Suisse, en 1787, il avait rencontré Bonnet, auteur de deux livres importants pour son époque[117]. En face du jeune Fontanes, Bonnet se posait la question pourquoi l'esprit humain a pris un tel intérêt à des rêveries bizarres et complètement illogiques. Sa réponse est claire. Puisque dans ce dix-huitième siècle "la philosophie moderne [...] a ébranlé les fondemens de toutes les croyances religieuses"[118], l'homme, si longtemps assuré par cette croyance, nécessaire à sa vie, se trouve devant un vide qu'il n'arrive pas à supporter. Il cherche donc une issue dans la superstition. "Le besoin des idées religieuses" est si important pour l'homme qu'il le portera jusque "dans l'athéisme"[119]. Il sera même capable de diviniser les sciences physiques et "les énergies de la nature"[120]. Bref, il dit de ne croire plus à rien, et il croit en même temps aux superstitions. Il y avait même à l'époque de Fontanes des gens qui prétendaient que les lois politiques "ne doivent avoir aucun rapport avec des

---

110 *Mémorial, loc. cit.*
111 *Mémorial*, N° 43, 1er juillet 1797, 2-3 (suite de l'article sur les francs-maçons), p. 2: "C'est en Allemagne que triomphent ces fausses doctrines" et spécialement "dans une ville où La Mettrie, d'Argens et Voltaire ont habité si long-tems".
112 *Loc. cit.*
113 Inconnu.
114 *Mémorial, loc. cit.*
115 *Loc. cit.*: "Mais que dirons-nous de la philosophie et de l'athéisme qui ont aussi leurs préjugés et leurs superstitions?"
116 *Mémorial*, 3.
117 Bonnet, *Essai analytique des facultés de l'âme, (...) et Observations sur les corps organisés (...)*.
118 *Mémorial*, 3.
119 *Mémorial*, 3.
120 *Mémorial*, 3.

idées religieuses"[121]. L'idée que religion et Etat font, d'une certaine manière, chemin ensemble, se retrouve plus tard dans l'allocution que Fontanes composa à l'occasion du voyage officiel de Pie VII en France[122].

Nous voyons à travers les idées exprimées dans ses articles que Fontanes, à l'âge de trente-huit ans, a des idées arrêtées; les bouleversements de sa vie ne les changeront pas, elles deviendront plus vigoureuses. On pourrait dire que cette Révolution, indescriptible en ce qu'elle a fait naître comme idées, comme espoirs, malheurs, a définitivement formé Fontanes et l'a jeté dans un conservativisme éclairé: prendre la réalité comme elle est, chercher toujours le juste-milieu, faire des lois sages et se soumettre à elles.

Longtemps avant le fameux article du 15 août 1797 "Brave Général", Bonaparte trouve une place dans les colonnes du *Mémorial*; il en est de même avec Washington, et Fontanes ne fera que répéter devant le Premier Consul dans l'Eloge funèbre (le 8 février 1800) ce qu'il a écrit le 22 août 1797 dans le *Mémorial*[123]. Le 13 août 1797, il fait allusion à une monarchie héréditaire "qui règne par la puissance des souvenirs et de toutes les illusions qui peuvent frapper les esprits"[124], idée qui reviendra quand il sera co-auteur de la fameuse brochure *Parallèle entre César, Cromwell, Monk et Bonaparte*[125] qui enlèvera le poste de ministre de l'Intérieur à Lucien, son ami et parrain de sa fille Christine[126].

Au même moment, Fontanes trace une conduite politique qui est autant plus intéressante qu'il va l'adopter plus tard comme Grand-Maître de l'Université impériale. A l'occasion de la lettre au *Ministre de la justice*[127], il dit en effet: "L'oeil du gouvernement ne doit pas tout voir. C'est en se taisant, c'est en oubliant, c'est en dirigeant avec douceur et en ne forçant rien par la violence qu'il s'affirme et se fait respecter. Il se rabaisse au-dessous de lui-même, dès qu'il montre de l'humeur et de la colère. C'est indiquer à ses agresseurs l'endroit

---

121 *Mémorial*, 3.
122 Fontanes, *Oeuvres, op. cit.*, t. II: 298-299, *Discours adressé à Sa Sainteté Pie VII*, par le président du Corps législatif (10 frimaire an XIII, 1er décembre 1804): "Quand le vainqueur de Marengo conçut, au milieu de champ de bataille, le dessein de rétablir l'unité religieuse, et de rendre aux Français leur culte antique, il préserva d'une ruine entière les principes de la civilisation [...]. Jour mémorable, également à la sagesse de l'homme d'Etat et à la foi du chrétien! C'est alors que la France, abjurant de trop longues erreurs, donna les plus utiles leçons au genre humain. Elle semble reconnaître devant lui que toutes les pensées irréligieuses sont des pensées impolitiques, et que tout attentat contre le Christianisme est un attentat contre la société."
123 *Op. cit.*, N° 95, 3.
124 *Mémorial*, N° 86, 13 août 1797, 2.
125 *Op. cit.*, s. 1., 1800.
126 Christine est née le 9 août 1801 (21 thermidor IX), au n° 1449, rue Saint-Honoré; acte de naissance, témoins: Marianne-Elisa Bonaparte (épouse Bacciochi), Lucien Bonaparte, ambassadeur, Adrien-Cyprien Duquesnoy (maire du 10° arrondissement), François-Auguste Chateaubriand (Archives de la Seine). Elle mourra le 12 novembre 1873, à Genève.
127 *Mémorial*, N° 101, 28 août 1797, 3.

foible où ils doivent frapper."[128] Cette politique sera exactement la sienne à partir de 1808/1809 où il sera recteur-fondateur de cette université dont le système durera à peu près cent-soixante ans. N'écrit-il pas à l'Empereur, le 6 décembre 1809: "Il [Le grand-maître de l'université impériale] devra être le centre d'une certaine représentation, grave, sans éclat."[129]; et dans une autre lettre, datée du 1er février 1810, comparant l'université avec "des corporations anciennes": "Le chef du corps avait le gouvernement général, mais les détails étaient confiés à des adjudants, des coadjuteurs [etc]. Le grand-maître, le général était immobile. Il était l'oeil qui veillait, et non le bras qui devait agir."[130] Le général Bonaparte est donc là, celui à qui il doit presque tout à partir de 1800, même si au début Fontanes gardait quelques distances, étant d'abord l'ami de Lucien. Néanmoins il sera bien vite son maître, grâce à lui, Fontanes peut emprunter les allées du pouvoir et de la fortune. Jusqu'à sa chute, il ne le quittera plus. Bien sûr sera-t-il un maître difficile et il fallait être préparé à ses humeurs calculées. Fontanes, actuellement républicain libre qui écrit ce qu'il pense, doit encore parcourir un long chemin pour devenir courtisan[131], difficile pour un Poitevin de caractère violent lui aussi, mais qui a toujours su s'adapter aux exigences nouvelles. Fontanes suit donc Bonaparte de près; il ménage en quelque sorte son futur patron, bien que personne, à cette époque, ne pût prévoir ni le Consulat ni l'Empire.

Fontanes remarque que des milieux anarchistes essaient de s'infiltrer dans les armées victorieuses de l'Europe pour ébranler leur fidélité vis-à-vis du gouvernement. Des "jacobins du midi de la France errent dans les villes de l'Italie; il y répandent leurs poisons"[132]. Ces factieux se glissent à l'insu de leurs chefs dans les armées pour saper le moral des troupes. Fontanes ne craint pas un gouvernement militaire en France; l'arrivée des généraux à Paris le rassure, il se réfugierait volontairement sous leurs étendards, "si les satellites de Robespierre avoient pu, comme ils l'espéroient, à l'aide des cercles constitutionnels recom-

---

128 *Loc. cit.* - Fontanes pouvait être aussi ferme, voir Bibl. de la Sorbonne, (Réserve), Ms. 1502, N° 223, p. 47, le 12 août 1808: "A un professeur de langue allemande et française. J'ai lu, Monsieur, avec autant de surprise que de mécontentement, le prospectus d'un cours de langue allemande et française, annoncé *avec permission du Gr. Me de l'Université*. Je vous prie de retrancher cette permission de votre prospectus. Je ne suis point entré dans l'exercice de mes fonctions, et je n'ai pu ni rien permettre ni rien défendre. Je vous salue."
129 Arch. Nat.
130 Arch. Nat., AF IV 1050, dos. 7.
131 Selon Fontanes, Tallyrand est toujours resté courtisan de Versailles; voir, *Mémorial*, N° 65, 23 juillet 1797, 3 (*Suite de l'article sur les faux calculs des conspirateurs*). Des places importantes sont données au gouvernement à des hommes "tels que MM. de Talleyrand, Montesquiou, Lameth" et Fontanes se pose la question: "Sont-ils sûrs d'avoir assez dépuillé *le vieil homme*, pour ne rien montrer des habitudes, des manières et des souvenirs de leur première éducation? Je ne doute pas assurément de la souplesse des anciens courtisans de Versailles; mais ira-t-elle jusqu'à complaire à la simplicité rustique, ou à la fougue républicaine de leurs nouveaux maîtres?".
132 *Mémorial*, n° 82, 9 août 1797, 3.

mencer leur proscription et le carnage."[133] On disait que ces jacobins auraient bien voulu renverser le Corps législatif avec l'aide de l'armée, mais cette fois-ci l'opinion publique s'est tournée contre eux. Ils ont essayé ce que n'ont jamais osé "faire les anciens monarques français", à savoir braver l'opinion publique[134]. Depuis que ces cercles sont fermés, le calme est revenu en France, néanmoins faut-il rester attentif. Mais Fontanes pose aussi le problème de la responsabilité des membres du gouvernement, qui se sont séparés du peuple. Le choix des commissaires du pouvoir exécutif "a plus d'une fois soulevé des départemens"[135]. Quelques directeurs ont gardé d'anciennes habitudes révolutionnaires, ils jugent hâtivement, ils croient trop vite à des absurdes conspirations royales qui inventent toujours une faction perverse quand elles préparent le brigandage et l'assassinat."[136] Ceux qui devaient avoir l'oeil sur toute l'Europe, ceux qui président le destin de la France, "doivent-ils écouter les délations calomnieuses des partisans de l'anarchie qui sont leurs ennemis comme les nôtres?"[137] Fontanes prend nettement position pour que le gouvernement actuel utilise les services des anciens conseillers pour qu'il y ait transition dans l'exécutif; il donne l'exemple des anciens tyrans qui ont renversé le gouvernement précédent et qui utilisaient leurs serviteurs parce que "ils sentoient qu'on est toujours mieux gardé par des citoyens accoutumés à suivre les mouvemens de leur conscience, que par ceux qui l'ont déjà trahie."[138] Ils donneraient ainsi une haute idée de leur magnanimité, ils présentaient la vraie image d'un grand homme d'Etat. Appeler, par contre, l'armée contre le peuple, indique un manque de clairvoyance, d'autant plus que dans la pensée politique de Fontanes les lois doivent gouverner, jamais les armes. Fontanes anticipe sur la pratique politique de Napoléon et celle de Louis XVIII qui utilisaient des hommes rodés dans les avenues du pouvoir.

Des agents de l'anarchie voulaient présenter Bonaparte comme un de leur complice, en faisant publier dans le *Redacteur* du 21 juillet 1797 une déclaration du général qui prétendait dresser les soldats contre les citoyens, erreur majeure, puisqu'il s'agissait certainement d'un faux[139]. Beaucoup d'hommes dignes de respect se sont élevés contre d'attitudes aussi grossières et inciviques. Fontanes conteste que Bonaparte se soit laissé entraîner dans une pareille tentative. Déjà ici nous trouvons un Fontanes panégyrique qui plus tard va soutenir sans réserve le trône, pour ne pas dire les trônes. Ne dit-il pas: "Non, le vainqueur de l'Italie occupe une place trop élevée dans l'histoire pour vouloir en des-

---

133 *Loc. cit.*
134 *Mémorial, loc. cit.*
135 *Loc. cit.*
136 *Loc. cit.*
137 *Loc. cit.*
138 *Loc. cit.*
139 *Op. cit.*, (B.N.: 4° Lc2 905).

cendre."[140] La monarchie avec son éclat est toujours présente dans la mémoire de Fontanes. Cette monarchie avait de "la politesse et [un] noble orgueil", elle savait jeter "quelque éclat et quelque dignité sur les moeurs."[141]

Dans "cette nuit de barbarie, dont Robespierre et ses agens avoient couvert la France"[142], il se trouvait des gens qui regardaient avec respect du côté de Versailles, mais aujourd'hui les soldats français, et à leur tête des généraux éminents comme Bonaparte, Jourdan, Hoche ou Moreau envahissent l'imagination du peuple; ce sont eux qui "ont entouré nos frontières de trophées"[143]. Faisant un transfert de sentiments, Fontanes constate que "toutes les imaginations fortes et vives deviendront facilement républicaines[144] au lieu de rester monarchiques. Les fastes de la république se montraient, nous l'avons vu, à l'occasion de l'ouverture de l'Institut National où le gouvernement apparaissait avec pompe et éclat. Par contre, sous l'Empire, Fontanes sera le premier à applaudir aux nouvelles splendeurs de la monarchie et d'une monarchie héréditaire[145]. Il invitera même Napoléon à établir une hiérarchie bien définie. Nous allons voir plus tard qu'au goût de l'ordre va s'ajouter chez Fontanes le goût de la splendeur qu'il trouvera dans les monarchies, les circonstances aidant[146]. Pour le moment, le devoir du Directoire est de "conquérir les coeurs par la sagesse et par les bienfaits"[147]. Bien qu'il ne craigne pas les généraux, il ne voit d'un bon oeil l'installation probable d'un régime militaire en France. Il met l'accent sur les conséquences graves d'une telle décision, puisque: "Les directeurs seroient nécessairement les premiers esclaves du régime militaire qu'ils auroient fondé, et

---

140 *Mémorial*, N° 66, 24 juillet 1797, 2.
141 *Loc. cit.*
142 *Loc. cit.*
143 *Loc. cit.*
144 *Loc. cit.*
145 Fontanes appuiera le divorce de Napoléon avec Joséphine et le mariage avec Marie-Louise. - Une fois les Bourbons rentrés en France, Fontanes n'hésitera pas à dire à la distribution des prix de 1814, Napoléon étant chassé: "Vous revoyez ce qu'ont vu vos pères; vous respecterez ce qui fut l'objet de leurs hommages [...] la France a repris le cours naturel de ses destinées." (Poèmes et discours de Fontanes, Paris, Delamotte, 1837, 142). Le *Dictionnaire des Girouettes* a certes raison de poser plusieurs questions: "Il serait difficile de décider par quel prince M. Fontanes (sic!), comte de l'empire, a été le plus comblé de faveur." (Proisy d'Eppe, *op. cit.*, s. l., 1815, 185), ou: "Grand-maître de l'université impériale sous l'un, grand-maître de l'université royale sous l'autre, il loua si bien les deux chefs de gouvernement, qu'on défierait à la plus habile girouette de notre siècle de distinguer lequel de ces deux chefs M. Fontanes voulait réellement le plus louer: Tantôt il disait à l'empereur: Sire [...]; tantôt il disait au roi: Sire [...]." (*op. cit.*, 185 et 187. Voir infra des extraits plus larges.
146 La richesse de Fontanes est difficile à établir; à côté de sa bibliothèque qui comportait 957 titres, parfois jusqu'à vingt volumes (voir *Catalogue des livres, op. cit.*, pour la vente du 8 janvier 1822), s'ajoutait une richesse personnelle considérable, l'*Inventaire après décès*, dressé le treize septembre 1821 (Arch. Nat., Minutier Central, CXVIII, 916, 927, 928) comporte environ cent-vingt pages, très grand format ancien, très petite écriture.
147 *Mémorial, op. cit.*, 2.

peut-être ses victimes"[148]. Une fois de plus l'image de la monarchie lui vient à l'idée; les rois étaient "des êtres en quelque sorte sacrés, que la politique relègue à dessein dans une sphère éclatante et inaccessible, pour que la loi proclamée de si haut par leur organe exerce une autorité toute-puissante"[149], mais les membres du Directoire n'ont pas "cette magie", plus encore, ces maîtres de l'armée "qui ont fait trembler Vienne", qui ont chassé par un coup d'épée le doge de Venise, qui ont établi des républiques n'ont pas l'habitude de s'abaisser. Quand les grands généraux du passé comme un Turenne, un Villars, un Condé paraissaient devant Louis XIV, ils savaient qu' "un rayon descendu de ce trône enorguaillissoit alors le front des plus illustres guerriers."[150] Mais le comportement des gens ayant changé, la situation est toute autre aujourd'hui. Le gouvernement devrait donc être obligé de consulter l'opinion publique. Le journaliste invite surtout le Directoire à ne pas appeler le vainqueur de l'Italie "aux portes du palais du Luxembourg"[151]. Il sera capable de changer les républiques et Fontanes voudrait que "la nôtre qui n'a encore que trois ans, surpasse en durée, celle de l'antique Venise"[152]. Chaque fois que Fontanes remarque un signe d'attaque contre les jacobins ou d'éléments anarchiques venant d'en-haut, il soutient ce signe publiquement. Le président du conseil des Cinq Cents avait tracé dans une allocution la voie de la Révolution, en dénonçant surtout le berceau en sang et en larmes qu'était cette première république, mais "la république victorieuse" a finalement gagné[153].

Les "invincibles armées du Rhin, de la Meuse et de l'Italie"[154] ont trouvé une juste place dans ce tableau et le président voua "à l'exécration des siècles tous les brigands révolutionnaires"[155]. Mais à l'intérieur des organes de la république, il n'y a pas unanimité. Le Conseil des Cinq Cents parle un autre langage que le Directoire[156], ou le Corps législatif puisque l'un accuse même l'autre de malhonnêteté. Etant submergé par des difficultés intérieures, on cherche les racines du malaise à l'extérieur "comme dans le bon tems, comme en 1793, de l'infâme royalisme, des émissaires du royalisme, des feuilles du royalisme de Pitt et de Blankembourg", et surtout de l'or de Louis XVIII, qui en a tant pour en donner, et qui viendra bientôt en personne, acheter la république."[157]

---

148 *Mémorial*, N° 86, 13 août 1797, 2: *Suite de l'article sur le dernier message du directoire.*
149 *Loc. cit.*
150 *Loc. cit.*
151 *Loc. cit.*
152 *Loc. cit.*
153 *Loc. cit. Mémorial*, N° 85, 12 août 1797, 3-4: *Sur le dernier message du directoire.*
154 *Op. cit.*, 3.
155 *Op. cit.*, 3.
156 *Mémorial, loc. cit.*
157 *Loc. cit.*

Le 15 août 1797 finalement, Fontanes insère son grand article "Brave Général"[158] qui, selon Sainte-Beuve, a été peut-être lu par Bonaparte[159]. A cette époque, personne ne pouvait prévoir le futur grand succès politique de Bonaparte, et cette lettre ne peut pas être regardée comme une lettre partisane. "Le bruit, indique Sainte-Beuve, venait de se répandre dans Paris qu'une révolution républicaine avait éclaté à Rome et y avait changé la forme du gouvernement."[160] Cet article est un véritable hymne à la gloire d'un homme qui n'a que vingt-neuf ans et qui, sous la plume de Fontanes, est déjà comparé à Alexandre et à Charlemagne, propos qui seront prononcés si souvent par le Fontanes officiel. Sainte-Beuve considère cet article comme "un de ces petits chefs-d'oeuvre de la presse politique".[161] Fontanes voudrait bien rencontrer ce grand général pour causer avec lui, pour deviner, même à travers son silence, les grands projets qui doivent se situer en Europe et en Asie. Le théâtre de l'Italie est déjà trop petit pour cet "illustre brigand"[162] qu'est Bonaparte. Fontanes invite le général à en terminer avec le pouvoir temporel du pape et à préparer le renversement de l'Empire ottoman, pour libérer la Grèce, unir ainsi les deux empires, celui de l'Orient avec celui de l'Occident. L'enthousiasme de Fontanes ne manque parfois pas d'un lyrisme un peu puérile; il imagine que le ministre de la Sublime Porte et le secrétaire de l'Etat pontifical sont reçus le même jour par le Directoire; ils se rendent des visites fraternelles, "tandis qu'on s'occupe en secret du sort de Rome et de Constantinople"[163]. Fontanes prédit à Bonaparte une brillante carrière, mais il est aussi à ses yeux le véritable ami des arts et des lettres. Fontanes, lui, il se présente comme un poète; comme Bonaparte, il aime Ossian, "le chantre de la valeur"[164]. Plus tard, après son retour en France, qui se situe peu avant le 18 brumaire[165], Fontanes lui écrit une autre lettre "qui ouvre

---

158 *Mémorial*, N° 88, 2-3.
159 Fontanes, *Oeuvres, op. cit.*, LXXIII: "Si Bonaparte lut la lettre ("Comme c'est très possible), son goût pour Fontanes doit remonter jusque-là."
160 *Oeuvres, op. cit.*, LXIX et, Fontanes, *Mémorial, op. cit.*, 2: Toute mon imagination fermente depuis qu'on m'annonce que Rome a changé de gouvernement."
161 *Oeuvres, loc. cit.*
162 Les propos des Fontanes sont parfois ambigus, pour ne pas dire mal placés; il souhaite même la mort du pontife pour que Bonaparte puisse mener à bon fin ses desseins: "Vous aviez montré pour la vieillesse et le caractère du chef de l'Eglise, des égards qui vous avoient honoré. Mais peut-être espériez-vous alors que la fin de sa carrière [souligné par nous] amèneroit plus vite le dénouement préparé par vos exploits et votre politique [...]. Le pape, dit-on, vient de perdre toute sa puissance temporelle; je m'imagine que vous transporterez le siège de la nouvelle république lombarde au milieu de cette Rome pleine d'antiques souvenirs." (*Memorial*, 3). On ne pouvait pas attendre la mort de Pie VI d'une façon plus élégante.
163 *Mémorial, op. cit.*, 3.
164 *Loc. cit.* Nous n'avons pas traité tous les articles à caractère politique de Fontanes pour cette époque; pour la chronologie des articles, voir "Chronologie biographique de Louis de Fontanes" du présent travail.
165 *Oeuvres, op. cit.*, LXXVI; Fouché était certainement au courant de la présence de Fontanes à Paris; il fut renversé par un cheval rue du Carrousel.

dignement les relations directes de Fontanes avec le grand personnage."[166] Fontanes lui rappelle sa situation de proscrit, lui qui, dans ses articles, avait toujours prêché "de la mesure, de la décence et de la sagesse"[167]; il lui rappelle le sort de sa famille à Lyon, les services qu'il a rendus à l'Institut dont il était l'organe. Fontanes qui, au long de sa vie, a toujours dû se défendre contre ses délateurs, se met sous la protection de Bonaparte qui est un ami des arts et surtout des poètes. Cette lettre a dû attirer l'attention du premier Consul sur le talent du poète et du journaliste, qui sera bientôt le grand orateur du Consulat et surtout de l'Empire. L'éloge funèbre de Washington, prononcé le 9 février 1800 aux Invalides, liera définitivement - malgré quelques brouilles - son sort à celui qui bientôt conclura le Concordat; au même moment paraîtra d'ailleurs dans le *Mercure* régénéré ses articles sur le *Génie du Christianisme*[168] et, de nouveau, ses attaques contre Madame de Staël.

Mais cet éloge de Washington était déjà préparé par Fontanes en 1797 quand il écrit son article, *Exemple de Washington proposé aux chefs d'une autre république*[169]. Le titre indique d'ailleurs quel mode de gouvernement Fontanes cherchait, *à ce moment*, pour la France. Fatigué de l'instabilité, craignant que tout recommence comme sous la Terreur, tout cela l'a certainement amené à chercher un modèle de gouvernement d'Outre-Atlantique. Plus tard quand il sera président du Corps législatif, il attira assez souvent et en vain l'attention de l'Empereur sur le modèle anglais du parlementarisme, au moins en ce qui concerne la durée du mandat de son président. Ici, par contre, Fontanes met l'accent sur la personnalité du fondateur des Etats-Unis qui, "à la tête des armées comme à celle du Sénat, dans sa vie publique comme dans sa vie privée [...] a mérité l'admiration et l'amour de ses concitoyens."[170] Selon Fontanes, la révolution de l'Amérique "a produit la nôtre"[171], mais le caractère de Washington était capable de neutraliser toutes les factions que "l'Amérique [...] comptoit presque autant que la France"[172]. Washington s'est bien gardé de chercher le soutien des jacobins de son pays qu'il ne faut surtout pas avoir comme alliés. Washington ne croyait point aux bruits des royalistes en Amérique, il craignait plutôt ceux qui "artificieux et pervers [...], ont marché les premiers sous [ses] drapeaux" et qui poussaient "la foule aux partis extrêmes"[173]. Dans le panorama que Fontanes dresse pour cette décennie, La Fayette ne devait pas manquer[174]. Lui qui se trouvait au centre de deux révolutions ne trouve pas de clémence aux yeux de

---

166 *Oeuvres, loc. cit.*
167 *Oeuvres, LXXVII.*
168 *Mercure*, germinal, an IX, floréal et fructidor an X.
169 *Mémorial*, N° 95, 22 août 1797, 3.
170 *Mémorial, Loc. cit.*
171 *Loc. cit.*
172 *Loc. cit.*
173 *Loc. cit.*
174 *Mémorial*, N° 55, 13 juillet 1797, 2-3: *Du général la Fayette, et des motions faites en sa faveur au parlement d'Angleterre.*

Fontanes. La Fayette était dépassé par les événements qu'il a fait naître en France, comme d'autres: "Il s'aperçut trop tard que le monstre déchaîné par lui et par ses collègues, avoit plus besoin de frein que d'aiguillon."[175] Le plus grand défaut de La Fayette a été de se jeter dans le tourbillon sans avoir la force de le maîtriser. Mais un "jeune élève de Wasington" [sic] doit avoir droit aux égards et les différentes étapes de sa vie "peuvent justifier ceux qui le louent, ceux qui le blâment, ceux qui le plaignent."[176]

Dans ses articles, Fontanes est un spectateur attentif des événements politiques et on peut toujours souligner qu'il est à la recherche d'un juste milieu dans les affaires politiques; mais ses critiques contre n'importe quel parti ne manquent pas, s'il faut l'exprimer. Au moment où le sort de Venise est décidé, quand la France et l'Autriche font un échange de territoire par le traité de Campo Formio (1797), où deux puissances ennemies "se jettent pour se dédommager, sur les états sans défense qui les avoisinent"[177], Fontanes s'indigne contre un tel traité qui "sembleroit sortir d'une caverne de voleurs" et qui est fait devant une Europe "qui reste dans le silence et dans l'étonnement"[178]. Plus étonnante encore est l'attitude des Vénitiens, le doge, le Sénat et les nobles en tête qui cédaient sans se battre, en criant les premiers: "Vive la république française."[179]

Un aperçu sur la relativité de tout système philosophique et politique est donné par Fontanes à l'occasion de la guerre franco-autrichienne de 1797[180]. Au moment de la Régence, s'il faut en croire Fontanes, naissait "cette secte dont les nombreux disciples ont prophétisé jusqu'à nos jours l'amélioration de l'espèce humaine."[181] Même les guerres devraient, selon eux disparaître grâce au perfectionnement de l'homme. Qu'il en était tout autrement, la postérité l'a bien vu. Ceux qui connaissent l'histoire, remarque Fontanes, constatent que le cours des événements est autre et ils doutent bien "de cette marche progressive vers le bonheur" de l'humanité[182]. Fontanes, toujours réaliste, a une autre vue sur le monde que les adhérents de cette philosophie. Même si l'homme crée des événements, les provoque en quelque sorte, leurs chemins futurs échappent parfois à son créateur, parce qu' "il existe [...] je ne sais quelle force inconnue et supérieure à tous les raisonnemens."[183], tandis que les passions de l'homme restent les mêmes; elles changent de forme ou de nom. Celui qui pense aujourd'hui se battre pour une idée "très-philosophique" voit demain son oeuvre ridiculisée parce que les gens se tournent vers "un autre genre d'enthousias-

---

175 *Op. cit.*, 2.
176 *Op. cit.*, 2.
177 *Mémorial*, N° 92, 19 août 1797, 2-3: *Quelques vérités au Directoire, à l'Empereur et aux Vénitiens.*
178 *Mémorial, loc. cit.*
179 *Op. cit.*, 3.
180 *Mémorial*, N° 99, 26 août 1797, 2-3: *Résultat de la guerre actuelle.*
181 *Loc. cit.*
182 *Loc. cit.*
183 *Loc. cit.*

me"[184]. Il est de même avec l'esprit des siècles, dont chacun a son caractère propre; et on pourrait ne jamais dire "que le siècle le plus éclairé fût le plus heureux"[185]. Des théories très souvent si bien élaborées, sont presque toujours mises en question par les résultats. Fontanes ne croit nullement au "perfectionnement de la raison humaine"[186] et il va revenir sur ce point au moment où une nouvelle attaque sera faite contre Madame de Staël, cette fois-ci plus virulente parce que Fontanes, avec l'exil du 18 fructidor, avait vécu la réalité et la misère[187].

Beaucoup d'hommes politiques de son temps ne sont pas exempts de critique; très souvent c'est plutôt l'irrationnel qui gouverne et non, comme on devait le croire, le rationnel. L'Autriche, autrefois si puissante, a perdu, certes la Belgique par la paix de Campo Formio, mais elle reçoit en récompense des territoires en Italie qui d'abord avoisinent les siens et qui lui sont en même temps plus utiles que la Belgique, puisqu'elle peut maintenant devenir une puissance maritime. Des hommes politiques qui ont accusé Marie-Antoinette de conspirer contre la France, "en faveur de sa maison"[188] ne sont pas oubliés dans la mémoire de Fontanes; d'autres hommes politiques non plus qui agrandissent aujourd'hui l'Empire de "son neveu audelà de ses espérances"[189]. Sceptique envers les philosophes, Fontanes le sera aussi envers les politiques: "On pourroit écrire longuement sur ce texte, qui prouve suffisamment la vanité de toutes les conjectures politiques et de beaucoup d'autres. "O vanité de l'homme! ô foiblesse! ô

---

184 *Loc. cit.*
185 *Loc. cit.*
186 *Loc. cit.*
187 Pour les convictions profondes de Fontanes sur la question de la perfectibilité voir, *Oeuvres, op. cit.*, t. I, 145-154: La société sans la religion (1813), p. 149: "J'ai consulté l'histoire, et j'ai vu la fortune,/ Aux Royaumes divers, de leur chute commune/ Fixer le dernier;/ Tout meurt, mais tout renaît, et quand un peuple expire,/ le Dieu qui l'anima passe en un autre empire/ Qui s'élève à son tour."; ou p. 154: "Hélas! plus de bonheur eût suivi l'ignorance!/ Le monde a payé cher la douteuse espérance/ D'un meilleur avenir;/ Tel mourut Pélias, étouffé par tendresse/ Dans les vapeurs du bain dont la magique ivresse/ Le devait rajeunir." Egalement, Sainte-Beuve (*Oeuvres de F., op. cit.*, LXXXIII): "M. de Fontanes n'avait nullement partagé les idées de la fin du XVIIIè siècle sur la perfectibilité indéfinie de l'humanité, et la révolution l'avait plus que jamais convaincu de la décadence des choses, du moins en France." - Dans son article *De la littérature considérée dans ses rapports avec les institutions sociales, Oeuvres, op. cit.*, t. II, p. 161 et ss., 183 et ss., il écrit notamment, p. 172: "Quand des preuves de raisonnement on passe aux preuves historiques, cette "perfectibilité" sociale, due aux méthodes philosophiques, ne paraît pas avoir plus de fondement. Il semble, en effet, que l'esprit du genre humain ressemble à celui des individus: il brille et s'éclipse tour à tour [...]. Une main cachée et toute-puissante ramène, dans le monde moral, comme dans le monde physique, des événements qui renversent toutes nos méthodes et trompent toutes nos combinaisons." - La question de la perfectibilité de l'homme a également animé une discussion entre Joubert et Fontanes, voir Tessonneau, *Joubert, Educateur, op. cit.*, 42, ou notre travail sur Joubert, 453 et s.
188 *Mémorial, op. cit.*, 3.
189 *Mémorial, op. cit.*, 3.

misère!" C'est ce que doivent dire de grands philosophes, et ce qu'ils ne diront pas."[190]

Dans les articles littéraires également, Fontanes est loin de croire aux utopies des philosophes.

Pendant cette époque, il s'occupe donc aussi de littérature, au fond, sa vocation première, n'est-il pas un homme de lettres[191]. Néanmoins il ne perd pas de vue la politique. Comme tant d'autres, Chateaubriand, Madame de Staël, Constant, Fontanes conserve, même en parlant de littérature, un oeil vigilant sur les événements politiques de l'époque. *La Révolution de Russie* de Rulhière se prêtait bien à l'attention de Fontanes; il trace les grandes lignes de cet événement, mais il insiste surtout sur les relations intimes entre la Czarine et son ancien amant, demeuré ministre, Potemkin[192]. Il met sa réceptivité de la lecture en contexte avec son temps. "L'esprit et le goût" de Rulhière étaient très appréciés dans la société parisienne, bien plus que maintenant où la révolution a tant changé les moeurs. On était frappé par cette révolution qui réunissait tant de forces dans les mains d'une seule personne. Catherine, devenue impératrice en 1762, force son mari, Pierre III, à abdiquer. Elle élève la Russie au rang de grand empire, en gagnant des guerres contre les Turcs et les Polonais; son ingérence dans ce dernier pays amène les trois partages de la Pologne. Mais plus qu'à cette politique, Fontanes s'intéresse à la déformation du goût de son époque, sujet éternel de ses soucis. Le livre de Rulhière appartient justement aux temps du bon goût qu'on a abandonné. Les idées de Fontanes ne sont nullement nouvelles ni originales, mais il faut les souligner une fois de plus, puisqu'il se déchaîne contre les effets de cette révolution et cela pendant toute sa vie: "Dans ce bouleversement général, les vrais principes de l'art de penser et d'écrire qui ne sont qu'une seule et même chose, ont été presque entièrement perdus. Des hommes qui manquaient de talent naturel, et même des études les plus indispensables, ont voulu devenir tout-à-coup de grands écrivains et de grands politiques [...]. Ils ont créé une logique toute nouvelle à l'usage du mensonge, et une rhétorique non moins étrange à l'usage du mauvais goût. C'est là qu'on donne, avec la plus risible importance, de grandes phrases pour de grandes conceptions, l'obscurité pour la profondeur [...]. Les vertiges d'une tête en désordre pour les derniers efforts de la pensée, et de monstrueux sophismes ou de misérables subtilités pour des chefs-d'oeuvres d'analyse."[193] Rulhière n'appartient pas à cette catégorie de néophytes; son style est clair et précis; les anecdotes adoucirent la sévérité de l'histoire. Fontanes présente ce livre comme

---

190 *Mémorial, op. cit.*, 3.
191 *La Clef du cabinet des souverains*, N° 14, 14 janvier 1797, 101, note: "L'auteur de cet article ne se charge absolument que de morceaux de littérature."
192 *La Clef*, N° 73, 2 avril 1797, 747-751, Rulhière, Claude-Carloman de, *Histoire, ou anecdotes sur la révolution de Russie en l'année 1762*, Paris Desenne, 1797, in-8°, XXIV-191p.
193 *La Clef, op. cit.*, 748.

une grande oeuvre historique qui perpétue le bon langage. Déjà le 14 janvier, il a rendu un hommage à l'auteur et à la Czarine[194] qui a su élever la Russie obscure au rang de nation respectée dans toute l'Europe. Catherine grandissait son empire vers le Sud et vers l'Ouest: son code de lois, dédié à Voltaire, donne l'exemple d'un certain libéralisme. La mort de l'impératrice n'a pas apporté de grands changements dans l'échiquier de l'Europe, comme on le craignait. Mais, si les grandes lignes de sa politique étaient connues du temps de Fontanes, sa vie privée l'était moins. L'amour régit une partie de sa vie, bien qu'elle fût assez forte pour le dominer. Comme Frédéric II, elle flattait les philosophes qui à leur tour lui rendaient hommage, mais comme le roi de Prusse, elle sentait le danger de rendre les idées philosophiques "trop populaires"[195].

Au même moment, les *Mémoires de Gibbon*[196] attirent toute l'attention de Fontanes, d'autant plus que Gibbon, converti comme Fontanes au catholicisme, et par ce fait "tour-à-tour catholique et protestant"[197] devint sceptique comme Bayle. Gibbon s'installe à Lausanne, il étudie le français, écrit dans cette langue, aime la littérature française, tombe amoureux de Mademoiselle Curchod qui sera plus tard Madame Necker. De passage à Paris, il parle aimablement de la société comme il le fait quelquefois pour celle de Londres. Son grand chagrin était par contre, la Révolution française qu'il ne pouvait pas admettre; Fontanes cite quelques passages, d'où sort toute l'amertume de Gibbon, devant une situation qu'il ne pouvait pas changer. En 1797, Gibbon devait parler au coeur de Fontanes quand il écrit en 1793: "Je ne compte pas que de longtems un gouvernement solide, soit légal, soit absolu, s'établisse en France"[198]; ou encore, la même année, après la mort de Louis XVI: "La lutte est enfin terminée. Le malheureux roi n'est plus. J'ai été extrêmement tenté de prendre le deuil. Je suis indigné du peu d'impression que cet événement fait autour de moi. J'ai craint qu'un habit noir ne me rendît singulier. Imaginez que les émigrés, soit par prudence ou par pauvreté, n'ont pas pris le deuil, pas même les Necker."[199]

Quand Fontanes condamnait Babeuf, il ne pouvait pas faire autrement[200].

---

194 *La Clef*, N° 14, 98-101: *Variétés*.
195 *Op. cit.*, 101.
196 *La Clef*, N° 10, 29 janvier 1797, 218-221: *Littérature*; Gibbon, Edouard (27 avril 1737-14 janvier 1794), *Mémoires de (...), suivis de quelques ouvrages posthumes, et de quelques lettres du même auteur, recueillis et publiés par le lord Sheffield, traduits de l'anglais*, Paris, chez le directeur de la Décade philosophique, an V, 2 vol.
197 *La Clef*.
198 *Op. cit.*, 220.
199 *Op. cit.*, 220. C'est surtout le vol. II qui a trait à la Révolution et les lettre à lord Sheffield; Gibbon, *op. cit.*, II, la Révolution est "infernale" (p. 422); "L'Allemagne se dégoûte de l'insolence et de la rapacité de ses libérateurs. Le pape rend la résolution de se mettre à la tête de ses armées; et les Lazzaroni de Naples ont offert à St.-Janvier une fusée d'or pour la lancer sur les Français." (p. 445, 1er janvier 1793); "Pauvre France! son gouvernement est dissout, et la nation folle." (p. 442, 7 août 1790); "J'ai fréquemment vu les Necker" chez lesquels il reste un mois (p. 426. lettre du 31 mai 1791).
200 *La Clef*, N° 52, 12 mars 1797, 575-578: *De la conjuration de Babeuf, et de celle de la Villeurnois et de Brotier: Au rédacteur*.

Comparé à d'autres attaques habituellement assez dures, par exemple contre les Jacobins, la critique est ici relativement modérée; elle nous fait découvrir un Fontanes qui, rendons-lui cette justice, essaie au moins d'être équitable envers les idées qu'il ne peut pas partager. Bien sûr, Fontanes est indigné de l'attitude et de l'obstination politique de Babeuf, il les condamne, mais en même temps il s'étonne du génie de la conspiration que Babeuf et les siens tramaient contre la république. Un petit groupe d'hommes travaillant dans le demi-secret arrive à préparer un complot gigantesque: "L'activité de ses intrigues égale l'étendue de ses complots, qui embrasse le France entière. Chaque section de Paris a son bureau central d'instruction, qui reçoit des ordres supérieurs par des voies inconnues, et qui les transmet aux extrémités de la République. Tous les bourreaux sont nommés, toutes les victimes sont désignées d'avance: un massacre universel devait suivre "l'insurrection projetée", et Fontanes continue: "Il prend toutes les formes, pour parler à tous les esprits. Il traite les questions politiques avec ceux qui raisonnent; il parle aux soldats de leurs privations, en les comparant aux prodiges de leur valeur; il rallie, autant qu'il est en lui, toutes les ambitions rivales contre le gouvernement actuel. Il ne néglige pas même la ressource des complaintes, des chants, et des vaudevilles. Il en a préparé dans tous les genres, et sur tous les airs, à l'usage des femmes et des armées, pour les obscures réunions de la taverne, et pour les grands effets de la place publique."[201] Fontanes connaît bien sûr les racines de ces maux qui naissaient des trop grandes inégalités de la société de l'ancien Régime et il conclut: "On peut tout détruire à l'aide de ces jacobins aveugles de la multitude, toujours prête à se précipiter contre la puissance. Tout ce qui fut obscur croit s'élever quand on abaisse tout ce qui fut illustre. C'est surtout dans les pays où le crédit, la faveur et les privilèges héréditaires ont longtems humilié la nation entière, que ces catastrophes sont terribles. Comment ceux qui gouvernent peuvent-ils s'en préserver? Par des lois sages, qui donnent une égale protection aux hommes qui n'ont et ne peuvent avoir, quoiqu'on dise, que des facultés très-inégales."[202]

Prêchant la sagesse, Fontanes indique une fois de plus Bonaparte comme un exemple qui réussira peut-être à réaliser la maxime d'un prince d'Italie: "Le grand art est de pardonner à qui ne peut nuire, et de faire oublier aux autres, ce qu'on ne peut se pardonner à soi-même."[203] Dans l'article sur les *Oeuvres morales et galantes de Duclos*[204], Fontanes met en relief les dons d'observation de cet auteur qui s'intéresse surtout à l'homme, à la société, moins à l'art qu'il néglige, même dans son *Voyage d'Italie*. L'édition qui paraît en 1797 n'a aucun intérêt d'actualité et Fontanes le dit, sauf sur un point où Duclos décrit les *gens*

---

201 La Clef, N° 63, 23 mars 1797, 665: *Suite de la conspiration de Gracchus et de Lavilleurnois, et de Brottier.*
202 *La Clef, op. cit.*, N° 52, 578.
203 *La Clef, op. cit.*, N° 63, 667.
204 *Oeuvres morales et galantes de Duclos, de l'Académie française, suivies de son voyage en Italie*, Paris, Desessarts, 1797, 4 vol.

de fortune, chapitre que Fontanes utilise pour faire une comparaison avec les gens de son époque qui, devenus riches sur un coup de chance, ne connaissent pas la valeur de l'argent[205].

Les Pensées du cardinal de Retz[206], éditées par Roederer, avec une introduction d'Adrien de Lezay-Marnésia, deux amis de Fontanes, loués eux-mêmes en tant qu' "écrivains qui ont traité souvent les questions politiques avec la sagacité la plus ingénieuse, et le patriotisme le plus éclairé"[207], trouvent un écho très favorable de la part de Fontanes, puisqu'il peut louer dans des temps encore troublés le grand siècle de la France. Vouloir comparer la Révolution avec les guerres de la Fronde serait peu logique pour un historien: "Chacun s'y agita sans motif, et tout s'y calma sans peine: Les opinions, les moeurs, la fortune et l'autorité, rien ne changea de nature ni de place" "les émeutes de quelques faubourgs de Paris"[208] n'étaient rien en comparaison des vraies émeutes de la France tout entière sous la vraie révolution.

Mais le cardinal de Retz est la figure dominante de cette époque, qui, dans ses écrits, a su donner une analyse profonde de l'homme dans des situations extraordinaires. Quelques mois avant la Fronde, personne n'aurait pu prédire ce qui allait se passer. Ce qui a agi sur la conscience de la masse était l'impression que leur état restait inchangeable. Par contre, dès qu'elle sort de son état amorphe, elle est surprise que des révolutions apparemment impossibles soient faciles "et cette disposition toute seule est quelquefois capable de les faire."[209] Ce que s'était passé avant la Fronde où la maison royale était unie, la cour soumise, le pays calme, s'était également passé, pour Fontanes, au début de la Révolution. Mais un beau jour "le peuple entra dans le sanctuaire; il leva le voile qui doit toujours couvrir tout ce que l'on peut croire du droit des peuples et de celui des rois, qui ne s'accordent jamais si bien ensemble que dans le silence."[210] Cet exemple est exemplaire pour la pensée politique de l'écrivain et du grand commis d'Etat qu'était Fontanes; le gouvernement est l'affaire de quelques-uns de la masse. Vingt ans plus tard, en 1814, sous la première Restauration, quand Fontanes, avec d'autres, élabore la Charte, ce n'est pas par hasard qu'il dit, à propos de la liberté de la presse: "Je sais ce qu'on a déjà dit, et prévois ce qu'on peut dire encore en faveur de cette liberté: je ne la tiens pas moins pour le dissolvant le plus actif de toute société [...]. Dès aujourd'hui, je déclare hautement que je ne me regarderai jamais comme libre, là où la presse le sera."[211] Pour lui, la société doit vivre dans un ensemble fort structuré et bien

---
205 *La Clef*, N° 88, 17 avril 1797, 868-870, *Oeuvres galantes* (...), op. cit.
206 *Op. cit.*, Paris, l'imprimerie du journal d'Economie politique, 1797, égl. *La Clef*, N° 50, 10 mars 1797, 559-562.
207 *Op. cit.*, 562.
208 *Op. cit.*, 560.
209 *La Clef, op. cit.*, N° 50, 560.
210 *Op. cit.*, 561.
211 Beugnot, Jacques-Claude, *Mémoires de* (...), Paris, Dentu, 1866, t. 2, 156.

hiérarchisé. Le gouvernement doit avoir un oeil attentif, être guidé dans l'exécution de ses idées par des lois pour que l'arbitraire soit chassé, une fois pour toutes.

A cette époque, Fontanes touche aussi à une question qui n'a rien à voir ni avec la politique, ni avec la littérature, mais qui est une réflexion générale sur la didactique oratoire. Dans un article sur les travaux de l'Institut dont Fontanes, dans ces mêmes années, était l'organe, il parle dans une petite notice du public et de l'orateur dans les séances publiques de l'Institut[212]: "Le public, dit-il, est un peu difficile, lorsqu'on le rassemble pour l'instruire et pour l'amuser", parce que, en effet, un "morceau très-précieux dans les travaux secrets de l'Institut" n'est nullement destiné à être lu dans les grandes séances. Un orateur qui ne donne pas tout de ce qu'on attend de lui, est presque perdu dans une grande assemblée. Aux temps des anciennes académies, même au moment de leur gloire, on faisait beaucoup de bruit des incidents, mais "on en garde aujourd'hui le secret", parce que "les hommes, rassemblés avec quelque appareil, veulent des idées ou des sentiments qui les frappent avec énergie."[213] Le comte d'Empire, le grand orateur de l'Université impériale appliquera cette idée; ses discours seront brefs, imaginatifs et même s'il faut lui en pardonner ses éternelles répétitions, sa voix poitevine, rauque et chaleureuse en même temps, attirait l'attention du public et celle de l'étranger[214].

Les Mémoires secrets et critiques des cours de l'Italie de Gorani[215] donne à Fontanes l'occasion de comparer la cour de Naples sous Ferdinand IV à celle de Versailles. Il ne le dit pas expressément, mais entre les lignes, on sent ce que le journaliste a voulu dire. Fontanes se sent à cette époque, nous l'avons dit, relativement libre dans ses écrits; et il peut attaquer le pouvoir pour que celui-ci ne dépasse pas les limites de ce qui lui semble admissible, à savoir de gouverner dans un juste milieu. Il le dit dans l'introduction: "Nous vivons sous un gouvernement républicain, et les bons Français ne peuvent mieux prouver qu'ils l'aiment et le respectent, qu'en dénonçant ses fautes, avec courage, et qu'en indiquant les améliorations dont il a besoin"[216]. Fontanes ne peut d'ailleurs pas se passer des allusions à la France contemporaine en parlant de Gorani. La cour de Naples était corrompue, le désordre qui régnait dans cet Etat était bien connu, et

---

212 *La Clef*, N° 78, 7 avril 1797, 788-790.
213 *La Clef, op. cit.*, 790.
214 Arndt, Ernst Moritz, *Discours du sénateur français M. le Comte de Fontanes, tenu lors de la séance du Sénat du 22 décembre 1813, commenté et expliqué à l'aide de quelques documents historiques par E.M. Arndt*, 1814 (British Museum, 1390 B 70). Il s'agit dans cet écrit d'un commentaire historique qui englobe toute la carrière de Napoléon et des discours très flatteurs de Fontanes. Arndt souligne surtout le faux éclairage oratoire que Fontanes donne aux actes de Napoléon. Fontanes est présenté comme un flatteur sinon comme un adulateur.
215 Gorani, Joseph, Mémoires secrets et critiques des cours, des gouvernemens et des moeurs des principaux états de l'Italie, Paris, Buisson 1793, 3 vol., et le *Mémorial*, N° 24, 12 juin 1797, 2-3 et N° 28, 16 juin 1797, 2-3.
216 *Op. cit.*, N° 24, 2.

Fontanes conclut que la seule façon de rapprocher les peuples des rois est de faire des "lois justes et paternelles"[217]. S'aveugler sur la situation des sujets ne peut-être que malheur: "César ne disoit-il pas [...]: il ne faut s'entourer que de visages contens et bien nourris? Ces mots trop oubliés doivent être gravés aujourd'hui pour l'intérêt des rois et des nations dans tous les palais et sur tous les trônes, et même à la porte de quelques magistrats républicains."[218] Mais Fontanes constate que le roi de Naples, malgré son éducation peu conforme à son rang, malgré ses faiblesses pour la chasse et la pêche, le roi était aimé par le peuple de Naples et de la Sicile parce qu'il avait un bon sens humain, en quelque sorte une sagesse à son niveau qui fut bien saisie par ses subalternes. Vouloir "changer tout, cela est aisé; mais changer en mieux, c'est là le point difficile"[219], disait-il un beau jour à Joseph II d'Autriche, étonné, qui avait l'orgueil, et non le talent d'imiter Frédéric"[220]. En décrivant les autres Etats d'Italie, Gorani s'arrête aussi à la république de Lucques "gouvernée par des nobles; mais ces nobles, qui ne sont sévères que par eux-mêmes, et qui sont plein de justice et d'humanité pour le peuple, en sont chéris et révérés. Il est difficile, selon Gorani, de trouver un coin de terre où il y ait plus d'union et de bonheur."[221] Le hasard a voulu que Napoléon ait confié plus tard à sa soeur, Elisa Bacciocchi ce grand-duché avec qui Fontanes gardait des liens épistolaires.

Mais comment Fontanes ne pouvait-il pas annoncer le livre de Faujas de Saint-Fond *Voyage en Angleterre* ni parler du siècle de Fingal, lui qui avait écrit, autrefois il est vrai, un chant des Bardes[222]. La description des îles Hébrides et celle de Raffa attire l'attention de l'auteur et surtout de Fontanes, puisque là "se trouve cette grotte où le génie des premiers bardes avoit placé le palais de Fingal; [...] on chante encore autour de cette grotte magique, les airs amoureux ou guerriers du siècle de Fingal; et l'imagination peut concevoir sans peine, qu'avec des moeurs et des souvenirs semblables, on se plaise au milieu des rochers arides, au bord d'une mer orageuse, et dans ces solitudes qui semblent séparées du reste du monde."[223] Tout le jeune Fontanes réapparaît dans ces quelques lignes, avec sa verve d'antan, son imagination et son admiration pour les îles sauvages et brumeuses, les épaisses forêts, les chants d'amour et de guerre. Fontanes ne fait qu'écrire ici en prose ce qu'il a décrit autrefois en poésie. En dehors de cela, il reconnaît dans cet article, la supériorité des Anglais en matière de travaux de l'industrie, de l'agriculture et du commerce, et il sou-

---

217 *Op. cit.*, N° 24, 2.
218 *Loc. cit.*
219 *Op. cit.*, 3.
220 *Op. cit.*, 3.
221 *Mémorial*, N° 28, op. cit., 3.
222 *Mémorial*, N° 74, 1er août 1797, *Voyage en Angleterre, en Ecosse, aux îles Hébrides, avec figures*, Paris, Janses, 1797.
223 *Mémorial, op. cit.*, 3.

haite uniquement que leur sage liberté soit préservée et que le "fléau de l'anarchie qui menace l'Europe entière"[224] n'atteigne pas les îles britanniques. L'*Esprit de Mirabeau*[225], livre qui donne des extraits de ses ouvrages attire également l'attention de Fontanes. Il ne l'a vu que deux fois dans sa vie et il peut donc parler avec impartialité de lui. Bien sûr, la Révolution est une fois de plus présente sous la plume de Fontanes. Riche en événements et en idées nouvelles, elle a été, selon Fontanes, bien pauvre en grands hommes. D'autres événements français de moindre importance comme la Ligue ou, nous l'avons vu, la Fronde, avaient fait naître des esprits supérieurs aux circonstances. La Révolution, par contre, n'a fait qu'irriter des esprits sans les apaiser. Pour Fontanes, "le siècle des grandes lumières ne paroît pas celui des grands caractères"[226]. Mirabeau est une exception pour Fontanes et dans les dernières assemblées de la monarchie française, il peut être regardé "comme le créateur de la révolution française", tellement il "partagea tous les vices et toutes les lumières de son siècle"[227], ce que lui permit d'influencer largement les Etats généraux. Fontanes détermine aussi le milieu dans lequel Mirabeau vivait où émergeait la haine, l'orgueil qui dépassaient la mesure ordinaire de l'humain commun. Mirabeau passait son enfance "parmi tous ces réformateurs qui attaquoient les opinions politiques, après avoir ébranlé les opinions religieuses"[228]. Pour Fontanes, l'éducation des jeunes pour devenir *citoyens* passe par une éducation réligieuse. La renommée de Mirabeau dans la foule devenait encore plus grande par les "vengeances domestiques qu'il avoit peut-être méritées, mais qui furent trop longues et trop arbitraires" et ces vengeances "lui donnèrent, aux yeux de la foule, quelque chose de cet intérêt qui s'attache aux opprimés."[229] Etant écrivain avant la Révolution, il était à peine apprécié en tant que tel, où "son écrit sur les *Lettres de cachet* qui avoit seul fixé l'attention des bons juges. On trouve en effet, dans cet ouvrage, des vérités utiles énergiquement exprimées."[230] Fontanes souligne surtout ce caractère farouche qu'était Mirabeau, son besoin de luxe, "de l'or et du bruit" pour lequel il se vendait presque "à tous les libraires"[231].

Les trois hommes qui ont, selon Fontanes, le plus préparé la Révolution, Calonne, Necker et Mirabeau étaient ennemis entre eux; quand un moment, Necker présenta un si grand espoir pour la nation, Mirabeau, jaloux, se livre à la haine et refusa tout talent d'homme d'Etat à Necker. Au moment de la première assemblée nationale qui se forma le 17 juin 1789, la renommée de Mirabeau

---

224 *Mémorial, op. cit.*, 3.
225 *Esprit de Mirabeau*, extrait de ses ouvrages, et précédé du précis de sa vie, Paris, Buisson, 1797; *Mémorial*, 11 août 1797, 3.
226 *Loc. cit.*
227 *Loc. cit.*
228 *Loc. cit.*
229 *Loc. cit.*
230 *Loc. cit.*
231 *Loc. cit.*

était aux yeux de Fontanes "plus qu'équivoque"[232]. Pour les gens de lettres, Mirabeau n'avait aucun talent supérieur, mais il avait une telle fougue dans ses discours à la tribune qu'on le prenait pour un grand orateur, digne des "siècles orageux de la liberté."[233] Peu de gens reconnaissaient à cette époque qu'il était aussi dangereux de l'avoir comme ami que comme ennemi puisqu' "il se jeta au milieu de toutes les passions populaires; il en précipita le mouvement pour se faire craindre, et fut lui-même entraîné par elles."[234] Mais Fontanes essaie de rendre justice à Mirabeau qui était à la fin de ses jours presque révolté contre "les tribuns formés par son école."[235] Il tire la conclusion qui lui était si chère à travers tous ses articles de cette époque: "Tel est le sort de tous les chefs des révolutions. Ils laissent l'empire à des hommes qu'ils ont à peine aperçus dans la foule de leurs complices. Ces complices font place à d'autres plus vils encore, et la destinée des peuples qu'on voulait rendre meilleure, n'en devient que plus malheureuse."[236]

Le travail de Johann Caspar Lavater sur la physiognomonie avait attiré beaucoup d'attention à l'époque; même Joubert lui avait réservé une petite place dans ses *Carnets*. Fontanes qui touche à beaucoup de sujets contemporains dans ses articles s'occupe le 26 août 1797 du livre de J.-J. Sue, *Essai sur la physiognomie des corps vivans*[237]. L'article est plutôt un récit qu'une présentation et on sent que Fontanes n'y prend pas grand intérêt. On peut d'ailleurs s'étonner que celui-ci, toujours conservateur, en principe toujours sceptique envers les nouveautés arrivant "sur le marché" des lumières, s'intéresse à cette nouvelle science. Néanmoins faut-il "réconcilier la science et l'imagination", et il nous dit: "c'est en regardant toujours qu'on trouvera les rapports certains qui doivent exister entre les mouvemens intérieurs des corps vivans, et leurs formes extérieures."[238]

Que "la maladie révolutionnaire fera inévitablement le tour de l'Europe"[239] - ici Fontanes cite Gustave de Suède - est devenu une réalité.

La question: que faire des proscrits, des condamnés de la Révolution, des mécontents "que la France voudroit vomir de son sein"[240], est à l'ordre du jour et Fontanes s'en occupe. Montlinot propose de les envoyer sur les îles de l'archipel des Bisagots sur la côte d'Afrique; il voudrait également inclure dans

---

232 *Mémorial*, N° 85, 12 août 1797, 2-3: *Suite de l'article sur Mirabeau*.
233 *Op. cit.*, 2-3.
234 *Op. cit.*, 2-3.
235 *Op. cit.*, 2-3.
236 *Op. cit.*, 2-3.
237 *Op. cit. (...), considéré depuis l'homme jusqu'à la plante*, Paris, Dupont, 1797; égl. *Mémorial*, N° 99, 26 août 1797, 3.
238 *Mémorial, op. cit.*, 3.
239 *Histoire de l'assassinat de Gustave III, roi de Suède*, par un officier polonais Paris Forget, 1797; égl *Mémorial*, N° 92, 19 août 1797, 3.
240 Montlinot, Charles, *Essai sur la transportation comme récompense, et la déportation comme peine*, Paris, Gratiot, an V; égl. *Mémorial*, N° 51, 9 juillet 1797, 2-3.

ce système des journaliers, une proposition contre laquelle Fontanes s'élève, en posant la question du droit commun: une nation a-t-elle le droit, sous prétexte qu'elle a une population superflue, de se débarrasser d'elle ou n'a-t-elle pas plutôt le devoir et la possibilité de nourrir une plus grande population encore? Ceux qui citent Smith et Arthur Young sans faire des études propres à la France, sont en effet mal conseillés. La question des colonies, comme lieu de déportation, n'existe pas pour Fontanes, sauf pour les malfaiteurs dont le sort doit être réglé par le gouvernement, parce que "le sentiment de la patrie est indestructible dans le coeur des Français", même chez les déportés[241]. Pour Fontanes, rares sont d'ailleurs les peuples, vivant sur un continent et animant des colonies; ce sort est plutôt réservé aux peuples navigateurs dont l'univers et la mer sont la patrie. La question des colonies prend du reste une forme hautement politique. Ne veut-on pas parler d'émigrés quand on parle de mécontents et les envoyer dans les lieux jusqu'à présent peu policés? Fontanes est vigilant en se demandant, si des émigrés loin de la France peuvent faire sortir leurs capitaux; quelles seront les structures politiques à donner à ces terres, et ne faut-il pas craindre l'arrivée d'un proconsul audacieux qui agit avec sa férule. Il propose plutôt le retour des émigrés après qu'ils ont payé "les frais de la guerre"[242]; et il conclut qu'au moment où le gouvernement tiendra un tel langage, la république sera grande et puissante.

La question du divorce fut également traitée par Fontanes qui note qu'une habitude dans les pays nordiques ou calvinistes n'est pas forcément transmissible dans les pays catholiques[243]. Fontanes invite le législateur à résoudre ce problème dans la tradition du christianisme au lieu de copier les lois des pays voisins.

Cette masse d'articles[244], et nous n'avons traité que quelques idées maîtresses, prouve la fécondité des champs d'intérêt de Fontanes. Tout devient politique sous sa plume ou presque. Parlant de littérature, il ne manque pas de glisser quelques considérations sur la situation actuelle de la France; souvenons-nous uniquement de l'ouvrage de Faujas de Saint-Fond, *Voyage en Angleterre*. Le sujet est littéraire et Fontanes, lui-même attiré, au moins momentanément par Fingal, le traite ainsi; néanmoins le "fléau de l'anarchie" est présent. Il fait de même dans d'autres articles, soi-disant littéraires. Ce n'est donc pas sans iro-

241 *Mémorial, op. cit.*, 2; voir égl. l'*Historien*, N° 584, 9 messidor, an V, 113-117: "Sur la déportation", p. 116: "Je proposerai donc, par amour pour l'humanité et la justice de substituer à la peine de mort, des travaux publics proportionnés, par l'intensité et la durée, à la nature du délit, et exécutés sous les yeux des citoyens dans le chef-lieu du canton où le crime aurait été commis."
242 *Mémorial, op. cit.*, 3.
243 *Mémorial*, N° 38, 26 juin 1797, 2-3: *Quelques réflexions sur le divorce*; Faulcon, Félix-Marie, *Opinions sur le divorce et les ministres des cultes*, Paris, an V.
244 Nous n'avons pas fait mention de deux articles, signés "F", *Une journée de Paris*, sans indication d'auteur (Mémorial, N° 73, 31 juillet 1797, 3), et *Lettres de Platon non traduites* (*Mémorial*, N° 58, 16 juillet 1797).

nie que la *Clef*[245] dit que Fontanes ne s'occupe "absolument que de morceaux de littérature."

Le 18 fructidor (3 septembre 1797) sonne le glas au *Mémorial*, comme à Fontanes, comme à tant d'autres. Une fois de plus, il a su se retirer vite de la place qu'il occupait. Il quitte la France, il est exclu de l'Institut auquel il s'est tellement voué. La vie continue, mais autrement.

---

245 Voir *supra*.

Chapitre XI

L'exil temporaire et le retour à Paris

Fontanes qui n'était pas un très grand voyageur se retire de la scène semi-politique. Le 18 fructidor semblait avoir sonné le glas pour celui qui prêchait le juste milieu dans les affaires politiques. Une époque est donc révolue, celle où il restait authentique à lui-même, sans se vendre à un maître. Il se cache d'abord chez Petitot, connaissance de vieille date et à qui il rendra plus tard de grands services. Finalement, il valait mieux quitter le territoire national, et à juste titre, puisque les journalistes incriminés craignaient la déportation pour la Guyane. Il payait cher son indépendance d'esprit, son jugement personnel des événements qu'il regardait avec attention, mais aussi avec distance. Nul ne pouvait lui reprocher d'être démagogue, étant journaliste; personne ne pouvait dire qu'il était paresseux, étant secrétaire de la troisième classe de l'Institut. Mais la République (ou les hommes qui la forment) est parfois ingrate. D'un jour à l'autre, les services rendus ne comptent plus et, Paris, comme le disait Chateaubriand dans sa lettre de Berlin du 31 mars 1821, en apprenant la mort de Fontanes, est une ville où on oublie vite les gens. Fontanes, par contre, n'était pas de ceux qui aimaient se faire oublier.

Emigrer à l'âge de quarante ans - Napoléon avait vingt-huit en 1797 - quand la force de l'homme existe encore, mais quand on se demande jusqu'à quel moment elle va durer, est un obstacle intérieur qui freine ces mêmes forces qui poussent à la vie. Mais Fontanes semble être différent; dès qu'il est obligé de faire quelque chose, il le fait, et il s'en tire assez bien; sa verve l'aide, certes parfois malgré lui. N'oublions d'ailleurs pas que ses ancêtres ont vécu une vie dure, errante! Le père, on s'en souvient, s'est battu en duel, a pris la fuite aussitôt après et s'est installé presque à l'opposé de son pays natal. Le fils naturel de Fontanes, Saint-Marcellin, né de Madame Roche, dans l'entourage de Restif, jeune aventurier sous Napoléon, fera de même en 1819; pour défendre son honneur, il prend des armes. Fontanes ne s'est jamais battu dans sa vie que par la plume et les paroles, son caractère impulsif l'aide à surmonter des difficultés[1].

---

1   Pour les "petites affaires" quotidiennes, [Regnault-Warrin], *Chronique indiscrète du 19è siècle*, Paris, 1825, 98 et s.: "A l'époque du Consulat, Elisa, en sortant du palais des Tuileries, allait souvent grossir le nombre des beautés qui goûtaient le plaisir de la promenade dans l'allée du Printemps. Un jour elle remarqua trois hommes qui semblaient la suivre avec affectation; celui qui semblait être le guide des autres, était le poète Fontanes, qui alors n'était rien moins qu'opulent. En se retournant dans une allée, Elisa et Fontanes se trouvèrent en face l'un de l'autre. "Parbleu, dit le poète, voici une femme à laquelle je... Quel est cet homme? demanda Elisa, qui avait entendu le propos plus que greveleux du poète. - C'est Fontanes, homme fort distingué, lui répondit-on. - Ah! ah! je le connais de réputation, dit Elisa; qu'on lui écrive de venir déjeuner avec moi, j'ai des couplets à lui demander pour une fête." Fontanes, très bon courtisan se

Le but de cette émigration est peut-être l'Angleterre, mais Fontanes hésite beaucoup; sur dix-neuf mois d'exil, il en passe tout juste cinq à Londres, et le reste en Allemagne, surtout à Hambourg, à Francfort et peut-être à Berlin[2].
A Hambourg se trouvait Baudus, rédacteur du *Spectateur du Nord*, journal réimprimé à Paris, dont le propriétaire (Baudus) fut également fructidorisé[3] et Rivarol[4]. Fontanes est malheureux à l'étranger, on le remarque dans ses lettres d'exil à Petitot[5].

---

    rendit à l'invitation, et prouva à la princesse, par des arguments irrésistibles, qu'il était aussi bon athlète que bon poète." - P. 99 et s.: "Il est arrivé beaucoup d'autres aventures presque scandaleuses à l'ex-grand- maître." Fontanes aimait les femmes, entre autres celle d'un certain R... qui cherchait une place dans l'université: "Vous m'avez fait la promesse d'une place; si vous m'y nommez, comme je suis en droit de l'espérer par vos promesses, je m'engage à vous abandonner votre conquête, et à vous en laisser maître absolu! [...] Quelques jours après, un petit journal donna une liste des changemens de domicile de plusieurs personnages bien connus dans Paris. On y lisait: M. de Fontanes, rue Thérèse, au premier, sur le devant." - Le rapprochement entre Fontanes et la famille Bonaparte est intervenu par Lucien d'abord, mais peut-être aussi par Elie Joubert, frère de Joseph et Arnaud qui était en 1792 chirurgien de l'armée du Nord, en 1802 médecin du Corps législatif (voir Tessonneau, *Correspondance, op. cit.*, 123, n° 1).

2   Jean de Montenon, *Lettres inédites de Fontanes à Baudus, 1798-1815*, R.L.C., 1928, 515-544. Il s'e trouve de septembre 1797 à janvier 1798 en Allemagne, du 12 janvier 1798 au 15 juin 1978 environ en Angleterre et du 15 juin 1798 au 5 avril 1799 de nouveau en Allemagne. Il passe d'ailleurs par Anvers. A Londres, il essayait d'obtenir un passeport pour Berlin, *op. cit.*, 527; lettre du 6 avril 1798 à Baudus: "On m'indique Berlin, mais est-on reçu à Berlin? Le chargé d'affaires de cette cour qui est à Londres est presque Jacobin et me sert assez froidement. Celui qui se trouve à Hambourg voudrait-il donner un passe-port à un brave proscrit qui changerait de nom pour se rendre à Berlin, et qui, une fois rendu dans cette ville est sûr d'y trouver des amis qui répondront de lui?"; lettre du 24 avril 1798: "Je quitterai vraisemblablement Londres pour Berlin."
Les chargés d'affaires de la Prusse, en 1798, à Hambourg étaient le comte von Lüttichau et M. Schulz; consul, Karl Ludwig Hesse; vice-consul, Le Cocq; l'envoyé extraordinaire et ministre plénipotentiaire à Londres était le Freiherr von Jacobi-Klöst (Geheimes Staatsarchiv Preussischer Kulturbesitz, I. HA, Rep. 11: relations extérieures). Le Zentrale Staatsarchiv Merseburg (R.D.A.) ne donne aucune indication sur un passage de Fontanes à Berlin; Chateaubriand qui sera en 1821 ambassadeur à Berlin non plus.

3   Baudus fondait son journal fin 1796 à Hambourg. Montenon, *op. cit.*, 520: "Des gens du Directoire venaient jusqu'à Hambourg pour demander son extradition.", ce que le Sénat de la ville refusait.

4   Les deux (Rivarol et Fontanes) se moquaient l'un de l'autre, lettre du 6 avril 1798 à Baudus, Montenon, *op. cit.*, 527: "Quand Riv..., dans ses goguettes se moquera de moi, selon sa louable coutume, dites lui bien, que je l'aime toujours, tout ingrat et vaurien qu'il fut, qu'il est et qu'il sera.

5   Nous renouvelons ici notre entière reconnaissance à Jean-Daniel Candaux qui nous a communiqué, entre autres, des lettres de Fontanes à Petitot, en sa possession.
Les gens en exil semblent toujours chercher consolation et refuge auprès des gens restés à Paris, voir l'exemple de Joseph Fiévée qui s'adresse à Fontanes, de retour à Paris, en 1799 (*Fichier Charavay*, mai 1901): "5 lett. aut. à Fontanes, de Francfort, 15 février-30 décembre 1799. Il se plaint de son exil, lui recommande à F. au nom de Suard, lui parle d'une nouvelle intitulée *Louise*, lui propose ses comédies du *Questionneur* et du *Parvenu* pour le théâtre Feydeau." Chateaubriand prendra la même attitude quand Fontanes s'est réinstallé à Paris, voir, Corr. gén., *op. cit.*, I, 103 (février

La France est présente dans cette partie de l'Allemagne du Nord, où les gens sont froids, d'instinct et même méfiants, mais quelle France! Quand on parle de la littérature française, on ne cite que Mercier; *le Cid* est joué d'une façon médiocre. Fontanes voudrait bien avoir ses livres, mais comment les expédier? Sa famille ne lui donne pas de nouvelles, certes par précaution, se sentant, elle aussi, menacée et cela des mois durant, ce qui inquiète le voyageur qui doit encore se cacher à Cuxhaven par peur des gens du Directoire qui sont à sa poursuite[6]. L'exil est donc un passage amer pour lui, comme pour Chateaubriand et tant d'autres. Quand il débarquait en Angleterre, nous ignorons sous quel nom d'emprunt, il a dû se rappeler son premier séjour dans les îles quand il voulait fonder avec Joubert une correspondance littéraire, entreprise qui échoua devant l'indifférence des Anglais. Malgré les difficultés qu'une émigration comporte toujours, dix-neuf mois n'ont pas brisé la volonté de Fontanes. Il a, dans le passé, vécu des moments plus graves qui l'ont endurci.

Le séjour de Fontanes en Angleterre est marqué par la rencontre avec Chateaubriand avec lequel il se lie d'amitié[7], avec Peltier et les cercles d'émigrés qui

---

1800): "Depuis cette première lettre, écrite de votre solitude, où vous m'annonciez que vous alliez me récrire incessamment, je n'ai plus reçu de nouvelles de vous. Est-ce, mon cher ami, que les jours de la prospérité, vous auraient fait oublier un malheureux? Je ne puis croire qu'avec vos beaux talents vous soyez fait comme un autre homme." (*Op. cit.*, 104, 12 mars 1800): "M'avez-vous donc oublié, mon cher ami? Vous m'aviez promis de vous occuper d'un libraire, et surtout de me procurer une *ruche et des fleurs* auprès des vôtres? Je ne sais si vos dernières prospérités ont changé vos sentiments, mais moi, qui n'ai point cessé d'être malheureux, je n'ai point cessé de vous aimer. [...] Les moyens de m'être utile ne peuvent guère vous manquer à présent et j'attends tout de vous." *Aimer* signifie donc se faire *aider*.

6 Voir l'Annexe VI.
7 Les relations avec Chateaubriand sont bien connues; ici quelques notes, *M.O.T., op. cit.*, t. I 186: "Mais bien que mes relations avec cet excellent homme prissent naissance en 1789, ce ne fut qu'en Angleterre que je me liai avec lui d'une amitié toujours accrue par la mauvaise fortune, jamais diminuée par la bonne."; (*Moniteur Universel*, mercredi, 11 avril 1821, 489, Berlin, 31 mars 1821, Chateaubriand, ambassadeur, apprend la mort de son ami: "Singulière fatalité: notre amitié commença dans la terre étrangère, et c'est dans la terre étrangère que j'apprend la mort du compagnon de mon exil." (Lettre envoyée directement au *Journal des Débats* et reprise au *Moniteur univ.*); Chateaubriand reçoit la nouvelle de la mort de son ami, en rentrant d'une promenade dans l'avenue des Tilleuls à la légation française de Berlin, le 27 mars dans l'après-midi (Cussy, Chev. de, *Souvenirs*, 1795-1866, vol. I, 201); voir égl. le *Journal d'Augsburg* du même mois; *M.O.T.*, t. I, 482, Fontanes était fêté par l'émigration, "on lui demandait des chants de la *Grèce sauvée*; on se pressait pour l'entendre. Il se logea auprès de moi; nous ne nous quittions plus. Nous assistâmes ensemble à une scène digne de ces temps d'infortune: Cléry [valet de chambre de Louis XVI], dernièrement débarqué, nous lut ses Mémoires manuscrits."; p. 483: M. du Theil, chargé des affaires de M. le comte d'Artois à Londres, s'était hâté de chercher Fontanes."; Comte de Montlosier, *Souvenirs d'un émigré*, Paris, Hachette, 1951, 275: "M. de Fontanes nous arriva. Dès le premier moment, il se forma entre eux la liaison la plus tendre. M. de Fontanes était particulièrement recommandé à notre estime d'abord sous le rapport politique [...]. Il méditait un grand ouvrage sous le titre la *Grèce sauvée*, et il nous en lisait de temps en temps de beaux passages. M. de Chateaubriand et lui s'étant liés intimement, ils méditèrent ensemble le fameux ouvrage du *Génie du Christianisme*." Pour l'atmosphère qui régnait

attendent beaucoup de lui, mais leurs espoirs seront déçus[8]. Les cercles royalistes pensaient en effet que Fontanes s'engageait à leur côté mais ils connaissaient mal le passé et le caractère prudent de Fontanes qui sait jusqu'à où aller. N'avait-il pas déjà refusé un article sur l'Institut demandé par Baudus pour le *Spectateur du Nord*, et cela par crainte de représailles pour sa famille[9]. Chateaubriand et Fontanes se sont déjà vus avant la Révolution à Paris, à l'occasion du dîner que Fontanes donna après avoir reçu le prix de l'Académie, mais c'est la terre d'exil qui les a profondément liés. Plus tard, c'est peut-être Chateaubriand qui demandera beaucoup à Fontanes et celui-ci ne se dérobera jamais. Il est toujours là, il aide et on l'utilise. La liste des interventions de Fontanes auprès de la famille de Napoléon est très longue. Chateaubriand le submerge de lettres, demandant toujours quelque chose, et Fontanes le fait. Il l'aide pour la radiation de la liste des émigrés, lui-même à peine radié; il le met en contact avec cet ami précieux qu'est Joubert, chez qui il est logé. Il rencontre, grâce à Joubert, Madame de Beaumont qui devient amoureuse du mari de Madame de La Vigne. Nommé secrétaire d'ambassade à Rome, il lui faut beaucoup d'argent et Elisa Bacciocchi, l'amie de Fontanes, l'aide, en intervenant chez Talleyrand et son frère d'abord; le cardinal Fesch, son supérieur à Rome, n'est pas facile, Chateaubriand fait appel à Fontanes qui intervient. Au moment de son "désistement", pendant l'affaire du duc d'Enghien, Fontanes tremble pour

---

parmi les émigrés à Londres, voir le chap. XIV, 202 et s. - Montlosier enverra plus tard deux lettres à Fontanes.

8   Chateaubriand, *Corr. gén, op. cit.*, t. I, 85 et s. et 445, n° 11, lettre du 15 août 1798 (Fontanes était déjà parti): "Quelques personnes m'ont questionné sur votre compte. J'ai répondu comme je le devais. Il paraît que beaucoup *de petites gens* sont peu contents de vous."; allusion aux idées du journaliste Fontanes.

9   Montenon, *Lettres à Baudus, op. cit.*, 521, il avait d'abord promis de faire un article, p. 522: "Mais deux lettres, que je ne vous ai point fait voir, me recommandent tellement le silence que je me suis déterminé à me taire sur les choses qui paraissent même indifférentes." Et des idées très intéressantes sur la composition des différentes classes de l'Institut: "La première Classe, composée de savants, était admirable; mais celle de littérature ne présentait pas deux noms dignes d'une grande estime et [qu'] enfin la seconde classe, qu'ils appellent "Des sciences politiques", n'a été créée que pour placer toute la *noblesse révolutionnaire*. [...] J'ai été membre de ce corps: J'en suis rayé. Je dois m'abstenir de le blâmer publiquement." - A l'Institut, Cailhava, que Fontanes connaissait depuis longtemp, occupait sa place, mais on l'avait - paraît-il - presque forcé de l'accepter (*L'Intermédiaire des chercheurs et curieux*, 1882, vol. 15, 218 et ss.: "Cailhava d'Estandoux a été nommé, le 25 janvier 1798, à la place de Fontanes."); Fontanes sera rappelé en février 1803. Mais déjà le 12 vendémiaire an VI (3 octobre 1797), J. de Sales, (*Recueil des mémoires adressés à l'Institut national sur la destitution des citoyens Carnot, Barthélemy, Pastoret, Sicard et Fontanes*, Paris, Fuchs, an VIII, 27) écrit: "Les cinq places déclarées vacantes par suite des événements Révolutionnaires du 18 fructidor, ne l'ont jamais été réellement, puisque ces places étaient à vie [...]. Auparavant le Directoire avait chargé Sales de s'occuper du remplacement des membres exclus. Une fois rentré, Fontanes n'acceptera pas si facilement sa destitution. Cailhava et Fontanes étaient membres de la même loge, (Bricaire de la Dixmerie, *Mémoire pour la loge des neuf soeurs*, Paris, 1779, où se trouvaient également Franklin, Flins et Roucher.)

son ami parce que l'Enchanteur refuse le poste de chargé d'affaire en Valais, et s'oppose par ce geste au maître; Napoléon pardonne. Sur le plan littéraire, Chateaubriand n'est pas un ami de toute facilité non plus. Le *Génie du Christianisme* n'attaque pas le pouvoir, puisque l'auteur a besoin de renommée et d'argent, la deuxième édition contient même une révérence au pouvoir, mais dans les *Martyrs* il n'en sera pas de même. L'Institut élit Chateaubriand, sur la proposition indirecte de Napoléon, mais celui-ci présente un discours que le maître ne peut que refuser. En ce qui concerne l'argent, il aime le prendre des autres; il joue avec l'argent de sa femme, il le perd dans une nuit; Napoléon l'aide pour son grand voyage autour du bassin méditérranéen, mais on cherche en vain un mot de reconnaissance, au contraire, dans sa brochure "De Buonaparte et des Bourbons", il l'insulte. Au moment où les émigrés rentrent, on se dit, il est peut-être temps que Chateaubriand émigre maintenant. Fontanes se tait publiquement, mais il agit dans les coulisses. Dans les *Mémoires d'outre tombe*, Chateaubriand lui érige presque une statue. Il le présente comme un ami fougueux, mais généreux sur lequel on peut compter. Joubert ajoute d'autres détails à cette image, on doit surveiller son caractère trop entier. Malgré une prudence que la vie lui a apprise, il fonce et devient trop sûr de lui-même[10].

Autre rencontre importante, Peltier, qui rappellera plus tard dans l'*Ambigu* son séjour à Londres. La critique de Peltier, acerbe au début, s'adoucira au fil des ans. Il lui fallut longtemps pour comprendre le langage d'un citoyen en face d'un empereur qui exigeait la louange et un soutien inconditionnel. Le 10 février 1804, il lui rappelle un passage de Salluste, "qu'il nous citait un jour dans les bosquets du Chantilly Anglais (Wanstead House), lorsqu'il nous entretenait du désir qu'il avait d'abandonner la poésie pour l'histoire."[11] Les attaques de Peltier sont blessantes: "Le président Fontanes, féroce par excès de lâcheté"[12] n'est

---

10 *Corr. de F. et de J., op. cit.*, 115, 28 octobre 1811: "Ah! Monsieur le Grand-Maître, au nom du ciel et de vous-même, gouvernez paternellement, noblement et loyalement, justement et royalement [...]. On nous fait commettre tous les jours, dans vos opérations officielles, des actes de lésine qu'on ne passerait pas à un auteur de vaudevilles ou de charades." Toutes les lettres de Joubert pour cette période (*op. cit.*, surtout à partir de la p. 110 et s.), disent beaucoup sur le caractère autoritaire de Fontanes, mais celui-ci accepte les critiques sans trop s'énerver.
11 L'*Ambigu*, 10 février 1804, 68.
12 L'*Ambigu*, 20 mars 1804, 363, il s'agit de la conspiration de Moreau: "Après ce que j'ai entendu dire à ce Fontanes des crimes des révolutionnaires et surtout de ceux de Bonaparte, avant que celui-ci lui eût fait un sort de 100 mille livres par an, il me semble, en lisant son discours, lire ce gazetier épique, Lucain, qui, remerciant les dieux de l'empire de Néron, admirait, en vertu d'un semblable bienfait, tous les crimes qui l'avaient précédés: Scelera ipsa, nefasque, hâc mercede placent; Luc. Phars. I". Les attaques de Peltier sont, au début, très exagérées. L'Ambigu, 20 avril 1804, 89: "Le bruit du meurtre de M. le Duc d'Enghien [...] avait révolté, indigné, soulevé tout le corps diplomatique, la bonne compagnie et même la populace de Paris excepté M. de Fontanes." Dans la *Bibliographie Universelle*, Roger dit le contraire; ayant été informé de l'arrestation du duc d'Enghien Fontanes fut convoqué tôt le matin par Bonaparte qui l'informa du fait accompli; présentant quelques jours plus tard le Code civil, il parla de la sage uniformité des lois qui doit régir l'Empire.

qu'un exemple d'une série de *mots* qui s'enchaînent. Mais il voit aussi le mérite littéraire de Fontanes et fait parfois des nuances pour l'engager sur un autre chemin. C'est presque toujours la carotte et le bâton. Au moment de l'assassinat du duc d'Enghien, il donne des détails sur sa vie à Londres: "M. de Fontanes oubliera, sans doute, de son côté, que j'eus, il y a peu d'années, le malheur de le présenter au père du Duc d'Enghien, et qu'il assura ce Prince de son dévouement, avec toute l'humilité d'un homme condamné à la Guyane, puis, complimentant son Charlemagne sur la mort du fils du valeureux Duc de Bourbon, il ne manquera pas de lui citer encore, en ouvrant sa lourde mâchoire, ce vers de Corneille qu'il ne cesse, depuis quelque temps de parodier en vers et en prose: Un grand destin s'achève, un grand destin commence."[13] Peltier présente Fontanes comme vendu à l'Empereur, qui lui avait fait une rente de cent mille livres[14]. Peu à peu le style assez agressif change, on essaie à comprendre à Londres[15] le vrai message de Fontanes. Fontanes d'ailleurs n'en veut pas à Pel-

---

13 L'*Ambigu*, 10 avril 1804, 51 et s. L'erreur est de Peltier, il fallait citer: "Un grand destin commence, un grand destin s'achève."
14 L'*Ambigu*, 20 mars 1804, 363.
15 On remarque à travers les articles comment Peltier essaie de ménager Fontanes. Très souvent il est présenté comme une gloire littéraire qui se vend à l'usurpateur et qu'on essaie de "repêcher", l'*Ambigu*, 30 juin 1804, 526 et s., parlant de ses discours, le journal conclut: "Ou [...] le citoyen Fontanes, connu par des talents littéraires, n'est pas l'auteur des discours qui renferment tant de faux principes, et tant de faux raisonnements; ou [...] le citoyen Fontanes a sacrifié ses lumières, sa plume et sa réputation à l'esprit de vertiges, d'injustice et de cruauté qui a produit la révolution Française, qui en multiplie les scènes, qui en diversifie les acteurs, sans y mettre un terme?" Cette attaque est particulièrement malencontreuse puisque Fontanes était un adversaire farouche de l'arbitraire et de l'injustice que la Révolution a produite. Le même article continue, plus doux (p. 527): "Mais quelle différence pour la gloire et la réputation du citoyen Fontanes, s'il avait consacré ses talents à soutenir les droits de son Souverain légitime; à défendre la cause de la justice et de la vérité; à démontrer que l'usurpation est toujours un crime, la résistance à ses entreprises toujours un devoir [...]. Sortis d'un coeur pur, embellis par les sentiments d'une âme vertueuse, sans lesquels l'éloquence n'est jamais qu'un faux brillant, tous ses discours, tous ses écrits eussent été recherchés, eussent été admirés par les gens de bien de tous les temps [...]. Que le citoyen Fontanes revienne donc de ses erreurs, et qu'il restitue aux belles lettres et à la cause de la justice tous les services dont il les a privées." On pourrait multiplier ces exemples à l'infini, *voir* d'autres détails *infra* (chap. suivant). L'*Ambigu* cite d'abord les discours de Fontanes, pour en donner après un commentaire; dans le numéro du 10 octobre 1807, *Sur le caractère actuel de la Nation Française, et sur sa Situation, d'après les Discours prononcés depuis le Retour de Buonaparte à Paris*, 3-40, on lit, entre autres: "Tels sont les voeux et les besoins qui percent à travers toutes ces flatteries ridicules dont M. Fontanes a fait usage, pour montrer peut-être jusqu'où va la stupidité du tyran qui les accueille. S'il lui parle de ses triomphes d'une manière assortie à l'ivresse fougoueuse qui le transporte, il lui indique le voeu général en le félicitant de ses intentions pacifiques. Il sait bien qu'il médite encore de nouveaux bouleversements, qu'il va demander de plus grands sacrifices, et que le repos apparent où il se trouve prépare de nouvelles tempêtes. C'est pour le détourner de ces projets funestes qu'il lui donne le titre de pacificateur [...]. M. Fontanes ne caractérise point de quel genre est l'admiration que ces triomphes inspirent; il se hâte de parler des larmes qu'ils ont fait répandre." Le style de Peltier a donc bien changé avec des années.

tier[16], il y a d'autres qui lui ont fait plus de mal, dit-il lui-même. On peut donc dire que les relations entre Fontanes et les royalistes à Londres ont été plus que réservées. Le petit mot de Leclerc, présentant Fontanes plus tard comme un ami intime des émigrés d'outre-Manche est bien exagéré[17]. Après l'Angleterre,

16 *Bibliothèque historique, ou recueil de matériaux pour servir à l'histoire du temps*, Paris, Delaunay, 1819, t. VIII, 188 et s., *Lettre de M. le Marquis de Fontanes, pair de France, à M. Peltier, éditeur de l'Ambigu, et ancien rédacteur des Actes des Apôtres*: l'introduction à cette lettre n'est pas signée; vu le style et les arguments de l'article sur Fontanes dans la *Biographie universelle*, elle pourrait être de Roger; l'auteur défend Fontanes: "En homme de goût, il avait toujours soin d'y mêler [dans ses discours] quelques phrases d'une opposition mesurée. On lui en savait d'autant plus de gré qu'elles contrastaient avec les fades louanges qu'on adressait alors au chef du gouvernement qui avait le tort de ne pas en être aussi las que la France." La lettre de Fontanes à Peltier est datée du 5 mai 1817: "J'ai été bien sensible, Monsieur, à votre souvenir et à votre aimable attention [...]. Vous me parlez d'un homme bien extraordinaire. Sa fortune et sa chute seront éternellement mémorables. J'ai assisté à ce double spectacle, et j'ai de riches matériaux pour l'occupation de ma vieillesse. Quelques personnes m'ont jugé moins bien que vous dans ces grandes circonstances; mais celles qui sont justes m'ont toujours vengé. [...] Au reste, cette époque si difficile de ma vie m'a donné la satisfaction d'empêcher beaucoup de mal et de faire quelque bien. Le temps de la justice viendra, et je l'attends. Je voudrais bien qu'il fût venu pour vous. J'ai trois fois sollicité le duc de Richelieu [...]; mais nos ministres ont une circonspection désespérante. Ils n'osent rien. Nous sommes bien punis d'avoir trop osé pendant vingt ans." Fontanes se dit "vaincu du temps", il perd des yeux, "Mais mon vieux coeur sera toujours sensible, et je n'oublierai jamais les moments heureux passés près de vous dans les jours de l'exil." - Nous n'avons pas pu trouver trace des mémoires de Fontanes, par contre le *Moniteur universel*, 31 mars 1821, 335, écrit: "Il paraît certain qu'entre autres ouvrages inédits, M. de Fontanes a laissé des Mémoires sur la fin du dix-huitième siècle et sur dix années de la vie de Napoléon [...], et l'on en promet la prochaine publication."

17 *Arch. Nat.*, F.[7] 6565, la notice est datée de Paris "le 27 floréal an XI" (17 mai 1803), lorsqu'il briguait la place de président du Corps législatif: "Fontanes, ayant été condamné à la déportation le 18 fructidor, se cacha, et se rendit ensuite à Hambourg avec Bayard. Je le vis chez ce dernier à Cuxhaven le 18 janvier 1798. Bayard me le présenta et me le recommanda. Il se rendit avec lui à Londres. Fontanes se lia aussitôt étroitement avec Pelletier le journaliste, et ne le quitta plus. Pelletier le faufila avec Régnier, Tinseau, Dutheil, Chateaubriand, etc. [...]. Dutheil présenta un Mémoire à Lord Grenville et à M. Wickham pour les engager à faire rédiger un Journal François par Fontanes et Pelletier, et leur faire un sort. Il demanda en même temps une gratification pour le premier. Les Ministres refusèrent. Alors cette société fit proposer au Duc de Portland de renvoyer Fontanes en France comme espion, et de l'appointer. Elle chargea M. de Lambert (fils aîné de l'Ex-Contrôleur Général) de cette mission. Le Duc ayant refusé, Dutheil et Compagnie engagèrent le Comte d'Artois d'envoyer à Paris Fontanes, et de lui accorder cinq cents louis de pension. Il lui donna en attendant une forte gratification. Le Prince choisit Fontanes pour l'un de ses agens, et lui permit de prendre des places dans l'administration. On lui recommanda surtout de faire rentrer le plutôt possible Châteaubriand. Fontanes partit de Londres au mois d'août 1798. Arrivé à Paris, il se lia étroitement avec Lucien Bonaparte, qui le plaça après le 18 Brumaire. Fontanes n'a cessé de correspondre à Londres avec Dutheil, Pelletier etc. Il s'est empressé de faire rentrer Châteaubriand, et de le lier avec Lucien, etc. Ils sont devenus tous deux les Chefs du Parti Dévôt. Quoique brouillé avec l'abbé de Lille, Fontanes n'en est pas moins un des chefs de la même faction. On doit observer tous les articles sur Fontanes insérés par Pelletier dans son Journal intitulé: Paris pendant l'année 1799, 1800, 1801, 1802, et dans son *Ambigu*. Pelletier parle toujours de Fontanes de la

Fontanes retourne en Allemagne et il séjourne surtout à Francfort[18]. Au début de 1799, il est de retour en France, il se cache d'abord aux alentours de Paris, mais bien vite il va reprendre sa plume de journaliste en s'adressant à Bonaparte. Dans un article il rappelle ses services rendus dans le passé et il se plaint de son émigration[19]. Fontanes semble avoir eu - ce qui est surprenant - une foi absolue en Bonaparte et cela, nous l'avons vu, très tôt. On a l'impression que l'attirance qu'exerçait sur lui cet homme le rendait plus sûr de lui-même et commence dès lors à le transformer en grand commis de l'Etat. Il fut toujours poète, mais la poésie ne lui suffisait pas. Il fallait plus d'activité à cet homme qui se levait tous les matins à cinq heures. Le journalisme a été pour toute cette époque un deuxième champ d'action qui sera remplacé par de grands discours politiques, dont le premier sera l'*Eloge funèbre de Washington*[20]. Ce discours sera un atout politique qu'il n'aurait jamais eu sous l'Ancien Régime. Napoléon savait animer des gens naturellement actifs. Il fut, pour beaucoup, du moins au début de sa carrière, comme une flamme d'espoir, comme un animateur. En poésie, Fontanes, dans sa jeunesse, était d'un classicisme froid qui n'a pas eu d'élèves; dans ses discours, par contre, il a su sauvegarder une "diction pure et élégante"[21]. Il a pu marier cette élégance de la parole, ressentie comme telle par

---

      manière la plus avantageuse. Il est facile de remarquer l'union étroite qui existe entre eux. Ils ne font rien imprimer respectivement sans s'être donné le mot. On peut être assuré que Fontanes. l'un des directeurs de l'Opinion Royaliste, jouissant d'un Traitement annuel de cinq cents louis, est un des espions et fidèles correspondants de Dutheil, Pelletier, Régnier, etc. Lié intimément avec Lucien Bonaparte, Législateur, et membre de l'Institut, Fontanes est donc infiniment dangereux. Il obtient par ces divers moyens et ses intimes liaisons, des renseignemens et des informations importantes qu'il s'empresse de communiquer aussitôt aux plus mortels ennemis de la France, aux assassins du Premier Consul. Il est essentiel de faire sortir cet homme du Corps Législatif et de Paris. Il faut le placer dans l'intérieur et le faire surveiller." Fontanes sera nommé président du Corps législatif le 11 janvier 1804, voir *Arch. Nat.*, AF IV 114, pl. 641. Que Fontanes s'aménageât toujours l'avenir est un fait, mais vouloir le présenter comme "infiniment dangereux" est ridicule. Il reste, par contre, beaucoup *d'énigmes* sur les "intimes liaisons" que Fontanes *a toujours su* entretenir malgré les tempêtes. *Paris pendant l'année* (...) n'indique rien de spécial sur Fontanes.

18   Voir l'*Annexe* lettre du 8 septembre de Francfort à Petitot.
19   *Oeuvres de Fontanes, op. cit.*, I, LXXVI et s., lettre du 12 nivôse an VIII (2 décembre 1799). Comme dans sa lettre de 1797 à Bonaparte, Fontanes se présente et loue en même temps le consul: "Vous gouvernez et je ne suis point encore libre. Plusieurs membres de l'Institut, dont j'étais le confrère avant le 18 fructidor, pourront vous attester que j'ai toujours mis, dans mes opinions et mon style, de la mesure, de la décence et de la sagesse. [...] J'aime passionnément la gloire de ma patrie. Cette gloire est déjà en sûreté, grâce à vos exploits militaires. Elle s'accroîtra encore par la justice que vous promettez de rendre à tous les opprimés." - Le désir de rentrer en France apparaît plus d'une fois dans ses lettres, *op. cit.*, LXXV: "Je me cacherai et je travaillerai au milieu de mes livres [...]. Ne me laissez point en Allemagne: un coin et des livres en France (...). Je ne veux que terminer dans une cave, au milieu des livres nécessaires, mon poëme commencé [La Grèce sauvée]."
20   *Oeuvres, op. cit.*, t. II, 147-160.
21   *Bibliothèque historique, op. cit.*, 188 et s.

ses contemporains, avec en plus le don, de gagner "l'autre", par un charme[22] auquel on ne pouvait pas se soustraire.

Fontanes n'était pas encore rayé de la liste des déportés, mais il vivait paisiblement à Paris[23] quand Washington mourut. Bonaparte voulait rendre un hommage particulier à cet homme d'Etat dans lequel il voyait un idéal. On cherchait un orateur pour la cérémonie à laquelle s'ajoutait celle des drapeaux d'Egypte. On pensa d'abord à Garat, à Chénier et autres, mais "il les refusa tous sous différents prétextes. Et il indiqua lui-même Fontanes, comme le plus propre à seconder ses vues".[24] Convaincre Fontanes d'accepter cette tâche ne fut pas chose facile. Fontanes, étonné, effrayé, voulait refuser; son entourage l'en empêcha en lui faisant remarquer qu' "il serait barbare envers sa réputation s'il négligeait une aussi brillante occasion de montrer son talent." On le persuada et "le messager partit avec un mot d'acceptation." Chateaubriand allait parler plus tard des fureurs de Fontanes qui tombaient si souvent sur les autres; cette fois-ci, ce fut sur Arnaud Joubert. "Le lendemain", dit-il, "il avait à peine débrouillé quelques idées; il était en fureur contre nous: je m'en moquais pour ma part. Il passa la nuit, s'arracha maint et maint cheveux qui n'en pouvaient mais et, de ses fureurs, de ses brusqueries, de son désespoir sortit, comme la lumière du chaos, le discours qui t'a fait tant de plaisir et qui, comme je lui avait prédit, a plus avancé sa réputation que tout ce qu'il avait fait jusqu'alors. Depuis ce moment il est recherché, fêté, choyé; on ne l'appelle plus que *le nouveau Bossuet.*"[25] Ce

---

22 *Minerve littéraire, op. cit.*, 518: "Lorsque M. de Fontanes voulait se donner la peine de plaire, il était impossible qu'il n'y réussît pas; sa conversation, tour-à-tour grave, légère, savante, spirituelle, avait quelque chose d'inspiré qui animait la personne la plus froide."; mais il pouvait également avoir un "sourire satirique", "un air sombre", qui marquaient son indignation (*loc. cit.*).
23 *Bibliographie universelle, op. cit.*, 344, dans la rue St.-Honoré "près de St.-Roch".
24 *Corr. de Fontanes et de Joubert, op. cit.*, 154 et s., lettre d'Arnaud Joubert à Joseph Joubert, du 6 avril 1800. - Roger, dans la *Bibl. univ.*, donne une autre version; selon lui, Bonaparte aurait dit: "Washington est le seul homme qui soit sur ma ligne (...), j'ai été un instant sur celle de Cromwell (...), je veux qu'il soit loué dignement et publiquement (...) qui choisir?" Maret proposa alors Fontanes, mais l'entourage fit remarquer qu'il se trouvait encore sur la liste des émigrés. Sur quoi Bonaparte répondît: "N'est-ce que cela, je le raye de cette liste; c'est lui qui prononcera l'oraison funèbre."
25 *Corr. de F. et de J., op. cit.*, 155 et s.; Fontanes fut présenté à Bonaparte par Talleyrand et invité quinze jours plus tard à un dîner. F. se faisait toujours attendre, mais cette fois-ci, il fut à l'heure. On servait à cinq heures pile et on commença à manger bien que dix-huit des vingt-cinq convives fussent en retard. Fontanes a été toujours grand gourmand; nous l'avons vu quand il écrivait inlassablement à Joubert pour lui fournir de petits pains, des oeufs et du vin. Bonaparte se lève assez tôt de table, mais Fontanes n'ayant pas terminé, assis à côté de Mme Bonaparte, lui tint compagnie. Dans le salon, Bonaparte parle de littérature de façon médiocre, pour enfin se tourner vers la politique, ce qui enchante Fontanes. Les liens entre les deux hommes sont peut-être dûs à cette première rencontre parce, que Fontanes est satisfait des vues du premier Consul en politique et en législation. Après une heure et demie, "Fontanes le quitta dans un véritable enthousiasme" (*loc. cit.*). - Chateaubriand connaissait le discours de Fontanes, *Corr. génér., op. cit.*, I. 105, lettre du 12 mars 1800: "J'ai lu votre éloge de Washington. J'y ai reconnu la noblesse de vos pensées, la simplicité de leurs expressions et ces choses

discours, prononcé le 8 février 1800 dans la chapelle des Invalides, est généralement regardé comme une chef-d'oeuvre d'éloquence politique[26]. Fontanes mêlait le passé d'un fondateur d'Etat avec le destin de celui qui, jeune encore, voulait faire relever la France. Mais ses vues sont plus larges.

La révolution américaine, encouragée par la France, on le sait, exerçait une immense influence sur l'imagination des Français, férus du désir de liberté. Les treize Etats-Unis avaient vite activé l'admiration du vieux continent, "courbé sous le poids des vices et des calamités"[27]. En France, l'admiration pour Washington ne connaissait pas de bornes, et d'autant plus qu'il défendait l'indépendance de l'Amérique contre l'Angleterre avec laquelle la France était en rivalité. Franklin, accueilli à Paris avec vénération - Fontanes l'a vu dans la Loge des neuf soeurs -, montrait aux Français "la noble simplicité des moeurs républicaines"[28]. Mais l'image de Washington que Fontanes tenait à dessiner était bien sûr celle d'un grand pacificateur. A travers tout le discours, on remarque bien que Bonaparte est visé. En parlant de Washington, le futur orateur quasi officiel du Consulat et de l'Empire, ne pense qu'à celui qui est assis en face de lui: "Il faut ordinairement qu'à la suite de ces grandes crises politiques, survienne un personnage extraordinaire, qui, par le seul ascendant de sa gloire comprime l'audace de tous les partis, et ramène l'ordre au sein de la confusion."[29]; ou encore plus marqué: "Il est des hommes prodigieux, qui apparaissent, d'intervalle en intervalle, sur la scène du monde avec le caractère de la grandeur et de la dénomination. Une cause inconnue et supérieure les envoie, quand il en est temps, pour fonder le berceau ou pour réparer les ruines des empires. C'est en vain que ces hommes, désignés d'avance, se tiennent à l'écart ou se confondent dans la foule: la main de la fortune les soulève tout à coup, et les porte rapidement d'obstacle en obstacle, et de triomphe en triomphe, jusqu'au sommet de la puissance. Une sorte d'inspiration surnaturelle anime toutes leurs pensées: un mouvement irrésistible est donné à toutes leurs entreprises."[30] L'apogée de ce discours est le moment où Fontanes s'adresse directement au Premier Consul. Washington faisait la guerre parce qu'il était nécessaire de la faire, mais son but était la paix: "Oui, tes conseils seront entendus, ô Washington! ô guerrier! ô législateur! ô citoyen sans reproche! Celui qui, jeune encore, te surpassa dans les batailles, fermera, comme toi, de ses mains triomphantes, les blessures de la patrie. Bientôt, nous en avons sa volonté pour gage, et son génie guerrier, s'il était malheureusement nécessaire, bientôt

---

      merveilleuses de l'âme que vous mêlez à tout ce que vous faites."
26   Sainte Beuve, dans les *Oeuvres de Fontanes, op. cit.*, (introduction), LXXIX: "Cette noble harangue de bien-venue, qui ouvrait, pour ainsi dire, le siècle sous des auspices auxquels il allait sitôt mentir, ouvrait définitivement la seconde moitié de la carrière de M. de Fontanes."
27   *Oeuvres de Fontanes*, II, 149.
28   *Op. cit.*, 150.
29   *Oeuvres*, 150.
30   *Oeuvres, op. cit.*, 152.

l'hymne de la paix retentira dans ce temple de la guerre; alors le sentiment universel de la joie effacera le souvenir de toutes les injustices et de toutes les oppressions: déjà même les opprimés oublient leurs maux, en se confiant à l'avenir; les acclamations de tous les siècles accompagneront enfin le héros qui donnera ce bienfait à la France, et au monde qu'elle ébranle depuis trop longtemps."[31]

Fontanes ne pouvait pas faire mieux. Ayant d'ailleurs glissé quelques allusions à l'antiquité et à l'histoire de la France - Washington est comparé à Catinat -, Fontanes présentait presque un spectacle de l'opéra de l'ère baroque: la pièce se joue, mais à la fin tout le monde se tourne vers la loge d'honneur où est assis le prince; mécène et spectacle se confondent.

Dix jours avant l'installation du premier Consul aux Tuileries[32], on a placé dans la grande galerie un buste de Washington[33]; le futur empereur se faisait donc louer en face d'une importante assemblée de militaires et de civils comme l'héritier des idéaux de Washington en France. L'opinion française d'outre-Manche voyait clair, le régime se libéralisait un peu[34], mais le premier Consul aspirait de plus en plus à un pouvoir tenu uniquement par lui-même[35].

31 P. 160.
32 *Le Journal de Paris*, la *Gazette de France* et la *Clef du Cabinet des souverains* en parlent entre le 22 et le 30 pluviôse an VIII; selon la *Clef*, Bonaparte prenait possession de ses appartements le 1er ventôse.
33 *Journal de Paris*, 20 pluviôse, an VIII, 622; le buste de Washington se trouvait en bonne compagnie, il avait comme voisins César, Cicéron, Caton, Turenne, le Grand Condé, etc. - Pour Washington, le premier Consul avait ordonné un deuil de dix jours où les crêpes ont été suspendus sur tous les drapeaux.
34 *Mercure britannique ou notices historiques et critiques sur les affaires du tems*, par J. Mallet du Pan, à Londres, février 1800, 127: "Le premier Consul s'est vanté de réunir tous les Français: sa politique, en effet, y travaille avec publicité et promptitude. Tandis que les émigrés obtiennent avec la plus grande facilité une amnistie provisionnelle, et accourent en France de toutes parts, on voit des Jacobins traitables, tels que Fouché, Réal, etc., caressés et employés." - On rappelle également en France des cours étrangers "les envoyés régicides ou révolutionnaires exaltés, pour les remplacer par des hommes dont l'état, la conduite, les principes et les moeurs n'offensassent point les Souverains auprès desquels ils allaient représenter la République." (*Mercure, op. cit.*, 10 mars 1800, 172). - Rappelons que c'est à cette époque que Chateaubriand rentre en France sous le nom de La Sagne, sujet prussien de Neufchâtel (Neuenburg était jusqu'en 1857 propriété personnelle des rois de Prusse). Chateaubriand est à Calais le 8 mai 1800: "J'arrive, mon cher et aimable ami."; "Tâchez de redoubler d'amitié pour moi, car j'aurai bien besoin de vous, et je vais vous mettre à de rudes épreuves."; "J'ai bien changé [...] depuis que j'ai quitté la Suisse." (*Corr. génér., op. cit.*, I, 105, 8 mai 1800) La libéralisation du régime dura à peu près jusqu'à la fin de l'été 1802, voir Th. Iung, *Lucien Bonaparte et ses mémoires 1775-1840*, Paris, Charpentier, 1882, vol I et II, [Ln27 33352], là également les impressions sur la vie qu'on menait à la cour consulaire.
35 *Mercure br., op. cit.*, 25 janvier 1800, déjà à ce moment le journal peut écrire, p. 38: "oui, pour l'opprobre du siècle et de la France en particulier, on a vu [...] des révolutionnaires avortés, des spadassins de constitutions [...] se proclamer les rivaux de Washington. On voit encore aujourd'hui un ambitieux connu par quelques combats heureux, et par des invasions de vingt-quatre heures [...] se faire proclamer par des gazetiers et des rhéteurs, un héros sans modèle et sans successeur [...]. Ces histrions

Cette journée de décadi était d'ailleurs bien chargée. La décision de réunir les deux cérémonies en une avait été prise en dernière minute[36], certes pour ne pas trop dévoiler les aspirations intimes du premier Consul. A dix heures du matin, le 8 février 1800, les militaires séjournant à Paris et ayant participé aux batailles d'Orient étaient invités à se rassembler dans la rue du Mont-Blanc devant le domicile du général Lannes [Lasne], le futur maréchal[37]. On y voyait des chevaux, des trompettes, d'autres instruments de musique militaire, 72 drapeaux et de pauvres pachas. Le tout formait un cortège avec musique fanfares[38] qui traversa les rues de Paris pour arriver vers une heure aux Invalides où étaient rassemblés dans la salle des conseils le ministre de la guerre, ses collègues, les conseillers d'Etat, les généraux et les autorités invitées. Ceux là se rendirent alors au temple de Mars pour y occuper des places désignées[39]. Au moment de l'entrée des ministres une nombreuse musique se fit entendre. Après un petit silence, le général Lannes prend la parole. Son discours est bref, il dure à la rigueur six ou huit minutes[40]; le général-ministre Berruyer lui répond avec un discours un peu plus long, mais ennuyeux[41]. On dépose les drapeaux en trophées près de la statue de Mars. Un "roulement" annonce "la fin de cette cérémonie"[42]. C'est alors que commence la cérémonie à l'honneur de Washington. Le ministre de la guerre fait un discours sur le héros de l'Amérique et Fontanes parle ensuite. Sa harangue est longue et peu audible dans cette grande assemblée[43], mais il sera "délicatement loué"[44] par Bonaparte et son entourage; le discours lui vaut, malgré les démentis de la presse, la levée de sa surveillance[45].

---

républicains pensent-ils donc que pour ressembler à Alexandre, il suffit d'avoir un cou penché?" Puisqu'on ne pouvait pas comparer Napoléon aux rois de France, il fallait trouver des modèles dans l'antiquité et Fontanes le faisait sans cesse.
36   *Corr. de F. et de J., loc. cit.*
37   *Journal de Paris*, 20 pluviôse, an VIII, 622 (8 février 1800).
38   *Op. cit.*, 623.
39   *Op. cit.*, 623.
40   La *Clef du cabinet des souverains* publie quelques jours plus tard les deux discours (Lasne et Berruyer). Vu le nombre des lignes, on peut calculer que Berruyer a parlé à peu près quinze minutes. L'*Ami des Lois*, 21 pluviôse an VIII, 4: "Le gl. Lasne a prononcé un discours historique et apologétique des campagnes de Bonaparte en Egypte", mais ne parle pas du discours sur Washington; le *Journal de Paris, loc. cit.*, cite uniquement le protocole; dans les numéros suivants, on ne fait plus allusion à cette cérémonie.
41   L'*Ami des lois, op. cit.* 23 pluviôse an VIII, 4: Après avoir escorté le ministre à sa voiture, le militaire de garde lui présenta une pétition, en lui disant: "Général-ministre, si vous me lisiez, j'aurai employé ma journée et vous n'aurez pas perdu la vôtre."
42   *Journal de Paris, loc. cit.*
43   L'*Ami des Lois*, 22 pluviôse an VIII, "Tous ceux qui ont assisté à la cérémonie des drapeaux se plaignent de n'avoir entendu aucun des orateurs qui ont prononcé des discours dans cette circonstance." - Dans l'édition des *Oeuvres*, le discours de F. prend quatorze pages.
44   *Corr. de F. et de J., op. cit.*, 154 et s.
45   Nous n'avons pas pu trouver de grands échos dans la presse sur ce discours. La *Clef du cabinet des souverains*, 24 pluviôse an VIII, p. 9352 (rappelons que F. y avait collaboré avant le 18 fructidor), écrit: "On a voulu faire entendre que la levée de la surveillance

Dans son livre magistral sur Chateaubriand, Duchemin dessine dans des pages pleins d'esprit et de finesse, le caractère de Fontanes[46] qui, ne l'oublions pas, s'oriente suivant les circonstances. Au début assez virulent et frivole - Restif de la Bretonne en a été le témoin - il devient peu à peu prudent. Pour le moment nous n'allons plus trouver, comme au temps du *Mémorial*, une critique ouverte contre le gouvernement. Fontanes est d'abord demandeur et en tant que tel, il lui faut s'accomoder, ce qu'il fera. Il est aussi un homme qui veut réussir. Ayant un caractère tenace, il accepte les humeurs du maître qui, après cette cérémonie, ne donne pas si vite signe et Fontanes se tourne d'abord vers Lucien. Mais à la longue, avec Bonaparte il y a des perspectives en vue, la vie devient active, et l'élan personnel qui sort de ses mains porte ses fruits. Les généraux décrits par Stendhal sont peut-être gauches à table, mais il ont appris leur métier et ils l'exercent. Ils savent que jamais sous l'Ancien Régime ils n'auraient pu devenir ce qu'ils sont.

Fontanes est aussi littérateur et la cour consulaire où l'on fait du théâtre le prend en charge. Lucien Bonaparte, plus fin et peut-être aussi plus intelligent que son frère Napoléon, a bien compris ce caractère, et il sait comment il faut le prendre, ce Fontanes. Il accepte d'être parrain de Christine[47], on invite Fontanes au Plessis ou à Mortefontaine chez Joseph; Lucien lui procure même un petit travail[48].

Mais prenons d'abord les caractères comme ils sont; les écrivains ont le don de parler d'eux-mêmes et des autres. Joubert reçoit la nouvelle de la mort de sa

---

avait été, pour le citoyen Fontanes, le prix de l'éloge qu'il a fait de Washington. Cet éloge, qui ne peut qu'être digne du héros, quoiqu'il l'ait composé en vingt-quatre heures, et que le public attend très-impatiemment, n'a rien ajouté à l'intérêt que le gouvernement prend à un écrivain d'un tel mérite." Le discours n'a pas été imprimé du vivant de Fontanes. - La *Gazette de France*, 23 pluviôse an VIII, 571, écrit pour sa part: "Fontanes, l'un des deux ou trois littérateurs dont la France peut encore aujourd'hui s'honorer [...], rappelé par la suite du 18 brumaire est le même qui a prononcé, décadi dernier, l'éloge de Washington dans le temple de la Valeur, ci-devant l'hôtel des Invalides. On dit qu'après avoir prononcé cet éloge, Fontanes a reçu la nouvelle de la levée de sa surveillance; moi, je suis persuadé que le hasard seul fait qu'il ne l'a reçue qu'à ce moment, car le gouvernement est trop grand pour avoir l'air de faire une récompense d'un acte de justice." Il est intéressant de noter que Fontanes à cette époque n'était pas *si* connu. - La question de la radiation des émigrés a été déjà soumise au conseil d'Etat, le 10 pluviôse an VIII (6 février 1800) pour la rédaction du projet (voir *Le Publiciste*, à cette date); le même journal, 12 pluviôse an VIII, 3 indique uniquement la cérémonie des drapeaux, mais ne parle pas ni de Washington ni de Fontanes.

46 Paris, 1938, p. 159 et s.
47 *Archives de la Seine*, Christine de Fontanes va naître le 21 thermidor an IX (9 août 1801), seront témoins: Marianne-Elisa Bonaparte, Lucien Bonaparte, ambassadeur, Adrien-Cyprien Duquesnoy, maire du 10° arrondissement, François-Auguste de Chateaubriand.
48 Iung, *Lucien Bonaparte et ses mémoires, op. cit.*, I, 390 (pour l'an 1800): "[Fontanes] extrêmement dévoué au gouvernement consulaire, je créai pour lui, en attendant mieux, une place qui ne pouvait être que provisoire, de reviseur extraordinaire des pièces de théâtre et de littérature, qui, en réalité, lui assurait plus d'appointement que de besogne."

mère le samedi 8 août 1801 à dix heures du soir. Il ne peut que prononcer pendant plusieurs jours trois mots: "Ma pauvre mère"[49]; quand Chateaubriand lui enlève son amie intime, Mme de Beaumont et quand elle meurt à Rome, il se retire, elle lui manquera éternellement; déjà auparavant lui écrivant à Rome, où l'air n'est "bon à rien", il lui dit, en octobre 1803, peu avant sa mort: "Je ne crois pas avoir éprouvé un sentiment plus triste que celui dont je m'abreuvais comme d'un déjeuner amer tous les matins, en me disant, à mon réveil, depuis votre dernière lettre: "Elle est maintenant hors de France" ou "elle en est loin"[50]. Chênedollé éprouve un an plus tard, le 24 décembre 1804, le même sentiment: "Mme de Beaumont me manque et me manquera toujours"[51]. Joubert mène donc une vie à part, et il ne veut pas se mêler de politique.

Le caractère de Chateaubriand est tout à fait différent, il est impulsif, indépendant, très souvent insaisissable, il ne parle pas beaucoup, sa voix est l'écriture. Quand les Bourbons reviennent en France, ils remettent en valeur les anciennes décorations et le vicomte - soldat d'antan et blessé - se présente dans une réception en uniforme de l'Ancien Régime, avec sabre et bottes qui craquent exprès. On chuchotte dans le salon qu'au moment où des émigrés rentrent, il devrait peut-être émigrer. Il se plaint qu'on l'ait informé en dernière minute de la fuite du Roi et de l'arrivée de Napoléon, lui qui aurait été fusillé le premier[52]; à ce moment, Napoléon, (Chateaubriand, en décrivant la scène, le savait très bien) ne fusillait personne. Ce fils de la Bretagne de vieille souche transforme donc tout. Il présente la réalité à sa guise et il ne dit que ce qu'il croit être digne de lui, Joubert en a été le premier informé. Il est contre Napoléon, l'usurpateur, qui dit-il, le persécute, mais il demande d'abord et il accepte ensuite des avances d'argent de Talleyrand, ministre des Relations extérieures pour Rome. Fontanes doit d'ailleurs intervenir auprès d'Elisa. Faisant son grand voyage autour du bassin méditerranéen - sa femme fut congédiée à Venise - il a une lettre de recommandation pour le consul de France en Turquie en poche, au cas où il lui arri-

---

49 *Carnets de Joubert, op. cit.*, I, 292.
50 *Tessonneau, Educateur, op. cit.*, 220 et s.; toute la lettre est un exemple d'une tristesse à peine voilée; Joubert sentait certainement qu'il n'allait jamais plus revoir Pauline.
51 *Op. cit.*, 126.
52 Ce passage dans les *Mémoires* est bien connu des "Chateaubriandistes", mais il est tellement beau qu'il faut le citer, *M.O.T.*, II, 566: "Il est évident que l'on méditait une escampative: dans la crainte d'être retenu, on n'avertissait pas même ceux qui, comme moi, auraient été fusillés une heure après l'entrée de Napoléon à Paris. Je rencontrai le duc de Richelieu dans les Champs-Elysées: "On nous trompe, me dit-il; je monte la garde ici, car je ne compte pas attendre tout seul l'Empereur aux Tuileries." Mme de Chateaubriand avait envoyé, le soir du 19, un domestique au Carrousel, avec ordre de ne revenir que lorsqu'il aurait la certitude de la fuite du Roi. A minuit, le domestique n'étant pas rentré, je m'allai coucher. Je venais de me mettre au lit quand M. Clausel de Coussergues entra. Il nous apprit que sa Majesté était partie et qu'elle se dirigeait sur Lille [...]. Le domestique envoyé à la découverte revint: il avait vu défiler les voitures de la cour. Mme de Chateaubriand me poussa dans sa voiture, le 20 mars, à quatre heures du matin. J'étais dans un tel accès de rage que je ne savais où j'allais ni ce que je faisais."

verait quelque chose[53], et il touche aussi une petite somme, dit-on, de Napoléon. Il a donc une attitude assez contradictoire, mais l' "essence" comme disait Joubert dans sa lettre à Molé du 21 octobre 1803 est bonne: "Il y a, en effet, dans le fond de ce coeur, une sorte de bonté et de pureté qui ne permettra jamais à ce pauvre garçon, j'en ai bien peur, de connaître et de condamner les sottises qu'il aura faites, parce qu'à la conscience de sa conduite qui exigerait des réflexions, il opposera toujours machinalement le sentiment de son *essence* qui est fort bonne. Ce que je vous dis là n'est peut-être pas exempt de subtilité. Mais la nature elle-même en est remplie."[54].

Il est intérieurement contre tout ce qui peut ressembler à un régime fixe, à un état stable, il n'est pas un anarchiste, mais un navigateur qui aime l'incertain, le nouveau, parfois aussi l'éclat et le grand spectacle, des réceptions avec Mongolfière comme il l'a fait dans les jardins de l'ambassade française à Rome. Nommé ministre plénipotentiaire en Valais, il démissionne avec fracas parce qu'il ne peut pas vivre dans ce petit canton retiré: Paris est sa demeure, l'assassinat du duc d'Enghien tombait au juste moment[55]. Il propose, sans y croire, que Louis XVIII reçoive Napoléon, revenant de l'île d'Elbe, aux Tuileries, pour le mettre à sa place ou pour se faire tuer[56]; à Saint-Denis, après Gand, il prévoit la fin de la monarchie en France[57], et le roi est d'accord, ce qui ne l'empêche pas d'oeuvrer pour le retour de Louis XVIII à Paris et d'être son ministre. Cette indépendance lui sera propre jusqu'à la fin de sa vie[58].

Fontanes s'intègre peut-être plus facilement dans la Société. Il attaque la vie, il maîtrise les circonstances (en dehors de son douloureux problème, la vieillesse), et il prononce de temps à autre des "ouffs" qui le soulagent. Il s'est certes plaint de son sort d'exilé, mais au retour, il s'occupe de sa situation. Se

---

53 *M.O.T.*, II., 216, le consul est Choderlos de Laclos, frére de l'écrivain.
54 Tessonneau, *op. cit.*, 125.
55 Dans ses mémoires, il dit bien sûr autre chose, *M.O.T.*, II, 133: "Ce cri tomba sur moi comme la foudre; il changea ma vie, de même qu'il changea celle de Napoléon. Je rentrai chez moi [...]. Je m'assis devant une table, et je me mis à écrire ma démission."
56 *M.O.T.*, II, 561 et s. Le roi devrait être "assis sur son trône aux Tuileries", entouré des deux Chambres, du corps diplomatique, "la maison du Roi campera sur le Carrousel et dans le jardin des Tuilerys", les canons se trouvant partout. Si Napoléon veut attaquer le roi qu'il le fasse: "Enfin, s'il doit mourir, qu'il meure digne de son rang [...]. Louis XVIII, en sacrifiant sa vie, gagnera la seule bataille qu'il aura livrée." Paroles tenues en face de Lafayette, Lainé et le maréchal Marmont; Chateaubriand ajoute: "chose singulière [ils] étaient aussi de mon avis."
57 *M.O.T.*, II, 630: "Sire, je ne fais qu'obéir à vos ordres; pardonnez à ma fidélité: je crois la monarchie finie. Le Roi garda le silence; je commence à trembler de ma hardiesse, quand sa Majesté reprit: "Eh bien, monsieur de Chateaubriand, je suis de votre avis."
58 Mme de Staël avait remarqué très tôt le caractère bien spécial de l'Enchanteur, *Corr. génér., op. cit.*, I, 130, lettre de Chateaubriand à Mme de Staël, 12 juillet 1801: "Vous croyez que j'ai un caractère qui me rendra malheureux? Je n'en sais rien." - Marie-Jeanne Durry, *La vieillesse de Chateaubriand, 1830-1848* Paris, Le Divan, 1933, I, 538: "Ce solitaire a été un mondain, cet anarchiste un ministre et un ambassadeur. Il s'est lui-même chargé de chaînes [...]. Sa vie ne va jamais jusqu'au bout des frénésies de son esprit."

battre vaut mieux que larmoyer, et il veut être autant que possible au centre des décisions. Il ne se prononce pas sur son état intérieur, sauf dans quelques poèmes. Dans la *Chartreuse de Paris* apparaîssait un thème qui va revenir quand il sera à Courbevoie, celui d'être seul avec lui-même ou avec quelques rares amis. Mais les contemporains ne connaissent pas ce côté, ils ne savent pas qu'il existe une *Ode sur le duc d'Enghien*, sur l'enlèvement du pape[59]. C'est le côté invisible de ce personnage. On ne voit que des carosses, des domestiques, de gros appointements[60], un château[61]. Mais nous trouvons aussi en lui un exemple fatidique de quelqu'un qui, ancré dans les structures d'un système et sachant à partir d'un certain moment très bien quel poids présentait Napoléon pour la nation (et pour lui même), ne démissionnera jamais! On peut même se poser la question s'il n'était pas dépassé par son propre rôle "officiel" qui lui échappe, tellement ses discours officiels deviennent une routine. Par contre, dans la marge d'action qui lui reste, il sait agir.

Mais nous sommes encore au moment où la vie recommence pour lui en France. Lucien Bonaparte était ministre de l'intérieur, à l'âge de vingt-huit ans, et donnait des grandes réceptions jusqu'au moment où, las, comme Elisa, sa soeur, il les remplaça par des "réunions journalières de connaissances plus étroites"[62]. Elisa attachait une grande importance d'être entourée de littérateurs renommés, désir auquel Lucien se joignait avec plaisir. Il aimait surtout être en compagnie de Fontanes qu'il ne connaissait à cette époque que par sa réputation. Fontanes lisait quelques poèmes, le *Poème des Vergers* et l'*Edit en faveur des non-Catholiques*[63] que Lucien appréciait beaucoup. Fontanes plaisait, on l'aimait bien et il faisait autorité en littérature. Il amenait La Harpe qu'on appréciait moins et Chateaubriand qui venait régulièrement au Plessis[64]. S'y trouvaient aussi Antoine-Vincent Arnault qui dira plus tard de Fontanes qu'il n'avait que du talent, mais pas de génie[65], Esménard, Roederer et autres, comme le chevalier de Boufflers, connu pour sa poésie légère. On récitait beaucoup, chaque orateur avait un verre d'eau sucrée à côté de lui et, on faisait du théâtre, mais Fontanes, "par principe d'aristocratie sociale" n'aime pas jouer. S'il se décide enfin à jouer, il est avec Arnault, le plus mauvais acteur. Par contre, il aime donner des instructions, par exemple pour *Zaïre*, "pour paraître passionné sans

---

59 *Oeuvres, op. cit.*, II, 26; *La Mort du duc d'Enghien* (p. 60); *Ode sur l'Enlèvement du Pape* (p. 86). Ces odes étaient uniquement connues par quelques amis (voir Roger, *Biographie univ., op. cit.*).
60 *Un père de famille à Monsieur le comte de Fontanes*, chez les marchands de nouveautés, 1814: chaque page est remplie d'accusations contre Fontanes.
61 Nous remercions vivement Me Hérold et Monsieur Gérard Bruchet, Courbevoie, qui nous ont montré le cadastre de la commune et ce qui reste aujourd'hui du château: une petite cave, certes celle de l'ancienne Orangerie, et les grottes de Courbevoie.
62 Iung, *op. cit.*, I, 390.
63 *Oeuvres, op. cit.*, vol. I.
64 *Iung, op. cit.*, I, 393. Nous ne sommes pas si sûr que Chateaubriand était un visiteur assidu de Lucien.
65 *Biographie nouvelle des contemporains, ou dictionnaire*, Paris, 1822, lettre F, p. 209.

l'être"[66]. On s'amuse bien à Auteuil "en ce bel été de l'année 1802"[67] et pour varier un peu les distractions "on glissait un renard dans le lit de Fontanes[68]. Mais cette belle société eut une fin. Au moment où Lucien était ambassadeur en Espagne, en disgrâce, après la publication du *Parallèle entre César, Cromwell, Monk, et Bonaparte*[69], brochure dans laquelle on demandait la monarchie héréditaire pour la France et qui irrita fortement le premier Consul parce que l'idée venait trop tôt, Elisa donnait encore des réceptions. Elle occupait à cette époque l'hôtel particulier de son frère, rue Saint-Dominique, mais Lucien peut constater: "Elisa avait su conserver, comme elle me l'écrivait en Espagne, ses bonnes relations du ministère et se plaisait plus que jamais à voir affluer dans son salon les littérateurs renommés du temps. A ce titre notre ami Fontanes y dominait encore de toute l'autorité de sa brillante auréole poétique, que la politique suffisamment ambitieuse qui vint bientôt s'emparer de lui, éteignit tout à coup, semblable à ces étoiles filantes attirant justement les regards et retombant tout à coup dans la plus complète obscurité"[70]. Fontanes redécouvre son métier de journaliste et il va se relancer dans la querelle ce qu'il aimait apparemment beaucoup.

---

66 Iung, *op. cit.*, II, 257. On y jouait d'autres pièces, le Cid, Philoctète Alzire, Bajazet et des comédies de Molière. Talma assistait à ces représentations.
67 *Op. cit.*, II, 255; la "joyeuse compagnie" se retrouvait dans quatre endroits, à Auteuil, à Mortefontaine, où on chassait chez Joseph, à la Malmaison pour jouer la comédie, au Plessis-Chamans pour jouer la tragédie.
68 *Op. cit.*, II, 259.
69 S.C., 1800.
70 Iung, *op. cit.*, II, 380.

Chapitre XII

L'épisode du Corps législatif - Espoir et déclin

Le 25 avril 1800, on annonce la sortie du livre de Madame de Staël *De la littérature (...)*. Les deux volumes in-8° coûtent sept Francs et vingt centimes pour ceux qui l'achètent sur place, pour l'envoyer à domicile, il faut y ajouter un franc quatre-vingts centimes de port. D'ailleurs, le lecteur n'achète pas seulement un livre plein d'esprit qui va animer des discussions et faire couler beaucoup d'encre, mais aussi un bel ouvrage, puisqu'il "est très bien imprimé et sur très beau papier." Il se vend bien et on dit que la critique l'accueille favorablement[1]. De cette dernière constatation, nous ne sommes pas si sûr. Le journal de Fiévée, la *Gazette de France*, est ouvertement hostile aux idées de Madame de Staël. Déjà le 7 floréal an 8 (27 avril 1800), on annonce le livre: "Nous parlerons de cet ouvrage, dont nous n'avons encore lu que l'introduction en 56 pages", et on y ajoute comme un présage: "O mon dieu!"[2]. Roederer, qui à ce moment n'est pas encore hostile à Madame de Staël et qui fréquente le cercle de Lucien[3], fait deux extraits fin thermidor (juillet) dans le *Journal de Paris*; son jugement est équitable et bienveillant, mais il se réserve des critiques de fond. Fontanes, dans le *Mercure de France*, tire la cloche d'alarme et engage encore Chateaubriand à prendre position. Les quatre, d'autres vont suivre, convoquent donc cette femme devant le tribunal de l'opinion publique. On dirait que les critiques se sont partagés les tâches, tellement l'ouvrage contenait des idées, certes pas neuves, mais placées dans un contexte qui irritait fortement les esprits. La *Gazette de France* se facilite le travail; elle ne traite que de l'introduction et de l'interprétation qu'il conviendrait de donner aux mots. Pour l'auteur, Madame de Staël appartient aux idéologues et il ajoute immédiatement qu'il ignore "si par *idéologue* on entend un être qui a des idées"[4], ceux-là ont d'ailleurs la manie de

---

1   *Journal typographique et bibliographique*, par P. Roux, Paris, N° XXIX, 5 floréal an 8 (25 avril 1800), 2 vol., 226: *De la littérature considérée dans ses rapports avec l'état moral et politique des nations*, Paris, Maradan, an 8; le *Journal* revient sur le livre, le 25 floréal (15 mai), p. 247, dans une brève notice: "Madame de Staël rassemble dans son ouvrage quelques-unes des idées générales qui montrent la puissance que peut exercer la littérature sur la destinée de l'homme; elle les développe par l'examen successif des principales époques célèbres dans l'histoire de Lettres"; suivent quelques notes sur les deux parties, et: "il est une idée première dont Madame de Staël ne détourne jamais son attention: c'est la perfectibilité de l'espèce humaine [...]. Cet ouvrage vient d'être très-favorablement accueilli, et se vend beaucoup." - En octobre 1800, il y aura une 2è édition, avec le titre définitif: *De la littérature considérée dans ses rapports avec les institutions sociales*, Paris, Crapelet, an IX, 2 vol.
2   *Op. cit.*, N° 866, p. 868.
3   Iung, *op. cit.*, I, 394.
4   Le journal publie trois articles, dans ses N°s 867, 8 floréal, an 8 (28 avril 1800), 870-871; N° 868, 9 floréal, 875-876 et, N° 870, 11 floréal, 338; ici, premier article, 871.

confondre le sens des mots ou de leur donner une interprétation à leur guise. C'est ainsi qu'elle utilise pêle-mêle "philosophe, philosophie, philosophique", sans vouloir se rendre compte que c'est justement la *philosophie* qui a enfanté la Révolution, terminée[5], sauf pour des partisans de bouleversements permanents.

Le *Journal de Paris* voudrait que des femmes écrivains parlent plutôt aux enfants que de s'occuper de "traités de politique ou de philosophie"[6]. On sent que l'auteur qui signe G. Feydel ne prend pas Madame de Staël très au sérieux. Avec une femme qui se lance dans une matière aussi vaste qu'un panorama de la littérature dès ses origines grecque et romaine, il faut avoir beaucoup d'indulgence. Le journal donne d'ailleurs une interprétation historique de cette "perfectibilité" qui a mis Fontanes tellement en colère, en la joignant à une notion économique, la "liberté indéfinie du commerce des denrées"[7], contre laquelle Jacques Necker s'est toujours prononcé. Sa fille passe outre et, reproche plus grave, elle ne donne aucune explication ce qu'elle entend par la "perfectibilité de l'esprit humain"[8]. Il faut lui pardonner des "barbarismes de syntaxe [et] de diction" qui auraient irrité Voltaire. En la lisant, Fontanes fera la même remarque, on pense l'entendre. De plus, ce livre est sorti des conversa-

---

5 Deuxième extrait, p. 875 et s.: "Un seul mot indéfini, jeté au milieu d'un seul peuple qui commence à se corrompre, suffit pour consommer la perte de ses moeurs, pour lui inspirer le grand mépris pour l'expérience des siècles, et c'est avec raison qu'on assure que la philosophie est le pivot sur lequel a *tourné* la révolution. La révolution est finie; on l'a dit, je le crois, et sur-tout je l'espère. C'est-à-dire que la France, considérée comme état, est sortie de la révolution; mais les idées françaises qui les en sortira?" - La question si la Révolution est terminée ou non est traitée depuis longtemps dans les journaux. - Le premier article parle de la vertu, le deuxième de la philosophie et le troisième des passions; Madame de Staël avait écrit: "Etudier l'art d'émouvoir les hommes, c'est approfondir les secrets des Passions", et la *Gazette* ajoute: "Point de grandes vertus sans passions fortes; point de grands crimes sans passions violentes: donc, pour émouvoir les hommes, il faut connoître les secrets des passions." (N° 870, p. 883).

6 *Op. cit.*, N° 321, 21 thermidor, an 8 (8 août 1800). 1579-1575 (sic!) [1581] et, 24 thermidor an 8, 1597-1599; ici p. 1597.

7 *Op. cit.*, 1579: "L'opinion dite de la *perfectibilité de l'esprit humain* ou de l'*espèce humaine* fut érigée en dogme par les philosophes appelés économistes, comme une arme défensive très-commode à opposer à toutes les objections qu'employoient d'autres philosophes, et des praticiens en administration publique, à l'effet d'anéantir le système de la liberté indéfinie du commerce des denrées. Cette opinion est devenue celle de Mme de Staël; et le besoin, si naturel à son sexe, de faire partager à autrui ses propres affections, a engagé cette dame à se mettre en devoir de défendre l'opinion de la perfectibilité si on l'attaque, d'en prouver la solidité si on la dédaigne, l'utilité si on la néglige."

8 *Op. cit.*, 1580, on continue: "L'usage est pourtant de définir avant d'argumenter.". Selon l'auteur, Madame de Staël parle sans distinction de "la perfectibilité de l'esprit humain, de l'espèce humaine, de la pensée humaine, de la raison, de l'entendement, [du] perfectionnement indéfini de l'espèce, des facultés [etc.]." - L'idée que chez Mme de Staël le coeur parle plus que l'esprit revient, *loc. cit.*: "[Elle] puise à-là-fois ses moyens dans ses remarques sur l'histoire et dans les désirs de son coeur. Ainsi, nous nous trouvons forcés, quoiqu'à regret, de méconnoître d'abord la moitié de ses preuves: car, en bonne philosophie, du désirer au posséder, conséquence ne vaut." - L'auteur s'étonne que, selon Mme de Staël, "la pensée [soit] perfectible et l'imagination [soit] non perfectible" (p. [1581]).

tions d'un salon où l'on a la parole facile, on parle[9]. Madame de Staël semble chercher la gloire, ce qu'on ne lui refuse pas, mais son champ d'action devrait se manifester sur un autre terrain[10].

A la page quatre, le *Publiciste*[11] du 6 prairial an 8 (26 mai 1800), imprime le long prospectus du *Mercure de France* qui paraîtra le 1er et le 15 de chaque mois et dont Fontanes sera un des rédacteurs. On parle d'ailleurs beaucoup pendant ces deux mois (floréal et prairial - avril et mai) non seulement de Madame de Staël qui fait l'hommage à l'Institut en lui envoyant son livre[12], mais aussi de Fontanes. Lucien Bonaparte qui perd sa femme fin floréal[13], réorganise le ministère de l'Intérieur et il appelle à ses côtés Fontanes, avec quatre autres rapporteurs. Le travail n'a pas dû l'occuper beaucoup - Lucien le dit -, mais il s'agissait quand même de traiter des dossiers, de s'initier à l'administration[14] ce qui lui sera bien utile plus tard.

---

9   Deuxième extrait, 24 thermidor; on ne peut pas dire que les deux articles sont forcément hostiles à Mme de Staël, mais on a l'impression que le journaliste veut faire comprendre à un certain public: "Si vous voulez vous amuser, achetez ce livre." Il continue, p. 1598: "Dans le salon d'une femme de beaucoup d'esprit, d'une femme politique et philosophe, où la conversation se porte sur toutes choses, il arrive nécessairement que chaque chose est à son tour examinée, ou au moins jugée. Comment espérer que, si la dame du cercle fait un livre, elle n'y mettra pas un peu de tout ce qui a frappé son oreille, durant les trois ou six mois qu'elle a employés à en minuter les chapitres? Cette réflexion est trop favorable à Mme de Staël, pour que nous négligions de la soussigner ici. Elle explique, elle excuse les contradictions d'idées, aussi bien les erreurs de fait qui constituent la partie importante de son ouvrage." - Le journal avait annoncé le livre une première fois, le 7 floréal, an 8 (27 avril 1800), p. 956.
10 *Journal de Paris, op. cit.*, 1599.
11 Le journal donne deux longs compte rendus de l'ouvrage de Madame de Staël, le 5 prairial (25 mai) et le 10 prairial (30 mai), respectivement p. 3: nous n'avons pas pu dégager une idée maîtresse dans ces articles; l'ouvrage est jugé fin et bien équilibré; dans le deuxième extrait, on se contente de dire qu' "elle décrit avec beaucoup de finesse", a une "imagination brillante et [une] énergie de l'expression", etc.; pour le reste on ne fait que reproduire des passages entiers du livre. Mais au moment où le *Mercure* sort, le journal reprend textuellement l'article de Fontanes, surtout sa position vis-à-vis de la perfectibilité, et on y ajoute, le 5 messidor an 8 (24 juin): "la partie littéraire, qui semble être l'objet de ce journal, y est traitée avec une supériorité de talent qui rappelle les temps où les plus illustres littérateurs en étoient exclusivement chargés."; et le 4 thermidor (23 juillet), remarque plus significative et très blessante pour l'auteur: "Nous croyons faire plaisir à nos lecteurs en leur citant quelques passages du deuxième extrait de l'Ouvrage de madame de Staël, où les observations les plus judicieuses sont toujours exprimées dans le style le plus élégant."
12 *Publiciste*, 7 prairial, an 8 (27 mai 1800); le livre a été envoyé pour la grande séance du 5 prairial où l'Institut décidait la réintégration des membres fructidorisés, *voir infra*.
13 *Le Publiciste*, 25 floréal (15 mai), p. 3; Iung, I, 381 et s.
14 *L'Ami des lois*, 5 floréal an 8 (25 avril 1800), p. 4: "Le Ministre de l'intérieur vient d'appeler auprès de lui le cit. Fontanes comme rapporteurs; ainsi le nombre des rapporteurs est de cinq: les citoyens Duquesnoy, Lancel, Arnault, Barbier-Neuveille et Fontanes."; le *Publiciste* du 11 floréal (1er mai) donne plus de détails, p. 2; avant la réorganisation chaque chef de division pouvait travailler et correspondre comme il voulait, il voyait le ministre une fois par décade, il lui montrait ce que bon lui semblait; maintenant les cinq employés "s'occupent indistinctement de l'examen des affaires que le ministre leur confie nominativement." Chaque jour le ministre reçoit un précis de la

Au même moment, une maison d'édition fait réimprimer, sans consulter l'auteur, l'*Essai sur l'homme*, de Pope et, Fontanes proteste.[15] A l'Institut, J. de Sales qui, un mois après le 18 fructidor, le 12 vendémiaire, an 6 (3 octobre 1797), avait déjà fait remarquer dans un rapport que les membres à vie, comme Fontanes, ne pouvaient pas être exclus, anime la discussion pour leur réintégration[16]. Entretemps, Fontanes travaille pour son *Chant du 14 juillet*[17], mais il

---

correspondance de la veille. Fontanes s'occupe de la supervision des pièces de théâtre.

15 *Publiciste*, 7 floréal, an 8 (27 avril 1800), p. 3: "Au rédacteur du *Publiciste*, Paris, le 5 floréal, an 8: Citoyens, j'apprends qu'on fait reparoître, sans mon aveu, une traduction en vers de l'*Essai sur l'homme* de Pope, composée dans ma première jeunesse. Cet ouvrage a été fort corrigé depuis cette époque. L'éloignement où j'ai vécu de Paris pendant plusieurs années, et les orages révolutionnaires, m'ont empêché d'en donner une autre édition jusqu'à ce moment: mais cette édition est prête, et sera bientôt publiée avec quelques poésies originales. Je désavoue toutes celles qui ne seroient que la copie de la première. Mon ancien Essai est devenu presque un ouvrage nouveau après deux voyages faits dans la patrie de Pope, et les conseils de l'expérience et du temps. Salut, amitié et estime. Signé, Fontanes." Cette édition paraîtra en fait peu avant la mort de Fontanes, *Oeuvres, op. cit.*, II, 5 (Villemain).

16 Le nombre des membres des trois classes de l'Institut avait été fixé à 144; en 1800, il n'y a pas eu de places vacantes; l'Institut invitait Sicard, Fontanes, Pastoret à prendre de nouveau part aux travaux. Dans la séance du 6 floréal (26 avril 1800), de Sales défend les exclus, *Gazette de France*, N° 867, 8 floréal, an 8 (28 avril), p. 872: "Les juges étoient assis et recueillis; un profond silence régnoit dans l'enceinte et sembloit commander l'attention, lorsque le citoyen de Salles, fort de l'opinion publique, appelle l'attention et la justice de son auditoire sur les hommes qu'il défend; en déplorant les longues erreurs de l'Institut, il se garde d'en accuser ceux qui les ont partagées." Colin d'Harleville parle après de Sales, il enflamme les membres pour voter la motion; *Publiciste*, 9 floréal, an 8 (29 avril), p. 3: "Ainsi a-t-il décidé, à une immense majorité le président inviteroit les citoyens [...] à rentrer dans son sein, et à revenir s'associer à ses travaux." Le président écrit à ces membres: "Institut, 5 floréal an 8 (25 avril 1800). Les Présidents et secrétaires de l'Institut National au citoyen Fontanes. Nous vous transmettons, citoyen, l'arrêté par lequel l'Institut National vous invite à assister à ses séances. L'estime et l'attachement que vous nous avez inspirez, vous font de sûrs garants du plaisir que nous éprouvons à vous faire part d'une décision qui honorera sans doute l'Institut aux yeux des gens des lettres et des bons citoyens. Salut et fraternité. Jussieu, Delambre, Cuvier." (Sorbonne, Réserve, Ms. 1602, document 63, p. 36.). Les membres concernés répondent dans une lettre, datée du 29 floréal an 8 (19 mai) et lue dans la séance générale à l'Institut du 5 prairial (25 mai), *Décade philosophique*, N° 25, 10 prairial, an 8 (30 mai), p. 441: "Tous nos voeux et nos souvenirs en lisant votre lettre, nous ont rappelés vers nos collègues. Un examen plus réfléchi de votre procès-verbal que vous y avez joint, a pu seul contenir ce mouvement de notre sensibilité. Les rapports que nous avons eus avec tant d'hommes célèbres et respectables, nous sont trop chers pour qu'ils s'affaiblissent de notre gré. Quand notre patrie nous traitait en étrangers, vous ne l'étiez point à nos yeux. Pourriez-vous le devenir, quand elle nous fait rentrer dans son sein. Si des formes *dont vous n'êtes pas les maîtres*, vous empêchent de tenir le même langage que nous, les principes et l'amitié qui sont au-dessus de toutes les formes, nous commandent de rester fidelles à nos premiers sentiments. Rien ne peut nous enlever l'honneur d'avoir assisté aux premières séances de l'Institut, et nous voulons conserver tout entier le souvenir des marques d'estime et d'affection que nous reçumes alors de tous ses membres. C'est ainsi que nous devons sur-tout témoigner notre reconnaissance à ceux qui nous montré un si noble dévouement, et qui verront toujours en nous, ce que nous verrons toujours en eux. Salut et respect." A notre connaissance, ce message bien ambigü n'a pas trouvé d'autres échos dans la

n'oublie naturellement pas Madame de Staël et son livre, surtout après l'article de la *Décade philosophique*, si avantageux pour elle[18].

On attendait beaucoup de la régénération du *Mercure de France*, nom si prestigieux[19]. Lucien Bonaparte avait fait le nécessaire pour la publicité, d'autant plus que ce périodique se présentait comme une feuille quasi officielle[20].

Rendant compte du livre de Madame de Staël, Fontanes ne s'est pas facilité la tâche. Il cite, certes, quelques passages de l'ouvrage, il en fait des résumées, mais il prend les idées de l'auteur très au sérieux[21]. On sent en lui le doctrinaire et le professeur qui est profondément en désaccord avec ce qu'il vient de lire. Fontanes n'était pas journaliste à faire des lapsus[22], néanmoins faut-il s'étonner de la dureté du jugement d'un homme si poli dans ses lettres et de la façon dont il détruit la base même de l'ouvrage de Madame de Staël; on dirait même que

---

presse. - Pour la question des "144", voir Aulard, *Paris sous le Consulat*, I, *op. cit.*, 299 et 307 (Résumé de presse).

17 Paris, Impr. de la République, an VIII; les paroles sont de Fontanes, la musique de Méhul; pour l'écho, *Publiciste*, 27 messidor an 8 (16 juillet), p. 3: "Rien de plus brillant que la cérémonie qui a eu lieu hier dans le temple de Mars. L'*hymne du 14 juillet*, ouvrage de Fontanes, a obtenu des plus vifs applaudissemens." Fontanes faisait des références à Bonaparte: "0 Condé, Villars et Turenne!/ C'est vous que j'entends, que je vois;/ Vous cherchez le grand capitaine/ Qui surpassa tous vos exploits./ Les fils sont plus grands que les pères [...]. La France après tant de misère/ Renaît plus digne encore de vous." Le chant est publié une première fois, *Mercure de France*, N° III, 1er thermidor an 8, 161-166.

18 Germinal-prairial, an 8, p. 404 et ss., 486 et ss. et 528 et ss. - Nous n'avons pas remarqué un changement de ton dans les extraits des deux journaux vis-à-vis de Madame de Staël, ce que prétend le *Journal des hommes libres*, de Méhée, N° 183, 11 prairial, an 8 (31 mai 1800), p. 738: "Dès que la *Gazette de France* et le *Publiciste* ont été informés que Bonaparte avait eu un entretien avec M. Necker, ils se sont hâtés de revenir sur l'ouvrage de Madame de Staël: la *Gazette de France* s'est excusée du premier compte injurieux qu'elle en avait rendu, en déclarant qu'elle n'avait lu que la préface; le *Publiciste*, non content d'un premier extrait, vient d'en travailler un second avec beaucoup d'étendue."

19 Le *Mercure* donnait d'ailleurs quelques soucis, Iung, op. cit., I, 390: "Le *Mercure* [...] lui avait suscité des embarras [à Fontanes] dont je le tirai [Lucien] en m'y associant dans une certaine limite d'intérêt, qui, heureusement, lui permit d'y travailler quelque temps de plus qu'il n'aurait fait si je ne m'en étais pas mêlé."

20 *Journal des hommes libres*, N° 178, 6 prairial, an 8, p. 717, le prospectus du *Mercure* est envoyé par le ministre de l'intérieur aux préfets des départements "pour le faire insérer dans les journaux de [leur] département."; p. 718, le journaliste de la partie politique "tâchera de ne rien écrire qui soit au-dessous de la nation française et d'un gouvernement digne d'elle, qui veut la faire parvenir à tous les genres de gloire et de prospérité." L'*Ami des lois*, N° 1725, 1O prairial, an 8, p. 4, indique que le prospectus du *Mercure de France* est "publié par ordre, et sous la protection du ministre de l'intérieur".

21 Les autres journaux, surtout le *Publiciste*, se contentent de citer des passages entiers, interrompus par quelques remarques qui résument le reste.

22 Iung, *op. cit.*, I, 405, cite une circulaire de Lucien, ministre, aux préfets (1800): "De grands événements se préparent, le premier Consul est parti; les voeux de la France l'accompagnent. Vous, contenez les ennemis de la patrie."

l'attaque est sa meilleure défense. A l'époque, il n'est pas le seul à montrer un anti-féminisme très plat et presque ridicule.

Le livre de Madame de Staël était par contre une "éloquente affirmation de la suprématie de l'esprit sur la force, enthousiaste exaltation du progrès des sciences et des lumières"[23], mais puisque les *philosophes*, ennemis de toujours de Fontanes, ont couvert la France de feu et de sang, il ne pouvait pas admettre qu'on greffe ce système dit de la perfectibilité sur "l'histoire de la littérature"[24], d'autant plus que l'ouvrage se présentait comme "la proclamation lyrique de la perfectibilité indéfinie de l'espèce humaine par l'effort conjugué de la raison et du sentiment"[25].

Si on laisse de côté des remarques peu convaincantes de Madame de Staël[26], son idée maîtresse reste la perfectibilité à laquelle le genre humain aspire même en traversant des temps barbares. La thèse principale de Fontanes, et Chateaubriand s'y joint, est qu'il y a progrès technique, progrès des sciences, mais qu'il n'y aura jamais progrès indéfini de l'essence humaine. Nous avons vu comment Fontanes s'est déjà révolté, aux temps du *Mémorial*, contre les "illuminés" dans ses articles. Il reprend ici presque les mêmes idées. Traçant un tableau d'histoire littéraire, il montre que l'homme en soi reste le même aussi bien à l'époque de Sophocle, de César ou de Diderot. De plus, Fontanes, dogmatique, n'aime pas le plan de Madame de Staël, qui "est plus hardi que l'exécution n'en est facile"[27]; il règne surtout une contradiction permanente dans son livre: "On dirait que cette *perfectibilité*, dont elle se fait l'apôtre, n'est qu'un jeu de son imagination, qu'une idée d'emprunt, ou du moins qu'une affaire de parti; mais qu'elle est toujours convaincue, quand elle s'exprime dans un langage différent. Elle ne cesse de faire entendre alors les plaintes d'une âme blessée dans ses affections, dans ses voeux les plus secrets, et jusque dans son amour-propre qu'elle ne déguise point. Elle juge avec la plus grande rigueur ses contemporains, dont elle désespère en dépit de leurs progrès philosophiques: elle les enveloppe tous dans ses ressentiments contre ceux qui l'ont méconnue; et c'est ainsi qu'il règne une contradiction perpétuelle entre les mouvements de

---

23 Duchemin, *op. cit.*, 169 et s.
24 Alexandre, Vinet, *Etudes sur la littérature française au dix-neuvième siècle*, Paris, chez les éditeurs.
25 Duchemin, *loc. cit.*
26 *De la littérature, op. cit.*, I, 154: "Enfin les Grecs, tout étonnans qu'ils sont, laissent peu de regrets. [...] On n'éprouve point, en les voyant disparoître de l'histoire, la même douleur qu'inspire la perte du nom et du caractère des Romains."; I, 246: "Si Bacon, Machiavel et Montaigne ont des idées et des connoissances infiniment supérieures à celles de Pline, de Marc-Aurèle, etc. n'est-il pas évident que la raison humaine a fait des progrès pendant l'intervalle qui sépare la vie de ces grands hommes."; p. 247: "L'histoire de l'esprit humain, pendant les temps qui se sont écoulés entre Pline et Bacon, entre Epictète et Montaigne, entre Plutarque et Machiavel, nous est peu connue."
27 Fontanes, *Oeuvres*, II, 163.

son âme et les vues de son esprit"[28]. Fontanes n'a pas compris ou il ne voulait pas comprendre ce que Chateaubriand peint presque au même moment avec une telle émotion; il lui échappait en plus que *De la littérature*, si pleine de pressentiments, montre que l'image n'est pas une ressource "pour embellir ce que le sentiment seul suffisait pour animer", simple artifice de rhétorique, mais l'art "d'exciter les émotions de l'âme"[29].

Il accorde à l'auteur la pureté des sentiments, mais il regrette l'absence de raisonnement: "Madame de Staël n'a jamais plus de talent que lorsqu'elle abandonne son système; et ce qu'elle sent est toujours plus vrai que ce qu'elle pense"[30]. Fontanes engageait Chateaubriand, à peine radié et dépendant financièrement de lui, à prendre part à une querelle que Madame de Staël n'a pas cherchée. Il attaque et il demande des excuses[31]. La lettre de Chateaubriand est d'ailleurs plutôt une façon de se présenter, lui, *l'Auteur du Génie du Christianisme*, encore inconnu en France[32], qu'une réfutation calme et raisonnée d'un ouvrage à contenu nouveau. Madame de Staël, généreuse, cite encore Fontanes dans la préface de la deuxième édition de son livre[33], au lieu de l'ignorer, ce qui est la meilleure réponse aux critiques, tandis que les deux amis restent pétrifiés dans un ostracisme peu justifiable.

Les articles dans le *Mercure*[34] ne faisaient pas beaucoup de bien à Fontanes. Le premier Consul dont le régime dépendait à cette époque d'un coup de pistolet

---

28 *Op. cit.*, 164.
29 Jean Gaulmier, *Bonstetten intercesseur du romantisme de l'imaginaire*, dans *Cahiers Staëliens* Nlle série, N°s 33-34, Paris, Société des Etudes staëliennes, 1983, (Actualité de Bonstetten), p. 62.
30 Fontanes, *Oeuvres*, II, 165.
31 A en croire Chateaubriand, *Corr. génér.*, I, 106 et s., *Lettre au C. Fontanes, sur la seconde édition de l'ouvrage de Mme de Staël*: "Comme elle avait promis de répondre à votre critique, j'étais curieux de savoir ce qu'une femme aussi spirituelle dirait pour la défense de la *perfectibilité*." Nous n'avons pu trouver aucune trace écrite de la promesse de Mme de Staël. La lettre de Chateaubriand, qui doit beaucoup à Mme de Staël pour sa radiation (voir *Corr. génér.*, I) est insérée, *Mercure de France*, 22 décembre 1800, 14-38. La querelle devenait d'ailleurs politique et attirait par ce fait l'attention de Napoléon, *Corr. génér.*, I, 107: "Je vous dirais aussi [...] qu'il me semble tout à fait indigne d'une femme du mérite de l'auteur, d'avoir cherché à vous répondre en élevant des doutes sur vos opinions politiques. Et que font ces prétendues opinions à une querelle purement littéraire? Ne pourrait-on pas rétorquer l'argument contre Mme de Staël, et lui dire qu'elle a bien l'air de ne pas aimer le gouvernement actuel, et de regretter les jours *d'une plus grande liberté*?"
32 *Corr. génér.*, I, 123.
33 P. 10: "Le *Cimetière* de Gray ne lui fut point inconnu: (Delille) il a servi de modèle, sous quelques rapports, à Fontanes dans une de ses meilleures pièces, le *Jour des morts dans une campagne*. Pourquoi donc désavouerions nous le mérite des ouvrages que nos bons auteurs ont souvent imités?" (Mme de Staël fait la différence entre la littérature du Midi et du Nord).
34 *Mercure de France*, 1er messidor et le 1er thermidor an VIII (20 juin et 20 juillet 1800), pp. 13-38 et 171-196.

ou d'une machine infernale[35] n'entendait pas réveiller des démons que le 18 brumaire avaient à peine fait taire et qui guettaient une nouvelle proie. Ne disait-on pas que Napoléon est la dernière carte des Jacobins? Fontanes était à ce moment plutôt le favori de Lucien que de son frère aîné. Une nouvelle maladresse, la publication de la brochure *Parallèle entre César, Cromwell (...)*, envoyée par le ministre de l'Intérieur aux préfets, mais dont la divulgation a été stoppée in extremis sur ordre de Fouché fit éclater une vraie bombe politique et entraîna la mise à l'écart en cinq jours d'un frère trop ambitieux au cas où il arriverait quelque chose de fâcheux au premier Consul[36]. Cette brochure, attribuée à Fontanes, mais dont il est tout au plus co-auteur, demandait, de manière à peine voilée, l'installation d'un régime héréditaire pour que la France ne sombre pas le cas échéant, dans l'anarchie. Après le départ de Lucien pour Madrid, Fontanes aurait pu rester au ministère de l'Intérieur, ses collègues recevaient des promotions, mais il était trop attaché à Lucien et il le dit dans une lettre: "Je n'ai assurément nul mérite à refuser une place de chef de division dans un ministère où vous n'êtes plus. Ce n'était pas pour ce métier vulgaire, et où tant d'autres seront plus propres que moi, qu'il m'était doux d'exécuter vos ordres; c'était pour approcher mon âme de la vôtre, et pour unir quelquefois nos idées. Je ne passe point comme une bête de somme d'un maître à un autre; je reste à celui que mon

---

35 Gabriel Pailhès, *Chateaubriand, sa femme et ses amis*, Bordeaux, Feret et Fils, Paris, Libraires associés, 1896, p. 77, n° 1: Le 3 nivôse (24 décembre 1801) a eu lieu l'attentat de la rue Saint-Nicaise; Elisa écrit à son frère Joseph le 12 nivôse an IX (2 janvier 1802): "J'espérais que le résultat de cette fatale journée aurait ouvert les yeux à Bonaparte, et qu'il aurait chassé ses ennemis et rapproché ses amis (...). Bonaparte s'aveugle; il ne lit, ne voit que par sa police, sa femme et son secrétaire." - Fontanes envoie le 4 nivôse (25 décembre 1801) une lettre à Lucien, Pailhès, *loc. cit.*: "Je suis sans place, mais je n'accepterai rien sans votre approbation expresse (...). Il n'y a désormais de place convenable pour moi que celles qui m'attacheront à votre famille. C'est mon dernier mot. - Un événement hier au soir, et dont les papiers publics parleront assez, doit vous avertir à Madrid que les frères d'un homme monté si haut sont trop loin quand ils ont passé les barrières de Paris. Je sais que le second poste est difficile et dangereux; mais il est des hommes condamnés à la gloire et aux dangers. Qui est fait pour la première, comme vous, ne craint pas les seconds; et puis, après tout, je vous dirai comme à Auguste dans *Cinna*: Il est beau de mourir maître de l'univers (...)." L'attitude de Fontanes à cette époque est très flottante: fidèle à la famille Bonaparte, il croit trouver un écho très favorable auprès de Lucien, Elisa, mais Napoléon est à peine nommé dans les lettres.

36 Selon le catalogue de la B.N.: *Parallèle entre César, Cromwel, Monk et Bonaparte*, fragment traduit de l'anglais [par L. de Fontanes] (s. l., 1800). (Attribué aussi à C.-J. de Lacretelle le jeune, ou à Napoléon Ier et Lucien Bonaparte). Selon Duchemin, *op. cit.*, 174, n° 2, la *Parallèle* est de Lucien, voir également Masson, *Napoléon et sa famille*, I, 355. - Pour le "fâcheux", Parallèle, 13: "Heureuse République, s'il était immortel [Bonaparte]! [...] O nouvelles discordes! 0 calamités renaissantes! si tout-à-coup Bonaparte manquait à la patrie! où sont ses héritiers, où sont les institutions?" - Pour la saisie de la brochure, voir Henri Welschinger, *La censure sous le Premier Empire*, Paris, Charavay Frères éditeurs, 1882, pp. 132-134, surtout p. 134: également Aulard, *op. cit.*, 770 et s., et Iung, I, 432. La brochure parut le 1er novembre 1800, voir Duchemin, *op. cit.*, 174 et, "Le 6 novembre 1800 Lucien recevait l'avis officiel de sa nomination à l'ambassade de Madrid. Le 9, il était en route.", voir Iung, I, 435.

coeur, la reconnaissance et l'estime m'ont donné."[37] Le bruit courut d'ailleurs à Paris pendant quelques jours que Fontanes allait suivre Lucien à Madrid[38].

Fontanes devient d'ailleurs à cette époque une autorité par sa situation au ministère de l'Intérieur et grâce à sa position au *Mercure*. On lui écrit beaucoup et on demande son aide. Les lettres de l'abbé Morellet qui, à 74 ans, vit dans la misère, dépassent parfois même les bornes de la politesse elémentaire, quand il insiste avec hauteur sur la publication de ses articles pour survivre matériellement. Saint-Ange sollicite une place à l'Académie (an XI) et lui écrit: "Je ne sais pas bien précisément quelles sont vos dispositions à mon égard; mais je me ferais un crime de présumer qu'elles pussent m'être défavorables. Vous n'avez jamais eu à vous plaindre de moi, en quoi que ce soit."[39] Laharpe qui collabore au *Mercure* est mécontent de ce qu'on lui propose comme rémunération: "L'on me parle d'une pension de 2000 francs pour mes envois à votre *Mercure*. Je vous avoue, mon ami, que cela ne me convient point du tout. Toute peine vaut salaire." On a l'impression qu'on flatte Fontanes pour mieux l'utiliser. Chateaubriand en avait donné l'exemple. Laharpe fait la même chose: "Votre article sur Mme de Staël est excellent. Vous me dévorez avant que je sois né; vous me dévancez sur cette *perfectibilité indéfinie* qui est une sottise infinie de nos *sages*, et sur bien d'autres sottises."[40] D'une manière sous-jacente, parfois la question d'âge semble jouer aussi, Fontanes monte, il *leur* doit quelque chose, bien que cela ne soit pas le cas.

Bien qu'enthousiaste pour Bonaparte, Fontanes se tient pour le moment à l'écart. Il recommence d'ailleurs à attaquer la famille Staël-Necker, cette fois dans son article sur le *Cours de morale religieuse de Necker*, dans le *Mercure* du 20 novembre 1800; il y reprend contre le père les mêmes arguments qu'il a utilisés contre la fille. La prochaine publication du *Génie du Christianisme* est une occasion pour Fontanes de présenter l'ouvrage de son ami. Il le fait en deux articles dans le *Mercure* où il affirme la prédominance du christianisme dans un monde ruiné[41]. Fontanes (comme Chateaubriand) fait bien sûr référence au nouveau héros de la France: littérature et politique sont donc intimement liées dans la conscience de cet homme qui attellera plus tard l'Université au char de l'Etat et cela avec la même ferveur; Fontanes était un serviteur utile, et son rapprochement avec Bonaparte se faisait peu à peu. Napoléon aimait utiliser des gens de talent et qui ne se sont pas trop compromis dans les événements de la Révolution. Fontanes venait d'être nommé président du Corps législatif quand le code civil fut achevé et présenté au premier Consul. Chateaubriand donnait sa

---

37 Pailhès, *op. cit.*, 73.
38 Il était d'ailleurs, momentanément, question que Fontanes accompagne Lucien Bonaparte à Madrid: "Que diable que (sic!) irez vous faire en Espagne?", B.P.U., Genève, Ms. fr. 211, lettre de Morellet, du 19 brumaire an 9 [1800], à Fontanes.
39 B.P.U., Genève, Ms. fr. 211.
40 B.P.U., Genève, Ms. fr. 209.
41 Floréal an X, fructidor an X.

démission du poste de Valais, Joubert écrivait que Napoléon avait tué le duc, mais que celui-ci avait tué sa gloire. Fontanes reste et présente ce code. Il ne parle pas de l'événement qui fut ressenti jusque dans la rue comme un crime lâche de la part d'un homme qui voulait traverser son orbite. Dans le discours de présentation, on trouve quand même - et Bonaparte le remarqua - une petite allusion. Fontanes parla de la "sage uniformité de vos loix", mot qui sera remplacé le lendemain dans le *Moniteur* par "mesures". Fontanes, irrité, arrive à faire insérer un rectificatif. Officiellement l'incident était clos. Dans son ode le *Duc d'Enghien*, il regrette le dernier des Condé. La nomination de Fontanes au poste de la présidence du Corps législatif a d'ailleurs été bien accueillie; on avait même parié un pâté aux truffes, que Cubières-Palmezeaux avait gagné; il ajoute dans sa lettre du 12 janvier 1804: "Gagner un pâté aux truffes est quelque chose, mais gagner la tranquillité politique vaut encore mieux et j'espère que nous l'obtiendrons grâce au bon esprit qui vous anime et grâce au génie du premier Consul qui sait faire les meilleurs choix [...]. J'espère enfin que vous mettrez dans l'ordre politique et social l'harmonie qui existe dans vos vers et alors tout ira mieux."[42].

C'est à cette époque (1800 à 1804) que Fontanes devint un personnage connu. C'est au ministère de l'Intérieur, au *Mercure*, au Corps législatif, étant député des Deux-Sèvres, qu'il attire l'attention et qu'il parvient à se faire une réputation autre que littéraire. Il développe son don d'orateur.

On a toujours voulu voir dans ses discours une critique envers le maître. Il y a critique, mais elle reste fort modeste et elle ne sera pas entendue par le premier intéressé. Le journal l'*Ambigu* se demande souvent quelle est la tactique de ce Fontanes, président, qui parle sans cesse, qui se répète et qui ne cesse de ménager le pouvoir. Outre-Manche on essaie de le comprendre, mais au début on ne trouve pas de circonstances atténuantes dans son attitude vis-à-vis de l'Empereur qui est regardé comme usurpateur et qui dévore dans ses éternelles guerres les enfants de la nation. Fontanes lui rappelle, certes, son vrai rôle, celui de pacificateur, mais ce langage reste sans écho. Il n'influence ni l'Empereur, ni la suite de ses actions. Pourquoi a-t-il donc parlé, puisque son sort matériel était de toute façon assuré, son influence nulle et qu'il n'avait pas de poursuite à craindre? Parce qu'il voyait en lui - en ce moment -, comme tant d'autres le héros de la France, celui qui a banni l'anarchie. Sans lui, l'anarchie, peut-être même la Terreur, serait revenue au premier plan. Ici, repose la divergence profonde entre une Madame de Staël, richissime, donc libérale, parce qu'elle pouvait se permettre le luxe de l'être et, ouverte aux idées révolutionnaires dont elle n'avait rien à craindre et, un Fontanes qui, par la force des choses vécues et par conviction ensuite, devenait très conservateur et pour qui le mot "démocratie" sonnait parfois mal. Craignant la violence des débats politiques - il en avait vu de haineux dans le passé -, il était contre toute déviation idéologique, toute ex-

---

42 Sorbonne, Ms. 1602, 34.

périence novatrice, contre tout sentiment non contrôlé dans la politique. L'éducation chez les Doctrinaires était par contre autre, plus ouverte, mais il faut avouer qu'entre 1774, quand il les quitta, et 1800/1804 où il monte dans la hiérarchie de l'Etat, beaucoup d'expériences négatives se sont accumulées. Des gens comme lui étaient pauvres, ruinés par la Révolution - sa femme bien aisée au début et qu'il avait épousé pour la fortune, l'affection venait plus tard, était spoliée de tout dans la suite -, Fontanes, vers 1800, était encore "petit nègre" d'un obscur libraire qui l'engageait à réécrire les livres des autres[43]; maintenant, il peut espérer s'installer dans le calme, le travail et la dignité. L'appareil de l'Etat lui plaît, les fastes, le bien-être qui l'attend après tant de privations, la possibilité d'agir dans une stricte discipline qui ne laisse rien au hasard, une stratégie qui prévoit dans sa logique une montée lente mais sûre de ceux qui travaillent avec assiduité et qui ne critiquent pas trop l'Empereur. A l'intérieur de ce système impérial, il existe une étroite marge de manoeuvre et de critique. Madame de Staël à qui Bonaparte a interdit de séjourner à Paris, essaie de s'y rendre; elle n'est pas emprisonnée, mais reconduite à la frontière. Comme président du Corps législatif, Fontanes fait beaucoup de suggestions à Napoléon sur le déroulement des séances, mais il se garde bien, connaissant le caractère de Bonaparte, de le faire publiquement ou par brochure imprimée. Après l'assassinat du duc d'Enghien, quand Chateaubriand envoie sa démission, il précise dans sa lettre à Talleyrand que le motif de sa décision est la maladie de sa femme et il ne fait la moindre allusion à l'événement de la veille ou évite d'en parler dans ses écrits *tant* que le maître est au pouvoir[44]. On peut critiquer Napoléon Bonaparte, jamais en présence de la cour, mais dans son cabinet. Fontanes l'essaie quand même, avec beaucoup de nuances qui seront comprises par ses collègues. C'est donc une demi liberté et le système repousse les gens exaltés qui ne se contrôlent pas dans leurs écrits.

Le protocole du Corps législatif est établi dans la session du 16 nivôse an 12: "Le premier Consul fera l'ouverture de chaque session du Corps législatif"; il se fait accompagner par douze membres du Sénat et sera reçu à "la porte du palais" par le président, accompagné par "vingt-quatre membres". Après avoir pris place, "les membres du Tribunal seront introduits et placés dans la partie de la salle assignée aux orateurs de ce corps". On souhaite la bienvenue au premier Consul, on parle et, la séance est levée. La sécurité n'est pas oubliée, puisque la police du palais sera remise ce jour "au gouverneur du palais du Gouvernement et à la garde consulaire"[45]. Fontanes prend ses fonctions comme président le 20 nivôse an 12; il fait un grand discours dans lequel il remercie d'abord ses collègues de la confiance qu'ils lui accordent et prend nettement position pour le

---

43 Sorbonne, Ms. 1602, 6.
44 Pailhès, *op. cit.*
45 Pour cette partie du travail, nous donnons des cotes de la B.N., *Procès-verbal des séances du Corps législatif*, nivôse, an 12, Paris, l'Imprimerie nationale, p. 10 et ss., Le48 6.

régime qui s'installe: "N'en doutons point: ces institutions, fondées par le génie d'un héros, se perpétueront avec sa renommée. Nous ne les verrons plus disparoître sous la volonté capricieuse des factions, qui impose quelquefois silence à la volonté générale. Une main vigoureuse et sage ôte la force à tous les partis pour en accroître celle de la nation."[46] Le premier Consul est comparé - comme au temps du *Mémorial* à Charlemagne. Présider pour la première fois ce Corps de l'Etat a dû fatiguer Fontanes, puisque, à la séance suivante, le 22 nivôse, il est indisposé et remplacé par un des vice-présidents.

Les membres du Corps législatif peuvent dormir pendant les séances, puisqu'ils n'ont pas le droit de parler, Fontanes, las de cette situation, va protester auprès de l'Empereur; il le fera pendant des années, d'ailleurs sans succès. Les questeurs du gouvernement viennent tous les jours présenter les projets de lois du gouvernement. Les membres l'enregistrent et adoptent les textes présentés. Les quatre membres du Tribunal parlent d'ailleurs surtout de la propriété, aussi bien des ruches à miel, des poissons des étangs que des projets de lois relatifs aux contrats aléatoires, aux douanes, au tarif du droit de colis sur les marchandises venant à Anvers par l'Escaut, des acquisitions et ventes dans les communes[47].

Le protocole ne change presque pas; le Corps législatif se réunit en principe vers midi, parfois à onze heures, sous la présidence de Fontanes, ou, en cas d'empêchement, d'un des quatre vice-présidents. On lit le protocole de la séance précédente, on l'approuve, on fait part de quelques communications de moindre importance comme l'envoi d'un livre au Corps législatif, le faire-part d'un décès et on passe à l'ordre du jour. Les orateurs du Tribunal, tenus à l'écart dans une salle voisine, sont alors invités à se joindre au Corps législatif. Après avoir pris place dans la partie de la salle qui leur est réservée, l'un d'eux se lève sur l'invitation du président; de la tribune, il s'adresse aux "Citoyens législateurs". Il fait d'abord un exposé sur les motifs du projet de lois; suivent la lecture des titres et les différents paragraphes. Tout est lu rapidement dans l'après-midi, vu la longueur des textes imprimés; le projet revient à la séance suivante ou plus tard. Finalement, on procède au vote, qui est nominal et secret. Parmi les trois-cents membres, il y a toujours une cinquantaine d'abstentions. Malgré quelques boules noires, le projet de loi est adopté à une large majorité. Il est ensuite signé par le premier Consul (après le Sacre par Napoléon), contresigné par le secrétaire d'Etat et par le secrétaire général du Conseil d'Etat pour entrer en vigueur.

Une fois par an, il faut élire de nouveau le président; Fontanes l'est toujours, jusqu'au moment où il sera nommé sénateur et grand-maître de l'Université. Au début de pluviôse, Fontanes accueille le chef de l'Etat. Le 1 pluviôse an 12, il lui adresse les paroles suivantes: "Le tableau de notre situation intérieure est celui de vos bienfaits. Le Corps législatif vous remercie, au nom du Peuple français,

---

46   *Op. cit.*, 42 et ss.
47   *Op. cit., loc. cit.*

de tant d'utiles travaux commencés en faveur de l'agriculture et de l'industrie, et que la guerre n'a point interrompus. L'habitude des grandes idées fit négliger quelquefois aux esprits supérieurs les détails de l'administration: la postérité ne vous adressera point ce reproche. La pensée et l'action de votre Gouvernement sont par-tout à la fois, et dans les campagnes fécondées par ces canaux qu'on achève ou qu'on prépare, et dans les cités qui s'embellissent de nouveaux monumens, et dans les arsenaux militaires [...]. Tout se perfectionne, les haines s'éteignent, les oppositions s'effacent; et sous l'influence victorieuse d'un génie qui entraîne tout, les choses, les systèmes et les hommes qui paroissent les plus éloignés se rapprochent, se confondent, et servent de concert à la gloire de la Patrie. Les habitudes anciennes et les habitudes nouvelles se mettent d'accord. On conserve tout ce qui doit maintenir l'égalité des droits civils et politiques, on reprend tout ce qui peut accroître la splendeur et la dignité d'un grand Empire."[48].

Les discours de Fontanes ne sont jamais très longs; dans un premier temps, l'orateur insiste toujours sur la nécessité d'une entente nationale, presque d'une union entre toutes les factions qui se sont tellement déchirées dans le passé. Plus tard, le discours changera, il demande à Napoléon la paix extérieure pour sauvegarder le bien-être intérieur. Napoléon ne répond pas toujours, mais il le fait le 6 nivôse an 13, en louant le zèle des membres du Corps législatif, leur assiduité, leur travail. Après ce premier discours au Corps législatif comme empereur, des cris se lèvent: "Vive Napoléon! Vive l'Empereur! " Sa Majesté est reconduite par vingt-quatre membres à sa voiture, la séance est reportée au lendemain. Fontanes envoie un rapport sur l'état d'esprit de ses collègues à l'Empereur. Cet esprit, dit-il, est généralement bon. Il soumet à l'Empereur les discours qu'il doit tenir devant lui; le contenu est parfois changé. Il lui envoie des rapports sur les travaux de l'assemblée, dont les membres doivent prêter serment de fidélité à l'Empereur. Fontanes voudrait bien être nommé président pour cinq ans, comme cela se fait au parlement de Londres avec le "speaker", mais Napoléon refuse pour garder sa liberté de décision. En dehors de ses discours, ses interventions verbales ne sont pas connues, par contre sa présidence - nous allons le voir - sera très appréciée par ses collègues. En s'adressant à Napoléon, il le loue certes, mais il fait aussi glisser des phrases dans ses discours qui ont de quoi choquer de nos jours. Pour la clôture de la session du Corps législatif, le 15 ventôse an XIII (1804), il retrace d'abord les bienfaits du gouvernement monarchique, qui est fort et qui doit l'être, mais en même temps, il utilise un langage dont on sent vite le sens profond sinon la critique et, qui est difficile à décrire. En s'adressant à ses collègues et aux orateurs du Conseil d'Etat, comme d'habitude toujours présents dans l'hémicycle, il n'hésite pas à leur dire: "Quelle que soit désormais la nature de nos délibérations politiques, tous les

---

48 *Corps législatif*, Discours prononcé par le président du Corps législatif à la tête de la députation, le premier pluviôse an 12, Le50 210.

voeux doivent être satisfaits. Nous cherchions le moyen de réunir la monarchie avec la liberté, et la liberté avec le repos; ce problème difficile est enfin résolu [...]. C'est pour l'intérêt même de la patrie, que jusqu'à présent il fallait plutôt donner à l'autorité des appuis que des contrepoids."[49].

Ce langage est très ambigu: Napoléon aimait une activité fébrile et surtout pas le repos; Fontanes le savait. L'Ancien Régime était tombé certes, entre autres, parce qu'on ne se croyait pas libre, néanmoins il est un fait que le régime napoléonien se durcit longtemps avant le sacre du 2 décembre 1804; Lucien Bonaparte est même précis, en indiquant la date de septembre 1802; la police était partout présente et faisait des rapports lus en haut lieu.

Cette année XIII a vu également l'inauguration de la statue de l'Empereur dans l'hémicycle du Corps législatif, Fontanes ajoute à l'adresse de Napoléon à qui sera transmis ce message: "L'image auguste que nous avons placée dans cette enceinte, nous rappellera toujours vos devoirs, en nous montrant ce livre de la loi, sur lequel sera jugé lui-même le premier dépositaire de l'autorité. Le prince qui eut la gloire de publier ce code mémorable, l'un des premiers bienfaits de son règne, en sera le plus constant observateur; il ne cessera point d'être fidèle à sa gloire, et notre zèle ne peut pas plus se démentir que ses actions et son génie."[50].

Un tel langage a quelque chose d'irritant vis-à-vis du pouvoir et du prince. Déjà, le fait que Fontanes souligne la responsabilité de Napoléon qui sera luimême jugé un jour, s'il ne respecte pas la loi doit avoir retenti bizarrement dans les oreilles d'un monarque qui n'aimait pas être critiqué en public. Ce n'était peut-être pas par hasard que le pouvoir ne voulait pas une réimpression des discours d'un serviteur qui louait toujours le maître, mais qui en même temps ne pouvait pas s'empêcher de lever le doigt et de donner des leçons: les avoir entendus une fois suffisait[51].

Que les membres du Corps législatif aient apprécié le ton et le style de Fontanes explique un document assez intéressant. A la clôture de la session du Corps législatif de 1806, on pensait que Fontanes affrontait sa dernière année comme président. Ce ne fut pas le cas; il quitte le Corps législatif en 1811[52]. Un des membres se lève et prononce un discours qui montre l'affection et l'estime que ses collègues portaient sur lui:

"Messieurs,
Au moment où M. de Fontanes, décoré de vos suffrages, les vit confirmés par le choix glorieux de Sa Majesté impériale et royale, vous devez vous rappeler que, du haut de cette tribune, son éloquence sensible et touchante vous témoigne sa juste reconnaissance par la

---

49 *Corps législatif*, N° 17 - N° 45 (du 29 nivôse an XIII au 15 ventôse an XIII, jour de la clôture de la session), ici N° 45, p. 13, Le48 14.
50 *Loc. cit.*, 13-14.
51 Roger, *Biographie universelle, op. cit.*
52 *Corps législatif*, Table des matières, 3 décembre 1809 - 22 janvier 1810, Paris, Denou-

marque honorable de confiance qu'il avait reçue de ses collègues. N'est-il pas juste aujourd'hui, qu'au moment où il est près d'abandonner ce fauteuil qu'il a occupé pendant trois ans avec tant de distinction, ses collègues, à leur tour, lui témoignent les vifs regrets que va leur causer la perte prochaine de leur ancien président, qui s'est montré constamment leur digne collègue, leur sincère ami, et qui a toujours fait parler à cette assemblée un langage si noble et si éloquent?

Trois fois nos suffrages unanimes l'ont retenu à la tête de nos rangs; si notre choix était encore libre, je croirais pouvoir assurer, sans contraindre d'être démenti par l'événement, qu'un quatrième suffrage le présenterait encore à la nomination du chef de l'Empire.

Au défaut de cette marque d'estime que malheureusement pour nous il n'est plus en notre pouvoir de lui donner, me désavouerez-vous, Messieurs, si j'ose vous proposer de le dédommager par l'effusion publique de vos regrets?"[53].

Déjà au moment du sacre, Fontanes tient un langage bien spécial et qui peut signifier une critique vis-à-vis du Consulat. Après s'être félicité de ce que la France a retrouvé une monarchie héréditaire, un gouvernement sûr, un code de lois modèle, il n'hésite pas à juger d'un ton à lui le Consulat et la personne du premier Consul même. Le Corps législatif émet le voeu "que Napoléon soit déclaré Empereur", auparavant Fontanes disait: "Les prérogatives de l'Empereur, mieux définies, seront plus limitées que celle du Premier Consul. Le danger des factions avait nécessité l'établissement d'une dictature passagère. Ces temps ne sont plus; la monarchie renaît, la liberté ne peut mourir; la dictature cesse, et l'autorité naturelle commence."[54]. Tout ce discours est un manifeste éloquent de la stratégie politique ambivalente de Fontanes, il dit ce qu'il ressent. Bien sûr, Fontanes est le premier à acclamer l'Empereur qui est plus grand que Charlemagne[55], le guerrier qui est en même temps le pacificateur, néanmoins il pèse ses mots. Napoléon avait établi un empire qui dépassait les frontières d'avant la Révolution; dans son discours du 20 floréal, Fontanes souligne, en parlant de ses collègues: "Répandus sur les divers points de ce vaste empire [les membres du Corps législatif] ils en peuvent mieux juger les besoins et les habitudes [des gens qu'ils représentent]. Ils savent que la force et l'action de la puissance qui gouverne doivent être proportionnées à l'immensité du sol et de la population. Quand ce premier rapport établi par la nature est négligé par le législateur, son ouvrage ne dure pas."[56]. Rappelons qu'en dehors de la France, seuls les représentants de la Belgique se trouvaient au Corps législatif.

Ce langage est singulièrement proche de celui que le même Fontanes va tenir après l'abdication de Napoléon, en s'adressant aux élèves des lycées en 1814:

---

    ville, 1815, p. IX.
53 *Procès-verbal des séances du Corps législatif*, avril 1806, Paris, Rondonneau, 1806, Le48 6.
54 *Corps législatif*, 20 floréal an XII, p. 5, Le50 254.
55 *Corps législatif*, germinal an XII, Le50 249.
56 *Loc. cit.*

"Lorsqu'un empire s'étend au-delà des limites qui lui furent assignées par la nature, il reçoit dans son sein des populations nouvelles qui lui apportent d'autres langues et d'autres moeurs. L'esprit qui l'a fondé, l'esprit qui le conservait se dénature et s'affaiblit, car le sentiment de la patrie ne peut avoir de force que dans un territoire sagement circonscrit où toutes les habitudes se correspondent."[57].

Ce même discours du 20 floréal comporte encore d'autres remarques singulières: "Le premier bien des hommes est le repos, et le repos n'est que dans les institutions permanentes"[58]. Fontanes était le premier à savoir que Napoléon n'aimait pas le "repos" des gens, égal à "paresse", mais il ajoute en même temps: "Le peuple qui joint le caractère le plus mobile aux plus éminentes qualités, doit surtout préférer un système qui fixera ses vertus en réprimant son inconstance."[59].

Ce même discours - nous semble-t-il - porte des attaques presque personnelles à l'encontre de celui qu'il louait tant:

"L'histoire montre partout à la tête des grandes sociétés un chef unique et héréditaire. Mais cette haute magistrature n'est instituée que pour l'avantage commun. Si elle est foible, elle tombe; si elle est violente, elle se brise; et dans l'un et l'autre cas elle mérite sa chute, car elle opprime le peuple, on ne sait plus le protéger. En un mot, cette autorité, qui doit être essentiellement tutélaire, cesse d'être légitime dès qu'elle n'est plus nationale."[60].

Dans le même discours, Fontanes démolit presque ce qu'il élève avec tant d'éclat dans d'autres occasions:

"Non sans doute, ils ne sont pas des dieux ces êtres puissants que l'intérêt général a rendus sacrés, et qu'il relègue à dessein dans une sphère éclatante et inaccessible, pour que la loi proclamée de si haut par leur organe ait plus d'éclat, d'empire et de persuasion."[61].

Après avoir condamné une fois de plus l'idée de la perfection, "la pire de toutes les maladies", il s'attaque à la démocratie, en s'écriant: "On ne verra point le silence de la servitude succéder au tumulte de la démocratie. Non, Citoyen Premier Consul, vous ne voulez commander qu'à un peuple libre; il le sait, et c'est pour cela qu'il vous obéira toujours."[62]. La monarchie peut se permettre d'être moins rigoureuse que le régime consulaire parce que le système héréditaire a moins d'obstacles à vaincre, tandis que si le pouvoir "veut trop s'étendre, il se relâche et se détruit."[63].

---

57 Fontanes, *Oeuvres, op. cit.*, 145.
58 *Corps législatif*, germinal, an XII, p. 2.
59 *Loc. cit.*
60 *Loc. cit.*
61 *Op. cit.*, 2-3.
62 *Op. cit.*, 4.
63 *Loc. cit.*

Nous ne connaissons pas l'écho de tels propos dans la salle des séances de la Questure où les membres du Corps législatif se sont réunis le 12 [ou le 20] floréal an 12 à midi, pour proclamer leur adhésion à la monarchie héréditaire, ni les sentiments de l'Empereur lisant le discours de son "sujet"[64].

Néanmoins, Fontanes continue à parler, louange et leçon morale se confondant. L'inauguration de la statue de l'Empereur, le 24 nivôse an XIII, projet voté le 3 germinal an XII par le Corps[65], lui fournit une autre occasion de montrer sa fidélité à l'Empereur. Prononcé en présence de la famille impériale (sans le maître), Fontanes apporte son soutien, son admiration et ses nuances envers le pacificateur. Le Corps législatif n'a érigé ce monument ni au grand capitaine, ni au vainqueur de l'Italie, mais au "restaurateur des lois"[66]; il revient sur le "code uniforme donné à trente millions d'hommes"[67], phrase déjà prononcée en présentant le Code au premier Consul. En 1814, quand on renversera la statue, Fontanes tiendra un langage différent - peut-être sa vraie pensée -: un tyran qui tombe n'a plus de droit à la vénération, mais à la haine qu'il inspire[68].

Tout au long de l'Empire, Fontanes continuera à prononcer des discours. Son rôle sera d'administrer le Corps législatif et l'Université, mais en déhors de ses deux devoirs, il sera toujours l'orateur bien-venu, même s'il lève de temps à autre le petit doigt. Napoléon avait conquis la Prusse et *Pour la translation aux Invalides de l'épée de Frédéric le Grand*, le 17 mai 1807[69], il ne peut s'empêcher de parler du destin des grands royaumes: ils tombent! L'orateur retrace l'histoire de la Prusse, les conquêtes faites par son roi, avec une armée qui semblait invincible; les capitaines de l'Europe entière venaient sur les rives de la Sprée pour étudier l'art de faire la guerre et de la gagner[70]. Néanmoins la postérité a vu tomber ce royaume en quelques jours sous les attaques de Napoléon. Fontanes qui a été toujours littéraire et historien s'écrie: "Ô vanité des jugements humains! ô courtes et fausses prospérités. Toutes les voix de la renommée célébrèrent cinquante ans la gloire de la monarchie prussienne"[71], pour qu'elle tombe si vite. Fontanes qui connaissait le destin des peuples, la montée et la chute des empires, qui a vécu d'une façon très directe la déchéance de l'Ancien Régime avec toutes ses conséquences, pouvait-il se faire des illusions sur la longévité d'un régime qui venait de naître des cendres d'une révolution sanglante et des époques incertaines? Le héros de la Prusse est bien présent dans ce discours, mais on dirait que Napoléon est presque son disciple qui le dépasse.

---

64 *Loc. cit.*
65 *Corps législatif*, Le50 332.
66 *Op. cit.*, pp. 1-2.
67 *Loc. cit.*
68 *Spectateur français depuis la Restauration du trône*, 1814, vol. I, 54 et ss., Lb45 462.
69 *Corps législatif*, Lb44 124.
70 *Op. cit.*, p. 2.
71 *Op. cit.*, 1-2.

Pour justifier la montée au pouvoir de Napoléon, Fontanes est très clair. La première place était vide; le principe conservateur qui avait animé la nation pendant quatorze siècles étant détruit, il fallait trouver le plus digne qui d'ailleurs n'a fait que détrôné l'anarchie[72]. "Il a vaincu les fausses doctrines" et la France vit enfin l'homme "qui nous protégeât contre nous mêmes"[73]. Cela est la teneur des discours de Fontanes pour cette époque, il se plie quand il faut se plier, il parle librement quand il peut le faire. Les discours du Corps législatif furent d'ailleurs imprimés à un nombre très restreint, six environ. Néanmoins il est profondément conservateur, il voit le primat de l'Etat et de l'Eglise pour cette société. En s'adressant au pape Pie VII, le 1er décembre 1804, il peut ajouter "toutes les pensées irréligieuses sont des pensées impolitiques" et "tout attentat contre le Christianisme est un attentat contre la société"[74]; en octobre 1808, étant Grand-Maître de l'Université, il écrit à l'archevêque de Mayence: "La religion et l'éducation ont des rapports naturels et nécessaires. Notre but est commun"[75].

A cette époque, Fontanes travaille pour la rénommée du Corps législatif, pour la stabilité de l'institution et pour ses collègues. Il s'adresse par de multiples lettres au premier Consul et à l'Empereur. Dans un de ses discours, il a fait dire à Napoléon qu'il aime un peuple libre, mais il constate que le Corps législatif ne l'est nullement, étant condamné à rester muet. Dans une de ses notes, il fait d'ailleurs toute une apologie de l'installation du système monarchique et de ses prérogatives. C'est peut-être dans ses lettres envoyées à l'Empereur qu'on comprend mieux quelques clés de la pensée politique de Fontanes pour cette époque qui va durer à peu près jusqu'au moment où Napoléon commence - destin de beaucoup d'hommes - à détruire par ses éternelles guerres ce qu'il a construit avec tant d'ardeur. En l'an XII et l'an XIII, il fallait encore travailler pour un système qui s'ancre peu à peu dans la pratique et dans la conscience des gens, puisque la monarchie n'était nullement jouée. La forme de ses lettres, n'en doutons pas, reste toujours la même, il était trop bon courtisan pour ne pas être poli; mais à travers ses lignes, on trouve des idées qui lui sont propres. Ne livre-t-il pas, le 4 floréal an XII, une grande partie de sa pensée:

"J'ai toujours préféré le système d'un chef unique et héditaire parce que j'aime passionément la liberté et qu'elle me paraît mieux assurée contre les factions dans ce système que dans tout autre. Quand je parle de liberté, j'entends la liberté civile. C'est la seule à laquelle

---

72 *Corps législatif*, 24 nivôse an XIII, p. Le50 332.
73 *Op. cit.*, 4.
74 *Corps législatif*, Discours adressé à sa Saintété Pie VII, p. 2, le 50 540. Pour l'accueil fait au pape, voir Artaud, *Histoire du Pape Pie VII*, Paris, le Clerc, 1836, p. 497 et ss. Artaud qualifie Fontanes de grand orateur, il faut donc admettre qu'il l'a connu. Le discours est incomplètement reproduit, Fontanes ajoutait quelques mots plus significatifs, "mais on empêcha de les publier" (p. 501).
75 Sorbonne, Réserve, Ms. 1502, N° 327, p. 81.

j'attache un grand prix, c'est la seule dont le peuple ressente les bienfaits. Le gouvernement qui donne à tous la liberté civile fait assez pour leur bonheur." [76].

Pour que la monarchie soit respectée et pour qu'elle jouisse d'une certaine tranquillité, il faut qu'elle "s'environne des formes tutélaires de la liberté" et il faut en plus une hiérarchie à l'intérieur de cette même monarchie: d'abord son chef, ensuite l'aristocratie, puis "la démocratie dans quelques assemblées que le gouvernement peut convoquer et dissoudre à son gré."[77]. Un des corps le plus populaire de l'Etat est justement le Corps législatif; mais cette institution est faible et Fontanes le dit clairement: "Tant qu'il sera muet, tant que les discussions contradictoires ne s'établiront pas dans son sein, il n'obtiendra pas la considération qui peut donner de la force à ses décrets."[78]. La pensée de Fontanes ne s'arrête pas là; il constate qu'on a tout détruit, il faut donc maintenant tout reconstruire et puisque l'Empereur veut attirer toutes les gloires à sa cour, pourquoi pas la gloire "de l'éloquence politique"[79]. On peut d'ailleurs prendre des mesures conservatoires pour empêcher "l'abus de la parole et fixer la discussion dans certaines limites". Le gouvernement ne risque rien en ce qui concerne sa stabilité puisqu'il aura toujours le droit "de dissoudre à volonté l'assemblée qui s'ecarterait des limites constitutionnelles."[80].

Elever le Corps législatif, en faire une vraie assemblée, dans laquelle les Tribuns discutent avec les membres de l'assemblée des lois et les projets de lois, telle était la proposition de Fontanes, mais qui n'a pas eu de suite jusqu'en 1807 où le Corps législatif changea de forme. Il en sera de même avec la proposition d'élire le président pour cinq ans. Il fait remarquer à Napoléon qu'une élection annuelle est une mesure très peu sage et peu conforme à l'esprit de la monarchie. D'abord, son sort est incertain, il doit même manipuler ses collègues pour rester en fonction, il n'a aucune influence sur les membres de son propre palais: "Il sera même en quelque sorte dans la dépendance de ses collègues puisqu'il aura besoin de leurs suffrages annuels. Il sera forcé malgré lui de ménager les passions, les défauts et les préjugés de tous. Ne craignons pas de tout dire. En multipliant les élections populaires, on ne fait que multiplier les vices des hommes."[81]. Augmenter le crédit de son président signifie également "fortifier le pouvoir suprême en le rendant plus national."[82].

Fontanes fait aussi des suggestions concernant la nature du pouvoir monarchique. Il rappelle tout ce qui est grandiose et majestueux, mais également tout ce qui est conforme aux habitudes de l'esprit français dans son passé. Fontanes

---

76 A.N., AF^{IV} 1041, dos. 3, p. 15 et ss.
77 *Loc. cit.*
78 *Loc. cit.*
79 *Loc. cit.*
80 *Loc. cit.*
81 *Loc. cit.*
82 *Loc. cit.*

n'ignore nullement "que les opinions modernes sont peu favorables aux idées impériales"[83], néanmoins il faut les propager. Il est étonnant de constater que celui qui, en public, prêche sans cesse que Bonaparte égale déjà à trente-sept ans Alexandre ou Charlemagne, remarque en privé que l'empereur va presque à contrecourant des idées contemporaines. La religion doit absolument accompagner la monarchie, n'est-elle pas le soutien indispensable à la durée de celle-ci? Une monarchie sans Dieu, toute philosophique, meurt "aussitôt qu'elle est proclamée"[84] et Fontanes rappelle à l'Empereur celle de 1791.

Ce que Fontanes cherche en tout temps, c'est la stabilité et le pompe. Dans une autre occasion, il écrit à l'Empereur, "les hommes se prennent par l'imagination et par les yeux"[85], et il ajoute que la famille impériale doit prendre une place à part et somptueuse parce qu'elle excite l'imagination du peuple et le respect de l'Europe. Ayant installé ainsi un nouvel ordre, le monarque peut se montrer clément, distribuer des grâces de toutes sortes et mener une politique nationale et sage. Ces propos montrent quel immense espoir un des grands commis de l'Etat voyait dans le sacre et dans l'installation d'une monarchie nouvelle. Une grande partie de la politique oratoire de Fontanes doit être regardée pendant ces années sous cet angle. Lui, plus âgé, admirant le plus jeune, distribue des leçons de sagesse et de paix, leçons qui ne seront nullement écoutées puisque Napoléon ne voulait en aucune façon une monarchie constitutionnelle, mais un pouvoir personnel et absolu. Mais c'était aussi de la part de Fontanes méconnaître complètement le caractère intime de Napoléon qui marchait toujours en avant.

C'est ainsi que Napoléon échappe à toute influence et qu'il continue à suivre son chemin tel qu'il en a tracé l'orbite.

Pour la dignité du Corps législatif, Fontanes la rappelle à l'Empereur: "Le corps qui vote l'impôt est le plus national et le plus nécessaire, et c'est pour cela qu'il faut se garantir de l'impétuosité de ses mouvemens. Mais il n'a plus l'initiative des loix, on peut le dissoudre à volonté. Que craindre encore de lui. Le vrai danger maintenant est de lui ôter toute influence populaire en l'abaissant trop devant le Sénat."[86]. Dans une autre lettre, Fontanes défend l'assemblée et ses collègues d'une façon encore plus ardente. Il s'agissait d'obtenir la Légion d'honneur pour les membres, mais Napoléon est réticent. Fontanes voulait en cette année du couronnement une promotion en masse des trois-cents membres et il ajoute: "Ce nombre [...] considérable en effet lorsqu'il est rassemblé cesse de l'être lorsqu'il est réparti dans les provinces."[87]. Son président n'est même pas consulté sur des nominations individuelles: "Le Corps législatif est le der-

---

83 *Loc. cit.*
84 *Loc. cit.*
85 A.N., AF^{IV} carton 330, pl. 2406, 26 mars 1808, également Sorbonne, Réserve, Ms. 1660, 74.
86 A.N., AF^{IV} 1041, lettre du 16 floréal an XII.
87 A.N., AF^{IV} 1041, dos. 30, 3 pluviôse an XIII.

nier reste des éléments de la démocratie pour en fixer l'agitation, le président a besoin d'influence et de popularité. Une nomination en masse me donnerait quelque crédit sur mes collègues, et le crédit est nul, si je ne suis pas même consulté sur les nominations individuelles."[88].

Comme son influence est presque nulle, Fontanes ne voulait pas rester président et désirait le Sénat. Roger, dans son article, fait donc erreur en écrivant qu'en 1808, Napoléon le plaçait au Sénat; Fontanes l'avait déjà demandé en l'an XIII. Dans sa lettre du 3 pluviôse, il revient d'ailleurs sur la durée de son mandat qui devrait être de cinq ans, comme c'est le cas du speaker des Communes, auquel il compare ses fonctions, et comme c'est le cas des collègues qui sont élus pour cinq ans également, mais par cinquième. Demander par contre chaque année - et Fontanes l'avait déjà dit - la faveur de ses collègues discrédite son pouvoir dans une assemblée qui est le seul lien existant entre la monarchie et le peuple. Il revient sur la question de la Légion d'honneur à laquelle ses collègues devraient avoir droit: "Je suis plus loin que personne de réclamer pour les assemblées populaires des privilèges dont elles ont tant abusé! Mais l'amour-propre veut être un peu dédommagé quand le pouvoir réel a disparu. Il ne faut pas trop dédaigner l'influence de trois cents hommes, composés de propriétaires, d'anciens administrateurs, de négociants, de magistrats, de vieux généraux qui portent tour-à-tour dans Paris l'opinion des départements, et dans les départements l'opinion de Paris." Fontanes rappelle que les députés, puisque riches, sont indépendants et difficiles à ménager: "De jour en jour, la surveillance de ce corps deviendra plus délicate et plus difficile. Je l'avais prévu."[89]

Fontanes essaie donc de ménager Napoléon dans ses lettres, mais sans succès. Le président sera toujours élu pour un an; le pouvoir du Corps législatif est nul, la constitution le prévoit d'ailleurs; les lois passent de toute façon; il vote par contre l'impôt. La politique de Fontanes va donc peu à peu se placer sur un autre terrain. On remarque dans ses discours qu'il dit des vérités à l'éternel guerrier, mais qu'il doit aussi mentir grossièrement. Fin octobre 1808, par exemple, une fois de plus, est venu le moment d'honorer l'Empereur en termes très flatteurs, il ajoute néanmoins:

"Le premier des capitaines voit donc quelque chose de plus héroïque et de plus élevé que la victoire. Sire, nous le tenons de votre propre bouche: il est une autorité plus puissante et plus durable que celle des armes; c'est l'autorité qui se fonde sur de bonnes lois et sur des institutions nationales. Les Codes que dicta votre sagesse pénètrent plus loin que vos conquêtes, et règnent sans effort sur vingt nations diverses dont vous êtes le bienfaiteur. Le Corps législatif doit sur-tout célébrer ces triomphes paisibles."[90].

---

88 *Loc. cit.*
89 A.N., AF^{IV} 1041, dos. 3, p. 31 et ss.
90 *Corps législatif*, 26 octobre 1808, Adresse à S.M. L'Empereur *et Roi* (6 pages), Le50 285.

Mais que faire avec un maître qui écoute et qui lit tout, mais qui ne veut rien entendre?

Ce n'est peut-être pas par hasard que le journal de Peltier, l'*Ambigu*, à Londres, malgré les malédictions qu'il jette sur Fontanes, se demande parfois ce qu'au fond de lui-même l'orateur pensait. Dans le même discours, Fontanes continue à l'adresse de l'Empereur: "Si quelquefois des circonstances difficiles nécessitent des taxes nouvelles, ces taxes toujours proportionnées aux besoins, n'excèdent pas la durée. L'avenir n'est pas dévoré d'avance."[91] Etait-il nécessaire de l'ajouter, si on n'était pas convaincu du contraire? On a l'impression que le "très humble, très obéissant et très fidèle serviteur et sujet" voulait jeter le ridicule sur Napoléon:

> "Votre Majesté, Sire, a prononcé le mot de sacrifices, et nous osons le dire à Votre Majesté même, ce mot achève tous vos triomphes. Certes, la nation ne veut pas plus que vous de ces sacrifices qui blesseraient sa gloire et la vôtre. Mais il n'était qu'un seul moyen d'augmenter votre grandeur, c'était d'en modérer l'usage. Vous nous avez montré le spectacle de la force qui dompte tout, et vous nous réservez un spectacle plus extraordinaire, celui de la force qui se dompte elle-même." [92]

Napoléon ne répond rien à ces mots qui l'invitent à pacifier le continent, mais il proclame entre autres: "Mon devoir et mes inclinaisons me portent à me réunir à mes soldats."[93]. On dirait que cet homme, incapable de repos intérieur, se déchire par un feu qui le dévore; toute collaboration, toute entente avec lui, toute influence modératrice sur lui devient donc presque impossible; affamé d'activité, il court vers sa chute.

L'ouverture des sessions du Corps législatif est d'ailleurs un événement national. Au moment où l'Empereur quitte les Tuileries, des coups de canons annoncent son départ à la population de Paris et aux membres du Corps législatif qui se sont réunis longtemps avant midi dans leur palais (aujourd'hui les bâtiments du Palais Royal). Napoléon traverse les Tuileries et la place du Carrousel pour se diriger vers le palais. Il ne vient jamais seul; entouré des dignitaires de l'Empire et des membres de sa famille qui le précèdent, il arrive vers midi. Fontanes et vingt-quatre membres du Corps législatif l'attendent à la porte extérieure[94]. Le président porte, comme le protocole l'exige, un "habit vert brodé en or au collet et au parement, culotte verte, veste blanche brodée en or, manteau de soie verte doublé de blanc, chapeau à l'espagnol avec une plume blanche; écharpe verte à frange d'or."[95]. Il souhaite la bienvenue au souverain; en même temps, "une musique majestueuse et guerrière annonce que Sa Majesté

---

91   *Loc. cit.*
92   *Op. cit.*, 4.
93   *Op. cit.*, 5-6.
94   *Corps législatif*, 6 nivôse an XIII, p. 2, Le48 6.
95   *Moniteur universel*, 24 mars 1805, 777.

l'Empereur va entrer dans la salle des séances"; l'assemblée se lève, elle est découverte et accueille avec des "acclamations unanimes et prolongées celui qui monte peu après sur le trône; une tribune a été préparée pour l'impératrice. Douze membres du Sénat, le Conseil d'Etat et des Tribuns ont pris place dans la partie qui leur a été réservée; les maîtres de cérémonie, le Grand Electeur, les questeurs, des pages font le va-et-vient du bas des cinq marches du trône et on appelle finalement les nouveaux membres du Corps législatif, qui sont admis pour prêter à haute voix le serment: "Je jure obéissance aux constitutions de l'Empire, et fidélité à l'Empereur"[96].

Napoléon parle; il dresse un bilan de la situation de l'Empire, il loue le zèle qui a animé le travail de ses sujets; Fontanes répond et tout est terminé; les parlementaires ont congé jusqu'au lendemain. L'Empereur est reconduit à sa voiture et des salves d'artillerie annoncent son arrivée aux Tuileries. Parfois le protocole change: on y introduit une messe qui est célébrée le matin aux Tuileries même ou, quand il arrive au Palais du Corps législatif, il se repose d'abord dans un appartement spécialement aménagé pour lui, avant de pénétrer dans la salle des séances. Notons déjà ici que Fontanes fera de même quand il sera Grand-Maître de l'Université: au moment de la distribution des prix des lycées, il se reposera des fatigues du voyage avant d'entrer dans la salle publique de l'Académie française.

Quel a dû être le sentiment de Fontanes, recevant pour la première fois l'Empereur aux marches de *son* Palais? Certes, les deux hommes se connaissaient, il a été reçu par le premier Consul à maintes reprises, par Napoléon ensuite, il était le familier de la famille, il avait un laisser-passer spécial pour entrer par une petite porte aux Tuileries quand Napoléon voulait lui parler, même à dix heures du soir[97]; il a assisté au Sacre en première ligne, le peintre David l'avait bien marqué; son cheval était d'ailleurs tellement nerveux qu'il aurait presque jeté son maître par terre. Mais maintenant c'est lui, qui, une fois par an, reçoit l'Empereur, l'accompagne jusqu'au trône, lui parle. Le futur comte de l'empire, sorti d'un milieu plus que modeste a dû éprouver une bien grande satisfaction. Après tant d'efforts, il se trouve à la tête d'un corps "qui représente la nation"[98]. Les députés reçoivent une indemnité annuelle de dix mille francs, mais pour cela, ils ne siègent que pendant quatre mois par an[99]. Ils peuvent être convoqués en session extraordinaire par le gouvernement; leurs séances sont publiques[100], mais il n'y a pas de discussion. L'article 34 est bien clair sur cette question: "Le Corps législatif fait la loi en statuant par scrutin secret, et sans aucune discussion de la part de ses membres, sur les projets de loi débattus

---

96 *Corps législatif*, 6 nivôse de l'an XIII, pp. 2-3.
97 *Biographie universelle*, Roger.
98 *Corps législatif*, 19 novembre 1808, discours adressé à l'Impératrice, Le 5O 341.
99 Duverger, *Constitutions et documents politiques*, Paris, Thémis, 1981, 114.
100 *Op. cit.*, article 35.

devant lui par les orateurs du Tribunal et du Gouvernement"[101]. Chaque département doit envoyer au moins un député; l'assemblée se renouvelle par cinquième tous les ans[102], ils doivent avoir - à partir de 1807 - au moins 40 ans et Fontanes proteste parce qu'il y a parmi les trois cents membres des députés qui n'ont pas cet âge; ils entrent en fonction après avoir prêté le serment, mais il y a toujours des absents au moment de la prestation du serment; participent au vote environ deux-cent-cinquante députés[103].

Les discours de Fontanes furent attentivement lus et interprétés de l'autre côté de la Manche. Fontanes n'était pas - au début - respecté par Peltier et son journal l'*Ambigu*. Le ton de Peltier, d'abord très agressif, devient avec le temps, dans l'interprétation des paroles du président Fontanes, presque dangereux pour celui-ci. Critiquer quelqu'un qui se trouve dans le camp gouvernemental n'est pas compromettant, dévoiler, comme Peltier va le faire, les pensées intimes de celui-ci, au moins selon lui, peut mettre la personne en péril. Talleyrand envoyait régulièrement à Londres les discours officiels et la presse de Paris. Montlosier l'utilisait dans le *Courrier de Londres*, Peltier aussi[104]. A peine Fontanes nommé président du Corps législatif, Peltier pense avoir trouvé cette grâce soudaine de la part de Bonaparte dans le *Chant de guerre sur la descente en Angleterre* que Fontanes avait lu dans la séance publique de l'Institut le 28 décembre 1803: "Le chant [...] est probablement ce qui a valu à M. de Fontanes sa place actuelle de Président du Corps législatif, son palais, ses pages, ses voitures de la cour, ses cent mille livres de rente."[105]. La conspiration de Moreau et de Pichegru donne l'occasion à Peltier de revoir le passé de Fontanes qui tonnait contre les "crimes des révolutionnaires, et surtout contre ceux de Bonaparte, avant que celui-ci lui eût fait un sort de 100 mille livres par an."[106]. L'enlèvement du duc d'Enghien et son assassinat, le silence de Fontanes, sont présentés sous un angle peu flatteur pour celui-ci: "Le bruit du meurtre de M. le Duc d'Enghien [...] avait révolté, indigné, soulevé tout le corps diplomatique, la bonne compagnie et même la populace de Paris, excepté M. de Fontanes"[107] et, auparavant, dans le même style et avec la même violence: "M. de Fontanes oubliera, sans doute, de son côté, que j'eus, il y a peu d'années, le malheur de le présenter au père du Duc d'Enghien, et qu'il assura ce Prince de son dévouement." Fontanes, qui aimait comparer Bonaparte à Charlemagne, doit lire maintenant, et nous avons déjà cité cette phrase: "Il ne manquera pas de lui citer encore, en ouvrant sa lourde mâchoire, ce vers de Corneille qu'il ne cesse,

---

101 *Loc. cit.*, constitution du 22 frimaire an VIII (13 décembre 1799).
102 Art. 31.
103 Nous n'avons pas pu élucider la question des abstentions.
104 Montlosier était en rapport avec Fontanes pour une mission secrète à Paris.
105 L'*Ambigu*, 10 février 1804, 47; le traitement de Fontanes à cette époque était de soixante-douze mille francs.
106 L'*Ambigu*, 20 mars 1804, 363.
107 *Op. cit.*, 20 avril 1804, 89.

depuis quelque temps de parodier en vers et en prose: Un grand destin s'achève, un grand destin commence."[108].

Mais bientôt le discours de Peltier change. Il laisse planer le doute sur les vraies intentions de l'orateur dont il imprime chaque discours; il l'invite à changer de cap; il exprime des suggestions: "Quelle différence pour la gloire et la réputation du citoyen Fontanes, s'il avait consacré ses talents à soutenir les droits de son Souverain légitime; à défendre la cause de la justice et de la vérité; à démontrer que l'usurpation est toujours un crime [...]. Que le citoyen Fontanes revienne donc de ses erreurs, et qu'il restitue aux belles lettres et à la cause de la justice tous les services dont il les a privés."[109]. L'interprétation des discours de Fontanes va parfois plus loin, et on peut se demander si un certain courant autour de Fontanes ne passait pas entre Paris et les royalistes de Londres, même si, à notre connaissance, il n'y a pas eu de correspondance intime entre Fontanes et Peltier[110]. Peltier remarque - malgré les anathèmes - le double langage de Fontanes qui dit une chose, mais qui en même temps peut signifier une critique à peine voilée envers Napoléon. Le 10 octobre 1807, Peltier écrit ce que Fontanes aurait voulu dire: "s'il n'eût pas redouté les fureurs du tyran auquel il parlait, ou s'il avait voulu renoncer aux honteuses faveurs dont celui-ci a payé ses absurdes louanges."[111].

"Nous venons près de vous", aurait-il dit, "parce que nos fonctions et vos ordres nous y appellent. Jusqu'à présent, nous vous avons flatté des illusions de la faveur publique; mais le moment est venu où un pareil langage révolterait contre nous le peuple indigné [...]. Vous avez renversé une grande monarchie, distribué des couronnes à vos lieutenants, voilà l'unique fruit de vos triomphes. Que d'autres les admirent: pour nous qui avons été témoins des larmes qu'ils font répandre à une nation épuisée d'hommes et d'argent, nous ne voulons ni les célébrer, ni nous en féliciter [...]. Nous espérons qu'après avoir opéré tant de bouleversements, que vos flatteurs appellent des triomphes, vous allez enfin faire cesser l'agitation où vos guerres continuelles nous jettent, les sacrifices énormes qu'elles nous imposent, et les fléaux dont elles frappent notre population, notre commerce et notre industrie [...]. Vous parlez de répandre l'aisance jusques dans la plus humble des chaumières. C'est la première fois que votre bouche a exprimé un voeu consolant, un projet réparateur: nous vous sommons de votre promesse [...] occupez-vous enfin de la destinée du pauvre! [...] Depuis longtemps vous nous promettez de rentrer dans la ligne des principes monarchiques qui seuls constituent la vraie liberté; c'est dans cet acte qui prouverait que toute la puissance qui repose dans vos mains, n'a pas entièrement égaré vos esprits, que vous trouveriez la véritable gloire."[112].

---

108 L'Ambigu, 10 avril 1804, 51 et s.
109 L'Ambigu, 30 juin 1804, 527, lettre d'un lecteur.
110 Nous n'avons pu faire des recherches approfondies à Londres dans le Public record office, des renseignements par lettres n'ont rien donné de précis.
111 L'Ambigu, p. 21, Sur le caractère actuel de la Nation française, et sur sa situation d'après les discours prononcés depuis le retour de Buonaparte à Paris.
112 Op. cit., pp. 21-23.

Dans la suite, il constate son "instinct de bassesse"[113], et il remarque "l'existence de quelque fermentation souterraine"[114].

Au moment où Napoléon décide, en 1807, que les membres du Corps législatif doivent avoir quarante ans, il change aussi la présentation des lois; puisque c'est maintenant que les projets de lois sont discutés dans son propre sein. Dans son discours de clôture de la session en 1807, Fontanes se félicite de cette décision et il dit notamment:

> "Ce corps va recevoir une forme nouvelle. Les examens de projets de lois seront soumis à des commissions prises dans son sein, et les projets seront discutés par ses propres orateurs. [Le Tribunal était supprimé et joint aux Corps législatif]. Les talents qu'il renferme ne s'affligeront plus d'être ignorés; ils pourront se montrer quelquefois à côté de ces hommes d'une vaste et profonde doctrine, ou d'une éloquence facile et brillante, qui viennent porter la parole au nom du gouvernement [...]. La majesté des assemblées va renaître sans danger sous les auspices d'un grand homme. Ces enceintes naguère accoutumées à tant de clameurs s'étonnaient de leur silence, et ce silence va cesser. Il ne faut pas sans doute que des tempêtes populaires y grondent encore; mais il convient que de graves discussions s'y fassent entendre, et la loi solennellement délibérée en aura plus de poids et d'autorité. Celui qui fit taire toutes les factions, ne veut point que des voix respectueuses, mais libres, soient plus longtemps enchaînées. Rendons-nous dignes d'un tel bienfait."[115].

Est-ce qu'on pouvait être plus clair dans son langage? Peltier n'avait certainement pas tort d'imprimer un tel discours sans ajouter un commentaire puisque la voix de Fontanes "avec sa lourde mâchoire" était claire et bien audible.

---

113 *Op. cit.*, 24.
114 *Loc. cit.*
115 Cité selon l'*Ambigu*, 20 octobre 1807, p. 118 et ss.

Chapitre XIII

Fontanes et *son* Université

"L'intention de S.M. est que le Grand-Maître de l'Université entre en fonction le plus tôt possible. Beaucoup de choses sont encore à faire. Il est nécessaire que le conseiller d'Etat Fourcroy se concerte avec le Grand-Maître afin de rédiger des décrets à présenter au Conseil pour assurer l'exécution de diverses vues indiquées dans le décret d'organisation.
Un des premiers objets dont il convient de s'occuper, c'est le logement de l'Université Impériale à Paris." [1]

Nous avons déjà abordé Fontanes professeur à l'Ecole centrale et nous avons vu que le futur Grand-Maître s'intéressait à l'enseignement, mais surtout à l'organisation de celui-ci. Déjà en 1803, avant qu'il ne soit président du Corps législatif, Bonaparte le chargeait avec Champagne et Domayvon[2] d'élaborer un programme de livres de classe pour l'enseignement du latin et des belles-lettres dans les lycées. Dans une note explicative ils donnent les motifs de leur choix. L'enseignement des belles-lettres n'est pas, selon les rapporteurs, soumis aux mêmes principes que ceux des sciences. "Les vrais principes, peut-on y lire, sont publiés d'avance par la voix de vingt siècles; des doctrines éprouvées ont déjà formé plusieurs générations d'hommes illustres, et dès-lors on n'a plus besoin que de rétablir les bonnes traditions", et puisque tout ce que Fontanes touche devient politique, il continue: "Il faut imiter en tout la sagesse du gouvernement: c'est dans les ruines des anciennes écoles qu'il a retrouvé les matériaux des nouvelles."[3] Longtemps avant d'accéder au sommet de sa carrière, Fontanes émet alors des idées qui vont guider son travail comme Grand-Maître de l'Université, à savoir aider d'anciennes traditions à renaître, parce que l'Université "est amie des vieilles traditions"[4]. Dans l'*Almanach de l'Université impériale* de 1810, le premier qui parut, Fontanes montre clairement dans la notice historique ce qu'était autrefois le recteur de l'Université de Paris. "Dans les cérémonies publiques, il prétendoit avoir le pas après les princes de sang.

---

1   A.N., AF^{IV} 909, dos. 5, "Notes dictées par Sa Majesté, envoyées au Ministre de l'Intérieur, le lundi, 21 mars 1808".
2   A.N., AF^{IV} 79, pl. 545, Minute d'arrêté, 27 frimaire an 11: "les citoyens Domayvon, Champagne, Fontanes, membre de l'Institut, sont nommés pour former la commission chargée de rédiger une instruction pour déterminer la partie qu'on doit enseigner dans chaque classe de latin." L'arrêté est signé par Bonaparte.
3   Université impériale, N° 47, "Rapport de la commission nommée par arrêté du gouvernement, du 27 frimaire an 11, pour le choix des livres classiques des lycées, dans chaque classe de latin et dans celles des belleslettres", p. 2, B.N.: 8° R. Pièce, 7574.
4   Fontanes, Collection complète des discours de M. de Fontanes [publiée par A. Fayot], Paris, Domère, 1821, "Discours prononcé par le grand-maître de l'Université, lors de la distribution des prix.", Année 1814, p. 143, B.N.: X. 25255.

Aux funérailles des princes, il marchoit à côté de l'archevêque de Paris"[5]. Même ses habits comme sa soutane violette, sa ceinture avec des glands d'or et son épitoge fourrée d'hermine, manifestèrent avec éclat le rôle qu'il joua parmi les dignitaires du royaume. Et Fontanes tient à ce que ces prérogatives soient rétablies. Dans une lettre adressée à Napoléon le 23 novembre 1809, le Grand-Maître lui rappelle l'estime dont jouirent ses prédécesseurs; il veut que le chef d'un aussi grand corps que l'Université soit entouré de l'autorité nécessaire qui le distingue clairement de ses pairs. Le souvenir de l'anarchie étant encore frais, il insiste pour qu'on ne rapetisse pas le Grand-Maître parce que ce faisant, "on rapetisse en même temps toute la grandeur de l'institution. Ce serait introduire l'anarchie dans un établissement tout monarchique"[6]. Déjà le président du Corps législatif avait demandé à l'Empereur - et à plusieurs reprises - que son autorité vis-à-vis des membres de ce corps fut augmentée en instituant un mandat présidentiel de 5 ans au lieu d'une seule année. Quelques mois après la première intervention épistolaire, le Grand-Maître s'adresse - sur l'invitation de Napoléon - le 1er février 1810 de nouveau à l'Empereur et lui explique qu'était, chamarré par un passé centenaire, le recteur de l'Université de Paris. Fontanes parle en toute franchise et il ne craint point "d'y laisser voir toute (sa) pensée et tout (son) coeur."[7] Il donne d'abord des révérences au "génie supérieur" qui a fondé l'Université, mais il indique en même temps que les rédacteurs du projet concernant "la direction et la surveillance des écoles dans tout l'Empire" n'ont pas compris "toute l'étendue" qui est sortie "d'une tête vaste et féconde"[8]. Fontanes reproche notamment aux rédacteurs de n'avoir "point recherché l'esprit des corporations anciennes". Puisque la maison impériale et royale est encore toute jeune et qu'il faut lui assurer une survivance à l'ancienne, le Grand-Maître invoque sans arrêt les structures d'antan qui ont duré tant de siècles. Toute l'autorité "se fondait sur l'obéissance de chacun des membres au chef du corps entier"[9]. Fontanes veut que cet ancien esprit soit rétabli et surtout que le Grand-Maître soit entouré "par tous les moyens possibles, de respect et de considération"[10]. L'idée de la durée de l'exercice professionnel revient également ici. Autrefois le supérieur "était à vie dans les corporations religieuses qui ont eu le plus de durée." Les reproches que tant de gens vont faire publiquement à l'encontre de Fontanes après sa chute sont contre-attaqués dès 1810. Fontanes explique au maître comment il entend exercer ses fonctions, par quelles barrières de protocole il doit se distinguer des autres. Autrefois, les détails de

---

5   *Almanach de l'Université impériale*, Année 1810, Paris, Brunot-Labbe, pp. 37.
6   A.N., AF^{IV} 1050, dos 7. En haut de la lettre, on lit avec la signature de Napoléon, "envoyé à Monsieur de Ségur pour me présenter un projet de m..., Paris, le 27 novembre 1809".
7   *Ibidem*.
8   *Ibidem*, lettre du 1er février 1810.
9   *Ibidem*.
10 *Ibidem*.

l'administration n'étaient pas attribués au recteur. Il avait sous ses ordres des "adjudants, des coadjuteurs, des provinciaux, des procureurs etc.", tandis que "le chef du corps avait le gouvernement général". Le personnel sous ces ordres s'occupait des difficultés quotidiennes, des litiges, ils paraissaient devant les tribunaux dès que le chef était accusé. Et Fontanes continue: "Le Grand-Maître, le général était immobile. Il était l'oeil qui veillait, et non le bras qui devait agir. On avait jugé, dans ces siècles pleins de bon sens, qu'un tel homme serait compromis, en paraissant comme subalterne devant un autre tribunal que celui du souverain ou de son propre corps. Appliquons ces principes à l'Université impériale."[11]. Cette université qui s'occupe de la formation des jeunes dans un empire immense a bien sûr plus de responsabilités que les anciennes corporations. Il va de soi que son chef doit être plus considéré que "ceux qui gouvernaient les anciennes congrégations". Pour Fontanes, ce respect commence par l'extérieur, parce que "l'étiquette fait et défait tout". Comme l'archevêque et selon le même protocole, le Grand-Maître prête serment à la chapelle impériale. Il est lié par ce serment directement à l'Empereur et Fontanes achève ainsi: "Le Grand-maître doit paraître rarement à la cour; mais toutes les fois qu'il y paraît, il doit y jouir du rang des grands officiers de la couronne. C'est un personnage qui représente, en quelque sorte, la morale publique enseignée dans les écoles et manifestée dans toutes les actions de la vie des citoyens. Cette considération est importante. Il en est une autre plus secondaire, c'est de jeter quelque éclat sur les sciences et les lettres."[12]

Il y a dans cette lettre encore un autre point qui a particulièrement irrité Napoléon. Fontanes veut se soustraire à l'autorité des ministres, il ne veut pas venir "humblement rendre des comptes, recevoir des ordres, et peut-être des réprimandes"; mais puisqu'il aurait de toute façon à traiter avec le ministre de l'Intérieur, il est tout d'abord nécessaire d'élaborer un protocole qui ne peut être que "d'égal à égal".

Si la lettre de Fontanes est un exemple d'indépendance d'un "très dévoué et très fidèle serviteur et sujet"[13], la réponse de Napoléon, qui ne se fit pas attendre, est l'exemple d'une main sûre qui gouverne par l'administration. Napoléon reprend - pas dans le même ordre, certes -, mais point par point les sollicitations du Grand-Maître. Sa lettre du 7 février 1810 est une énumération d'ordre précis, et il entre immédiatement dans le vif. "J'ai reçu votre lettre. Mon intention est que le grand-maître de l'Université jouisse de la considération convenable, mais tout ce qui existe dans l'Empire est sous la surveillance de mes ministres"[14]. Ce sont eux avec lesquels le Grand-Maître doit se concerter. On introduirait justement l'anarchie et la déconsidération pour le Grand-Maître "s'il

---
11   *Ibidem.*
12   *Ibidem.*
13   Formule utilisée après le sacre et dont Fontanes faisait largement usage.
14   *Correspondance de Napoléon Ier*, publiée par ordre de l'empereur Napoléon III, Paris, Imprimérie impériale, M DCCC LXIV, t. XX, p. 222 et s.

apprenait ma volonté par son chancelier ou par quelque officier subalterne". Il est de règle que les plus hauts dignitaires de l'Empire comme les cardinaux, des conseillers d'Etat ou des princes du sang vont voir les ministres dès qu'ils ont besoin de l'intervention auprès de Napoléon. Et l'Empereur écarte cette idée d'égal à égal, chère à Fontanes, en disant "Je ne puis donc admettre l'idée d'aucune espèce d'égalité en affaires entre qui que ce soit et mes ministres, pas même avec le prince impérial"[15]. Malgré les réprimandes assez vives de la part de Napoléon, la lettre prouve aussi quelle autorité l'Empereur a mise dans les mains de Fontanes. Peut-être le regrettera-t-il un jour. Mais au début de 1810, il écrit à Fontanes: "Ce qui vous distingue d'un officier quelconque de l'administration, même d'un maréchal de l'Empire, c'est que celui-ci ne peut rien sans l'intervention d'un ministre, au lieu que, pour les trois quarts de ce que vous avez à faire, vous pouvez le faire sans le concours de l'administration. [...] Vous avez le droit de faire dans votre corps tous les changements qu'il vous plaît de faire, s'ils sont conformes aux lois."[16]

Fontanes soumettait à Napoléon la fixation de son traitement. Le décret du 17 mars 1808 portant organisation de l'Université avait omis dans son titre XVIII de se prononcer sur le salaire du Grand-Maître (paragraphe 138), tandis que celui du chancelier était fixé à 15.000 francs par an, celui du secrétaire du Conseil et celui du conseiller à vie à 10.000, les conseillers ordinaires, les inspecteurs et les recteurs recevaient 6.000 francs annuellement. A cette somme s'ajoutaient des indemnisations pour les frais de tournées[17].

Dans la présentation de ses intentions financières, le Grand-Maître prenait comme guide, la rémunération des conseillers d'Etat et du gouverneur de la Banque de France. Les conseillers d'Etat, écrivait-il, le 6 décembre 1809 à Napoléon, ont un "sort annuel" de 55.000 francs. "Le gouverneur de la Banque de France a un traitement de 60.000 francs outre les 25.000 francs du conseil d'Etat."[18] Mais l'autorité personnelle du Grand-Maître est plus élevée, continue-t-il, que celles des personnes énumérées: "il donne des avancemens et il destitue. Il devra être le centre d'une certaine représentation, grave, sans éclat, mais qui nécessitera néanmoins des dépenses."[19] et, Fontanes propose que le traitement du premier serviteur de l'Université impériale s'élève à 1.000.000 francs par an[20]. Aulard avance la thèse que Fontanes a peut-être cumulé ce traitement avec d'autres qui lui revenaient de ses diverses fonctions[21]. Fontanes a été, en effet, jusqu'à la fin de la session de 1810, président du Corps législatif et il

---

15 *Ibidem.*
16 *Ibidem.*
17 Duvergier, *Recueil des lois et décrets (...), op. cit.*
18 A.N., AF^{IV} 422, pl. 3150, lettre du 6 décembre 1809.
19 *Ibidem.*
20 *Ibidem.*
21 Aulard, Napoléon Ier et le monopole universitaire, Paris, Colin, 1911, 183, n° 2.

devenait sénateur le 5 février 1810[22]. Mais dans sa lettre du 6 décembre 1809 à l'Empereur, Fontanes souligne expréssément que cette somme s'entend "supposé n'avoir aucune autre fonction qui lui donne des émolumens"[23]. Un jour plus tard, le 7 décembre, l'ordonnance lui accordant les 100.000 francs était signée[24]. Le traitement lui serait payé à partir du moment où il aurait prêté serment[25].

Outre cette somme considérable, surtout quand on la compare avec le traitement des autres fonctionnaires de l'Université, s'ajoutait une donation de Westphalie qui s'élevait à 10.000 francs par an. Le 19 mars 1808, Napoléon avait signé un décret qui réservait à Fontanes un revenu sur un domaine en Westphalie, dont le montant était de 10.0003,24 francs[26]. Quelques jours plus tard, le 28 mars, Fontanes s'adressa à l'Empereur pour le remercier de ce nouveau bienfait: "Votre Majesté sait que je ne l'ai jamais importunée du détail de mes besoins particuliers. Je dépense au moins tous les ans les 72.000 francs qu'Elle m'accorde comme Président du Corps législatif. J'ai tâché de remplir convenablement toutes les bienséances de ma place. Je n'ai point d'argent, mais je n'ai point de dettes. Environné de parens honnêtes et pauvres que je soutiens, je me suis toujours confié sans aucune inquiétude à la bienveillance de Votre Majesté."[27].

Le décret du 10 mai 1806, créant l'Université est fort simple et se résume à trois articles:

"Napoléon, par la grâce de Dieu et les constitutions de la République, Empereur des Français, à tous présens et à venir, salut. Le Corps législatif a rendu, le 10 mai 1806, le décret suivant, conformément à la proposition faite au nom de l'Empereur, et après avoir entendu les orateurs du Conseil d'Etat et des sections du Tribunat le même jour.

Décret
Article premier
Il sera formé, sous le nom d'*Université impériale*, un corps chargé exclusivement de l'enseignement et de l'éducation publique dans tout l'Empire.
2° Les membres du corps enseignant contracteront des obligations civiles, spéciales et temporaires.
3° L'organisation du corps enseignant sera présentée en forme de loi au Corps législatif à la session de 1810.

---

22   A.N., AF^{IV} 434, pl. 3249.
23   Voir note 4, p. 273.
24   A.N., AF^{IV} 422, pl. 3150, art. Ier: "Le traitement annuel du grand-maître de notre université impériale est fixé à cent mille francs."
25   *Ibidem*.
26   A.N., AF^{IV} 301, dos. 2154; une autre minute, datée du 16 septembre 1808, indique la somme avec francs et centimes, A.N., AF^{IV} 331, dos. 2409.
27   A.N., AF^{IV} 1050, dos. 10, p. 43. Le procès-verbal du lot est signé le 28 août 1808 par Daru, à Berlin. La copie se trouve aux A.N., AF^{IV} 331, pl. 2409. Le travail est un exemple de comptabilité impériale; on y trouve énuméré jusqu'aux moindres détails les revenus et les dépenses.

Mandons et ordonnons que les présentes, revêtues des sceaux de l'Etat, insérées au Bulletin des lois, soient adressées aux Cours, aux Tribunaux et aux autorités administratives, pour qu'ils les inscrivent dans leurs registres, les observent et les fassent observer; et notre Grand-Juge Ministre de la justice est chargé d'en surveiller la publication.
Donné en notre palais de Saint-Cloud, le 20 mai 1806
Signé NAPOLEON."

Le décret est contresigné par Cambacérès, l'archi-chancelier de l'Empire, Régnier, grand-juge ministre de la justice et Hugues B. Maret, ministre secrétaire d'Etat[28].

Cette fois-ci, Napoléon ne signe pas le décret au bord d'un champ de bataille, image chère à Fontanes, mais dans "notre palais de Saint-Cloud", que Fontanes connaissait bien.

Si le décret est bref, les motifs expliquant la création d'un corps enseignant unique pour tout l'Empire sont développés sur de longues pages et le rapport, certainement de Fourcroy et de son équipe, est un petit chef-d'oeuvre d'éloquence et d'habileté politique. L'orateur ne cache nullement les critiques formulées déjà avant la promulgation de la loi et il dessine clairement les intentions du gouvernement. Il faut uniformiser l'enseignement qui doit se faire uniquement sous la surveillance de l'Etat. Le corps enseignant est de la seule responsabilité du gouvernement, représenté par le Grand-Maître de l'Université qui dépend du ministre de l'Intérieur. On enseigne les langues anciennes, la littérature ancienne et moderne, on fait largement attention à l'étude des sciences mathématiques et physiques parce qu'elles sont "le complément de toute éducation libérale" et le gouvernement pense que "ces connaissances sont d'une utilité immédiate dans beaucoup de conditions de la vie, soit parce qu'elles étendent la sphère des idées et qu'elles donnent la clef d'une foule de phénomènes que nous offrent à chaque pas la nature et la société, et dont il est honteux de ne pouvoir se rendre compte."[29]. Des exercices militaires sont également introduits dans les dernières classes des lycées, ce qui n'était pas du goût de tout le monde, mais l'orateur défend ardemment le projet: "Si une partie des formes militaires a été introduite dans les lycées, c'est qu'on a reconnu combien ces formes étaient favorables à l'ordre sans lequel il n'y a point de bonnes études. On a aussi pensé que les exercices militaires, employés sobrement et dans les dernières années de l'éducation, auraient le double avantage, et de développer les forces des élèves, et de les accoutumer au port et au maintien des armes, ce qui abrège leur travail et accélère leur avancement lorsque la loi de la conscription les appelle au service de l'Etat."[30].

Mais l'éducation des jeunes n'est pas une chose en soi, elle existe et doit exister pour former des fonctionnaires publics, "c'est-à-dire, les hommes dont la

---

28 A.N., AD VIII 26, dos. premier, *Bulletin des Lois*, N° 91.
29 Annexe à la loi, p. 5.
30 *Loc. cit.*

capacité et les lumières constituent la force des Etats, et dont les opinions influent d'une manière si puissante, soit en bien, soit en mal, sur toutes les classes de la société avec lesquelles ils sont continuellement en contact."[31]. De telles responsabilités ne pouvaient pas être léguées "à l'insouciance ou aux caprices des particuliers."[32].

Napoléon et son entourage savaient donc très bien ce qu'ils voulaient: un Etat uniformisé. Ils ont d'ailleurs réussi d'une certaine manière. Dans tout l'Empire, aux sons des cloches ou des tambours les élèves rentraient en classe, et ils en sortaient; dans tout l'Empire, à la même heure, on étudiait les mêmes textes des mêmes auteurs, on travaillait les mêmes théorèmes et on portait le même costume[33]; dans tout l'Empire les draps dans les dortoirs, d'abord bleus, furent remplacés sur l'ordre du Grand-Maître par des gris.

Napoléon qui se réservait fréquemment la présidence du Conseil de l'Université[34] veille sur tout et, longtemps avant la nomination de Fontanes à la tête de l'enseignement, il s'occupait personnellement de l'esprit et de l'organisation de ce corps qui lui tenait à coeur. Aulard a montré que Napoléon s'intéressait au système éducatif pratiqué à Turin[35], qu'il réfléchit longtemps avant de donner une forme définitive à la loi de 1806 qui devait repasser devant le Corps législatif dans sa session de 1810 pour que la théorie s'accorde à la pratique, puisque l'Université, sous sa forme nouvelle, devrait entrer en action le 1er janvier 1809.

Sans pouvoir donner une date précise, il est admis que les discussions que Napoléon menait avec Chaptal, Champagne, Lebrun, Portalis, Fourcroy et Fontanes commencèrent bien avant 1806 et qu'il jugeait la loi sur l'enseignement du 11 floréal an X (1er mai 1802) incomplète et peu maniable. En dehors de la discipline, Napoléon voulait surtout créer *un esprit*, ce qui ressort clairement d'une note dictée par l'Empereur, le 16 février 1805: "Il n'y aura pas d'Etat politique fixe, s'il n'y a pas un Corps enseignant avec des principes fixes. Tant qu'on n'apprendra pas dès l'enfance, s'il faut être républicain ou monarchiste, catholique ou irréligieux, etc., l'Etat ne formera point une Nation, il reposera sur des bases incertaines et vagues, il sera constamment exposé au désordre et aux changements."[36].

Il est intéressant de noter comment Napoléon veille sur tout, même sur des détails qui ne devraient pas l'intéresser *a priori*. Fontanes est nommé Grand-Maître le 17 mars 1808; le 21 mars, donc quatre jours plus tard, l'Empereur dicte à l'attention de son ministre de l'Intérieur une note sur le déroulement des

---

31 *Loc. cit.*
32 *Loc. cit.*
33 *Biographie de l'éducation*, tome I.
34 *Nouveau dictionnaire de pédagogie et d'instruction primaire*, Paris, Hachette, 1911, 2 vol.; l'article sur Fontanes est d'Armand du Mesnil.
35 Aulard, *op. cit.*
36 A.N., AF^{IV} 909, dos. 5, journaux du cabinet, dictées de l'Empereur.

affaires à entreprendre. Il convient d'abord que Fontanes entre le plus tôt possible en fonction. Il verra quotidiennement le conseiller d'Etat, Fourcroy, qui, pour sa part, "rendra compte chaque jour au ministre de l'Intérieur des opérations du conseil, afin qu'on puisse éclairer ce conseil et le diriger dans le sens que S.M. a conçu. La première séance aura lieu dimanche prochain."[37]. Le maître s'occupe de menus détails, comme du logement du président; il faut trouver une fois pour toutes ce logement qui doit satisfaire "à toutes les convenances", le projet une fois adopté "ne donne plus lieu à aucun changement."[38]; une partie des élèves des lycées sont à la charge de l'Etat, après avoir passé un examen, les autres à celles des communes ou des parents; il y a des bourses entières, des demi-bourses, des quarts de bourses, selon les examens ou le mérite des parents. Il s'agit surtout de réaliser des économies pour le Trésor de l'Etat. L'idée maîtresse de Napoléon est toujours la même: former des sujets et faire des économies. Le Prytanée, par exemple, a construit un manège "qui a coûté 120 mille écus, tandis que l'ancien manège de la cour n'avait pas coûté plus de 15 ou 20 mille francs et qu'un manège semblable eût été plus que suffisant pour l'école."[39]. Pour tout l'Empire, la dotation pour les lycées est de l'ordre de 1.500.000 francs, pas plus. Il faut également régler d'une manière satisfaisante, la situation de Fourcroy, en le rattachant à l'Université[40].

Des circulaires imprimées sont à mettre à la disposition de ceux qui veulent enseigner dans la "nouvelle école". Fontanes ne fait qu'exécuter les intentions du maître quand il dit: "Aucun individu n'a le droit d'aller se présenter dans le bureau d'un directeur, proviseur, intendant d'un lycée, sans avoir auparavant demandé la permission du grand-maître".[41] Le règlement intérieur des écoles est d'ailleurs aussi strict que possible et peu à peu, rien n'est plus laissé au hasard. D'abord il faut ancrer dans les jeunes élèves l'amour de Dieu et l'attachement envers l'Empereur. La circulaire du 15 janvier 1810 aux recteurs disait expressément: "Dieu et l'Empereur, voilà les deux noms qu'il faut graver dans le coeur des enfants. C'est à cette double pensée que doit se rapporter tout le système de l'éducation nationale." Une année plus tard, Fontanes qui exprime presque toujours la même pensée en d'autres termes, reprend la même idée à l'occasion de la naissance du roi de Rome: "L'Université n'a pas seulement pour objet de former des orateurs et des savants; avant tout, elle doit à l'Empereur des sujets fidèles et dévoués."[42] Le 15 avril 1812, également aux recteurs, le Grand-

---

37 A.N., AF^{IV} 909, dos. 5.
38 A.N., *loc. cit.*
39 *Loc. cit.*
40 Fourcroy est le théoricien de l'éducation longtemps avant 1806 les *Annales du Corps législatif* sont remplies de ses projets.
41 *Moniteur universel* 18 mai 1811, 519; voir également et surtout *Circulaires et instructions officielles relatives à l'instruction publique*, 1802-1900, Paris, Delalain, 1865, B.N.: 8° F 736, p. 43; tout "agent de l'instruction publique" est tenu à déclarer au Grand-Maître, s'il a l'intention de faire partie de l'Université impériale ou non.
42 *Circulaire* du 4 avril 1811.

Maître précise: "Quelle que soit la carrière à laquelle se destinent les élèves confiés à vos soins, c'est pour le service du prince et de l'Etat que nous sommes chargés de les former. Tel est le principe, depuis la première école de campagne jusqu'à la plus haute école de théologie." Le primat de l'Etat et du prince sont donc de règle. Mais il prescrit également quel discours les professeurs ont à tenir; ils n'ont pas le droit de parler des événements de la Révolution: "Le bien doit s'opérer sans faste et sans secousse; tout ce qui sort des bornes de la modération devient suspect, et le zèle indiscret est la plus terrible persécution que les vérités utiles puissent redouter." Ces précautions montrent que l'ancienne liberté de langage des années précédentes ne s'est nullement éteinte, puisqu'il continue: "Vous veillez donc, Monsieur le Recteur, pour que dans aucune institution religieuse, dans aucun discours académique, on ne réveille aucun souvenir fâcheux. On n'y doit jamais y prononcer le mot de Philosophe ou d'anti-Philosophe, ni les autres dénominations trop nombreuses des partis religieux, politiques qui ont troublé les consciences, les familles et la société."[43].

Fontanes montre d'ailleurs dans les circulaires aux recteurs des académies ou aux préfets tout son talent pour prendre "cette belle machine" en main, même s'il a parfois des doutes. La première en date est du 8 juin 1808, la dernière du 31 janvier 1815. Pendant toute cette époque, il veille et il donne des ordres. Il se conforme toujours aux lois et aux décrets et il est précis. Aux préfets, le 13 décembre 1808, il écrit:"Tout établissement d'instruction publique qui, dans le mois de janvier 1809, ne serait pas muni d'un diplôme du grand-maître, cessera d'exister. [...] Veuillez, je vous prie, donner des ordres pour que cet arrêté soit affiché et publié dans votre département."[44]. Aux directeurs des collèges, le 16 décembre 1808, en ce qui concerne "la fixation de la rétribution des élèves des collèges", "Vous garderez la première quittance et vous m'adresserez la seconde [...]. La marche que je vous indique a été concertée avec Son Excellence le ministre du Trésor Public; je ne doute pas que vous ne la suiviez avec tout le zèle que demande [etc.]"[45]. Les "biens restés disponibles des anciens établissements d'instruction publique" sont confisqués au profit de l'Université[46]; les recteurs ont le droit de "suspendre de ses fonctions un membre de l'Université"[47]. Ils sont nommés par le Grand-Maître et ils reçoivent de celui-ci des ordres stricts. Ils sont assistés par deux secrétaires, nommés par le Grand-Maître "sur présentation du recteur"[48] et ils ont deux employés qu'ils peuvent choisir de leur propre gré. Dès qu'une académie sera mise en place, le recteur sera nommé après avoir prêté serment dans les mains du Grand-Maître.

---

43 Sorbonne, Réserve, Ms. 1502, n° 796, p. 239 et ss, daté du 15 janvier 1810.
44 *Circulaire, op. cit.*, 48.
45 *Circulaire, op. cit.*, 47.
46 P. 53.
47 Circulaire du 10 janvier 1812, *op. cit.*, 129.
48 Sorbonne, Réserve, Ms. 1502, "Instructions à MMs les Recteur", du 20 juin 1809, p. 245 et ss., ici art. 5, p. 249.

Celui-ci commence ses fonctions en convoquant "une assemblée générale de tous les fonctionnaires qui la composent" et qui se trouvent au chef-lieu. Fontanes avait voulu que les recteurs, dans les cérémonies officielles, marchent derrière les évêques, mais l'archi-chancelier n'a pas retenu cette proposition; ils marcheront derrière les maires et les présidents des tribunaux civils[49]. Une fois à l'église principale de la ville, une messe d'action de grâce sera célébrée, suivie d'un *Te Deum*. De retour au siège de l'académie, le recteur fait un discours "analogue à la circonstance" et il "fera faire l'appel nominal de tous les membres de l'Académie"[50] qui prêteront le serment individuel. Tous les ans, le recteur distribue les prix aux meilleurs élèves. Au début de chaque année scolaire, c'est bien sûr le recteur qui ouvrira avec solennité la rentrée des classes après avoir chanté une messe du Saint-Esprit et après avoir fait "connaître les travaux académiques de l'année précédente [et après avoir fait indiquer] d'une manière générale les améliorations ou des réformes à opérer."[51] Il sera, en plus, dressé un procès-verbal des cérémonies et un double sera envoyé au Grand-Maître[52]. Le recteur est responsable de la comptabilité, mais il est tenu de suivre les directives du Grand-Maître.

Dans les facultés[53] aucun examen quelconque ne se fera sans que le recteur n'ait été avisé par le doyen. Avant de soutenir une thèse, le candidat doit se présenter chez le recteur et lui offrir trois exemplaires, un pour lui, deux pour les membres du conseil accadémique[54]; pour l'imprimer, il faut, après l'examen, avoir le visa du recteur. Les programmes des cours des professeurs dans les facultés seront affichés, mais auparavant le recteur et son conseil accadémique se prononceront sur le contenu; ils enverront également vingt exemplaires de chaque programme au Grand-Maître[55]. Ils sont tenus de veiller à ce que les classes des facultés se fassent régulièrement, que rien ne soit professé contre la religion, les moeurs et les constitutions de l'Empire[56].

Après tant de détails et de restrictions, Fontanes laisse glisser une petite note sur l'enseignement "laïque"; les recteurs peuvent autoriser "les frères de la Doctrine chrétienne à former des maîtres pour les écoles primaires, des communes rurales de leur arrondissement."[57], ce qui était peu conforme à l'esprit du décret du 17 mars 1808 qui voulait que tout fût entre les mains de l'Etat. Les recteurs ne sont même pas tenus d'en rendre compte "immédiatement" au Grand-Maître, ils le feront à la fin de chaque année.

---

49 Sorbonne, Réserve, Ms. 1660, p. 50 et ss.
50 *Ibidem*, art. 7, pp. 250.
51 *Ibidem*, art. 7, pp. 250.
52 *Ibidem*, art. 10, p. 251.
53 Nous essayons, dans la mesure du possible, de séparer école, lycée *et* université, faculté, ici cela n'est pas possible.
54 Sorbonne, Réserve, Ms. 1502, art. 14.
55 Art. 17.
56 Art. 18.
57 Sorbonne, *op. cit.*, p. 256.

Les circulaires aux recteurs ont parfois quelque chose de pittoresque sous la plume d'un Fontanes jadis poète. Le 18 décembre 1812, il interdit aux recteurs les exercices de poésie française dans les lycées et collèges de province. "L'étude de la versification, trop facile pour les esprits médiocres, et si difficile pour les bons poètes, n'est pour les écoliers de seize à dix-sept ans qu'une dangereuse distraction et un tourment stérile. Il convient de ne point détourner les jeunes gens de leurs occupations sérieuses et solides." On connaît d'ailleurs "leur nullité habituelle dans les cours plus réguliers que dans les classes de poésie."[58] A l'occasion du mariage de Napoléon, il écrit aux recteurs, le 11 avril 1810, que chaque professeur de rhétorique doit faire un discours en latin pour fêter cet événement heureux, mais il ajoute aussitôt: "Vous veillerez donc, monsieur le recteur, à ce que la liberté du discours latin ne couvre aucune allusion qui puisse satisfaire le ressentiment ou la malignité de quelque part. Vous penserez que le zèle de l'orateur ne doit pas sortir des bornes de la discrétion. Son premier devoir est de respecter toutes les convenances. Il s'agit d'une nouvelle époque de bonheur pour le chef de l'Etat et de la France."[59]

On dirait que Fontanes se méfiait beaucoup de l'esprit de ses "sujets". Dans d'autres directives pour cette époque, on remarque sa prudence: tout ce qui était spontané, tout ce qui était zèle était interdit, parce que dangereux. Les idées de Fontanes et donc de *son* Université tournaient autour de Napoléon qui lui semblait une "source inépuisable de sujets" pour la composition des dissertations des élèves au détriment des sujets puisés dans l'antiquité grecque et latine[60]; on le voit même à propos de la vaccination contre la petite vérole, ce qui a tellement amusé Joubert. Le 12 septembre 1810, il fait parvenir la note suivante aux recteurs: "Les bienfaits de la vaccine, monsieur, ne sont plus douteux [...]. Grâce au puissant génie qui vous gouverne, le fléau de la petite vérole doit entièrement disparaître du sol français."[61]. Il est vrai que Fontanes avait perdu une fille en bas âge à cause de la petite vérole.

Pendant les bouleversements, l'homme a besoin de soutien moral et Fontanes le savait. Après le départ de Napoléon, il rassure les recteurs sur le fait qu'aucune discussion de nature à troubler "la tranquillité [...] parmi les fonctionnaires de votre académie" ne sera nécessaire[62] et, deux mois plus tard, il invitait les recteurs à donner plus d'importance au clergé et à leurs exercices religieux: "Vous n'aurez pas sans doute besoin d'exciter le zèle de MM. les aumôniers [...]. Eux mêmes, j'en suis sûr, redoubleront de vigilance. Faites donner au culte toute la pompe dont vos chapelles intérieures sont susceptibles."[63]

---

58 *Circulaires, op. cit.*, 192 et s.
59 *Circulaires, op. cit.*, 75 et s.
60 *Circulaires, op. cit.*, 27 novembre 1810, p. 99.
61 *Op. cit.*, 84.
62 Circulaires du 18 avril 1814.
63 Circulaires du 30 juin 1814.

Rappelons que les lycées pouvaient avoir jusqu'à soixante élèves dans une classe; en cas de dépassement, le proviseur pouvait les dédoubler, mais après autorisation; les élèves étaient surveillés pendant les récréations; les jeunes n'avaient pas le droit de se mêler aux plus âgés; en raisant leurs "petits besoins", il leur était interdit de communiquer entre eux[64].

Ecole signifie apprendre. Si les études étaient gratuites à partir du 14 avril 1819[65], Napoléon introduisait le paiement, ce qui augmentait la colère des parents.

Fontanes avait déjà dit, le 27 frimaire an XII, ensemble avec Champagne et Domairon, ce qu'il entendait par de bonnes études[66]. Dans ce rapport, l'étude et la connaissance du latin prend une place importante: "La connaissance de la langue latine fera toujours la principale partie de l'enseignement: c'est d'après les plus importantes considérations que cet usage est maintenu. Nulle langue en effet ne réunit autant d'avantage; elle a donné naissance au plus grand nombre d'idiomes modernes."[67] Le *Traité des études* de Charles Rollin entre bien sûr dans ce rapport qui conseille qu'on donne les premières notions du latin en français. Il faut d'ailleurs reprendre ce qu'étaient autrefois des humanités de l'Université de Paris, basées sur la grammaire générale de Port-Royal. En ce qui concerne les bonnes grammaires, on propose les travaux de L'homond, de Guéroult. En sixième, en dehors des auteurs latins (l'Epitome historiae sacrae et graecae), on lira le *Catéchisme historique* de Fleury. En cinquième, on apprendra, entre autres, par coeur, des fables imitées de Phèdre. "On traduira les *Fables de Phèdre*; on comparera leur élégante brièveté aux grâces de La Fontaine [...]. Ce double exercice formera le goût et la mémoire."[68] Ce rapport fort détaillé continue jusqu'à la première.

En partie, le même esprit, mais élargi, revient au moment où Fontanes sera Grand-Maître. Le 19 septembre 1809, il envoie aux recteurs des académies un long document, "afin qu'ils l'observent et le fassent observer"[69]. Sont admis dans les lycés ceux des jeunes qui savent lire et écrire, mais "si le gouvernement nomme des élèves qui n'aient pas reçu cette instruction, il sera établi pour eux

---

64 Les énumérations que nous donnons ne sont nullement complètes. Les circulaires et les différents Mss. de la Sorbonne de Bonnerot (parfois copies des A.N.) sont une mine pour la recherche; entre autres: l'espacement des lits dans les dortoirs était réglé; les mêmes dortoirs doivent être bien aérés; les surveillants (aujourd'hui "pion") ne pouvaient pas quitter leur travail sans autorisation; voir pour *quelques* détails *infra*.
65 Arrêté du conseil d'Université, inspiré par Coffin, voir *Almanach de l'Université impériale*, 1810, 31.
66 Université Impériale (47), *Rapport de la commission nommée par arrêté du gouvernement*, du 27 frimaire an 11, pour le choix des livres classiques des lycées, dans chaque classe de latin et dans celles de Belles-Lettres, B.N.: 8° R. Pièce 7574.
67 *Op. cit.*, 2.
68 *Op. cit.*, 5.
69 *Règlement sur l'enseignement dans les lycées*, Université Impériale, B.N.: 8° R. Pièce 7576.

des maîtres particuliers"[70]. Les cours d'étude sont de six années, deux de grammaire, consacrés à l'étude du français et du latin, du grec, de l'histoire sainte, de la mythologie; deux années d'humanités; on y enseigne l'arithmétique, la géométrie et l'algèbre; une de rhétorique "pendant laquelle on leur donnera des leçons de trigonométrie appliquées à l'arpentage et au levé des plans"[71]; une de mathématiques spéciales, avec des leçons de physique, de chimie et d'histoire naturelle; dans chaque chef-lieu d'académie, il y aura une année de philosophie en plus. Plus importants que les détails d'horaire, le matin et le soir, le nombre d'heures que chaque professeur doit accomplir, sont peut-être des indications très précises sur le contenu des matières: "Dans les deux années d'humanités, les élèves continueront d'étudier les langues grecque, latine et française, et expliqueront les principaux auteurs classiques, sous deux professeurs, qui feront chacun trois heures de leçons par jour. Les professeurs d'humanités feront aussi connaître à leurs élèves les meilleurs auteurs français, et dirigeront leurs lectures de manière à leur donner les notions principales de l'histoire. Il y aura pour cet effet, dans les classes, des cartes géographiques et des tables chronologiques. Le professeur de rhétorique enseignera à ses élèves les règles de tous les genres d'écrire, leur en fera voir les plus beaux exemples dans les auteurs anciens et modernes, et les exercera dans la composition en latin et en français. Ses leçons dureront deux heures, et il en donnera cinq par semaine."[72]

On accorde de la même façon une grande attention à l'enseignement des mathématiques, des sciences physiques, de l'optique, de l'astronomie.

Les professeurs de lycée sont "divisés en trois ordres pour le traitement et pour le rang",

    1° les professeurs de philosophie
              de mathématiques transcendantes
              de réthorique;

    2° les professeurs des sciences physiques
              de mathématiques spéciales
              de la seconde année d'humanités;

    3° les professeurs de mathématiques élémentaires,
              et de la première d'humanités;
              les professeurs de grammaire [73].

Si une classe excède le nombre de soixante élèves - nous l'avons vu -, le proviseur qui tient tous les pouvoirs intérieurs peut demander par l'intermédiaire

---

70   I, art. 2, p. 5.
71   P. 6.
72   *Règlement, op. cit.*, II, art. 8 et s.
73   *Op. cit.*, 10.

du recteur de l'académie le partage de la classe, mais celui-ci doit en aviser le Grand-Maître auparavant[74].

Chaque professeur doit en outre afficher "avant la rentrée des classes" les livres "adoptés" par l'Université pour ses cours. On sent que le projet de loi de 1806 et surtout les motifs qui ont guidé le gouvernement ne laissait rien au hasard et surtout ne cédait pas la moindre place "aux caprices des professeurs particuliers". Une main de fer va donc uniformiser l'instruction et veiller sur elle dans tout l'Empire, aussi bien en France, qu'en Belgique, aux Pays-Bas, dans une partie de l'Allemagne et de l'Italie où, pour le moment, 48 lycées sont installés (100 en 1811) et pour lesquels on établira les coûts jusqu'au franc près.

Les livres de classe se trouvaient presque tous dans la bibliothèque de Fontanes; il les a traités quand il était professeur au Collège des Irlandais, il a donné des compte rendus ou leur a fait référence quand il était journaliste au *Mémorial*; les auteurs contemporains, il les a fréquentés. Ne citons que des exemples, la liste des livres adoptés étant très longue.

Pour la rhétorique, "Quintilien, édition de Rollin"; Fontanes a préparé lui-même une édition des oeuvres de Rollin; "Cicero, Orator; Dialogues de Fénelon sur l'éloquence; 'Tite-Live; Discours de Cicéron; Contiones poëticae, Noël, Laplace (collègues à l'Institut); Enéide; Art poétique d'Horace, leçons latines de littérature et de morale - Noël, Laplace; Iliade d'Homère; Oraisons funèbres de Bossuet et de Fléchier; discours sur l'histoire universelle par Bossuet; Grandeur et décadence des Romains; Boileau - Art poétique; La Henriade"[75]. Pour les humanités, la liste n'est pas moins longue: "Salluste; Enéide; Odes d'Horace; Vies de Plutarques, Télémaque; Rousseau le lyrique; Boileau: Epîtres et satires; Grammaire grecque de Furgault; César: De Bello Gallico; les Géorgiques" (Delille en faisait une traduction et Fontanes plus tard une autre.) "Révolutions romaines, de Suède, de Portugal (traitées par Fontanes, journaliste); Histoire de Charles XII."[76].

Il se trouve dans cette liste des livres pour les sciences physiques: Cuvier, Jussieu, Lacépède, Lavoisier, Fourcroy.

Ce même jour, le 19 septembre 1809, sort un autre *Réglement*, signé par le Grand-Maître, contresigné par le Chancelier Villaret, et par le Conseiller-Secrétaire-Général, Arnaud, "revêtu du sceau de l'Université impériale, et déposé aux archives" *sur l'administration économique des lycées*[77].

Puisque Napoléon voulait que les lycées s'autofinancent en partie, il fallait établir les comptes à l'avance pour que chaque parent d'élève sache ce qu'il doit pour l'éducation de son fils. Même si l'Etat donnait des bourses, des demi ou des quarts de bourse pour compenser les services rendus par les pères à la France,

---
74 *Op. cit.*
75 *Op. cit.*
76 *Op. cit.*
77 B.N.: 8° R. Pièce 7575. - Le sceau, blanc, porte l'aigle et dans le bec, la palme académique.

les dépenses à faire étaient quand même considérables et plus d'un père va se plaindre après avril 1814 par brochure, non seulement de ce qui se passait dans les dortoirs, du comportement du fils naturel de Fontanes, Marcellin, déclaré officieusement "neveu", mais aussi du coût des études, incriminant ainsi et personnellement le Grand-Maître de tous les maux de l'Université. Ce réglement qui commence par "NOUS LOUIS DE FONTANES" est bien précis et ne laissait aucune liberté à qui que ce soit, et Joubert, lui-même inspecteur, a dû se demander à quoi servent tous ces réglements, en écrivant dans son *Journal*, une fois ses fonctions terminées: "Premier jour de liberté"[78]. On comprend aisément pourquoi Chateaubriand qui n'était pas en opposition absolue à Napoléon n'aurait jamais accepté des charges si pénibles de surveillance, s'il avait été nommé inspecteur de l'Académie. Il est par contre présent "dans une salle du Ministère de l'Intérieur" avec Fontanes pour s'occuper de la réorganisation de l'instruction publique après la débâcle impériale[79]. Joubert, par contre, plus doux et plus docile dans une certaine mesure, le faisait. Forçant son génie à outrance, d'un égoïsme et surtout d'une indépendance sans aucun sens social, ni pour sa femme, ni pour son ancienne maîtresse à Londres, Chateaubriand voulait garder sa distance et être reconnu humainement valable sans avoir eu le mérite[80].

Les lycées de l'Empire sont divisés en trois classes, ceux de Paris formant une classe à part. La première classe contient ceux de Bordeaux, Bruxelles, Lyon, Marseille, Mayence, Rouen, Strasbourg, Turin et Versailles; suivent les autres classes. Chaque élève admis dans la première classe doit s'acquitter de 750 francs de pension, dans la deuxième de 650 francs et dans la troisième de 600 francs; à cette somme s'ajoutent 50 francs pour des frais divers, livres ou dépenses d'étude[81]. En entrant au Lycée, les jeunes doivent apporter un trous-

---

78 *Carnets, op. cit.* 1814; Fontanes écrivit plusieurs lettres à Napoléon pour la nomination de Joubert, voir Tessonneau, *Joubert, Educateur, op. cit.*, p. 262 et s., notes; dans sa lettre du 26 mars 1808 (même lettre que celle citée par Tessonneau), on lit d'une façon très significative pour Fontanes, en haut: "Entre un pouvoir qui finit et un pouvoir qui commence, il y a toujours anarchie" et, en bas, pour la pensée intime du Grand-Maître: "Je n'aurai plus qu'une seule pensée, qu'un seul sentiment: c'est de sacrifier ma vie à vous former une génération digne de vous, s'il est possible, et qui s'assoie toute entière, de coeur et d'esprit aux merveilleuses destinées que vous donnez à la France." (A.N., AF^{IV} 2406, carton 330; Sorbonne, Réserve, Ms 1660, p. 74 et p. 80.)
79 *Moniteur universel, avril/mai 1814.*
80 On peut citer des exemples multiples de la "défaillance" de Chateaubriand: rentrant de l'Amérique, il joue avec l'argent de la femme et il le perd dans une nuit; après l'émigration et après le passage à sa Légation à Rome, il retrouve sa femme sur les instances de Mme de Beaumont; pour son voyage autour du bassin méditérranéen, sa femme a le droit, avec Ballanche, de l'accompagner jusqu'à Venise, après elle est renvoyée; pendant son "Itinéraire", le domestique, dans une obscure taverne, assis à la même table que le "maître" est si bien gêné par le silence blessant de l'"Enchanteur" qu'il préfère s'asseoir à côté; de la Bretagne, comme Céleste de Lavigne, il voulut être enterré seul en dehors de Saint-Malo.
81 *Règlement sur l'administration économique des lycées, op. cit.*, p. 7.

seau bien complet: "Un habit de drap gris-de-fer, collet, revers et paremans, couleur ponceau, doublure de serge, même couleur; les revers coupés droit; boutons jaunes en entier de métal, portant le mot *lycée* au milieu, et autour en légende le nom du lieu où sera le lycée; un surtou; deux vestes, dont une à manches, et l'autre veste-gilet, de même couleur que l'habit; deux culottes, idem; deux caleçons; deux chapeaux français; deux paires de draps de douze mètres chaque, en toile de cretonne; six mouchoirs; six cravattes, dont quatre de mousseline double, et deux de soie noire; quatre paires de bas de coton; trois bonnets de nuit; deux peignoirs; une brosse, deux peignes, deux paires de souliers; un couvert et un gobelet d'argent: le tout neuf."[82].

Fontanes n'avait-il pas dit à l'Empereur en présentant le Code civil: une sage uniformité de mesures règne maintenant sur tout l'Empire? L'Ecole, sur un autre plan était organisée d'une façon telle que toute échappatoire devenait plus ou moins impossible, dès le début. Pour les élèves externes, l'habillement était le même, mais pour rentrer à la maison: "Le proviseur tient un registre qui doit être paraphé par le recteur, et où il inscrit, jour par jour, sans aucun blanc, l'entrée et la sortie des élèves. Il adresse tous les trois mois, au recteur de l'académie, l'extrait certifié de ce registre."[83]. Si, par contre, "le proviseur est en même temps recteur, le registre est paraphé par le doyen académique."[84].

Si Fontanes gagnait 100.000 francs, le sort des proviseurs était plus modeste: ils avaient 4.000 francs, les censeurs 2.500, les professeurs de premier ordre 2.000, de deuxième ordre 1.800, de troisième ordre 1.500, un agrégé 400 francs; étaient mieux payés l'econome avec 2.000 francs, l'aumônier avec 800 francs par an[85]. Dans les lycées de deuxième et de troisième catégorie, les traitements versés au personnel baissaient graduellement. En dehors de leur traitement, les professeurs et les censeurs recevaient un supplément: le dixième de la pension des élèves internes, un tiers des élèves externes. Puisque les jeunes par nature ont faim, il faut donc bien les nourrir; la plus grande partie de leur pension, entre 310 et 165 francs, est retenue pour la nourriture. L'aumônier est nourri gratuitement dans les lycées, tandis que proviseurs, censeurs et professeurs paient annuellement 300 ou 400 francs, selon la catégorie des lycées, argent qui est retenu directement sur leur traitement. Tous les samedis, proviseur et économe se mettent au même bureau pour faire les comptes et le jour même "l'état de situation [...] est adressé au recteur de l'académie"[86]. Pour la nourriture, il y a eu des plaintes et, Napoléon écrit au ministre de l'Intérieur, Montalivet, qui se rend lui-même sur place pour goûter "le bouillon", il constate qu'il est bon, la nourriture parfaite, saine et suffisante[87].

---

82 *Règlement, op. cit.*, 8.
83 *Op. cit.*, p. 10, paragr. II, art. 30.
84 *Loc. cit.*
85 P. 10.
86 *Règlement, op. cit.*, p. 17.
87 Sorbonne, Réserve Ms.

L'économe achète le matériel et les provisions directement aux fabriques, mais il se rend de temps à autre sur le marché pour voir si les prix n'y sont pas plus compétitifs.

Pendant les récréations, les élèves sont surveillés par un maître d'études. Si celui-ci veut quitter définitivement le lycée, il doit avoir une lettre d'exeat, un certificat de bonne conduite et de bonnes moeurs délivré par le proviseur[88]. Le salaire des maîtres de danse est payé par les parents à part.

Après la chute de Napoléon, la stricte discipline ne change pas. Le statut donne d'ailleurs un aperçu de ce qu'a dû être la vie quotidienne des élèves[89].

La vie commence à six heures du matin pour se terminer à neuf heures du soir; il y a au moins six heures d'études tous les jours, le reste du temps est consacré à l'écriture et au dessin. Pendant les repas, on fait des lectures. "Les leçons de langues vivantes et d'art d'agrément sont prises pendant les récréations."[90] Les élèves des différents âges ne communiquent pas entre eux[91]. De toute façon, "les mouvemens de la journée se font avec régularité; les élèves marchent en ordre, et conduits par ceux de leurs camarades qui ont mérité d'être désignés pour cet emploi par le proviseur."[92]. Les vacances sont de six semaines; les jeunes les passent chez leurs parents ou "chez les fondés de procuration [...] et sous la conduite d'une personne indiquée par eux"[93]. Les élèves peuvent être exclus du lycée au cas où les parents n'auraient pas payé leur pension pendant un an[94] ou, comme le stipule le décret du 1er juillet 1809, en cas "de désobéissance obstinée et continue, de l'insubordination habituelle, des atteintes aux moeurs et de la probité"[95]; le procédé est d'ailleurs fort long, passe par toutes les étapes de la hiérarchie, par le Grand-Maître lui-même, le Grand-Juge-ministre de la Justice, le ministre de l'Intérieur, et doit en dernier lieu être ratifié par l'Empereur[96].

Puisque Napoléon était le maître à qui Fontanes s'était toujours fié sans aucune inquiétude sur son sort personnel[97] et qui honorait la bonne volonté de ses serviteurs, il était compréhensible que celui-ci fît son travail. Néanmoins reste-t-il des doutes sur l'attachement de Fontanes à qui que ce soit, sauf au régime de l'ordre. Il a un caractère qui se fatigue quand les circonstances exté-

---

88 *Arrêté concernant des maîtres d'études des lycées*, 23 mars 1810, 8° R. Pièce 7571.
89 *Statut portant règlement sur la discipline et les études des lycées et des collèges*, 28 septembre 1814, signé Fontanes, 8° R. Pièce 7577.
90 *Op. cit.*, paragr. 10, art. 51.
91 Voir également, Sorbonne, Réserve Ms. 1502, p. 263 et s.: *Instruction à MMs. les Inspecteurs Généraux* (1810).
92 *Statut (...), op. cit.*, art. 57.
93 Art. 71.
94 Paragr. IV, art. 11.
95 Duvergier, *op. cit.*, 444, art. 1er.
96 *Op. cit.*, art. 9. - Nous n'avons pas pu trouver le système des "notes", comment un élève passe d'une classe à l'autre; par contre, il a inventé le système des annotations pour les professeurs, et on lui le reprochera après 1814.
97 A.N., AF[IV] 1054.

rieures ne correspondent plus à ses habitudes. Intérieurement, Fontanes n'est pas - à partir d'un certain moment - un personnage fort, c'est l'appareil de l'Etat qui lui donne l'appui nécessaire, l'assurance et la reconnaissance. Il n'aurait jamais eu la force intérieure d'une Madame de Staël, bannie, et qui traversait l'Europe pour garder son indépendance. La chute de l'Empire va l'ébranler fortement. Ce moment venu, par contre, il trouvera des mots qui seront indignes d'un sujet auparavant si fidèle. Chateaubriand, qui n'était attaché à personne, mais était très sensible en ce qui le concernait, savait passer outre pour sa propre survie intérieure, même à un âge avancé, Fontanes ne le pouvait pas; ses poèmes très personnalisés, écrits à Courbevoie, vont le montrer. Il lui fallait toujours dans la vie politique une ligne directrice; l'amitié avec Lucien Bonaparte en était une, parce qu'elle correspondait à son besoin de trouver refuge de coeur; le cordon qui l'attachait à Napoléon était une autre, parce qu'elle le rassurait dans son idée d'un Etat fort qui créait une vie assez semblable à celle de l'Ancien Régime. Pour une certaine génération qui était lasse des bouleversements l'Empire c'était l'espoir.

Les discours de Fontanes, prononcés à l'occasion de la distribution des prix annuels des lycées donnent peut-être un exemple typique d'un Fontanes profond qui a tous les dons oratoires, qui manipule la langue d'une façon agréable et parfaite, mais qui en même temps se prête trop facilement à toutes les circonstances prometteuses de calme. Le *Dictionnaire des Girouettes* a fait un tri dans ses discours; le *Nain jaune* parodie son caractère. Force est de constater que le Grand-Maître ne se privait pas de louanges, et il invitait "les jeunes élèves" à la subordination. En août 1805, il avait déjà présidé la distribution des prix du Lycée Impérial qui se déroulait le 1er fructidor (21 août 1805) dans la grande nef du Panthéon et dont Prévost d'Iray, censeur des études qui, en 1814, va défendre l'Université de Fontanes[98] prononçait le discours d'ouverture. Le commentaire du *Moniteur universel,* journal officiel, a quelque chose de piquant: "L'ordre le plus parfait a régné, malgré l'affluence des personnes de tous les ordres et de tous les états, qui remplissaient entièrement la vaste nef du Panthéon, et paraissaient prendre un vif intérêt au rétablissement et aux progrès de l'instruction publique. M. Fontanes, président, a terminé la séance par un discours, dans lequel il a donné de justes éloges à l'habileté des maîtres du Lycée Impérial ainsi qu'à l'émulation de leurs élèves."[99].

Après la chute de l'Empire, on a reproché à Fontanes de n'avoir pas fréquenté l'ancienne Université, et donc d'être incapable de mettre en marche et de gérer "cette belle machine", comme le disait Napoléon[100]. Ce *Père de famille* qui garde l'anonymat et surtout une grande amertume avait raison: Fontanes

---

98 *Coup d'oeil sur l'université de France*, Paris, Dentu, 1814.
99 *Moniteur*, 22 août 1805, p. 1385.
100 *Le Grand-Maître Fontanes, et son Université*, Paris, Marchand de nouveautés [1814], p. 7.

n'avait pas appartenu aux anciennes congrégations; mais il omet de dire que le Grand-Maître avait fait ses études chez les Oratoriens, qu'il continuait à lire, à étudier les Anciens et les Modernes, qu'il enseignait à l'époque de la création de l'Institut au Collège des Quatre Nations et qu'il suivait de près, depuis sa rentrée en France, l'état de l'enseignement et des lettres. Sa bibliothèque comportait, avant la vente en janvier 1822, 957 titres avec parfois trente volumes par titre. Mais le pouvoir obnubile parfois. A Courbevoie, il ne voulait plus laisser entrer personne, sauf des amis comme Joubert et il commerçait à vivre dans un monde à part. Madame Duvivier, sa confidente, l'avait remarqué; il donnait devant sa porte aux mendiants des oboles sans connaître la valeur de l'argent, il en était de même avec ses cochers.

La distribution des prix annuels, pour les quatre lycées de Paris, avait lieu vers la mi-août dans la salle des séances publiques de l'Institut. Fontanes invite les membres de l'Académie et parfois les sénateurs[101]. Il est entouré du chancelier de l'Université qui se trouve à sa droite et du trésorier qui est à sa gauche; à cette cérémonie assistaient également le conseil de l'Université, le Conseiller-Secrétaire-Général, les inspecteurs généraux, les inspecteurs de l'Académie, les doyens de chaque faculté, théologie, droit, médecine, sciences et lettres. Ne manquent pas non plus dans cette assemblée le directeur des études de l'Ecole Normale et dix-huit élèves de la même école. Les élèves couronnés se trouvent au milieu de la salle; ils reçoivent une couronne de la main du Grand-Maître et des livres de la part du trésorier. Dans cette assemblée, rien n'est laissé au hasard. Bien que la séance solennelle commence à midi précis avec l'entrée du Grand-Maître de l'Université, entouré de ses collaborateurs, il y a déjà eu mouvement tout au long de la matinée. Les huissiers et les maîtres de cérémonie s'occupent des détails, placent les invités et l'orchestre[102]. Chacun se présente dans la robe due à son rang. Le Grand-Maître, presque chauve et un peu gros, porte son costume des grands jours qui se compose "d'une simarre de soie violette à passementeries d'or et d'un long manteau noir fourré d'hermine sur lequel, à l'endroit de la poitrine et à gauche, se voit la palme réglementaire brodée en soie bleue, enfin, comme couvre-chef, d'une toque à galon d'or."[103]. Fontanes avait d'ailleurs proposé à Napoléon, dans une note du 26 mars 1808 concernant l'organisation de l'Université, un autre costume, d'une signification plus redoutable. Après avoir parlé de la hiérarchie qu'il faut absolument installer à l'intérieur du système universitaire, il continue:

"Il faut que le Grand-Maître joigne à cette distinction [la palme d'or brodée] un costume plus imposant. Les hommes se prennent par l'imagination et par les yeux. Je vous propose donc, qu'outre la palme sur le côté gauche, il ait un habit ou manteau de velours ou de drap

101 A.N., CC 20, dos. 543, pour l'année 1813.
102 *Loc. cit.*
103 Tessonneau, *Joubert, Educateur, op. cit.*, p. 257 et p. 581; également, *Bulletin de la Société de l'histoire de l'art français*, Année 1922, [2]1972, p. 322. - Le tableau se trouve

noir brodé en palme d'or. Il portera l'ancienne épée française et le chapeau revêtu de plumes blanches. Le Grand-Maître n'est ni un légiste ni un théologien, quoi qu'il doive faire respecter la religion et la loi. Il préside à toutes les parties de l'Instruction que reçoit la jeunesse française. Le premier devoir de cette jeunesse est de voler sous vos drapeaux à la défense de la patrie. C'est parmi les services le plus important. C'est de toutes les carrières la plus glorieuse; et l'épée que portera le Grand-Maître rapélera [sic] continuellement cette noble obligation à ceux qui sont confiés à sa surveillance." [104].

A l'époque de Lucien, la "bonne société" de Paris se plaignait de ne pas savoir quoi faire de son temps libre; Napoléon allait l'occuper avec une activité inlassable, mais aussi avec des festivités[105]. En voici donc une. Après une symphonie, Fontanes prend la parole:

"Jeunes élèves, cette solennité qui termine et couronne toujours vos travaux annuels reçoit en ce moment plus d'éclat et plus d'intérêt du jour et du lieu qui vous rassemblent. Les triomphes de votre premier âge vont être proclamés devant les statues de grands hommes qui vinrent tour-à-tour s'asseoir dans ce sanctuaire des lettres et des sciences. Bossuet, Fénelon, Corneille et Descartes sont, pour ainsi dire, présents à vos yeux, et dès vos premiers pas dans la carrière, ils vous montrent le but qu'il faut atteindre.
Mais si l'aspect d'un lieu que leur ombre habite encore doit exciter votre enthousiasme, le jour que nous avons choisi pour cette cérémonie ne réveille pas des souvenirs moins glorieux. Il succède et se réunit en quelque sorte à ce jour solennel où la fête du monarque est celle de toute la France. Le chef de l'Etat, à qui l'admiration publique vient de prodiguer tant d'hommages et tant de voeux, semble environner votre jeunesse de tous les rayons de sa gloire. Cette double époque ne sortira jamais de votre souvenir [...]. Mais, jeunes élèves, c'est aussi dans vos mains que sont remises les destinées futures de cette Université naissante. Contribuez, autant qu'il est en vous, à la renommée des écoles françaises par des moeurs pures et l'amour sincère du travail et de l'instruction. Secondez les soins des hommes respectables qui dirigent votre enfance, et que la gloire du disciple devienne un jour celle du maître [...]. Vous entrerez dans le monde après de longs orages dont vous n'avez point éprouvé les secousses. Chacun pourra suivre tranquillement sa carrière sous la garde des lois. Distinguez-vous par quelque mérite, et vous êtes sûrs d'être distingués par le monarque." [106]

Ces discours continuent jusqu'en 1813 presque sans changement; quelle est par contre la surprise d'entendre le même langage, avec de petites variantes, quand le maître fut parti pour l'île d'Elbe et qu'il fallait s'accommoder du nouveau régime. Fontanes avait déjà présenté les voeux de bienvenue de la part de l'Université à Louis XVIII et il ne semblait pas trop s'inquiéter de son passé. En 1813, il pouvait encore dire au mois d'août: "Cette fête de l'Université se confond avec celle de son fondateur pour rappeler continuellement à la jeunesse

---

aujourd'hui dans le bureau du ministre de l'Education Nationale.
104 Sorbonne, Réserve, Ms. 1660, p. 75.
105 Pailhès, *Chateaubriand (...), op. cit.*, p. 160, lettre de Mme Bonaparte à son fils Lucien, 23 mai 1801, relative aux ambassadeurs qui s'ennuyaient.
106 *Poèmes et discours de Fontanes*, Paris, Delamotte, 1837, p. 92 et ss., 16 août 1809; il doit s'agir du 15 août, fête de Saint-Napoléon.

française le grand nom qui doit être l'objet de ses hommages et de son admiration."[107]. Napoléon battait déjà en retraite, Fontanes semblait croire, comme il l'écrivait à Elisa Bacciocchi, à un revirement spectaculaire. Le moment venu, en avril 1814, il souscrit en qualité de sénateur à la déchéance de Napoléon; les lycées sont rebaptisés[108]. Et pour la distribution des prix en 1814, il s'exprime ainsi:

> "Vous revoyez ce qu'ont vu vos pères; vous respectez ce qui fut l'objet de leurs hommages. Vous aimerez ce qu'ils ont aimé: le présent et le passé ne sont plus ennemis; la France a repris le cours naturel de ses destinées.
> Depuis vingt-cinq ans les révolutions ont succédé aux révolutions [...]. Lorsque cet heureux et dernier changement vient terminer tous les autres, l'Université n'a pas besoin de changer d'esprit et d'opinion; elle est amie des vieilles traditions; elle doit en bénir le retour [...]. C'est toujours au bruit de la chute des empires que les imaginations déréglées s'occupent de régénérer le monde [...]. Les siècles ont vu plus d'une fois se renouveler cette maladie de l'esprit humain qui tourmente les sociétés de je ne sais quel rêve de perfection, au moment même de leur décadence. L'Université n'a point livré l'instruction au danger de ces fausses théories. Elle a marché dans les anciennes voies, qui sont les plus sûres [...]. Reserée dans ses fonctions modestes, elle n'avait point le droit de juger les actes politiques." [109]

En ce qui concerne le choix du programme des études, il continue:

> "L'auteur du Télémaque et Massillon prêchaient éloquemment ce qu'elle [l'Université] était obligée de taire devant le génie des conquêtes, impatient de tout perdre et de se perdre lui-même dans l'excès de sa propre ambition [...]. Sans insulter ce qui vient de disparaître, elle accueille avec enthousiasme ce qui nous est rendu." [110].

Le discours qui, pour une fois est fort long, exalte dans la suite les vieilles traditions de la monarchie des Bourbons, le beau siècle de Louis XIV et le calme revenu avec Louis XVIII.

Si l'on compare ces différents discours, il faut constater que l'expérience mondaine a rendu Fontanes très souple. Vouloir proclamer qu'il est un menteur habile serait ne pas lui rendre justice, dire qu'il est honnête serait faux également. Il est vrai que les autres dignitaires de l'Empire, Arnaud Joubert, président de la Cour de cassation, inclus, ont fait de même, mais ils n'étaient pas si exposés[111]. Au retour de Napoléon à Paris, les gens se rendent à l'Empereur; après

---

107 *Discours, op. cit.*, p. 138.
108 *Moniteur universel*, 10 avril 1814, p. 393, au lieu de lycée Bonaparte, Napoléon, Impérial, il fallait maintenant lire, Lycée Louis-le-Grand, Henry IV, Bourbon.
109 *Discours, op. cit.*, 142 et ss.
110 *Loc. cit.*
111 Le *Moniteur* reproduit les discours pour cette époque cruciale. Madame de Chateaubriand décrit à merveille la conduite des femmes de la "bonne société": elles descendaient en calèches découvertes, avec cocarde en main, dans les rues de Paris pour rallier la population aux Bourbons, *Les Cahiers de Madame de Chateaubriand*, par. J. Ladreit de Lacharrière, Paris, Emile-Paul, 1909; on voulait faire main-basse dans son

283

Waterloo, les mêmes gens acclament le roi que Wellington avait à peine salué en Belgique. Néanmoins, il est nécessaire de montrer la volte-face de Fontanes. En avril 1814, les événements se précipitaient d'une façon chaotique, tout tournait autour de Talleyrand et du gouvernement provisoire; Chateaubriand avait déjà préparé sa brochure *De Buonaparte et des Bourbons*, très injuste de sa part; Joubert voulait fuir chez le bon et infortuné Chênedollé en Normandie, Madame de Staël était peinée que "les cosaques" envahissent Paris, tandis que Fontanes, membre du Sénat et ses collègues avaient des décisions à prendre pour sauver ce qui pouvait encore être sauvé. Malgré tout, disait-il une fois à l'Empereur et une autre fois, le moment venu, au roi:

"Sire,
L'Université, que les monarques, vos prédécesseurs, appelaient leur fille aînée, doit partager vivement la joie que le retour de V.M. fait naître dans tous les coeurs. Elle se félicite en ce moment de porter au pied du trône les hommages et les voeux d'une génération entière qu'elle instruit dans ses écoles à vous servir et à vous aimer [...]. Son origine et son antiquité lui rappellent tous ses devoirs, dont le premier est de faire des sujets fidèles. Sage dépositaire de vieux principes, elle parle au nom des siècles et de l'expérience. Elle fut et sera toujours en garde contre ces nouveautés hardies et ces systèmes désastreux qui l'entraînèrent dans la ruine universelle avec toutes les institutions monarchiques. L'étude des bonnes lettres qu'elle enseigne est fondée sur le bon sens, et le bon sens, est le premier besoin des sociétés [...]. Combien, Sire, les mémorables exemples que vous donnez seront utiles à nos leçons! Autrefois, pour élever l'imagination de la jeunesse, on lui parlait des grands hommes des temps passés; aujourd'hui, le siècle présent a dans vous seul ce qu'on admirait en eux de plus héroïque." [112]

Et au roi, le 5 mai 1814, (Napoléon avait pris congé de ses soldats les larmes aux yeux dans la cour de Fontainebleau, le 20 avril):

"Sire,
L'Université de France ne s'approche qu'avec la plus vive émotion du trône de V.M. Elle vous parle au nom des pères, qui ont vu régner sur eux les princes de votre sang, et qui lui ont confié l'espoir de leur famille; elle vous parle au nom des enfans, qui vont croître désormais pour servir et pour vous aimer [...].
L'Université, dont l'existence nouvelle ne compte que cinq années, a vu plus d'un obstacle arrêter sa marche et contrarier le bien qu'elle eût voulu faire; mais elle peut se rendre ce témoignage, qu'elle a du moins empêché quelque mal. [...] Aujourd'hui [...] il ne sera plus difficile de rappeler les coeurs vers ces grands principes si nécessaires après de si longues calamités, et qui font le bonheur des individus comme la force des états." [113]

La volte face était accomplie. Il faut ajouter que Fontanes, comblé d'honneurs par les deux "princes", resta pendant les Cent Jours dans son château

---

linge pour trouver "du bleu et du blanc".
112 *Dictionnaire des Girouettes, op. cit.*, p. 185 et ss.; 16 novembre 1809.
113 *Dictionnaire (...), op. cit.*, p. 187 et ss.

de Courbevoie, tandis que la charge du Grand-Maître de l'Université incombait à Lacépède. Il redevint Grand-Maître avec le retour du roi, mais, le 17 février 1815, l'Université fut réorganisée et Fontanes perdit son poste avec une pension de 30.000 Francs[114]. Des honneurs, il n'en manquait pas à Fontanes. Napoléon l'avait nommé, le 14 juin 1804, commandeur de la Légion d'honneur; le 17 février 1815, le roi le nomma grand-officier de la dite Légion; le 7 février 1810, il fut nommé sénateur; le 4 juin 1814, le roi le nomma pair de France[115] et, en 1817; il était fait marquis. Malgré tout, son élan était brisé. La grande époque de Fontanes fut celle de Napoléon; ce fut un temps où de grands événements se produisaient. Stendhal décrit dans son journal l'attitude des généraux; ils ne savaient pas se comporter à table, mais ils étaient à l'aise dans les bivouacs, à cheval, sur le champ de bataille. Pendant ces années, Fontanes se trouva placé dans une position malaisée. D'un côté, il était fonctionnaire impérial, et non le moindre; de l'autre, il était attaché à d'anciens principes et en même temps la cible des conservateurs qui lui reprochaient de ne pas l'être assez. Il est vrai que ceux-ci ne voyaient que le côté officiel, n'avaient aucune vue d'ensemble. Fontanes, par contre, descendait dans l'arène, et il est étonnant de constater qu'il a pu passer à travers les mailles de la censure impériale sans trop de dégâts. Ainsi, les concours de dissertation française des lycéens pourraient nous donner un exemple de critique indirecte ou d'un *laisser faire* de la part de Fontanes. En 1809, le premier prix fut enlevé par Margerie, élève du Lycée Napoléon (Henri IV) avec une composition ayant pour titre: "Un sénateur romain détourne Marcellus de transporter à Rome les dépouilles de Syracuse"[116]. En 212 av. Jésus Christ, Claudius Marcellus avait pris Syracuse et il voulait enrichir Rome des trésors de cette ville prospère, défendue par Archimède. Le jeune élève commence: "Illustre général, vous avez bien justifié l'attente de Rome et de l'Italie; malgré sa résistance opiniâtre, Syracuse s'est vue forcée d'humilier devant vous son orgueil [...]. Et cependant, votre coeur n'est pas encore satisfait: il faut des monumens qui éternisent votre victoire: vous prétendez enrichir la capitale de l'Univers, des dépouilles de Syracuse!" Rome, par contre, n'a nullement besoin des ornements, des tableaux, des statues, des "vaines décorations" conquis sur cette ville. Si un étranger venait au Capitole où ne seront exposés que des fastes et pas des armes conquises, il dirait "que les Romains sont les tyrans des nations; oui, Marcellus, les tyrans, et ce titre ne serait point injuste." Comment ne pas voir dans cette composition des allusions sans complaisances à la politique de Napoléon qui amenait à Paris les richesses artistiques des peuples conquis, même la quadrille de Berlin. Le langage du jeune Margerie est si direct, si offensif qu'on peut se poser la question: comment le conseil de l'Université et Fontanes, au premier chef, toujours pondéré, a pu lui décerner le

---

114 *Nouveau Dictionnaire de pédagogie (...), op. cit.*, 642.
115 *Dictionnaire des Girouettes, op. cit.*, p. 185.
116 *Annales des concours généraux*, Paris, Brédif, 1825, 409 et ss.

premier prix, au moment où il venait à peine d'être nommé Grand-Maître, et où il déclarait sans arrêt sa fidélité à l'Empereur. Margerie va jusqu'à prédire l'assassinat de Marcellus. Ces peuples avilis, spoliés de leurs richesses artistiques, qui sont pour eux des objets de consolation, vont engendrer des vengeurs: "Cette même Syracuse, que vous voulez, Marcellus, dépouiller comme ennemie, réduite en province romaine, trouvera peut-être dans ses gouvernemens les plus cruels des tyrans. Peuples infortunés, à quelles mains le sort vous aura livrés! Les monstres n'épargneront rien; rien, pas même votre sang." Pire encore, Marcellus joue avec le sort de Rome en continuant une telle politique: "Ces maux sont grands, Marcellus; mais de plus grands, de plus terribles encore nous menacent. Je ne craindrai point de le dire: vous compromettez le salut de l'empire, vous en sapez les fondemens, et méditez sans le savoir la ruine de votre patrie." Les vaincus, au lieu de se résigner vont se réveiller et: "Dès aujourd'hui, ils deviendront ses ennemis irréconciliables; et bientôt, las de la voir appesantir son sceptre de fer sur la moitié du monde, ils se précipiteront sur l'Italie, et viendront s'y disputer entr'eux ces richesses, première source de nos maux. C'est alors, mais trop tard, que les Romains maudiront leur avarice, et celui qui le premier introduisit parmi eux le luxe corrupteur." Beaucoup de choses sont certes permises, mais on peut être en même temps "vainqueur et généreux"[117]. Bien sûr, Marcellus obéira, il respectera les conseils du vieux sénateur, les statues et les tableaux resteront à Syracuse, parce que "Rome est assez belle de la vertu de ses citoyens, et vous-même vous allez l'embellir, et en devenir le principal ornement."[118].

C'était le conseil de l'Université qui décidait des attributions des prix. Quelques mois plus tard, le 30 mars 1810, Fontanes décrète comme si rien n'était arrivé:

"Art. Ier. Le premier jeudi du mois de juin prochain, il sera prononcé dans tous les lycées de l'Empire, par le professeur de rhétorique du lycée un discours latin sur le mariage de S.M. l'Empereur et Roi avec S.A.I. et R. l'archiduchesse Marie-Louise.
Art. IV. Il sera décerné au meilleur discours un prix consistant à une médaille d'or de la valeur de cent napoléons."[119]

Nous avons vu plus haut la note qui accompagnait le décret de Fontanes. Deux ans plus tard, le 14 août 1812, à l'occasion de la distribution annuelle des prix des quatre lycées de Paris, Fontanes se défendit contre les détracteurs de l'Université et son langage est assez clair.

L'Université actuelle ressemble dans son programme à l'Université ancienne et les jeunes lauréats sont les dignes successeurs des Rollin, des Hersant, des Porée ou des Jouveney. Mais l'Université est, continue-t-il, "au butte à deux ac-

---

117 *Annales des concours (...)*, 411 et ss.
118 *Loc. cit.*
119 *Moniteur universel*, 31 mars 1810, 360.

cusations contradictoires. Tandis que les zélateurs superstitieux de tout ce qui fut ancien déplorent, sans motif et sans examen, l'affaiblissement de ces études classiques où nos pères mettaient tant de gloire et tant de prix, d'autres détracteurs dénoncent notre prédilection pour ces mêmes études."[120].

Mais ici aussi, Fontanes se laisse une porte ouverte, en déclarant: "Nous inscrivons à la porte de nos écoles trois mots sacrés: Dieu, le Prince et la Patrie."[121] Ce prince sera bientôt Louis XVIII.

François Guizot, professeur d'histoire à vingt-cinq ans et nommé par Fontanes, donne peut-être un portrait assez juste du Grand-Maître, en écrivant:

"Ce lettré épicurien, devenu puissant et le favori intellectuel du plus puissant souverain de l'Empire, aimait toujours les lettres pour elles-mêmes et d'un sentiment aussi désintéressé que sincère; le beau le touchait comme aux jours de sa jeunesse et de ses poétiques travaux. Et ce qui est plus rare encore, ce courtisan raffiné d'un despote glorieux, cet orateur officiel qui se tenait pour satisfait quand il avait prêté à la flatterie un noble langage, honorait, quand il la rencontrait, une indépendance plus sérieuse et prenait plaisir à le lui témoigner." [122].

Un autre exemple de l'indépendance de Fontanes est le couronnement d'un jeune lauréat de l'année 1813 qui blâme un "usurpateur". Forget, élève du lycée Napoléon, rendait sa dissertation comme tous les autres sur le sujet: "Un député de l'Université à Charles VII entrant à Paris"[123]. Charles VII (1403-1461) qui libérait la France des Anglais, fut salué par un membre de l'Université qui lui décrit l'état de la population de Paris, libéré de l'usurpateur:

"Qu'il nous est doux de pouvoir contempler votre auguste personne, et de nous dire: voilà notre souverain. Hélas! qu'il n'y a qu'un an, dans cette ville même, lorsque l'orgueilleux et féroce usurpateur du sceptre de vos pères, s'imposait pour roi à la capitale de vos états, dictait des lois [...]. Oui, Sire, oui, vous avez toujours été roi de France; la France n'était plus où dominaient des Anglais, elle était toute où vous étiez. On courbait la tête sous le joug [...]. On voyait un étranger opprimer la première place de l'Europe; mais chacun vous plaçait en esprit sur le trône [...]. Lâches et perfides ennemis [...] ils bannissaient de ce royaume l'humanité, les arts, toutes les vertus qui régnaient sous les princes français, pour introduire leur despotisme, leur férocité et tous leurs vices [...]. Lorsque le peuple souffrait dans une douleur muette, l'Université aurait pu élever la voix; mais l'Université, redoutable à la tyrannie, suivit dans leur exil les lois et la justice condamnées au silence et à des voeux stériles [...]. C'est le Dieu protecteur de la France" [124]

qui nous a sauvé. Il est étonnant que la police impériale qui informa Napoléon jusqu'au dernier jour de Waterloo des minimes détails de la vie dans la capitale

---

120 Fontanes, *Discours, op. cit.*, 113 et ss.
121 *Loc. cit.*
122 Guizot, *Mémoires pour servir à l'histoire de mon temps*, Paris, Lafont, Club français, 1971, 12 et s.
123 *Annales des concours généraux, op. cit.*, 191 et ss.
124 *Annales (...), op. cit., loc. cit.*

n'ait pas attiré l'attention de l'Empereur sur un tel "grand prix"; il est étonnant également que Fontanes, si prolixe en louanges officielles, ait couronné une telle composition. Certes, l'ennemi, ce sont des Anglais, mais l'allusion à l'usurpateur, formule si chère à Chateaubriand, ne pouvait pas échapper et elle donne matière à réflexion sur cette double politique menée par Fontanes[125].

Aucun système n'échappe à la critique. Lemaire reproche dans un rapport à Fontanes et à *son* Université beaucoup de choses. Critiquant le Grand-Maître, il n'épargne pas son entourage. Bonald, conseiller à vie, n'a même pas prêté le serment obligatoire et cela depuis deux ans; "ses principes sont ceux de Mr. de Chateaubriand, opposés au gouvernement français." Il a d'ailleurs réussi, par l'intermédiaire de Molé, conseiller d'Etat, "la réparation d'un chemin isolé, qui n'est utile que pour conduire à la campagne où il vit retiré près de Rhodès." Rappelons que Joubert connaissait Bonald et Molé, le dernier, à un certain moment de sa vie ami intime de Chateaubriand et, qu'il lui envoyait des lettres "éducatives"[126]. Les collègues de Fontanes sont "tous ces métaphysiciens ténébreux, bouffis d'orgueil, et pétris de fiel, ennemis-nés de toute gloire militaire."[127] Les inspecteurs généraux sont nuls; pour le mariage de Napoléon, un quart seulement des discours latins envoyés a été lu en haut lieu: "Que pensera l'Europe savante d'une telle réunion d'hommes [les membres du conseil de l'Université] qui ne savent pas les langues anciennes dont ils doivent ranimer l'étude." Les professeurs de l'Ecole Normale sont payés depuis deux ans (1808-1810), sans faire leur service, l'école étant mal organisée. Les proviseurs des

---

125 Ici uniquement des notes ou des mémoires de Fontanes ou de ses proches collaborateurs pourraient peut-être donner des éclaircissements. Nous les avons cherchés sans succès, également du côté de Langeac, confident de toujours et son secrétaire à l'Université. Néanmoins il ne faut pas perdre, peut-être, tout espoir pour lui et son entourage. Passant à Niort en 1815, il confie qu'il a écrit des détails sur l'époque napoléonienne. Roger prétend qu'il avait brûlé, après sa première attaque d'apoplexie, des miliers de papiers. Qu'un écrivain brûle à la veille de sa mort ses papiers est un topos qui date au moins de Boccacce; Marie-Jeanne Durry a recueilli la confession de Chateaubriand en 1841 concernant ses écrits. Au moment de sa mort, en 1821, Fontanes était entouré de sa femme et de sa fille, il n'était donc pas seul. A la Bibliothèque de Genève où est déposé le plus grand lot subsistant de ses papiers, on ne trouve rien concernant la question. Christine de Fontanes vivait, après la mort de sa mère, en 1829, de plus en plus retirée (elle laissait échapper des papiers de son père (Pailhès, *De nouveau sur Joubert (...), op. cit.*); on trouve encore aujourd'hui, de temps à autre, des lettres de Fontanes, d'ailleurs sans grand intérêt. Les *Souvenirs de Mathieu Molé* ont été retrouvés en 1939 par hasard dans un grenier près de Genève. La grande oeuvre littéraire et celle du journaliste s'arrêtent avec le 18 fructidor, à quelques rares exceptions près; au début du siècle - en ce qui concerne ses longs articles de critique littéraire -, il ne reprend que ce qu'il a déjà publié auparavant, avec variantes. Le "grand élan littéraire" était en quelque sorte brisé.
126 Tessonneau, *Joubert Educateur, op. cit.*, 459 et ss. Bonald était en correspondance avec Fontanes.
127 A.N., AF[IV] 1050, pièces 55 à 57; Sorbonne, Réserve, Ms. 1613, p. 187 et ss.

lycées sont "avides d'argent" et ne s'intéressent nullement aux progrès des élèves; les professeurs sont tous "des hommes médiocres"[128].

* * *

Une fois les études secondaires terminées, le jeune homme de seize ans a le droit de s'inscrire à l'Université. Les étudiants doivent fournir leur acte de naissance en bonne forme[129]. Les inscriptions se font tard dans l'année, vers la mi-novembre ou au début de décembre ; les étudiants doivent respecter la date limite, sinon ils perdront un semestre de leurs études.

Les cours sont indiqués dans le *Moniteur*, journal officiel. Prenons cette année 1812-1813 où l'Université "nouvelle" commence déjà à bien marcher, pour voir ce que la faculté des lettres offre aux étudiants. Les cours commencent le lundi, 7 décembre, dans l'ancien collège de Plessis, rue Saint-Jacques (Sorbonne). Le programme est détaillé. On propose de la littérature grecque avec *Menexène* de Platon, des morceaux choisis du *Phédon*, le *Prométhée* d'Eschyle, quelques idylles de Théocrite; l'éloquence latine est présentée avec des traités de rhétorique de Cicéron et de Quintilien; des historiens latins sont étudiés sous l'aspect de l'éloquence ; la poésie latine ne manque pas, il y a des *Egalogues* de Virgile, l'*Art poétique* d'Horace. Suit l'éloquence française : le professeur De Guerle "traitera cette année les moeurs et les passions" ; la poésie française est représentée par Delille ; il ne manque pas non plus des cours de philosophie, d'histoire de la philosophie, d'histoire tout court avec, comme professeur, Lacretelle et Guizot, ami de Fontanes, qui allouera, plus tard, une pension à Christine de Fontanes[130], dont elle ne jouit que très peu de temps; on traite de la géographie dans ses rapports avec les mathématiques, la physique et l'histoire politique[131]. On ne parle, au moins selon le programme affiché, ni des dernières années de l'Ancien Régime, ni de la Révolution; les auteurs contemporains comme Chateaubriand, Mme de Staël, Sébastien Mercier, Restif qui, par contre étaient lus, ne sont pas mentionnés. Fontanes, qui entre dans les manuels de classe en 1804 pour en sortir en 1848, est absent aussi.

La Faculté de droit se rapproche de la réalité, on traite le droit romain et, trois ans durant, le Code civil; y sont ajoutées les matières comme la procédure civile, le droit français et le code de commerce[132].

Comme pour les écoles, les affaires de l'Université sont gérées exclusivement par l'Etat. Les décrets du 17 mars et du 17 septembre 1808 sont bien précis: l'enseignement est, à partir du 1er janvier 1809, le domaine exclusif de

---

128 *Loc. cit.*
129 *Moniteur*, 27 octobre 1812, p. 1188.
130 Pailhès, *Du Nouveau (...), op. cit.*
131 *Moniteur*, 5 décembre 1812, p. 1344.
132 *Moniteur*, 27 octobre 1812, p. 1188.

l'Etat, même les facultés de théologie et les petits séminaires, les facultés de la religion réformée de Genève, Strasbourg et Montauban. Déjà le 17 vendémiaire an 13, Portalis protestait dans une lettre à Napoléon contre l'étatisation absolue de l'enseignement (secondaire), critiquant ainsi le rapport Fourcroy, mais sans succès[133]. L'article 2 du décret du 17 mars 1808 indique clairement: "Aucune école, aucun établissement quelconque d'instruction ne peut être formé hors de l'Université impériale, et sans l'autorisation de son chef." Les archevêques et les évêques ont jusqu'en 1811 (décret de Moscou) une certaine liberté dans le choix des professeurs, mais ils doivent "se conformer aux réglements pour les séminaires, par nous approuvés." (article 3). Pour l'Université, il y aura en tout cinq facultés: celle de théologie (en première place dans l'Ordonnance), suivie par celle de droit, de médecine, des sciences mathématiques et physiques et des lettres. Les grades obtenus ne donneront pas droit à un poste à l'Université, mais ils seront nécessaires pour l'obtenir (à partir de 1815). Pendant très longtemps, le système des thèses ne changera pas: il fallait en obtenir deux. Pour la faculté des lettres, "l'une sur la rhétorique et la logique, l'autre sur la littérature ancienne: la première devra être écrite et soutenue en latin." (article 2 du même décret). Les professeurs ne se trouveront pas placés en premier lieu de la hiérarchie, mais en 10ème position; précédés par le Grand-Maître, le chancelier, le trésorier, des conseillers à vie, les conseillers ordinaires, les inspecteurs de l'Université, les recteurs des académies, les inspecteurs des académies et les doyens des facultés (article 29) qui doivent être professeurs. Si un doyen était en même temps recteur de l'académie, il ne touchait pas un centime de plus: Napoléon voulait faire des économies. Le régime impérial tentait de ne rien laisser au hasard, ni les décorations (article 32 et suivants), ni le droit pour les professeurs émérites d'être logés aux frais de l'Université dans des maisons de retraite (article 123 et s.). La pose de la première pierre du Palais de l'Université, des Beaux-Arts, des Archives et du pensionnat des professeurs émérites se fit le 15 août 1812, en présence du ministre de l'Intérieur qui prenait la parole. Il était situé "entre l'Ecole militaire si féconde en glorieux souvenirs, et le Palais du Roi de Rome, riche de nos plus chères espérances"[134]. D'autres sites possibles, comme l'hôtel de Soubise, la Place du Panthéon ou l'extrémité du jardin du Luxembourg (vers l'actuel Observatoire) ont été exclus[135]. L'architecte en chef était Poyet[136]. L'Ecole normale, dénommée "pensionnat normal" (article 110 et s.) existe bel et bien depuis cette époque, même si elle n'entra pas tout de suite en activité. Les élèves, choisis par les inspecteurs dans les lycées, doivent s'engager à servir dix ans dans le corps enseignant; ils suivront les cours du Collège de France, de l'Ecole polytechnique ou du Mu-

---

133 A.N., AF^{IV} 1030, dos. 10; Sorbonne, Réserve, Ms. 1613, p. 66 et ss.
134 A.N., F^{13} 885, pièce 4; Sorbonne, Réserve, Ms. 1613, p. 252 et s. Vers le pont d'Iéna; Napoléon voulait des batiments somptueux longeant les quais de la Seine (*op. cit.*).
135 Sorbonne, Réserve, Ms. 1613, p. 208 et ss.
136 Un certain Baltard, mais pas le plus connu, envoya également un projet.

séum d'histoire naturelle selon leur destination et ils seront deux ans plus tard, mis à la disposition du Grand-Maître, "pour remplir des places dans les académies" (article 118). Ces jeunes gens devraient d'ailleurs être "pour l'éducation de la jeunesse, ce que la conscription est pour le recrutement [des] armées"[137]. L'Ecole Normale disposera d'un fonds annuel de trois cent mille francs "pour l'entretien des trois cent élèves aspirans", des professeurs et des autres dépenses (article 140). Comme au temps du Corps législatif, Fontanes semble être un peu mécontent envers l'Empereur. Il avait demandé à traiter directement avec lui, ce que Napoléon avait refusé, comme on l'a vu. L'entourage de Fontanes (Langeac) fait d'ailleurs courir le bruit "que rien n'ira" à l'Université tant qu'on ne lui rendra pas "les bois, les domaines et revenus de l'ancienne Université, et tant que les faveurs, les distinctions, ne seront pas prodigués aux savans comme aux militaires."[138] Dès février 1808, le secrétariat du ministère de l'Intérieur s'est déjà opposé à la nomination d'un Grand-Maître à vie, il avait proposé une nomination à 3, 4 ou 5 ans pour animer dans la personne même du dignitaire un esprit de compétition; l'idée de la création d'un ministère de l'Instruction publique y figure également, parce que il serait plus facile pour l'Etat de surveiller l'éducation et le personnel de l'appareil[139]. Fontanes demande d'ailleurs à Lacuée, ministre d'Etat, le 1er octobre 1808, que les jeunes professeurs soient dispensés du service militaire[140].

Les examens du baccalauréat (d'Université), de la licence et du doctorat ne sont nullement gratuits; "les académies fourniront le local et seront chargées des frais de police pour les examens et thèses", mais "les autres frais, et notamment ceux de l'impression des thèses, seront supportés par les candidats."[141].

Le décret du 15 novembre 1811, dit décret de Moscou, renforce le rôle de l'Etat sur les séminaires et les petites écoles, déjà surveillés depuis le 1er janvier 1809. La tracasserie administrative va donc s'abattre sur eux. "Les maîtres de pension et les chefs d'institution autorisés" sont obligés d'envoyer chaque trimestre "un mois à l'avance au recteur l'état signé par eux, et certifié véritable, le nombre de leurs élèves pensionnaires et externes, avec le prix qu'ils paient pour leurs pensions"[142]. Les maires des communes sont tenus de vérifier les déclarations. Dans chaque ville où il ne se trouve pas un lycée, on ne peut enseigner dans les pensions que les bases de connaissance, comme la grammaire, quelques éléments d'arithmétique et de géographie (article 16); les élèves sont obligés de porter les habits d'uniforme des lycéens, à peine pour les établissements d'être fermés (article 21). Ce qui a surtout choqué l'Eglise catholique qui, en 1815, prendra sa revanche en plaçant un évêque à la tête de l'Université, ce sont les

---

137 Rapport Lemaire, Sorbonne, Réserve, Ms. 1613, p. 191.
138 Rapport Lemaire, Sorbonne, Réserve, Ms. 1613, p. 188.
139 Sorbonne, Réserve, Ms. 1613, p. 133.
140 Sorbonne, Réserve, Ms. 1502, N° 273, p. 61 et p. 184.
141 Décret du 17 février 1809, art. 6.
142 Duvergier, *op. cit.*, article 118 et s.

articles 27 et suivants. Il n'y aura qu' "une école secondaire ecclésiastique par département", toutes les autres seront fermées par le Grand-Maître; "aucune école secondaire ecclésiastique ne pourra être placée dans la campagne"; les mêmes écoles ecclésiastiques ne peuvent fonctionner que dans une ville où se trouve un lycée ou un collège; dans les autres villes elles seront fermées. Les élèves sont obligés de suivre leurs classes au lycée et ils y "seront conduits" (article 32), portant l'habit ecclésiastique. "Tous les exercices se feront au son de la cloche". Fontanes, les recteurs des académies, les responsables des lycées sont tenus d'appliquer les dispositions, sous la surveillance des préfets, des sous-préfets et des maires et, en cas de litige, du procureur impérial qui, s'il négligeait de faire son travail, sera remplacé par les procureurs généraux (articles 54 et s.). Arnaud Dumesnil se posait à juste titre la question de mesurer quelle a été la part de responsabilité de Fontanes, mais nous avons vu également que ce même Fontanes exprimait des idées très précises sur l'éducation: la jeunesse doit voler sous les drapeaux, les connaissances en soi ne sont pas très importantes.

Ici se pose l'éternelle question de l'engagement. Celui qui se trouve dans les rouages d'un Etat autoritaire devient coupable, et une marche en arrière est plus ou moins impossible. Si le réveil est dur, il ne faut pas se plaindre des critiques.

Tant d'activité, à cette époque, a dû avoir quelque chose de fascinant pour Fontanes qui, noble sans l'être, écrit maintenant aux rois et aux reines, à la princesse de Hohenzollern, aux archevêques, aux inspecteurs de Turin, au consistoire de Genève. La famille donne alors signe de vie: un Charles Fontanes (de Genève) envoie ses félicitations à son cher oncle; un monsieur Fontana croit avoir retrouvé son frère dans la personne du Grand-Maître qui lui répond gracieusement: "Je ne suis pas le frère que vous cherchez; mais je n'en serais pas moins flatté de vous appartenir."[143]. Pleuvent des demandes de postes, des lettres de recommandation de toute sorte. Fontanes est en rapport avec tout le monde qui a rang dans la société. Les sénateurs, ses collègues, lui recommandent des protégés ou des amis de longue date; le ministre de l'Intérieur veut placer quelqu'un à l'Université de Turin, mai puisque Fontanes n'est pas encore entré en fonction, il doit refuser. La princesse de Hohenzollern s'engage pour un certain M. Le Page, et Fontanes répond qu'il ne peut rien faire pour le moment; le ministre des relations extérieures du royaume d'Italie veut faire admettre des élèves dans les lycées, mais c'est Fourcroy qui doit décider cette question "jusqu'à nouvel ordre"; même un brasseur d'Ostende s'intéresse subitement à Fontanes; le cardinal Fesch, l'ancien supérieur hiérarchique à Rome de Chateaubriand, est là aussi; la reine d'Espagne (p. 134); la reine de Hollande (p. 10); le vice-roi d'Italie (p. 125); Cavaignac joint une lettre de recommandation de

---

[143] Sorbonne, Réserve, Ms. 1502, (24 juillet [1808].) là également les pages qui suivent. Le Ms. 1502 comporte une partie de la correspondance officielle de Fontanes pour l'Université; il s'agit des copies de ses lettres, très souvent *très* brèves, mais on y trouve aussi des "Instructions".

l'Impératrice et Fontanes lui répond le 16 mai 1808: "Je serais heureux de prouver mon zèle à Sa Majesté l'Impératrice, et de faire quelque chose qui soit agréable à Mr. de Cavaignac. Malheureusement ce qu'elle demande ne dépend pas de moi", mais de Fourcroy (p. 39). Il y a même des lettres un peu frivoles: un certain Fager de Bare lui écrit, le 7 mai 1811, tout franchement et un peu tard: "J'ai toujours eu l'ambition d'appartenir à un corps, dont Mr. de Fontanes serait le chef; et puisqu'il m'a échappé au Corps législatif, il faut que je le poursuive dans l'Université."[144]. Des noms aujourd'hui bien connus, comme Laënnec, le médecin de Chateaubriand et l'inventeur de l'auscultation[145], Lacépède, Gay-Lussac (p. 5), Portalis (p. 13), Montalivet (p. 11), tous écrivent, envoient leurs félicitations et demandent quelque chose; ne manquent pas non plus des archevêques, des évêques, des préfets ou des gens de Niort qui se rappellent tout à coup Fontanes; celui-ci se fait un devoir de répondre.

Le 26 septembre 1808, le moment est venu où Fontanes peut notifier aux treize inspecteurs généraux[146] qu'ils ont été nommés par l'Empereur le 21 du mois et le Grand-Maître leur écrit: "J'attends, Messieurs, les plus grands avantages de la mission qui vous est confiée. Je regarde les inspecteurs généraux comme mes plus utiles coopérateurs. Ils sont destinés à répandre l'esprit qui doit animer l'Université. Je me suis empressé de proposer votre nom à l'Empereur. Votre zèle et vos lumières me répondent que mon approbation et ma confiance seront entièrement justifiées."[147]. Le 3 octobre 1808, à 11 heures précises, ces mêmes inspecteurs généraux prêtent, dans les mains du Grand-Maître, au Palais du Corps législatif, le serment prescrit. Parmi eux, manque Bonald, parce qu'il n'a pas pu ou voulu quitter l'Aveyron.

A travers cette correspondance administrative apparaît un Fontanes, certes poli, mais aussi assez ferme. Pour les demandes de postes, il ne s'engage pas, même vis-à-vis de l'Impératrice, c'est l'Empereur qui décide des nominations[148]; Cailhava qui avait pris le fauteuil de Fontanes à l'Institut après le 18 fructidor et qui, maintenant, sollicite un poste à l'Université est invité - poliment mais sèchement - à s'adresser directement à l'Empereur[149].

Fontanes veille donc, même sur les détails. Les membres de l'Université de Turin doivent prêter le même serment que leurs collègues français[150]; ces déclarations sont individuelles. Un professeur du collège de Neuss (sur le Rhin) a refusé de prêter le serment, et Fontanes intervient auprès du princial, le 22 mai 1809: "il sera incapable de remplir aucune fonction"[151]. Les facultés de droit et

---

144 Sorbonne, Réserve, Ms. 1602, p. 21.
145 Sorbonne, Réserve, Ms. 1502, p. 49, également pour l'indication des pages, qui suit.
146 Le nombre des inspecteurs était supérieur à treize, mais ils ne furent pas tous nommés.
147 Ms. 1502, p. 54.
148 Ms. 1502, p. 70, 8 octobre 1808.
149 Sorbonne, Réserve, Ms. 1502, N° 268, p. 60, 26 septembre 1808.
150 Sorbonne, Réserve, Ms. 1502, N° 297, p. 71, 8 octobre 1808.
151 Sorbonne, Réserve, Ms. 1502, N° 655, p. 194.

de médecine n'ont aucun statut spécial, elles appartiennent exclusivement à l'Université. Les évêques et archevêques sont priés d'envoyer sans tarder des plans d'étude et l'état de leurs séminaires. Puisque le décret de 1808 confie l'éducation aux hommes, Fontanes n'a pas à s'occuper des institutrices, ni de leurs diplômes, elles peuvent faire ce que bon leur semble[152]; le proviseur du Lycée Napoléon doit veiller à ce que les élèves paient régulièrement leurs pensions[153].

A la fin de l'Empire, il fait venir dans les lycées de Paris des matelas pour que, en cas de besoin, les lycéens défendent leurs écoles ou pour qu'ils soient protégés contre d'éventuels obus[154].

Fontanes est donc presque omniprésent dans les affaires de l'Université[155] et le rapport Lemaire est bien exagéré qui prétend que Fontanes est toujours absent, à la campagne, qu' "il se proclame lui-même totalement étranger" à toute l'administration[156]. Il est en effet, comme il l'avait écrit à Napoléon, l'oeil qui veille.

Pendant l'époque napoléonienne, Fontanes ne restait pas inactif sur le plan littéraire, mais notre héros n'est pas un grand poète; il est plutôt un critique, un littéraire, un journaliste, un administrateur qui, dans sa jeunesse, a essayé aussi - il est vrai - la poésie.

Si "la grande époque de Fontanes fut celle de Napoléon" avec ses fastes, son activité inlassable qui fallait canaliser, celle entre 1790 et 1797 (avant le 18 fructidor) a été pour lui (selon nous) la plus fructueuse, la plus glorieuse, celle qui le montre authentique à lui-même, sans faire de concessions. L'Institut et le professorat étaient là, deux fonctions qu'il a bien remplies, sans être assoiffé de pouvoir ni de bien-être. Se situant à "droite", il a défendu par la plume des idées conservatrices, celles du juste milieu, de la raison; tout éclatement révolutionnaire, les chemins de la chimère, des illusions, les utopies d'une vie "perfectionnée" lui sont étrangers. Il ne croyait pas à la perfectibilité de l'homme, parce que l'homme doit vivre avec ses défauts et ceux des autres. Ce n'est pas par hasard qu'il a fait tout jeune un apprentissage, chez les Flavigny, d'inspecteur des manufactures et collègue de son père. Certaines heures de la Révolution lui ont montré à quoi peut arriver l'homme, si celui-ci passe les bornes du bon sens et de l'honnêteté.

Sous l'Empire, il reprend pour le compte du *Spectateur du XIX° siècle* des articles de critique littéraire qu'il avait déjà publiés dans les années quatre-vingt-dix ou au début du siècle, par exemple ses deux articles contre l'ouvrage de

---

152 Sorbonne, Réserve, Ms. 1502, N° 771, p. 231, 8 janvier 1810.
153 Sorbonne, Réserve, Ms. 1502, N° 560, p. 160, 16 mars 1809.
154 Gerbod, Paul, Dubois.
155 De la correspondance administrative, des circulaires, des décrets (voir Duvergier) nous n'avons traité qu'une petite partie, ce qui nous semblait important.
156 Sorbonne, Réserve, Ms. 1613, p. 187 et ss. Le rapport n'est pas daté, mais on peut le situer vers 1810-1811.

Mme de Staël (*De la littérature (...)*), en 1805, sans aucun changement; également l'article sur l'exemplaire de Virgile qu'il croyait annoté de la main de Voltaire. Mais l'article le plus étonnant est celui qui paraît en 1814, après la restauration du trône: *Sur le renversement de la statue de Bonaparte* qui est un manifeste d'infidélité:

> "Quand un tyran tombe ou meurt, on détruit ses images, on efface ses honneurs, et bientôt il ne reste de lui que la haine qu'il inspire et les maux qu'il a faits. Les statues descendent et suivent le câble qui les entraîne: Descendunt statum restemque sequuntur.
>
> Ces paroles de Juvénal semblent faites pour exprimer la chute pénible de ce bronze colossal élevé sur cette haute pyramide, symbole du gigantesque édifice du pouvoir, au sommet duquel Bonaparte se plaçait avec tant d'audace pour en être précipité si vite." [157]

Etait-il nécessaire d'écrire de telles lignes après avoir lui-même contribué si fortement à la gloire de celui qu'il appelle maintenant despote? N'étant nullement préparé au revirement spectaculaire de 1814, Fontanes a payé cher cette volte-face et, peu à peu, la mort intérieure gagne du terrain. Il reste, certes, encore un personnage officiel; mais peu à peu, le Comte de l'Empire devient "homo privatus". L'appareil de l'Etat avec ses carosses, ses secrétaires, tout le service administratif qui facilite tellement le travail s'est retiré. Ses yeux sont fatigués depuis longtemps; quand il lui faut parler, il apprend tout par coeur, surtout ses poèmes[158]. Mais lui qui a tellement parlé, ne parle presque plus. Lui qui, pendant des années, était si proche de l'Institut, ne veut même plus participer aux séances de l'Académie française et Duras s'en plaint[159]. Chateaubriand, grand seigneur intérieur, voulait vivre; Fontanes le voulait-il encore? Il donne encore quelques fêtes à Courbevoie, splendide propriété, achetée en 1809 et 1810, vendue après sa mort, dont les jardins descendaient jusqu'aux rives de la Seine. Là, il reçoit, entre autres, Rossini[160]. Les rencontres avec Chateaubriand, ami encombrant, se font rares. Des anciens amis, il lui reste Joubert qui écrit de longues lettres à la jeune Christine[161]. Bien sûr Marcellin est encore là, mais pas pour longtemps; ce fils qu'il a eu de la femme de Restif et que Madame de Fontanes a élevé comme s'il était le sien, était un jeune aventurier, présenté en public comme le neveu du chef de la maison, couvert de blessures par la bataille de Russie et que le père aimait tendrement. Folie ou orgueil, il se battait en duel 1819 - comme jadis le grand'père -, le jour même où le père donnait une réception. On le transporta à la maison où les bougies étaient allumées pour la soirée; il succomba à ses blessures.

---

157 *Spectateur, op. cit.*, 1814, vol. I, 54 et ss.
158 L'entretien que Sainte-Beuve avait avec Madame Duvivier (Bibliothèque de Chantilly).
159 Sorbonne, Réserve, Ms. 1602.
160 Vuagneux, Henri, "Courbevoie et ses environs", Lejay Fils, 1906.
161 Tessonneau, *Joubert*.

En même temps, longtemps avant le débâcle, les stances écrites à Courbevoie ne parlent que de la nostalgie d'un passé vécu ou imaginé; elles sont belles, dans leur tristesse. Certes, Fontanes n'est pas un grand poète comme Lamartine, mais la fin de la vie simplifie peut-être les choses; on ne voit que l'essentiel, ce qui est propre à soi-même, à sa vie, à son imagination, à la vie des autres, si la voix des autres trouve encore un écho en nous. Dans ses poèmes, les parents, la famille sont absents; le passé politique n'est pas évoqué; Fontanes ne parle que des souvenirs sensitifs et, nous avons l'impression que la *Chartreuse de Paris*, poème écrit avant la Révolution, ressort maintenant pleinement en lui.

Chapitre XIV

Vendange

Après chaque catastrophe, la vie se perpétue, mais les hommes peuvent-ils retirer des leçons de l'histoire? Fontanes savait le faire pour son propre compte, par contre il est pessimiste pour les autres: "L'expérience" dit-il en 1817, "est inutile. On dit qu'elle éclaire et qu'elle corrige les hommes; mais il en est tant qu'elle n'a point changés! L'orgueil des opinions est inflexible. Il est si fort qu'il fait taire souvent jusqu'à la voix de l'intérêt même."[1]

Au fond, lui, il n'avait d'ailleurs pas à changer; il devient de plus en plus identique à lui-même et il essaie de convaincre que l'ordre, le juste milieu et la modération sont les meilleurs garants pour maintenir en équilibre l'édifice social. C'est peut-être que maintenant, après que "le héros" est parti, il peut se sentir libre, n'ayant aucun chef autoritaire au-dessus de lui, et réfléchir - en ce qui concerne la politique - sur son expérience; après quinze ans d'activité dans les affaires de l'Etat qui ont fait de lui presque un "doctrinaire", il peut reprendre les idées qu'il a professées autrefois comme journaliste.

Déjà à l'occasion de la discussion de l'*Acte constitutionnel*, en mai-juin 1814, Fontanes avait exprimé des idées sur la société, la religion ou la liberté de la presse, idées qui lui sont propres depuis toujours. Le roi est rentré dans ses Etats, parce que la maison des Bourbons a le devoir de fournir des rois à la France[2]: "il y a là des monuments sacrés [dans l'histoire des peuples] que l'on ne saurait toucher." Une telle idée, exprimée pendant la discussion par Faget de Baure, ne pouvait que plaire à Louis de Fontanes parce qu'elle correspondait exactement à sa pensée sur l'inviolabilité d'un être sacré et il dit, en présence de quelques membres du Sénat et du Corps législatif:

"J'insiste de toutes mes forces sur cette dernière vérité: un pouvoir supérieur à celui des peuples et des monarques fit les sociétés, et jeta sur la face du monde des gouvernements divers. Il faut plutôt en diriger les marches qu'en expliquer les principes. Plus leurs bases sont anciennes et plus elles sont vénérables; qui veut trop les chercher, s'égare; qui les touche de trop près, devient imprudent et peut tout ébranler. Le sage les respecte et baisse la vue devant cette auguste obscurité qui doit couvrir le mystère social comme le mystère religieux; mais s'il est des voiles que la prudence humaine ne doit pas lever, il est pour tous les citoyens des droits incontestables qui se manifestent à tous les yeux. Discutons ces droits avec franchise et, s'il le faut, avec courage; mais inclinons-nous à l'entrée d'une région plus élevée; nous n'y aborderions pas sans en faire sortir de nouveau des tempêtes; donnons plutôt, les premiers,

---

[1] Fontanes, *Sur le projet de loi relatif aux journaux*, Chambre des Pairs de France, session de 1816, tome troisième, N° 75, p. 4, séance du lundi 24 février 1817. B.N.: Le^{58} 2.
[2] Beugnot, *Les premiers temps de la Restauration*, Paris, 1854 et s.

l'exemple d'une crainte salutaire, et puisse cet exemple retenir les esprits que la funeste expérience d'une conduite contraire n'aurait pas corrigés."[3]

Ces idées, Fontanes les a déjà exprimées à Napoléon: le chef couronné de l'Etat doit être entouré de mystères; lui, étant Grand-Maître de l'Université, n'apparaissait que rarement à la cour, mais chaque fois quand il s'y rendait, il devait être reçu avec une grande dignité, calme et impressionnante: il se regardait comme l'oeil invisible qui veille, mais qui n'intervient pas.

Plus explicite est son opinion sur la liberté de la presse, également discutée pendant ces jours mémorables: "Je sais ce qu'on a déjà dit, et prévois ce qu'on peut dire encore en faveur de cette liberté: je ne la tiens pas moins pour le dissolvant le plus actif de toute société. C'est par là que nous finirons, si on n'y prend garde, et dès aujourd'hui je déclare hautement que je ne me regarderai jamais comme libre, là où la Presse le sera."[4] Rappelons que Fontanes a été lui même attaqué par beaucoup de gens.

L'esprit de ces lignes, on le retrouve au fil des années dans le peu d'interventions qu'il fera encore en public. Il veut que les passions de l'homme ne se déchaînent plus sur la place publique; pour cela, l'homme doit être bien encadré. En 1815, il dit à Niort: "La France, tour-à-tour accablée de ses victoires et de ses revers, a fait des expériences assez douloureuses. Vingt-cinq ans de troubles et de malheur ont dû l'éclairer. Si des mains imprudentes ont ébranlé l'édifice social, il est tems que des mains sages le soutiennent et le raffermissent."[5] Le discours du 24 février 1817, à la Chambre des Pairs, est presque un manifeste des idées politiques de Fontanes et les circonstances, le débat sur la presse, peuvent être regardés comme accessoires. Le débat sur la liberté de la presse a agité la France pendant presque trente ans et cela à divers moments. Cette discussion ne sera d'ailleurs jamais close. Fontanes définit le rôle du gouvernement dans cette bataille et son jugement est peut-être valable pour beaucoup de sociétés qui, par leur caractère national, indépendamment des époques, sont assez souvent en effervescence: "Le Gouvernement ne veut ni de vainqueurs ni de vaincus dans la grande famille dont il doit surveiller tous les intérêts avec une égale prudence. Est-ce au moment où les passions sollicitent des armes, qu'il est prudent de leur en permettre l'usage? On peut, je crois, en douter."[6] Fontanes saisit bien la méfiance de ses concitoyens contre l'Etat et contre chaque action d'un quelconque gouvernement: "Les principes, se disent quelques-uns, doivent-ils fléchir sous les circonstances? Les circonstances, les difficultés des temps, la raison d'Etat sont des mots vides de sens, ou s'ils en ont un, c'est qu'ils cachent des intentions perfides contre les droits des citoyens! La raison d'Etat fut souvent, j'en conviens, le prétexte de l'oppression; mais un zèle

---

3 Beugnot, *loc. cit.*
4 *Op. cit.*, p. 42.
5 *Journal des Deux-Sèvres*, N° 34, 26 août 1815, p. 275 et s., B.N.: Lc. 1O 105bis.
6 Fontanes, *Sur le projet de loi relatif aux journaux, op. cit.*, 4-5.

faux, ou du moins imprudent pour la liberté publique causa-t-il de moindres désordres?" Le rôle du gouvernement est justement "de conformer sa marche aux temps, aux lieux, aux hommes, aux choses qu'on doit régir."[7]

Les interventions de Fontanes qui ont été présentées "avec la hauteur de pensées et la dignité d'expressions qui la caractérisaient"[8] se basaient toujours sur sa connaissance du passé et il ne craint pas de le rappeler à chaque occasion opportune. Ici, par exemple, il règle une fois de plus ses comptes avec l'esprit de la perfectibilité: "Le dernier siècle [...] vantant je ne sais quelle raison universelle, [...] nous a prédit l'époque heureuse où les peuples seront également libres, parce qu'ils seront également sages en s'éclairant des mêmes lumières", et ironisant sur sa propre conviction dans cette bataille qu'il a menée contre les "illuminés", contre des gens parfois de toute bonne intention qui croyaient au progrès indéfini de l'espèce humaine, il n'écarte pas non plus dans sa critique les méchants:

"Quelques incrédules ont mis en doute la vérité de cet oracle; mais les partisans de la raison universelle ont regardé du haut de leur chaire, avec dédain superbe, ces esprits pusillanimes, ces esclaves des vieilles doctrines qui cherchent dans le passé des leçons pour le présent. Il faut se dévouer de bonne grâce aux anathèmes de son siècle, quand on ose le contredire. Toutefois j'ai lu dans Montesquieu [...]."[9]

Napoléon n'est nullement absent dans ce discours, bien que sa place ne devrait pas s'y trouver *a priori*; mais son activité inlassable, si fascinante, a laissé une telle empreinte sur les esprits de son époque que Fontanes lui rend un hommage, en tirant en même temps une leçon pour le présent:

"Après une longue anarchie, il vint parmi nous un homme également extraordinaire par tout ce qu'il fit contre sa fortune, et par tout ce qu'elle avoit fait pour lui. Ce colosse de grandeur et de puissance est abattu sans retour. Il n'en reste plus rien, hors l'effroi qu'il semble inspirer jusque dans ses débris à l'univers qu'il accabla si long-temps. Mais cet homme enfin accoutuma dix ans les esprits aux conceptions gigantesques du sien. Il établit au milieu de la France un jeu funeste, mais séduisant, où comme dans une vaste loterie, permettez-moi cette expression, le hasard permettoit à la cupidité les fortunes, les provinces, les royaumes de l'Europe entière. Elle est fermée pour jamais cette riche et tumultueuse loterie où se jouoient les destins du monde."[10]

Craignant toujours les passions non contrôlées, le tumulte de l'âme qui cherche un exutoire bruyant, il continue: "Les perspectives de l'espérance n'ont plus la même étendue, les imaginations aventurières sont étonnées d'avoir fini leur rêve. Elles reposent: n'allez pas les réveiller trop tôt par les clameurs de

---

7 *Loc. cit.*
8 Beugnot, *op. cit.*, 42.
9 *Sur le projet de loi (...), op. cit.*, 6.
10 *Loc. cit.*

tous les partis, par ces controverses dont s'emparent, tous les matins, ces feuilles légères que font circuler si rapidement le scandale, la mode et le bruit."[11] Se méfiant jusque dans la moëlle des os de l'opinion publique qui est toujours la "plus mobile" et la "plus capricieuse"[12] de ce qu'on peut voir dans la société, Fontanes craint la liberté de la presse quotidienne. Comparable aux aristocrates, décrits par Stendhal, qui voyaient réapparaître la Révolution dans chaque mouvement de la rue, il est, lui, aussi, un *enfant* de cette révolution. La peur qu'elle n'éclate de nouveau, revient même en 1819, donc trente ans après, au moment où on discute une loi relative aux élections: "Ce qui me semble aujourd'hui marquer le caractère du siècle et du peuple, c'est la fatigue des révolutions, et l'ennui des sophismes qui les enfantent."[13]

Etant lui-même fortement ancré dans un système de classe, il défend bien sûr le double vote des propriétaires et il est intéressant de noter son raisonnement: "La propriété, telle qu'elle est parmi nous, est pourtant le seul intérêt auquel nous puissions rattacher l'ordre public."[14], et, en ce qui concerne la richesse de quelques-uns, il prononce avec clarté une idée qui a guidé les sociétés pendant si longtemps et qui est encore valable aujourd'hui: "Non, certes; le degré de richesse n'ajoute rien à l'estime, mais il ajoute aux moyens d'influence, et c'est pourquoi on donne un double vote aux propriétaires les plus imposés."[15] Fontanes ménage en même temps les petits, en disant: "La petite et moyenne propriété ne sont [...] point outragées par nos observations. Mais, dans le système social, on ne peut méconnoître l'importance de la grande propriété."[16]

A l'Institut royal de France réapparaît un Fontanes dans toute la grandeur d'un homme de lettres, qui sait élargir son sujet tout naturellement pour lui donner une envergure, en insérant dans son discours des réflexions sur son temps. Le 24 avril 1816, il retrace l'histoire de l'Académie française et prend position sur beaucoup de sujets. Il dit certes aussi ce que tout le monde sait: au début

---

11 *Op. cit.*, 9-10.
12 *Op. cit.*, 12.
13 *Résumé de M. le marquis de Fontanes*, rapporteur de la commission spéciale chargée de l'examen du projet de loi relatif aux élections, séance du mercredi 28 juin 1819, session de 1819, t. 3, N° 104, p. 13, B.N.: 8° Le53 2. - Un autre exemple de la peur que d'anciennes habitudes réapparaissent: au moment des discussions préliminaires sur la Charte constitutionnelle; on vouloit restreindre le nombre des électeurs à cent mille sur une population de vingt-sept à vingt-huit millions d'habitants, en se basant sur le critère d'une contribution foncière de trois cents francs payés: "C'étoit quelque chose aux yeux des amis de l'ordre et de la paix, dont la mémoire étoit encore effrayée de tumulte de ces assemblées primaires, où toutes les doctrines de l'anarchie souleveoient, avec tant de fureur, les plus viles passions de la multitude." (*Opinion de M. le marquis de Fontanes, sur la proposition faite à la Chambre par M. le marquis Barthélemy, relativement aux modifications dont pourroit être susceptible la loi sur l'organisation des Collèges électoraux*, Chambre des Pairs de France, session de 1818, t. I, séance du mardi 2 mars 1819, p. 4, B.N.: Le58 2).
14 *Résumé de M. le marquis de Fontanes*, 28 juin 1819, *op. cit.*, 11.
15 *Op. cit.*, 9.
16 *Op. cit.*, 10.

l'Académie française "n'était qu'une réunion de gens de lettres, animés d'un zèle commun pour la perfection du langage."[17]; mais bien vite, il voit l'essentiel. Peu importe que se trouvaient parmi eux des membres dont les noms ne nous disent plus rien du tout; les services rendus sont importants: "Ces mains savantes et laborieuses, qui polissaient avec tant d'effort les élémens de la langue maternelle, n'ont pas créé des chefs-d'oeuvre qui l'immortalisent; mais elles préparèrent au moins, pour le grand siècle, les matériaux et les instruments avec lesquels il put élever l'édifice immortel de sa grandeur, et c'est assez pour obtenir de justes hommages."[18]

Travailler sur la langue d'une nation polit les sentiments de celle-ci. Travailler sur la langue signifie aussi, aux yeux de Fontanes, agrandir l'influence de la France dans le monde. Richelieu était plus qu'on ne veut le croire le moteur de ce mouvement: "Le nom glorieux rappelle à tous les souvenirs le génie qui raffermit les Empires, et qui dissipe les factions; il ne s'attache pas avec moins d'éclat aux progrès, au maintien de cette langue française, dont l'usage universel a peut-être aidé plus d'une fois, dans les autres cabinets, notre influence politique."[19] Utiliser et travailler en soi une belle langue est de le faire pour tous, parce qu'on y travaille "sur les sentiments du peuple qui la parle et qui l'écrit."[20] Mais la pensée de Fontanes est plus profonde: il décrit le processus de chaque création littéraire, cette interdépendance entre la parole, l'imagination et l'écrit qui, somme toute, fait naître une oeuvre. Joubert avait toujours des difficultés à s'exprimer par écrit, sauf dans ses lettres, Fontanes sait le faire quand l'occasion se présente: "En effet, Messieurs, celui qui peint la pensée a dû penser longtems pour l'exprimer dans toute son énergie. Or, la parole est une peinture, et le style n'est que la parole écrite. Quel est tout le secret du style? C'est de reproduire au dehors, avec un art fidèle, tout ce qu'on a conçu, dans le secret de la méditation, au dedans de soi-même. L'écrivain porte en son esprit un modèle intérieur dont il veut représenter l'image. Des expressions diverses tour-à-tour se présentent, une analyse rapide en décompose les nuances fortes ou délicates, élevées ou profondes. Que de vues perçantes et variées pour comparer et pour choisir! Les expressions elles-mêmes amènent d'autres idées, car elles en sont à-la-fois l'effet et la cause. Si la conception est pauvre, incomplète et languissante, le style, qui en est l'image, aura nécessairement le même caractère. Alors une voix secrète semble dire à l'écrivain: Médite davantage, pénètre plus avant dans ta pensée."[21] Travailler sur la langue signifie donc augmenter la richesse intérieure, se perfectionner, parce que "en perfectionnant le goût, on perfectionne aussi l'intelligence."[22] Beaucoup de ces phrases auraient pu sortir de la plume

---

17   *Moniteur universel*, 14 mai 1816, 559 et s.
18   *Loc. cit.*
19   *Op. cit.*, p. 559.
20   *Loc. cit.*
21   *Op. cit.*, 559-560.
22   *Loc. cit.*

de Joubert, au moment de l'esquisse de la *Bienveillance universelle* (vers 1783) qu'il voulait faire quand il était auditeur attentif de Diderot. "L'art d'écrire et l'art de penser", sont aux yeux de Fontanes inséparables[23]. C'était la raison pour laquelle le Grand Siècle insistait tellement sur l'étude des écrivains et les scientifiques eux-mêmes connaissaient bien les philosophes et la littérature. L'idée-maîtresse que seule l'étude des lettres rend les nations polies et sociables revient ici, parce qu'un peuple qui se composerait seulement de savants peut bien rester barbare.

Enfant de l'Ancien Régime, les yeux de Fontanes se tournent bien sûr avec douceur et nostalgie vers une époque qui n'existe plus. A ce moment, on savait recevoir et parler, les discussions étaient animées, légères et instructives, les visages exprimaient "une bienveillance mutuelle", les femmes savaient recevoir, elles étaient "aimables et éclairées, dignes également de sentir et les grâces d'Alcibiade et la dignité de Platon", tandis que, *aujourd'hui*, on va aux réceptions et "on en sort avec promptitude"[24], tellement les temps ont changé. Fontanes ne serait pas le grand courtisan que nous connaissons, s'il ne faisait pas révérence à l'auguste protecteur: "Toutes les paroles, tombées du haut du trône, n'ont-elles pas ce caractère de modération et de magnanimité qu'on admira toujours dans la race des grands rois, de ces bons rois qui règnent sur nous depuis neuf cents ans?"[25].

L'occasion de revenir sur l'éducation, donc sur son magistrat comme Grand-Maître de l'Université, se présenta en 1816 quand il eut à répondre au discours de Desèze à l'Académie: certaines gens, qui font tant de reproches aux institutions d'éducation, aux écoles publiques, imputent tous les maux à l'esprit même de cette organisation, sans se poser une autre question plus profonde: les parents confient leurs enfants aux maîtres, les jeunes ramènent du dehors des moeurs qui ne sont pas toujours les meilleures. Par contre, on rend les mêmes maîtres responsables de la mauvaise conduite des jeunes gens qu'on leur confie. Cette critique de Fontanes n'est pas une justification de son travail à l'Université, mais elle explique largement sa fermeté qui ne voulait rien laisser au hasard dans l'éducation de la jeunesse. Il est un fait que certaines personnes avancées dans l'âge regrettent le temps passé et Fontanes est de ceux-là.

---

23 *Loc. cit.*
24 *Loc. cit.*
25 *Loc. cit.*

Chapitre XV

Le Grand-Maître de l'Université et son vrai visage

A partir de 1812, Fontanes change profondément dans son caractère et sa nature. Ce changement est difficile à cerner parce que le personnage en soi est difficile à saisir. Rien de plus délicat que d'entrer dans la pensée de quelqu'un qui se trouvait au premier rang de la vie politique et qui gardait une certaine indépendance. Il a un coin caché qui nous intéresse.

Au sommet de sa carrière, vers 1812, 1813, quand l'Université impériale s'est mise en marche, quand les structures étaient ancrées, bétonnées même, Fontanes, toujours présent dans la vie politique, commence à s'éclipser. Ce n'était peut-être pas par hasard qu'on l'a présenté autrefois - à l'époque de la Révolution - comme un personnage à double face. Double face que nous interprétons maintenant autrement que Camille Desmoulins. "Donnons a César ce qu'on lui doit, mais gardons notre liberté intérieure." Cette devise nous semble correspondre à l'attitude du grand-maître de l'Université et au sénateur.

C'est aussi maintenant le moment où il peut se sentir au-dessus de la basse critique[1], la postérité lui rendant de toute façon justice[2].

Les poèmes, écrits à Courbevoie, nous montrent un Fontanes qui savait se replier sur lui-même, les fastes de la vie officielle ne l'intéressant presque plus. Il s'agit de poèmes peignant les paysages qu'il a connus, d'un retour nostalgique en arrière dans sa vie où souvenirs, sensibilité se confondent. Nous l'avons déjà dit, en dehors de Joubert, et de Chateaubriand, les contemporains sont absents comme s'ils n'avaient jamais existé pour lui. Fontanes a trouvé un chemin intérieur qui a été momentanément effacé quand il commençait à s'intéresser à la vie de la "polis".

Il y trouvait au début son bonheur, également cette satisfaction de pouvoir agir, de participer à une oeuvre gigantesque, la reconstruction et la restructura-

---

1   *Le Nain jaune réfugié*, mars, avril, mai 1816, p. 323 Bruxelles. (B.N.: Lc² 1050 B)
    "Fontanes. On a accusé M. de Fontanes d'*inconséquence* dans ses opinions; c'est une fausseté. M. de Fontanes s'est constamment attaché au même but; ses principes ont pu être *contradictoires*, mais jamais inconséquents: il faut toujours se servir du terme propre."

2   Godechot (Jacques), *Les institutions de la France sous la Révolution et l'Empire*.
    Paris, Presses universitaires de France, 1985, pp. 735:
    "Napoléon semble bien s'être trompé sur la docilité de Fontanes; de tous les grands chefs de service, le grand-Maître fût sans doute un des moins dévoués à l'empereur. Il introduisit dans l'Université beaucoup de prêtres, plus dévoués au pape ou aux Bourbons qu'à Napoléon, appliqua mollement le monopole, laissant subsister le plus grand nombre possible d'institutions privées et il favorisa par sa passivité, le développement, au sein de l'université, d'une opposition à l'Empire: Chateaubriand le loua de cette attitude. "Fontanes, dit-il, éleva dans les doctrines de nos pères, des enfants qu'on voulait séparer du passé pour bouleverser l'avenir...".

tion de la France avec son Code civil, avec la préparation et l'annonce du Concordat et le Sacre. L'Université lui a survécu jusqu'à nos jours et les Grandes Ecoles encore plus. Et malgré tout ce prestige, l'édifice intérieur de Fontanes commence à s'ébranler un peu. Les fissures dans ce tissu qui couvre et protège l'homme ne sont pas très visibles, mais on les ressent. Le garçon d'autrefois, un peu gaillard, est devenu successivement "Citoyen", "Monsieur", "Président" et "Monseigneur", propriétaire d'un château. Néanmoins, c'est plutôt la Seine qui lui chante que le souvenir des hommes, le passé ou le présent officiel. Cette Seine qui à Courbevoie est plus large qu'à Paris et qu'il aimait tant: "Au bout de mon humble domaine, six tilleuls au front arrondi, dominant le cours de la Seine, Balancent une ombre incertaine Qui me cache aux feux du midi."[3]

C'est ici à Courbevoie où il se plaît, dans le calme et dans le repos de l'âme. Après tant d'efforts mondains, la vie du dehors lui semble vaine. Cette retraite est studieuse et Paris est loin; Paris avec ses obligations et ses haines, cette ville où l'on se plaît vite à oublier des gens[4]. Ici les Muses lui chantent et il peut écrire: "Je lis, je dors, tout soin s'efface, Je ne fais rien et le jour passe; Cet emploi du jour est si doux."[5]

Mais Paris avec ses obligations l'appelle de temps à autre. On sent l'Empire glisser sur la pente, périr même, bientôt.[6]

Le Capitole exige sa présence, il doit donc s'y rendre, mais son chemin est parsemé de délateurs. Chaque mot prononcé dans son enceinte, Fontanes le sait, est rapporté au maître qui veut tout savoir sur ses sujets aussi fidèles qu'ils soient. On sent comment il est attaché à cette demeure, surtout quand il faut la quitter en automne pour se rendre par le pont de Neuilly vers Paris[7]: "Chers Pénates des champs, il faut donc pour la ville m'exiler loin de vous! O Dieux, qui m'accordiez un sommeil si facile Et des rêves si doux!"[8]

A partir de cette époque (1812-1813), Paris commence à s'éloigner de lui: "Nous allons dans l'abîme" a-t-il dit tous les soirs à l'Empereur en qui il avait autrefois tant de confiance. Mais le "génie des guerres" aime être entouré de gens et il faut être prêt: "Hélas! l'ordre est venu de quitter ma retraite Pour le pompeux séjour, Où l'ennui, compagnon de la morne étiquette, Siège en habit de cour. Au Conseil, au Sénat, un sinistre message M'assigne gour demain, Et déjà la Sottise assiège mon passage, Des placets à la main."[9]

Au moment où il entre dans sa pleine maturité, où il accepte son âge, tabou jalousement gardé jusqu'à présent, il s'ouvre enfin sur son caractère, sur son ambition et sur les débris qui restent: "Oh! qu'on vante à bon droit la sagesse

---

3 *Oeuvres de Fontanes, op. cit.*, I, 123.
4 Allusion à un mot de Chateaubriand.
5 *Oeuvres, op. cit.*, 124.
6 *Oeuvres*, p. *CXI* (introduction de Sainte-Beuve).
7 Arch. Nat., voir cadastre de Courbevoie pour cette époque.
8 *Oeuvres, op. cit.*, 125.
9 *Oeuvres*, 126.

d'Horace! J'aurais dû l'imiter [...]. Horace, pour tout bien, veut quelques frais ombrages Et le bord d'un ruisseau; Moi, sur la grande mer, toujours grosse d'orages, J'ai lancé mon vaisseau."[10] N'était-il pas bien souvent en péril? A Lyon; pendant la Convention, quoique peu connu à cette époque: après fructidor, trahi et dénoncé par une femme, qui séjournait peu après tranquillement à Naples[11]; au moment de l'affaire du duc d'Enghien quand Chateaubriand faisait ses escapades, sans se soucier des conséquences pour des autres. Mais ici, à Courbevoie, il a trouvé son calme. Fontanes, décrié comme un mondain et quand on voulait lui nuire auprès du maître un paresseux, a trouvé en soi ce calme nécessaire à toute création littéraire, cette distance qu'il faut quand il s'agit de juger une époque avec un oeil vigilant mais éloigné des affaires."Je mûris lentement, mais je mûris quand même" a-t-il écrit un jour. Etre seul? Non, les muses l'entournent et le silence aussi: "Le silence a pour moi d'ineffables douceurs; c'est quand tout est muet qu'un Dieu parle au poëte; Ne me croyez pas seul: la troupe des neuf soeurs Vient se jouer dans ma retraite. Du silence entourés, Pythagore et Platon Jadis ont entendu la voix de leur génie. Et les sept lyres d'or, qui, variant leur ton, Des Cieux composent l'harmonie. Comme eux je ne vis plus qu'en un monde enchanté: Qu'aucun bruit au dehors n'interrompe mes veilles! Par un songe divin dans l'Olympe emporté, Scipion vit moins de merveilles."[12]

Cette image du calme que l'auteur donne de lui-même et encore involontairement, nous montre un Fontanes bien différent de ce qu'on pensait communément de lui. Il a vécu dans un monde qu'il a formé lui-même, et, las, il le laisse de côté. Il passe pour ainsi dire outre et il rejoint malgré les obligations de la "cour" ce monde pour lequel il aurait dû vivre - selon ses contemporains -, les Muses. Mais, hélas, la tentative de se joindre aux "grands" a été trop forte. D'un autre côté, ce monde des carosses lui a fourni ce confort et cet extérieur grandiose qui mène au calme. Il le fait fructifier maintenant. Refuser la visite des autres est devenu sa devise et en même temps ce trop de calme devint l'antichambre de la mort sans qu'il ne veuille le savoir. Il sait refuser des gens qui veulent lui rendre visite:

"Lorsque de mon hameau j'ai repris le chemin,
Je ferme aux indiscrets ces rustiques demeures,
Où l'Etude rêveuse, un livre dans la main,
Met à profit toutes mes heures." [13]

---

10 *Oeuvres*, 126-127.
11 Lettre à Petitot datée du 28 avril (1798): "Je lui dois mon exil. D'ailleurs elle est aujourd'hui à Naples, et je ne dois pas compter sur ses bonnes intentions fut-elle à Paris." (Voir l'Annexe; fonds Candaux).
12 *Oeuvres* I, 128-129 "Ode, Contre les visites importunes".
13 *Oeuvres* I, 128.

Il se plaît sur la terrasse de ce château, acheté en deux temps, et la voix intérieure qui lui est si enchanteresse l'accompagne et formule des stances, des odes, récapitule une vie, même si la muse est parfois rebelle[14]. Ici est cet arbre qui languit "desséché dans tes frêles racines" et il ajoute: "Tu naissais, et déjà sous ton ombre future, En espérance assis, je rêvais enchanté; Ma fille, comme moi chérissant ta verdure, T'eût dit après ma mort: Mon père t'a planté,"[15], là, le "funèbre concours au saint lieu se rassemble".[16] Fontanes n'éprouve pas en lui un vide qui le fait éternellement voyager ou une effervescence qui aime des bouleversements. Il a trouvé dans cette solitude un recueillement qui est son trésor. Tout dehors mouvementé et agité lui devient suspect et n'est rien d'autre qu'un tourbillon qui fait dérailler l'homme pour le jeter dans l'abîme. Cette non-maîtrise de soi-même, il l'a remarquée pendant des jours fatidiques et chez un maître qui voulait tout avoir et qui a tout perdu.

Ce Fontanes âgé et reposé a complètement perdu son caractère juvénile qui lui faisait prendre parfois des chemins sur lesquels on rencontre des adversaires. Rappelons-nous uniquement l'époque où il était journaliste. Le phénomène du maître a maintenant disparu, un maître qui aimait des bases solides et - quel paradoxe - qui bouleversait sans arrêt tout. Sous un tel règne, il y a peu de gens qui peuvent dire: "Mes jours furent heureux."[17] Chaque tentative de retrouver un état de calme auquel Fontanes aspire maintenant nécessite en soi le refus d'un débordement extérieur. Ce recueillement parfois stoïque, parfois un peu plaintif est visible dans sa poésie tardive qui nous fait participer à une grande richesse intérieure. Cette poésie n'a rien à voir avec la *Forêt de Windsor*, l'*Astronomie* et les autres poèmes de son jeune âge et surtout rien avec la traduction de l'*Essai sur l'homme* de Pope qui selon l'avis d'Aileen Wilson ne rend d'ailleurs nullement la vigueur du langage de l'auteur anglais. On y trouve parfois uniquement quelques détails qui seront à nouveau développés dans toute la splendeur d'un homme mûr.

Son ode à *La vieillesse* qui exprime un idéal à atteindre et qui résume en même temps, mais discrètement, une longue expérience personnelle est révélatrice pour un Fontanes qui a mûri malgré les caprices des autres:

> "Quand des prés l'herbe est fanée,
> Quand les bois n'ont plus d'abris,
> La vieillesse de l'année
> Plaît encore dans ses débris;
> Le sein profond de la terre
> Sous le froid qui le resserre
> Concentre alors ses chaleurs,

---

14 P. 138.
15 P. 140.
16 P. 142: "Sur la mort d'un enfant et d'un vieillard".
17 *Oeuvres* I, 143.

> Et l'hiver, chargé de rides,
> De ses dépouilles arides
> Nourrit le germe des fleurs." [18]

C'est ainsi que Fontanes voit la transition d'un âge à un autre; on ne garde que l'essentiel, tout accessoire quotidien tombe, devient tellement sans significations, qu'on ne le remarque même plus: "Tel est l'emblême du sage [...]. Des erreurs désabusée, Son âme n'est point usée."[19] Ecoutons ce sage dont la vie nous peut servir comme exemple. Fontanes connaissait bien cette éternelle rivalité entre la jeunesse et la vieillesse dont parle Joubert, mais indirectement et Chateaubriand ouvertement. Fontanes dit:

> "Vieillard, qu'on rende à votre âge
> Des honneurs religieux;
> Malheur à qui vous outrage!
> Il outrage aussi les Cieux." [20]

La venue de sa propre vieillesse, Fontanes la voit - dans sa poésie - comme elle ne se présentera pas dans la réalité. Il a toujours refusé cet état qui était pour lui plutôt un déclin qu'une apogée. Par contre, ici il dit:

> "Ma jeunesse m'est ravie
> Le soir des ans m'apparaît.
> Mais le déclin de la vie
> N'est point pour moi sans attrait. [21]

C'est la première ligne de cette ode qui indique toute la vérité, point la dernière et encore moins:

> "Qui, vers le dernier asile
> Descendant d'un pas tranquille,
> Cueille des fleurs en chemin!
> Ces fleurs sont la paix de l'âme." [22]

Tous les contemporains de Fontanes sont unanimes dans leur jugement: leur grand ami avait peur d'avancer en âge. Il en était même effrayé jusqu'à ne jamais dire combien de lustres il avait déjà vécu. Ce qu'il dit dans cette ode est donc un pieux souhait:

---

18 *Oeuvres* I, 130.
19 P. 130.
20 P. 131.
21 P. 131.
22 P. 132f.

> "Ainsi, sur notre vieillesse
> Luit un astre aux doux rayons,
> Dont le calme éteint l'ivresse
> Des bruyantes passions;
> Je te suis, Phare céleste!
> Le court chemin qui me reste
> N'est pas éloigné du port;
> Et j'accepte les présages
> De ce long jour sans nuages
> Qui commence après la mort." [23]

"Je vieillis"[24]; ces deux mots sont en effet la clé de voûte de Fontanes vieillissant, mais il y en a d'autres qui nous ouvrent des vues sur le caractère volontairement solitaire de l'homme qui s'est écarté pendant des décennies d'un chemin de jeunesse qu'il a parcouru avec ardeur. Déjà en février 1779 quand il connaissait à peine Paris, il se pose la question: "Paris serait-il donc le séjour d'un poëte?", les vrais poètes "ils habitent en paix la campagne et les bois."[25] Même si sa poésie de jeunesse nous semble souvent froide, stérile, remplie de clichés et de répétitions, on y trouve au moins deux sujets: la nature et la solitude, deux mondes qui sont également présents dans sa poésie de vieillesse, mot difficile à prononcer, n'est-il pas le présage de la mort, qu'il évoque lui-même dans l'ode "A la fontaine du Vivier"[26]. Ce poème tant cité, écrit en 1815 lorsqu'il visitait son lieu de naissance est l'expression d'une nostalgie à peine voilée, il a un caractère intemporel et il exprime des sentiments toujours actuels. Il aurait pu l'intituler "A mon frère", tellement le défunt est présent dans ces lignes. Fontanes décrit les sensations que lui inspire Niort sous la chaleur d'août accablante. C'est ici, où il retrouve à travers des prairies, des arbres, des fleurs et des eaux, le souvenir de son frère Marcellin, prématurément rappelé à Dieu, nous l'avons vu dans les pages précédentes. Il cherche ce frère, mais

> "Vains souhaits! des beaux jours la fugitive image
> N'est qu'un regret de plus pour mon coeur attristé;
> Là, mon frère autrefois, l'ami de mon jeune âge,
> Marchait â mon côté.
> Il soutenait mes pas, et sa muse pensive
> Suivait ces flots errants dans ces prés toujours verts;
> Les prés, et l'orme antique, et le flot et la rive
> Me répètent ses vers. Quand mes faibles talents commencèrent d'éclore,
> Il nourrissait mon goût de ses doctes leçons,

---

23 P. 134f.
24 *Oeuvres* I, 145 ("Sur un buste de Venus placé dans mon cabinet").
25 *Oeuvres* I, 383 ("Epitre à M. Ducis").
26 *Oeuvres* I, P. 164 et s.

> Et, dans mes jeunes mains, d'un luth timide encore
> Dirigeait tous les sons.
> Il n'est plus!" [27]

Ce voyage lui fait revivre son frère qui est présent, il est son "maître", son "modèle", comment l'oublier et,

> "Puisse, en secret du moins, ma voix se faire entendre
> Au fond de ton cercueil,
> Encor quelques moments et la mort nous rassemble!" [28].

Dans ce monde des souvenirs, de la mort, de la nature même, la religion tient une place importante. Fontanes a toujours été respectueux devant le mystère de l'Eglise et de ce qu'elle représente pour lui. Il ne peut y avoir de société sans la religion: il l'a dit à l'Empereur, il l'a dit au pape quand il vint lui souhaiter la bienvenue à Fontainebleau. Mais la pensée de Fontanes est plus profonde: il croit à la main de Dieu qui dirige; - au moins dans cette ode - le destin du monde, des royaumes qui naissent et qui inébranlablement tombent un beau jour. Pour lui, il n'existe pas le moindre doute qu'il y a nécessité absolue d'un lien entre l'homme qui participe à la société et ce Dieu auquel il croit personnellement. En 1813 quand l'Empire commençait à s'ébranler, il écrit: "J'ai consulté l'histoire, et j'ai vu la Fortune, Aux royaumes divers, de leur chute commune, Fixer le dernier jour; Tout meurt, mais tout renaît, et quand un peuple expire, Le Dieu qui l'anima passe en un autre empire Qui s'élève à son tour. Ce n'est plus maintenant un seul trône qui tombe, Ce n'est plus un seul peuple entraînant dans sa tombe Et les lois et les arts; C'est la société que le temps a minée, Et qui, d'un dernier coup enfin déracinée, Croule de toutes parts."[29] Peut-on être plus explicatif dans ses convictions? Dans cette ode, Fontanes règle une fois de plus ses comptes avec des illuminés, des gens qui croyaient à la perfectibilité infinie de l'homme: "Hélas! plus de bonheur eût suivi l'ignorance! Le monde a payé cher la douteuse espérance D'un meilleur avenir."[30]

Mais la poésie de Fontanes âgé est aussi, nous l'avons dit, plaintive; parfois elle nous rappelle le son mélancolique du hautbois ou les images qu'il utilisait à l'époque du *Chant du Barde*, de la *Chartreuse de Paris*. C'est une musique remplie de nostalgie qui nous anime; elle est ardente, touchante et on a l'impression que les forces de Fontanes s'y consument. Déjà en 1804 quand rien ne laissait prévoir son avenir fulgurant, il sait se recueillir sur lui-même et écrire des vers pleins de candeur:

---

27 P. 165.
28 P. 166.
29 *Oeuvres* I, 149 ("La société sans la religion").
30 P. 151.

> "Quel bruit interrompt le silence
> De ce donjon abandonné,
> Où tant de fois par la vengeance
> L'innocent fut emprisonné? [...]
> D'où vient cette escorte nombreuse
> Qui conduit ce jeune guerrier? [...]
> Il n'a point les traits d'un coupable [...]
> J'approche[31]: Ô douleur imprévue!
> Ce guerrier découvre à ma vue
> Un petit-fils du grand Condé." [32]

Et Fontanes s'exclame, même s'il n'a pas imprimé durant sa vie cette ode:

> "Ni ta grandeur toute-puissante,
> Ni tes drapeaux vitorieux,
> De la déesse menaçante
> ne peuvent séduire les yeux" [33]

et la bienveillance du sort qui accompagnait toujours ce guerrier, elle se retire soudainement:

> "La Nymphe aux voix infatigables
> Chaque jour le disait plus grand;
> Mais de ce règne qu'elle admire,
> Les yeux baissés, elle déchire
> La page teinte de ton sang." [34]

La mort des autres[35] comme la sienne est présente dans cette poésie tardive et nous voulons le montrer d'une façon éclatante dans l'ode "Mon anniversaire"[36]. Comment mieux peindre la douleur intérieure et quelle expression dans cette voix qui, malgré les fastes de la Cour et de la vie, est restée si pure, simple et significative! Ainsi on comprend mieux l'amitié des hommes qui l'entouraient, l'attachement qu'on lui portait au-delà de sa mort.

> "J'ai vu cinquante fois ce jour de ma naissance
> Où des astres de Mars présida l'inconstance.

---

31 Les expressions: "J'approche", "j'avance", "je m'arrête" sont typiques pour Fontanes, indépendamment de l'âge.
32 *Oeuvres* I, 60-61 ("La mort du duc d'Enghien").
33 *Op. cit.*
34 P. 66.
35 *Op. cit.*, 67f ("Stances sur un village des Cévennes").
36 *Oeuvres* I, 84.

> Sous leur signe orageux commença mon destin;
> Un an pour moi finit, un an renaît encore." [37]

Mais "pourquoi ces cris joyeux, ces bouquets, ces cantiques"? et Fontanes se pose cette éternelle question de la joie et du deuil confondus:

> "Dois-je prendre un habit ou de deuil ou de fête
> Et Couronner ma tête
> De cyprès ou de fleurs?" [38]

Il existe en Fontanes cette distance entre lui et les autres qui le faisait parfois apparaître comme un sphinx dont le calme est reposant. Cette vision du monde de toujours et de soi-même est, dans sa gravité et dans son immobilité apparente, le porte-parole d'une sagesse, née des expériences parfois néfastes, parfois fructueuses tirées de la vie. Ô muse:

> "Il est passé le temps des aimables chimères!
> Redis-moi du malheur les leçons trop amères,
> De tant de voeux fais rougir mon orgueil;
> Aide, affermis mes pas, d'une voix intrépide.
> Sur la pente rapide
> Qui m'entraîne au cercueil". [39]

Et encore plus explicatif et qui est un résumé de toute une vie qui ne vaut pas la peine d'être recommencée à nouveau, tellement l'homme dans les ennuis et dans les difficultés que lui tendent son existence devient un stoïque éclairé et détaché de tout, et il sort malgré tout sur un chemin qui lui reste inconnu et voilé:

> "Le passé, l'avenir, le présent, tout m'afflige;
> La vie à son déclin est pour moi sans prestige,
> Dans le miroir du temps elle perd ses appas.
> Plaisirs, allez chercher l'amour et la jeunesse;
> Laissez-moi ma tristesse,
> Et ne l'insultez pas." [40]

* * *

On savait Fontanes mécontent du sort que la Restauration lui accordait. Par contre, on le voit pair de France et les honneurs ne lui manquaient pas[41].

---
37 *Op. cit.*
38 P. 84.
39 P. 85.
40 P. 85.
41 "Le Comte de Fontanes, pair de France, est nommé grand-officier de la Légion

A la chambre des Pairs comme à l'Académie, il fait des communications. Quand il parle, sa synthèse des évènements d'une époque vécue est convaincante, même encore aujourd'hui. On dirait en 1821: si on lui proposait à nouveau le poste de Grand-Maître de l'Université, il l'accepterait. Mais on ne lui offrit pas. En janvier 1821, on créait la Société des Bonnes Lettres dont il fut nommé président; en fait, il ne la présidait jamais. La mort qu'il sentait venir l'attendait juste avant l'ouverture de la prèmière séance. La disparition de son fils naturel, Marcellin, jeune, l'affecta beaucoup[42]. Il lui restait sa fille Christine à qui Joubert écrivait de longues lettres[43]. Ses relations avec sa femme ne sont pas les meilleures, un chagrin en plus.

Le *Moniteur Universel* annonce le 13 mars 1821, un mardi, que Fontanes "a en ce moment une indisposition"[44]. En fait, il avait dans la nuit du 10 mars "une attaque de goutte à l'estomac."[45]; dans celle du 14 mars une attaque d'apoplexie et il sombra dans "un engourdissement presque total."[46]. Ce jour là sort la deuxième édition de l'*Essai sur l'homme* qui était restée vingt ans dans son portefeuille[47].

Samedi, le 17 mars, à 7 heures du matin, Fontanes meurt à son domicile parisien 57, rue Faubourg St.-Honoré; le médecin constate son décès à 1 heure[48].

---

d'honneur." (*Moniteur Universel*, 17 février 1815, p. 208). Le 22 août 1815, Fontanes ouvre la session du collège électoral du département des Deux-Sèvres. Le 19 septembre 1815, Fontanes comme Chateaubriand sont nommés membres du conseil privé du Roi (*Moniteur Universel*, 7 octobre 1815, p. 1105). Le 21 juillet 1816, le roi nomme une commission pour préparer une loi ou une ordonnance concernant l'instruction publique. Cette commission tient sa première séance lundi, le 22 juillet, à 16h. dans une des salles du ministère de l'Intérieur. Les membres sont: Msg. de Beausset, Chateaubriand, Fontanes, Roger-Collard (entre autres). L'Académie française reconduit le 25 juillet 1816 Fontanes dans ses fonctions comme chancelier (*Moniteur Universel*, 27 juillet 1816, p. 846). En août 1817, il est nommé marquis (N.U., 2 septembre 1817, p. 966).

42   Il mourut le 3 février 1819, en duel, d'un coup de pistolet au ventre, voir: Pillard, Guy, "Autour du tombeau de Fontanes", ds.: *Bulletin de la Société historique et scientifique des Deux-Sèvres*. Deuxième série, t. III, N° 1, 1970, p. 9.
43   Tessonneau, *Joubert, op. cit.*, 533 et s.
44   P. 336.
45   Pillard, *op. cit.*, 6.
46   *Moniteur Universel*, 17 mars 1821; Pillard, *loc. cit.*
47   On avait publié quelques jours auparavant la traduction du même ouvrage faite par Delille. Pour les détails concernant l'édition de Fontanes: "un vol. in-8 - Prix 5fr. et 6fr. franc de port par la poste. Papier velin, 10 fr. et 11. franc de port par la poste."; chez Le Normant (*Moniteur Universel*).
48   Archives de la Seine
     Série V.5E.
     "Ville de Paris
     1e arrondissement
     Je soussigne, docteur en med, certifie avoir
     fait la visite du corps de Mr. le marquis de
     Fontanes, décédé le 17 jour de mars
     1821.
     Sept heures du matin, âgé de 64 ans, rue
     fb. St. Honoré, n° 57 quartier etc. Elysées.

Chênedollé trace un portrait émouvant de son ami. Lundi, 19 mars on célèbre ses obsèques. Il est enterré au Père Lachaise entre le tombeau du Maréchal Ney et celui de Beaumarchais, deux contemporains qu'il connaissait. Sur la colonne on lit tout juste son nom, sa date de naissance et celle du décès (6 mars 1757 - 17 mars 1821)[49].

Beaucoup d'académiciens, de pairs de France, d'hommes de lettres, de professeurs accompagnaient Fontanes à sa dernière demeure, également une délégation du conseil royal. Deux pairs de France et deux académiciens tenaient les quatre coins du drap mortuaire[50]. A cette occasion, Roger trace les points essentiels de la vie de Fontanes; pour tous, il fut inopinément terrassé "dans la maturité de l'âge et du talent."[51]. Constat plus intéressant encore d'un contemporain: jusqu'à la chute de Napoléon, il se sentait huit mois sur douze entre sa chaire et le donjon de Vincennes[52]. En 1813 déjà, il disait tous les jours à Napoléon: "Nous allons dans l'abîme"[53]. La question des *Mémoires* est évoquée; visitant Niort en 1815 pour les élections du Corps législatif, Fontanes en parlait lui-même; on promet même leur prochaine publication[54]. Chateaubriand se promet de publier les oeuvres de son ami, publication qui aura lieu plus tard.

Vendredi, le 6 avril 1821, le Conseil royal de l'instruction publique fait célébrer une messe dans l'église de l'école normale, rue des Postes. "L'église tendue de noir, était décorée par les écussons et les chiffres de l'illustre défunt et par un catafalque sur lequel se trouvaient [ses] décorations"[55].

Le 30 mars, la Chambre des Pairs rend hommage à Fontanes par la bouche de son chancelier, Pastoret. Après - la séance n'est nullement levée - l'assemblée passe à l'ordre du jour: "1° du projet de loi tendant à modifier l'article 351 du Code d'instruction criminelle.. 2° etc....."[56]. Le 25 avril 1821, Villemain est élu à l'Académie française à la place laissée vacante par Fontanes, Roger le reçoit. Le *Moniteur Universel* annonce le 16 septembre la vente de la bibliothèque de Fontanes[57]; elle aura lieu début 1822. Cette bibliothèque contenait selon Fon-

---

Je déclare que le décès est constant, et paraît avoir été causé par
                goutte remontée au thorax.
A Paris, le 17 jour du mois de mars an 1821 une heure du soir.
                Le Blanc."

49 Pillard, p. 6 et s.
50 Respectivement: Le duc de Fitz-James et le duc d'Uzès, MM. Roger et Bigot de Préameneu (*Moniteur Universel*, 20 mars 1821).
51 *Moniteur Universel, loc. cit.*
52 *Moniteur Universel*, 22 mars 1821, 385 et ss.
53 *Loc. cit.*
54 *Moniteur Universel*, 31 mars 1821, 335.
55 *Moniteur Universel*, 7 avril 1821, La rue des Postes se trouvait tout près de l'actuel laboratoire physique de l'E.N.S.
56 *Moniteur Universel*, 9 avril 1821, 477 et s.
57 P. 1320.

tanes un exemplaire de l'Enéide de Virgile, affirmation contestée par des spécialistes[58].

Madame de Fontanes meurt le 24 novembre 1829, sa fille Christine le 12 novembre 1873 à trois heures à Genève[59]. Les Fontanes ont donc vécu.

---

58 *La Bibliographie de France et de la librairie*, Année 1822, p. 45 et s. B.N.: 8° Q. 2615, et par Mahul, Année nécrologique, 1821, Paris, Ponthieu 1822, lettre F, B.N.: g. 26204.
59 Voir Pillard, *op. cit.*; et les régistres de l'état civil de Genève, consultés par nous (vol. 1873, p. 197, n° 786).

Les Annexes

Les origines et les parents de Dominiquette de Fourquevaux et de Sède, plus tard Madame Fontanes, la mère de Louis de Fontanes

Archives Departementales de la Haute-Garonne - Registres Paroissiaux de Saint-Gaudens 4E 1865 - 1737-1758

1.-16 février 1740:
Mariage de Me Bernard FERRIER Conseiller du Roi et son Lieutenant en la Maîtrise des Eaux et Forêts de Comminges fils de feu Me Jean FERRIER aussi Conseiller du Roi et Lieutenant au siège de ladite Maîtrise, et de Dlle Jeanne de LA HAILLE... et Dominiquette Jeanne Baptiste Raymonde de SEDE fille de Clément Julien de SEDE seigneur et Baron de Liéoux et de Marie Gabrielle de BECCARIE de PAVIE FOURQUEVAUX nos paroissiens... l'époux agé d'environ 26 ans et l'épouse de 19 ans...

2.-16 juin 1740:
Naissance et Baptême de Jean Marc Antoine FERRIER fils de Me Bernard FERRIER... et de Dominiquette Jeanne Baptiste Raymonde de SEDE mariés... Parrain Sieur Marc Antoine FERRIER, Marraine Jeanne LA HAILLE, oncle et ayeule du baptisé...

3.-4 juillet 1741:
Baptême de Gabriel Edouard FERRIER fils de Me Bernard FERRIER... et de Dominiquette... de SEDE... Parrain Edouard FERRIER bourgeois frère du pere. Marraine dame Marie Gabrielle de PAVIE de FOURQUEVAUX mère de ladite de SEDE...

4.-28 août 1742:
Naissance et Baptême de DLLe Imberte FERRIER fille de Me Bernard FERRIER... et de Dominiquette... de SEDE... Marraine sans parrain Dlle Imberte FERRIER grande tante de la baptisée...

5.-4 janvier 1744:
Naissance et Baptême de Dlle Louise Marie Joseph FERRIER fille de Me Bernard FERRIER Avocat en Parlament Lieutenant en la Maîtrise de Comenge et Consul regent et de dame Dominiquete de SEDE mariés... Parrain Sieur Joseph FERRIER. Marraine Dlle Louise de SEDE qui ont signé...

6.-17 mars 1745:
Baptême de Dlle Anne FERRIER fille de Me Bernard Conseiller du roy... et Consul regent et de dame Dominiquete de SEDE maries née le 14... Parrain sans marraine Monsieur Jean DUCOS de LA HAILLE ecuyer qui a signé...

7.-3 octobre 1745:
Sépulture, aux Dominicains, de Messire Clement Julien de SEDE Baron de Lieoux, mort le 2e d'octobre, dans sa 53e année...

8.-23 août 1746:
Baptême de Dlle Marie Jeanne FERRIER fille de Me Bernard... et de dame Dominiquette de SEDE née le 22... Marraine sans parrain Jeanne DUCOS de LA HAILLE...

9.-11 avril 1747:
Sépulture de Dlle Jeanne DUCOS de LA HAILLE veuve de Mre FERRIER âgée de 67 ans...

10.-7 septembre 1748:
Baptême de Dominiquette Thérèse FERRIER fille de Joseph, Bourgeois, et de Marie Josephe Charlote de SEDE mariés... Parrain Sieur Edouard FERRIER bourgeois. Marraine dame Dominiquette de SEDE veuve de Me Bernard FERRIER Lieutenant en la Maîtrise des Eaux et Forêts de Comminges...

11.-20 octobre 1749:
Baptême de Catherine Claire FERRIER fille de Mr Joseph FERRIER et de dame Josephe de SEDE mariés... tenue sur les fonds par Dlle Louise de SEDE soussignée au nom de dame Catherine Claire de SEDE epouse de Messire d'ENCAUSSE d'icy absente...

12.-26 août 1751:
Sieur Dominique Marcelling FONTANES fils de Sieur Pierre Marcellin FONTANES Inspecteur des manufactures et de dame Jeanne Baptiste Raymonde Dominiquete de SEDE mariés est ne et baptise le vingt six aout l'an que dessus parrain sans marraine Dominique ANE pauvre natif de la parroisse et habitent de la ville de Valentine qui requis de signer a dit ne savoir en foy de ce.

13.-3 avril 1753:
Sépulture de Dlle Catherine FERRIER agée d'environ 2 ans...

14.-3 janvier 1754:
Messire Gaudens Sabin Pierre Antoine de SEDE seigneur Baron de Lieoux est mort age d'environ vingt huit ans le trois de janvier de l'an 1754 et enterré aux Dominicains presens a sa sepultures Henry GARSAU et Michel MARTIN brassiers qui n'ont sceu signer requis en foy de ce.

...

Registres Paroissiaux de Liéoux - 4 E 111 - 1744, 1759-1792

- 1744, 1759-1762: néant.

15.-27 décembre 1763:
Baptême de Jean Julien Gabriel Marie Catherine de SEDE fils legitime et naturel de Messire Julien Baron et seigneur de Lieoux et de dame (blanc) de FOUDOUAS mariés, né le 26... Parrain Messire de FOUDOUAS habitant de Saint-Gaudens, marraine dame FERRIE de SEDE aussi habitante de Saint-Gaudens signés...

16.-7 mai 1765:
Naissance et Baptême de Jeane Baptiste Raymonde Catherine Claire de SEDE fille legitime et naturelle de Messire Julien de SEDE seigneur de Lieoux, et de Dame (blanc) de FAUDOUAS mariés... Parrain indiqué et absent, Messire Jean Baptiste Raymond de FOURQUEVAUX ecclesiastique, marraine qui a tenu l'enfant Dame Catherine Claire de SEDE veuve

323

de Messire d'ENCAUSSE...

17.-26 août 1774:
Baptême de Mademoiselle Jeanne Gabrielle Juliene Louise de SEDE fille legitime et naturelle de Messire Clement Jean Pierre et de dame Antoinette de FAUDOUAS mariés, née le 25... Parrain Jean Gabriel Clement Catherine de SEDE habitant de Lieoux. Marraine Dlle Jeanne de FAUDOUAS habitante de la ville de Saint Gaudens signés...

18.-12 janvier 1776:
Baptême de noble Jean Pierre Angelique Theodose de SEDE fils legitime et naturel de Messire Clement Jean Pierre seigneur Baron de Lieoux et de dame Antoinette FAUDOUAS mariés né le 11... Parrain Messire Jean Pierre d'ARGELES de SAUX chevalier de l'Ordre Royal et Militaire de Saint-Louis seigneur de Sainte Foymajor au regiment des Grenadiers royaux de la Guienne, marraine dame Angelique de FAUDOUAS d'ARGELES signés...

19.-5 janvier 1777:
Baptême de noble Jean Jacques Marie de SEDE fils legitime et naturel... (des mêmes) né le 3... Parrain indiqué M. Jaques de BELLOC Conseiller du roy et garde marteau en la Maîtrise de Eaux et Forêts de Cominge. Marraine indiquée dame Jeanne Marie Rose de LANDURIE epouse de M. de FAUDOUAS signés avec nous (sic) tenu sur le fons par Messire Jean Pierre Catherine Julien son frere et Mademoiselle Marie Ignace sa soeur signés (sic).
(Ne figure au bas de l'acte que la signature du vicaire!)

20.-2 mars 1777:
Sépulture de Jean Jacques Marie de SEDE agé de 2 mois...

21.-26 mars 1778:
Baptême de noble Jean Paul Marie de SEDE fils de même... né le 25... Parrain indiqué Messire Jean Paul de SEDE seigneur Baron de La Tour Blanque marraine indiquée dame Marie de LATOUR de SEDE au diocèse de Lombès, tenu sur le fons par Messire Jean Gabriel Clement Catherine de SEDE son frere et par Mlle Ignace de SEDE sa soeur signér...

22.-22 avril 1783:
Baptême de Dlle Jeanne Françoise Marie de SEDE fille des mêmes... née le 21... Parrain Jean François MARZAC natif du Périgor et habitant de

l'Amerique. Marraine indiquée dame Marie FERRIE de MARZAC absente...

de MARZAC...

23.-22 octobre 1786:
Sépulture de Messire Jean Clement de SEDE Baron et seigneur de Lieoux, epoux de Marie Toinette de FODOAS, agé d'environ 55 ans...

24.-9 février 1790:
Mariage de Jean FAGE... et Jeanne MESTROT... témoins Messire Jean Julien Marie Catherine de SEDE seigneur Baron de Lieoux signé...

Registres de Jean Adéma Notaire de Saint-Gaudens
3 E 24941 - 1749-1750

25.-7 mars 1749:
Les Sieurs Edouard, Marc-Antoine et Joseph FERRIER freres germains habitants de la ville de Saint-Gaudens cohéritiers de feu Me Jean FERRIER leur pere commun vendent une metairie... sous réserve de faire ratifier par la dame FERRIER leur belle soeur...

26.-11 mars:
Dlle Louise Hélène Julie de SEDE majeure de 25 ans subroge le Sieur Joseph FERRIER son beau frère en tous les droits du chef de son defunt père... moyennant la somme de 1 000 livres. Elle a déja reçu 800 livres de son dit beau frère. Les 200 livres restantes seront payables lorsqu'elle prendra l'habit de religieuse ce qu'elle doit faire incessamment...

3 E 24942 - 1750-1751

27.-18 août 1750:
Le Sieur Joseph FERRIER subrogé à la place de Dlle Julie de SEDE sa belle-soeur, et dame Josephe de SEDE son épouse... après avoir entendu lecture de l'acte de vente d'une metairie, le 5e du courant, par dame Marie

Gabrielle de PAVIE de FOURQUEVAUX habitant au château de Lieoux veuve de Messire Clement Julien de SEDE seigneur Baron de Lioux Saux et autres places... ratifie...

28.-26 octobre 1750:
Testament de dame Therese de BELLOC épouse de noble Jean de FAUDOUAS Sieur de Fontalède, dont elle a cinq enfants: Jean-Gabriel, Jean-Bertrand, Angélique, Toinette, et Jeanneton...

29.-8 novembre 1750:
Gaudens de SEDE fils ainé de feu Messire Clément Julien de SEDE Seigneur de Lioux Baron de Saux agissant pour le Sieur Clément de SEDE, dame Dominiquette SEDE de FONTANES et Dlle Louise de SEDE frere et soeurs approuve la vente d'une métairie...

3 E 24943 - 1751-1752

30.-13 mars 1751:
- Dame Dominiquette de SEDE, assistée de Pierre Marcellin FONTANES son mari Inspecteur des Manufactures royales au département de Guyenne, ladite dame agissant en qualité de mere tutrice de ses enfants et de feu Bernard FERRIER son premier mari;
- dame Marie de PAVIE de FOURQUEVAUX veuve de Sieur Clement Julien de SEDE agissant comme créanciere privilégiée sur ladite terre (de Lieoux) faisant pour le Sieur Pierre-Clément et Dlle Louise de SEDE ses enfants;
- Le Sieur Gaudens Savin de SEDE en qualité d'héritier de dame Dominiquette de SEDE sa grand mere;
- le Sieur Joseph FERRIER comme créancier suur ladite terre de Lieoux;
- dame Marie Josephe de SEDE épouse du Sieur Joseph FERRIER de son chef propre en qualité de cohéritière de son deffunt pere;
pour éviter un procès que le Sieur Joseph FERRIER etait sur le point d'intenter pour 6 950 livres échues a son lot de partage avec ses frères et dues par la succession dudit feu Sieur de SEDE audit feu Me Bernard FERRIER... En representation de ces 6 950 livres ledit Sieur Joseph FERRIER jouissait du revenu de la métairie d'Auné, qui appartient au Sieur Gaudens de SEDE comme héritier de sa grand mere, dont il est actuel possesseur. Dorénavant Joseph FERRIER jouira en titre de faculté de rachat, en representation de ladite somme, des metairies appelées Saint Martin et Lespitau, a Saux et Lieoux dépendantes de la succession de Clement Julien

de SEDE...
Et attendu que ladite dame Dominiquette de SEDE de FONTANES est créancière du chef de sa grand mere de la somme de 5 000 liv. sur le moulin d'Auné, et que la succession dudit Me Bernard FERRIER doit a Me Edouard FERRIER son beau frère la somme de 1 200 livres... et que ladite dame de FONTANES a payé au Sieur de MONTEGUT 773 livres 1 sol et qu'elle a payé à M. GERARD Receveur du Pays de Nebouzan 354 livres pour le 1/1 Oe dudit moulin; qu'il est du encore par la même succession a Dlle Imberte sa fille comme héritière de feue Dlle Imberte de FERRIER sa tante 3 363 livres, toutes lesdites sommes revenant a 12 490 livres 1 sol, il s'est trouvé que ladite dame Dominiquette de FONTANES demeure créanciere sur la succession de son defunt mari pour la susdite somme de 12 490 livres 1 sol... déclarant qu'elle ne prend la tutelle de ses enfants qu'a la prière desdits Sieurs Edouard et Joseph FERRIER oncles desdits enfants...

31.-15 mars 1751:
Michel MALE meunier se constitue débiteur en faveur de Dame Dominiquete de SEDE... de 500 livres arrérages du prix de l'afferme du moulin d'Auné... depuis 1749...

32.-19 mars:
Me Edouard FERRIER avocat en Parlement et dame Dominiquette de SEDE épouse FONTANES... suivant l'accord du 13 mars... il est dû 1 200 livres audit FERRIER. Elle lui verse 600 livres; il cède les autres 600 livres aux Dlles Imberte Louise et Anne FERRIER et ce pour des raisons d'équité et de justice et surabondament par amitié...

33.-22 mars:
Dame Marie Gabrielle de PAVIE de FOURQUEVAUX veuve de Messire Clement Julien de SEDE... créancière privilégiée pour ses cas dotaux sur la terre de Lieoux:
et le Sieur Gaudens Savin de SEDE son fils créancier sur la même terre pour des droits considérables...
ont vendu... la metairie... dite Lagrange en la juridiction de Saux, plus un pré appelé du moulin a Lieoux... pour 4 400 l. ...
La dame de SEDE remet a son fils 3 000 livres; il déclare vouloir employer ladite somme a la poursuite du procès qu'il a pendant au Parlement de Toulouse contre M. Fabien son oncle...

34.-6 avril 1751:
Ouverture, demandée par Marc Antoine FERRIER avocat en Parlement en présence de Joseph FERRIER son frère, du testament du:

- 28 septembre 1745:
...dans sa maison d'habitation a Saint-Gaudens Imberthe FERRIER fille a feu Me Guillaume Conseiller du Roi et Lieutenant de la Maîtrise des Eaux et Forêts du Comminges fait son testament...
- Sépulture au cloître de l'église paroissiale au tombeau de ses ancêtres...
- honneurs funèbres à la prudence de Me Bernard FERRIER son neveu Lieutenant en ladite Maîtrise...
- Lèque à Bernard FERRIER... 900 livres et elle le quitte des arrérages de la pension a elle léquée par son frère l'archidiacre par son testament;
- à Edouard, Marc-Antoine, et Joseph FERRIER ses trois neveux cadets, 30 livres à chacun...
- ...
- Héritière universelle: Imberte FERRIER sa filleule et petite nièce fille de Me Bernard FERRIER...

J. Villain. La France Moderne: BECCARIE de PAVIE de FOURQUEVAUX (extrait)

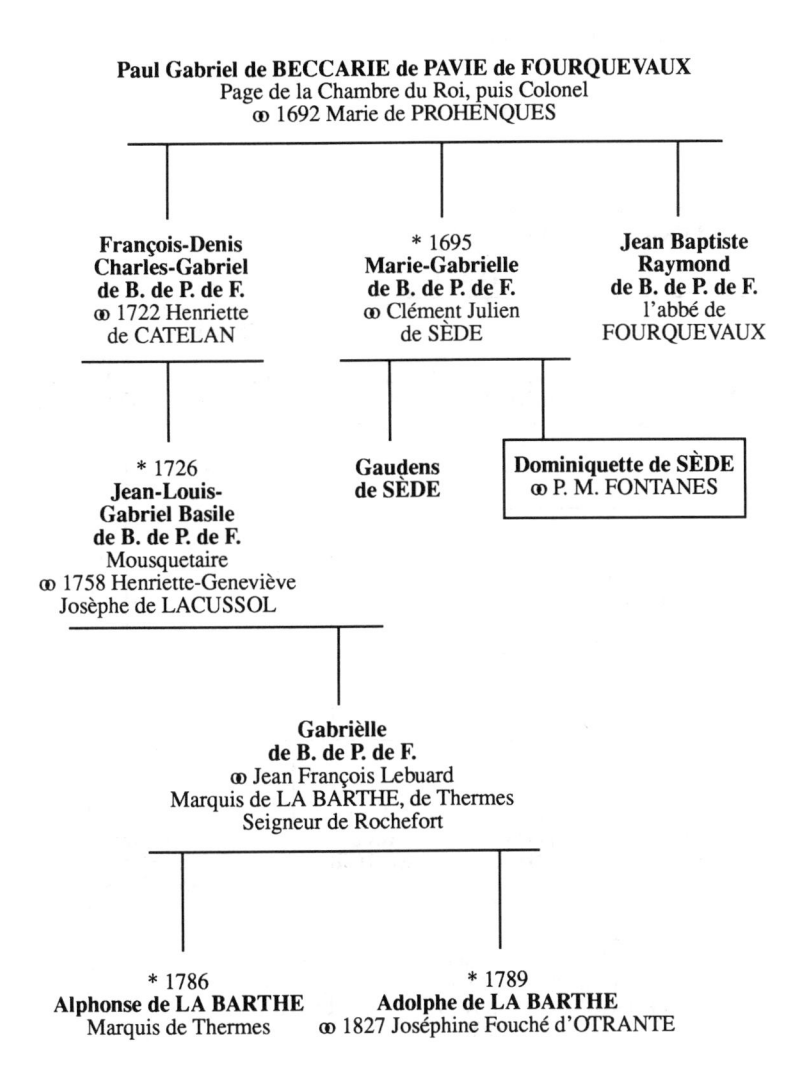

Paul Gabriel de BECCARIE de PAVIE de FOURQUEVAUX
Page de la Chambre du Roi, puis Colonel
∞ 1692 Marie de PROHENQUES

François-Denis Charles-Gabriel de B. de P. de F.
∞ 1722 Henriette de CATELAN

* 1695
Marie-Gabrielle de B. de P. de F.
∞ Clément Julien de SÈDE

Jean Baptiste Raymond de B. de P. de F.
l'abbé de FOURQUEVAUX

---

* 1726
Jean-Louis-Gabriel Basile de B. de P. de F.
Mousquetaire
∞ 1758 Henriette-Geneviève Josèphe de LACUSSOL

Gaudens de SÈDE

Dominiquette de SÈDE
∞ P. M. FONTANES

Gabrièlle de B. de P. de F.
∞ Jean François Lebuard
Marquis de LA BARTHE, de Thermes
Seigneur de Rochefort

---

* 1786
Alphonse de LA BARTHE
Marquis de Thermes

* 1789
Adolphe de LA BARTHE
∞ 1827 Joséphine Fouché d'OTRANTE

Famille FERRIER de Saint Gaudens
Relation avec les FONTANES
(tableau partiel)

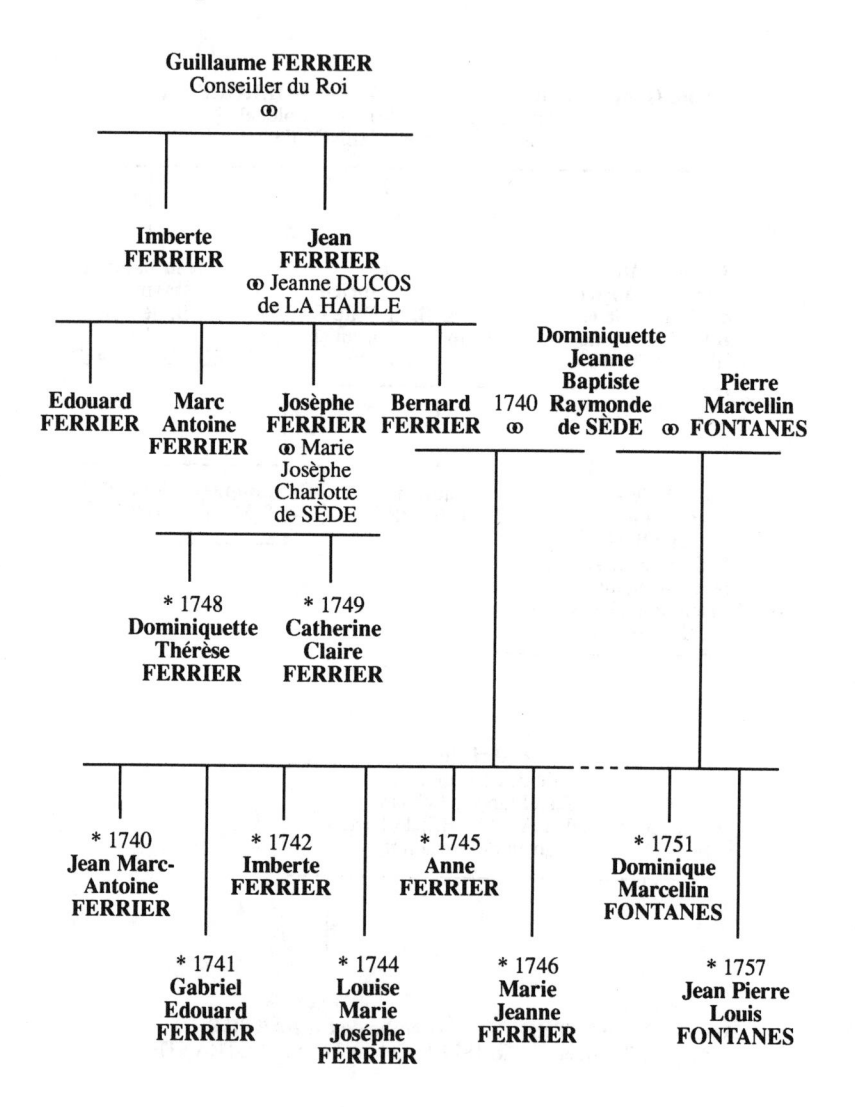

Guillaume FERRIER
Conseiller du Roi
∞

- **Imberte FERRIER**
- **Jean FERRIER** ∞ Jeanne DUCOS de LA HAILLE
  - **Edouard FERRIER**
  - **Marc Antoine FERRIER**
  - **Josèphe FERRIER** ∞ Marie Josèphe Charlotte de SÈDE
    - *1748 **Dominiquette Thérèse FERRIER**
    - *1749 **Catherine Claire FERRIER**
  - **Bernard FERRIER** ∞ 1740 **Dominiquette Jeanne Baptiste Raymonde de SÈDE** ∞ **Pierre Marcellin FONTANES**
    - *1740 **Jean Marc-Antoine FERRIER**
    - *1741 **Gabriel Edouard FERRIER**
    - *1742 **Imberte FERRIER**
    - *1744 **Louise Marie Josèphe FERRIER**
    - *1745 **Anne FERRIER**
    - *1746 **Marie Jeanne FERRIER**
    - *1751 **Dominique Marcellin FONTANES**
    - *1757 **Jean Pierre Louis FONTANES**

Famille de SÈDE
Seigneurs de Liéoux
XVIIIme Siècle
Schèma Provisoire

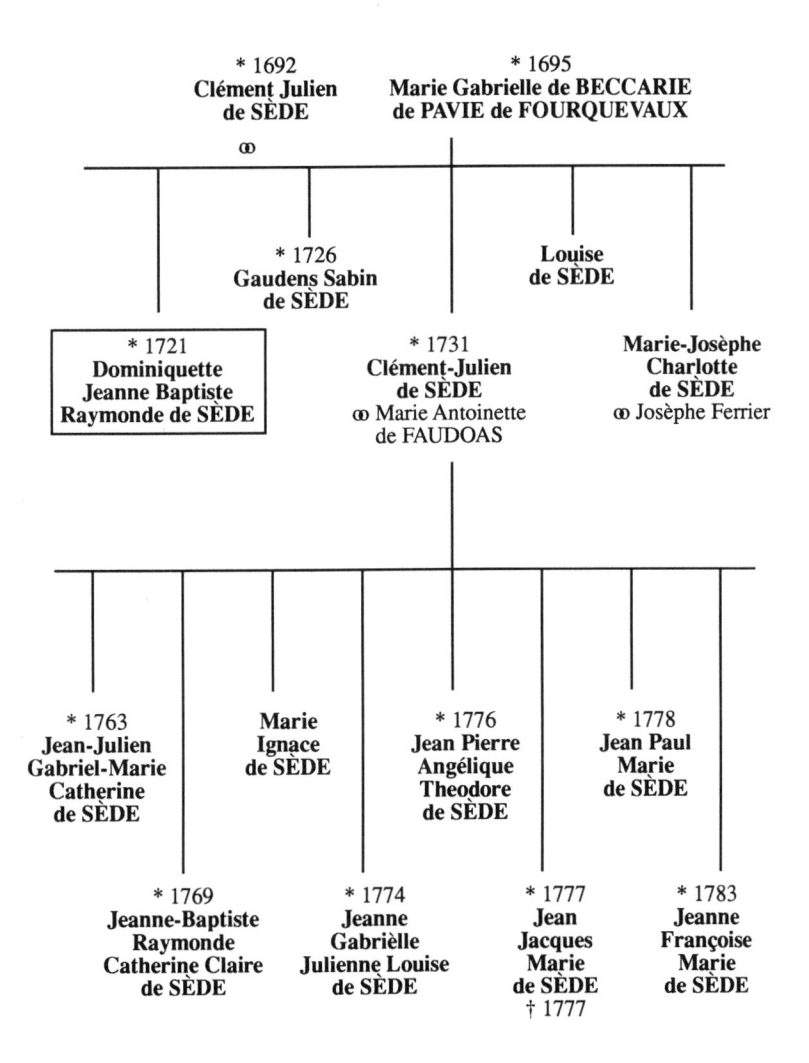

```
        * 1692                    * 1695
   Clément Julien        Marie Gabrielle de BECCARIE
      de SÈDE             de PAVIE de FOURQUEVAUX
         ∞                           │
         └───────────────┬───────────┴───────────────┐
                         │                           │
                      * 1726                      Louise
                  Gaudens Sabin                  de SÈDE
                     de SÈDE
    * 1721              * 1731                Marie-Josèphe
  Dominiquette     Clément-Julien                Charlotte
 Jeanne Baptiste       de SÈDE                    de SÈDE
Raymonde de SÈDE  ∞ Marie Antoinette        ∞ Josèphe Ferrier
                     de FAUDOAS
                         │
    ┌────────────┬───────┴────────┬────────────┐
 * 1763        Marie           * 1776        * 1778
Jean-Julien   Ignace         Jean Pierre    Jean Paul
Gabriel-Marie de SÈDE         Angélique       Marie
 Catherine                    Theodore       de SÈDE
 de SÈDE                       de SÈDE
    │             │               │             │
  * 1769        * 1774         * 1777         * 1783
Jeanne-Baptiste Jeanne          Jean          Jeanne
  Raymonde     Gabrièlle       Jacques       Françoise
Catherine Claire Julienne Louise  Marie         Marie
  de SÈDE       de SÈDE         de SÈDE       de SÈDE
                                † 1777
```

331

Echange de lettres entre l'Académie de La Rochelle et la famille Fontanes. Quelques pièces fugitives de Marcellin et de Louis de Fontanes, envoyées à l'Académie

Lettres de Fontanes père à Pierre Henri Seignette
fol. 109   5 janvier 1771, copie jointe
fol. 111   concerne deux furets qu'il a envoyés à son correspondant
fol. 113   Fontanes félicite Seignette de sa guérison et lui communique une lettre de l'Intendant de Poitou.
fol. 115   23 avril 1772, copie jointe
fol. 117   4 janvier 1773. Fontanes a perdu son fils aîné. Il remercie des temoignages de sympathie qui viennent adoucir sa douleur.
"Je tourne mes yeux vers le seul objet de consolation qui me reste, je veux dire le fils que le sort ma laissé. Il est bien sensible aux éloges dont vous l'honnorez, il tachera de sen rendre digne en suivant les traces du frere et de l'ami qu'il a perdu, il ne croira cependant les meriter qu'autant qu'il vera se reunir en sa faveur les suffrages de l'accademie et cetoit en mourant un des voeux de son (un mot rayé) tendre frère."

Lettres de Fontanes fils aîné
fol. 119   23 janvier 1771, probablement à Seignette. Remerciements à l'académie
fol. 121   20 mars 1771, Remercie l'académie d'avoir envoyé ses deux pièces à Voltaire (cf. note de Delayant). En remerciement il adresse une épitaphe en français et en latin sur la mort du meréchal de Senectere. Sera à La Rochelle le 10 avril. "Mon frere a déjà préparé une pièce qu'il se propose de soumettre à votre jugement et j'en travaille maintenant une dans la même intention".
fol. 123   18 juin 1771. A Seignette. Copie jointe
fol. 125   (s.d.) A Seignette. Renouvelle remerciements à l'académie, ainsi que la demande de son père au sujet de la réponse qu'il doit faire à l'intendant de Poitou.
fol. 127   4 may 1772. Débute ainsi
"Monsieur
Mon frère est trop jaloux de l'honneur d'un corps ou il désirera

toujours d'être admis pour ne pas applaudir au refus de l'académie. D'ailleurs il est si flatté que vous ayés approuvé son ouvrage qu'il n'a pas le courage d'être fâché. Le défaut que vous avés remarqué dans son idylle ne luy était pas inconnu. Il se propose de le corriger. Il compte vous apporter une copie de ses premiers ouvrages avec des changemens considérables. Si vous avez remarqué un defaut dans la pièce de mon frère ce sera bien autre chose dans l'ode que je vous envoye (...).

Suit le plan de l'ode, qu'il va travailler à corriger. Ne pourra terminer à temps. "Mon ode sur les arts sera mon passeport de cette année (...) Vous vous appercevrés que la plupart des vers que je marque ne sont que des remplissages. J'avais commencé mon ouvrage trop tard ainsy que mon frere".

fol. 129-133   Ode à la mer que je voyais pour la premiere fois (Titre de départ: "Ode seconde addressée a la mer que je voyois alors pour la premiere fois".)

Lettres de Fontantes fils cadet
fol. 135   12 juin 1771. Copie jointe
fol. 137   10 juillet 1771. Copie jointe
fol. 139 et 144 "Epitre à un ami sur la solitude". Copie jointe.
fol. 140 à 143 "Les déserts, poëme". Copie jointe.

FONTANES fils ainé
Dominique Marcelin, 1752-1772
membre associé de l'Academie de La Rochelle

Mr de Fontanes dans une ode à la fontaine du Vivier, écrite en 1815, a consacré la mémoire d'un frère qui l'avait encouragé de ses exemples et de ses conseils dans les débuts de sa carrière poétique.

Ce frère mort à vingt ans le 17 novembre 1772 était né en 1752, probablement à Saint-Gaudens. M. de Fontanes père etait en correspondance avec M. Seignette secrétaire de l'académie pour des recherches d'histoire naturelle. Il lui envoya les essais de son fils ainé, et ce jeune homme fût nommé le 5 décembre 1770 associé à l'Academie. Apres avoir adressé par écrit de tres vifs remerciements, il vint à La Rochelle le 20 fèvrier, y lut un remerciement en vers et des vers à Voltaire sur la statue qu'on venait de lui élever. L'académie voulut bien lui servir d'intermédiaire pour faire parvenir oes vers à Voltaire, dont les remerciements enivrèrent de joie le jeune poète.

Il lut successivement aux séances publiques de l'académie le 17 avril 1771 une épitre d'un viellard à un jeune homme qui ne veut rien faire pour la société; le 30 mai 1772 une ode sur les arts.

Ces pièces ne sont pas aux archives; mais on y trouve, outre quelques lettres, une épitaphe de M. de Senecterre, en vers latins et en vers français, une ode à la mer, celle probablement qui avait été lue en 1770. Le plan n'en paraît pas heureur ni les pensées justos; mais on y trouve, je crois, du nombre et un certain mouvement poetique.

Ces débuts pouvaint motiver des esperances et ajouter aux regrets que causa cette mort prématurée H. Lafaille en parlait ainsi en novembre 1770, en écrivant à Mr Raoult. "C'est un sujet précoce chez qui la nature a tout fait... il a commencé à douze ans par une tragédie que je ne connais pas, mais qui est rempplie, m'a-t-on dit, de grandes beautés... la poésie n'est pas son genre unique; il étudie actuellement les langues orientales et se delasse avec les mathématiques qu'il apprend sans maître. Il travaille dix heures par jour".

Mss. 356, fol. 428

Ms. 784, fol. 109

Monsieur,

Mon fils garde le lit depuis environ dix jours. Sa maladie paroit occasionnée par un excès d'étude. Il s'y est livré, jour et nuit, depuis sa nomination pour présenter à l'academie quelque ouvrage aussy digne d'elle qu'il sera capable de le faire. Son principal chagrin est de voir retarder le jour ou il se trouvera parmi les dignes membres qui la compose (sic) de leur montrer sa joye et son désir de devenir digne de l'honneur qu'il luy ont fait; ne pouvet vous remercier luy meme du soin que vous avez bien voulu prendre de luy envoyer ses lettres; il ma charge de le faire; souffrés Monsieur que je m'acquitte pour tous deux de ce devoir et permettés que nos voeux pour vous, pour M. de la Faille et M. Arcère satisfasse autant qu'il est en nous, jusqu'à ce jour, à notre reconnoissance. J'espère que vous voudrés bien nous fournir un nouveau motif de gratitude en nous aprenant quel ouvrage il conviendroit le mieux de mettre dans la Bibliothèque de l'académie. J'ay veu dans les status qu'il faloit offrir quelques livres en entrant, et que M. Le Secrétaire devoit etre consulté sur le choix; comme je crains que ceux que vous indiquerés ou M. de Lafaille ne se trouvet pas ici ou a la Rochelle, qu'il faudra les faire venir de Paris, je vous seray bien obligé de m'en avertir le plutôt possible pour que nous ayons le tems de satisfaire à cette obligation; J'espère que vous voudrez bien continuer d'honnorer mon fils de votre bonté et me faire la grace de me croire avec respect.

  Monsieur   Votre tres humble et tres
A Niort le 5 Jer 1771   obeissant serviteur

               Fontanes

Mon fils est bien sensible aux obligeantes et utiles lettres dont lont honnoré Mr delafaille et Mr Arcere. S'il etoit en etat d'ecrire, il y feroit reponse.

Ms. 784, fol. 135

Monsieur

Si l'acceuil que vous, et vos illustres confrères ont fait a mes premiers essais, n'a pas augmenté en moi le desir de meriter les suffrages de l'academie, il m'a imposé le devoir de m'en rendre digne: mais je ne le puis, que par ses conseils. permettés que je les lui demande pour l'ouvrage que j'ai l'honneur de lui adresser:
Dans les precedents j'étais soutenu par les pensées d'un des plus grands poëtes de nos jours. celui-ci est tout de moi. quel motif de méfiance! pour en excuser les défauts je n'alleguerai cependant pas mon age. quand comme moi on consulte ses maitres pour profiter de leurs avis, c'est leurs lecons, et non leur indulgence qu'on doit ambitionner.
Je suis avec un profond respect

<table>
<tr><td>Monsieur
à Niort le 12 juin 1771</td><td>Votre très humble et très
obeissant serviteur</td></tr>
<tr><td></td><td>Fontanes fils cadet.</td></tr>
</table>

Mon cher pere et mon frere ont l'honneur de vous presenter leurs respects, a leur premier voyage à la Rochelle j'aurai celui de vous envoyer une nouvelle copie de mes premieres productions ou j'ai fait des changements.

Ms. 784, fol. 123

Monsieur

Je ne pouvais douter du succès de mon ouvrage, puisque le sort en etoit remis entre vos mains. J'avouë que les éloges que me donne Mr de Voltaire ménorgeuillissent a tel point que je puis me résoudre a les tenir cachés. ma vanité, tranchons ce mot, sollicite de l'académie qu'elle ajoute à sa première faveur, celle d'envoyer mes deux épitres, soutenües de votre lettre et de la reponse de Mr de Voltaire, au journal enciclopédique et au mercure; je sens que je me charge d'une nouvelle dette envers lacadémie et envers vous mais je pense qu'on ne peut craindre de devoir a ceux qu'on estime et qu'on aime. repondés moy du bienfait je vous repons de la reconnaissance. Mon coeur vous payera toujours l'interêt de la dette. Si j'osais vous demander la même grace pour mon frere que pour moy, et que je l'obtinsse elle serait pout tous deux un motif plus préssant de nous en rendre digne.
Vos éloges le touchent autant quils le flatent; et la lettre que vous luy annoncés mettra le sceau a tout ce que vous avès déjà fait pour luy et aux sentiments que lui inspirent les bontés de l'académie. recevés en l'assurance vous et mes chers confreres. mon cher père vous prie d'agreer les siens.
Je suis avec une estime respectueuse

  Monsieur   Votre très humble et très
                     obéissant serviteur

                      fontanes fils

Je ne parle pas du dernier ouvrage que
mon frere vous a fait passer peut être le
destinés vous a un autre usage

A Niort le 18 juin 1771

mon frère me fait observer qu'il a quelques corrections a faire a ces ouvrages, ainsy la grace que je vous demande ne regarde que mes deux épîtres à Mr de Voltaire.

Ms. 784, fol. 137-138

Monsieur
J'ai recu avec la plus vive reconnoissance, vos conseils et vos reflexions sur mon ouvrage. elles sont aussi justes, que sensées. je tombe d'accord avec vous de mes fautes. tout le remede que j'y apporterai, ce sera de me corriger. Cependant, Monsieur, (s'il est permis a un disciple de se justifier contre son maitre) j'userai, malgré mon tort, de cette permission. on aime toujours à s'excuser; ce defaut est commun à tous les hommes, et surtout aux poëtes.
Je promene pensif mon ame solitaire. il est vrai, comme vous le remarqués, que l'on ne dit pas promener son ame, mais l'image doit passer avant tout: pourquoi n'introduiroit on pas des expressions hardies et energiques, dans notre langue, comme le dit l'auteur du Comte de Comminge? des personnes du plus grand gout voulant lui faire oter *j'ai donc brisé mon coeur* expression male et poetique, j'aime mieux leurs repondit il, pecher contre la langue que contre la poesie. Du *vaste sein des mers* je ne suis point je l'avoue, sur une cote orientale, mais j'ai la manie de faire des vers, et par consequent le droit de me transporter à l'orient, à l'occident, dans les cieux, sur les mers; enfin comme poëte je vois ce qui existe, comme ce qui n'existe pas. J'appercois des vagues qui s'elevent jusques aux nues pendant que les autres un peu moins fous que moi les voÿent tout au plus monter à trente piés de haut.
T'enfoncer en toi même. Corneille a dit *descendre en soi-même* je demande laquelle de ces deux expressions est la plus hazardée?
Du sein de ton paris on peut y remedier facilement en disent *du milieu de paris que vois-je? quel spectacle à mes yeux se presente?*
je contemple immobile... O surprise étonnante!
il faut
que vois-je? quel spectacle à mes yeux se deploie?
je contemple immobile et palpitant de joie...
Receves Monsieur les remarques d'un disciple qui cherche moins à lutter contre son maitre, qu'à s'instruire avec lui.
Je suis avec un profond respect

| Monsieur | Votre très humble et très |
| A Niort le 10 juillet 1771 | obeissant serviteur |

fontanes désapenes fils

Mon cher père se charge de vous assurer luy même de vive voix de ses sentiments et des miens. J'espere lorsque jauray l'honneur de vous répondre joindre à ma lettre une nouvelle pièce.
fontanes fils ainé

Ms. 784, fol. 115.
Lettre de Fontanes père à Pierre-Henri Seignette (1735-1808)

Monsieur,

Voicy l'ouvrage de mon fils le Cadet qui a eu quinze ans le six du dernier mois de mars, si vous et vos illustres confrères le trouvés digne d'etre lu par son ainé, a la prochaine assemblée publique de votre academie, l'auteur verra ses voeux exaucés, et sa reconnoissance sera egale au respect dont il est penetre pour elle; je ne dois pas oublier qu'il vous prie e le luy renvoyer promptement, avec les observations quon y aura fait, suposé qu'il y en ait quelqu'une qui exige des changements afin qu'il aye le tems d'y travailler.

Nous esperons que vôtre assemblée publique sera renvoyée de huit jours, en sorte quelle n'aura lieu que le 13 may, comme vous nous en avés flatté; sans cette faveur mon fils ne sauroit s'y trouver a cause de notre foire qui sera du 6 au 10 du prochain.

Je vous remercie et M Brevet de la notice sur le marbre de notre province, mais j'avois depuis long tems un memoire sur cette carriere. C'est des details sur les fossiles en général, les minéraux, les fontaines, les animaux, surtout les oiseaux et les insectes, qu'il auroit falu sur tout cela. Je ne croirois pas pouvoir mieux m'addresser qu'a Messieurs de l'académie des Sciences de la Rochelle, surtout étant question de leur province et de celle qui y touche; Je ne saurois me résoudre a desesperer d'en obtenir des secours, enfin de terminer mon memoire sans qu'il y soit question de cette academie pour quelque morceau interessant; j'attendrai en conséquence tout le mois prochain a satisfaire M l'Intendant de Poitou.

J'ay l'honneur d'etre respectueusement

Monsieur	Votre tres humble et tres
a Niort le 23 avril 1772	obeissant serviteur

Fontanes

Voudriés vous bien me permettre de saluer ici toute la maison de M de Richemont que je sai que vous voyés souvent et de demander à M de Richemont le fils, si la terre végétative dont je luy ay entendu parler peut s'employer au pretemts (printemps ?) pour du froment combien elle se vent, enfin si l'on a eu du succés dans quelque esperience faitte avec cette terre.

Le fol. 116 v° porte l'adresse
  A Monsieur
Monsieur Seignette
Secretaire perpetuel de l'academie
des Belles lettres et maire a la Rochelle

Ms. 784, fol. 139 et 144

Epitre a un amy sur la solitude

   Amy loin du bruit de la ville,
Du sein de ton paris accours vers nos hameaux;
Viens: déjà la treille docile
De ses pampres naissants couronne nos berceaux,
   et dans mon solitaire azile
Elle étend mollement ses flexibles rameaux.
Du bonheur avec moy viens faire ton etude,
gouter dans tes heureux loisirs
les douceurs de ma solitude;
la je sais borner mes désirs,
Sans souci, sans inquietude,
Tous mes jours sont filés par la main des plaisirs
Nonchalamment couché sur la mousse legere
Je n'entends que le bruit d'un ruisseau bondissant
qui d'un roc escarpé descend en bouillonnant.
Sur des gasons fleuris, au bord d'une onde claire,
   ou dans des bois délicieux,
Je promène pensif mon ame solitaire:
quelque fois d'un oeuil curieux
De ces héros fameux et formés pour la guerre
je parcours les faits glorieux.
O vous tous nés pour la victoire!
Vous Brissac, et Condé, Dugesclin et Nemours, (sic)
Vous venés triomphans vous peindre à ma mémoire,
Et vos noms dans mon coeur se gravent pour toujours!
   O solitude enchanteresse!
Je sens à ton aspect un doux saisissement;
Je soupire: une tendre yvresse
S'empare malgré moy de mon coeur palpitant.
que des forêts l'horreur religieuse,
que leur vasté silence, et leur sombre beauté,
que leur majesté tenebreuse,
Impriment de respect à mon coeur enchanté!
c'est la qu'on rêve en liberté.
La Nouvel apollon semflame ton génie,
la tu prends ton luth enchanteur,

par tes accords divins, enfants de l'harmonie,
penetrant au fond de mon coeur
tu vas lui redonner la vie.
Saisi des sons mélodieux
qu'enfante ta lire docile,
suspendu, muet, immobile,
je n'entends que tes chants... tout s'enfuit a mes yeux
La j'ose mélever au maitre du tonnerre,
Je franchis d'un seul vol, cette terre ces cieux
D l'éternel à l'homme il n'est plus de barrière,
a mes regards errants dans des flots de lumiere
Brille son palais radieux.
amy la solitude est mon plus cher azile,
Elle me parle, elle m'instruit,
apeine je pensois resseré, dans la ville
ici mon ame s'agrandit
que vois je? quel spectacle a mes yeux se presente
je contempe immobile.... O surprise etonnante!...
S'élancant tout à coup du vaste sein des mers
quel est ce Dieu qui repands la lumiere?
qui fier commence sa carrier?
et comme un Roy puissant s'annonce à l'Univers
globe majestueux! je sens a ta presence
tressaillir mon coeur eperdu;
a cet aspect je reste confondu
est-ce toy qu'il faut que j'encense
astre brillant, parle est-ce toy?
Non tu n'as point de droits à ma reconnoissance
L'Eternel te crea pour moy.
Mais le jour fuit, la nuit s'avance,
Sur l'Univers s'incline mollement,
Reprends (sic) ses doux pavots et descend lentement,
la timide Phoebé l'accompagne en silence.
O Dieu quel tableau ravissant!
De l'astre des saisons la marche etincelante,
m'avoit frappé d'étonnement,
La Nuit dans sa pompe touchante
minspire un plus doux sentiment.
Ah! quand pourai-je avec celuy que j'aime
aubord de ces ruisseaux, sous ses bosquets heureux,
Voir, admirer le Dieu suprême,

Dans ces globes pressés raclants au haut des cieux?
Attendant que l'hiver ramene la froidure
ami vole vers moy, viens ne resiste plus,
Viens puiser l'amour des vertus
dans l'Ecole de la nature;
T'enfoncer en toy meme et mediter sur toy,
Sur l'homme et sur ton Dieu; là ton ame ravie
S'elancera vers lui sur l'aile du genie,
la tu pourras penser et t'instruire avec moy.
Et bientôt dans paris ta demeure cherie
tu viendras soulever le voile de l'erreur,
et repandant les dons de la philosophie,
ainsy que les vertus y porter le bonheur.

                                        fontanes fils cadet agé
                                        de quatorze ans

Ms. 784, fol. 140-143

Louis de Fontanes
Les deserts - poëme

L'homme qui parle est supposé. Ce n'est pas l'auteur. Ces sortes de suppositions sont d'usage dans la prose par conséquent dans la poësie.

tranquille, je goutais les charmes du repos.
tout a coup la discorde agite des flambeaux.
deja l'orage gronde, et la foudre est formée.
De mes fiers ennemis la rage est allumée.
ils épuisent sur moi les flots de leur fureur;
leur traits empoisonnés ont penetré mon coeur,
mes tyrans acharnés armés de mains du crime
dans le sein de la pais (?) poursuivent leur victime.
adieu, monde perfide adieu, je romps mes fers
adieu mon seul azile est au fond des deserts.
triomphons de la mort, surmontons l'épouvante.
de mes rivaux surpris je tromperais (sic) l'attente.
une terreur soudaine enchainera leurs pas.
Seul, pour les eviter j'affronte le trepas.
que pourra contre moi leur fureur ennemie?
je foule sous mes pieds les serpents de l'envie.
Ennemis orgueilleux je meprise vos traits!
Vos efforts sont trompés j'ai comblé mes souhaits,
je suis seul, je suis libre. O deserts effroïables
de l'horreur, du silence aziles redoutables
je ne vois que vous seuls, vous etes mon seul bien!
après la liberté le reste ne m'est rien.
elle regne en ces lieux: là la brute indocile
n'a jamais sous le joug ployé son front servile.
Je vois fuir devant moi le coursier orgueilleux:
Le frein n'arrête point son cours impetueux.
là, ces vastes jardins depouillés de verdure
ou l'art s'efforce en vain dégaler la nature
d'un eclat emprunté ne frappent point mes yeux.
flore n'y repands (sic) pas ses dons infructueux.
Je n'y vois point jaillir dans des canaux ressées
ces ondes de la terre avec force elancées
qui s'elevent aux cieux, et retombent soudain.

Je ne vois que des rois des abymes sans fin
des gouffres, des vallons, des montagnes, des plaines,
je mesure de l'oeil mes immenses domaines;
mon ame y plane au loin d'un vol audacieux.
quel silence, quel calme en ces sauvages lieux!
    Un bruit rempli d'horreur trouble le long silence.
je recule, reviens, je m'arrête, j'avance.
Dans les gouffres ouverts, des torrents vagabonds
d'un cours precipités roulent du haut des monts.
De long mugissements les antres retentissent.
Sur mon front palissant mes cheveux se hérissent.
bientôt je me rassure et brave le trepas:
un desir curieux precipite mes pas.
Sur le taureau fougeux (sic) qui s'echappe, et l'evite,
le tigre avec fureur bondit, se précipite.
Un peril renaissant partout s'offre a mes yeux:
ici, siffle et se traine un reptile odieux.
de steriles buissons la terre est herissée.
du cahos (sic) en cent lieux l'image est retraçée
partout régne l'effroi, la desolation,
le desordre, la mort, et la confusion
tout me parle d'horreur. Solitude profonde
tu m'opposes en vain aux prestiges du monde
un sol aride, inculte, et la mort, et l'effroi.
qu'importe? Je suis libre, et c'est assés pour moi.
je ne vois point tomber sous le glaive du crime
l'infortuné, des grands innocente victime.
Des rivaux contre moi ne lancent points leurs traits.
Si le lion affreux y vient troubler ma paix,
je le vois, je m'echappe a sa fureur avide
dans ce sentier couvert je fuis d'un pas rapide.
Le serpent ecaillé déroulant ses anneaux
s'elance t'il sur moi du sein de ses roseaux?
mon bras d'un trait soudain frappe sa tête altiere;
et son corps azuré roule dans la poussiere.
    Cependant je m'egare en ces sombres detours
que ne peut penetrer le dieu brulant des jours.
C'est là qu'un nouveau monde a mes yeux se presente.
j'avance. un chene antique offre a ma vue errante
des rameaux tortueux, un front defiguré,
je contemple de l'oeil son tronc demesuré;

o surprise! Le temps detruisant en silence
a deja de sa main creusé ce tronc immense.
je regarde, j'admire et je rends grace aux cieux.
toi qui touche les airs, chêne majestueux,
qui brave des autans la fureur inutile)
o toi (qui dans ton sein m'ouvres un sur azile)
qu'aurais je a craindre encor sous ton feuillage epais?
je suis roi, je suis maitre, et voici mon palais.
quand j'entendrais (sic) la foudre eclatant sur ma tête,
le cri des pins altiers courbés sous la tempête,
inebranlable alors meme au sein de l'horreur
tu cacheras mon front sous ta vaste épaisseur.
Deja tout s'obscurcit; l'astre de la lumiere
va par delà ces monts terminer sa carriere.
a travers les horreurs, les ombres de ces lieux
a peine j'appercois son globe radieux.
je vois un roc, j'y cours. me trainant avec peine
sur son sommet pierreux je gravis hors d'haleine.
je m'assieds sur mon trone, et mes regards errants
tombent sur les humains ces esclaves des grands.
toi lache courtisan, homme aveugle, et superbe,
qui crois toucher les cieux, et qui rampes sous l'herbe,
toi qui na guere encor me chercha des forfaits,
de mes foyers heureux voulus chasser la paix:
ose briser les noeuds qui t'attachent au monde,
viens, penetre, et franchis ma demeure profonde.
le Cerf saute et bondit dans ces lieux ecartés,
Cours, arrête a l'instant ses pas precipités.
le tigre impetueux le vois tu qui s'elance?
gravis sur ce rocher, et songe a ta defense;
descends, vole, suis moi, souleve ce fardeau.
a ton bras nonchalant péserait un fuseau,
entre les voluptés bercé par le mollesse
retourne dans les cours etaler ta faiblesse.
immobile et glacé d'une subite horreur
tu palis a mes pieds enchainé par la peur:
ta mort est dans tes yeux, ta valeur t'abandonne,
je pourrais me venger, mais non, je te pardonne.
qui de nous deux est homme? a genoux devant moi,
abbaisse ton orgeuil, rougis, et connais toi.
Mais franchissant des avis les routes immortelles

mon ame dans l'espace a deployé ses ailes.
le monarque des cieux éteignant son flambeau
précipite son cours dans un monde nouveau.
tout palit, tout s'eteint, tout se tait; et ma vue
libre, et sans s'arreter plane dans l'etendue.
J'embrasse d'un coup d'oeil l'immensité des airs.
la nuit au dieu du jour dispute l'univers:
Viens, accours tendre ariste, et partage ma joye,
viens gouter les plaisirs ou ton ami se noye!
malheureux qu'ai je dis? mon espoir est deçu
ariste, ou m'egarai je? ingrat je l'ai perdu.
d'un desir insensé je deviens la victime,
en voulant me sauver j'ai couru dans l'abyme;
un desespoir aveugle egara ma raison.
en vain d'ariste encor je murmure le nom.
dans ces lieux consacrés à l'horreur, au silence, qui
pourra de mon coeur remplir le vuide immense?
plus d'ami, plus d'espoir, o remords! o douleur!
quand le sommeil du tigre enchaine la fureur
ariste me pressant entre ses mains glaçées
embraseroit mon coeur du feu de ses pensées.
Le poison du malheur distillé sur nos jours
jamàis de nos plaisirs ne troubleroit le cours.
de la noble amitié nous sentirions les flammes,
son celeste flambeau pénétreroit nos armes.
o transports! o plaisirs! o jours trois fois heureux!
tendre ami, cher ariste... il est sourd a mes voeux.
peut etre parcourant cette retraite obscure
ou nos coeurs s'enïvroient d'une volupté pure,
il cherche en gémissant la trace de mes pas
s'il savoit qu'egaré dans les affreux climats...
ariste vient sans cesse accuser ma pensée,
du poids de ses regrets mon ame et oppressée.
l'amitié de sa main nessuïra plus mes pleurs,
mes jours se faneront flétris par les douleurs.
o toi qui de mes maux calmais la violence
aux raÿons des vertus conduisais mon enfance,
alors que je m'egare en ce sejour nouveau,
si la mort de ta vie eteignait le flambeau!...
    Mais qu'entends je? les loups heurlants dans les tenebres,
et les cris douloureux de ces oiseaux funebres

qui trainent dans la nuit leurs longs gemissements.
l'effort de la douleur enchaine tous mes sens;
deja mon bras glacé ne sert plus mon courage,
sur ma tete bientôt eclatera l'orage.
l'abyme, tendre ami, va s'ouvrir sous mes pas.
detourne loin de moi les horreurs du trepas.
insensé, c'est en vain, et je l'appelle encore...
ces lieux qui me charmaient, ces lieux, je les abhorre
je n'y vois point ariste. adieu sejour d'horreur,
adieu sombres deserts qu'habite la terreur!
de mon coeur abbatu ranimons le courage,
a travers les dangers frayons nous un passage
que le glaive à l'instant décide de mon sort!
je reverrais arist! ou j'obtiendrais la mort.
la victoire incertaine est longtemps balançée
mes ennemis ont fui, leur foule est dispersée!
le feu de l'esperance a coulé dans mon sein:
l'amitié me conduit, et m'ouvre le chemin;
je vole vers ariste aux traits de sa lumiere
je vais lui rendre un fils, et retrouver un pere.

                                        fin. fontanes le plus jeune.

Brève notice sur l'Académie de Rouen

Selon le *Précis analytique des travaux de l'Académie (...) de Rouen (...).* Rouen, Periaux, 1814-1821, 5 tomes en 3 vol., Fontanes lit en 1776 les pièces suivantes (t. 4 p. 32):

- *Mon Songe*
- *Ode sur la Mer, sur les Arts*
- *Epître à un jeune Homme*
- *les Montagnes, poëme*
- *le Cri de nom coeur*

et en 1777:
- *Sur la Nature.*

En 1786:
- *L'astronomie, poème*
- *Le jour des morts*
- *Orphée.*

Les lectures ont eu lieu à l'Hôtel de Ville ou dans la salle des Carmes. Les pièces gardées dans les Archives de l'Académie portent un astérisque; pour Fontanes, il n'y en a aucun.

Pour l'année 1786, Fontanes figure dans la liste des "Associés à adjoints" (t. 5, p. 13), mais on indique expressément "Defontanes, à Paris".

Plus tard, on ne trouve pas dans l'oeuvre de Fontanes tous les titres énumérés ici.

D'autres personnes de la Haute-Normandie que Fontanes connaissait plus tard se trouvaient également à l'Académie, par exemple Noël qui lit une *Dissertation historique sur Rollin* (t. 5, p. 30); Millin fait en 1793 une communication *Sur des manuscrits de Dioscorides. Nécessité de conserver les monuments*; De Cubières lit en 1784 une *Imitation d'une ode d'Horace*; également, Gueroult (p. 46) (etc.).

Lettre de Fontanes à Monsieur le Marquis de Lezay-Marnésia

Je vous remercie des variantes que vous m'envoyer, Monsieur le Marquis. Vos vers n'en avaient pourtant pas besoin. A peine ont-ils été sous mes yeux qu'ils se sont trouvés dans ma mémoire. Je devrais plutot changer les miens; mais alors il ne faudrait pas en laisser un seul, et je tiens beaucoup aux sentiments qu'ils expriment.

Mon mauvais génie me poursuit obstinément puisque je quitte le quartier Montmartre quand vous y logez. Je ne demeurai plus dans la rue du Croissant. Ce petit inconvénient ne m'empechera point d'aller vous chercher souvent, et les heures que je passerai avec vous seront les plus douces que je puisse me promettre à Paris. Le séjour en serait odieux si on n'y rencontrait quelquefois des personnes qui vous ressemblent. Je lui pardonnerai tout ce qu'il m'a fait souffrir si je vous vois cet hyver autant que je le désire. Je ne sais pourtant à quelle époque fixer men retour. La raison et le travail me retiennent ici quand l'amitié et le plaisir me rappellent près de vous. Mais il y a longtemps que je suis accoutumé à ne jouir que de l'espérance. Celle de vous revoir embellit ma solitude. Recevez tous mes voeux pour vôtre bonheur. Ils sont les mêmes à toutes les époques. Les années changent, l'attachement et le respect que je vous ai voués ne changeront jamais.

Ce 24 décembre 1784

Fontanes

P.S.
Si vous pouviez trouver quelque place de poseur pour l'homme que vous connaissez qui vous remettra cette lettre, Vous m'obligeriez sensiblement. Pardon de ce détail, mais votre bon coeur l'excusera.

Lettre de Fontanes à son cousin Pavie de Fourquevaux, fils

Je vous ai connu trop tard et je vous ai vu trop peu. mais je m'entretiens tous les jours de vous avec ma femme et ma soeur pour me dédommager. Vôtre nom m'était cher dès l'enfance, il l'est devenu bien davantage depuis nôtre entrevue. Jugez donc, mon cher cousin, combien votre lettre m'a vivement touché. L'affaire qui vous fit venir ici en 1795, m'occupe comme vous. Elle ne va pas aussi vite que je le désire, mais nous avons de justes espérances. Tout ce qui tient à votre famille est intéressant pour moi, je lui suis absolument dévoué. Si je puis vous être bon à quelque chose, disposez de moi comme de l'ami le plus sur, le plus ancien et le plus fidelle. Offrez mes hommages à Madame de Pavie et mettez moi à ses pieds. Ma femme et ma soeur se fenouvellent à son souvenir et l'assurent de tous leurs sentiments.

                                            Dimanche 25 fructidor

                                                    Fontanes

Lettre de Madame de Fontanes, née Cathelin à la Marquise de Castelbajas, née Le Cazalès

Paris ce 6 frimaire

Vous devez trouver, mes aimables amis, mon silence bien long; mais comme il est bien involontaire et q'il n'a été causé que par l'embarras qu'occasionne un déménagement, vous voudrez bien me le pardonner, et surtout ne point accuser mon amitié. Celle que vous m'avez inspirée est d'un genre à ne point s'effacer. Tous les jours je salue et rends de longues graces au hazars. C'est ce dernier, je crois, qui nous sert le miéux en amis. Jugez combien je lui dois de remerciemens puisqu'il me les a si bien choisis. J'aurais désirée seulement qu'il s'occupât de mes plaisir plutot ou du moins qu'il les prolongeât plus longtemps.

Je ne perds point l'esperance de vous revoir cet été, je voudrais que le bas prix des immeubles situés de nos cotés pût nous engager à y faire une acquisition. Nous voudrions au moins vous posseder tous deux six mois de l'année, laissez vous donc tenter et préparez tout pour ce retour si desiré par tous ceux qui vous ont connu.

Nous sommes enfin logés. La Nation nous a donné un gite aux Capucines près la place Vendôme le local n'est pas très brillant parce que ce qui est beau est reservé au petit nombre d'élus. Cependant avec un peu de patience nous aggrandirons notre logement dont une partie est encore occupée par les Directeurs de la fabrique des assignats, cet été j'espère que nous pourrons vous offrir un azile non pas brillant, mais commode.

Fontanes est bien de retour, mais le gros garçon n'est point encore fait, au reste je ne vise pas si haut je ne veux qu'une fille et cela Monsieur, pour l'offrir à Monsieur Adolphe. Je vous invite pour danser à la noce, Madame de Fourquevaux voudra bien choisir Fontanes et vous verrez comme tous les quatre, très jeunes alors figurerons bien à cette fête. à propos de danse c'est bien facheux, belle dame, que vous ne soyez point ici pour aller au bal de Richelieu et pour y rire aux depends des folles qui y vont. Cet été on entendait encore rien aux toilettes et l'on y portait une chemise dessous sa jupe et sa robbe. Aujourd'hui les femmes du bon genre n'en ont point, elles n'ont qu'une simple juppe à cru de batiste, très claire pardessus une legere robbe d'organdis persemée de paillettes on or, cette robbe est très peu ample et laisse entrevoir les formes rondes et quelques fois les plattes. Les unes sont en sauvages armées de fleches, les autres en greques, plusieurs en hussardes avec le petit bonnet et la petite veste, enfin quelques unes à la française jamais il n'y eut tant de fêtes et si peu de gaieté car à l'exception des banquiers et approvisionneurs de l'armée, personne n'a le sol. Si Monsieur de Pompignon était encore ici il trouverait bien des sujets dignes d'alimenter son humeur contre le genre humain. Je vois de temps en temps Madame de Battencour mais point aussi souvent que je le voudrais, vous devez penser combien nous parlons de vous avec elle et surtout avec qu'elle ardeur nous vous faisons revenir à Paris.

Donnez nous des nouvelles de votre procès et dite nous qu'el est l'esprit des tribunaux qui doivent vous juger. Je ne crois point au jugement irrévocable du Corps Législatif et il est bien possible qu'un tribunal bien composé voye tout autrement la chose. Vous savez surement que c'est Destadin qui a voulu recueillir chez lui Mselle Despagne dont le procès ressemblait beaucoup au votre.

D'après la permission que vous m'avez donnée je joins ici une petite notte relative aux affaires de Mde de *Martieng* (?). Je vous reitere la prière que je vous avais faite d'employer quelques instants à lui rendre service pour vous peindre cette respectable femme, je vous dirai qu'elle est bonne et obligeante comme Mde de Battencour. Puis je esperer que vous voudre bien avoir l'extrême complaisance de nous faire passez les détails désireux sur Mselle Sabarière et que dans le cas de mort de cette dernière vous auriez la bonté de vous charger de la procuration de Mde de *Martieng* (?) toutes mes questions sont bien indiscretes aussi ne les hazardai je que parce que je suis sure du plaisir que vous trouvez à obliger.

Adieu mes bons et aimables amis, disposez entièrement de nous aimez nous et songez à nous. Toute la famille vous prie de recevoir l'expression des plus tendres sentiments.

Cathelin Fontanes

Lettre adressée par la demi soeur de Fontanes, née Ferrier, à Madame de La Barthe-Thermes

Niort Ier messidor, l'an I3 eme

Je me repens fort, ma chère cousine, de l'aveu que j'ai fait à F(ontanes?) de l'étât ou je m'étais trouvée pendant quelques minutes, et qui n'a eu jusqu'ici, d'autre suite que d'augmentér une douleur de tête à laqu'elle j'étais devenue sujette depuis 7 à 8 mois. Redoutant tout genre d'émotions je le prier de m'épargner celle que doit, bien naturellement, me causer sa venue suivie d'un si prompt départ. Il est dangereux, avec mes appréhensions, d'éprouvér au même instant des sensations en si parfait contraste, mais il désire voir ses soeurs, et je viens de lui écrire que je l'attendu en le suppliant de ne rien changér au premier plan de son voyage, ma santé étant à peu près telle qu'avant l'accident qui m'a fait peur. C'est en vérité trop parlér de moi et tandis que je vous dépeins mes maux je suis toute occupée de ceux de ma belle soeur jeune et dans le cas de fournir une bien utile et agréable carrière elle doit tout mettre en usage pour rétablir promptement sa santé.

Je vous remercie tous de l'intérêt que vous me témoignés, et me réjouis avec vous de voir Mr De Vitry conserver si bien son aimable frère trouve, à son tour, celle qui doit l'y conduire.

Nul n'a plus parlé de Fourquevaux à mon frère que moi. J'y ai été à différentes époques de ma vie, et quoi qu'en bas âge lors que j'y fus pour la première fois, je me rapelle parfaitement vôtre grand'mère née Catelan, et la prière du soir pendant la quelle un jeune espiègle nommé Caumont, son neveu, père je crois, de M. De Catelan dont vous me parlér, me lutinait et ma faisait gronder? Et cette galerie de vôs ancêtres, dont la plupart avaient de la noble figure que rappelait celle du marquis vôtre grand-père que j'ai vu encore très beau. L'Abbé tient aussi beaucoup de place dans mon souvenir et enfin tout ce qui composait les habitants du Château. Tous ces antiques souvenirs me sont présents, jugés si j'ai conservé celui de Mde votre mère charmante et pleine de talens. Ce fut avec ma grand'mère et ma mère que je m'y trouvé trois mois après votre naissance, je préságeai des lors que vous seriés très belle quoi que je n'eus guère en ce temps l'air d'une savante et vieille fée je n'en prédisai pas moins bien. Enfin ce fut avec vôtre aimable et digne père que je revis pour la dernière fois cet antique séjour de vôs ayeux que je trouvai embelli, autant que la fortune avait pu le permettre à son excellent gout. Puisse mon frère y jouir du même charme que j'y goutés le peu de jours que j'y séjournés:

Je remercie Christine de ses prières, qu'elle en fasse de bien ferventes pour la santé de sa maman, ce sera bien priés pour elle même. Je vois avec plaisir qu'on lui donne des principes religieux, c'est une ressource dans le malheur et souvent une sauve garde qui dans des occasions périlleuses renforcent tous les motifs qui doivent nous en faire triompher. Ce ne peut être encore qu'une routine chez la chere petitte, j'y ai été soumise aussi enfant qu'elle, et il m'en est resté trop peu de choses, quoi que l'on dise n'est pas croyant qui veut, surtout après avoir entendu professer les maximes du 18eme siecle. Mde de Fontanes est solidement pieuse, autant qu'il faut l'être, et l'éducation de sa fille ne sera pas livrée au hazard. Mais que je hais ces dévots de profession, qui s'effarouchent de tout. Faites entendre, je vous prie, à nôtre aimable enfant que la tata Lisle n'habite pas le païs des mervelles et que jamais Lapin couleur de rose? n'y a été vu.

Je désire fort que vendémiaire vous soit un mois favorable, Mon Dieu qu'on a de peine à se faire rendre justice, avec quel plaisir n'annonceriés vous pas à vôs parens vôs succès.

On a raison de vanter la figure de Louise, hors deux paires d'yeux que je connais fort, il ne pouvait y en avoir d'aussi beaux que les siens. Je m'étais fortement attachée à cet enfant et me fait versés bien des larmes.

Par la longueur de mon épitre vous verrés que ma santé va mieux que par le passé. Je redoute cependant encore, tout espèce d'émotion ma mémoire a baissé, aussi, très subitement pour les choses du jour. Tandis que plus leste, et active que jamais je ne dors ni ne puis resté longtemps en même lieu. Sous ce rapport mon mal parait bien plus venir des nerfs qu'une autre cause. Telle que je sois vous aurés toujours en moi une bien affectionée et sincère amie.

Signé: illisible

P.S.
Je vous prie d'agréer que je place ici un petit billet pour Mde de Fontanes

Par reflexion je hazarde l'adresse ordinaire n'étant pas plus sure d'aucune autre car je vous imagine dans votre palais vous verrés bien que cette lettre ne peut être pour Fontanes que je sais absent.

Lettre de Fontanes à Monsieur De Pavie De Fourquevaux

6 mars 1809,

J'ai reçu, mon cher cousin, vôtre très aimables lettre au commencement de cette année. J'aurais du y répondre plutôt, mais je ne dispose pas d'un moment. J'ai besoin d'indulgence et je compte sur la vôtre. Si je vous écris peu, croyez que je vous aime beaucoupt, les sentimens que vous me témoignez ne sont que le juste retour des miens. Quand aurais-je auprès de vous une jolie solitude dans un vallon des Pyrénées? C'est là qu'est le vrai bonheur, tout le reste est sottise et vanité. Je vous donne rendez-vous à Campan vers la fin de cet été. Je veux y faire encore quelques promenades avec vous. Le bruit des cascades de Gripp est plus doux que celui du monde, et je sens de jour en jour qu'il ny a d'autes biens que la retraite et l'amitié. Adieu mon cher cousin, je vous embrasse de tout mon coeur.

Fontanes

J'ai recommandé dans le temps vôtre protégé au ministre de la justice. Hommages tendres à Madame de Pavie.

Votre soeur et vos neveux se portent à merveille.

Lettre de la Duchesse De Duras, née Claire De Kersaint, au sujet de la mort de son vieil ami Fontanes, adressée au Comte de La Barthe Thermes, petit neveu du disparu

Saint-Cloud 2I mars

J'ai besoin de vous parler de la douleur que j'éprouve d'une perte que je sais que vous ressentirez profondément, il me semble que tout ce qui est capable de sentir un mérite distingué, doit donner des regrets à M. De Fontanes, mais quand on le connaissait, quand on avait pu reconnaître tout ce qu'il y avait de bon et de noble et d'attachant dans son caractère, comment se consoler de le perdre au milieu de sa carrière, si plein de vie; chéri de ses amis, et recueillant le fruit de son honorable conduite dans des temps si difficiles. Avoir été sans reproches au milieu d'une révolution, avoir été l'ami fidèle et courageux des proscrits sous le despotisme, cela suffirait pour illustrer toute une vie, et pour celui que nous regrettons il faut y joindre le génie, le talent, le charme de la société et la bonté de l'âme. Il n'y a point de consolation à donner à ceux qui lui tenaient d'aussi près que vous. Que je plains sa pauvre fille. Je n'ose écrire à M. De Fontanes, mais soyez je vous en prie l'interprète de mes sentiments et de mes profonds regrets. Lorsqu'on est comme moi, malade et solitaire, une telle perte laisse de longues traces et l'impression ne s'en offace pas. Le monde se distraira bientôt, mais M. De Fontanes vivra toujours dans le coeur de ses amis.

Adieu Monsieur, vous me pardonnerez d'avoir voulu vous parler de sentiments que j'étais sûre de voir partager par vous, il y a quelque douceur à être entendue, lorsqu'on éprouve une douleur vraie et a en adresser l'expression à ceux qui la ressentent aussi.

Duchesse de Duras.

Note:
Cette lettre nous a été aimablement communiquée par le Lieutenant-Colonel REIBELL-DE-SAINT-FIRMIN, à Palleau, par Levet (Cher), qui possède une partie de la correspondance du Grand Maître de l'Université avec la famille de Fourquevaux et en particulier sa cousine, la Marquise de La Barthe Thermes, née Fourquevaux.

Contrat de mariage entre Chantal Cathelin et Louis [de] Fontanes, 1792

Archives départementales
du Rhône 3 E 2 494

Contrat de mariage

Première
Fontanes
du 20 8bre 1792
Mariage
Defontanes
Cathelin.

Par devant les notaires à Lyon soussignés.
furent présents M. jean-pierre Louis Fontanes demeurant depuis plus d'une année à Lyon quai des célestins, fils majeur de défunts M. Pierre-marcelin fontanes, et de dame jeanne-Baptiste-Dominiquette Raymonde Desede fourquevaux, procédant comme libre, ainsi qu'il à promis d'en justifier avant l'impartion de la Benediction nuptiale, d'une part.

Et demoiselle geneviève-Marie-faustine-chantal cathelin démeurante en la compagnie de la dame sa mère maison Robin-Dorlierras à l'angle des rues Ste helene et d'auvergne, fille mineure de défuns M. jean-Baptiste cathelin et des vivante dame claudine Tresca présente, d'autre art.

Lesquels ont promis de se prendre et épouser en vrai et légitime mariage a cet effet de se présenter à l'Eglise à première juvilation.

En faveur duquel mariage M. Etienne Devitry demeurant à Lyon rue Ste helene, fondé de la procuration spéciale de dame Imberte ferrier veuve du Sr. Thomas Rouget de l'Isle, demeurante à St Maixans chef-lieu de district, département des deux-sèvres, ainsi que le constate la procuration donnée par cette dernière, certifiée veritable par led. M. Etienne Devitry, et à sa requisition, paraphée par les notaires pour rester annexée à la présente minute, a fait donnataire pûre et simple, entrevifs, et à cause de nopces, aud. M. Louis fontanes[1] futur époux acceptant avec remerciment, de tous et un chacun les biens présents et avenir delad. dame Jmberte ferrier veuve du Sr. Thomas Rouget Delisle soeur du futur époux[2] qui ne pourra se mettre en possession desd. Biens donnés qu'après le décès dela dame veuve Rou-

---

1   le "de" est barré.
2   En fait demi-soeur de Fontanes.

get Delisle qui se réserve la jouissance entiere declarant led. sieur futur époux que des biens donnés les présents sont de valeur de dix mille Livres.

Par faveur du même mariage la dame claudine Tresca veuve de M. jean-Baptiste cathelin à donné et constitué àla demoiselle future épouse sa fille acceptant et la remerciant, la somme de vingt mille Livres à prendre sur les biens les plus liquides que laissera après son décès la dame Cathelin qui se réserve la jouissance pendant sa vie ded. somme capitale de vingt mille Livres constituées.

Encore par faveur du même mariage M. jean-marie Delafont - depuis demeurant dans sa maison rue de L'arcenal à donné et constitué en dot à la d^{lle} Geneviève - [3] - faustine-chantal cathelin future épouse, sa filleule La somme de Deux cent mille Livres qui a été presentement comptée àla demoiselle future épouse par led. M. jean-marie delafont-dejuis, et retirée de suite par m. Louis defontanes[4] futur époux qui le declare, qui en donne sa reconnaissance, et se charge delad. somme de deux cent mille Livres envers sa future comme de Bien dotal.

La présente constitution faite par led. M. delafont-dejuis soùs les conditions et charges suivantes.

1 ° Si la demoiselle Geneviève - [3]-faustine-chantal Cathelin sur la tête et au proffit delaquelle M. Delafont-dejuis à placé sur l'état une rente viagere de deux mille soixante et dix Livres, venoit à mourir avant M. delafont-dejuis, aud. cas, les héritiers, et la succession, de la demoiselle future épouse, seront et demeuront très éxpréssement chargés envers led. M. delafont dejuis de faire face et d'acquitter pendant la vie de ce dernier[5] lad. rente viagere de deux mille soixante et dix Livres annuellement.

2° de payer àlad. dame claudine Tresca veuve de M. cathelin mere dela future pendant sa vie, et à compter de ce jour, par moitié de six en six mois, une pension annuelle et viagere dela somme de deux mille cinq cent Livres, franche de toutes retenues, mises, et à mettre, qu'elles qu'elles fûssent; charges acceptées conjointement par les futurs époux qui se sont solidairement engagés depayer lesd. pensions, ainsi qu'elles viennent d'Etre énnoncées.

La d^{lle} Cathelin future épouse authorisée, s'est enfin constituée tous ses autres biens àvenir la regie et perception desquels elle a fait et constitué pour son procureur général et spécial soud. futur époux auquel elle a donné tous les pouvoirs utiles àla charge par lui de donner quittance notariée a fûre et mesure de recette, comme dela reprise générale et particulière àla forme du droit.

---

3   L'annexe ajoute "marie".
4   On corrige: "jean-pierre-Louis fontanes."
5   Annexé: "Seulement".

Pour L'accomplisement du present mariage, le futur époux promet et s'engage fournir à sa future épouse les habits de nopces, et les joyaux conformes à sa condition, Dont il lui à fait dès àprésent donnation au cas de survie, lesquels, quoique Des àprésent évalués à la somme de quatre mille Livres, La d^{lle} future épouse, le cas du prédécès de son mari arrivant, sera libre de prendre et retirer en nature Lesd. objets donnés ainsi que tous les éffets, linges, habits, hardes, joyaux, et tout ce qui sera à l'usage de sa personne (attendu qu'elle ne s'est constitué par ces présentes aucun troussel) sans diminution des sommes qu'aura touché pour elle led. M. fontanes.

Pour tenir lieu de tous augments et contr'augments, les parties ont des àprésent réglés ces articles. Si le futur époux venoit à décéder le premier, sa succession et ses biens, seront et demeuront chargés, outre la restitution dela dot en entier, la remise pûre et simple de tous les objets à L'usage dela d^{lle} cathelin, d'une pension annuelle et viagere dela somme de quinze cent Livres que ses héritiers et ayant droit payeront franche de toutes retenues d'impositions mises et à mettre, qu'elles qu'elles fûssent, et par moitié de six en six mois, àla dame future épouse, et jusqu'à son décès que lad. rente viagere sera regardée comme non avenue.

Si au contraire La D^{lle} cathelin venoit à décéder la première, aud. cas, le futur époux jouira dela totalité dela fortune dela. D^{lle} future pendant l'année entière qui suivra le décès, et[6] d'un capital de vingt mille Livres dont la d^{lle} cathelin authorisée fait don à son futur époux pour lesd. l'indemniser des frais de nopces et autres.

Si led. sieur fontanes survivoit lad. D^{lle} cathelin, décédant sans laisser D'enfants, alors le remboursement de tout ce quil auroit touché pour elle se feroit dans les quatre années qui suivroient le décès delad. D^{lle} cathelin à raison d'un quart par année, et avec jntérëts pour les trois dernières années seulement, sur le pied de trois pour cent des capitaux, sans retenue, lesquels jntérêts diminueront a fûre et mesure du payement des capitaux.

Pour sûreté de l'exactitude de toutes les clauses portées aux présentes led. sieur Louis fontanes a affecté et hypothêqué tous ses biens présents et avenir, declarant que les présents néxedent pas la somme capitale de quarante mille Livres.

Le tout ainsi arrêté respectivement accepté et promis être observé aux peines de droit: Dont acte fait et passé à Lyon, en létude, L'an mil sept cent guatre vingt douze et le vingt Octobre après midy en presence de parents et amis qui ont signé avec toutes les parties. Led M. Etienne Devitry fait par ces mêmes presentes donnation entrevif et a cause de nopces àlad. D^{lle} cathelin future épouse de la somme de douze mille Livres qui sera payable sans jntérêts dans L'année du décès dud. M. Devitry, àla charge par lad.

---

6   Annexe: "seulement".

D^lle cathelin future épouse de payer à dame claudine Tresca veuve cathelin sa mere une pension annuelle et viagere de quatre cent cinquante quatre vingt Livres à compter du jour que lad. somme de Douze mille Livres lui aura été comptée pendant sa vie, et jusqu'au décès delad. dame claudine Tresca veuve cathelin, époque a laquelle demeurera éteinte lad. rente viagere de quatre cent quatre vingt Livres, pour laquelle led. M. jean-pierre-Louis fontanes prend lui même dès-apresent L'engagement envers la dame veuve cathelin.

(Suivent les additifs:)

+ jean-pierre-Louis fontanes
∧ seulement
× seulement
∨ vingt mille Livres
Le cinq renvois approuvés ainsi que la rature du mot cinquante ./
Ø Marie ./. Le Sixième Renvoi approuvé.
[Les signatures:]
jean-pierre Louis Fontanes
geneviève Marie faustine chantal Cathelin
claudine Tresca veuve Cathelin
Delafont Juis. Etienne Devitry
Lemoyne David. Dasid. Cathelin née postalon.
   Henriette Cathelin
   + Cm. Vitry.   H. Cathelin

   Ravier   André

Enregistré à Lyon le 29 8bre 1792. Reçu deux mille neuf cent vingt neuf Livres six sols huit deniers, sçavoir cent Livres pour la donation de la dame veuve Rouget: 33" 8^v 6°7 pour les biens avenir delad. dame sauf le droit proportionnel lors de l'evenement. 100" pour la constitution de 20 000" en faveur de la future par ladame sa mere, 120" pour la donnation de douze mille Livres par M. Devitry a la future, vingt sols pour la donnation eventuelle de la rente viagere en faveur de la dame tresca sa mere sans prejudice du droit proportionnelle à l'Evènement, 2 000" pour la donnation de 200 000" par m. Delafont de juis à la future, 375" pour la rente viagere de deux mille cinq cent Livres en faveur de la dame tresca sa mere et 200" pour les biens de futur.
   Enregistré au registre de forme du tribunal du district de cette ville à cause de la donnation de m. devitry ce même jour.

---

7   Lisez: "Livres, sols, deniers".

Quelques lettres de Fontanes fructidorisé à Petitot

"Deux cent lieues ne m'enpêchent point, mon cher ami, de songer à vous et de vous aimer. Je suis moitié Danois, et moitié Hambourgeois. J'habite tantôt Hambourg, tantôt Altona. Saves-vous bien que le nord a des spectacles français, et que j'ai vu jouer ici *Zaïre* et le *Cid* asses passablement? La comédie y est encore moins mauvaise. Le théâtre allemand est moins suivi que le nôtre. Je l'étudierai un peu et nous en causerons. Je verrai Klopstok [sic] demain. Je dois dîner avec lui. J'aimerais mieux dîner avec vous. Mais je n'en perds pas l'espérance. Nos victoires et la paix avec l'empereur font parler ici toutes les voix de la renommée. Les admirateurs et les amis de la france sont partout et même parmi ceux qu'elle a bannis. Je vous embrasse de toutes mes forces. Daigniés faire tenir cette lettre à son adresse. Hambourg 17 9bre. Ne m'oubliés pas près de M. le Nol."

Légende: Claude-Bernard Petitot (30 mars 1772 - 6 avril 1825) donnait après le 18 fructidor asile à Fontanes. Traducteur d'Alfieri, il publie son théâtre en 1802, sans grand succès. En 1800, il est chef du bureau de l'Instruction publique du département de la Seine. Au temps du *Mercure de France* il collabore avec Chateaubriand; Fontanes le nommera en 1808 inspecteur général des études.

[Fonds Candaux, Genève
Au citoyen Petitot - homme de lettre
rue de la Monnoye, N° 2
Près du pont-neuf à Paris
cachet 27

10 7bre
Je n'ai pas reçu, mon cher et tendre ami, les différentes lettres dont vous me parlés hors le seul mot inséré dans une de celles de ma femme. Les réclamations faites aux postes de cette ville ont été vaines. Voyés à Paris. Vous aurés vraisemblablement négligé d'affranchir, et alors les lettres sont mises au rebut. Je n'en suis pas moins touché des témoignages constans de votre zèle et de votre amitié. Je sais tout ce que vous avés fait, et je vous ai bien reconnu à vos procédés. Mais je persiste dans mes idées. Le succès est impossible, et si on aurait voulu me croire, ce n'est point ainsi qu'on m'aurait servi un courier en ligne directe au mois de septembre. [?] n'était alors plus facile [et] aurait évité trois mois de douleurs, et toutes les dé-

penses multipliées par mon long séjour dans l'abominable pays que j'habite. Enfin on ne m'a pas compris, et aussi les meilleures intentions, mes plus proches amis ont eux-mêmes marché, sans le savoir, contre le but de leurs espérances. La guerre va recommencer d'un jour à l'autre, et les difficultés redoubleront encore. Je me résigne, je n'espère plus, je béni de loin ceux qui me veulent du bien, et je ne songe plus à ceux qui m'ont fait du mal. Mon malheur est de ne pouvoir embrasser ceux qui m'aiment encore. Je tend vainement le bras vers vous... *jamque vale et iterum crudelia retro fata vocant.* Voyez ma pauvre femme dont la santé doit être bien chétive. Il y a deux couriers que je n'ai reçu aucune lettre. Je suis fort inquiet. Tous mes fléaux m'ont accablé depuis cinq mois, mais le pire de tout est d'être ici et de ne trouver nulle issue pour en sortir malgré toutes les vaines espérances dont on m'a trop longtemps amusé. Je n'ai pas même de livres. Dans toute l'Allemagne on n'admire que Mercier qui va vous dire par reconnaissance au Lycée que le Théâtre allemand est le premier théâtre du monde. C'est certainement le plus ennuyeux et le plus absurde de tous. Les auteurs dramatiques attachés aux spectacles de l'Allemagne font des pièces en cinq actes dans quinze jours. Vous sentés que ces pièces sont en prose. Car il est reçu en Allemagne que toute pièce en vers est ridicule. Le poëte du Theatre de Breme [?] M. Poctot [?] est à son cent troisième chef-d'oeuvre. Il est presque égal à Mercier disent les illustres de l'allemagne. Voilà ce que c'est que la bonne compagnie de ce pays. Jugés du reste. Adieu encore mon ami; lisés, imités Racine [en] France à quelque prix que ce soit, et aimés moi toujours. F.

[Fonds Candaux, Genève
Je vous prie mon cher confrère de faire venir cette lettre dans la rue des Capucines. Je compte sur l'amitié dont vous nous avés donné tant de preuves. je pars pour la hollande, et je n'y serai plus même quand vous recevrés cette lettre. J'espère qu'en des temps plus heureux je pourrai vous remercier non avec plus de reconnaissance mais avec plus de liberté que je ne le fais ici. Soignés vôtre santé, faites de belles tragédies, voyés ma famille quand vos occupations vous le permettront, et aimez moi. Ayés soin de me renouveller au souvenir de vôtre ami M; Le N ... Je suis pénétré de tous ses procédés aimables, chargé vous de mes sentimens pour lui et croyés tous les deux que je vous suis également dévoués. Un jour viendra peut-être ou nous nous reverrons tous trois. et haec olim meminisse juvabit. Adieu mon bon ami. F.
Anvers ce Vendemiaire 8 8bre.

[Fonds Candaux, Genève
Au citoyen Petitot, homme de lettres, rue de la Monnoye N° 8 à Paris
Tampon postal: ALLEMAGNE 27
8 7bre [1798] francfort sur le mein.

Une lettre du 16 août m'a confirmé, mon cher ami, l'affreuse nouvelle que vous m'aviés déjà fait entrevoir. Cependant je vous avoue que je me flattais encore, et que j'esperais que la nature et la force d'une bonne constitution triompheraient de la maladie mais la fatalité me poursuit. je ne devais plus revoir cette excellente femme dont la conduite à mon égard fut pendant huit ans une suite non interrompue de sacrifices, de bontés, et d'indulgence. cette perte m'accable, et mon chagrin redoublent encore à l'idée de la situation de ma femme qui depuis son enfance n'avait pas vécu un seul jour loin de sa mère, et qui se trouve dans le plus cruel isolement. Je suis déchiré d'inquiétudes, et je tremble pour la santé de l'amie qui me reste. je n'ai point reçu de nouvelles depuis le 16 du mois dernier. Serait-elle malade? écrivés moi par pitié. je me recommande à votre coeur. il est sensible et ne s'éloigne pas de l'infortune. Adieu mon ami. je vous embrasse.
à l'adresse de Frédéric Eslinger libraire à francfort sur le mein ajoutés à mon vrai nom de *genève.*

P.S.
mon existence est toujours fort incertaine. elle ne peut se régler que par les nouvelles que j'attends avec impatience de Paris.

Légende: Mme Tresca, Catheline
La santé de Mme de Fontanes n'était pas toujours la meilleure, Aulard, *Paris sous le consulat*, Paris, Cerf, 1903, t. I, 180, 25 février 1800, à l'occasion d'un bal donné par le ministre des relations extérieurs: "La maladie grave de la femme de Fontanes a privé cette brillante réunion du plaisir d'entendre les vers de ce poète."

[Fonds Candaux, Genève[8]
Vous faites les choses aimables d'une manière qui les embellit encore. Vôtre lettre est charmante et donne un nouveau prix aux bontés que vous avez pour ma famille. Ma femme en est pénétrée comme moi et me charge de vous offrir sa reconnaissance. Auguste écrivait de moins jolis billets à ses clients, ses clients étaient Horace et Virgile par qui votre maison serait digne d'être chantée. Je ne ressemble point malheureusement à ces grands hommes. Mais je vous aime comme ils aimaient Mécène et César.

---

8 Annexe pour la page 230.

Mon enfant, quelqu'il soit, fille ou garçon, sera fort heureux s'il reproduit quelques-uns des traits du frère ou de la soeur qui lui donneront leur nom. Je l'instruirai à vous aimer. Le premier nom qu'il prononcera, après celui de sa mère, sera le vôtre, et les sentiments que j'ai pour vous seront l'héritage de ma famille. - J'écris fort peu au ministre et à l'ambassadeur, quoique je chérisse tendrement l'homme aimable, plein d'esprit et de bonté qui vaut encore mieux que le ministre. Ma tendre affection n'ote rien à mon respect. Mais je vous aime trop pour vous ennuyer souvent de mes lettres. Mêlez toujours les graces à la grandeur. C'est le vrai caractère national. Je vois en vous le français par excellence, et vous pouvés nous rendre par vôtre exemple tout l'éclat et tout le charme de nos anciennes moeurs. Ainsi soit-il!
18 Thermidor   Fontanes.

Légende:
Lettre de remerciement à Elisa pour être marraine.
Lettre déjà publiée par Pailhès (en partie).
Fontanes avait d'ailleurs une troisième fille, mais qui mourut après la naissance, voir Pailhès.

[Fonds Candaux, Genève
A Monsieur - Monsieur Petitot, Homme de lettres, rue de la Monnoye N° 8 près du pont-neuf, à Paris

Un mauvais génie me poursuit, mon cher ami. De toutes les lettres que vous m'annoncés, je n'en ai reçu qu'une seule, et je vois que les miennes n'arrivent point. C'est le plus grand malheur de la proscription que cette difficulté de correspondance avec l'amitié et la patrie. Vos journaux que je lis tard mais que je lis enfin ne m'annoncent pas que mes malheurs soient prêts à finir. Je ne vois pas le moindre rayon d'espérance dans les nouveaux choix, et je me résigne. J'ai été vivement touché de l'intérêt qu'a témoigné pour moi l'auteur de Marius et d'Oscar. Chargés-vous de toute ma reconnaissance, et moi je redirai son nom et ses vers dans une terre étrangère. Je crois à son zèle plus qu'à celui d'une autre *personne* que vous me nommés. Je souhaite pour elle bien plus que pour vous qu'elle montre une étincelle de qénérosité mais j'en doute. Je lui dois mon exil. D'ailleurs elle est aujourd'hui à Naples, et je ne dois pas compter sur ses bonnes intentions fut-elle à Paris. Quoique je ne puisse rien prévoir de fait heureux pour l'avenir dans le pays que j'ai quitté, cependant je ferai tout ce qui sera raisonnale et décent pour revoir la terre natale et me réunir à ma famille. Si vous croyés que quelques choses de mon poëme puissent contribuer à mon retour, je ferai ce sacrifice, car c'est véritablement sacrifice au grand ouvrage que de le publier par fragmens. Mais je ne me déterminerai à cette démarche qu'autant qu'on me donnera quelques espérances un peu solides. Je vous avoue, mon cher ami, que je n'attends rien portant de cette publication. Les lettres et les arts ne doivent pas s'attendre à revoir le siècle d'or sous Duchene, Thuriot, Drouet et Vitex dont je viens de lire les noms parmi les députés. Je me fierai plus à Auguste tout empereur qu'il était. En dépit de la persecution, et du triste soleil qui m'éclaire je fais des vers, et je chante les grecs. Mais sur les bords des *fleuves de Babylonie* je regrette *sion et les cantiques de Jérusalem. Illii flevimus et sedimus* Qu'il me serait agréable de vous applaudir ou au theatre ou au Lycée! Les pensées de Lucain (j'entends celles qui sont fortes sans [?] [...?...] sont bien dignes d'être rendues par vous. Je suis sur que vous lui avés conservé ses beautés. [...?...] otant tous ses défauts. Travaillés sous un beau ciel et près des compagnons de la jeunesse. C'est le premier des biens. Quant à moi je suis entouré de brouillard et de visages inconnus. Si nous nous revoyons jamais je vous ferai part des reflexions du malheur et de l'exil. Elles ont bien leur prix et vous êtes digne de les entendre. Je n'ai rien reçu de flins. Je l'aime toujours. je lui aurais voulu quelquefois plus de courage, mais puisqu'il me reste attaché je suis content. il avait dix neuf ans quand je l'ai connu, j'en avais vingt, et j'aurais été bien fâché à quarante et loin de ma patrie de ne plus compter sur con attachement. embrassés-le pour moi. Je souhaite que cette lettre soit plus heureuse que les précédentes. remettés, je vous prie celle qui est ci inclue à ma femme. je ne conçois pas qu'elle se plaigne de mon silence. j'écris avec la plus grande exactitude, et je ne reçois rien d'elle depuis long-temps. adieu mon cher ami. adieu P. - 28 avril. Je suppose que vous communiquerés la lettre que je vous écris à ma famille. Il faut qu'elle la lise. Mille tendres souvenirs à M. le N. vôtre ami.

Quelques lettres de Fontanes, président du Corps législatif, à Napoléon Bonaparte concernant le Corps législatif et la monarchie

AF^{IV} 1041
Paris, le 18 nivôse an 12
6 heures du soir

Citoyen Premier Consul,

Ayant eu l'honneur de présider aujourd'hui le Corps législatif comme doyen d'âge, je crois devoir informer le gouvernement du résultat de la séance.
Les citoyens Toulongeons, Latour-Maubourg (au premier scrutin) et les citoyens Vienot-Vaublanc, Fontanes et Masséna (au second tour) ont obtenu la majorité des suffrages comme candidats pour la présidence.
Au moment de la proclamation de ce résultat, le citoyen Masséna a demandé la parole; et a déclaré: que quoique très sensible à cette marque d'estime et de confiance de la part de ses collègues, il se regardait comme peu propre aux fonctions auxquelles cette désignation pourrait l'appeler et qu'il priait le Corps législatif de choisir un autre membre; qu'à cet effet il donnait sa démission de candiat. Le Corps législatif était alors réduit à environ soixante Membres; ils ont cru n'être pas en nombre suffisant pour accepter cette renonciation et ils ont demandé que la séance fut suspendue jusqu'à demain ce qui a été arrêté.
En conséquence de cette résolution, la présentation officielle des cinq candidats a été renvoyée jusqu'après qu'il ait été statué par le Corps législatif en nombre complet.
Dans l'intervale je recevrai avec reconnaissance et j'exécuterai avec fidélité les Instructions et les Ordres qu'il plaira au Gouvernement de me donner.
Je saisis avec empressement cette occasion de vous assurer, Citoyen Prémier Consul de mon
profond Respect
Caubert
président provisoire du
Corps législatif.

AF^{IV} 1041, 3° dos., p. 15

Corps législatif, Paris, le 4 floréal, l'an XII de la République française.
Le Président du Corps législatif au Premier Consul

Citoyen Premier Consul,

Vous seul, et je vous le dis sans aucune flatterie, avez traité hier la question soumise à votre conseil, avec la grandeur des circonstances, et sous tous les rapports de l'intérêt national. C'est la première fois que je suis admis à de si hautes discussions, et leur importance pouvait embarrasser de plus habiles que moi.
J'ai toujours préféré le système d'un chef unique et héréditaire parce que j'aime passionnément la liberté et qu'elle me paraît mieux assurée contre les factions dans ce système que dans tout autre. Quand je parle de liberté j'entends la liberté civile. C'est la seule à laquelle j'attache un grand prix, c'est la seule dont le peule ressente les bienfaits. Le gouvernement qui donne à tous la liberté civile fait assez pour leur bonheur.
Mais quand on accroît la prérogative supérieure, tous les corps de l'Etat doivent participer à l'élévation de son chef, dans une proportion relative à leur utilité. J'ai été surpris d'entendre ceux qui ont jadis embrassé les doctrines de la démocratie s'élever le plus fortement contre toutes les institutions un peu populaires: Je n'admets ni leurs nouveaux, ni leurs anciens principes.
La monarchie a besoin d'amour autant que de respect. Plus elle s'environne des formes tutélaires de la liberté, plus elle est tranquille et durable. L'histoire nous apprend que les gouvernements les mieux constitués sont les gouvernements mixtes. La monarchie est dans le chef, l'aristocratie dans un corps intermédiaire, et la démocratie dans quelques assemblées périodiques que le gouvernement peut convoquer et dissoudre à son gré.
Nous avons tous les éléments d'une bonne constitution dans nos collèges électoraux, dans notre Corps législatif quand il sera perfectionné et dans notre Sénat enfin, comme vous l'avez supérieurement développé. La seule institution faible, et c'est précisément la plus populaire, est le Corps législatif. Tant qu'il sera muet, tant que les discussions contradictoires ne s'établiront pas dans son sein, il n'obtiendra pas la considération qui peut donner de la force à ses décrets. Si la parole lui est rendue, si les Tribuns discutent la loi en sa présence, il reprendra une dignité utile aux vues du gouvernement, car la nation pourra croire alors qu'elle est suffisamment défendue dans son plus cher intérêt, je veux dire, celui de l'impôt. Je sais qu'on objecte avec quelqu'avantage les inconvénients des assemblées déli-

bérantes, et les dangers de la tribune. Mais l'expérience a changé tous les esprits. C'était en détruisant tout qu'on arrivait à tout, il y a quelques années. Il faut aujourd'hui prendre une marche contraire. On ne peut arriver à rien qu'en maintenant tout. D'ailleurs on peut prendre des mesures contre l'abus de la parole et fixer la discussion dans certaines limites. Je suppose que les factions se montrent à la tribune: eh bien! on pourra les réprimer plus vite. Elles seront toujours moins dangereuses que celles qui se taisent et se cachent. La tribune manifestera le secret des coeurs et le gouvernement connaîtra ses amis et ses ennemis.

J'ajoute encore une autre considération, moins importante à la vérité, mais qui aura quelque poids aux yeux du Premier Consul. Il veut appeler autour de lui tous les genres de gloire: pourquoi négliger celle de l'éloquence politique?

Les droits que je revendique pour le C[orps] L[égislatif] peuvent-ils avoir le moindre danger tant que le gouv[ernemen]t conservera l'initiative des loix, et aura le droit de dissoudre à volonté l'Assemblée qui s'écarterait des limites constitutionnelles?

Il faut de plus que le Président puisse, jusqu'à un certain point, répondre au gouv! du C. L., mais cette responsabilité est impossible, si ses fonctions ne durent qu'un an. L'incertitude de son état diminuera nécessairement son influence. Il sera même en quelque sorte dans la dépendance de ses collègues puisqu'il aura besoin de leurs suffrages annuels. Il sera forcé malgré lui de ménager les passions, les défauts et les préjugés de tous. Ne craignons pas de tout dire. En multipliant les élections populaires, on ne fait que multiplier les vices des hommes. Elles sont utiles, mais par intervalle. Elles donnent après quelque repos, du jeu à la machine sociale, mais elles la détruisent par des secousses trop fréquentes. Je crois donc que le Président doit être élu pour cinq ans comme chaque membre du C.L. Ici l'exemple de nos voisins peut nous éclairer. L'orateur de la Chambre des Communes qui fait à peu près le même rôle que le Président du C.L., est élu pour sept ans comme les membres du parlement d'Angleterre.

Je ne parle ici que pour l'utilité de l'institution en elle-même. Je suis loin de mettre quelques intérêts personnels à cette question, puisque je dois quitter le C.L. dans deux ans. Je serai tranquille et content de ma destinée, citoyen Premier Consul, tant que celle de l'Empire sera dans vos mains.

Ce léger accroissement de crédit et de considération que je demande pour le C.L. et pour son Président me paraît surtout propre à fortifier le pouvoir suprême en le rendant plus national.

Je passe maintenant à la nature de ce pouvoir. Il ne peut être environné de trop d'éclat et de trop de grandeur. On doit le conformer, le plus qu'il sera possible, aux habitudes des grands Etats de l'Europe, aux souvenirs de l'Esprit Français. Le titre, les prérogatives, le cérémonial, tout doit reporter la mémoire aux premiers âges de la Monarchie. Le Pouvoir suprême a besoin de signer antique et invariable.

Quand une révolution passagère les écarte, on les retrouve facilement dans l'imagination des peuples. En prenant le titre d'Empereur, il faut réveiller toutes les idées impériales. Je n'ignore pas que les opinions modernes sont favorables à ce genre de prestige. Mais c'est ici qu'il faut combattre les petites vues et les vaines sarcasmes de notre philosophie par cette haute philosophie qui est la raison de tous les siècles. La Majesté de la Religion doit être appelée à cette grande Cérémonie. La Religion seule éclaircit le mystère de la souveraineté comme celui de la société. Ainsi l'idée d'un Dieu maître des Empires, qui abaisse et élève à son gré les dynasties, est très convenable dans une telle solemnité. Une monarchie toute philosophique à la manière du siècle meurt aussitôt qu'elle est proclamée, nous l'avons vu en 1791. Une Monarchie fortement constituée par l'autorité de la Religion, par la force des armes et par le bienfait des Loix Civiles, résiste à l'action du temps.

Le sceptre, la main de Justice, la Couronne, le Sacre, ne seront point inutiles pour émouvoir les peuples et appeler la considération de l'Europe.

Tout ce qui était féodal dans la Monarchie française doit être abandonné, mais il faut conserver tout ce qui était National. Ainsi les grandes dignités comme celle de Maréchal de France sont naturelles à l'ordre nouveau qui se prépare.

L'Epée qui a reconquis en un jour l'Italie dans les plaines de Marengo, vaut sans doute celle d'Alexandre et de Charlemagne; mais je verrais avec plaisir les emblêmes impériaux qui décoroient ce dernier Monarque reparaître au Couronnement de Bonaparte.

Plusieurs autres grandes questions ont été plutôt indiquées que traitées dans le Conseil. L'existence de la famille impériale est de ce nombre. Non seulement il faut marquer la place de l'héritier présomptif, mais encore celle de tous les membres de la même famille. Les frères, les soeurs, les beaux-frères de l'Empereur ne peuvent plus être de simples particuliers. Ils doivent former nécessairement les premiers degrés intermédiaires entre le Monarque et le Peuple.

L'existence du Clergé me paraît aussi de la plus haute importance. Les évêques sont dans une médiocrité qui ne leur permet pas l'influence des bienfaits. Tout le reste est dans une misère avilissante. Il n'y a plus de milieu, la reconnaissance doit faire du Clergé l'auxiliaire le plus utile, vu le désespoir l'ennemi le plus dangereux.

En un mot une aussi grande institution doit recomposer la société toute entière, en réunissant la france moderne à l'ancienne france. On doit gou-

verner sans doute pour les nouveaux intérêts qu'on [voit?] par tout, mais il faut en même temps consoler de jour en jour tous ceux qui ont été blessés.
Le bras de la Justice nationale est prêt à frapper des conspirateurs indignes de grâce. Le trône ne peut être élevé que lorsque l'échaffaud aura disparu.
Mais après cet exemple de rigueur, la bonté de votre âme a droit de se montrer. De grands actes de clémence, des faveurs, des grâces de toute espèce ont toujours signalé l'avénément des monarques. Votre générosité naturelle se trouvera justifiée dans cette circonstance par la plus sage politique.
Agréés, Citoyen Premier Consul, l'hommage de mon profond respect.

Fontanes

AF^{IV} 1041

Corps législatif
Paris, le 16 floréal l'an XII
de la République française

Le Président du Corps législatif
Au Premier Consul,
Citoyen Premier Consul,
Dans tous les changemens que la Constitution a subis depuis l'an 8, le Sénat a souvent accru des privilèges et le Corps législatif a toujours perdu les siens. Mes Collègues en conséquence ne sont point sans quelques allarmes. Je les rassure en songeant à votre haute sagesse.
Toute votre conduite politique a prouvé que vous ne connoissiez pas moins l'art de gouverner que l'art de combattre. Vous avez éteint l'esprit des factions en les opposant les uns aux autres, et en les forçant toutes à suivre également la direction de votre Génie.
Ce que vous avez fait pour les partis et pour les hommes, vous le ferez aujourd'hui pour les gens du corps de l'Etat.
Vous ne donnerez ni trop ni trop peu aux prétentions réciproques. Le Sénat et le Corps législatif doivent dans leur organisation divers au même dessein; et s'ils voulaient le contrarier il faut qu'ils s'aperçoivent très vite que vous êtes assez fort pour vous passer de l'un et de l'autre.
Les institutions politiques seront donc sagement balancées; aucune ne sera trop élevée ou trop abaissée dans le nouveau code qui va paraître.
Le corps qui vote l'impôt est le plus national et le plus nécessaire, et c'est pour cela qu'il faut se garantir de l'impétuosité de ses mouvemens. Mais il n'a plus l'initiative des lois, on peut le dissoudre à volonté. Que craindre encore de lui?
Le vrai danger maintenant est de lui ôter toute influence populaire en l'abaissant trop devant le Sénat.
Vous aviez déjà senti cette vérité l'année dernière. La promesse que vous avez faite au Corps législatif de paraître vous même à l'ouverture de chacune de ses sessions lui a rendu quelque dignité. L'élection de son Président annuel lui a donné des rapports honorables avec le Gouvernement.
Mais ce premier avantage serait perdu si dans cette grande circonstance, le Corps législatif paraissait avoir moins appelé votre attention que le Sénat et le Tribunat.
Le Sénat obtient quelques nouveaux privilèges et les Tribuns qui, à cette époque comme dans plusieurs autres, ont toujours fait cause commune avec lui, n'ont pas, dit-on, oublié leurs intérêts.

Je sais qu'on ne peut faire pour trois cents individus comme pour cinquante; mais que mes Collègues ne soient pas tout à fait étrangers aux faveurs qui se préparent.

La considération du Corps législatif tient beaucoup à celle que vous avez bien voulu donner à son Président, mais il faut que le sort de ce dernier devienne plus stable pour que ses fonctions soyent plus utiles. S'il est tous les ans le jeu d'un élection nouvelle, son influence est perdue comme j'ai déjà eu l'honneur de vous le dire. Il ne peut rien sans popularité, et sa popularité tiendra toujours à l'idée qu'on se fera de vos bontés pour lui.

Le Corps législatif s'élèvera ou s'abaissera dans l'opinion d'après la manière dont vous traiterez ceux qui le représentent auprès de vous.

Tout éclat par la forme nouvelle du Gouvernement viendra d'en haut, et celui que vous donnerez au chef des Corps satisfera toutes leurs prétentions sans augmenter leur pouvoir.

Agréez Citoyen Premier Consul l'hommage de mon profond respect.

Fontanes

AF^{IV} 1041
3° doss., p. 31
AN XIII

Corps législatif
Le Président du Corps législatif

A Sa Majesté l'Empereur

Sire,
Le Corps législatif est convoqué pour le premier frimaire. Tous les Membres seront rassemblés dans dix jours. La session doit-elle commencer à cette époque; ou ne doit-elle s'ouvrir qu'après le couronnement de votre Majesté?
Plusieurs motifs font désirer qu'elle soit retardée jusqu'à ce moment.
Le Sénatus-Consulte du 28 frimaire an 12, qui a établi un Président annuel du Corps législatif, a prescrit la forme dans laquelle doit être ouverte la session annuelle.
Le Sénatus-Consulte du 28 floréal suivant n'a point dérogé cet article à ce qui était prescrit par celui du 28 frimaire.
Une des principales cérémonies de l'ouverture du Corps législatif est la prestation du serment par les nouveaux députés entre les mains de l'Empereur.
Tant qu'ils n'ont pas rempli cette formalité, ils ne peuvent participer à aucun acte du Corps législatif.
Mais aujourd'hui tous les députés, hors le Président et les Questeurs, sont dans le même cas que les nouveaux députés: ils n'ont point prêté le serment actuel.
Combien ne serait-il pas dangereux et contraire à l'esprit du gouvernement Monarchique, de laisser faire des actes de législation, à un corps législatif qui n'aurait point encore prêté son serment au Monarque! Combien il serait imprudent de souffrir que dans la suite un nouveau cinquième participât aux actes du Corps entier, avant ce serment!
Dans aucun pays et dans aucun tems, un député nouveau n'a pu remplir la moindre de ses fonctions sans ce préalable nécessaire. On ne l'a jamais souffert pendant la Révolution. Les formes monarchiques à cet égard doivent être encore plus sévères, et je n'ai pas besoin d'en développer les raisons.
Le Corps législatif va bientôt assister au couronnement de l'Empereur, et peu de jours après, l'Empereur, venant faire l'ouverture de la session annuelle, recevra le serment individuel de ses membres. Ces deux augustes

cérémonies se prêtent un mutuel appui. Le Corps législatif en masse présente à la cérémonie du couronnement une adhésion générale, et bientôt l'adhésion particulière, fondée sur un serment solennel, consacre l'adhésion générale. C'est alors seulement que le Corps législatif (dévoué à l'Empereur par son serment) commence et peut commencer des actes législatifs.

Assister à la cérémonie du couronnement sans avoir prêté le serment de fidélité, ne présente aucun inconvénient. Mais faire un acte de législation quelconque, prendre même un simple arrêté, sans avoir prêté ce serment, c'est blesser la nature même de la constitution monarchique.

Si la session s'ouvre au 1er frimaire dans les formes usitées jusqu'à présent, elle n'aura ni objet, ni importance, ni dignité.

Les travaux qui doivent occuper le Corps législatif ne sont point encore préparés. Les affaires intérieures ne sont presque rien, et d'ailleurs, les nouveaux députés ne peuvent y prendre part, comme je viens de le dire, qu'après avoir prêté le serment prescrit, entre les mains de votre Majesté.

On s'attend à la voir paraître avec tous les attributs du pouvoir impérial au milieu de l'assemblée qui vote l'impôt.

On a déjà fait dans la salle toutes les dispositions nécessaires pour un aussi grand jour.

L'effet de cette cérémonie vraiment nationale s'affaiblira si elle est précédée d'une installation sans intérêt et sans grandeur.

Je connais l'esprit général du Corps législatif: il croira voir, dans cette infraction au Senatus-Consulte du 18 frimaire, une suite de ce système qui tend à l'abaisser sans cesse, tandis qu'on élève autour de lui tous les autres corps de l'Etat. Je suis plus loin que personne de réclamer pour les assemblées populaires des privilèges dont elles ont tant abusé! mais l'amour propre veut être un peu dédommagé quand le pouvoir réel a disparu.

Il ne faut pas trop dédaigner l'influence de trois cents hommes, composés de propriétaires, d'anciens administrateurs, de négociants, de magistrat, de vieux généraux, qui portent tout à tour dans Paris l'opinion des départements, et dans les départements l'opinion de Paris.

Le Corps législatif a reçu par la dernière élection beaucoup de membres qui ont de l'aisance, et quelques-uns même qui ont plus que de l'aisance. Cette politique sans doute est très sage: car le propriétaire est celui qui a le plus d'intérêt au maintien de l'ordre établi. Mais à mesure que le Corps législatif a plus d'hommes riches, il a par la même raison plus d'hommes indépendants. Il doit donc être conduit et ménagé avec plus de soin.

De jour en jour la surveillance de ce corps deviendra plus délicate et plus difficile.

Je l'avais prévu.

C'est pour cela qu'il était nécessaire de donner au Président plus de stabilité pour augmenter son influence.

Quelques personnes ont dit que des élections annuelles rendraient un Président plus populaire. Ce sophisme est digne des tems de l'anarchie.

Il faut être honoré, il faut être aimé pour être populaire.

Or, en fait de place, on honore peu ce qui va finir; on aime faiblement ce dont on n'espère rien.

Je n'ai pu me soutenir que par quelque considération personnelle, mais la considération dans un corps dépend de crédit ou de l'apparence du crédit; ce qui est à peu-près la même chose aux yeux de la multitude.

J'en ai dans ce genre, ni l'ombre, ni la réalité.

Tous mes moyens d'influence ont diminué depuis l'année dernière. Alors, j'étais seul Président d'un grand corps de l'Etat. Aujourd'hui, j'ai un supérieur et un collègue qui, avec un corps six fois moins nombreux, jouit des mêmes avantages que moi.

Votre Majesté ne fait rien sans doute qu'avec la plus haute sagesse: mais ce qui était unique a beaucoup perdu en se multipliant.

Le Président du Tribunat est élu pour deux ans: je ne le suis que pour un. Tous les membres du Tribunat sont entrés en masse dans la légion d'honneur: leurs fonctions durent dix ans. Je n'ai obtenu aucun avantage nouveau pour les membres du Corps législatif.

J'aurais pu donner quelques renseignements nécessaires sur ceux de mes collègues qu'on voulait faire entrer dans la légion d'honneur. Je n'ai pas été consulté.

C'est ici le lieu de dire à votre Majesté que ceux qui demandent le moins cette distinction, en sont quelquefois les plus dignes, et que les mieux récompensés ne sont pas toujours les plus fidèles.

Très peu de Belges ont eu part à cette faveur. Ils forment cependant une des portions les plus recommandables du Corps législatif. Nul souvenir de l'ancienne monarchie ne les prévient contre la nouvelle; et grâce à la solidité de leurs occupations et à leur bon sens naturel, ils sont presque tous étrangers à cette fausse philosophie qui a propagé parmi nous les systèmes anarchiques.

Plusieurs militaires, membres du Corps législatif, disent qu'à l'époque du couronnement de votre Majesté, ils doivent être promus à des grades supérieurs. Ce qui se passe dans l'armée ne me regarde en rien. Mais je me suis attaché à connaître l'esprit des militaires dont je suis le collègue. Cet examen m'a fourni quelques observations: elles deviennent désormais inutiles.

Tout ce qui se fait pour ou contre le Corps législatif se fait sans ma participation.

J'ajoute que la rédaction des Sénatus-Consultes laisse toujours quelques équivoques.

Rien n'est plus vaguement défini que les diverses attributions du Président et des Questeurs du Corps législatif.

On sent bien qu'un Président n'a nul moyen, et même nulle envie, de soutenir des droits dont il peut être dépouillé dans quelques semaines. C'est ainsi que le faux système des élections annuelles entretient partout le désordre et la faiblesse. Votre Majesté seule a montré dans son conseil des vues sages et élevées sur l'organisation du Corps législatif et du Tribunat.

Elle voulait qu'on les réunît ensemble sous un même Président dont les fonctions auraient duré cinq ans, comme celles de chaque membre du Corps législatif.

C'est le seul système raisonnable: c'est le seul qui puisse établir entre le Président et ses collègues des relations utiles au Gouvernement. Cette première pensée de votre Majesté recevra tôt ou tard son exécution, si les développemens successifs de la constitution monarchique laissent exister le Corps législatif sous son nom et dans sa forme actuelle.

Ce n'est pas pour moi assurément que je forme ce voeu, mais pour l'intérêt de la chose même.

Je désire sincèrement que mes fonctions présentes s'abrègent au lieu de se prolonger.

Votre Majesté qui, en s'occupant des plus grandes choses, sait encore observer les petites, disait un jour que je n'avais point de faveur dans le Conseil d'Etat, *parce que je n'étais point un homme de la Révolution.* Non, Sire, je ne suis point un homme de la Révolution. Je vous admire surtout, parce que votre génie l'a terminée.

Mais ce motif que vous avez si bien deviné fera plus d'une fois contrarier secrètement ce qu'il y a de plus juste et de plus convenable pour le Corps dont vous m'avez nommé Président.

Permettez, Sire, que je vous ouvre toute mon âme. J'ai présidé le Corps législatif dans une année fertile en grands événemens. J'ai vu votre avènement à l'empire. J'ai été l'un des trois magistrats choisis pour le proclamer. J'aurai l'honneur d'assister à votre couronnement, et de recevoir votre Majesté, quand elle fera l'ouverture de la session prochaine.

Quand les sujets avaient autrefois l'avantage de s'approcher du trône à des époques aussi solennelles, le Monarque laissait tomber sur eux quelques regards de bienveillance.

Vous êtes plus grand, Sire, que ces monarques: vous ne serez pas moins généreux.

Un mot de votre bouche peut me placer au Sénat. Ce qui manque à mes titres est suppléé par les grandes circonstances où je me suis trouvé.

Un état indépendant et paisible me laisserait tout entier à des travaux dont je tâcherai de faire un monument durable de ma reconnaissance et de mon admiration pour vous.
Je suis avec un très profond respect, Sire, de votre Majesté, le très humble et très fidèle serviteur.

Fontanes

P.J.

J'ai déjà eu l'honneur de dire un mot à votre Majesté des archives du Corps législatif, où la mort de M. Le Camus laisse une place vacante. Cet établissement a besoin d'une nouvelle organisation. Le despotisme de l'ancien archiviste avait réuni, sans aucune convenance, dans le même dépôt, des objets qui doivent être séparés. Votre Majesté jugera sans doute nécessaire de renvoyer les anciennes archives des cours souveraines aux tribunaux chargés aujourd'hui des mêmes fonctions; plusieurs monuments historiques appartiennent de droit aux dépôts de la diplomatie, et le Corps législatif ne doit garder que les pièces relatives aux événements écoulés depuis l'ouverture des Etats généraux.
Si ce plan est suivi, plusieurs places nouvelles doivent être créées, et j'aurais l'honneur de proposer à votre Majesté, pour le Corps législatif, des hommes qui seront peut être dignes de son choix.

AF^{IV} 1041, dos. 30 3 Pluviôse an XIII

Sire,
J'ay eu plusieurs fois l'honneur de rappeler au souvenir de votre Majesté les justes prétentions du Corps législatif à la Légion d'honneur.
En les mettant de nouveaux sous vos yeux, je puis être importun. Mais les intérêts du gouvernement me paraissent, en cette occasion, trop intimement liés à ceux du Corps dont je suis l'interprète, pour qu'il me soit permis de me taire.
Des corps inférieurs ont été admis en masse à la distinction qu'on refuse à mes collègues, et cette comparaison produit un effet triste et factieux. Cependant ils ont des titres réels. Presque tous ont occupé des fonctions importantes avant d'arriver au Corps législatif.
Presque tous propriétaires, anciens magistrats, administrateurs négocians distingués, ils exercent quelque influence dans leur département.
Ils sont les intermédiaires de l'opinion entre Paris et les provinces.
Chaque membre du Corps législatif a subi une double élection, celle du collège électoral et celle du Sénat. Un homme distingué par ce double suffrage ne peut être indifférent au gouvernement.
Si on examine en détail les titres de chacun d'eux, on se convaincra que le plus grand nombre mérite cet honneur. Si quelques uns en paraissent moins dignes, on ne pourrait encore les exclure, car plus le nombre serait petit, plus l'exclusion serait humiliante.
La première et la plus grande objection que l'on ait proposée contre l'admission en masse du Corps législatif à la Légion d'honneur est le nombre des membres qui le composent.
Mais ce nombre de trois cents, considérable en effet lorsqu'il est rassemblé, cesse de l'être lorsqu'il est réparti dans les provinces. Chaque membre n'obtiendra cette faveur qu'à la fin de la session et lorsqu'il retournera dans son département.
On a dit, en second lieu, que le renouvellement par cinquième du Corps législatif obligerait de créer tous les ans soixante membres nouveaux de la Légion d'honneur.
Cette dernière objection n'a point de fondement, puisque l'année actuelle diffère de toutes les autres. L'époque où votre Majesté vient d'être couronnée est une époque de gloire et de faveur. Le Corps législatif a droit d'espérer, en ce moment, quelque marque de votre bienveillance.
Si pourtant les considérations que je viens de soumettre à votre Majesté ne la déterminaient point à faire une promotion générale du Corps législatif, je la supplie de vouloir bien me consulter sur les nominations individuelles

qu'elle se propose de faire, les notes que j'ay préparées et qui lui seront remises quand elle l'ordonnera.

Le Corps législatif est le dernier reste des éléments de la démocratie. Pour en fixer l'agitation, le Président a besoin d'influence et de popularité.

Une nomination en masse me donnerait quelque crédit sur mes collègues, et le crédit est nul, si je ne suis pas même consulté sur les nominations individuelles.

Je prie votre Majesté de vouloir bien m'accorder un moment d'audience.

J'ay à lui soumettre quelques autres observations sur cet objet et sur l'élection des candidats à la questure.

Je suis avec le plus profond respect Sire de votre Majesté le très humble et très fidèle serviteur et sujet.

Fontanes

ce 3 pluviôse an 13

Lettre de Fontanes à Monsieur CHAUDET

Paris, le 7 frimaire an XIII
de la République Française

Le Présient du Corps Législatif
à Monsieur Chaudet, membre de la Légion d'Honneur

J'ay reçu avec reconnaissance, Monsieur, le buste de L'Empereur. Phidias avait seul le droit dans le plus beau siècle de l'Antiquité, de faire les statues des Dieux et des grands hommes. Vous deviez avoir le même privilège et l'ouvrage que j'ay sous les yeux vient de me le prouver. J'aurai le plus grand plaisir à voir votre attelier, et je profiterai de votre invitation, sitot que mes occupations me permettron de jouir plus à mon aise de vos chefs-d'oeuvre.

Fontanes

Source: Archives des Deux-Sèvres

Université impériale

Monsieur le Doyen,

J'ai l'honneur de vous transmettre une expédition de l'arrêté par lequel j'ai désigné les élèves de votre faculté qui devront faire partie des compagnies d'artillerie de la Garde Nationale de Paris, aux termes du décret impérial du 24 janvier 1814.
Je vous invite à en donner connaissance sans nul délai aux élèves désignés.
Le gouvernement a décidé qu'ils choisiraient parmi eux leur sous-officier.
Je ne doute pas que les étudiants de la faculté de Médecine n'appréciant cette marque de confiance et ne donnent dans cette occasion des preuves de leur zèle et de leur bon esprit.
Si contre mon attente, il s'en trouvait quelques-uns qui ne répondissent pas à l'appel qui leur est fait vous auriez soin de me les faire connaître à l'instant, et je prononcerai contre eux telles peines de discipline qui seront juger convenables.
Je vous prie de me faire un prompt rapport sur l'exécution de mon arrêté.
Recevez, Monsieur le Doyen, l'assurance de ma considération distinguée.
Le Sénateur, Grand-Maître de l'Université impériale.

Fontanes.

Paris, le 1er février 1814.

[Origine: Archives de l'Académie française
1 g. 30 (collection Moulin).

Nous publions ici quelques lettres des Fontanes, adressées à la famile Bacciocchi

Madame,

La plus heureuse des nouvelles m'arrive dans ce moment. Je ne m'afflige que d'une seule chose dans un si grand de joye. C'est que cette impertinente loi *Salique* gouverne aussi vos états. Une Minerve à qui vous transmettrez vôtre ame et vôtre caractère ne sera au dessous d'aucun prince quelque grand qu'il soit, et sera, en outre bien plus aimable. C'est aujourdhuy que je regrette de n'être point auprès de vôtre Altesse impériale. je briguerais l'avantage de lui prodiguer les soins de l'amitié, et je me souviendrais avec attendrissement ces jours heureux où elle recevait les soins avec une bonté qui ne sortira jamais de mon coeur.
  Je suis avec mon profond respect
  Madame de Vôtre Altesse impériale et royale
  Madame
  Vôtre très humble et très obéissant serviteur
  Fontanes

13 juin 1806

Archivio di Lucca
A.S.L. SEG. Stato E Gabinetto. Vol. N° 199
Lav. 1907.

Monseigneur,

J'ai été presque entièrement privé de la vue pendant plusieurs mois. en songeant toujours à Vôtre Altesse, je ne pouvais me rappeler moi-même à son souvenir, et je souffrais doublement. mes yeux sont un peu meilleurs. Les premiers mots qu'ils me permettent de traçer sont pour vous et pour Madame Eliza. tout mon coeur est à Lucques près de vous deux. Les années finissent, mais les sentimens que vous m'inspirez ne finiront qu'avec ma vie.

Je suis avec un profond respect Monseigneur
De Vôtre Altesse Sérénissime
Le très humble et très obéissant serviteur.
Fontanes

20 janvier 1807.

Archivio di Lucca
A.S.L. SEG. Stato E Gabinetto Vol. n° 200
LAV. 1907.

A son Altesse jmpériale et Royale
Madame la Princesse de Lucques.

Madame

Combien j'ai été sensible à l'aimable souvenir que votre Altesse a daigné me témoigner. Celui de vos bontés pour moi ne s'effacera jamais de ma memoire; mais il viendra sans cesse se meller à ma pensée bien douloureuse celle de voir que les hautes destinées qui vous appellent vous separent aussi entierement de nous, et lorsque je me retrace les jours heureux que j'ai passé près de votre altesse je sens plus vivement encore le regret de rien plus jouir.

Il y a bientot cinq semaines que j'ai quitté ma famille. Le triste état de ma santé m'a fait enfin rendre le pari d'essayer les bains de Vichi. j'ai commencé d'abord pour faire un tour à Lyon où je n'avais point été depuis 13 ans; mais pressée par la saison des eaux qui s'annonçait je n'ai pu y rester que quelques instans. Je compte retourner à Paris le deux ou le trois d'aoust. pour rien dans le monde je ne voudrais laisser échapper le moment où L'empereur doit y rapporter à la fois et tant de lauriers et tant de bonheur. Mon mari m'annonce la convocation du Corps legislatif pour le 6 d'aoust. le voila comment encore une quatrieme fois la chance d'une réelection. J'espere que L'empereur qui jusqu'ici a daigné lui montrer tant de bienveillance voudra bien jetter un nouveau regard sur lui et assurer son existence.

Mme de la Place à mon départ de Paris m'assure que votre altesse jouissait d'une excellente santé ainsi que la jeune princesse.

Par un fond Degoïsme dont-il m'est impossible, Madame, de me deffendre je dois vous avouer que je desirerais qu'une indisposition legere à la verité, vînt vous obliger à respirer un peu l'air de France.

J'ose me flatter que votre altesse voudrait bien me permettre alors de retrouver quelqueuns de ces instans dont le souvenir à pour moi un si grand charme. Permettez quejeprie Votre Altesse dêtre assez bonne pour daigner agréer Lexpression detous mes voeux, celle des plus tendres sentimens et du profon Respect avec lequel jai l'honneur d'être, Madame, de Votre Altesse.

La très humble et très
obéissante Servante
Cathelin fontanes

P.S.
J'ose me rappeler du souvenir de son Altesse Monseigneur le prince de Lucques. permettez aussi que ma petite christine baise la main de son auguste marraine et quelle la prie de lui accorder toujours un petit souvenir.

Vichi les Bains le 13 juillet

Archivio di Lucca.
A.S.L. SEG. Stato E Gabinetto vol. n° 201
LAV. 1907.

Monseigneur,
J'avais eu l'honneur d'écrire à Vôtre Altesse par un de mes amis. j'apprends que ma lettre n'est point parvenue. j'espère que celle-ci sera plus heureuse. je ne puis que vous répéter ce que je sens et ce que je dis tous les jours. depuis que vous nous avez quitté avec Madame Eliza, tout me parait triste et désert. Paris était pour moi dans la vue de la chaise. je le cherche et ne le trouve plus. je n'ai su l'accident arrivé à Vôtre Altesse que lorsque heureusement elle était guérie. La consolation a suivi de près l'allarme. j'avais eu l'honneur de vous adresser dans ma lettre qui ne vous a point été remise, et mes condoléances et mes félicitations. permettez que je les renouvelle ici. personne ne sera jamais plus sensible que moi à tout ce qui peut vous intéresser.
Je suis avec un profond respect, Monseigneur, de Vôtre Altesse impériale
Le très humble et très obéissant serviteur Fontanes 7. 8bre 1808

Archivio di Lucca.
A.S.L. SEG. Stato E Gabinetto. Vol. N° 202

Monseigneur,

Quand je faisais des voeux pour le bonheur de Vôtre Altesse impériale, j'apprends qu'il vient d'être troublé. On m'annonce au moment même l'accident que vient d'éprouver Madame Eliza. ma peine est aussi vive que mon dévoument pour vous deux. j'ai besoin de croire que cet accident ne sera rien, j'ai besoin de savoir que vous êtes heureux à Lucques pour l'être moi-même à paris, et surtout pour me consoler d'être si loin de vous.

Je suis avec un profond respect Monseigneur
De Votre Altesse impériale
Le très humble et très obéissant serviteur
Fontanes

Paris, 5 janvier 1809

Archivio di Lucca
A.S.L. SEG Stato E Gabinetto. Vol. N° 203
LAV. 1907

* * *

Le 3 mai 1809
1260 (1244)
Mgr. le comte de Fontanes
S.A.I. Mad^{me} la Grande Duchesse m'a chargé de vous adresser le Paquet ci-joint pour Mademoiselle Fontanes qu'Elle vous prie de lui remettre de sa part. S.A. est partie hier de Florence pour aller faire une tournée dans le Département de Piombino, on ne l'attend de Retour que Mardi où Mercredi qui vient. Elle se porte parfaitement bien de même que le Prince et Mad^e Napoléon.

Archivio di Lucca
A.S.L. SEG. Stato E Gabinetto. Vol. N° 195
Lav. 1907.

Références bibliographiques

Bibliographie Fonds consultés

Académie française
1 D 12   (Livre du droit de présence: thermidor an IV).
2 B 1   (Institut national des sciences et des arts. Registre des procès-verbaux et rapports de la classe de littérature et beaux-arts, pour les ans 4, et 5 de la République française; floréal an IV).
5 B 1   (Extraits des mémoires lus à la 3ème classe de l'Institut dans le 1er trimestre de ses séances; an IV).
5 B 2   (Rapport sur le mode à suivre lorsqu'un citoyen présentera ou enverra à la classe de littérature et beaux-arts de l'Institut national quelque ouvrage ou quelque découverte; an V, signé Mongez, Fontanes, Le Blond et Ameilhon).
5 B 2   (Rapport sur l'achèvement du Louvre; an V).
1 G.30   (Lettre de Fontanes au doyen de la faculté de médecine, pour incorporer les étudiants de médecine dans les compagnies d'artilleries de la Garde Nationale; 1er février 1814).

Bibliothèque de l'Institut de France
Institut de France, Les registres de l'Académie françoise, 1672-1792. Paris, Firmin-Didot, 1895.
Collection Moulin, dossier Fontanes: H.R.5* (t. 24); H.R:5* (t. 38); H.R.5* (t. 52).
Mss. 2715 (lettre administrative); Mss. 6053 (Jean-Baptiste Dumas fils: Portraits).

Bibliothèque Spoëlberch de Lovenjoul
A. 393, fol. 102.
D. 550, folios 37 à 39; folios 55 à 59 (fonds Sainte-Beuve)

Bibliothèque de la Sorbonne
Mss. 1502; 1602 : 1613; 1660.

Bibliothèque Nationale, Manuscrits
N.A. fr. 1304 (les différentes pièces: 56 et s.; 59; 61; 63 etc.).
N.A. fr. 14102.
Ms. Fr. 12 758.

Archives Nationales
Le Minutier des Archives Nationales:
Etude CXVIII, 916, 927, 928.

Archives Nationales
Séries: AF IV 79; 114; 146; 154; 266; 301: 339; 421; 422; 434; 909 : 1041; 1050 : 1054; 2406.
AF. IV Carton 330.
AD VIII, 26 (dossier premier).
AD VIII, 27.
A.N.: C 183, CC 20, CC II, 35.
A.N.: F^1dIV F4 (1816/1817) (récompenses honorifiques). F7 1344; 4686; 4709; 4736; 6565; F13 885.
A.N.: 01 269.

Archives de la Seine:
D.Q. 10 257, dossier 9502; Faire part décès, Don. 6971, V7E; Série V.5E (certificat médical décès).

Archives départementales et étrangères,
Bibliothèques contenant des manuscrits (sauf Archives de la Seine et la Bibliothèque de la Sorbonne, Réserve) (groupées):
Archistra, Centre d'études et de recherches d'histoire de la France méridionale. Manuscrits. Registres de Jean Adema, notaire de Saint-Gaudens, 3E 24941 (1749-1750) 3E 24942 (1750-1751); 3E 24943 (1751-1752); registres paroissiaux de Lieoux, 4E 1111 (1744, 1759-1792); registres paroissiaux de Saint-Gaudens, 4E 1865 (1737-1758).
Archives de l'Ain (Archives d'Etat, du département, des communes et des hôpitaux).
Archives des Deux-Sèvres, C7 (Reqistre de la paroisse de Notre-Dame de Niort, année 1772); B.S.R.N. liasse 40; Dn.a. 686; E 646; Minutes Brisset, 15 juin 1757.
Archives de l'Eure.

Archives du Gard.
Archives des Hauts-de-Seine.
Archives de l'Hérault, C 149; C 2360; C 2475; C 2544; C 2525.
Archives de la Région de Haute-Normandie et du département de la Seine-Maritime.
Archives de La Rochelle (également Bibliothèque de la Rochelle), Ms. 356 (fol. 428; fol. 430); Ms. 784 (fol. 109, 115, 123, 135, 137-138, 177.
Archives départementales du Rhône, inventaire des notaires, 3E 2494.
Archives de la Vienne, C 38.
Bibliothèque Municipale de Douai.

L'Allemagne
Geheimes Staatsarchiv Preußischer Kulturbesitz (Berlin-Ouest, R.F.A.).
Zentralarchiv der D.D.R. (Merseburg, R.D.A.).

L'Angleterre
The Royal Commission on historical manuscripts, London.
Public Record Home Office, London.

L'Italie
Archivio di Stato di Lucca. Ministero dell'interno, publicazioni degli Archivii di Stato, LIII, Archivio di stato di Lucca, regesto del carteggio privato dei principi (Elisa e Felice Baciocchi).

Suisse
Archives d'Etat, Genève, A.E.F.R.C.; vol. 262 (1762).
Genève, Confédération Suisse, République et Canton de Genève. Etat civil, acte de décès, vol. 1873, p. 197, n° 786.
Bibliothèque publique et Universitaire de Genève, Ms. fr. 209, 211.
Fonds Candaux, Genève.

Il n'existe aucune édition complète des oeuvres de Fontanes. Sainte-Beuve éditait en 1839, après de laborieux travaux auxquels s'était associée la fille de Fontanes, Christine, une édition en deux volumes, préfacée par une lettre de "M. de Chateaubriand à Madame la Comtesse Christine de Fontanes".

Cette édition comportait une "Notice historique" sur M. de Fontanes de Roger qui vivait dans l'entourage de Fontanes. Il s'agit en fait d'un extrait de la *Biographie Universelle*, publié en 1837. Sainte-Beuve ornait cette édition d'une longue préface, retraçant la vie et l'oeuvre de Fontanes qu'il n'a pas connu, préface dont il avait déjà publié de longs extraits dans la *Revue des Deux-Mondes*, en octobre 1838. Sainte-Beuve savait interroger des contemporains encore vivants, il savait écouter et lire.

L'édition comporte la poésie de Fontanes, des articles de littérature, des discours politiques, quelques discours universitaires et académiques.

Dans la suite, nous indiquons cette édition et d'autres publications. Il faut se méfier du terme "collection complète".

Fontanes (Louis-Jean-Pierre, Mis de),

> *Ouevres de M. de Fontanes, recueillies pour la première fois et complétées d'après les manuscrits originaux précédées d'une lettre de M. de Chateaubriand, avec une notice biographique par M. Roger et une autre par M. Sainte-Beuve.*
> Paris, Hachette, 1839, 2 vol.
> B.N.: Z. 49030-49031.

Fontanes (L. de),

> *Collection complète des discours de M. de Fontanes [publiée par Fayot].*
> Paris, Domère, 1821.
> B.N.: X. 25255.
>
>> [Cette édition contient quelques discours politiques de Fontanes comme président du Corps législatif, le rapport fait au Sénat-Conservateur (décembre 1813), quelques discours du grand-maître de l'Université et quelques discours prononcés à l'Académie].

Fontanes (L. de),

> *Collection complète des discours de M. Fontanes, seconde édition augmentée d'une lettre de M. le vicomte de Chateaubriand, de plusieurs discours qui n'ont point été publiés et de fragmens des discours prononcés par MM. Villemain et Roger...* [publié par Fayot].
> Paris, Mme Seignot, 1821.
> B.N.: X. 25256. [Le livre est hors d'usage].

Fontanes (L. de),

> *Poèmes et discours de Fontanes.*
> Paris, Delamotte, 1837; Lyon, Gilbert et Brun, 1837.
> B.N.: Z. 49032.
>
>> [On a réuni quelques poèmes dans un ordre chronologique dispersé, des discours de toute sorte, pas de préface].

Fontanes (L. de),

> Pope (Alexander). *Nouvelle traduction de l'Essai sur l'homme de Pope en vers françois, précédée d'un discours et suivie de notes.*
> Paris, Jombert, 1783.
> B.N.: Yk. 2454.

— *Traduction de l'Essai sur l'homme en vers français, précédée d'un discours et suivie de notes, avec le texte anglais en regard.*
Paris, Le Normant, 1821.
B.N.: Yk. 2462.

[Des amis avaient poussé Fontanes à publier cette "nouvelle" *Traduction de l'Essai (...)*, parce que peu avant, on avait publié la traduction faite par Delille. Fontanes avait complètement refondu sa traduction et qui, sous cette nouvelle forme, était déjà prête en 1801 (p. 66, édition de 1821). S'il avait attendu plus longtemps, on aurait pu dire qu'il avait copié Delille. Il s'agit de,

>Delille (Jacques),
>
>>*L'Essai sur l'homme de Pope*, traduit en vers français par Jacques Delille avec le texte anglais en regard, suivi de notes, de variantes et de la *Prière Universelle*, en vers français, par M. de Lally-Tolendal.
>>Paris, Michaud Libraire, 1821.
>>(Titre catalogue B.N.: *Oeuvres de Jacques Delille*, tome XVII).
>>B.N.: Ye 19831.

L'exemplaire contient un *Avertissement de l'éditeur*. Après avoir parlé d'autres traducteurs de Pope comme Silhouette, Millot etc., il dit: "Un rival plus redoutable se mit ensuite sur les rangs; ce fut M. de Fontanes, qui, persuadé, ainsi qu'il le dit dans sa préface, que la traduction de Delille ne paraîtrait jamais, publia la sienne en 1783. Elle eut beaucoup de succès, et on sait qu'elle commença la réputation de l'un de nos plus grands écrivains [...]. Quelques succès qu'eût obtenu la traduction de M. de Fontanes, il paraît qu'il n'en fut point aussi content que le public; car dès lors il s'occupa de la refaire; et l'on annonce aujourd'hui qu'il est près d'en publier une toute nouvelle. Cette lutte entre deux illustres rivaux, est un grand évènement [sic] dans les lettres; et les amis de la poésie, les nombreux admirateurs du talent de l'un et de l'autre, ne peuvent que s'en féliciter." (p. VII)].

Fontanes (L. de),
>*Le Verger, poëme.*
>Paris, Prault, 1788.
>B.N.: Ye 10232.
>>[L'édition contient des notes; celle de 1791 est plus intéressante].

Fontanes (L. de),

> *Le Verger, poëme*, par M. de Fontanes, avec des notes critiques par M. le baron B** t de R****n [Bant de Rasmon], De l'Académie Royale des Sciences, Arts et Belles-Lettres d'Orléans. Gand, P.F. de Goesin, 1791. In-8°, 66p.
> B.N.: Rés. ye. 2597 (1).
>> [Contient une petite notice de l'éditeur "chargé de l'impression des Poésies de M. de Fontanes, [Il] a cru pouvoir détacher ce morceau indépendant de tous les autres. Il contient des idées sur les jardins, qui peuvent intéresser, dans un moment où les riches propriétaires vont plus que jamais s'attacher aux campagnes, par les nouveaux rapports établis entre les villages, les provinces et le gouvernement".
>> Le livre paraît en 1791 [!] avec
>> "Approbation.
>> Ce manuscrit m'étant remis dans un temps où je n'avais pas le loisir de le collationner avec l'auteur, je me suis contenté de bien lire les remarques qu'il contient, et que je trouve curieuses, sans qu'il s'y trouve rien de repréhensible.
>> G.F. de Grave, Chan.
>> Gand, 21 juin 1789." (p. 66)
>> Fontanes et l'auteur des notes font références aux contemporains, par exemple:
>> P. 9, note (a): "M. Bernadin de Saint-Pierre est souvent un digne hérétier de Fénélon et de Jean-Jacques, qu'il semble avoir choisis pour modèles."
>> P. 41, texte de Fontanes:
>> "Langeac, vous, qui peignant cet immortel Genois, Des chaînes de Colomb faites rougir les rois? (a)."
>> Note, p. 41 (a) "Voyez un *Précis historique sur Colomb*, suivi d'une très belle Epître de ce grand homme à Ferdinand et Isabelle." Rappelons que Joubert avait collaboré à ce *Précis historique* de Langeac et que ce mécène, de Fontanes aussi, était plus tard â la tête du secrétariat du Grand-Maître de l'Université impériale.
>> Fontanes nomme d'autres contemporains qu'il connaissait; p. 43: "Et vous, Marnésia, daignez orner ma fête: Votre lyre a chanté de semblables plaisirs."
>> Marnésia est à ce moment président d'"Un des grands districts de la [Franche-Comté] dans la formation des assemblées provinciales." (note p. 43). Fontanes aura besoin de lui au moment des événements de Lyon. Delille "ce maître nouveau" (p. 17); Rousseau (p. 26); Parny (p. 41); Ducis (p. 42), etc.]

Fontanes (L. de),

Epître à M. l'abbé Barthélemy; voir Bérenger (Laurent-Pierre). Page de titre: *D'Anarcharsis ou lettres d'un troubadour, sur cet ouvrage*, suivies de deux Notices analytiques, et de l'Epître de M. de Fontanes à M. l'abbé Barthélemi.
Paris, Maradan, 1789.
B.N.: J. 24620.

> [L'édition est incomplète. Fontanes pp. 106-109: *Vers à l'auteur des voyages du jeune Anacharsis dans la Grèce*. Ces vers sont repris à plusieurs reprises ailleurs].

Fontanes (L. de),

Selon Querard, t. V, *Malfilâtre*, p. 465,
Fontanes aurait fait:
- Ed. Malfilâtre (Jacques-Charles-Louis Clinchamp de),

Narcisse dans l'isle de Vénus, poëme en IV chants.
Nouvelle édition, par Fontanes.
Paris, Crapelet (1790), in-8°.
VII-100 p. titre et pl. gravés.
B.N.: Rés. Ye 4358.

[Nous n'avons aucune preuve pour cette affirmation de Quérard. L'exemplaire *supra* contient une notice qui pourrait être de Fontanes (selon le style et les rapprochements) P.V.: "C'est dans la lecture de Virgile que Malfilatre s'étoit formé. Il avoit même entrepris une traduction complète de ce grand poète: elle est presque entièrement achevée en prose. Des morceaux des Géorgiques y sont introduit en vers par intervalle. Ces vers sont déjà connus en partie; ils ont été mis en parallèle avec ceux de Delille: on ne peut rien ajouter de plus à leur éloge." P. VII: "Thomas eut le bonheur de partager les soins que M. de Savines rendit à Malfilâtre dans sa dernière maladie." (Il mourut le 6 mars 1767, à trente-quatre ans, à Paris). On connaît l'estime qu'avait Fontanes pour Delille et surtout pour Thomas. Les autres éditeurs de Malfilâtre ne parlent, par contre, nullement d'une édition de 1790. Voir: *Oeuvres de (...)*. Seule édition complète, précédées d'une notice historique et littéraire.
Paris, Collin, An XIII-1805.
B.N.: Ye 9670.

[La *Notice historique* de L.S. Auger énumère toutes les éditions de 1768 jusqu'à celle de 1805, mais ne parle pas d'une édition de 1790 et encore moins de Fontanes].

La recherche reste donc à refaire].

Fontanes (L. de),

Poème sur l'édit en faveur des non catholiques.
Paris, Demonville, 1789.
B.N.: Ye 22567.

Fontanes (L. de),

Poème séculaire, ou Chant pour la Fédération du 14 juillet, par M. de Fontanes.
(S.l.), 1790.
B.N.: Ye 22566.

Fontanes (L. de),

Journal de la Ville, ou le Modérateur...
Le Mémorial...
La Clef...
Le Mercure...
Voir la partie *Collectivités* du présent travail.

Fontanes (L. de),

Histoire de l'Assemblée Constituante de France, par Pierre Granié.
Au bureau de distribution du Conseil des Cinq Cents, et à celui du Conseil des Anciens;
Chez Desenne, palais Egalité, sous les arcades, n° 1. (1799), 4 p.
(Tiré d'un article signé du Citoyen Fontanes).
B.N.: 8° Lb [39] 5464.

[Il s'agit d'un article que Fontanes publiait avant le 18 fructidor].

Fontanes (L. de),

Eloge funèbre de Washington,
prononcé dans le temple de Mars,
le 20 pluviôse an 8 [9 février 1800].
Paris, Agasse, (s.d.).
B.N.: 8° Pb. 305.

Fontanes (L. de),

Chant du 14 juillet 1800, paroles de Fontanes, musique de Méhul.
Paris, Impr. de la République, an VIII.
B.N.: Ye 2836.

- *Parallèle entre César, Cromwel Monk et Bonaparte, fragment traduit de l'anglais.*
(s.l., 1800).
B.N.: 8° Lb ^{43} 215.

[Ce texte est attribué à Fontanes; il est de l'entourage de Bonaparte ou de Lucien].

Fontanes (L. de),

Extraits critiques du "Génie du christianisme (de M. de Châteaubriand)."
Paris, 1802.

[L'exemplaire n'existe pas, selon notre connaissance, à la B.N.

Voir:

Chateaubriand (Fr.-R.),
Génie du christianisme et défense du "Génie du christianisme", avec notes et éclaircissements par Chateaubriand. Suivi des extraits critiques, par M. de Fontanes. Nouvelle édition (...).
Paris, Garnier frères (1867).
B.N.: D. 57269.
La critique de Fontanes pp. 719-739. on fait la remarque, p. 726, n° 2: la deuxième partie a paru "après les critiques de la Décade philosophique"].

Fontanes (L. de),

Les tombeaux de Saint-Denis, ou le Retour de l'exilé, ode lue le 24 avril 1817, à la séance générale des quatre académies.
Paris, Le Normant, 1817.
B.N.: Ye 33956.

Fontanes (L. de),

Le jour des morts dans une campagne.
Paris, Chassaignon, 1823.
B.N.: Ye 22570.

[Exemplaire cartonné; 8 pages].

Fontanes (L. de),

Selon le catalogue général de la B.N.

Articles inédits de la 7è édition des "Trois siècles littéraires" de Sabatier (Abbé Antoine), [Fontanes,..] (S.l., n.d.). In-12° 47 p.
B.N.: 8° Ln 9 182.

> [L'affirmation n'est pas fondée. Il s'agit des *Notices historiques sur Fontanes, Lacépède et Sabatier*; il y a même erreur: on fait naître Fontanes à Lyon, etc..].

Les discours politiques de Fontanes
A notre connaissance, il n'existe aucune édition suivie et complète des discours faits au Corps législatif. Pour Fontanes, nous avons fait notre mieux, mais dans l'énumération qui suit, il y aura des lacunes. Le *Moniteur Universel* rend assez souvent compte des interventions de Fontanes et des autres personnalités, mais nous ne l'avons pas dépouillé.

A presque chaque *Exposé de la situation de la République* ou *de l'Empire*, Fontanes répond brièvement quand il était président du Corps législatif.

Procès-verbal des séances du Corps législatif...
Généralités:
- 9° Législature (1er ventôse - 8 prairial an XI) [1802-1803], 5 vol.
- 10° Législature (15 nivôse - 3 germinal an XII) [1803-1804], 6 vol.
- 11° Législature (6 nivose - 15 ventôse an XIII) [1804-1805], 3 vol.
- 12° Législature (2 mars - 12 mai 1806), 3 vol.
B.N.: 8° Le 48 6.

> [Les procès-verbaux sous cette côte, commencent à la 6è Législature (11 nivôse - 10 germinal an VIII), (1799-1800), 4 vol., quand Fontanes n'était pas encore président du Corps législatif].

Feuilleton. Corps législatif (et Tribunat).
Paris, Impr. nationale (s.d.)

- Session extraordinaire de l'an XI (germinal an X - pluviôse an XI) [mars/avril 1802 - janvier/février 1803].
- Session de l'an XI (ventôse an XI - nivôse an XII) [février/mars 1803].
- Session de l'an XII (nivôse-floréal) [decembre 1803/janvier 1804 - avril/mai 1804].
- Session de l'an XIII (pluviôse-ventôse) [janvier/février 1805 -

février-mars 1805].
- Session de l'an 1807 (août-septembre).
B.N.: 8° Le [48] 14.
Les sessions de l'an XII et de l'an XIII (1803-1804 et 1804-1805) sont également groupées sous les côtes, B.N.: Corps législatif, 8° Le [50] 203-275 et, jusqu'en 1813: 8° Le [50] 276 et suivants.

Cité au cours du travail: An 12
Corps législatif. Procès-verbal des séances du Corps législatif, nivôse an 12 [décembre-janvier 1803-1804].
Paris, Impr. nationale, an 12.
B.N.: 8° Le [48]. 6.

Corps législatif. Procès-verbal des séances du Corps législatif, ventôse an 12 [février-mars 1804].
Paris, Impr. nationale (s.d.).
B.N.: 8° Le [48] 6.

Cité par nous: An 13
Corps législatif. Procès-verbal de l'ouverture de la session de l'an XIII (6 nivôse-29 du même mois) [27 décembre 1804 - 19 janvier 1805].
Paris, Rondonneau, 1804.
B.N.: 8° Le [48] 6.
[Protocol pour recevoir Napoléon au Corps législatif].

Corps législatif. Procès-verbal des séances du Corps législatif du 3 avril au 30 du même mois inclus et du 5 mai au 12 du même mois inclus [1806].
Paris, Rondonneau, 1806.
B.N.: 8° Le [48] 6.

Cité par nous:

Feuilleton. Corps législatif. N° 17 à N° 45 (du 29 nivôse an XIII au 14 ventôse an XIII, jour de la clôture de la session) [19 janvier 1805-6 mars 1805]; ici N° 45.
B.N.: 8° Le [48] 14.

Détails:
Corps législatif.

Discours prononcé par Jaubert, président provisoire du Corps législatif, après la lecture du message du premier consul qui nomme le citoyen Fontanes président du Corps le législatif. Séance du 20 nivôse an XII [11 janvier 1804].

Paris, Impr. nationale, an XII. Pièce.
B.N.: 8° Le ^{50} 204.

Corps législatif.

Discours prononcé par le c. Fontanes, président du Corps législatif. Séance du 21 nivôse an 12 [12 janvier 1804].
Paris, de l'Imprimerie nationale, nivôse an 12.
B.N.: 8° Le ^{50} 205.
[C'est le premier discours de Fontanes comme président du Corps législatif].

Corps législatif.

Communication faite au Corps législatif au nom du gouvernement. *Exposé de la situation de la République*. Séance du 25 nivôse an XII [16 janvier 1804].
L'Exposé est signé: Le premier Consul: Bonaparte. Paris, Impr. nationale, nivôse an 12, 18 p.
Réponse du président, op. cit., p. 19-20.
B.N.: 8° Le. ^{50} 208.[9].

Corps léqislatif.

Discours prononcé par le président du Corps législatif, à la tête de la députation, le premier pluviôse an 12 [22 janvier 1804].
Paris, Impr. nationale, pluviôse an 12.
B.N.: 8° Le ^{50} 210.

Corps législatif.

Communication faite au Corps législatif au nom du gouvernement. *Rapport du grand-juge, ministre de la justice au gouvernement* et la *Réponse du président du Corps législatif.*
Séance du 27 pluviôse an 12 [17 février 1804].
Paris, Impr. nationale, an 12.
B.N.: 8° Le ^{50} 222.
[Il s'agit de la conspiration de Georges Cadoudal].

---

[9] A titre d'exemple pour le Journal officiel, le *Moniteur Universel* du 17 janvier 1804, p. 462 donne la réponse de Fontanes; l'exposé est imprimé dans le même numéro, voir *Actes du gouvernement.*

Corps législatif.

Discours du président du Corps législatif au premier Consul, prononcé à la tête de la députation, le 28 pluviôse an 12 [18 février 1804].
Paris, Impr. nationale, pluviôse an 12.
B.N.: 8° Le ^{50} 223.
[même sujet que titre supra].

Corps législatif.

Discours prononcé par Fourcroy. orateur du gouvernement, pour la clôture de la session de l'an XII. Séance du 3 germinal an 12. [24 mars 1804].
Paris, Impr. nationale, germinal an XII.
B.N.: 8° Le ^{50} 249.

Fontanes répond.
Discours du président du Corps législatif.
Même publication, p. 4 à p. 7.
B.N.: 8° Le ^{50} 249.

[Fontanes loue surtout le Code civil: "Une grande entreprise conçue vainement par Charlemagne lui-même est enfin terminée. Un Code uniforme va régir trente millions d'hommes." (p. 4.)].

Corps législatif.

Discours du président du Corps législatif, au premier Consul, à la tête de la députation, 4 germinal an 12 [25 mars 1804].
Paris, Impr. nationale, germinal an 12.
B.N.: 8° Le ^{50} 252.

[Fontanes utilise la formule: "la sage uniformité de vos lois [...] va réunir de plus en plus tous les habitants." (p. 1) Bonaparte fait imprimer au *Moniteur* au lieu de "lois" "vos mesures". Dans son N° 186, du 27 mars, Fontanes fait rétablir le vrai terme utilisé par lui, ce que sera fait. Le duc d'Enghien avait été fusillé le 21 mars 1804].

Corps législatif.

Adresse présentée au premier Consul au nom du Corps législatif, par le président.
Paris, le 20 floréal [an 12] [10 mai 1804].
Paris, Impr. nationale, messidor an 12.
B.N.: 8° Le ^{50} 254.

[Le Corps législatif se joint "au voeu national qui se manifeste de toutes parts" pour l'hérédité du pouvoir. Le premier Consul est nommé Empereur].

Corps législatif.

Discours adressé à sa Sainteté Pie VII, par le président du Corps législatif, le 10 frimaire an XIII (1° décembre 1804).
Paris, Impr. du Corps législatif (s.d.).
B.N.: 8° Le ^{50} 540.

Corps législatif.

Discours prononcé par le président du Corps léqislatif, le 24 nivôse an XIII, pour l'inauguration de la statue de l'Empereur. [14 janvier 1805].
Paris, Rondonneau (s.d.).
B.N.: 8° Le ^{50} 332.
[Le Corps législatif avait voté le 5 germinal an XII [26 mars 1804] l'érection d'une telle statue].

Corps législatif.

Communication faite au Corps législatif au nom de Sa Majesté l'Empereur.
Séance du 14 pluviôse an 13 [3 février 1805].
Lettre de l'Empereur au roi d'Angleterre du 12 nivôse an XIII (2 janvier 1805).
[Proposition de paix avec l'Angleterre et les suites].
Paris, Rondonneau, (s.d.).
B.N.: 8° Le ^{50} 259.

Corps législatif.

Adresse du Corps législatif à sa Majesté l'Empereur.
Paris, Rondonneau, s.d. [même date, 3 février 1805].
B.N.: 8° Le ^{50} 260.

Corps législatif.

Discours prononcé par M. Fontanes. président du Corps législatif, à l'occasion de la présentation faite au Corps législatif, des Drapeaux envoyés par Sa Majesté l'Empereur et Roi.
Séance du 11 mai 1806.
Paris, Rondonneau, (s.d.).
B.N.: 8° Le ^{50}. 394.

[P. 6, Fontanes prononce la phrase, chère à lui: "Malheur à moi, si je foulais aux pieds la grandeur abattue! plus j'ai de plaisir à contempler tous ces rayons de gloire qui descendent sur le berceau d'une dynastie nouvelle, moins je veux insulter aux derniers momens des dynasties mourantes. Je respecte la majesté royale jusques dans ses humiliations, et même quand elle n'est plus, il reste je ne sais quoi de vénérable dans ses débris"].

Corps législatif.

Discours prononcé par M. le Président du Corps législatif,
Pour la translation aux Invalides de l'épée de Frédéric le Grand.
Le 17 mai 1807.
(Paris), Hacquart, (s.d.).
B.N.: 8° Lb ^{44} 1024.

Corps législatif.

Session de 1808. *Adresse à S.M. (...)*, Votée par le Corps législatif dans sa séance du 26 octobre 1808, et présentée le lendemain à S.M.I. et R. par une députation de vingt-cinq membres ayant à sa tête M. le président.
Paris, Impr. de Hacquart, (s.d.) [1808].
B.N.: 8° Le ^{50} 285.

[Fontanes parle surtout des finances de l'Empire et de cette autorité "plus puissante que celle des armes: c'est l'autorité qui se fonde sur de bonnes lois et sur des institutions nationales." (p. 2)].

Corps législatif.

Communication faite au Corps législatif sur l'état de l'Empire. Exposé de la situation de l'Empire présenté par S. Ex. le ministre de l'Intérieur au Corps législatif, le 2 novembre 1808.
Paris, Hacquart, (s.d.), 58 p.
B.N.: Le ^{50} 286.

Corps législatif.

Réponse de M. le président à l'exposé de la situation de l'Empire, par S. Exc. le ministre de l'Intérieur.
Paris, Hacquart, (s.d.), 4 p.
B.N.: Le ^{50} 287.

[Un hymne à la gloire de Napoléon. Fontanes ajoute par contre: "Les tableaux annuels de son administration intérieure seront un jour les plus beaux monumens de son règne. Malheur au sou-

> verain qui n'est grand qu'à la tête de ses armées! heureux celui qui sait gouverner comme il sait vaincre [...]." Fontanes indique toutes les batailles gagnées et continue: "Le jour n'est pas loin peut-être où nous pourrons ériger au pacificateur de l'Europe un monument plus digne encore de lui. Que tous les arts le décorent des emblèmes de l'agriculture et de l'industrie! [...] qu'on y représente avec elles [...] non des champs de carnage, mais des campagnes fertiles; non la guerre qui brise les trônes, mais la sagesse qui les relève! [...] Nous ne pouvons mieux lui rendre hommage qu'en faisant des voeux pour que bientôt ses talens deviennent inutiles. Il est si sûr de trouver en lui-même tant d'autres de grandeur!"].

Corps législatif.

Discours adressé à S.M. l'Impératrice et Reine; par M. Fontanes, comte de l'Empire, président, à la tête de la députation votée dans la séance du 19 novembre 1808. Et

Discours Adressé à S.A. Impériale Madame; par M. Fontanes, Comte de l'Empire, président, à la tête de la députation votée dans la séance du 19 novembre 1808.
(Paris), de Hacquart, (s.d.).
B.N.: 8° Le 50 341.

> [La constitution de l'Empire ne donne pas de rôle politique aux femmes; mais on introduit le droit à l'Impératrice de présenter son mari en cas d'absence, ce qu'elle fait ce jour-là. (a).
> Dans son discours, Fontanes remercie - par personne interposée - l'Empereur de l'envoi au Corps législatif de douze drapeaux conquis sur l'armée d'Estramadure. Dans sa réponse, l'Impératrice parle du Corps législatif comme "le Corps qui représente la nation." (p. 2) Cette remarque provoqua la fureur de Napoléon qui faisait insérer un rectificatif au *Moniteur Universel*.
>
> (a) Une autre exception est la nomination d'Elisa Bacciocchi comme grande-duchesse de la Toscane; voir *Sénat Conservateur*. Séance du mardi, 28 février 1809. (Paris), P. Didot l'aîné, (s.d.), in-8°. Pièce.
> B.N.: 8° Le 49 66.
> P. 5 et s.: "Nos lois n'accordent pas, il est vrai, aux personnes de sexe l'exercice du pouvoir suprême; mais ces lois ne contienne aucune disposition qui les éloigne de l'administration."].

Les derniers discours de Fontanes comme président du Corps législatif, 1809-1810.

Corps législatif.
Procès-verbal de la session de 1809. Décembre. N° 3. Séance du 12 décembre 1809.
Discours du président (p 105-108).
(S.l., s.d.).
B.N.: 8° Le [48] 6.
[L'exemplaire est incomplet].

Corps léqislatif.
Discours prononcé par M. le Comte de Fontanes, à la suite du message de Sa Majesté qui invite le Corps législatif à présenter les candidats à la présidence pour la session de 1810. Séance du 16 janvier 1810.
[Paris], Hacquart (s.d.).
B.N.: Le [50] 469.

[Fontanes prend congé du Corps législatif; il dit, entre autres: "En surveillant l'instruction publique, je tâcherai de payer à vos enfans la reconnaissance que je dois à leurs pères." Fontanes avait auparavant prié ses collègues de ne plus voter pour lui renouveller son mandat.]

Corps législatif.
Communication faite au nom de Sa Majesté l'Empereur et Roi.
Séance du 22 janvier 1810.
[Paris], Hacquart, (s.d.).
B.N.: 8° Le [50] 475.

[L'exemplaire contient le discours fait par le comte de Ségur, pour la *Clôture de la session de l'année 1809*.
P. 6 Ségur fait allusion à la succession de Fontanes, "d'un président célèbre et justement chéri; mais, pour se consoler, il vous l'a dit lui-même, ses soins vont être consacrés au bonheur de vos enfans." Le discours est en fait un exposé sur la situation de l'Empire comme les orateurs, nommés par Napoléon, le faisaient chaque année. Napoléon avait envoyé pour la même occasion "les quatre-vingt drapeaux et étendards pris par l'armée française aux combats d'Espinosa, Burgos, Tudela, Somo-Sierra et Madrid." Le comte de Ségur fils les apporte au Corps législatif pendant cette séance. Fontanes répond:]

Corps législatif.

Réponse de M. le Comte de Fontanes, président, à la communication faite au Corps législatif, par les orateurs du gouvernement, dans la séance du 22 janvier 1810, p. 16 et s.
B.N.: 8° Le [50] 475.

[Fontanes fait la remarque suivante, p. 19: "Les drapeaux [...] furent conquis sur un peuple égaré par les factions [...]. Ce n'est donc point en vain que le chef de l'Etat a résolu de les placer dans le sanctuaire des lois. Il veut, par cette image, rappeler à tous les yeux les malheurs qui menacent les Empires, quand le frein sacré des lois ne retient plus les fureurs de la multitude. Hélas, nous avons connu les mêmes excès. Que notre exemple éclaire", et, il dit également: p. 23 "Périsse à jamais le langage de l'adulation et de la flatterie! Je ne commencerai point à m'en servir dans les dernières paroles que je prononce à cette tribune, d'où je vais descendre pour toujours [...]. Le Corps législatif ne doit porter aux pieds du trône que la voix d'opinion publique. C'est avec elle seule que je louerai le Prince. J'exprimerai franchement l'admiration qu'il m'inspire." Malgré ses réserves, le discours est un hymne à la gloire de Napoléon; Fontanes répond à plusieurs reprises à ses propres questions, de la façon suivante: "Si nos derniers descendans veulent savoir quel est celui qui seul [a fait toutes les victoires, tout notre bonheur, etc.?], *c'est Napoléon.*"].

Le déroulement de la séance du 22 janvier 1810 et le discours de Fontanes sont également imprimés:

Procès-verbal des séances du Corps législatif, contenant les séances depuis et compris le 1er janvier 1809 [sic; lire 1810], jusques et compris le 22 du même mos.
Paris, Hacquart, 1810.
B.N.: 8° Le [48] 6.

[Le discours de Fontanes, p. 202-212].

La première séance sans Fontanes:

Corps législatif.

Procès-verbal de la session de 1810. Février 1810. N° 1er.
(S.l., s.d.)
B.N.: 8° Le [48] 6.

["Présidence de M. le Comte de Montesquiou. Séance du jeudi, 1er février 1810". P. 5: "Nous avons nommé et nommons Président du Corps législatif, le Comte de Montesquiou.
Signé Napoléon."

Les autres candidats étaient "le Comte Stanislas Girardin, le sieur Trion de Montabert et le Comte Lemarois."].

Fontanes (L. de),

Co-rédacteur de la déclaration de déchéance de Napoléon, empereur des Français.

Voir: Archives parlementaires de 1787 à 1860. Recueil complet des débats législatifs et politiques des chambres françaises imprimé par ordre du Corps législatif sous la direction de MM. J. Mavidal et E. Laurent.
Deuxième série (1800-1860). Tome XII, du 31 mars 1814 au 1er octobre 1814.
Paris, Dupont, 1868.
B.N.: 4° Le [1] 57 (2).
[P. 7 et s.: *Sénat conservateur*. Extrait des registres du Sénat Conservateur. Séance du vendredi 1er avril 1814, après-midi.
Concerne: nomination d'un gouvernement provisoire, rédaction d'un projet de constitution, une adresse au peuple français qui contient: "1° Que le Sénat et le Corps législatif seront déclarés partie intégrante de la Constitution provisoire [...]. 2° Que l'armée, ainsi que les officiers et soldats en retraite, les veuves et officiers pensionnés, conserveront les grades, honneurs et pensions dont ils jouissent [...]; [et, *surtout*] 5° Qu'aucun Français ne pourra être recherché pour les opinions politiques qu'il aura pu émettre." On vote, dans la séance du soir (commencée à neuf heures), cette proposition qui est adoptée et signée par soixante-trois sénateurs, entre autres, Fontanes. Des membres malades ont envoyé leur adhésion.

Op. cit. p. 9:

"*Sénat Conservateur*
Messieurs les membres du gouvernement provisoire. Le Sénat me charge de vous prier de faire connaître dès demain au peuple français que le Sénat, par un décret rendu dans sa séance de ce jour, a déclaré la déchéance de l'Empereur Napoléon et de sa famille, et délié en conséquence le peuple français et l'armée du serment de fidélité [...].
Paris, 2 avril 1814, à 9 heures et demie du soir. Le Président."

Op. cit., p. 9 et 10:

> *Sénat Conservateur*, 3 avril 1814.
> P. 10: "L'ordre du jour appelle la rédaction définitive du décret rendu dans la séance d'hier. M. le Sénateur Comte Lambrechts, chargé de cette rédaction, en présente le projet. Il est, après deux lectures successives, renvoyé à l'examen d'une commission spéciale, formée des sénateurs Barbé-Marbois, de Fontanes, Garat et Lanjuinais."
>
> Le rôle de Fontanes n'est donc pas *si* important qu'on veut le dire bien souvent. La séance est suspendue, elle reprend à quatre heures et le sénateur comte Lambrechts "donne lecture du projet revu et adopté par la commission spéciale. Ce projet, mis aux voix par M. le président, est adopté par le Sénat." (p. 10).
>
> Suit, *loc. cit.*, cette déclaration qui est fort intéressante et se lit bien. Napoléon Bonaparte a "déchiré le pacte qui l'unissait au peuple français, notamment en levant des impôts, en établissant des taxes autrement qu'en vertu de la loi"; on énumère ses violations de la Constitution, ses éternelles guerres, la censure de la presse, l'anéantissement de la responsabilité des ministres, d'avoir mis le feu à la patrie et à l'Europe, l'abandon "des blessés sans pansements, sans secours, sans subsistances", "la ruine des villes, la dépopulation des campagnes, la famine et les maladies contagieuses." Les Français demandent "une réconciliation solennelle entre tous les Etats de la grande famille européenne."; suit: "Le Sénat déclare et décrète ce qui suit: Art. 1er. Napoléon Bonaparte est déchu du trône, et le droit d'hérédité établi dans sa famille est aboli [etc..]."
>
> Fontanes avait dans ses discours, très souvent exprimé le désir des Français pour la paix.
>
> Dans sa séance du 6 avril 1814, le *Sénat conservateur* adopte à l'unanimité "les vingt-neuf articles qui composent la Charte constitutionnelle de la France." (*op. cit.* p. 12); Soixante-sept sénateurs signent cette Charte, entre autres, Fontanes, Sieyès et de Lespinasse.
>
> Louis-Stanislas-Xavier de France, "frère du dernier Roi" est appelé librement par le peuple français au trône de France. Il doit, par contre, accepter et signer cette Charte et jurer "de l'observer et de la faire observer." (p. 13)].

Chambre des Pairs de France

Fontanes (L. de),
Co-rédacteur d'une *Adresse de remerciement* au Roi pour "la profonde reconnaissance de l'Assemblé pour le grand bienfait qu'elle et le Peuple français viennent de recevoir de Sa Majesté.", in: *Chambre des Pairs de France.*
Procès-verbal de la Chambre des Pairs.
Session de 1814.
Paris, Didot l'aîné, 1814 (I. N° 1-35).
Ici, t. I, N° 1: *Séance d'installation*, du samedi 4 juin 1814.
B.N.: 8° Le ^{52} 2.

[La Chambre des Pairs fut créée par le monarque "pour rattacher, en quelque sorte, le nouveau régime à l'ancien." (p. 4). Fontanes est nommé pair comme des autres (presque tous des anciens sénateurs). Le roi donne deux ordonnances: 1° le palais du Luxembourg devient la Chambre des Pairs; 2° "Ordonnance, qui réunit au Domaine de la Couronne la dotation du Sénat et des Sénatoreries, conserve aux Sénateurs, nés Français, une pension de 36.000f., et une pension de 6.000f. à leurs veuves." (p. 60). Le "Chancelier, Président" de la Chambre des Pairs désigne cinq membres, pour préparer cette adresse: "le Duc de La Vauguyon, le Duc de Lévis, MM. les Comtes de Jaucourt, de Fontanes et de Pastoret." (p. 8 et s.; l'^{Adresse}, p. 9 et s.).]

Fontanes (L. de),
Co-rédacteur de l'*Adresse de remerciement* sur la communication de l'exposé de la situation du royaume. voir: *Chambre des Pairs de France.*
Procès-verbal de la Chambre des Pairs.
Session de 1814.
Paris, Didot l'aîné, 1814. (T. I, N° 1-35).
Ici, t. I, N° 13: Séance du mardi 19 juillet 1814, p. 166.
B.N.: 8° Le ^{52} 2.

[Sept membres sont nommés par scrutin et chargés "de présenter une rédaction définitive du projet d'Adresse". (p. 166).
Fontanes y fait partie.
L'*Adresse au Roi* est imprimée, (séance du 26 juillet 1814, *op. cit.*, p. 181 et s.).
Il y avait de longues discussions dans les séances précédentes].

Fontanes (L. de),

> *Opinion de M. le Comte de Fontanes sur le projet de loi relatif aux journaux*, in: Chambre des Pairs, Session 1816, séance du lundi au 24 février 1817.
> Impresssions N° 75, 19 p.
> Paris, Didot l'aîné, (s.d.).
> B.N.: 8° Le [58] 2.
>> [Sur le même sujet parlent avant cette date Chateaubriand (séance du samedi 22 février 1817); le même pour jour que Fontanes Molé, Fitz-James].

Fontanes (L. de),

> *Opinion de M. le marquis de Fontanes, sur la proposition fait à la Chambre par M. le marquis Barthélemy, relativement aux modifications dont pourroit être susceptible la loi sur l'organisation des collèges électoraux,*
> in: Chambre des Pairs, Session de 1818, séance du mardi 2 mars 1819.
> Paris, Didot l'aîné, (s.d.).
> B.N.: 8° Le [58] 2.

Fontanes (L. de),

> *Rapport* fait à la Chambre par M. le marquis de Fontanes, au nom d'une Commission spéciale, chargée de l'examen du projet de loi sur les élections.
> in: *Chambre des Pairs de France.*
> Session de 1819. Séance du jeudi 22 juin 1820.
> (Paris), Didot l'aîné, (s.d.).
> B.N.: 8° Le [58] 2.
>> (Cette commission étoit composée de MM. le marquis de Pastoret, le marquis Clermont-Tonnerre, le marquis de Fontanes, le vicomte de Montmorency et le marquis de Talaru.)

Fontanes (L. de),

> *Résumé de M. le marquis de Fontanes*, rapporteur de la Commission spéciale chargée de l'examen du projet de loi relatif aux élections.
> in: *Chambre des Pairs de France.*
> Session de 1819. Séance du mercredi 28 juin 1820.
> (Paris), Didot l'aîné, (s.d.), 14 p.
> B.N.: 8° Le [58] 2.

Table des matières, des noms de lieux et des noms des personnes contenus dans les procès-verbaux des séances du Corps législatif et dans les procès-verbaux des séances du Tribunat.
Paris, Impr. nationale, An X-1809, 7 vol.
B.N.: 8° Le 48 10.

Table des matières, des noms, des lieux et des noms de personnes contenus dans les procès-verbaux des séances du Corps législatif, depuis le 25 octobre 1808 jusques et compris le 31 décembre de la même année.
Paris, Baudouin 1811.
B.N.: 8° Le 48 11.

Corps législatif. Table des matières du 3 décembre 1809 jusqu'au 22 janvier 1810.
Paris, Demonville, 1815.
B.N.: 8° Le 48 11.

Table des matières, des noms de lieux et des noms des personnes contenus dans les procès-verbaux des séances du Sénat Conservateur, du Corps législatif, du gouvernement provisoire, des Chambres des Pairs et des députés des départements depuis le 1er avril 1814 jusqu'au 20 mars 1815.
Paris, Demonville, 1821.
B.N.: 8° Le 48 12.

* * *

Institut impérial.

Réponse de M. le Comte de Fontanes, présidant l'Institut impérial,
Au Discours de M. Etienne.
Paris, Firmin Didot, (s.d.). (7 décembre 1811)
B.N.: Z. 5053 (178-191). [Le volume contient des années de 1810 à 1819].

> [Même volume: *Discours prononcé dans la séance publique* tenue par la Classe de langues et de littérature françaises de l'Institut impériale, pour la réception de M. Etienne, 7 novembre 1811.
> Paris, Firmin Didot, (s.d.). Etienne était élu à la place laissée vacante par la mort de Laujon].

Académie française,

> *Réponse de M. le Comte de Fontanes,* Chancelier de l'Académie française au discours de M. Desèze.
> (Paris), Firmin Didot, (s.d.) (25 août 1816)
> B.N.: Z. 5053 (187).
>> [Desèze est élu à la place de Ducis.
>> Discours prononcés dans la séance publique tenue par l'Académie française pour la réception de M. de Sèze, le 25 août 1816.
>> Paris. Firmin Didot (s.d.), *op. cit.*].

Institut Royal de France

> *Discours prononcé dans la séance publique* tenue par l'Académie française pour la réception de M. Villemain, le 28 juin 1821.
> Paris, Firmin Didot, 1821.
> B.N.: Z. 5053 (192-204).

Institut Royal de France

> Réponse de M. Roger, directeur de l'Académie française à M. Villemain, successeur de M. le Marquis de Fontanes.
> *Op. cit., loc. cit.*

[Fontanes, Louis de],

> *Discours prononcé dans l'autre monde pour la réception de Napoléon Bonaparte, le 5 mai 1821,* par Louis Fontanes, ex-comte de l'Empire, ex-président du Corps législatif, ex-sénateur, [etc.], pour servir de supplément aux discours prononcés à l'Académie-Française, le 28 juin 1821, par MM. Villemain et Roger, en l'honneur de M. le marquis de Fontanes, pair de France [etc.].
> Paris, Berlin, juillet 1821.
> B.N.: Lb[48] 2041.
>> [Il s'agit d'un pamphlet, mais l'auteur [J.-L.-J. Brière] cite abondamment les discours de Fontanes, imprimés dans le *Moniteur Universel*; par ce fait, son "ouvrage" devient une source d'information estimable].

Nous donnons ici les débuts littéraires et quelques articles de Fontanes

Fontanes (Dominique-Marcellin) [le frère],

    Le triomphe de la beauté, cantate et Narcisse, petit poëme qu'on pourroit mettre en chant. Paris, Delalain, 1768.
    B.N.: Ye 9735

Fontanes (Louis de),

    Le cri de mon coeur, in: *Journal des Dames*, devenu *Mélanges littéraires ou Journal des Dames*, juin 1777.
    B.N.: Z. 24539 (t. II).
    Egalement, in: *Almanach des Muses*, 1778.
    B.N.: Ye 11663.
    Fragment d'un poëme sur la nature et sur l'homme, in: *Almanach des Muses*, 1778.
    B.N.: Ye 11663.
    La Forêt de Navarre, in: *Almanach des Muses*, 1780.
    B.N.: Ye 11665.

Flins des Oliviers,

    Elégie à Monsieur de Fontanes, in: *Almanach des Muses* 1782.
    B.N.: Ye 11667.

Parny (Chevalier de),

    A.M. de Fontanes, in: Almanach des Muses, 1781.
    B.N.: Ye 11666.
    A.M. de Fontanes, in: Almanach des Muses, 1782.
    B.N.: Ye 11667.

Fontanes (Louis de),

    Réponse à Monsieur le chevalier de Parny, in: *Almanach des Muses*, 1782.
    B.N.: Ye 11667.
    Vers. *Extrait d'une lettre écrite de la campagne, à M. Garnier*, in: *Almanach des Muses*, 1783.
    B.N.: Ye 11668.

Chant du Barde, in: *Almanach des Muses*, 1783.
B.N.: Ye 11668.

Chartreuse de Paris, in: *Almanach des Muses*, 1783. *Sic te, diva potens Cypri*, in: *Almanach des Muses*, 1783.

Nouvelle traduction de l'Essai sur l'homme de Pope, en vers françois; précédée d'un discours, et suivie de notes.
Paris, 1783.
B.N.: Yk 2454.

Parny (Chevalier de),

Vers de M. le Chevalier de Parny à M. de Fontanes sur la traduction en vers françois de l'Essai sur l'homme de Pope, in: *Journal de Paris*, 10 juillet 1783.
Egalement: in: *Almanach des Muses*, 1784.
B.N.: Ye 11669.

Flins des Oliviers,

Chant d'une jeune fille d'Ecosse, traduit d'Ossian in: *Almanach des Muses*, 1784.

Fontanes (Louis de),

Voici la réponse de Fontanes, à Parny, in: *Correspondance littéraire* de Laharpe, (t. XII, 1820).

Castéra,

Epître à M. de Fontane [sic] sur les inconvénients et les avantages de la Poésie, in: *Almanach des Muses*, 1788.
B.N.: Ye 11673.
Essai sur l'Astronomie, in: *Almanach des Muses*, 1789 Réimpression, in: *Mercure de France*, 1807.
B.N.: Ye 11674.

Flins des Oliviers,

Elégie à Monsieur de Fontanes, in: *Almanach des Muses*, 1782, (concernant l'*Essai sur l'Astronomie*, publié uniquement en 1789).

Fontanes (Louis de),

Vers à Mlle de Gracins, in: *Almanach des Muses*, 1789
B.N.: Ye 11674.

Fontanes (Louis de),

> *Poëme sur l'édit en faveur des non-Catholiques, pièce qui a remporté le prix au jugement de l'Académie françoise en 1789.* Paris, Demonville, 1789.
> B.N.: Ye 22567.
> Réédition du *Poëme sur l'édit (...)*, in:
> *Almanach littéraire ou Etrennes d'Apollon*, 1790.
> B.N.: Ye 11767.

Fontanes (Louis de),

> *Epitre à M. l'abbé Barthélémi*
> Amsterdam et Paris, 1789.
> B.N.: Y. 24620

Fontanes (Louis de),

> *Vers à l'Auteur des Voyages du jeune Anacharsis dans la Grèce*, in: *Journal de Paris*, N° 28, mercredi, 28 janvier 1789.

Fontanes (Louis de),

> *Vers à l'auteur des Voyages du jeune Anacharsis dans la Grèce*, in: *Almanach des Muses*, 1790.
> B.N.: Ye 11675.
> *L'Aigle et le Rossignol*, in: *Almanach des Muses*, 1790.
> *Poëme séculaire, ou chant pour la Fédération du 14 juillet.* Paris, 1790.
> B.N.: Ye 22566.
> *Fragment d'un poëme sur les montagnes, composé au pied des Alpes*, in: *Almanach des Muses*, 1791.
> B.N.: Ye 11676.
> *Fragment d'un poëme sur les montagnes*, in: *Almanach des Muses*, 1793.
> B.N.: Ye 11679.
> *Le Jour des morts dans une campagne.* Paris, 1795.

Fontanes (Louis de),

> *Fragment du cinquième livre de Lucrèce, sur l'origine du monde et de la société*, in: *Magazin encyclopédique*, 1795.
> B.N.: Z. 54169.

Fontanes (Louis de),

> *Poésie, Epître au citoyen Boisjoslin, sur l'emploi du temps*, in: *Magazin encyclopédique*, 1796, p. 391 et s.

Fontanes (Louis de),

> *Fragment d'un poëme inédit sur les fleurs*, in: *Magazin encyclopédique*, 1799.
> B.N.: Z. 54191.

Fontanes (Louis de),

> *Histoire de l'Assemblée constituante*, s.l. 1799; [tirée d'un article signé du citoyen Fontanes].
> B.N.: 8° Lb ^{39} 5464.
>
> *Chant du 14 juillet 1800* (paroles des Fontanes, musique de Méhul). Paris, Imprimerie de la République, an VIII.
>
> *Parallèle entre César, Cromwel, Monk et Bonaparte*. Paris, an X (1800).
> Fragment traduit de l'Anglais. [de Lucien Bonaparte, voir Masson, *Napoléon et sa famille*, I, 359.]
> B.N.: 8° Lb ^{43} 215.
>
> *Eloge funèbre de Washington, prononcé dans le temple de Mars, le 20 pluviôse an 8*. Paris, Agasse (s.d.).

Fontanes (Louis de),

> *Sur Sterne*, in: *Les Quatre Saisons du Parnasse* Automne 1806
> B.N.: Ye 11478.
>
> *Fragment d'un discours en vers*, in: *Les Quatre Saisons du Parnasse*, Hiver 1808
> B.N.: Ye 11483.
>
> *Portrait de Richelieu*, in: *Les Quatre Saisons du Parnasse*, Eté 1808.
> B.N.: Ye 11485.
>
> *Sur Voltaire*, in: *Les Quatre Saisons du Parnasse*, Automne 1808
> B.N.: Ye 11486.
>
> *Episode qui termine le second livre des Géorgiques*, in: *Les Quatre Saisons du Parnasse*, Hiver 1809.
>
> *A l'auteur de l'article sur Beaumarchais*, inséré dans votre dernier volume [Automne 1808], in: *Les Quatre Saisons du Parnasse*, Hiver 1809.
> B.N.: Ye 11487.

Fontanes (Louis de),

> *Les tombeaux de Saint-Denis ou le retour de l'exilé Ode*, lue de 24 avril 1817, à la Séance génèrale des quatre académies composant l'Institut royal de France.
> Paris, Le Normant, 1817.
> B.N.: Ye 33956.

Ouvrages dont Fontanes rend compte étant journaliste

Les livres ou les communications traités ou présentés à l'Institut portent un astérisque [*]

Ameilhon (Hubert-Pascal),
> * *Sur l'industrie des anciens, leurs manufactures, et leurs professions mécaniques comparées à celles des modernes.*
> [Nous n'avons pas trouvé cette communication.]

Andrieux (François-Guillaume-Jean-Stanislas),
> * *Procès du Sénat de Capoue, anecdote tirée de l'histoire romaine.* (Tite-Live Décade 23, liv. XXIII) (Lu à la séance publique de l'Institut national, le 15 germinal an 4.),
> in: *Mémoires de l'Institut national des sciences et arts, littérature et beaux-arts.* Paris, thermidor, an VI.
> B.N.: Z. 5133 (tome Ier).
> [Egalement imprimé, in: *Oeuvres.* Paris, Nepveu, 1818-1823, 4 vol.; Vol. III, p. 194 et s.
> B.N.: 8° Z. 31020.]

Barthélemy (Jean-Jacques),
> *Voyage du jeune Anacharsis en Grèce, dans le milieu du quatrième siècle avant l'ère vulgaire.*
> Paris, de Buré, 1788, 4 vol.
> B.N.: J. 3025-3028.

Barthélemy (Jean-Jacques),

> *Voyage du jeune Anacharsis en Grèce*, par Barthélemy. Londres, 1796, 3 vol.
> [L'édition de 1796 se trouvait dans la bibliothèque de Fontanes, voir *Catalogue de vente*, p. 50, n° 776.]

Bitaubé (Paul-Jérémie),

> * *De l'étude des Anciens*, publiée sous le titre:
> *Mémoire sur l'étude des anciens.*
> "*Lu le 13 pluviôse an 4, et déposé au Secrétariat de l'Institut le 8 frimaire an 5.*", in: *Mémoires de l'Institut national des sciences et arts, littérature et beaux-arts*, tome Ier.
> Paris, Baudouin, thermidor an VI.
> B.N.: Z. 5133.
> [Publié également dans *Oeuvres complètes*.
> Paris, Dentu, an XII (1804), 9 vol. (tome IX)].

Bitaubé (Paul-Jérémie),

> * *L'éloge de Pierre Corneille, qui a concouru à l'Académie de Rouen en 1768.*
> Berlin, Decker, 1769.
> B.N.: Ln^{27} 4905.

Bonnet (Charles),

> *Essai analytique des facultés de l'âme*, titre publié:
> *Essai analytique sur les facultés de l'âme.*
> Copenhague, 1760, in-4; 1769, in-8; Genève, 1775, 2 vol. in-8.
> Edition   B.N.: 1779-1783, (8 tomes en 10 vol.),
> B.N.: R. 3416-3425 (t. VI).

Bonnet (Charles),

> *Observations sur les corps organisés.*
> Titre imprimé: *Considérations sur les corps organisés*. Amsterdam et Paris, 1762, 1776, 2 vol. in-18.
> B.N.: R. 3416-3425 (t. III).
> Publié dans *Oeuvres d'histoire naturelle et de philosophie*. Neuchatel, Fauche, 1779-1783.

Cadet de Gassicourt (Charles-Louis),
> *Le tombeau de Jacques Molay [Molai] ou Histoire secrète et abrégée des initiés anciens et modernes (...).*
> Deuxième édition.
> Paris, Desenne, an V.
> B.N.: Lb ^{42} 1110.

Collin d'Harleville (Jean-François),
> * *Allégorie en vers sur l'établissement de l'Institut.* Paris, Digeon, VII.
> Titre B.N.: *Pièces de vers lues à l'Institut National*, par le C'en Collin d'Harleville.
> Paris, impr. de Digeon, an VII.
> B.N.: Ye 18823.

Condorcet (Jean-Antoine-Nicolas de Caritat, Mis de),
> *Progrès de l'esprit humain.*
> Paris, Cornély, s.d.
> B.N.: 8° Z 13055 (Microfiche).

Dernière révolution de Dannemarck, et des comtés de Struensée et de Brandt, 1797.
> [Nous n'avons pas pu trouver ce livre, ni un autre titre qui se rapproche de celui cité par Fontanes.]

Domergue (Fr.- Urbain),
> * *Sur la prononciation de la langue françoise déterminée par des signes invariables: Ouvrage propre à corriger les prononciations vicieuses des départemens et de l'étranger.*
> [Il existe un ouvrage imprimé de l'auteur:
> *La prononciation françoise déterminée par signes invariables, avec application à divers morceaux en prose et en vers (...) suivie de notions orthoqraphiques et de la nomenclature des mots à difficultés.*
> Paris, l'auteur, an V.
> B.N.: X. 13012 et 24280.]

Duclos (Charles-Pinot),

> *Oeuvres morales et galantes de Duclos, de l'Académie française, Suivies de son ouvrage en Italie.* [Publiées par N.-T. Des Essarts.]
> Paris, Desessarts, 1797, 4 vol.
> B.N.: Z. 27827.

Dussaulx (Jean),

> * *Des sensations et des sentimens qu'on éprouve sur les monts des Pyrénées.*
> [Nous n'avens pas trouvé cette communication: il existe un ouvrage,
> Dussaulx (Jean),
> *Extrait de Voyage à Barège et dans les Hautes-Pyrénées, fait en 1788 par Dusaulx.*
> Paris, Didot, 1796 (2 tomes en 1 vol.)
> B.N.: 8° LK ^{7} 774.]

Faujas (Barthélemy de Saint-Fond),

> *Voyages en Angleterre, en Ecosse et aux îles Hébrides.*
> Paris, Jansen, 1797, 2 vol.
> B.N.: 8° N. 168.

Faulcon (Félix-Marie),

> *Opinions sur le divorce et les ministres des cultes*; Paris, an V.
> B.N.: 8° Le ^{43} 993.

Gibbon (Edward),

> *Mémoires de (...) suivis de quelques ouvrages posthumes, et de quelques lettres du même auteur, recueillis et publiés par le lord Sheffield, traduits de l'anglais.*
> Paris, chez le directeur de la Décade phisophique, an V, 2 vol.
> B.N.: Z. 34058-34059.

Gorani (Cte Giuseppe),

> *Mémoires secrets et critiques des cours, des gouvernements et des moeurs des principaux Etats de l'Italie.*
> Paris; Buisson, 1793, 3 vol.
> B.N.: K. 7229-7231.

Granié (Pierre),

> *Histoire de l'Assemblée Constituante de France*, écrite par un citoyen des Etats-Unis de l'Amérique septemtrionale.
> Paris, Desenne, an V (1797).
> B.N.: Lb [39] 5464.

Histoire de l'assassinat de Gustave III, roi de Suède,
> par un officier polonais.
> Paris, Forget, 1797.
> B.N.: M. 27448.

Lally-Tollendal (Trophime-Gerard)
> *Défense des émigrés français adressée au peuple français.*
> Paris, Cocheris, an V (1797), 2 vol.

Lebrun (Ponce-Denis-Escouchard),
> * *L'ode sur l'enthousiasme*, publiée sous le titre:
> L'enthousiasme: Ode. "Récité à l'Institut national le 3 ventôse an 4, le 15 germinal à la séance publique, et déposé au secrétariat de l'Institut le 5 ventôse an 5.", in: *Mémoire de l'Institut national, classe de littérature et beaux-arts*. Paris, termidor, an VI (1797), tome Ier.
> B.N.: Z. 5133.

Le Roy (Julien-David),
> * *Le premier mémoire de ses nouvelles recherches sur les navires employés par les anciens, depuis l'origine des guerres puniques, jusqu'à la bataille d'Actium, et sur l'usage qu'on en pourrait faire dans notre marine*; publié sous le titre:
> *Sur les navires employés par les anciens, depuis l'origine des querres puniques jusqu'à la bataille d'Actium, et sur l'usage qu'on en pourrait faire dans notre marine*. "Lu le 13 pluviose an 4, et déposé au secrétariat de l'Institut le 8 pluviose an 4.", in: *Mémoire de l'Institut national, classe de littérature et beaux arts*.
> Paris, thermidor, an VI. tome Ier
> B.N.: Z. 5133.

Leuliette (Jean-Jacques),
> *Des émigrés français ou réponse à M. de Lally-Tolendal.*
> Paris. Cercle social, 1797.

Lezay-Marnézia (Adrien),
> *Des causes de la Révolution et de ses résultats.*
> Paris, Desenne, 1797.
> B.N.: 8° La ^{32} 47.

Mancini-Nivernois (Louis-Jules-Barbon Mancini-Mazarini),
> *Mélanges de littérature en vers et en prose.*
> Fait partie des *Oeuvres* de Mancini-Nivernois.
> Paris, Didot jeune, 1796, 8 vol. (Ici vol. III et IV)
> B.N.: Z. 23819-23826.

Mirabeau (Honoré-Gabriel Riqueti, comte de),
> *Esprit de Mirabeau, ou manuel de l'homne d'Etat, des publicistes, des fonctionnaires et des orateurs, extrait de tous les ouvrages de Gabriel-Honoré Riquetti de Mirabeau, et précédée d'un précis historique de sa vie.*
> Edité par P.-J.-B. Chaussard.
> Paris, Buisson, 1797, 2 vol.
> B.N.: Z. 23864-23865.
> [Un compte rendu de ce livre se trouve également le *Journal d'économie politique*, août 1797.
> B.N.: R. 49371.]

Mongez (Antoine),
> * *De la réunion des littérateurs et des artistes dans l'Institut, et sur l'esprit qui doit les animer*, in: *Mémoires de l'Institut national, classe de littérature, et beaux-arts.* Paris, an 7 (1799), tome II.
> B.N.: Z. 5134.

Montlinot (Charles-Antoine-Joseph Leclerc de),
> *Essai sur la transportation comme récompense, et la déportation comme peine.*
> Paris, de Gratiot, an V.
> B.N.: R. 44352.

Retz (Jean-François-Paul de Gondi), cardinal de
> *Pensées du cardinal de Retz.*
> Paris, de l'imprimerie du Journal d'économie politique, mars 1797, in-18.

Editeur: Adrien Lezay; imprimeur Roederer.
[Selon nos recherches, le livre ne se trouve pas à la B.N.].

Rulhières (Claude-Carloman de),
> *Histoire, ou anecdotes sur la révolution de Russie en l'année 1762.*
> Paris, Desenne, 1797.
> B.N.: M. 33019.

Serieys (Antoine),
> *Mémoires politiques et militaires pour servir à l'histoire secrète de la Révolution française.*
> Paris, Buisson, an VII.
> B.N.: 8° La ^{33} 105.

Sue (Jean-Joseph),
> *Essai sur la physiognomie des corps vivans, considérée depuis l'homme jusqu'à la plante.*
> Paris, Dupont, an V (1797).
> B.N.: V. 53275.

Wailly (Noël-François de),
> * *Moyens de faciliter la prononciation de la langue française.*
> [Nous n'avons pas trouvé référence de ce texte. François de Wailly était membre de l'Institut. Il y a de lui de nombreux ouvrages sur la grammaire, le vocabulaire français.
> Il existe de lui *Nouveau vocabulaire français*. Paris, Rémont, an IX (1801) qui traite également la prononciation. L'édition de 1801, nous ne l'avons pas trouvée; par contre, deuxième édition, 1803.
> B.N.: X. 10628.]

Auteurs

Anonyme,
> *Le Grand-Maître Fontanes et son université.*
> [A l'intérieur de la brochure: *Un père de famille à Monseigneur le comte de Fontanes, sénateur, grand-maître de l'Université ci-devant impériale*].
> S.l., chez les marchands de nouveautés, n.d.
> B.N.: Lf.^{244} 174.

Amiable (Louis),
> *Une loge maçonnique d'avant 1789, la R∴ L∴, les Neuf Soeurs.*
> Paris, Alcan, 1897
> B.N.: 8° H. 6305.

Arnaud (abbé),
> *Variétés littéraires ou recueil de pièces tant originales que traduites, concernant la philosophie, la littérature et les arts.*
> Paris, Lacombe, 1768-1769, 4 vol.
> B.N.: Z. 28912 - 28915.

Arnault (Antoine-Vincent),
> *Nécrologie, notice sur M. Méhul.*
> S.l., n.d.
> B.N.: Ln^{27} 13936.

Arnault (Antoine-Vincent),
> *Souvenirs d'un Sexagénaire.*
> Paris, Duféy, 1833, 4 vol.
> B.N.: 8° Lb^{44} 253.

Arndt (Ernst Moritz),
> *Rede des französischen Senators Grafen von Fontanes*, gehalten in der Senatssitzung am 22. Dezember 1813, erläutert und durch einige historische Belege beleuchtet von E.M. Arndt.
> S.l., 1814.
> Br. M.: 1390.b.40.

Artaud de Montor (Alexis-François),
>   *Histoire du Pape Pie VII.*
>   Paris, Le Clerc, 1836, 2 vol.
>   B.N.: 8° H. 2422 (1-2).

Aubert (A.),
>   *Chronologie biographique des grands-maîtres de l'Université, depuis leur création jusqu'à nos jours.*
>   Paris, Challamel, 1881.
>   B.N.: 8° Ln ^{9} 169.

Auguis (Pierre-René),
>   Les Révélations indiscrètes du 18ème siècle.
>   Paris, Guitel, 1814.
>   B.N.: Ln ^{2} 29.

Aulard (François-Alphonse),
>   *Paris sous le Consulat.*
>   Paris, Cerf, 1903.
>   > [Recueil des documents de presse, de police, etc.]

Aulard (F.-A.),
>   *Napoléon Ier et le monopole universitaire.*
>   Paris, Collin, 1911.
>   B.N.: 8° R. 24294.

Bacciocchi (Elisa),
>   Correspondance, in: Archivio di Stato di Luca; regesto del carteggio privato dei principi Elisa e Felice Bacciocchi (1803-1814).
>   B.N.: 4° K. 1695 (52).

Bainville (Jacques),
>   *Napoléon.*
>   Paris, Fayard, 1931
>   B.N.: 8° Lb ^{44} 2001.
>   > [Concernant Lucien Bonaparte, p. 49].

Baour-Lormian (Pierre-Marie-François-Louis),
> *Les Trois Mots, satyres par Louis-François Lormian.*
> Paris, Dentu, an VIII.
> B.N.: Ye 14 782.

Beauchamp (Alphonse de),
> *Biographie moderne ou dictionnaire (...),*
> Voir ce titre.

Beaunier (André),
> *Figures d'autrefois.*
> Paris, Nouvelle Librairie Nationale 1917.
> B.N.: 8° Z. 20429.

Beaunier (A.),
> *Joubert et la Révolution.*
> Paris, Perrin, 1918.
> B.N.: 8° Ln 27 60190

Beaunier (A.),
> *Roman d'une amitié: Joseph Joubert et Pauline de Beaumont.*
> Paris, Perrin, 1923.
> B.N.: 8° Ln 27 61625.

Béraud (Paul-Emilien),
> *Histoire du siège de Lyon,* ou récit exact des événemens qui se sont passés dans cette ville sous le commandement du général Precy et des horreurs qui s'y sont commises par ordre des proconsuls Collot-d'Herbois, Albille, Fouché (de Nantes) et d'autres scélérats, par un officier de l'état-major du siège.
> Lausanne (Paris), 1795.
> B.N.: Lb 41 823.

Bertaut (Jules),
> *Les Parisiens sous la Révolution.*
> Paris, Amiot-Dumont, 1953.
> B.N.: 8° G.15060 (28).

Besterman (Theodore),
> *Correspondance de Voltaire (...),* voir ce titre.

Beugnot (Jacques-Claude),
>   Les premiers temps de la Restauration.
>   Paris, Revue Contemporaine 1854.
>   B.N.: Lb ^{45}, 45.

Beugnot (J.-C.),
>   *Mémoires du comte Beugnot*, ancien ministre (1783-1815), publiés par le comte Albert Beugnot, son petit fils.
>   Paris, Dentu, 1866, 2 vol.
>   B.N.: La ^{31} 7.

Bonald (Vte Henri de),
>   Notice sur M. le Vicomte de Bonald, dédiée à M. le Comte de Marcellus. Par M. Henri de Bonald.
>   Paris, Le Clerc, 1841.
>   B.N.: 4° Ln ^{27} 2287.

Bonaparte (Lucien),
>   *Mémoires secrets sur la vie privée, politique et littéraire de Lucien Bonaparte.*
>   Prince de Canino.
>   Paris, Delaunay, 1816, 2 vol.
>   B.N.: 8° Ln ^{27} 2317.

Bonaparte (L.),
>   *Mémoires de Lucien Bonaparte, écrits par lui-même.*
>   Paris, Gosselin, 1836.
>   B.N.: La 33 17.

Borgeaud (Charles),
>   Histoire de l'Université de Genève.
>   L'Académie de Calvin 1559-1798.
>   Genève, Georg et Cie, 1900.
>   B.N.: F° R. 361). (1)

Bourrienne (Louis-Antoine Fauvelet de),
>   *Mémoires de (...) sur Napoléon, le Directoire, le Consulat, l'Empire et la Restauration.* Paris, Ladvocat, 1829, 10 vol. (voir vol. II).
>   Paris, Garnier-Frères ^{2}1899.
>   B.N.: 8° La ^{33} 22B.

Bréquigny (Louis-Georges Oudart Feudrix de),
> *Recherches sur les communes.* Préface du t. XI des Ordonnances des rois de France, publié par MM. de Vilevault et de Bréquigny.
> S.l., n.d. (t. XI).
> B.N.: L [14] 3.
>> [Egalement cité: Sur la formation des Communes vers le tems de Philippe-le-Bel].

Bricaire de la Dixmerie (Nicolas),
> *Mémoire pour la loge des Neuf Soeurs.*
> Paris, 1779.
> B.N.: H. 5589.

Briquet (Hilaire-Alexandre),
> *Histoire la Ville de Niort, depuis son origine jusqu'au règne de Louis-Philippe Ier.*
> Niort, Robin, 1832, 2 vol.
> B.N.: 8° LK [7] 5697.

Brossard de Ruville,
> *Histoire de la ville des Andelis et de ses dépendances.*
> Les Andelis, Delcroix, 1863-1864, 2 vol. (voir vol. II).
> B.N.: LK [7] 10530.

Bruyère (Marcel),
> *Alès, capitale des Cévennes.*
> Nîmes, 1948.
> B.N.: 4° LK [7] 55281.

Bruhan (J.-M.-P.),
> *Revue des auteurs vivans, grands et petits.*
> Coup d'oeil sur la république des lettres en France, sixième année de la République française.
> Paris, chez les marchands de nouveautés, s.d.
> B.B.: Ln [9] 36.

Buchez et Roux,
> *Histoire parlementaire de la Révolution française au journal des assemblées nationales depuis 1789 jusqu'en 1815.*
> Paris, Paulin, 1837 (t. 30).
> B.N.: 8° La [32] 200.

Challamel (Augustin),
> Les clubs contre-révolutionnaires, cercles, comités, sociétés, salons, réunions, cafés, restaurants et librairies.
> Paris, Cerf, 1895.
> B.N.: La ^{32} 612.

Chateaubriand (François-René, V^{cte} de),
> Oeuvres complètes.
> Paris, Ladvocat, 1826-1831 (28 vol.)
> B.N.: Z. 30546-30576.

Chateaubriand (Fr.-R.),
> Mémoires d'outre-tombe.
> Edition du Centenaire intégrale et critique en partie inédite établie par Maurice Levaillant.
> Paris, Flammarion, ^{2}1964 (2 vol.).

Chateaubriand (François-René),
> De Buonaparte et des Bourbons, et de la nécessité de se rallier à nos princes légitimes pour le bonheur de la France et celui de l'Europe.
> Paris, Mame frères, 1814.

Chateaubriand (Fr.-R.),
> Correspondance générale.
> Paris, Gallimard, 1977. →

Chateauriand (Fr.-R.),
> Génie du christianisme, ou Beautés de la religion chrétienne.
> Paris, Migueret, an X-1802, 5 vol.
> B.N.: Rés. D. 21462.
> - An XI-1803, Ibid., 5 vol., B.N.: Rés. D. 21463.
> - An XI-1803. Ibid., 4 vol., B.N.: Rés. D. 5716.

Chateaubriand (Fr.-R.),
> Oeuvres complètes de M. le Vte de Chateaubriand.
> Paris, Lefèvre et Ladvocat, 1830-1831.
> B.N.: 30577-30588 (20 vol.).
> Essai historique sur les révolutions, in: Oeuvres (...) t. I.

Chateaubriand (Céleste de la Vigne, Mme de),

> *Les Cahiers de Madame de Chateaubriand*:
> (Edités par J. Ladreit de Lacharrière).
> Paris, Emile-Paul, 1909.
> B.N.: 8° Ln ^{27}, 59260.

Childs (J. Rives),

> *Restif de la Bretonne. Témoignages et Jugements. Bibliographie.*
> Avec un avant-propos de l'auteur écrit à Djeddah, Arabie Saoudite, le 27 février 1948.
> Paris, Librairie Briffaut, 1949.
> B.N.: Salle des catacombes, casier Littératures 306.

Christophorov (Pierre),

> *Sur les pas de Chateaubriand en exil.*
> Paris, Editions de Minuit, 1960.
> B.N.: 8° Ln ^{27}, 87311.

Clausonne (Gustave de),

> *Notice sur M. le pasteur Fontanes.*
> *Théologien protestant (1797-1862).*
> Nîmes, 1863.
> B.N.: Ln ^{27} 7702.

Clément (Jean-Marie-Bernard),

> *Tableau annuel de la littérature.*
> Paris, Emery, 1801.
> B.N.: Z. 12742-12744.

Clermont-Tonnerre (Stanislas-Marie-Adélaïde de),

> *Compte rendu par (...), à ses concitoyens, de ce qui s'est passé relatif à lui, à l'occasion du club des Amis de la constitution monarchique, dont il est membre. (Janvier 1791).*
> Paris, Champigny, s.d.,
> B.N.: Lb ^{39} 4551.

Coffin-Rony (André-Jacques),

> *Des anciennes universités de France et de l'Université impériale.*
> Paris, Rougeron, 1810.
> B.N.: Lf. ^{244} 131.

Collombet (François-Zénon),
>   *Notes critiques sur une édition des discours et poèmes de Fontanes*, publiée à Lyon en 1837. Lyon, Rossary 1837.
>   B.N.: Ye 18829.

Constant de Rebecque (Benjamin de),
>   *Des effets de la Terreur*, S.l., an V.
>   B.N.: Lb. ^{42} 353.
>
>   *De la force du gouvernement actuel de la France et la nécessité de s'y rallier*. S.l., 1796.
>   B.N.: Lb ^{42} 83.
>
>   *Des réactions politiques, augmentée de l'examen des effets de la Terreur*. S.l., an V.
>   B.N.: Lb ^{42} 305 A.
>
>   *Discours prononcé au Cercle constitutionnel, pour la plantation de l'arbre de la liberté, le 30 fructidor an V*. Paris, Lemaire, s.d.
>   B.N.: Lb ^{40} 2360.

Cussy (Chevalier, Ferdinand de),
>   *Souvenirs du chevalier de Cussy*, garde du corps, diplomate et consul général, 1795-1866, publiés par le Cte Marc de Germiny.
>   Paris, Plon-Nourrit et Cie, 1909, 2 vol.
>   B.N.: 8° Ln ^{27} 53990.

Decaunes (Luc),
>   *Réformes et projets de réforme de l'enseignement français de la Révolution à nos jours (1789-1960)*.
>   Paris, Institut pédagogique national, 1962.
>   B.N.: 8° R. 57010 (16).

Delille (Jacques),
>   *Oeuvres complètes*.
>   Paris, Michaud, 1826. 16 tomes en 14 volumes.
>   B.N.: Ye 19811-19826 (Ici tome XVI).

Delille (Jacques),
>   *Recueil de poésies et de morceaux choisis de J. Delille, contenant des pièces fugitives inédites... Précédé d'une notice historique sur l'auteur, et suivi des extraits raisonnés des Georgiques françaises*

par Fontanes, Geoffroy, Guiguené, Millin et d'autres littérateurs distingués. Paris, Giguet, 1800 (an 9). [Extrait de l'*Homme des champs* par Fontanes]. Br. M.: 1065.C.32. [Consulté par nous].
B.N.: Ye 9719. [an IX-1801, manque apparemment en place]. [Deuxième édition].

Delisle de Sales (Jean-B.-Claude Izouard dit) [très souvent cité J. de Sales].

Recueil des mémoires adressés à l'Institut national de France sur la destitution des citoyens Carnot, Barthémy, Pastoret, Sicard et Fontanes, par leur collègue J. de Sales. [Nouvelle édition].
Paris, Fuchs, an VIII.
B.N.: 8° Lb ^{42} 439.

Des Essarts (Nicolas-Toussaint le Moyne dit),

Les siècles littéraires de la France, ou Nouveau Dictionnaire historique, critique et bibliographique de tous les écrivains français, morts ou vivans jusqu'à la fin du XVIIIè siècle, par M. N.-L.-M. Desessarts et plusieurs biographes.
Paris, l'auteur, an VIII (1800) - an XI (1803), 7 vol.
B.N.: 8° Ln ^{9} 111.

Desmagny (Jacques-Georges),

Réflexions sur le discours adressé à A.S.R. Monsieur frère du Roi, par M. de Fontanes, grand-maître de l'Université de France.
Paris, Warrée, 1814.
B.N.: 8° Lb ^{45} 213.

Desmoulins (Camille),

Oeuvres de (...), recueillies et publiées d'après les textes originaux augmentées de fragments inédits, de notes et d'un index et précédées d'une étude biographique et littéraire, par Jules Claretie.
Paris, Charpentier, 1874, 2 vol.
B.N.: 8° La ^{32} 503 (1-2).

Dreux-Du Radier (Jean-François),

Histoire littéraire du Poitou, précédée d'une introduction et continué jusqu'en 1849 par Lastic-Saint-Jal.
Niort, Robin, 1842-1849.
B.N.: 8° LK ^{2} 1371.

[Du Bertrand],

> *Diogènes à Paris ou petites lettres parisiennes.*
> Paris, Petit, 1817.
> B.N.: Lc 2 1082.
>> [Fontanes appartient avec Pastoret Volney, p. 28, "à la bande des prolétaires".].

Duchemin (Marcel),

> *Chateaubriand, essais de critique et d'histoire littéraire.*
> Paris, Vrin, 1938.
> B.N.: 8° Ln 27 81337.

Duclos (Charles Pinot),

> *Oeuvres morales et galantes de Duclos, ... suivies de son voyage en Italie.*
> [Publiées par N.T. Des Essarts].
> Paris, Des Essarts, 1797, 4 vol.
> [t. IV. Voyage en Italie].
> B.N.: Z. 27827.

[Dufrenoy, Adélaïde],

> *Courrier lyrique et amusant (...),*
> Voir ce titre.

Durry (Marie-Jeanne),

> *La vieillesse de Chateaubriand, 1830-1848.*
> Paris, Le Divan, 1933, 2 vol.
> B.N.: 8° Ln 27 64797.

Dussault (Jean-Joseph-François),

> *Annales littéraires, ou Choix chronologique des principaux articles de littérature insérés par M. Dussault dans le Journal de Débats (...).*
> Paris, Maradan, 1818-1824.
> B.N.: Z. 30087-30091 (Ici t. III).

Duverger (Maurice),

> *Constitutions et documents politiques.*
> Paris, Thémis, 1981.

Eckermann (Johann Peter),

> *Conservations de Goethe (1822-1832), recueillies par (...), traduites par Délerot, précédées d'une introduction par M. Sainte-Beuve.*
> Paris, Charpentier, 1883, 2 vol.
> B.N.: Z. 35833-35834.

Faure (Léopold),

> *Histoire de la ville de Niort, depuis son origine jusqu'en 1789.*
> Niort, L. Faure, 1880.
> B.N.: 8° LK[7] 21072.

Fayolle (François-Joseph-Marie),

> *Acanthologie ou dictionnaire épigrammatique.*
> Paris, marchands de nouveautés, 1817.
> B.N.: Ye 12185.
>> [On y trouve le fameux mot:
>>> "D'un grand état sans monarchie,
>>> Le sceptre errait à l'abandon.
>>> Ainsi le grand Napoléon
>>> N'a détrôné que l'anarchie."].

Fiévée (Joseph),

> *Correspondance et relations de J. Fiévée avec Bonaparte, premier Consul et Empereur, pendant onze années (1802 à 1813).*
> Paris, Desrez, 1836. 3 vol. [vol. I].
> B.N.: Lb[43] 14.

Florian (Jean-Pierre Claris de),

> *Galatée, roman pastoral imité de Cervantès, par (...)*
> Paris, Didot l'aîné, 1784.

Fontanes de Saint-Marcellin (Jean-Victor Fontanes dit),

> *Relation d'un voyage de Paris à Gand en 1815. (Notice de Chateaubriand).*
> Paris, Seignot, 1823.
> B.N.: 8° Lb[46] 625.

Fracard (Marie-Louise),
> *La fin de l'Ancien Régime à Niort.*
> Niort, Brouwer, 1956.
> B.N.: 16° LK ^{7} 56097.

Franqueville (Charles Franquet, Cte de),
> *Le premier siècle de l'Institut de France (25 octobre 1795 - 25 octobre 1895).*
> Paris, J. Rothschild, 1895-1896, 2 vol.
> B.N.: 4° Z. 1068 (1-2).

Gallet-Guerne (Danielle),
> *Les sources de l'histoire, littéraire aux Archives Nationales.*
> Paris, Imprimerie Nationale, 1961.

Gerbod (Paul),
> *Paul-François Dubois, universitaire, journaliste et homme politique.*
> Paris, Klincksieck, 1967.
> B.N.: 8° Ln ^{27} 88980.

Ginguené (Pierre-Louis),
> *Histoire littéraire d'Italie, par (...).* Tome I.
> Paris, Michaud, 1811.
> [En tout: 14 vol. de 1811-1835;
> B.N.: Z. 11958-11971].

Girardin (Stanislas),
> *Mémoires, journal et souvenirs de (...).*
> Paris, Montardier, 1829, 2 vol.
> B.N.: 8° La ^{33} 63.

Godechot (Jacques),
> *Les institutions de la France sous la Révolution et l'Empire.*
> Paris, Presses Universitaires de France, 1985.

Gosseaume (Pierre-Laurent-Guillaume),
> *Précis analytique des travaux de l'Académie des sciences, belles-lettres et arts de Rouen, depuis sa fondation en 1744 jusqu'à l'époque de sa restauration le 29 juin 1803, précédé de l'histoire*

de l'Académie, par (...). T. I [-V].
Rouen, Periaux, 1814-1821, 5 tomes en 3 vol.
B.N.: Z. 28485 (1-5). [Notre indication: *Précis analytique (...)* comporte des omissions]. [De Fontanes, t. IV p. 13, p. 32].

Granier de Cassagnac (Adolphe),
> *De l'Institut de France.*
> Paris, Plon, 1855.
> B.N.: Rés. R. 2453.

Guillon (Aimé),
> *Histoire du siège Lyon, des événements qui l'ont précédé et des désastres qui l'ont suivi, ainsi que de leurs causes secrètes, générales et particulières, accompagnée d'un plan.*
> Paris, Le Clève, 1797.
> B.N.: 8° Lb [41] 824.

Guitton (Edouard),
> *Jacques Delille, 1738-1813, et le poème de la nature en France de 1750-1820.*
> Paris, Klincksieck, 1974.
> B.N.: 8° Z. 43857 (5).

Guizot (François-Pierre-Guillaume),
> *Mémoires pour servir à l'histoire de mon temps.*
> Paris, Michel-Lévy frères, 1858-1867, 8 vol.
> (Ici vol. I).
> B.N.: 8° La [38] 30.

Guizot (François-P.-G.),
> *Mémoires pour servir à l'histoire de mon temps.*
> Paris, Lafont, Club français, 1971.
> B.N.: 8° G. 19087 (12).

Hatin (Eugène),
> *Histoire politique et littéraire de la presse en France.*
> Paris, Poulet-Malassis, 1860. 8 vol.
> B.N.: Lc [1] 22.

Hatin (E.),
> *Bibliographie (...) de la presse,*
> voir ce titre.

Hertault (J. d', Comte de Beaufort),
> *Marquis de Fontanes: littérateur et homme politique (1757-1821).*
> Paris, 1905.
> B.N.: 4° G. 567 (645).

Iung (Général Théodore),
> *Lucien Bonaparte et ses mémoires, 1775-1840, d'après les papiers deposés aux Archives étrangères et d'autres documents inédits.*
> Paris, Charpentier, 1882-1883, 3 vol.
> B.N.: Ln ^{27} 33352.

Johnson (Samuel de Lichfield),
> *The lives of the most eminent english poets; with critical observations on their works.*
> London, 1781, 4 vol.
> B.N.: 8° Nx. 27.

Johnson (S. de Lichfield),
> *The works of Samuel Johnson.*
> Oxford, 1825, 11 vol.
> B.N.: Z. 51071-51081 (Ici vol. VII-VIII).

Joubert (Joseph),
> *Les Carnets de Joseph Joubert.*
> Paris, Gallimard, 1838, ^{2}1954. (Edition d'André Beaunier).

Joubert (Joseph),
> *Correspondance de Fontanes et de Joubert, 1785-1819.*
> Paris, Plon, 1943. (Edition de Rémy Tessonneau).

Joubert (J.),
> *Pensées de Joseph Joubert, précédées de sa correspondance;* édition publiée par Louis de Raynal.
> Paris, Diedier, 1864, 2 vol.

Jovicevich (Alexandre),
> *Correspondance inédite de Jean-François de La Harpe.* Paris, Editions universitaires 1965.
> B.N.: 4° Ln 27 88435.

Jullien (Bernard),
> *Histoire de la poésie française à l'époque impériale.*
> Paris, Paulin, 1844, 2 vol.
> B.N.: Ye 24764 - 24765.

Lablée (Jacques),
> *Tableau de nos poètes vivans, par ordre alphabétique, année 1790.*
> Paris, Desenne, 1790.
> B.N. Ln 9 70.

Labouisse-Rochefort (Auguste),
> *Trente ans de ma vie (1795 à 1826), ou mémoires politiques et littéraires de (...).*
> Toulouse, Delsol, 1844-1847, 8 vol.
> [Ici vol. II, III, VI et VII].

Ladreit de Lacharrière (Jacques),
> *Les Cahiers de Madame de Chateaubriand*, voir Chateaubriand.

Laharpe (Jean-François de),
> *Correspondance littéraire, adressée à son altesse impériale, Mgr. le grand-duc, aujourd'hui empereur de Russie.*
> Paris, Migneret, an IX (1801), 2 vol.
> B.N.: Z. 20395 - 20396.

Laharpe (J.-Fr. de),
> *Oeuvres*, t. XII (1786), *Correspondance littéraire.*
> Paris, Verdière, 1820.
> B.N.: Z. 20415 bis. ou B.N.: Z 20416.

Lallemand (Paul),
> *Histoire de l'éducation dans l'ancien Oratoire,*
> Paris, Thorin, 1888.
> B.N.: 8° R. 8851.

Le Brun-Tossa,
>
> *Consciences littéraires d'à-présent.*
> Paris, Planchet, 1818.
> B.N.: Z. 53073.
> [Voir Introduction et p. 122].

Lemoal,
>
> -Ed. Ysabeau (Claude-Alexandre),
> *Aux citoyens (...) députés du Club national de Bordeaux, à Paris.*
> Paris, an II.
> B.N.: 8° 40 2571.

Lespinasse de Langeac (Abbé de, Chevalier de Malte),
>
> *Journal de l'anarchie, de la terreur et du depotisme, ou chaque jour marqué par un crime, une calamité publique, une imposture, une contradicton, un sacrilège, un ridicule ou une sottise, et comme telle la doctrine des doctrinaires.*
> Paris, Delaunay, 1821 (3 parties en 3 vol.).
> B.N.: Lb 48 1891.

Le Tourneur (Pierre-Prime-Félicien),
>
> *Ossian, fils de Fingal, barde du troisième siècle, poésies galliques, traduites sur l'anglais de M. Macpherson.*
> Paris, Musieur, 1767, 2 vol.
> B.N.: Yn. 30 - 31.

Lezay-Marnézia (Albert-Magdelaine-Claude),
>
> *Mes souvenirs. A mes enfants.*
> Blois, Dézairs, 1851.
> B.N.: 4° Ln 27 12612.

Lucas (Charles-J.-M.),
>
> *Résumé de l'histoire physique, civile et morale de Paris.*
> Paris, Ledoyen, Janet, 1825.
> B.N.: 16° LK 7 6503 A.

Lyonnet (Mgr Jean-Paul-François-Marie),
>
> *Le cardinal Fesch, archevêque de Lyon, fragments bioqraphiques, politiques et religieux pour servir à l'histoire ecclésiastique contemporaine,* par l'abbé Lyonnet.
> Lyon, Paris, Perisse, 1841, 2 vol.
> B.N.: LK 3 310.

Mahul (Alphonse),
> *Annuaire nécrologique*, voir ce titre.

Marette (J.-M. de),
> *Recherches historiques sur la ville d'Alais*.
> Alais, 1860.

Masson (Frédéric),
> *Napoléon et sa famille*.
> Paris, Ollendorff, 1897-1906.
> B.N.: 8° Lb ^{44} 1552.
> [T. I].

Meneval (Claude-François, baron),
> *Mémoires pour servir à l'histoire de Napoléon Ier*.
> Paris, 1893-1894, 3 vol.
> B.N.: 8° Lb 44 1498.

Mercier (Louis-Sébastien),
> *Notions claires sur les gouvernements*.
> Amsterdam, 1787, 2 vol.
> B.N.: *E 2694-2695.

Mesnard (Paul-Louis),
> *Histoire de l'Académie française, depuis sa fondation jusqu'en 1830*.
> Paris, Charpentier, 1857.
> B.N.: Z. 55117.

Montgaillard (Abbé de),
> *Histoire de France*.
> Paris, Moutardier, 1827, 9 vol.
> B.N.: La ^{32} 158.
> [ici: t. VI].

Montlosier (François-Dominique de Reynaud, Comte de),
> *Mémoires sur la Révolution française, le Consulat, l'Empire la Restauration et les principaux événemens qui l'ont suivie. (1755-1830)*.
> Paris, Librairie de Dufey, 1830, 2 vol.
> B.N.: La ^{33} 85.

Montlosier (Fr.-D. de R.),

>*Souvenirs d'un émigré (1791-1798).*
>(Publiés par le Comte Henri-François-Dominique de Larouzière Montlosier et par Ernest d'Hauterive).
>Paris, Hachette, 1951.
>B.N.: 8° La ^{33} 85bis.

Noël (François-J.-M.) et Delaplace (Guislain-François-Marie-Joseph de La Place[10],

>*Leçons de littérature et de morale ou Recueil en prose et en vers des plus beaux morceaux de notre langue dans la littérature des deux derniers siècle.*
>Paris, Le Normant, an XII (1804), 2 vol.
>B.N.: Z. 23276 - 2377.
>B.N.: Z. 23278 - 2379 (1805).
>[Il y a plusieurs éditions de ce Recueil; une autre édition en 1813. L'édition de 1804 (t. I et t. II) et l'édition de 1813 (t. I et t. II) contiennent beaucoup de morceaux de Fontanes].
>B.N.: Z. 56352 - 56353 (29ème édition: 1862).
>Egalement:

Noël et Laplace,

>*Leçons françaises de littérature et de morale.*
>Mainz, Zabern, ^{3}1846.
>[La première édition à Mayence: 1833].
>B.N.: Z. 56359.

Pailhès (Abbé Gabriel),

>*Chateaubriand, sa femme et ses amis.*
>Bordeaux, Feret et Fils, Libraires associés,
>Paris, 1896.
>B.N.: 8° Ln 27 43797.

Pailhès (G.),

>*Du nouveau sur Joubert, Chateaubriand, Fontanes et sa fille, Sainte-Beuve.*
>Paris, Garnier, 1900.
>B.N.: 8° Ln 27 61143.

---

10   L'écriture du nom varie.

Pailhès (G.),

    Etudes littéraires et critiques avec documents inédits. Madame de Chateaubriand d'après ses mémoires et sa correspondance.
    Bordeaux, Féret, 1887.
    B.N.: 4° Ln 27 54409. (Microfiche).

Pilâtre de Rozier (Jean-François),

    La Vie et les mémoires de (...), écrits par lui-même et publiés par Tournon de la Chapelle.
    Paris, Belin, 1786.
    B.N.: Rés. 8° Ln 27 16324.

Pillet (Fabien),

    Etrennes dramatiques à l'usage de ceux qui fréquentent les spectacles. Par un amateur.
    Paris, Garnier, 1798.
    B.N.: Yf. 1952.
    [Détails concernant Mlle Desgarcins, p. 95-96]

Pope (Alexander),

    La Dunciade, ou l'Angleterre démasquée, où l'on trouve des anecdotes curieuses sur l'histoire civile et littéraire de ce ciècle.
    La Haye, 1744.
    B.N.: Yk. 4621.

[Prevost d'Iray],

    Coup d'oeil sur l'Université de France.
    Paris, Dentu, 1814.
    B.N.: Lf ^{9} 144.

Proissy d'Eppe (César),

    Dictionnaire des Girouettes, voir ce titre.

Regaldo (Marc),

    Un milieu intellectuel: La Décade philosophique.
    Lille, 1976.
    B.N.: 8° Z. 48228 (1-5).

[Regnault-Warin],

> *Chronique indiscrète du XIXè siècle, esquisses contemporaines extraites de la correspondance du Prince de ****
> Paris, les marchands de nouveautés, 1825.
> B.N.: Li ^{3} 764.

Rétif de la Bretonne (Nicolas-Edme),

> *Oeuvres.*
> Paris, Edition du Trianon, 1931, 9 vol.
> - *Monsieur Nicolas, ou le coeur humain dévoilé.*
> - *La Femme infidèle.*
> B.N.: Z. 26157 (8) (vol. VII-VIII).

Rétif de la Bretonne (N.-E.),

> *Monsieur Nicolas, le drame de la vie.*
> Imprimé à Paris, à la maison, 1793, 5 vol.
> B.N.: Rés. Y^2 3372-3376.
>
> *Monsieur Nicolas, ou le coeur humain dévoilé.*
> Mémoires intimes de Restif de la Bretonne. Réimprimé sur l'édition unique (...) publié par lui-même en 1796. [sic].
> Paris, J. Liseux, 1883, 14 vol.
> B.N.: Rés. p. Y^2 138.
>> [T. II et t. XIII].

Rétif,

> *Les Nuits de Paris ou le spectateur nocturne.*
> Paris, imprimé à la maison, 1788-1794, 16 vol.
> B.N.: Res. Smith-Lesouëf, 1503-1518.

Rétif,

> *Les Posthumes, lettres du tombeau ou les Posthumes.*
> Paris, 1794, 16 vol.; Paris, à la maison, 1802, vol.
> B.N.: Rés. Y^2 1352.

Rétif,

> *Journal intime, mes inscriptions, 1780-1787.*
> Paris, Plon, 1889.
> B.N.: 8° Ln 27 38866.

Rivarol (Antoine, Cte de),
>	*Le Petit almanch de nos grands hommes, 1788.*
>	S.l. 1788-1808.
>	B.N.: 8° Lc ^{36} 2.

Robillard de Beaurepaire (Georges),
>	*Note sur la manufacture royale d'Andely.*
>	Caen, Delesdues, 1894.
>	B.N.: LK ^{7} 29426.

Roederer (Cte Pierre-Louis),
>	*Eloge de Pilâtre de Rozier,* lu, le 14 juillet 1785 dans une assemblée du 1er musée, établi en 1781.
>	Paris, L. Jorry, 1786.
>	B.N.: 8° Ln ^{27} 16322.

Rollin (Charles),
>	*Oeuvres complètes.*
>	Paris, Hennée, 1805, 4 vol.
>	B.N.: Z. 23447 - 23450.
>>	[Le premier volume indique que Fontanes devait établir cette édition, mais que ses nouvelles occupations l'empêchaient].

Rosen (Ph.),
>	*La Ville de Paris, le vieux Paris, 2ème arrondissement.*
>	Paris, 1932.
>	B.N.: 4° Lk ^{7} 42774.

Roucher (Jean-Antoine),
>	*Les Mois, poème en douze chants.*
>	Paris, Quillan, 1779, 2 vol.
>	B.N.: ye 1607-1608.

Rousseau (Jean-Baptiste),
>	*Oeuvres choisies de (...)*, avec les notes de Lebrun. Edition enrichie des observations littéraires de M. de Fontanes et publié avec de nouvelles notes, par J.-L. Boucharlat.
>	Paris, Brunot-Labbe, 1829.
>	B.N.: Ye 9110.
>>	[Fontanes signe "F." On peut se demander où l'éditeur a sorti ces "annotations"].

Saint-Elme (Mme Ida de...),

> *Mémoires d'une contemporaine, ou Souvenirs d'une femme sur les principaux personnages de la République, du Consulat, de l'Empire, etc.*
> Paris, Ladvocat, 1827-1828, 8 vol.
> B.N.: La ^{33} 99.
>> [Manquent en place vol. 6, 7, 8; Voir également: Turquan, Joseph]

Saint-Pierre (Jacques-Henri-Bernardin de),

> *Oeuvres posthumes.*
> Paris, Lefèvre, 1833 (t. II).
> B.N.: Z. 5174.

Sainte-Beuve (Charles-Augustin),

> *Causeries de lundi.*
> Paris, Garnier frères, 1856 (t. IX).

Sélis (Nicolas-Joseph),

> *Recueil des discours prononcés le 1er brumaire an VI, à l'ouverture de l'Ecole Centrale de la rue Antone, par les citoyens Joubert, ... Sélis,... Costaz,...*
> Paris, Ballard, s.d.
> B.N.: 8° Z. 4354.

Serieys (Antoine),

> *Mémoires politiques et militaires pour servir à l'histoire secrète de la Révolution française.*
> Paris, Buisson, an VII, 2 vol.
> B.N.: 8° La ^{33} 105.

Simiand (François-Joseph-Charles),

> *Recherches anciennes et nouvelles sur le mouvement général des prix du XVIè au XIXè siècle.*
> Paris, Lovitou, 1932.
> B.N.: 4° R. 3965.
> B.N.: Microfiche: M. 22220.

Simiand (François-J.-C.),

Le salaire, l'évolution sociale et la monnaie, essai de théorie expérimentale du salaire, introduction et étude globale.
Paris, Félix Alcan, 1932, 3 vol.
B.N.: 4° R. 3766.

Simon (Jules),

Une académie sous le Directoire.
Paris, Lévy, 1885.
B.N.: R. 6238.

Staël (Germaine, Mme de),

De la littérature (...) annoncée d'abord sous le titre: *De la littérature considérée dans ses rapports avec l'état moral et politique des nations.*
Paris, Maradan, an 8 (1800), 2 vol. in-8°.

[Selon *Journal typographique et bibliographique*, troisième année, N° XXIX, 5 floréal an 8, p. 226. Pour la critique voir, *Journal typographique (...)*, troisième année, N° XXX et XXXI, 25 floréal an 8, p. 247 (compte rendu sommaire et écho dans le public).]

Le livre est imprimé sous le titre:

De la littérature considérée dans ses rapports avec les institutions sociales.
Paris, Maradan, an VIII (1800), 2 vol.
B.N.: Rés. p. Z. 1080.

- *De la littérature (...).*
Paris, Crapelet, an IX (1800), 2 vol. (2è éd.).
B.N.: 8° Z. 15005 (1-2).

[Voir également, *Journal typographique (...)*, quatrième année, N° IX, 10 frimaire an 9, p. 65 et s.].

Staël (Germaine de),

De la littérature (...).
Paris, Maradan, 1818, 2 vol. (3è édition).
B.N.: Z. 30182-30183.

[Contient des extraits du *Mercure de France* de 1800. Voir avis de l'éditeur, t. I et t. II, 306-367 les deux extraits.
T. I, p. Xj: "Nous sommes persuadés que le lecteur retrouvera, avec plaisir dans cette troisième édition, ces extraits du *Mercure*

de France; [...] ils seront un embellissement pour cette réimpression, en même temps qu'ils répandront du jour sur les réponses de l'auteur critiqué].

Stenger (Gilbert),

> *La société française pendant le Consulat.*
> Paris, Perrin, 1903-1908, 6 vol.
> B.N.: 8° Li^2 153 (Quatrième série).

Suard (Jean-Baptiste-A), et Arnaud (François),

> *Journal de politique et de littérature (...)*, voir ce titre.

Suard et Arnaud,

> *Variétés littéraires ou recueil de pièces (...)*, voir Arnaud (abbé), *supra*.

Tessonneau (Rémy),

> *Joseph Joubert, Educateur (1754-1824).*
> (D'après des documents inédits).
> Paris, Plon, 1944.

Testud (Pierre),

> *Rétif de la Bretonne et la création littéraire.*
> Genève, Droz, 1977.
> B.N.: 8° Z. 39973 (167).

Thomas (Antoine-Léonard),

> *Oeuvres complètes.*
> Paris, Desessart, an X (1802), 3 vol.
> B.N.: Z. 29539-29541.

Thomas (A.-L.),

> *Oeuvres posthumes.*
> Paris, Desessart, an X (1802), 2 vol.
> B.N.: Z. 29544-29545.
>
> > [T. I, traduction de *Messaline* est attribuée à Fontanes par Michaud].

Tornezy (Albert),

> *Fontanes, étude biographique et historique,* discours prononcé à la séance publique annuelle de la Société des antiquaires de l'Ouest, le 19 janvier 1901.
> Poitiers, Blais, 1901.
> B.N.: 8° Ln 27 48323.

Trénard (Louis),

> *Histoire sociale des idées. Lyon de l'encyclopédie au préromantisme.*
> Grenoble, Allier, 1958, 2 vol.
> B.N.: 4° Lk 7 56360 (1-2).

Tulard (Jean),

> *Bibliographie critique des mémoires sur le Consulat et l'Empire.*
> Genève, Droz, 1971.
> B.N.: 4° G. 3622 (13) et
> B.N.: Salle des catalogues, casier Histoire 278.

Turquan (Joseph),

> Elisa et Pauline, soeurs de Napoléon.
> Paris, Tallandier, 1954.
> B.N.: 8° Ln 17 188B.
>
>> [Ici p. 52, n° 1, cité d'après Saint-Elme, mais texte que nous n'avons pas trouvé: "M. de Fontanes, dit Mme Ida Saint-Elme, que des liens de coeur auraient dû attacher à la famille de Napoléon, se vengeait dans l'intimité du respect officiel qu'il rendait publiquement à l'Empereur. Il excellait à raconter au lieu de se taire, les travers qui se mêlent toujours aux belles qualités, même chez la femme qui vous a aimé."]

Vandal (Louis-Jules-Albert),

> *L'avènement de Bonaparte. I. La Genèse du Consulat. Brumaire. La Constitution de l'an VIII.*
> Paris, Plon, Nourrit, 1902.
> B.N.: 8° Lb 44 1662.

Van Tieghem (Paul-Désiré),

> *Ossian en France.*
> Paris, Rieder, 1917, 2 vol.
> B.N.: 8° Z. 20277.

Van Tieghem (Paul),

    Le sentiment de la nature dans le préromantisme europeen.
    Paris, Nizet, 1960.
    B.N.: 8° Z. 36532.

Vuagneux (Henri),

    Courbevoie et ses environs, de leur origine à nos jours...
    Poissy, Lejay fils, 1906.
    B.N.: 8° Lk ^{7} 36430.

Villemain (Abel-François),

    Discours de Villemain, élève lauréat, in: Université impériale. Distribution générale des prix aux élèves des quatre lycées de Paris (1804-1814).
    Paris, Fain, s.d.
    B.N.: 4° R. 46 (1804-1814).

Villemain (A.-Fr.),

    Discours prononcé dans la séance publique tenue par l'Académie française, pour la réception de M. Villemain. (le 28 juin 1821).
    Paris, Firmin Didot, 1821.
    B.N.: Z. 5053 (192).

Villemain (A.-Fr.),

    La Tribune moderne. M. de Chateaubriand, sa vie, ses écrits, son influence littéraire et politique sur son temps.
    Paris, Lévy, 1858.
    B.N.: 8° Ln ^{27} 4086.

Vinet (Alexandre),

    Etudes sur la littérature française au dix-neuvième siècle.
    Paris, les Editeurs, 1849, 3 vol.
    B.N.: Z. 62417 - 62419 (T. I).

Welschinger (Henri)

    La censure sous le Premier Empire, avec documents inédits.
    Paris, Charavay Frères, Editeurs, 1882.
    B.N.: 8° Lb ^{44} 1351.

Wilson (Aileen),

    Fontanes (1757-1821), essai biographique et littéraire.
    Paris, Boccard, 1928.
    B.N.: 8° Ln 27 62800 A.

Articles

Asselineau (Charles),

    "*Etat des gens de lettres, demandant des pensions vers 1786*", in: *Bulletin du bibliophile*, 1861.

Cailhava de l'Estandoux (Jean-François),

    in: *Intermédiaire des chercheurs et des curieux* vol. XV (10 avril 1882).

Clouzot (Henri),

    "*Les Fontanes à Niort*", in: *Revue illustrée des provinces de l'Ouest*, 1890, (t. 1).
    B.N.: 4° Z. 426.

Cornevin (Maurice)

    "*Un curieux habitant des abords de la Montagne Sainte-Geneviève au XVIIIè siècle: Rétif de la Bretonne*" in: *Bulletin de la Montagne Sainte-Geneviève et ses abords*, 1935 (t. XII, fasc. 3).

Désaivre (Léo),

    "*Les Fontanes à Niort*", in: *Bulletin de la société de statistique, sciences, lettres et arts du département des Deux-Sèvres*, juillet-septembre 1890, N°s 7-9 (vol. VII).
    B.N.: 8° Lc 20 25bis, C 1888-1890, vol. 7).

Farault (Alphonse),

    Intermédiaire des chercheurs et des curieux,
    N° 1764, vol. XCV (29 février 1932).

Gaulmier (Jean),

    "Bonstetten, intercesseur du romantisme de l'imaginaire", in: *Cahiers Staëliens*, Nlle série, N°s 33-34, 1983.

Largeault (Alfred),

    "Quelques inscriptions de l'église de Notre-Dame de Niort", in: *"Mémoires de la société de statistique, sciences, lettres et arts du département des Deux-Sèvres*, [3ème série, 1885 (t. II)].
    B.N.: Lc [20] 25.

Molis (Robert),

    "Communication de (...) sur la lettre de Fontanes père, janvier 1754", in: *Revue du Comminges*, 1974, 2ème trimestre.

Montenon (Jean de),

    "Lettres inédites de Fontanes à Baudus, 1798-1815", in: *Revue de littérature comparée*, 1928.

Oberkampff de Dabrun,

    "La famille de Fontanes", in: *Bulletin de la société de l'histoire du protestantisme français, bulletin historique et littéraire*.
    Paris, 1895 (t. XLIV).

Pillard (Guy),

    "Notes sur la mort de Pierre-Marcellin Fontanes", in: *Bulletin de la société historique et scientifique des Deux-Sèvres*, deuxième série, 1976 (t. IX, N° 4, 4° trimestre 1976).
    B.N.: 8° Lc [20] 69bis.

Ritter (Eugène),

    "La famille Fontanes", in: *Bulletin de la société de l'histoire du protestantisme français, bulletin historique et littéraire*.
    Paris, 1895 (t. XLIV).
    B.N.: 8° Lc [18] 97 (XLIV, 1895).

Salies (Pierre),

    "Un duel à Saint-Gaudens en 1754", in: *Archistra*, N° 32 (janvier 1978).

Tourneux (Maurice),
> "*Un projet d'encouragement aux lettres et aux sciences sous Louis XVI*", in: *Revue d'histoire littéraire de France*, 1901 (t. VIII).
> B.N.: 8° Z. 13998.

Almanachs, Collectivités, Journaux, Recueils

Abrégé du Journal de Paris.
Années 1777, 1778, 1779, 1780, 1781 [voir 1778].
Paris, 1789.
Br. M.: P.P. 4321 b.

Acte des Apôtres.
(Novembre 1789 - octobre 1791).
Paris, (de Peltier).
B.N.: 8° Lc ^{2} 273.

Almanach civil, politique et littéraire de Lyon et du département du Rhône, pour l'an VI de la république et les années 1797 et 1798 de l'ère ancienne.
Lyon, Daval.
B.N.: Lc ^{3} 246.

Almanach de la ville de Lyon et des provinces de Lyonnais, Forez et Beaujolais.
Lyon, Delaroche, 1792.
B.N.: Lc ^{3} 245.

Almanach de l'Université impériale. Année 1810 et s.
Paris-Brunot-Labbe, 1810 et s.
B.N.: 8° Lc 25 218.

Almanach des adresses de Paris. [de Dulac]
Paris, Panckouke, 1815 et s.
B.N.: 8° Lc ^{31} 395.

Almanach des Muses.
Paris, Delalain, 1765-1833.
B.N.: Ye 11650-11716.
[Fontanes à partir de 1778].

Almanach littéraire ou Etrennes d'Apollon.
Paris, chez les libraires des années précédentes.
1784: B.N.: Ye 14061 [compte rendu sur la *Nouvelle traduction de l'Essai sur l'homme*].
1790: B.N.: Ye 11767 [Tirage à part: *Sur l'édit en faveur des non-Catholiques*].

Almanach National.
Paris, Testu, an V, an VIII.

L'Ambigu. Variétés atroces et amusantes. Journal dans le genre égyptien.
[1803] - 30 septembre 1816 (I-LIV, n° 1-486). (de Peltier).
Londres.
B.N.: Fol. Lc ^{2} 1027. et
B.N.: 8° Lc ^{2} 1027.

L'Ami des lois, (ou Mémorial politique et littéraire).
Par une société de gens de lettres. (mars 1798 - mai 1800).
Paris.
B.N.: Fol. Lc ^{2} 876.

L'Ami des patriotes ou le défenseur de la Révolution.
Paris (1790 - 1792).
B.N.: Lc ^{2} 484.

> [Argumente contre les amis du roi: voir N° IV (18 décembre 1790): P. 79: "Sur les soi-disans amis du Roi. On répand dans le public le prospectus d'un nouveau club, sous le nom de "Clubs [sic] monarchique". Il faut espérer que ces établissemens, qui se multiplient avec un excès ridicule [...] se réduiront enfin successivement." Le 17 novembre 1790 fut fondée la Société des amis de la constitution monarchique dont Fontanes faisait momentanément partie.]

Annales des concours généraux.
Paris, Brédif, 1825.
B.N.: 8° R. 270.

Annales du Corps législatif.
Voir *infra.*

Annales patriotiques et littéraires de la France et affaires politiques de l'Europe, journal libre. Dirigé par Mercier.
(3 octobre 1789 - 12 décembre 1797). [Il y a quelques interruptions et parfois changement de titre, p. ex. *Annales littéraires et politiques*].
Paris.
B.N.: 4° Lc ^{2} 249. [Attaque en janvier 1790 le *Modérateur* de Fontanes].

Annales révolutionnaires.
Paris. (1923, t. XV)
B.N.: 8° Lc ^{18} 632.

Année littéraire ou suite des lettres sur quelques écrits de ce temps par Fréron, 1754 - 1791 et 1800 - 1801 (vol. XXVII, t. 1), t. XXX.
Paris.
B.N.: Z. 40487/787.
B.N.: Reprint: fol. Z. 1718.

Annonces, affiches, nouvelles et avis divers de la province de Poitou.
Poitou (1773 - 1774).
B.N.: Lc ^{9} 118 (3).

Annuaire nécrologique ou supplément annuel et continuation de toutes les biographies ou dictionnaires historiques. (1820 - 1825). (Deuxième année, 1821) Par Mahul.
Paris, Ponthieu, 1822.
B.N.: G. 26203/08.

Archistra. Bimestriel d'information, études et recherches sur l'histoire de la France méridionale.
Toulouse.

Archives parlementaires. Recueil complet des débats législatifs et politiques des chambres françaises de 1800 - 1860. Publiées par J. Mavidal et E. Laurent.
Paris, Dupont, 1864.
B.N.: 4° Le ^{1} 57 (2).

Arrêté concernant des maîtres d'étude des lycées.
(23 mars 1810).
Paris, Imprimerie impériale, 1810. [Voir également rubrique: *Université infra*].
B.N.: 8° R. Pièce 7571.

Bibliographie de la France ou Journal général de l'imprimerie et de la librairie.
Editeur: Beuchot (Adrien-Jean-Quentin).
De 1811 au 12 mars 1814: *Bibliographie de l'Empire français.*
Paris.
B.N.: 8° Q. 2615.

Bibliographie historique et critique de la presse périodique française. (de Eugène Hatin).
Paris, Firmin-Didot, 1866.

Bibliothèque historique, ou Recueil de matériaux pour servir à l'histoire du temps.
Paris, Delaunay, 1819 (t. VIII).
B.N.: Lc² 1110.

Biographie des grands hommes et des personnages remarquables qui ont vécu sous l'Empire.
Paris, 1852.
B.N.: 4° Z. Larrey 43.

Biographie moderne ou dictionnaire biographique de tous les hommes morts et vivans (de Beauchamp).
Leipzig, 1806.
B.N.: G. 20094-20097.

Biographie nouvelle des contemporains ou dictionnaire (de Arnault).
Paris, 1822 (Lettre F.)
B.N.: G. 20080.

Biographie spéciale des pairs et des députés du royaume (session 1818 - 1819).
Paris, Beaucé, 1819.

Biographie Universelle ancienne et moderne.
Paris, 1816 (de Michaud). D'autres éditions.
B.N.: 8° G. 5461 (vol. 15, lettre F.).

Bulletin de la Montagne Sainte-Geneviève et ses abords.
Paris, 1935 (t. VII, fasc. 3).

Bulletin de la Société de l'histoire de l'art français, année 1922, ^{2}1972.
Paris.
B.N.: 8° V. 506.

Bulletin de la Société de l'histoire du protestantisme français.
Paris, 1895.

Bulletin de la Société de vaccin, voir Société pour l'extinction de la petite vérole en France.

Bulletin de la Société historique et scientifique des Deux-Sèvres. Deuxième série.
Niort, 1976.
B.N.: 8° Lc ^{2} 69bis (tom III, N° 1).

Bulletin des lois, N° 185 (17 mars 1808: "Décret impérial portant organisation de l'Université.").
B.N.: F. 26943 (vol. 40).

Bulletin du bibliophile.
1834-1914. 1917-1921.
Paris.
B.N.: Q. 3674/714, B.N.: Q. 3690 (1861).

Bulletin politique de Paris et des département.
(N° 16, 18 germinal an IV = 7 avril 1796).
(N° 21, mardi 12 avril 1797).
Paris.
B.N.: 4° Lc ^{2} 721-723.

Cahiers Staëliens.
Organe de la Société des études staëliennes.
Paris.
B.N.: 8° Z. 25667.

Catalogue d'autographes, dépendant de la succession de Mme C. de Fontanes et provenant pour la plupart des papiers de Mr. de Fontanes [...] qui seront vendus aux enchères publiques à Genève, le 16 janvier 1875.
Genève, Ramboz et Schuchardt, 1874.

Catalogue de Martin et Walter. Catalogue des journaux révolutionnaires (1789-1799) par Gérard Walter. Paris, Bibliothèque Nationale, 1943.

Catalogue des livres nouveaux (et permis) 1763-1781. Devenu: Journal de la librairie ou Catalogue des livres nouveaux (1782-1789).
Paris.
B.N.: Q. 4149/67.
[Voir N° 29; 16 juillet 1768].

Catalogue des livres provenant de la bibliothèque de feu M. le Marquis de Fontanes.
Paris, Silvestre, 1821.

Catalogue: *Exposition Fontanes (1757-1821)*, organisée à l'occasion du bicentenaire de sa naissance (par A. Labat.)
Niort, Archives des Deux-Sèvres, 1957.
B.N.: 16° V. Pièce 2212.

Centenaire du lycée Condorcet.
Paris, 1904.
B.N.: 8° R. 19211.

Charavay (Fichier)
B.N.: Département des manuscrits.

La Chronique de Paris.
Paris. Du 24 août 1789 au 25 août 1793.
B.N.: 4° Lc^2 218.

[N° 32, 1er février 1790 se prononce contre le *Modérateur* de Fontanes et de Flins.]

Circulaires et instructions officielles relatives à l'instruction publique.
Paris, Delalain, 1865.
B.N.: 8° F. 736 (1802-1830).

La Clef du cabinet des souverains. Nouveau Journal du soir et du matin, historique, politique, économique, moral et littéraire. Par les citoyens Garat, Fontanes, Pommereuil, Gérard de Rayneval, Montlinot et Peuchet. Janvier 1797 - septembre 1805.
Paris.
B.N.: 8° Lc² 931.

Collection du Bulletin de Lyon.
Lyon, Ballanche père et fils.
B.N.: Lc¹¹ 494.
    [N° 21 (14 frimaire an XIII, p. 84), concernant un quatrain de Fontanes.]

Comité de sûreté nationale, voir
Recueil des actes du Comité de salut public [...].

Constitution de la république française, décrétée par la Convention nationale et acceptée par le peuple, l'an quatrième de la République, 1795.
Constantinople, an IV (1795).
B.N.: Le³ 55.
    [Créant l'Institut: "Titre X. Instruction publique, paragr. 295, p. 45: Il y a, pour toute la République, un institut national chargé de recueillir des découvertes, et de perfectionner les arts et les sciences."].

Correspondance de Napoléon Ier, publiée par ordre de l'empereur Napoléon III.
Paris, Imprimerie impériale, M. DCCC LXIV.
B.N.: 4° Lb⁴⁴ 801.
    [t. IX, p. 17, 3 octobre 1803, concernant Mme de Staël et son arrivée à Maffliers, la menace de sa reconduction vers la frontière: "L'arrivée de cette femme, comme celle d'un oiseau de mauvais augure, a toujours été le signal de quelque trouble."; t. XX, lettre à Fontanes concernant l'organisation de l'Université.]

Correspondance de Voltaire, Titre exact: *The complete works of Voltaire.*
    The Voltaire Foundation. Thorpe Mandeville House Banbury, Oxfordshire, 1973.

Correspondance littéraire, philosophique et critique (de Grimm, Melchior, Meister, Diderot, Raynal).
Paris, Garnier, 1880 (t. XII, t. XIII) (janvier 1778) (t. XV) (septembre 1789).

Correspondance littéraire secrète (par Mettra, J. Imbert et autres).
Neuwied, 1774-1793. [1787/88 Collaboration de Grimod de la Reynière].
[Collection incomplète].
Br. M.: 617 c. 9-17
B.N.:   Rés. 8° Lc ^{2} 77: 1775, 1777-1778, 1785-1789.
B.N.:   8° Lc ^{2} 77A [Compilation de Londres, dernier volume en place 1785].

Courrier de Londres et de Paris. (Par M. de Montlosier).
(1802)
Londres puis Paris.
B.N.: Fol. Lc ^{2} 1025.

Courrier lyrique et amusant ou Passe-Temps des toilettes.
(Propriétaire: Adélaïde Dufrenoy)
Paris.
B.N.: Z. 21686/90 (juin 1785-janvier 1789).

[Selon Beaunier, Fontanes collaborait en 1788/1789 au *Courrier*; nous n'avons pas trouvé des traces].

La Décade philosophique, littéraire et politique.
(29 avril 1794- 17 septembre 1804).
Paris.
B.N.: Z. 23188/229.

Le Démocrate constitutionnel. (août-septembre 1797).
Paris (N°s 1 à 23).
[Quelques numéros manquent en place].
B.N.: Fol. Lc ^{2} 2680.

[Dans son numéro XI (après le 18 fructidor):
"O nuit désastreuse pour Suart, Fontanes, Laharpe, Lacretelle, Fiévé, Serizy et tous autres confrères emprisonneurs de l'opinion publique".]

Les Députés du club national de Bordeaux à leurs frères et amis les Parisiens.
Paris, 25 ventôse an II.
B.N.: Le ^{40} 2571
   [Le nom de Fontanes y figure, mais il ne peut pas s'agir de Louis de Fontanes.].

Dictionnaire des Girouettes.
(de César Proisy d'Eppe)
Paris, Eymery, 1815. (1ère et 2nd édition).
B.N.:   Lb 48 82.
B.N.:   Lb 48 82 A et
        Lb 48 8' B.

Dictionnaire des lettres françaises du 18ème.
(de Louis Pichard).
Paris, Librairie Arthème Fayard, MCMLX.

Dictionnaire universel de la noblesse de France.
par M. de Courcelles.
Paris, bureau général de la noblesse de France, 1820-1822, 5 vol.
B.N.: Lm ^{1} 50.

Edit du Roi concernant ceux qui ne font pas profession de la Religion Catholique.
Donné à Versailles au mois de novembre 1787.
Registré en Parlement le 29 janvier 1788.
Paris, Imprimerie royale, 1788.
B.N.: F. 23631 (114).

La France littéraire. (de J.-S. Ersch).
Hambourg, Hoffmann, 1797.

La France protestante.
Genève, Slatkine Reprints, 1966 (t. V).
   [La notice sur Fontanes comporte des erreurs.]

La Gazette de France.
Paris.
B.N.: 4° Lc ^{2} 1 [19 mars 1821, concernant la mort de Fontanes].

La Gazette Nationale ou le Moniteur Universel
Paris.
Lc 2 115 (rééd.)
> [Voir N° 362, mardi, 28 décembre 1790, p. 734, concernant la participation de Fontanes à la société des "Amis de la constitution monarchique"].

Histoire de France.
Paris, Montardier, 1827, 9 vol (vol. VI).

Histoire critique du Sénat Conservateur depuis sa création, en nivôse an VIII jusqu'à sa dissolution, en avril 1814.
Paris, Eymery, 1815.
B.N.: Le 48 4.

Histoire du Corps léqislatif.
Paris.
B.N.: Le 47 51.
[Recherche à refaire].

L'Historien (22 novembre 1795 - 4 septembre 1797).
Paris.
B.N.: 8° Lc 2 900.

Devenu: *L'Historique* (19 Septembre 1797 - 27 octobre 1797).
Paris.
B.N.: 8° Lc 2 901.

L'Historien de France et de l'Europe. (12 avril-2 juin 1792).
(N°s 1 à 23).
Paris.
B.N.: 4° Lc 2 678
> [N° VII, jeudi, 26 avril 1792, p. 28, description de la première utilisation de la guillotine].

Institut de France. Les registres de l'Académie françoise (1672-1793).
Paris, Firmin-Didot, 1895 (t. III).

Institut National (Compte rendu au Corps législatif par l'Institut National; les trois classes, à partir de l'an IV).
B.N.: Z. 460 70/72.

Institut National de France. Sur la destitution des citoyens Carnot, Barthélémy, Pastoret, Sicard et Fontanes, Par leur collègue J. de Sales.
Paris, 25 vendose, an VIII.
B.N.: 8° Ln^9 10.

Instruction publique, Voir Recueil de lois et réglemens concernant l'instruction publique [...].

Intermédiaire des chercheurs et curieux.
Paris. [A partir de 1864].
B.N.: 8° Z. 94.

Journal d'économie publique, de morale et de politique.
Paris.
B.N.: R. 49368. (1797).

Journal de la librairie, ou catalogue hebdomadaire, contenant par ordre alphabétique des livres.
(Voir selon l'année).

Journal de la Société des amis de la constitution monarchique.
Fondé le 17 novembre 1790.
Paris.
B.N.: Rés. 8° Lc.^{2} 491.

[Le *Catalogue* de Walter, p. 293, indique Fontanes comme rédacteur, ce qui n'est pas tout à fait vrai.]

Journal de la Ville ou le Modérateur, devenu Spectateur National.
Paris.
B.N.: 4° Lc^2 194.

Journal de littérature, des sciences et des arts de l'abbé Grosier).
1779-1783.
Paris.
B.N.: Z. 22960/89.
B.N.: Z. 22966 (1780, t. I).

Journal de Paris.
1778 et s.
Paris.
B.N.: 4° Lc^2 80.

Journal de politique et de littérature, contenant les principaux événemens de toutes les cours, les nouvelles de la républiques des lettres [...].
1774-1778. Pour Fontanes: janvier-juin 1778.
Paris.
B.N.: 8° Lc ^{2} 78.
B.N.: Z. Beuchot 1347.

Journal des amis de la Constitution.
1790. Rédacteur: P. Choderlos de Laclos.
Paris.
B.N.: 8° Lc ^{2} 479.

Journal des dames, devenu Mélanges littéraires ou Journal des dames. Dédié à la Reine.
Paris.
Juin 1777, 1778.
B.N.: Z. 24525/32bis.
Juin 1777; B.N.: Z. 24539.

Journal des débats politiques et littéraires. Titre
B.N.: *Journal des débats et des décrets.*
Paris.
1er avril 1814 - 20 mars 1815; 8 juillet 1815 et s.
B.N.: Gr. fol. Lc ^{2} 150/51 (voir le 19 mars 1821).

Journal des défenseurs de la liberté, titre exact:
Journal des défenseurs de la patrie.
Paris.
B.N.: Périodique: 4° Lc ^{2} 910/11 [Prairial an 8-avril 1800].

Journal des Deux-Sèvres, politique, littéraire, commercial, de la Société d'agriculture, de l'Athénée et d'affiches.
Niort.
(26 août 1815).
B.N.: 8° Lc ^{10} 105bis.

Journal des hommes libres (de Méhée).
(Supprimé floréal an VIII = avril 1800).
Paris.
B.N.: Lc ^{2} 739.

Journal des hommes libres de tous les pays ou le Républicain (1794/1795); plutôt cité: *Le Républicain*.
Paris.
B.N.: 4° Lc ^{2} 733.

Journal des sçavans
(1783, 1784 et s.)
Paris.
B.N.: Z. 4075.

Journal du publiciste; plutôt cité: *Le Publiciste*.
Paris.
B.N.: 4° Lc ^{2} 751. (an V et an VI).

Journal encyclopédique ou universel.
Paris.
Août 1783.
B.N.: Z. 51935/37. (t. VI).

Journal littéraire (par J.-M.-B. Clément).
15 messidor an IV au 2 thermidor an V = 3 juillet 1796 au 20 juillet 1797.
Paris.
B.N.: Z. 45583/86.

[Selon Barbier (Antoine-Alexandre), *Dictionnaire des ouvrages anonymes*. Hildesheim, Georg Olms Verlagsbuchhandlung, 1963, 4 vol.
B.N.: Biographies 25 (bureau). Fontanes, voir t. II, p. 1036.
Fontanes collaborait à ce journal, signant les articles "L."; également *Oeuvres de M. de Fontanes*, *op. cit.* p. CXVII, n° 1 (notice Sainte-Beuve).
Il y a plusieurs articles signés "L.",
p. ex.: 19 janvier 1797: *Hymnes de Sapho, nouvellement découvertes*; pp. 225-241; *La sphère, poëme par Ricard*; pp. 251-253: *Les dîners du Vaudeville* (B.N.: Z. 45583); également (entre autres): 2 mars 1797, pp. 65-80: *L'expédition des Argonautes* (B.N.: Z. 45585) *etc.* Mais Fontanes était un auteur qui se répétait assez souvent et on ne trouve pas de tels sujets à la même époque ou plus tard. Nous avons donc des doutes.]

Journal typographique et bibliographique. (Par P. Roux).
Paris. 22 septembre 1797 - octobre 1810.
B.N.: Q. 3585/97.
B.N.: Salle des Catalogues.

Liste des citoyens dés députés à la Convention ou Tableau de la Convention Nationale.
Paris, Guillaume, 1793
B.N.: Le 36 1-7.

Lois de la République française. An IV de la République une et invisible.
N° 203 (N° 1216).
Loi sur l'organisation de l'instruction publique du 3 brumaire [25 octobre 1795]. [Voir Titre IV, pp. 6-9: Organisation des trois sections de l'Institut. Paragraphe 5 (p. 8): "Chaque classe de l'institut publiera tous les ans ses découvertes et ses travaux."].
Paris.
B.N.: F. 26 943 (14).

Lycée de Paris, Club littéraire qu'on va former dans les bâtiments nouveaux du Palais Royal, sous la protection immédiate de S.A.S. Monseigneur le Duc de Chartres, et sous la direction de M. Bassi.
Paris, 1784.
B.N.: 8° R. Pièce 13691.

Magazin encyclopédique, ou journal des sciences, des lettres et des arts.
(de A.-L. Millin).
Paris.
B.N.: Z. 54169/290.
Concernant Fontanes:
B.N.: Z. 54 169 (1795).
B.N.: Z. 54 175 (1796).
B.N.: Z. 54 179 (1797).
B.N.: Z. 54 191 (1799).
B.N.: Z. 54 203 (1801).
B.N.: Z. 54 233 (1806).

Mémoires de la société de statistique, sciences, lettres et arts du département des Deux-Sèvres.
Niort. 1885 (3è série).
B.N.: 8° Lc^{20} 25.

Mémoires de l'Institut national des sciences et arts, littérature et beaux-arts. Paris, Baudouin, an VI et s.
B.N.: Z. 5133 (tome Ier, an VI).
B.N.: Z. 5134 (tome II, an VII = 1797).
B.N.: Z. 5135 (tome III, an IX: 1801).

Mémorial ou recueil historique, politique et littéraire.
Feuille de tous les jours. (20 mai 1797 au 4 septembre 1797; supprimé avec le 18 fructidor). Par MM. de La Harpe, de Vauxcelles et Fontanes.
B.N. 4° Lc ^{2} 956.

Mercure britannique, ou notices historiques et critiques sur les affaires du tems.
Londres, février 1800 (par J. Mallet du Pan).
B.N.: 8° Lc ^{2} 998 [Il s'arrête le 25 mars 1800]. [1797-1798, hors d'usage].

Mercure de France. 1780 et s. [1er avril 1800 article de Garat concernant *La Forêt de Navarre*].
Paris.
B.N.: Lc ^{2} 39.

Mercure de France, journal politique, littéraire et dramatique.
Paris.
An VII - messidor an VIII - janvier 1820.
B.N.: 8° Lc ^{2} 41.
B.N.: Microfilm: 238.

La Minerve littéraire.
Paris. (1821, t. II).
B.N.: Z. 29684.

Le Miroir des spectacles, des lettres, des moeurs et des arts.
Paris. (Mars 1821).
B.N.: Z. 5276.

Le Modérateur, devenu à partir du 18 avril 1790, *Journal de la Ville et des provinces, ou le Modérateur*; devenu également *Spectateur National.* [changement de titre assez souvent].
Rédacteurs: Fontanes, de Flins.
Paris.
B.N.: 4° Lc ^{2} 194.

Moniteur Universel (Gazette Nationale ou Moniteur Universel).
Paris.
1789-1810: B.N.: Fol. Lc ^{2} 113.
1811-1855: B.N.: Fol. Lc ^{2} 114.

Musée de Monsieur et de Monseigneur le Comte d'Artois.
Paris, 18 octobre 1785.
B.N.: 8° V. Pièce 11510.

Nain (Le) jaune ou journal des arts, des sciences et de la littérature.
Décembre 1814 - juillet 1815: B.N.: 8° Lc ^{2} 1048/50.
Mars 1816 - novembre 1816: B.N.: 8° Lc ^{2} 1050 A-B.
Paris puis Bruxelles.
Table dans: Fantaisies (...): B.N.: 8° Lc ^{2} 1049 B.,
avec clef des anagrammes.
[Fontanes: Curvissimus faciuntasinos; N° 349, 15 février 1815, p. 307: Fontanes: Grands Eteignoirs; N° 358, 30 mars 1815, p. 499: Fontanes est nommé: huissier; p. 515: Fontanes portant bannière déployée, vert-impérial-bleu-de-roi, pour devise: Adresses et Discours].
[Selon les contemporains, Fontanes aurait été très vexé par ce journal; on peut se demander pourquoi].

Nouveau dictionnaire de pédagogie et d'instruction primaire.
Paris, Hachette, 1911 (2 vol.).
B.N.: Salle de travail.

Nouvelle biographie générale.
Paris, Firmin Didot, 1858 (t. XVIII).

Paris pendant l'année 1799, 1800, 1801, 1802. Londres.
(de Peltier); voir:
Paris pendant l'année 1799. (28 février 1799)
Londres.
B.N.: 8° Lc ^{2} 871.

Précis analytique des travaux de l'Académie des sciences, belles-lettres et arts de Rouen.
Rouen. 1744/50 - 1793.
B.N.: Z. 28485 (1-5).

Le Publiciste.
(7 nivôse an VI: 27 décembre 1797 - 1er novembre 1810).
Paris. (1800).
B.N.: 4° Lc ^{2} 751.

Quarterly foreign review ou *Foreign quarterly review London.*
Londres.
B.N.: Z. 23766 (8).
    [Selon Villemain, le volume VIII, p. 202 contient un entretien entre Fontanes et Chateaubriand. Nous n'avons rien trouvé]. [Recherche à refaire].

Les Quatre saisons du Parnasse ou Choix de poésies légères
[par Fayolle].
Paris, 1805-1809.
B.N.: Ye 11472 - Ye 11487. (Chaque année: 4 volumes).

La Quotidienne. Nouvelle gazette universelle, puis: La Quotidienne ou la Gazette universelle.
Paris.
27 octobre 1792 - 2 octobre 1795: B.N.: 4° Lc ^{2} 720.
22 octobre 1796 - 4 septembre 1797: B.N.: 4° Lc ^{2} 724.
    [26 avril 1797, N° 364, p. 2: Critique acerbe contre la *Clef du Cabinet*; Fontanes y collabore].

Recueil des actes du Comité de salut public, avec la correspondances officielle des représentants en mission (...), publié par François-Alphonse Aulard.
Paris, Imprimerie Nationale, 1889.
B.N.: Lb ^{41} 5149. [Il s'agit de l'introduction]

Recueil des actes du comité de salut public, avec la correspondance officielle des représentants en mission et le registre du conseil exécutif provisoire, publié par F.A. Aulard.
Paris, Impr. Nationale, 1894.
B.N.: L ^{45} 30 D. dd. (t. IX, novembre 1793-décembre 1793; Paris 1895).

Le Rédacteur.
25 frimaire an IV - 28 nivôse an VIII = 16 décembre 1795 - 18 janvier 1800). [Sur l'Institut, jeudi, 7 avril 1796, N° 114]. [Sur Fontanes, 12 octobre 1796, N° 301].
Paris.
B.N.: 4° Lc ^{2} 905.

Le Républicain françois.
Paris. (1793).
B.N.: Gr. fol. Lc ^{2} 752.

La Révolution française.
Paris. (1927, t. 80).
B.N.: 8° Lc ^{18} 333.

Révolutions de France et de Brabant.
(par Camille Desmoulin).
Paris.
B.N.: 8° Lc ^{2} 288.
> [Le 25 janvier 1790, Desmoulin fait allusion au Modérateur].

Révolution de Paris, dédiées à la Nation et au district des Petits Augustins.
(1789-1794).
B.N.: 8° Lc ^{2} 171 (210-225).
> [Décembre 1793, N° 220, p. 415 (du 6 au 14 nivôse an II): description d'une députation de Commune- Affranchie à Paris, décrivant les horreurs commises à Lyon par Collot-d'Herbois dont Fontanes parle plus tard dans ses articles].

Revue (bleue), politique et littéraire.
Paris.
B.N.: 4° R. 16bis.
> [Revue qui change assez souvent de titre; pour certaines années, elle manque à la B.N. en place].

Revue britannique ou choix d'articles traduits des meilleurs écrits périodiques de la Grande-Bretagne.
Paris.
B.N.: 8° Z. 331.
> [1876: "*Correspondance inédite de Saint-Lambert avec M. de Fontanes*".
> 1877 (septembre-octobre): "*Correspondance inédite de l'abbé Vauxcelles avec M. de Fontanes.*"].

Revue de Comminges.
Saint-Gaudens.
B.N.: 8° Lc ^{19} 5 (12).

Revue de littérature comparée.
Paris.
B.N.: Z. 21190.
    [1928: "*Lettres inédites de Fontanes à Baudus (1798 à 1815.*" Editées par Jean de Montenon. Publication annoncée une première fois par le colonel de Montenon, in: Bulletins de la Société des antiquitaires de l'Ouest. Bulletin du 1er trimestre de 1928. Poitiers.
    B.N.: 8° Lc ^{18} 101].

Revue d'histoire littéraire de la France.
Paris (Voir 1901. t. VIII).
B.N.: 8° Z. 13998.

Revue encyclopédique ou analyse raisonnée des productions les plus remarquables dans la littérature, des sciences et les arts 1819-1833.
Paris.
B.N.: Z. 58915 (1821, t. IX).

Revue illustrée des provinces de l'Ouest.
Mai 1890 - septembre 1900.
Paris.
B.N.: 4° Z. 426 [1890 t. 1].

Société pour l'extinction de la petite vérole en France, par la propagation de la vaccine; créée par arrêté du ministre de l'intérieur, le 14 germinal an XII. Fontanes y faisait partie.
    [Cette société a un "Comité central de vaccine". Leurs membres se retrouvent les vendredis, dans l'après-midi, de trois à cinq heures, à l'hôtel de Guignes, rue de Varennes].
Rapport du comité central de vaccine, B.N.: 1808-1809;
Faculté de médecine: 1803-1823.
1803-1822. Paris, Gabon, s.d., 3 vol.
Page de couverture: *Bibliothèque médicale, ou recueil périodique d'extraits des meilleurs ouvraqes de Médecine et de Chirurgie.* Par une société de médecins.
    [Pour les vaccins contre la vérole, voir vol. 2, p. 199 et s. On essayait la vaccine déjà avant l'an VIII (p. 219)].
B.N.: 8° T ^{32} 7.
B.N.: Td ^{64} 289: Institut impérial de France, *Examen*, lu le 17 août 1812.

La question des vaccinations reste à approfondir, voir les notes de l'ouvrage cité.

Spectateur du Nord. Journal politique, littéraire et moral. Hambourg (1797-1802) (t. I à t. XXIV). (de Baudus).
B.N.: Z. 61062/85.

Spectateur français au XIXè siècle ou variétés morales, politiques et littéraires.
Paris. (1805-1812) (t. I - XII; table t. XII),
B.N.: Z. 28889/901.
    [Fontanes signe ses articles "L."; Chateaubriand y collabore également].

Spectateur français depuis la Restauration du trône de St.-Louis et de Henri IV.
Paris. (1814-1817, 3 volumes). Volume 2 manque depuis 1948].
B.N.: Lb 4 462.

Université. [Nous groupons ici les différents titres concernant l'instruction publique].[11]

Université impériale.
Arrêté concernant les maîtres d'études des lycées.
Paris, 23 mars 1810.
B.N.: 8° R. Pièce 7571.

Université impériale (N° 51).
Arrêté portant réglement pour les écoles secondaires communales.
Paris, 19 vendémiaire an 12.
Paris, Fain, Imprimeur de l'Université impériale, s.d.
B.N.: 8° R. Pièce 7569.

Université impériale. (N° 6bis).
Exposé des motifs de la loi concernant les écoles de droits, présenté par le conseiller d'Etat Fourcroy.
Paris, Fain, Imprimeur de l'Université impériale, s.d.

---

[11] Comme pour les publications du Corps législatif, nous n'avons pas trouvé pour l'Université une collection complète et suivie des documents concernant l'enseignement ou l'instruction publique. Nous présentons ici une petite liste *très fragmentaire* et *très limitée*.

B.N.: 8° R. Pièce 7572.

Université impériale (N° 45).
Instruction pour les écoles de droit.
Paris, 19 mars 1807 (de Fourcroy).
B.N.: 8° R. Pièce 7573.

Université impériale (N° 47).
Rapport de la commission nommée par arrêté du gouvernement, du 27 frimaire an 11, pour le choix des livres classiques des lycées, dans chaque classe de latin et dans celles des belles-lettres.
Paris, Imprimerie nationale, an 11.
B.N.: 8° R. Pièce 7574.

Recueil de lois et réglemens concernant l'instruction publique. Depuis l'édit de Henri IV, en 1598, jusqu'à ce jour. Publié par ordre de Son Excellence le Grand-Maître de l'Université de France. Paris, Brunot-Labbe, 1814, 4 vol.
B.N.: R. 22318 - 22321.
[Pour l'époque de Fontanes comme grand-maître de l'Université impériale, voir. t. IV].
Un autre exemplaire, en trois volumes, mais qui s'arrête en 1807. B.N.: F. 42836-42838
Ce Recueil de lois (...) est encore le meilleur rassemblement des différents lois, décrets, arrêtés etc..].

Université impériale.
Réglement sur l'administration économique des lycées.
Paris, Université impériale, 19 septembre 1809.
B.N.: 8° R. Pièce 7575.

Université impériale.
Réglement sur l'enseignement dans les lycées.
Paris, Université impériale, 19 septembre 1809.
B.N.: 8° R. Pièce 7576.

Université de France.
Statut portant réglement sur la discipline et les études des lycées et des collèges.
(28 septembre 1814).
Paris, Imprimerie Royale, 1814.
B.N.: 8° R. Pièce 7577.

Le Vieux Cordelier. (Rédigé par Camille Desmoulins).
Du 15 frimaire au 15 pluviôse an II = 5 décembre 1793-3 février 1794.
B.N.: 8° Lc 2 804.
Rééd.   : 8° Lc 2 805.
         : 8° Lc 2 806.
         : 8° La 32 393.
La réédition de 1834, B.N.: 8° Lc 2 806, se dit la seule édition complète.
[Après le siège de Lyon, Desmoulins attaque Fontanes, voir le *Mémorial*, dimanche, le 3 septembre 1797].

Nous indiquons ici quelques titres qui nous semblent intéressants pour l'époque, mais que nous n'avons pas cités.
Nous ne séparons pas auteurs et journaux.

Abrantès (Laure Junot, duchesse d'),

> *Mémoires de Madame la Duchesse (...) ou souvenirs historiques sur Napoléon, la Révolution, le Directoire, le Consulat, l'Empire et la Restauration.*
> Paris, Ladvocat, 1831-1835, i8 vol.
> B.N.: 8° La [33] 4.

Abrantès (Laure),

> *Histoire des salons de Paris, tableaux et portraits du grand monde sous Louis XVI, le Directoire, le Consulat et l'Empire, la Restauration et le règne de Louis-Philippe Ier.*
> Paris, Ladvocat, 1836-1838, 6 vol.
> B.N.: 8° La [33] 6.

L'Analyse des journaux

> (24 avril 1797 - 26 août 1797)
> B.N.: Lc [2] 951.
>> [Revue de presse des différents quotidiens; extraits].

Annales historiques de la Révolution française,

> N° 1, 1981 (p. 1-198: concernant l'éducation de l'époque; voir également les notes de l'article).
> Paris.
> B.N.: 8° Lc [18] 632 bis.

Aulard (Alphonse),
> *Paris pendant la réaction thermidorienne et sous le Directoire.*
> Paris, Cerf, 1898, 5 vol.

Balayé (Simone),
> *Madame de Staël: Lumières et liberté.*
> Paris, Klincksieck, 1979.
> B.N.: 8° Z. 37269 (71).

Balayé (Simone),
> *Madame de Staël et le gouvernement impérial en 1810: le dossier de la suppression de "De l'Allemagne".*
> Paris, V. Attinger, [1974].
> B.N.: 8° Ln[27] 91174.
> [Extrait des *Cahiers Staëliens*]

Baldensprenger (Fernand),
> *Etudes d'histoire littéraire: comment le XVIIIe siècle expliquait l'universalité de la langue française; Young et ses "Nuits" en France [...].*
> Paris, Hachette, 1907.
> B.N.: 8° Z. 17132 (1).
> B.N.: 16° Z. 18443 (1), (Slatkine Reprints, Genève, 1973).

Baldensprenger (F.),
> *Le mouvement des idées dans l'émigration française (1789-1815).*
> I *Les expériences du present.*
> II *Prophètes du passé. Théories de l'avenir.*
> Paris, Plon-Nourrit, 1924.
> B.N.: 8° La 34 88 (1-2).

Barante (Baron de),
> *Souvenirs du Baron de Barante (1782-1866),*
> publiés par son petit-fils Claude de Barante.
> Paris, Calmann Lévy, 1890-1893.
> B.N.: 8° Ln[27] 39184.

Barthélemy (François),
> *Mémoires de (...), 1768-1819,*
> par J. de Dampierre.
> Paris, Plon, 1914.
> B.N.: 8° La ^{30} 77.

Baudoüin (François-Jean),
> *Collection générale des décrets rendus par l'Assemblée nationale et sanctionnés ou acceptés par le roi.*
> Paris, Baudouin, s.d.
> B.N.: F. 32300.
>> [Août 1789-février 1790; la 1ère partie commence le 18 septembre 1789].

Béclard (Léon),
> *Sébastien Mercier, sa vie, son oeuvre, son temps. I Avant la Révolution: 1740-1789.*
> Paris, Champion, 1903.
> B.N.: 8° Ln ^{27} 49991.

Besnard (François-Yves),
> *Souvenirs d'un nonagénaire.*
> Paris, Champion, 1880, 2 vol.
> B.N.: 8° Ln ^{27} 32291.
> B.N.: 8° Ln ^{27} 32291 (1) (Laffitte Reprints Marseille, 1797).
>> [Histoire des moeurs de la vie quotidienne].

Biré (Edmond),
> *Les poëtes lauréats de l'Académie française. Recueil des poèmes couronnés depuis 1800, avec une introduction (1761-1800) et des notices biographiques et littéraires,* par Edmond Biré et Emile Grimaud.
> Paris, Bray, 1864, 2 vol.
> B.N.: Ye 30413-30414.

Bonaparte (Louis, roi de Hollande, puis compte de Saint-Leu),
> *Documents historiques et réflexions sur le gouvernement de la Hollande.*
> Bruxelles, Rémy, 1820, 3 tomes en 1 vol.
> B.N.: 8° M. 7016.

Bonnet (Jean),

> *Renaissance catholique au début du XIXè siècle (Chateubriand, Bonald, Maistre, Lamennais).*
> Genève, Romet, 1905.
> B.N.: D ^{2} 17749.
>> [Thèse présentée à la faculté de théologie protestante de Montauban].

Cérutti (Joseph-Antoine-Joachim),

> *Eloge funèbre de M. de Mirabeau, prononcé le jour de ses funérailles, dans l'église de Sainte-Eustache* par M. Cérutti, au nom de la section de la Grange-Batelière, devant l'Assemblée nationale.
> Paris, Desenne, 1791.
> B.N.: Lb ^{39} 4772.
>> [Les funérailles ont eu lieu le 4 avril 1791].

Cérutti (J.-A.-J.),

> *Notice mortuaire sur M. de Mirabeau.*
> (S.l., n.d.)
> B.N.: Lb ^{39} 4779.
>> [Contient également l'*Eloge funèbre*, *supra*].
>> [Cérutti, jésuite, d'origine italienne; Mirabeau l'employait à la préparation de ses discours].

Delarc (Abbé Odon-Jean-Marie),

> *L'Eglise de Paris pendant la Révolution française, 1789-1801.*
> Paris, Desclée, 1895-1898, 3 vol.
> B.N.: 8° Ld ^{3} 395.
>> [Contient des documents de l'époque].

Dorat (Claude-Joseph),

> *Coup d'oeil sur la littérature, ou collection de différens ouvrages, tant en prose qu'en vers, en vers, en deux parties, par M. Dorat, pour servir de suite à ses oeuvres.*
> Amsterdam; et Paris, Dalalain, 1797-1780, 2 vol.
> B.N.: Z. 24462-24463.
> B.N.: Microfiche M. 206 98 (1-2).

Droz (Jacques),

>L'époque contemporaine. Restauration, 1ère partie: Restauration et Révolutions (1815-1871).
>Paris, Presses Universitaires de France, 1953.
>B.N.: Hémicycle 2726 (9, I).

L'Esprit des journaux [puis des journaux français et étrangers; des journaux nationaux et étrangers].
>Juillet 1772 - mars 1803.
>Septembre 1804 - 1814.
>Liège Bruxelles.
>B.N.: Z. 48021/375: mars 1803
>B.N.: Z. 48370/505: septembre 1804-mars 1818.
>B.N.: Z. 48506/512: table
>>[Plutôt: Recueil de littérature, de poésie, de critique littéraire; ouvrage, selon nous, très important].

Faber (Gotthilf T. von),

>Notices sur l'intérieur de la France, écrites en 1806.
>Saint-Pétersbourg, l'Académie impériale des sciences, 1807.
>B.N.: 8° Lb [44] 462.

Faber (G. T. von),

>Offrandes à Bonaparte par trois étrangers.
>Londres, Vogel et Schulze, 1810.
>B.N.: 8° Lb [44] 503.
>>[Ecrites à l'époque et intéressantes pour l'époque].

Fayolle (Roger),

>Sainte-Beuve et le XVIIIè siècle ou Comment les révolutions arrivent.
>Paris, Colin, 1972.
>B.N.: 8° Z. 42297.

Fleury de Chaboulon (Pierre-Alexandre-Edouard),

>Mémoires pour servir à l'histoire de la vie privée du retour et du règne de Napoléon en 1815.
>London, Longman, 1820, 2 vol.
>B.N.: 8° Lb [46] 37.

Gaulmier (Jean),
>L'Idéologue Volney 1757-1820, contribution à l'histoire de l'Orientalisme en France.
>Beyrouth, Impr. catholique, 1951.
>B.N.: 4° Ln ^{27} 84802.

Gaulmier (J.),
>Un grand témoin de la Révolution et de l'Empire, Volney.
>Paris, Hachette, 1959.
>B.N.: 16° Ln ^{27} 86977.

Gautier (Jean-Maurice),
>Le style des "Mémoires d'outre-tombe" de Chateaubriand.
>Genève, Droz, 1959.
>B.N.: 4° Z. 5459 (15).

Gautier (J.-M.),
>- Ed. Chateaubriand. Lettre à M. de Fontanes sur la campagne romaine.
>Texte critique établi par J.-M. Gautier.
>Nouvelle édition.
>Genève, Droz; Paris, Minard, 1961.
>B.N.: 16° Z. 9325.

Ginguené (Pierre-Louis),
>Coup d'oeil rapide sur le "génie du christianisme", ou Quelques pages sur les cinq volumes in-8° publiés sous ce titre par François-Auguste Chateaubriand.
>Paris, Impr. de la Décade philosophique, littéraire et politique, an X-1802.
>B.N.: D. 80762.
>>[Tirage à part des articles publiés dans la Décade philosophique].

Godechot (Jacques),
>La vie quotidienne en France sous le Directoire.
>Paris, Hachette, 1977.
>B.N.: 16° Li^2 411.

Guillemin (Henri),
>   *Benjamin Constant muscadin*, 1795-1799.
>   Paris, Gallimard, 1958.
>   B.N.: 8° Ln 27 86779.

Guillemin (H.),
>   *Mme de Staël, Benjamin Constant et Napoléon*.
>   Paris, Plon, 1959.
>   B.N.: 16° Ln 27 86845.

Guillon (Edouard),
>   Histoire du Consulat et de l'Empire.
>   Paris, Libraire centrale, 1883.
>   B.N.: Lb 43 890.

Guizot (François-P.-G.),
>   *Essai sur l'histoire et sur l'état actuel de l'instruction publique en France*.
>   Paris, Maradan, 1816.
>   B.N.: 8° Lf 144 24.
>   B.N.: Microfiche: 21056.

Henriot (Emile),
>   *Courrier du XIXè siècle*.
>   I *Autour de Chateaubriand*: Napoléon Paul-Louis Courrier, Mme de Staël, Benjamin Constant [...], Fontanes [...].
>   Paris, Marcel Daubin, 1948.
>   B.N.: 16° Z. 804 (2, I).

Johansson (J. Viktor),
>   *Sur la correspondance littéraire secrète et son éditeur Métra*.
>   GÖteborg, Paris, 1960.
>>   [Métra: agent de Frédéric II, acheteur de meubles; il préparait le voyage de Voltaire à Potsdam].

Journal d'économie publique, de morale et de politique.
>   (27 août 1796-6 septembre 1797). (Par Roederer).
>   Paris.
>   B.N.: R. 49367/71.

Lanzac de Laborie (Léon de),
- Ed. *Norvins* (Jacques Marquet Bon de Montbreton de) *Souvenirs d'un historien de Napoléon.*
Mémorial....
Paris, (s.l.), 1896-1897, 3 vol.
B.N.: 8° La ^{30} 66.

Lavisse (Ernest),
Histoire de la France contemporaine depuis la révolution jusqu'à la paix de 1919.
T. III: *Le Consulat et l'Empire (1799-1815).* [Livre III, chap. V: l'Université impériale, assez sommaire].
B.N.: Salle des Imprimés, Casier N 428 (3).

Léopold (avocat),
Dictionnaire général de police civile et judiciaire de l'Empire français.
Paris, Eymery, 1813.
B.N.: F. 38640.
[D'autres éditions: en 1816, B.N.: F. 38641; en 1822, B.N.: F. 38642].

Léopold (avocat),
Paris, pendant le cours de la Révolution avant et après la Restauration [...] depuis 1789 jusqu'en 1816.
Paris, Pouplin, 1816, 2 vol.
B.N.: La ^{32} 107.
[Récit de quelques principaux événements (humains) de l'époque, d'une précision très remarquable].

Madelin (Louis),
Histoire du Consulat et de l'Empire: la crise de l'Empire (1810-1811).
Paris: Hachette, 1945.
B.N.: 8° Lb ^{43} 964 (9).

Mallet du Pan (Jacques),
Correspondance inédite avec la cour de Vienne (1794-1798); publiée par André Michel.
Paris, Plon, 1884, 2 vol.
B.N.: 8° La ^{33} 175.

Masson (Frédéric),
> *L'Académie française 1629-1793.*
> Paris, Ollendorff, (1913),
> B.N.: 8° Z. 190 53.

Mercier (Louis-Sébastien),
> *Tableaux de Paris.*
> Hambourg, Virchaux 1781, 2 vol.
> B.N.: 8° Li^3 52 A.

Merlet (Gustave),
> *Tableau de la littérature française, 1800-1815.*
> Paris, Didier, 1878-1883, 3 vol.
> B.N.: 8° Z. 538.

Mignet (François-Auguste-Alexis),
> *Histoire de la révolution française depuis 1789 jusqu'à 1814.*
> Paris, Didot père, 1824, 2 vol.
> B.N.: La^{32} 143.

Molé (Mathieu),
> *Souvenirs d'un témoin de la Révolution et de l'Empire (1791-1803).* Pages inédites, retrouvées en 1939, publiées et présentées par la marquise de Noailles et illustrées de 16 planches hors texte.
> Genève, Edition du Milieu du Monde, 1943.
> B.N.: La^{33} 224.

Monglond (André),
> *Histoire intérieure du préromantisme français de l'Abbé de Prévost à Joubert.*
> Grenoble, Arthaud, 1929, 2 vol.
> B.N.: 8° Z. 25326.

Monglond (A.),
> *Le préromantisme français.*
> Grenoble, Arthaud, 1930, 2 vol.
> B.N.: 8° Z. 25 314.
>> [T. II, p. 454 et s: Joubert, Fontanes, Chateaubriand Chapitre VII: "Joubert ou la guérison de l'âme sensible."].

Moniteur universel
[puis *Journal officiel de la République française; Journal officiel de l'Empire français; Gazette nationale*].
Paris.
B.N.: Gr. fol. Lc² 113. et Gr. fol. Lc² 114.

[Déjà cité par nous, par contre: bien que *Journal officiel*, le *Moniteur* soit une source très précieuse pour la connaissance de l'époque. Il reflète en quelque sorte la "vie" jour par jour. Nous indiquons ici quelques dates:

Des articles concernant

Kozebue: 19 ventôse an 10, p. 676-677; suite: 28 ventôse an 10, p. 713-714.

Horaires très précises et l'emploi du temps des élèves: 23 octobre 1803, p. 122-123.

Instruction publique en général: 16 novembre 1803, p. 214-215.

Installation du lycée de Besançon: 3 décembre 1803, p. 285-286.

Parny parle à l'Institut national: 12 janvier 1804, p. 443-444.

Garat y répond: 12 janvier 1804, p. 446-448.

La situation de la République: 17 janvier 1804, p. 461-462.

Décret impérial pour les costumes des membres du Corps législatif: 24 mars 1805, p. 77.

Article assez long sur l'écrivain allemand Klopstock: 24 mars 1805, p. 778-780.

Sur la nouvelle traduction du *Paradis perdu* de Milton, par Delille: 2 avril 1805; p. 813-814 et 22 avril 1805, p. 891-892, 23 mai 1805, p. 1010-1012.

Lacretelle rend hommage à Laharpe, à l'Institut: 28 avril 1805, p. 914-916.

Mort de Schiller; on parle de son oeuvre: 9 septembre 1805, p. 1459-1460.

Instruction publique: proposition de lois: 26, 29 mars 1806; 30 mars, p. 357-360 concernant l'Italie.

Emploi du temps des élèves: 2 avril 1806, p. 370-372.

Rapport sur le retour de Chateaubriand de son voyage d'Orient: 6 juillet 1807, p. 735-736.

Chateaubriand, *Mélanges*, il parle de son voyage: 3 août 1807, p. 856-858.

Retour de Napoléon, il reçoit *les* corps de l'Etat à Notre-Dame: 7 août 1807, p. 849-850.

Concernant l'instruction publique, rapport d'Arnault: 22 août 1807, p. 908-910.

Bernardin de Saint-Pierre parle à l'Institut: 1er décembre 1807, 1293-1294.

Rapport sur le budget de l'Etat de 1808: 16 janvier 1810 (premier supplément du *Moniteur*, avec dix-neuf suites).

Fontanes prend congé du Corps législatif comme son président: 17 janvier 1810, p. 64-65; 23 janvier 1810, pp. 85.

Ode d'Esménard sur "Napoléon-le-Grand": 2 avril 1810, p. 367-368.

Compte rendu sur les *Martyrs* de Chateaubriand: 8 avril 1810, p. 388-389.

Université impériale, Académie de Turin: 13 mai 1810, p. 525-526: tout va bien.

Les prix décennaux de l'Institut: juillet 1810, novembre-décembre 1810.

L'homme des Champs de Delille: 11 décembre 1810, p. 1365-1366 et 12 décembre 1810, p. 1369-1370.

Circulaire de Fontanes pour la vaccination dans les écoles: 23 janvier 1811, p. 89-90.

Eloge sur Fourcroy, on retrace sa vie: 4 février 1811, p. 135-136 et 5 février 1811, p. 138-140.

L'installation des facultés de théologie: 19 avril 1811, p. 419-420.

Liste des cours professés à l'Université impériale (Paris): 6 décembre 1811, p. 1297-1298.

Compte rendu sur les *Oeuvres complètes* de Chamforts: 2 avril 1812, p. 366-368.

Conditions d'admission à l'Ecole impériale polytechnique: 24 avril 1812, p. 451.

Cours de littérature dramatique par A.W. Schlegel: 10 janvier 1814, p. 38 et 39; suite 24 janvier 1814, pp. 94; 4 février p. 138-139; 16 février 1814, p. 187-188.

Préparation du renversement de Napoléon: 20 janvier 1814, p. 76bis et p. 76ter.

Napoléon est renversé: samedi, 2 avril 1814, p. 363 et 364 (supplément); suite des évènements: lundi, 4 avril 1814, p. 369.

Le préfet de Paris, Pasquier, s'adresse aux Parisiens: 5 avril 1814, p. 374.

L'Institut se lie aux Bourbons: 10 avril 1814, p. 395 et 396.

On parle de Louis XVIII: 21 avril 1814, pp. 439.

L'arrivée de Louis XVIII: 29 avril 1814, p. 469-471.

Fontanes présente l'Université de France à Louis XVIII: 4 mai 1814, p. 490-491.

Voir surtout les articles ou commentaires peu avant le début des Cents Jours et à leur fin: les membres des Corps de l'Etat qui ont juré fidélité au roi, le font maintenant à Napoléon, pour se tourner à nouveau à Louis XVIII, y compris Arnaud Joubert, président honoraire de la Cour de cassation et frère de Joseph.

Il s'agit ici de notre part d'un choix très sommaire, pour attirer la curiosité de ceux qui s'intéressent aux événements quotidiens de ce temps.

Les côtes de la B.N. varient, *p.ex.*: 1806: Gr.Fol. Lc^2 114; 1810: Fol. Lc^2 113; 1811: Gr. Fol. Lc^2 114; 1813: Fol. $Lc.^2$ 113]. *Microfilm* D 71.

Morellet (Abbé André),

Mémoires inédits de (...), de l'Académie française, sur le dix-huitième siècle et sur la Révolution (...).
Paris, Ladvocat, 1822, 2 vol.
B.N.: 8° La ^{33} 89^A.

Morellet (Abbé A.),

Observations critiques sur le roman intitulé Atala.
Paris, Denné jeune, an IX.
B.N.: Y^2 55206.

Nodier (Charles),

Souvenirs, épisodes et portraits, pour servir à l'histoire de la Révolution et de l'Empire.
Paris, Levavasseur, 1831.
B.N.: 8° La. ^{33} 91.
[Histoire des moeurs].

Norvins (Jacques, B^{on} de),
> *Histoire de Napoléon.*
> Paris, Dupont, 1827-1828, 4 vol.
> B.N.: 8° Lb ^{44} 61.

Palisot de Beauvois (Ambroise-Marie-François-Joseph),
> *Eloge historique de Fourcroy.*
> Paris, Fain, s.d.
> B.N.: 8° Ln ^{27} 7827.
>> [Retrace sa carrière et donne p. 31 et s. une partie de ses ouvrages].

Pange (Ctesse Jean de),
> *Auguste-Guillaume Schlegel et Madame de Staël*, d'après des documents inédits. Thèse pour le doctorat d'université présentée à la Faculté des lettres de Paris par la comtesse Jean de Pange, née Broglie.
> Paris, Albert, [1938].
> B.N.: 8° M. 25713.

Pasquier (Etienne-Denis, baron, duc),
> *Histoire de mon temps. Mémoires du chancelier Pasquier*, publiés par M. le duc d'Audiffert-Pasquier.
> Paris, Plon, 1893-1895, 6 vol.
> B.N.: 8° La ^{33} 188.

Perrot (Aristide-Michel),
> *Itinéraire général de Napoléon, chronologie du Consulat et de l'Empire [...].*
> Paris, Bistor, 1845.
> B.N.: 8° Lb ^{43} 16.

Quérard (J.-M.),
> *La France littéraire ou dictionnaire biographique.*
> Paris, Maisonneuve, 1964.

Rémusat (Charles-François-Marie de),
> *Mémoires de ma vie.*
> Paris, Plon, 1958.
> B.N.: 8° Ln 27 86740.

Rendu (Ambroise),
>La vérité sur le décret du 17 mars 1808, mal attaqué, mal défendu.
>Paris, Hachette, 1849.
>B.N.: Lf^{244} 41.

Roederer (Cte Pierre-Louis),
>*Mémoires d'économie publique, de morale et de politique*, publiés par Roederer.
>Paris, Imprimerie du Journal de Paris, an VIII, 2 vol.
>B.N.: R. 21111 - 21112.

Sainte-Beuve (Charles-Augustin),
>*Chateaubriand et son groupe littéraire sous l'Empire*, cours professé à Liège en 1848-1849.
>Paris, Garnier frères, 1948, 2 vol.
>B.N.: 16° Ln ^{27} 4090C.

Sainte-Beuve (Ch.-A.),
>*Critiques et portraits littéraires*, 2è édition.
>Paris, R. Bocquet, 1841, 5 vol.
>B.N.: Z. 59615-59619 [t. III à V].

Sainte-Beuve (Ch.-A.),
>*Poètes et critiques littéraires de la France. XXXI. M. de Fontanes*.
>in: *Revue des Deux-Monde*, t. XVI, 1er octobre 1838, pp. 630-665.

Sainte-Beuve (Ch.-A.),
>*Ecrivains moralistes et critiques de la France. VI. M. Joubert*,
>in: *Revue des Deux-Mondes*, t. XVI, 1er octobre 1838, pp. 666-681.

Samie (Lucy de Lamare, Mme Paul de),
>*A l'aube du romantisme. Chênedollé 1769-1833. Essai biographique et littéraire*.
>Paris, Plon, 1922.
>B.N.: 8° Ln ^{27} 60824.

Samie (Lucy),
> *Chênedollé. Extrait du Journal de (...) (1803-1833) d'après les manuscrits inédits du Coisel et de la Collection Spoëlberch de Lovenjoul, par (...).*
> Paris, Plon-Nourrit, s.d. [1922].
> B.N.: 8° Ln 27 60825.

Schmidt (Charles),
> *Réforme de l'Université impériale, en 1811.*
> Paris, Société nouvelle de librairie et d'édition, 1905.
> B.N.: 8° R. 19926.

Schweinsteiger (Heinrich),
> *Das Echo von Popés "Essay on man" im Ausland.*
> Leipzig, Hoffmann, 1913.
> B.N.: 8° O Mün. ph. 1689.

Soboul (Albert),
> *Le Directoire et le Consulat*, 1795-1804.
> Paris, P.U.F. 1967.
> B.N.: 8° Z. 28960 (1266).

Soboul (A.),
> *La Révolution française.*
> Paris, P.U.F., 1967 (2è édition).
> B.N.: 16° La ^{32} 1089.

Société Chateaubriand. Bulletin.
> Vallée-aux-Loups, 1957 →
> B.N.: 4° Z. 3139.

Société des amis de J.-A. Roucher et A. Chenier. Cahiers Roucher - André Chénier.
> Rennes. 1980 →
> B.N.: 8° Z. 53049.

Société des études staëliennes. Cahiers staëliens.
> Paris. (N.S.) Mars 1962 →
> B.N.: 8° Z. 25667.

The *Times*
> 31 decembre 1813: Speach in the Senate [Fontanes].
> Br. M.: 2n 2d.

The *Times*
> 31 march 1814: Conservative Senate. Report of Count de Fontanes.
> Br. M.: 6j 2d.

The *Times*
> Mouvements of Mme de Staël.
> Br. M.: 140 3c et 190 3d.

Tulard (Jean),
> *Napoléon et la nobless del'Empire.*
> Paris, Tallandier, 1979.
> B.N.: 8° Lb 44 2368 (8).

Tulard (J.),
> *La vie quotidienne des Français sous Napoléon.*
> Paris, Hachette, 1978.
> B.N.: 16° Li^2 416.

Université impériale, royale, etc.,
> voir: *Catalogue de l'Histoire de la France* de la B.N., les côtes Lf ^{144} 1 et suivantes.
>> [On y trouve d'autres titres concernant l'instruction publique].

Vauthier (G.),
> *Fontanes et les nominations universitaires*, in: *Annales révolutionnaires*, 1911, p. 638-653.
> Paris.
> B.N.: 8° Lc ^{18} 632.

Additif aux Références bibliographiques et à la Bibliographie

Nous ne séparons pas ici comme dans les pages précédentes: Articles, Auteurs, Journaux, etc.

Actes du colloque Joseph-Joubert.
Villeneuve-Sur-Yonne. 31 mai - 2 juin 1985.
Ouvrage publié par la *Société d'Histoire et d'Archéologie du canton de Villeneuve-sur-Yonne "Les Amis du Vieux Villeneuve"*, 1986.

L'Ange Gabriel, journal politique, historique, littéraire [etc]
Paris. An VIII
B.N.: Lc ^{2} 2754; collection incomplète.

> [Fontanes est nommé, voir N° V, 1er frimaire, an VIII, p. 3, concernant son accident le 26 brumaire an VIII dans la "rue du Petit-Carousel" où il avait failli périr. Voir également le N° LVII, p. 3, 23 nivôse an VIII: *Variétés. L'Ange Raphaël à l'Ange Gabriel*, contient un article acide contre Benjamin Constant et Mme de Staël; on intitule son livre *De la littérature (...): "Des passions et des moyens de les rendre utiles dans le gouvernement"*. En dehors de la polémique qui lui semble être propre, le journal est assez intéressant dans la mesure où il reflète la vie intellectuelle quotidienne, N° XXII, p. 3, l'Institut; N° XXV, p. 3, Cailhava se plaint ne pas être joué au théâtre; N° XXVII, p. 3, critique des *Trois mots* de Louis-François Lormian (du Lycée de Paris); on attaque beaucoup le *Journal des Hommes-libres*; N° XLII, p. 3, "Sur les Sabines du peintre David"; N° LIV, p. 3, la mort de Marmontel et Daubenton, etc.]

Les *Archives Nationales. Etat général des fonds.*
Paris, Archives Nationales, 1978.
B.N.: Salle des catalogues: Casiers Archives Nationales 5.

> [Ici t. II, *Etat général des fonds 1789-1940*; la série F^7 (police générale), p. 126 et s.; émigration, p. 155.]

Baczko (Bronislaw),
> *Une éducation pour la démocratie.*
> Textes et projets de l'époque révolutionnaire [publiés par...].
> Paris, Garnier frères, 1982.
> B.N.: 8° R 85615 (7)
>> [Parle surtout de l'instruction publique, des écoles normales et de l'éducation, même spécifique comme "l'enseignement de l'art militaire" (p. 337; plan Daunou, voir à partir de la page 335). Il s'agit d'un recueil de rapports et de projets, s'arrête en an IV. Voir également l'introduction qui donne une vue d'ensemble et les grandes lignes du plan Lepeletier].

Beauvert,
> *Caricatures politiques.*
> (Paris), an VI.
> B.N.: Lb ^{42} 1638
>> [On représente les nouveaux riches avec leurs costumes, en couleur, et avec commentaires].

Bonaparte (Lucien),
> *Discours de Lucien Bonaparte*, président du Conseil des cinq-cents, aux troupes, au milieu de la cour du palais de Saint-Cloud, le 19 brumaire an 8 [10 novembre 1799].
> Saint-Cloud, Impr. Nationale, 19 brumaire an 8, 2p. [1799].
> B.N.: Lb ^{42} 804.
>> [Encouragement réciproque entre Lucien Bonaparte et les grenadiers, pour disperser les députés de l'Orangerie. Les grenadiers "l'avoient arraché de l'Orangerie pour le soustraire aux poignards: il est reçu au milieu des acclamations universelles, *Vive la République*, à bas les assassins! Il monte à cheval au milieu des troupes: un roulement rétablit le silence; il s'écrie d'une voie forte et animée: Citoyens [etc...]". (p. 1 f.). Après ce discours a eu lieu l'assaut; et le *Consulat* commence].

Bulletin des lois, Table chronologique des lois, et des arrêtés du Directoire exécutif, insérés au Bulletin des lois.
Paris, de l'Imprimerie de la République.
B.N.: F. 26943 (Semi-Usuel).

[Buonaparte Napoléon],

> *Vie privée du général Buonaparte*, dès sa tendre enfance et sa conduite politique. Aux armées.
> (Paris), de l'Impr. d'Augustin, (s.d.), 8 p.
> B.N.: Lb ^{42} 1705.
>
>> [Très tôt, après la bataille d'Italie, il est déjà présenté aux armées comme "le phénomène de notre siècle, le désespoir des tyrans, le vengeur de la liberté, le père des peuples, le fléau des despotes [...]". (p. 1). On le compare *déjà* à Alexandre. Annibal, César, eux "semblent ne l'avoir précédé pour faire éclater sa gloire et faire connaître la supériorité de Buonaparte sur eux." On souligne sa "profonde connaissance des hommes, et sur-tout des peuples." (p. 4). Allusion (p. 6) à sa correspondance avec le Saint-Siège qui prépare déjà le Concordat.
>> Fontanes compare Napoléon ou le général de l'Italie également à Alexandre et à César puisqu'on ne pouvait pas le comparer aux monarques de l'Ancien Régime].

Canal (Sèverin),

> *Le contrôle postal après le 18 fructidor*, contribution à l'histoire du clergé des Deux-Sèvres pendant la Révolution.
> B.N.: 4° LK^4 5221.
>
>> [Le soustitre est un peu trompeur.
>> L'étude avec documents montre que l'attitude du Directoire par les émigrés, leur retour éventuel en France était parfois assez floue - L'application du contrôle postal semble être négligée par des instances locales, étant devenues lasses.

Caron (Pierre),

> *Manuel pratique pour l'étude de la Révolution francaise*.
> Paris, Picard 1947.
> B.N.: Salle des catalogues, Histoire 280. Bureau.
>
>> [Pour les dossiers d'émigration, demande de radiation, arrêtés de radiation, voir p. 108 et s. qui renvoit aux cotes des Archives Nationales].

Chardin (Achille-Jean-Marie-Philippe)

> *Histoire des établissemens européens aux Indes Orientales.*
> Collection populaire ou l'Instruction.
> Paris, Pinaud, 1832.
> B.N.: Z. 43402 - 08.

[La notice sur le Camoêns, p. 96-103, est de Mme de Stael; l'article a été publié dans la *Bibliographie Universelle*, de Michaud, dans l'édition de 1843, il se trouve: T. 6, p. 483-485 et est signé N.S.H. (Necker-Satël-Holstein). Il est intéressant à noter que Mme de Staël fait allusion à ses propres idées littéraires, en parlant du navigateur portugais: "Les habitants du Midi tiennent aux objets extérieurs; ceux du Nord aux habitudes."; et à son sort personnel: "Mais tous les hommes, et surtout des poëtes bannis de la contrée qui les a vu naître, suspendent comme les femmes de Sion, leur lyre aux saules de deuil qui bordent les rives étrangères."]

Chateaubriand (François-Auguste),

Atala, ou les amours de deux sauvages dans le désert, Paris, Migneret, an IX (1801).
B.N.: Rés. Y^2 3595.

[Dans sa "Lettre publiée dans le *Journal des Débats* et dans le *Publiciste*", Chateaubriand, aristocrate par caractère, utilise le mot "citoyen", pour s'adresser au rédacteur (p. VII et s.). Il fait également allusion au premier Consul: "On sait ce qu'est devenue la France, jusqu'au moment où la Providence a fait paroître un de ces hommes qu'elle envoie en signe de réconciliation, lorsqu'elle est lassée de punir." (p. XI); une critique sarcastique "aux principes de la perfectibilité humaine" et "Voilà les hommes dont Bonaparte a délivré la France." p. XI à XIII, note 1). Dans la suite, il rend un chaleureux hommage "au citoyen Fontanes [...] dont je fais profession d'admirer les talens, et d'aimer tendrement la personne" (p. XX à p. XXII). Il s'excuse auprès de Mme de Staël (p. XXII) et on remarque que, déjà en 1801, Chateaubriand se sent "*homme politique*": "Si, par un dessein de la plus haute politique, le gouvernement François songeoit un jour à redemander le Canada à l'Angleterre, ma description de la Nouvelle-France prendroit un nouvel intérêt." (p. XXIII). En 1789, il avait déjà parlé à Malesherbes de son voyage en Amérique et lui a récité des fragments de son ouvrage. Chateaubriand est convaincu que le gouvernement actuel "ne proscrit aucune opinion paisible" (p. XX).]

Chateaubriand (François-Auguste),

Génie du Christianisme, ou Beautés de la Religion chrétienne; (par C...).
Paris, Migneret, an X-1802, 5 vol.
B.N.: Rés. D. 21462 (Grande Réserve).

[Egalement allusion à Bonaparte: "Cet homme puissant qui nous a retirés de l'abyme." (p. IX et s.)].

Chateaubriand (Fr.-A.),

Génie du Christianisme ou Beautés de la Religion chrétienne: (par...).
Paris, Migneret, an XI-1803, 4 vol.
B.N.: Rés. D. 21463.

[Voir vol. I, p. V: "Au premier Consul Bonaparte. Citoyen Premier Conseul, vous avez bien voulu prendre sous votre protection cette édition." Comme *beaucoup* d'autres Français, Chateaubriand voit en Bonaparte l'homme que la providence a envoyé à la France; ce qu'il nie grossièrement plus tard].

Clouzot (Henri),

Guide de Niort avec 15 dessins par J.-L. Gireaudeau-Laurent
Niort, Clouzot, 1895.
B.N.: Lk^7 29822.

[Intéressant dans la mesure où on trouve des lieux qui touchent aux Fontanes: Collège des Oratoriens; Fouché y professa quelque temps; les bâtiments de l'Oratoire reçurent l'Ecole centrale des Deux-Sèvres; l'hôpital-hospice où mourut Dominiquette Fontanes (pp. 38); Napoléon y passa le 2 juillet 1815, "avant son exil à Ste Hélène" (p. 9); la construction du Lycée Fontanes, 1859 à 1860, etc...].

Constant,

Le voile est déchiré.
(Paris), chez Coesnon-Pellerin, rue Nicaise, maison de Crussel.
N° 330.
B.N.: Lb^{42} 1521.

Extrait de l'*Ami de la patrie ou Journal de la liberté française*.
N° 555.
Paris, 18 fructidor, an V.
B.N.: 4° Lc^2 2639
[Vibrant hommage aux mesures prises le 18 fructidor].

Constant (Benjamin),

Mémoires sur les Cent Jours, en forme de lettres. Deux parties en un volume.
Paris, Béchet, 1820 et 1822.
B.N.: 8° Lb^{46} 38.

[Voir sur le 18 fructidor, 2ème partie, pp. 171; et sur la première entrevue de Constant avec Bonaparte en avril 1815, p. 17 et s.].

Desaivre (Léo),
> *Le château de Niort avec illustrations d'après des documents anciens.*
> Niort, Clouzot, 1912.
> B.N.: 8° LK ^{7} 39282.
>> [Description de la ville, l'environnement, la présence de beaucoup d'hugenots dans la province].

Desaivre (Léo),
> *Les moulins à blé et à draps du domaine à Niort.*
> Niort, Coussilan, 1912.
> B.N.: 8° LK ^{7} 39107.
>> [Description des batiments, rues, passerelles, moulins, foires, des sergeries, des droguetteries etc., à l'époque des Fontanes].

Duverger (Maurice),
> *Constitution et documents politiques.*
> Paris, P.U.F., 1978.
> B.N.: Hemicycle 2729 (28).

Desaivre (Léo),
> *Notre-Dame de Niort (Extrait des Mémoires de la Société historique et scientifique des Deux-Sèvres, 1913).*
> Niort, chez l'auteur, 1913.
> B.N.: 8° LK ^{7} 39272.
>> [Description de la ville et des églises; parfois intéressante pour l'époque de Fontanes].

Duvergier (J.-B.),
> *Collection complète des Lois,* décrets, ordonnances, avis du Conseil d'Etat [...] de 1788 à 1830 inclusivement par ordre chronologique, continué depuis 1830.
> Paris, Guyot, 1834.
> B.N.: Salle des Imprimés, Casier C (à partir de: C55).

Gaulmier (Jean),
> *Autour du romantisme.* Mélanges offerts à Mr. le Professeur Jean Gaulmier. De Volney à J.P. Sartre.
> Paris, Editions Ophrys, 1977.
> B.N.: 4° Z. 2360 (157).

Gaulmier (J.),

> *Chateaubriand et Volney*, in: *Annales de Bretagne*. Revue publiée par les facultés des lettres et sciences humaines de Rennes et de Nantes, t. 75, septembre 1968 (Le Bicentenaire de la naissance de Chateaubriand, 1768-1968, Collogue Chateaubriand), p. 570-578.
> B.N.: 8° Z. 10907 (Périodiques).

Gerbod (Paul),

> *La condition universitaire en France au XIXè siècle.*
> Paris, P.U.F., 1965.
> B.N.: 4° Z. 6170 (26).
>
>> [Etude importante sur l'enseignement au 19ième siècle, avec de nombreuses références à l'Ancien Régime et aux époques qui suivent].

Gerbod (P.),

> L'Europe culturelle et religieuse de 1815 à nos jours.
> Paris, P.U.F., 1977.
> B.N.: 16° G. 2792 (39)
>
>> [Voir surtout, en dehors de la bibliographie abondante et méthodique, le chapitre *"Les conditions de l'évolution culturelle"* (pp. 61-91)].

Gerbod (P.),

> *La vie quotidienne dans les lycées et collèges au XIXè siècle.*
> Paris, Hachette, 1968.
> B.N.: 16° Lf^{244} 278.
>
>> [Pour notre travail, voir l'introduction, le début du chapitre premier (pp. 11), les notes du chapitre II (pp. 254), le chapitre III *"...à la vie exemplaire..."* et les multiples références au long du travail à l'esprit fondateur de l'enseignement (nouveau) sous Napoléon. Les notes du livre indiquent, toujours très précieux, les cotes des Archives Nationales come celles des Nouvelles acquisitions françaises (NAF) de la B.N.].

Michel (Arlette)
Ballanche (Pierre Simon),

> *Le vieillard et le jeune homme.*
> Paris, Garnier frères, 1981.
> B.N.: 8° R. 85615 (6).

Necker (Jacques),

    Oeuvres complètes de M. Necker publiées par M. le baron de Staël son petit-fils.
    T. 13 et t. 14, *Cours de morale religieuse*, imprimé pour la première fois en 1800.
    Paris, Treuttel et Würtz, 1821.
    B.N.: Z. 24375-24376.

        [Nous n'avons pas trouvé l'édition de 1800 dont Fontanes rend compte dans le *Mercure de France* à l'époque].

Pange (Comtesse Jean de),

    Auguste-Guillaume Schlegel et Mme de Staël d'après des documents inédits.
    Paris; Albert; 1038.
    B.N.: 8° M. 26087.

        [Le fait que Mme de Staël veut se rapprocher de Napoléon et de Paris est bien souligné par l'auteur; voir entre autres, p. 53 (lettre à Joseph Bonaparte), p. 54, p. 145, p. 148-149: lettre à son fils Auguste à Paris: "Je souhaiterais pour mes affaires que tu visses Fouché chez Mad. Récamier ou chez lui", etc.].

Polybiblion.

    Revue bibliographique universelle 2è série, tome premier (treizième de la collection).
    Paris, aux bureaux du Polybiblion, 1875.
    B.N.: 8° Q. 104 (Semi-Usuel).

        [Pour la vente des papiers de la Chanoinesse de Fontanes, p. 89, se référer à "un" article dans le *Journal des Débats*, B.N.: Microfilm D 59, que nous n'avons pas trouvé].

Staël (Germaine de),

    Considérations sur les principaux événemens de la Révolution française, depuis son origine jusques et compris le 8 juillet 1815.
    (Publié par le duc de Broglie et M. le baron de Staël).
    Paris, Delaunay, 1818, 3 vol.
    B.N.: 8° La ^{32} 112.

        [Pour l'époque du Directoire et de Napoléon, voir vol. 2, troisième partie, chapitre XXI, p. 159 et s.].

Staël (Germaine de),

> *Dix années d'exil*, précédé d'une "Esquisse pour un portrait de Madame de Staël" par Emmanuel d'Astier Introduction et notes par Simone Balayé.
> Bibliothèque 10/18, 1966.
> B.N.: 16° Z. 9793 (331-332).

Tulard (Jean),

> *Histoire et dictionnaire de la Révolution française: 1789 - 1799*.
> Paris, Laffont, 1987.

De l'*Université nouvelle*,

> fille aînée de la Révolution par l'éditeur des documents historiques, critiques, apologétiques concernant la compagnie de Jésus.
> Paris, Carié de la Charie, 1828.
> B.N.: Lf.[244] 6.
>
>> [Etude, bien que parfois partisane, très intéressante sur l'enseignement, dès l'époque de la Constituante. Il s'agit d'un récit des principales décisions en matière d'enseignement, prises par les différents régimes. On sent parfois la révolte intérieure de ou des auteurs du livre, mais le travail de clarté et de synthèse est à signaler].

Voney (Constantin-François de),

> *La loi naturelle. Leçons d'histoire*; présenté par Jean Gaulmier.
> Paris, Garnier Frères, 1980.
> B.N.: 8° R. 85615 (1)
>
>> [Pour le contexte de notre travail, voir surtout l'introduction de Jean Gaulmier et les notes en fin d'ouvrages, p. 146 et s.].